코리안 미러클

나남
nanam

'육성으로 듣는 경제기적' 1기 편찬위원회

코리안 미러클

육성으로 듣는 경제기적 편찬위원회
홍은주 · 이은형 · 양재찬 집필

나남
nanam

발간의 글

역사는 기록되어야 훗날까지 오랜 가치를 발휘한다. 성공의 기록은 물론 갈등과 고민, 실패의 기록마저도 후대에 도움이 되는 지적 유산으로 남기 때문이다. 한국개발연구원(KDI)은 2010년 한국경제 근대화의 경험을 정리한 《한국경제 60년사》를 출간한 데 이어 그 후속작업으로 재경회와 '육성으로 듣는 경제기적 편찬위원회'를 발족시켰다. 지난 60년간 경제사회 발전에 혜안과 통찰력으로 결정적 역할을 한 원로의 생생한 경험을 남기기 위해서다.

한국경제의 눈부신 성장과 경제적 기적의 뒤에는 개발연대 경제정책의 입안과 집행의 중심에 서 있었던 원로들의 깊은 고뇌와 헌신이 있었다. 이 책은 전후의 잿더미 속, 아무런 경제적 인프라도 없던 불모의 땅에서 경제기적을 이끌어낸 원로들의 놀라운 통찰력과 경험을 담고자 노력하였다. 한국의 경제개발 경험은 역사적 과거로만 존재하는 것이 아니라, 세계 수많은 개도국과 공유되어야 할 소중한 자산이다. 이러한 관점에 비추어 본 사업의 결과는 한국의 경제발전 경험을 개발도상국과 공유하는 지식공유사업(KSP: Knowledge Sharing Program)에 유용한 자료로 활용될 것이다.

후학들에게 지혜와 통찰의 경험을 전하기 위한 사명감으로 인터뷰에 응해 주신 선배님들께 깊은 감사의 말씀을 올린다. 또한 이 책이 나오기까지 결코 쉽지 않은 작업을 보람으로 참여한 편찬위원, 자문위원, 집필자들에게도 감사드린다.

2013년 2월

'육성으로 듣는 경제기적 1기' 편찬위원장

진 념

한국경제 60년, 그 치열한 노력과 성찰의 증언

이 책은 …

기적(miracle)! 건국 이후 60년 동안 한국의 경제발전을 한마디로 요약하자면 그렇다. 이 책은 그런 기적의 파란만장한 과정을 담았다. 그래서 자연스럽게 책 제목을 《코리안 미러클》(*The Korean Miracle*)이라 붙였다.

이 책에 대한 최초의 기획모임은 2011년 초에 이루어졌다. 한국경제정책을 실제로 구상하고 주조(鑄造)했던 원로 주인공들로부터 주요 경제정책이 입안된 배경, 시행과정, 그 과정에서 발생한 사회·정치적 논쟁과 개인적 고뇌를 직접 듣기로 한 것이다. 또한 한국경제를 모델로 삼아 빈곤탈출과 경제도약을 시도하는 개발도상국 정책 담당자들과 과거 우리 경제가 경험했던 치열한 고민과 어려움, 해결책 등을 공유하는 한편 진솔한 반성과 사후적 통찰을 증언과 기록에 담아 전달하려는 목적도 있었다.

한국경제의 생생한 육성증언

기획의도를 현실화시키기 위한 구체적 작업은 2단계로 진행되었다. 우선 각계각층의 전문가들로 구성된 편찬위원회와 자문단이 구성되어 수십 차례의 크고 작은 회의를 가졌다. 기획 초기 단계에서부터 설정했던 가장 큰 목표는 첫째, 한국경제정책 60년을 만들었던 분들의 경험을 생생한 육성으로 녹음하여 최초의 '한국경제정책 디지털 아카이브(digital archive)'를 만드는 것과, 둘째, 그 증언내용을 토대로 해서 한국경제사에

획을 굿는 주요 정책별로 재구성하고 일반 독자들도 편하게 접할 수 있는 책으로 펴낸다는 것이었다.

시기적으로는 해방직후인 1945년부터 출발해, 정부가 주도하여 경제개발 5개년계획을 세우고 자원을 배분했던 1960~1970년대를 거쳐, 개방화 · 자율화 · 민영화로 상징되는 1980년대와 1990년대 중반까지로 한정했다. 그 이후부터는 1997년 외환위기라는 거대한 경제적 단층 때문에 수많은 기록이 아직 현재진행형으로 나오고 있기 때문이다.

일단 시기를 결정하고 난 후 편찬위원회와 자문단은 ① 1945년 해방이후 1990년 중반까지 구체적으로 어떤 경제적 사건이나 정책이 기록할 만한 가치가 있는지를 집중적으로 논의하는 한편 ② 해당 정책에 가장 핵심역할을 했던 주역은 어떤 분들인지 선정하는 작업을 시작하였다.

1차 기획단계에서 큰 방향과 골격이 마련되자 남은 2차 단계는 구체적인 인터뷰 진행과 증언을 토대로 한국경제의 주요 사건을 재구성하는 작업이었다. 최대한 객관성을 담보하기 위하여 전 · 현직 언론인들로 집필진이 구성되었고, 이들이 이후부터의 2단계 작업을 주도적으로 진행하였다. 집필진은 수차례의 토론과 논의 끝에 단순한 연대기적 사건의 나열보다는 예산과 재정, 경제개발계획, 외자조달을 통한 경제성장전략, 금융시장, 수출과 인력정책, 과학기술 정책 등 분야별로 나누어 인터뷰와 기록작업을 추진하기로 했다.

자칫 딱딱하고 지루해질 수 있는 정책증언과 기록에 인간적 체취를 보완하기 위하여 한국의 개발연대를 열고 성장을 주도했던 두 분의 작고한 부총리(장기영, 김학렬)의 개성 발랄한 리더십과 수많은 에피소드를 추가하기로 하였다. 이 두 분을 가장 지근거리에서 보필하고 정책을 시행했던 여러 원로들을 초청하여 몇 차례의 간담회를 개최하였으며 더 필요한 내용은 추가적 증언이나 다른 분들의 기록을 통해 보완했다.

이 책이 다루는 시기는 전체 기획물량 가운데 절반 정도이다. 1945년 직후 식민지 경제의 수탈로 황량하기만 했던 한국경제의 초기상황(initial economic condition)에서 시작하여 미국의 원조에 의존하면서도 나름대로 자립경제의 틀을 마련하기 위해 불철주야 노력했던 1950년대, 본격적인 경제개발의 시대인 1960년과 1970년 말까지를 다루었다. 지면제약 때문에 1960년대, 1970년대에 진행됐던 주요 사업 가운데 ① 새마을운동과 농촌개혁, ② 부가가치세 도입 등과 관련한 세제 및 세정(稅政), ③ 중화학공업 발전 부분은 2차년도 사업에서 추가로 다뤄질 예정이다. 안정화와 개방화 등 1980년부터 1990년 중반까지의 경제발전에 대한 증언 역시 2차년도 사업에 포함된다.

막상 인터뷰 요청 및 녹음작업을 시작하고 보니 반드시 모셨으면 했던 핵심 원로 가운데 일부는 이미 타계하신 것으로 밝혀졌고 일부는 인터뷰를 추진하는 과정에서 갑작스럽게 별세하시거나 병세가 악화돼 인터뷰가 취소된 분들도 있었다. 이 같은 기록사업이 좀더 일찍 추진되었더라면 좋았을 텐데 하는 진한 안타까움이 남는다.

그리하여 …

초기 기획단계를 거쳐 증언을 해줄 원로 선정작업, 인터뷰의 섭외와 녹음작업, 디지털 아카이브 작업, 증언을 재구성하는 기술작업 등이 끝나고 2년 가까운 노력과 산고 끝에 이 책이 탄생하였다.

책은 한 권에 불과하지만 수많은 한국경제의 증언이 '디지털 아카이브'로 남아있기 때문에 한국경제사를 연구하는 학자들이나 학도들은 정책결정자 본인의 육성을 통해 당시 경제정책의 입안과정, 토론과정, 실행과정을 가감 없이 들을 수 있게 될 것이다.

한국경제 근세사를 연구하는 데 있어 제3자의 전언(傳言)이나 언론, 기록물을 통해 간접적으로 해석하는 데서 오는 해석의 오류를 최소화할 수 있게 된 것만으로도 이 기획이 적잖은 학술적 의미가 있다고 본다.

사회적, 정치적 논란이 특히 많았던 일부 사항에 대해서는 집필진이 여러 차례 토론하고 고민한 끝에 정책결정 당사자로서의 자의적 해석이 다소 포함되더라도 가능한 한 원래의 증언에 충실하게 구성하기로 결정하였다. 이 책의 기획의도가 역사관이나 가치해석에 무게중심을 둔 것이 아니라 '생생한 육성증언을 통한 한국경제사의 재구성'이기 때문이다.

당시 상황이나 정책에 대해 전혀 다른 시각으로 해석하는 분들도 당연히 있을 것이다. 이 책이나 디지털 아카이브의 증언을 토대로 같은 사안에 대해 다른 생각을 가진 분들의 추가적 토론과 연구가 뒤따른다면 그 또한 이 책의 편찬 및 기획, 집필진들에게는 큰 보람이 될 것이다.

증언에 응해 주신 분들의 모든 불면의 밤과 각고의 노력이 한국경제를 우뚝 세운 주춧돌이었음을 인터뷰 과정에서 확인했다. 이 책은 그들의 열정에 대해 헌정하는 작은 오마주(hommage)이기도 하다.

2013년 2월

집필진 일동

ADB (Asian Development Bank) : 아시아개발은행

DLF (Development Loan Fund) : 개발차관기금

ECA (Economic Cooperation Administration) : 미국 대외원조기구

ECC (Economic Cooperation Committee) : 경제협력위원회

EPB (Economy Planning Board) : 경제기획원

EXIM (Export-Import Bank) : 미국수출입은행

FAO (Food and Agriculture Organization) : 유엔식량농업기구

FRB (Federal Reserve Board) : 미국연방준비이사회

FTA (Free Trade Agreement) : 자유무역협정

GARIOA (Government and Relief in Occupied Areas) : 점령지구구제원조비

IBRD (International Bank for Reconstruction and Development) : 국제부흥개발은행

*흔히 세계은행(World Bank)이라고 하는데, 실제로 세계은행은 IBRD와 국제개발협회(IDA) 국제금융공사(IFC) 국제투자보증기구(MIGA) 국제투자분쟁해결본부(ICSID) 등을 통틀어 '세계은행그룹'(World Bank Group)이라고 부름.

IECOK (International Economic Consultative Organization for Korea) : 대한국제경제협의체

IMF (International Monetary Fund) : 국제통화기금

IOC (International Olympic Committee) : 국제올림픽위원회

IPPF (International Planned Parenthood Federation) : 국제가족계획연맹

ISI (Import Substitution Industrialization) : 수입대체 산업화

KAMCO (Korea Asset Management Corporation) : 한국자산관리공사

KCIA (Korea Central Intelligence Agency) : 한국중앙정보부

KDI (Korea Development Institute) : 한국개발연구원

KISA (Korea International Steel Associates) : 대한국제제철차관단

KIST (Korea Institute of Science and Technology) : 한국과학기술연구원

KORSTIC (Korea Scientific & Technological Information Center): 한국과학기술정보센터

KOTRA (Korea Trade-Investment Promotion Agency) : 대한무역투자진흥공사

KSP (Knowledge Sharing Program) : 지식공유사업

MSA (Mutual Security Act) : (대외원조의 기본이 되는 미국의) 상호안전보장법

OPEC (Organization of Petroleum Exporting Countries) : 석유수출국기구

PPBS (Planning-Programming Budgeting System) : 계획예산제도

SSA (Security Supporting Assistance) : 지지원조

*SA (Supporting Assistance) 가 관용적 표현임.

UNKRA (UN Korean Reconstruction Agency) : UN 한국재건단

USAID (United States Agency for International Development) : 미국국제개발처

USOM (United States Operations Mission) : 미국대외원조처

WTO (World Trade Organization) : 세계무역기구

육성으로 듣는 경제기적 I

코리안 미러클

차 례

1 경제개발의 성장엔진 EPB의 탄생

2 개성과 재기의 경제 리더십

3 초기 금융시장과 자본시장의 형성

4 수출과 인력개발에 올인하다

서장

한국경제의 새벽

징후—일본 국왕의 항복선언

1945년 초가 되면서 일본 패전의 징후는 분명해졌다. 막바지에 이른 전쟁의 광기(狂氣)에도 불구하고 중일전쟁과 태평양전쟁 도발 이후 조선 전역을 휩쓸었던 가혹한 전시체제는 점차 힘을 잃었다. 총칼을 차고 위협적으로 시내를 돌아다니던 일본군인들도 어딘지 초조한 얼굴로 바뀌었다.

1945년 5월 들어 제2차 세계대전의 추축국 맹주인 독일이 항복했다. 그 며칠 전에 독일 총통 히틀러는 지하벙커에서 자살했다. 8월 초가 되자 일본인들 사이에서는 패전의 예감이 흑사병처럼 퍼졌다. 일본은 억지로 버텼지만 그해 8월 6일, 9일 일본 히로시마, 나가사키에 떨어진 원자폭탄의 가공할 만한 위력 앞에서는 무릎을 꿇을 수밖에 없었다.

정작 해방의 징후를 가장 늦게 알아챈 사람들은 조선의 일반서민들이었다. '8월 15일 정오에 라디오를 통해 중대발표를 하니 경청하라'는 벽보가 나붙었으나 인력거꾼, 지게꾼, 공사판 날품팔이, 넝마주이 등으로 하루하루 입에 풀칠을 하기에도 급급했던 서민들에게는 그림의 떡이었다. 당시 라디오를 가진 조선인들이 많지 않았던 것이다.

라디오에서 발표를 직접 들은 사람도 내용을 전부 이해하기는 어려웠다. 연합군에 무조건 항복을 선언하는 일본 국왕의 늙고 힘없는 목소리는 질 나쁜 라디오의 잡음 속에 묻혀 무슨 내용인지 알아듣기 힘들었다. 더 결정적 문제는 방송이 일반적 일본어가 아니라 이른바 '황족어'(皇族語)로 방송되었다는 점이다. 라디오 청취자 중에는 조선에 살던 일본인들이 훨씬 더 많았다. 이들은 삼삼오오 모여서 방송을 숨죽이며 듣다가 국왕의 항복선언에 흐느꼈다. 일부 일본인들은 서둘러 짐을 싸기 시작했다.

방송이 나간 직후 일본이 패전했다는 입소문이 빠르게 퍼졌으나 누구도 정확하게 사실을 확인할 수가 없었다. 신문사는 호외를 찍어 거리에 뿌렸다. 갑작스러운 변화를 믿기 어려워서인지 천지개벽의 엄청난 선언이 있었던 8월 15일은 오히려 조용히 지나갔다. 언론인 조용만은 그의 저서 《경성야화》에서 다음과 같이 자신의 체험을 기술했다.

> "호외를 낸 다음 거리풍경이 어떤가 하고 큰길에 나가 보았는데 사람들은 아무 반응이 없었다. 오랫동안 줄곧 겁만 먹고 일본경찰에 눌려 지내온 때문일까. 일본이 항복하고 일본통치에서 해방되었다고 해도 그게 무엇을 의미하는지 모르는 것 같았다."[1]

다음날인 8월 16일 아침이 밝자 형무소에 있었던 정치범과 경제범이 석방되었다. 일본인들은 침울하고 당혹스러운 얼굴로 각자의 집안에 숨어들어 귀국 짐보따리를 쌌다. 그때서야 경성(京城, 서울) 시민들은 일본의 패망을 확신하고, 식민지로부터의 해방을 소리 높여 환호하기 시작했다. 기쁨에 겨워 흥분한 시민들이 다투어 거리로 쏟아져 나와 서울역 광장과 남대문로 등 주요 도로는 발 디딜 틈 없이 인산인해(人山人海)를 이루었다.

해방직후의 경성풍경

빈민들의 도시 경성

감격스럽게 해방이 이루어졌지만 하루아침에 경제가 달라지고 굶주림이 사라진 것은 아니었다. 해방직후 중산층 이상을 형성하던 일본인들이 무더기로

1 조용만, 1992, 《경성야화》, 창.

빠져나간 경성은 그야말로 '빈민들의 도시'였다. 도시인구의 대부분이 최하층 노동자이거나 장기 실업자였던 것이다.

경성 등 대도시에는 공동묘지나 쓰레기처리장 부근의 토막집에 살면서까지 일용직으로 떠도는 빈민들이 넘쳐났다. 빈민들은 대부분이 행상, 인력거꾼, 공사장 인부, 넝마주이, 지게꾼 등 일용직으로 일하면서 하루 몇십 전을 받아 평균 5명 식구의 생계를 유지하는 처참한 가난 속에 살고 있었다. 또 도시에서 살다가 오랫동안 일자리를 찾지 못한 장기 실업자들, 해마다 경성을 덮치곤 했던 홍수 등으로 집을 잃은 이재민들까지 무더기로 빈민계층에 유입되어 힘겨운 하루하루를 연명했다.

동대문과 서울역 근처에 몰려 있던 장옥이라는 당시의 전형적 빈민주택에는 빈민들이 수없이 몰려들어 살았는데 당시의 한 잡지는 장옥에 사는 어느 양복견습생의 일상을 이렇게 묘사한다.

> 그의 생활은 유리(流離) 걸식과 다름없는 살림으로 하루 세끼는 고사하고 며칠을 호떡 두어 개로 연명하며 지내기가 한두 번이 아니었다. 모진 목숨이 끊어지지 아니하여 몇 달 전부터 장옥의 한 칸 방에서 양복 견습생으로 일하는데 견습생이라 수입이라고는 동전 한 푼 없다. 전에 약장사를 하면서 외상을 달아 두었던 것이 있어 하루 종일 발품을 팔아 돌아다니면서 받아낸 9원이 한 달 전체 수입이다.[2]

해방직전 경성에는 전기사업으로 엄청난 돈을 챙긴 일본기업 경성전기주식회사가 전철을 만들어 운행하였지만 하루하루 날품팔이와 공사장 인부, 인력거 등으로 생계를 꾸리는 일반 사람들에게는 전철을 타는 것조차 그림의 떡이었다. 동트지 않은 깜깜한 새벽에 일어나 청량리 일대에서 도심으로 걸어와서 일자리를 찾는 것이 보통의 일상이었다.

그나마 이들보다 형편이 좀 낫다는 월급쟁이들도 사정이 힘겹긴 마찬가지였다. 쌀값, 장작값, 수도료, 집세, 전차비를 제하면 살림은 빠듯했다. 특히 집세가 비싸서 방 한 칸짜리 허름한 집도 전셋돈이 월급의 몇 달치가 될 정도였다.

2 최병택 · 예지숙, 2009, 《경성리포트》, 시공사, 201쪽.

일제의 식민지 농업정책

빈민계층 대부분은 일제 강점기 농촌에서 살다가 소작권을 빼앗기거나 지독한 흉작 탓에 소작료를 내지 못해 도저히 살 수 없게 된 빈농 출신들이었다. 농촌을 떠난 사람들 가운데 일부는 산으로 들어가 화전민이 되었고 일부는 도시에서 날품팔이로 하루하루 생계를 유지하는 빈민으로 전락한 것이다.

해방 전 일본의 식민지 농업정책의 핵심은 '어떻게 하면 조선을 효율적 일본의 식량 공급기지로 만들 수 있는가?'에 맞춰져 있었다. 이 목적에 따라 조선총독부는 '근대적 토지사유제를 확립한다'는 명분으로 토지소유권과 가격을 조사하고 토지소유권을 신고하도록 의무화했다. 농민들 가운데 상당수가 문맹이거나 토지신고의 까다로운 내용과 법령을 이해하지 못해 토지신고를 하지 않았다. 그러자 일본은 미신고 토지와 구황실 소유의 토지, 기타 소유주가 불분명한 모든 토지를 국유지로 몰수했다.

동양척식회사와 농촌의 고리사채

이때 가장 큰 역할을 한 기관이 식민지 경영을 목적으로 일본이 1908년 설립한 동양척식회사였다. 토지조사사업이 완료된 시점(1920년 말) 동양척식회사 소유의 토지는 전체 경작지의 3분의 1에 달하는 엄청난 규모였다. 일부 토지는 일본인 개인에게 팔려 일본인 지주의 소유도 급증했다.[3]

동양척식회사는 대규모 농지 소유와 관리업무 이외에 일부 조선인 지주와 영세 자작농의 땅을 담보로 잡고 대출업무를 통해 이중으로 이익을 챙겼다.[4] 조선 각 지역에 9개의 지점을 두고 1930년 당시 1억 3,800만 원을 대부해 주고 연간 906만 원의 이자수익을 올린 것으로 기록되어 있다.[5]

3 '토지조사사업' 이후 일본인의 토지경영인 수는 10배, 투자액은 5배 이상, 면적은 약 4배가 증가했다. 이하 이 책에서 인용된 일제 강점기 관련 통계 및 자료는 같은 책을 참조하였다(강만길, 2006, 《고쳐 쓴 한국현대사》, 창작과비평사).

4 토지를 소작인에게 빌려주어 50%가 넘는 고율의 소작료를 징수하고, 영세 소작농에게 빌려준 곡물에 대해서는 20% 이상의 고리를 떼는 형식이었다.

5 강만길, 2006, 《고쳐 쓴 한국현대사》, 창작과비평사.

법적 소유권 개념조차 없이 조상 대대로 그 땅에서 곡식을 기르며 살던 순박한 농민들은 이 과정에서 무력하게 농토를 빼앗기거나 일본인 지주에게 엄청난 소작료를 내고, 동양척식회사에서 빌린 돈에 대해 높은 이자를 물고, 힘겹게 고율의 토지세를 내는 과정에서[6] 점점 한계상황에 내몰린다. 1920년대 들어 일본에서 쌀 부족으로 인한 폭동이 일어나는 등 식량사정이 급격히 나빠지자 일본은 동양척식회사를 내세워 '산미증산계획'이라는 새로운 식민지 농업정책을 실시했다. 이 역시 일본자본과 일본인 지주의 이해관계를 중심으로 실시되면서 농민들은 막대한 수리사업비를 추가로 부담해야 하는 등 또다시 타격을 입게 됐다. 과중한 수리조합비 부담 때문에 그나마 남아 있던 중소지주와 자영농들까지 토지를 잃고 소작인으로 전락했다.

엎친 데 덮친 격으로 1939년대에 무서운 '농업공황'이 닥쳤다. 전에 없던 흉작으로 전년대비 46% 수확이 감소했다.[7] 이때의 '농업공황'은 예고된 재앙이었다. 조선의 농촌을 일본 본토에 공급할 쌀 생산지로 간주해 쌀 이외의 잡곡을 심지 못하게 했던 일본의 식민지 농업정책의 후유증으로 쌀 흉작 때 이를 대신할 구황곡물이 부족했던 것이다.

잡곡 경작을 포기했던 조선의 농촌은 구황식량을 구하지 못해 처절한 굶주림으로 내몰렸다. 소작을 부치는 사람들도 소작료를 낼 수 없어 소작권을 빼앗기는 일이 허다했다. 이에 따라 농민들은 기초적 생계조차 어려운 세궁민, 땅을 떠날 수밖에 없는 유리민, 구걸을 할 수밖에 없는 걸인의 길을 걷게 된다.[8] 이렇게 농촌을 떠난 사람들이 도시의 한계빈민인 토막민이 되어 몰려든 것이다. 이것이 해방직전의 경성풍경이었다.

6 일본이 토지조사사업을 실시했던 핵심목적은 세수증가였다. 토지조사사업 이후 과세대상 토지는 52%가 증가했고 토지세 수입이 대폭 증가했다. 토지를 빼앗긴 농민들은 지세와 호별세, 가옥세 등 온갖 명목의 세금을 내야 했다(강만길, 2006, 《고쳐 쓴 한국현대사》, 창작과비평사).

7 국가기록원, "1939년 대가뭄과 식량부족", http://contents.archives.go.kr/next/content/listSubjectDescription.do?id=004827

8 조선총독부 통계에 따르면 1925년엔 세궁민 215만 명, 걸인 1만 명이었다. 1931년엔 세궁민 520만여 명, 걸인이 16만 명이었고 소작농민의 75%가 부채에 시달렸다(강만길, 2006, 《고쳐 쓴 한국현대사》, 창작과비평사).

미군의 눈에 비친 한국

8·15 해방직후인 9월 8일, 하지 중장의 지휘 아래에 미군이 인천항에 상륙한다. 어른이건 어린이건 너도나도 인천항구로 몰려들어 큰 배에서 줄줄이 내리는 낯선 용모의 미군들을 신기한 눈으로 쳐다보았다. 미군은 경성 도착 다음날인 9월 9일 '38선 이남지역에 대한 군정'을 포고한 데 이어 12일 아놀드 소장이 군정장관에 취임함으로써 이제 막 일제에서 해방된 조선에 대한 본격적 군정체제를 갖추었다.[9]

당시 미군정의 눈에 비친 한국의 모습은 한마디로 세계 최빈국이었다. 자원도, 공장도, 최소한의 경제시설도 없는 불모지에서 굶주림과 빈곤만이 일상의 풍경을 이루고 있었다. 무엇보다도 경제개발에 필요한 자원이 거의 남아 있지 않았다. 일제 강점기 동안 조선총독부가 일본의 상업자본과 산업자본을 들여와 온갖 특혜를 주면서 광업, 임업, 어업자원을 개발하도록 하는 한편 막대한 자원을 빼냈기 때문이다.

생필품 공장도 거의 찾아볼 수 없었다. '조선의 병참기지화 전략'에 따라 공장과 산업이 전쟁을 위한 생산기지로 활용되었기 때문이다. 1930년 후반 들어 중일전쟁이 시작되자 일본은 국가총동원 체제를 선포하고 전시생산 체제에 들어감으로써 모든 생산을 전쟁물자 조달로 특화했다. 일본이 발전소 등 기간산업과 공장, 광업 등 대부분의 설비를 북한지역에 구축했기 때문에 해방직후 남한에서는 전력을 비롯한 최소한의 에너지 생산 인프라도 남아 있지 않았다. 해방 후 남북한이 분단되고 전력공급이 중단되자 그나마 남아 있던 남한의 경공업은 거의 무용지물이 되고 말았다.

해방직전까지 조선에서 발전한 산업의 특징은 ① 일본자본에 의한 개발독점과 자원의 반출, ② 전쟁물자용 광물과 군수용품 산업의 발달, ③ 철저한 전쟁수행을 위한 지역적 불균형 산업발전 등이었다.

9 미군정은 1948년 8월 15일 대한민국정부가 정식으로 수립 때까지 3년간 남한지역을 통치했다.

전쟁에 동원된 경제의 후유증

공장과 산업은 철저하게 일본의 전쟁수행을 위한 전진기지로 설계, 발전되고 제도화되었기에 막상 해방이 되자 일반적 산업발전을 위한 인프라로는 거의 쓸모가 없었다. 1930년대 전쟁이 본격화되자 일본은 국가총동원 체제를 선포하고 전시생산 체제에 들어감으로써 민수산업을 강력히 통제하고 군수산업화하기 시작했다. 해방 전인 1942년에는 아예 '기업정비령'을 공포해 일본기업이 조선기업을 흡수하도록 조치했다.[10] 심지어 가내수공업 비슷한 소규모 철공소와 기계 수리장마저 모조리 전시용으로 동원되었다.

산업구조도 일본경제를 보완하는 방식으로 발전하였다. 일본 방직업체들이 조선의 값싼 노동력을 활용하려고 하여 섬유업은 일반적인 옷을 생산하는 분야가 아니라 면방직과 조면업 중심으로만 발달했다. 식품공업 역시 일본의 전쟁식량 조달을 위해 도정업 중심으로 확장되었다.[11] 이처럼 상호보완적 생산시스템이 존재하지 않는 반쪽짜리 산업의 발달은 해방 후 심각한 부작용을 불러왔다.

또한 일본의 '조선 병참기지화 전략'은 남북한 산업의 불균형 발전으로 이어졌다. 전쟁을 효율적으로 수행하기 위해 이북에만 발전소 등 주요 기간산업을 건설했기 때문에 남북한 간 지역적 불균형이 심화된 것이다. 특히 발전설비는 80% 이상이 북한지역에 있었고 남한의 전기시설은 거의 미미한 수준이었다. 이 때문에 해방 이후 남북이 분단되면서 북한이 갑자기 전력과 자원 공급을 끊자 남한은 공업생산이 급감하는 등 치명적인 타격을 입는다.[12]

10 화학, 전기, 기계 공업 등 주요 산업은 94% 이상이 일본자본이었고 금속은 98%, 화학, 전기, 가스공업은 100%가 일본자본이었다(조선은행 편, 1948, 〈조선경제연보〉).

11 식품공장으로 분류된 공장들 가운데 81%가 정미소였고 그나마도 전쟁이 본격화된 1942년 이후에는 기업정비령에 의해 정리되거나 흡수 통합되어 '식량영단'의 통제 아래에 들어갔다(강만길, 2006, 《고쳐 쓴 한국현대사》, 창작과비평사).

12 1948년 6월 19일자 〈공업신문〉에 따르면 전기공급이 끊기자 남한의 공산품 생산량은 종전의 5% 수준으로 하락했다.

미국의 무상원조 시대

미군정과 무상원조

한반도의 남쪽에 들어온 미군정은 폐허나 다름없는 한국경제에 대해 군사지원 성격의 무상원조를 제공하기 시작했다. 당시 한국은 식량조차 태부족이었다. 강제소출에 흉작이 겹쳐 곡물 생산량 자체가 부족했던 데다 해방 후 해외동포의 무더기 귀환 등으로 식량사정이 갈수록 악화되었다. 정치적 혼란과 생산의 마비로 생필품은 태부족이었고 해방직전 전쟁 수행용으로 남발된 조선은행 화폐 때문에 악성 인플레이션이 가뜩이나 어려운 경제를 좀먹었다.

미군정 시기부터 제 1공화국이 정식 출범한 직후인 1949년까지 4년 동안 미국은 '점령지구구제원조비'(GARIOA: Government and Relief In Occupied Areas), '미국 대외원조기구'(ECA: Economic Cooperation Administration) 경제원조 등 5억 달러 이상의 무상원조를 제공한다. 1948년 5월 10일, 남한 단독으로 치른 역사상 최초의 국민 총선거를 통해 제헌의회가 구성되었고 8월 15일 대한민국 정부가 수립되자[13] 공식적으로 '한미 경제협정'이 체결됐다. 이 협정에 따라 건국 이후 한국경제는 개발연대 이전까지 미국의 무상원조에 재정과 공업생산을 의존하는 '원조경제' 형태를 벗어나지 못하고 또한 원자재가 어떤 것이 들어오느냐에 따라 산업의 형태가 결정되는 기형적 성장을 시작한다.

남한단독정부가 수립된 지 얼마 되지 않아 6·25 전쟁이 발발하자 한국경제는 미국이 제공하는 무상원조에 더 크게 의존하게 되었다. 전쟁직후의 〈네이선 보고서〉(*Nathan Report*)[14]는 전쟁기간 3년간 공업시설과 발전시설, 탄광시설 등이 절반 가까이 파괴됐고 공공시설과 선박, 차량, 주택 등의 피해까지 포함하면 약 18억 달러 규모의 피해가 발생했다고 추정했다.[15] 국토는 황폐화됐고 농사를 지을 수 없어 식량사정은 더욱 나빠졌다. 1948년 2천 4백만 석이었던 국내 쌀 공급량은 1951년에는 약 2천만 석으로 줄었고 1949년 1석에 평

13 당시 정부부처 조직에는 재무와 농림, 교통, 상공 등 4개의 경제부처가 포함되어 있었다.
14 1953년 3월에 UNKRA가 원조정책의 일환으로 작성한 한국경제재건을 위한 건의보고서.
15 이는 1949년 한국 전체 GNP와 동일한 규모다. 한마디로 한국의 1년치 생산이 전쟁 도중에 완전히 사라졌다.

인천상륙작전(1950.9.15)

1950년 9월 15일 맥아더의 지휘 아래 유엔군이 인천에 상륙했다.
인천상륙작전은 서울을 쉽게 되찾을 수 있는 길을 터놓았을 뿐만 아니라, 낙동강 방어선에 투입된 북한 공산군 주력부대의 병참선을 일시에 끊어 버림으로써 국군과 유엔군이 초기의 수세에서 벗어나 공세를 취할 수 있게 했다.

유엔의 구호양곡(1950)

6·25 전쟁(1950~53년) 중에 국군이 서울을 수복하자, 유엔은 구호양곡을 서울시에 들여왔다.
유엔 한국재건위원단은 1953년도 사업계획으로 7천만 달러를 계상하여 재건·구호사업에 착수하였다.

균 191원이었던 쌀값은 1952년에는 9,300원으로 수직상승했다.[16] 여기에 유엔군의 북한 철수 때 엄청난 숫자의 북한 피난민들이 남쪽으로 몰려와 1950년대 초반의 남한사회는 굶주림에 시달리는 실업자들로 넘쳐났다.

잉여농산물 원조와 대충자금

1953년 이후 본격적으로 도입되기 시작한 미국의 무상원조 가운데 대표적인 것이 '미국 잉여농산물 판매대전'이었다. 미국은 공법 480호에 의한 농산물 무상원조를 통해 잉여농산물을 한국시장에 싸게 팔아 곡물가격을 안정시키는 한편 그 대금을 미국의 군사경제원조의 대표적 형태인 '대충자금'으로 전입해 한국정부가 사용하도록 했다.[17]

원조물자의 배분방식은 ① 한국은행이 실수요자를 선정하여 자금을 배정하고 수입할 때와 ② 원조기관이나 정부가 직접 시장에서 판매할 때가 각각 달랐다.[18] 미국은 원조물자를 국내에서 판매한 후 자신들이 약 10~20%를 사용하고 나머지를 한국정부의 재정으로 쓸 수 있도록 했다.

미국의 무상원조자금으로 한국정부는 전후의 시설복구를 서둘렀다. 석탄 증산을 위한 채광시설과 전신전화, 기관차, 화력 및 수력발전 등 기초적 국내 기간시설을 복구하고 원조자금을 기반으로 수입대체적 공업화를 위한 일부의 시설을 도입했다. 또 대충자금은 군사경제원조의 성격이 강했기 때문에 상당액이 국방비로 의무전입되었다.[19] 만성적 재정난에 시달리던 한국정부는 무상원조자금을 조금이라도 더 받아내기 위해 매년 협상을 벌였다.

16 1949년 석당 평균 191원이던 쌀값은 1950년에는 906원, 1951년에는 2,570원, 1952년에는 9,300원으로 급등했다.

17 도입 농산물은 밀이 40%, 원면 · 보리 · 쌀 등이 약 50%를 차지했다.

18 전자의 경우 환율에 따라 이익이 크게 달라졌고 후자는 인플레이션하에서 시장가격에 원조물자를 판매했기 때문에 한국경제가 인플레이션으로 멍이 들수록 재정에 전입되는 대충자금 규모가 커지는 역설적 상황이 초래되기도 했다.

19 1953년에서 1960년까지 대충자금의 국방비 사용비율은 평균 38.2%에 달했다(EPB, 《예산개요》 1962~1965).

대충자금이라고 불리던 미잉여 농산물 판매대전은 우리 정부의 세입예산 편성에 매우 중요한 비중을 차지했다. 경제개발 5개년계획에 소요되는 재정투융자자금의 수요 팽창 때문에 미농산물 매각대전을 한 푼이라도 더 얻어내는 것은 정부의 중요한 일이었다. 〔나중에 경제기획원(EPB: Economy Planning Board) 이 생겨난 후〕 부총리의 대미교섭의 성패 여부는 EPB를 평가하는 바로미터가 되기도 했다. (박필수: 당시 외자총괄과 사무관)[20]

3백(三白) 산업의 기형적 발달

미국의 무상원조는 오랫동안 많은 액수가 지원됐는데도 한국의 산업발전에는 큰 도움이 되지 못했다. 원조에 포함된 물자 위주로 특정 산업만 발달하는 부작용이 빚어졌기 때문이다. 이것은 산업이 성장하는 과정에서 자연스럽게 다른 산업으로 수요가 파급되어 유기적 완결과정을 이루면서 산업전반이 고르게 성장해 나가는 일반적 경제발전 양태와는 전혀 다른 형태의 기형적 구조였다.

이는 미국원조의 본질적 성격을 생각해 보면 당연했다. 미국이 제공했던 무상원조의 의미는 한국경제의 자립이 아니었다. 세계 군사질서를 바라보는 미국이 자유진영 방위정책의 일환으로 제공한 군사적 성격이었다. 경제원조를 바탕으로 인플레이션을 억제하고 균형재정을 통하여 경제를 안정시키며, 이를 바탕으로 전쟁의 피해를 빠른 시간 안에 복구한다는 것은 결과적으로 그렇게 되면 좋겠다는 부차적 목표에 불과했다. 한국에 '자동적·자주적 재생산과정(automatic and self-generating process)의 경제구조'를 이식하고 실천할 수 있도록 지원하는 것과는 더더구나 거리가 멀었다.

1950년대 한국에서 급격히 발달한 면방직공업의 사례를 보면 '일제 식민지경제'와 '미국의 원조경제'를 통해 형성된 한국산업의 특징을 더 분명하게 알 수 있다. ① 면화생산에 필요한 시설은 일제 강점기의 공장을 불하받은 것이었고, ② 원료는 미국의 원조물자에 의존했으며, ③ 공장운영에 필요한 자금은 정부의 대충자금계정 등에서 나오는 특혜융자나 고금리 사채를 기반으로 했다.

20 한운사, 2006, 《한국적 최강 CEO 장기영: 뛰면서 생각하라》, 동서문화사, 320쪽에서 재인용.

원조물자에 포함된 원료 위주로 성장한 경제는 이른바 '3백(三白) 산업'이라고 불리는 '제분, 제당, 면방직 산업'의 기형적 발달을 불러왔다. 또 당장 생산해서 팔기 쉬운 소비재 경공업 위주로 산업이 형성된다.[21] 소비재 위주의 산업구조는 시간이 지날수록 오히려 강화되어 1961년에는 산업의 77.3%가 소비재로 구성되어 있었다. 원료의 해외의존도도 갈수록 높아졌다. 1962년 중반의 경제통계를 보면 제조업에 투입된 원료 가운데 63.7%가 수입에 의존해 이후 개발연대를 포함해 수십 년 동안 한국경제를 지속적으로 괴롭힌 외환위기의 한 원인이 된다.[22]

또 전쟁 직후에는 나름대로 곡물가격 안정에 기여했던 잉여농산물 도입이 한국의 식량자급도가 97%까지 크게 높아진 1957년까지도 계속 과잉 도입되어 국내 곡물가를 하락시키는 부작용을 일으키기도 했다.[23] 이 때문에 이 시기의 농정을 "미 잉여농산물의 범람과 농정의 부재"라고 보는 시각도 있다.[24] 총 51억 달러가 넘는 막대한 원조자금이 제공되었는데도 한국의 경제자립에는 큰 도움이 되지 않았다는 평가를 받는 것도 이 때문이다.

미국은 원조물자를 무상으로 제공하면서 효율적 집행을 위해 한미 간 상호협의체제를 요구했다. 1953년 말 유엔군 총사령부 경제조정관으로 임명된 타일러우드와 한국정부 간에 체결된 협약에 따라 '경제재건과 재정안정계획에 관한 합동경제위원회'가 발족했다. 원조를 통한 전후 경제부흥을 목적으로 출발한 이 위원회는 원조물자의 반입에서부터 사용에 이르기까지 대부분의 권한을 미국인 단장에게 부여했다. 한국에서의 잉여농산물 판매가격도 미국이 조정하였다. 1961년 5·16 군사정변이 발발한 직후 위원회 운영이 일시 중단되었다가 이후 1963년 7월 유사한 성격의 '경제협력위원회'(ECC: Economic Cooperation Committee)가 신설되어 그 기능을 대신한다. 이와 같

21 1953년의 한국은행 통계를 보면 제조업 전체에서 면방직, 제분, 비누, 고무신업 등 소비재 완제품 부문이 차지하는 비중은 74%가 넘는다.

22 섬유산업은 원료의 79%를 미국에서 들여온 잉여 원면에 의존했고 화학과 펄프공업도 각각 64%와 66%를 수입 원료에 의존했다.

23 1958년 농가의 1년간 평균 미곡 판매수입은 생산비 2만 5,118환을 밑도는 2만 2,744환에 불과해 농가소득은 계속 감소했다. 정부가 재정확충을 위해 농민을 희생시켰다는 비판이 나오기도 했다.

24 전경련, 1975, 《한국경제정책 30년사》, 사회사상사, 421쪽.

은 한미 ECC 조직을 통해 미국은 한국경제의 자립이 어느 정도 확립된 1960년대 중반까지 예산과 재정, 금융, 산업정책 등에 광범위한 영향력을 행사했다.

물가급등과 피폐한 민생

조선에서 사용된 만주화폐

해방 후 한국경제를 괴롭힌 것은 극심한 인플레이션이었다. 악성 인플레이션을 일으킨 뿌리는 일본의 전쟁물자 조달을 위한 통화남발이었다. 해방직전 일본은 조선에서 전쟁물자를 조달하고 전쟁 수행용 교통과 통신 인프라를 건설하는 과정에서 조선은행권을 마구 찍어냈다. 마침내 화폐발행액이 1943~45년 3배나 증가했다.[25]

사태를 더욱 악화시킨 것은 만주 중앙은행권의 유입이었다. 일본은 만주에서 발생된 화폐를 조선은행권과 동일한 가치로 인정해 조선물자를 구입할 수 있도록 허용했다. 당시 만주의 물가는 조선보다 3~4배나 높았기에 같은 돈으로 훨씬 싸게 물건을 구입할 수 있는 조선으로 만주 돈이 쏟아져 들어왔다. 전시체제에 동원된 통화남발에다가 외국돈까지 쏟아져 들어오고 보니 엄청난 인플레이션이 발생하는 것은 당연한 결과였다.

미군정 시절이 된 후에도 사정은 크게 나아지지 못했다. 원조만으로는 부족한 재정을 메우기 위해 조선은행이 화폐발행량을 대폭 늘렸기 때문이다. 미군정 시작 후 1947년 12월까지 2년 3개월 동안 통화량은 무려 4배가 증가했고 1947년 서울의 도매물가 상승률은 198%나 되었다.[26] 일제 식민지와 미군정 시절로부터 악성 인플레이션의 유산을 고스란히 물려받은 한국정부는

25 1943년 14억 6,600만 원이던 조선은행권 발행액은 해방직전 1945년 6월에는 무려 43억 3,900만 원으로 증가했다(강만길, 2006, 《고쳐 쓴 한국현대사》, 창작과비평사).

26 이영훈, 2004, 《한국은행 100년사》, 산하.

고물가를 수습하고 금융 혼란을 바로잡으려 한국은행을 통해 3차례나 통화교환 조치를 단행했으나 별 실효를 거두지 못했다.

엎친 데 덮친 격으로 1950년 6월 한국은행의 설립과 동시에 옛 조선은행권을 신(新) 한국은행권으로 바꿔주는 과정에서 6·25 전쟁이 발발하면서 정부는 긴급한 전쟁비용을 조달하고 유엔에 전쟁비용을 대여해 주기 위해 또다시 통화를 남발할 수밖에 없었다. 전쟁 직전인 1950년 6월 24일 560억 원 수준이던 은행권발행이 전쟁이 한창이던 1952년 말에는 1조 원을 넘어섰다. 상상을 뛰어넘는 대규모 통화증발은 그렇잖아도 높은 물가를 자극했고 고리사채와 매점매석이 기승을 부리도록 만들어 국민들의 생활은 갈수록 피폐해졌다.

일본 귀속재산의 분배실패

1949년부터 지속적으로 일본인들의 재산매각이 이뤄졌는데 이때 저리 은행융자를 받아 매입한 사람들은 초인플레이션 때문에 귀속재산을 거저 받은 것이나 다름없는 특혜를 받았다. 공장을 불하받은 사람들은 생산이 제대로 이뤄지지 못한다는 이유로 불하대금을 체납했다. 귀속자산 매각으로 정부의 일반재정에 전입할 수 있었던 금액은 1949년부터 1955년까지 7년 동안 전체 귀속자산 평가금액의 1.5%에 불과했다. 귀속재산의 적정가격 매각을 통해 체계적 경제개발을 시도해 볼 수 있는 1차 자금축적의 기회를 완전히 놓친 셈이다.

전쟁의 와중에서 통화개혁이 급하게 단행된 또 다른 이유는 전쟁기간에 통화증발의 원인을 제공했던 유엔군 대여금의 조기회수에도 목적이 있었다. 6천억 원이나 되는 이 대여금을 가능한 한 많이 달러로 받아내는 것이 부족한 달러를 확보하고 생산을 위한 원료를 사들여올 수 있는 유일한 돌파구였다. 한국은 1953년 2월에 열린 한미 합동경제위원회에서 오랫동안 한미 양국의 갈등요인이 되었던 대여금 상환을 촉구했다. 한국 측의 주장에 대해 미국 측 대표 헨론 소장이 유엔군 대여금을 1달러 대 160환으로 환산하는 것에 동의해 당시까지의 대여금 총액 8,680만 달러가 한국 측에 완납된다.

5 · 16으로 이어진 경제위기

미국은 1957년 이후 '군사원조 - 무상원조'를 점차 '경제원조 - 유상원조' 개념으로 바꾸어갔다. 1959년 1월 체결된 상호안전보장법(MSA: Mutual Security Act)에 따라 한미 간 개발차관기금(DLF: Development Loan Fund) 협정이 조인되고 대신 무상원조가 크게 줄어들기 시작했다. 무상원조에 의존해 소비재 산업 위주로 성장했던 한국경제는 미국의 갑작스러운 정책변화 때문에 외부에서 강요된 체질개선에 제대로 대응하지 못한 채 급격히 후퇴하기 시작했다. 원조액이 정점에 이르렀던 1957년 8.1%였던 경제성장률은 원조감소에 따라 1958년 6.5%, 1959년 4.8%로 하락했고 1960년에는 2.5% 성장에 그쳤다.

이 기간 동안 국민들의 생활은 피폐하기 짝이 없었다. 전쟁 동안 찍어냈으나 통화개혁으로도 흡수하지 못했던 통화량이 물가를 자극한 데다 소비재 위주의 경제구조가 정착되면서 물가는 천정부지로 올랐다. 대다수 국민들은 실업과 저소득, 물가고에 시달렸다. 일제 강점기 때부터 계속된 사회적 불균형은 날이 갈수록 심화되었다. 여기에 경제성장이 추락하자 국민들의 축적된 불만이 3·15 부정선거를 계기로 폭발하였다. 그 결과 건국 이후 계속된 이승만 자유당 정권이 몰락하고 1960년에 있었던 7·29 총선에서는 압도적 다수의석을 차지한 민주당의 내각책임제 정부가 들어섰다.[27]

자유당의 오랜 독재를 청산하고 압도적 지지로 들어선 민주당은 그러나 원천적으로 극심한 내분의 요소를 잉태하고 있어 책임 있는 경제정책을 수행할 만한 지도력을 애초에 지니지 못했다. 창당 당시부터 계속된 민주당 구파와 신파의 알력은 반독재 투쟁을 계속할 때는 공동의 적을 눈앞에 두고 별다른 문제가 되지 않았으나, 선거에서 승리하고 권력을 나누는 시점이 오자 정치적 지분을 확보하기 위한 본격적 권력투쟁으로 이어졌다. 9개월밖에 지속되지 못한 짧은 집권기간에 4차례나 개각이 단행될 정도였다. 극심한 정권알력과 계파별 권력투쟁은 정국불안과 장면(張勉) 내각의 리더십 파탄을 초래했고 결국 이후 5·16으로 이어지는 군의 정치개입에 명분을 주고 만다.

27 민주당이 전체 233의석 가운데 175석(75.1%)을 차지하여 집권정당으로 부상했다.

1

경제개발의 성장엔진 EPB의 탄생

1. 정치 혼돈기에 태어난 경제질서
2. 자립경제의 성장엔진 예산과 재정
3. 외자조달 경제성장의 빛과 그림자

제 1장

정치 혼돈기에 태어난 경제질서

난산 끝에 태어난 경제개발계획

이승만 대통령의 '계획경제 알레르기'

1956년 어느 날. 부흥부의 젊은 기획과장인 이기홍(李起鴻)은 잔뜩 긴장된 채 경무대(청와대의 전신)에서의 브리핑을 준비하고 있었다. 이기홍은 미국의 앰허스트 대학에서 유학하고 프린스턴에서 대학원을 나온 후 귀국해서 부흥부 기획과장으로 변신한 몇 안 되는 미국 유학생 출신 엘리트 공무원이었다. 그가 준비한 브리핑은 인도, 필리핀, 대만 등 한국보다 경제발전 단계에서 앞선 나라의 경제개발계획을 벤치마킹해서 한국도 1957년부터 '경제개발 5개년계획'을 실시하자는 내용이었다. 부흥부 및 재무부의 해외파들이 몇 년에 걸쳐 연구하고 고민하고 해외사례를 조사해서 만든 '경제개발 5개년계획'이었다.

일개 과장이 브리핑하는 자리치고는 참석자의 면면이 화려했다. 김현철 부흥부 장관, 김일환 상공부 장관, 인태식 재무부 장관, 정운갑 농림부 장관 등 쟁쟁한 경제 4부처 장관이 모두 참석했고 이승만 대통령이 회의를 주재했다. 경제부처 장관들에게는 이미 한차례 따로 브리핑을 했기 때문에 내심 찬성의사를 확인할 수 있었으나 정작 결정권자인 이승만 대통령의 의중은 알 수 없었다. 평소에도 별로 말수가 없던 대통령이라 무슨 생각을 하고 있는지 반응을 알 수 없었지만 얼핏 보기에도 적극적으로 환영하는 표정은 아니었다. 브리핑을 하면서도 '이거 안 되나 보다' 하는 불길한 예감으로 이기홍 과장의 명치끝이 따끔따끔했다. 무사히 브리핑을 끝내고 긴장된 침묵 속에서 대통령의 반응을 기다렸다. 아니나 다를까, 이 대통령은 불쑥 이렇게 논평했다. "자네가 발표한 5개년계획은 정부가 주도하는 계획경제 아닌가? 아무래도 공산당 스탈린식 사고방식으로 보이네. 나는 이 경제개발계획에 찬성할 수 없네."

이승만 대통령은 '경제계획'이라는 단어 자체에 '반공 알레르기' 반응을 보였다. 정부주도의 경제개발계획을 '공산주의식 통제경제 시스템'이라고 받아들여 마땅치 않게 여겼던 것이다. 이기홍 과장은 크게 실망했다. 같은 생각을 지닌 관료들끼리 오랫동안 토론하고 의논하고 완성시킨 경제발전 종합계획이 아니던가! 유엔과 해외사례도 충분히 모아 철저하게 장단점을 분석하고 좋은 제도만 도입했는데 … . 한국경제의 중장기 발전을 도모하려면 반드시 필요한데도 대통령은 '스탈린식 통제경제'를 연상케 한다면서 단번에 잘라 버린 것이다. 그대로 두면 적어도 이 대통령 생존 시에는 정부주도의 5개년 경제개발계획이 불가능하다는 점을 확인한 셈이었다.

이기홍 과장은 전략을 바꾸기로 했다. 전후 한국의 경제정책에 상당한 영향력을 행사했던 미국대외원조처(USOM: United States Operations Mission)의 힘을 빌려 경제개발 5개년계획의 우회도입을 시도한 것이다.

> USOM의 재정경제고문에게 장기계획의 필요성을 강조했다. 당시 USOM의 관심은 원조기금의 효율적 관리였으므로 이들을 끌어들여 경제계획을 추진해야겠다고 작정한 것이다. 또 5개년계획 대신 3개년계획과 7개년계획으로 하고 명칭은 '경제계획'보다 '장기계획'으로 할 것을 나중에 부흥부 장관으로 온 송인상 장관에게 건의했다.[1]

1 이기홍, 1999, 《경제근대화의 숨은 이야기》, 보이스사, 265쪽.

〈네이선 보고서〉와 〈타스카 보고서〉

해방 이후 최초 경제개발계획은 1947년에 시도된 '조선재건 5개년계획'일 것이다. 미군정은 5개년 재건계획을 수립해 남한의 경제부흥을 진행하려 했으나 극심한 정치적 혼란 속에서 아이디어 차원으로 그치고 말았다. 한편 1948년 미군정이 끝나고 수립된 제 1공화국이 1949년 1월 마련한 '경제부흥 5개년계획'은 본격적 경제개발계획이라기보다는 미국의 무상원조를 효과적으로 활용하기 위한 단순한 스케줄에 불과했다.

미국은 6·25 전쟁 이후 원조정책의 일환으로 한국경제 재건과 부흥 방침을 마련해 제시한다. 대표적인 두 가지 보고서가 〈네이선 보고서〉로 알려진 '한국경제 재건계획'과 〈타스카 보고서〉(*Tasca Report*)[2]로 알려진 '대한원조 3개년계획'이었다. 그러나 유엔과 미국이 각각 작성한 이 계획들은 경제개발계획이라기보다는 '얼마의 경제원조를 제공하면 한국이 전쟁 이전 수준으로 회복되겠는가?' 하는 문제에 중점을 둔 '부흥계획'에 불과했다.[3] 1954년 7월에는 자유당 정부에 의해 '경제부흥 5개년계획(1954~1958년)'이 세워졌으나 이 역시 이승만 대통령의 방미에 따라 미국에 내미는 원조요청 계획에 가까웠다.

한국경제에 대해 전후 재건이나 부흥수준이 아니라 독자적 개발의 필요성이 대두되기 시작한 것은 1950년대 중반, 본격적으로 경제개발계획이 세워지기 시작한 것은 1950년대 후반부터다. 인도가 '플래닝 보드'(Planning Board)라는 기구를 통해 1950년부터 5개년 개발계획을 추진한 것을 비롯해 일본, 대만, 말레이시아, 필리핀 등 아시아 국가들이 경제개발계획을 추진하는 것이 흐름으로 자리잡던 시기였다.[4]

당시 경제발전 면에서 한국보다 훨씬 앞섰던 이들 국가의 움직임은 어려운 한국경제의 나아갈 방향을 고민하던 젊은 관료들을 자극했다. 특히 미국에서

2 〈한국경제 문제에 대한 대통령 특사 보고서〉(Henry Joseph Tasca, 1953, *Relief and Rehabilitation Recommendations Contained in the Report to the President by Dr. Henry J. Tasca, Special Representative of the President for Korean Economic Affairs*, U.S. Government Printing Office)다. 대통령 특사자격으로 조사에 참여했던 타스카의 이름을 따서 '타스카 보고서'라고 불린다.

3 김진현·지동욱, 1966. 9, "한국장기개발계획의 내막: 1차~2차 5개년계획이 만들어지기까지", 〈신동아〉.

4 이완범, 2006, 《박정희와 한강의 기적》, 선인, 37쪽.

경제학을 배우고 세계은행이나 유엔 등 국제기구활동에 참여하면서 지적(知的) 자극을 받았던 이한빈(李漢彬)과 이기홍 등 부흥부와 재무부의 젊은 과장들은 인도정부가 추진하던 정부주도의 경제계획에 매료되어 열정적으로 토론하곤 했다. 이들은 '빈곤의 덫'에서 벗어나려면 한국 역시 '정부주도의 장기개발계획'을 마련해야 한다고 생각하고 한국적 경제개발계획을 만들어냈다. 그 기본 개념을 경제부처 장관들에게 사전보고하고 이후 이승만 대통령까지 브리핑했으나 이 대통령의 '통제경제' 알레르기 때문에 무산되고 만 것이다.

발등에 떨어진 불 — 무상원조 중단

대통령의 반대에 부딪혀 자칫 쓰레기통에 들어갈 뻔했던 장기경제개발계획을 다시 공론화시킨 것은 한국에 원조를 제공하던 USOM이었다. 미국은 USOM을 통해 1957년 3억 8천만 달러를 정점으로 해서 무상원조를 크게 줄이고 머지않아 유상차관으로 전환한다는 입장을 분명히 했다. 미국과 자주 접촉해 본 한국의 경제관료들은 미국의 무상원조 감축 메시지를 막연한 경고가 아니라 곧 닥쳐올 현실적 위기로 '불안해서 밤잠을 못 잘 만큼' 심각하게 받아들였다. 독자적 경제개발 노력을 하지 않으면 살아남기 어려운 시점이 온 것이다.

> 전쟁으로 황폐해진 국토와 도탄에 빠진 민생을 되살리는 경제재건은 참으로 힘겨운 일이었다. 미국의 원조와 온 국민의 피땀 어린 노력으로 1959년에는 6·25 전쟁 이전 수준으로 회복할 수 있었다. 그러나 부흥사업의 밑천인 원조자금이 얼마동안 더 계속될지, 언제 어느 때 끊어질지를 몰라 정말 앞이 캄캄하고 가슴이 답답하여 잠을 이루지 못하는 밤이 많았다. 당시 원조자금을 최대한 확보하기 위하여 미국정부와 교섭해야 하는 일이 가장 큰 고역이었다.[5] (신현확)

미국의 원조정책이 변화의 조짐을 보인 것은 1957년 아이젠하워 대통령이 '대외원조 특별교서'에서 유상 경제원조를 전담하기 위한 '장기 DLF'의 창설을 언급하면서부터였다. 이에 따라 미국은 1957년 중반부터 USOM을 통해

5 "경우탐방: 신현확 전 부총리", 〈경우회지〉, 1988. 10, 통권 4호 16쪽.

가까운 시일 내에 무상원조가 대폭 줄어들거나 종결될 것이라고 한국정부에 통보했다. "대신 스스로 경제개발을 추진할 수 있도록 장기 유상원조를 줄 테니 독자적인 경제개발 계획안을 작성해서 제출해 달라"는 요구가 뒤따랐다. 실제로 다음해부터 미국은 무상원조를 계속 줄여갔다. 또 1959년 1월에는 MSA에 따른 한미 간 DLF 협정을 조인하고 동양시멘트 시설확장을 위한 '유상차관'을 제공했다. 이것이 유상의 장기개발차관, 이른바 DLF의 첫 도입 사례였다. 시기적으로는 건국초기 이승만 정부가 막을 내리고 제 2공화국의 장면 정부로 넘어가던 무렵이었다.

무상원조가 급감하기 시작하자 원조에 의존해 성장해온 한국경제는 갑작스러운 변화에 제대로 대응하지 못했다. 1950년대 말 미국이 경제무상원조를 줄여가면서 한국의 경제성장은 대폭 후퇴했다. 원조액이 가장 많았던 1957년 8.1%였던 경제성장률이 원조감소에 따라 1958년 6.5%, 1959년 4.8%로 하락했고 1960년에는 2.5% 성장에 그쳤다. 증폭되는 위기감 속에서 한국은 경제자립을 위한 '독자적 경제개발계획'의 필요성을 깊이 절감한다. 발등에 불이 떨어진 것이다.

1957년 6월 제 3대 부흥부 장관으로 취임한 송인상 장관은 부흥부 젊은 관리들의 의견을 적극적으로 받아들여 본격적 경제개발계획 마련에 착수했다. 그는 장관 취임 직전까지 '한미 합동위원회'의 한국 측 경제조정관을 지냈기에 미국의 원조방향이 크게 달라진다는 분위기를 누구보다도 분명하게 감지했다. 송 장관은 취임하자마자 미국을 방문해 허터(Christian A. Herter) 미 국무장관 대리를 만나 "한국이 독자적 경제개발계획을 작성할 수 있도록 도와주고 미국이 장기원조를 해 달라"고 요청했고 미국은 전문가 등을 보내 장기 경제개발계획의 작성을 돕겠다고 화답했다.

산업개발위원회의 설립과 경제개발계획

1958년 초, 부흥부 산하에 대충자금으로 만들어진 산업개발위원회(Economic Development Council)가 설립된다. 송인상 장관은 이 위원회의 위원장을 겸해 전반부 3년, 후반부 4년의 경제개발 7개년계획을 구체적으로 작성했다. 특히 전반 3개년에 집중한 경제개발계획이 마련되는데 이것이 한국정부가 실행의지를 가지고 독자적으로 만든 최초의 경제개발계획이었다. 전반 3개년 경제개발계획은 2년의 작업 끝에 1959년 12월 확정되었다.

처음에는 못마땅하게 생각하던 이승만 대통령도 USOM을 통한 미국 측의 강력한 요구 때문에 이를 받아들였고, 결국 1960년 4월 15일 국무회의에서 공식 채택되었다. 이때 만들어진 전반 3개년계획은 경제성장을 위해 투자-생산-고용-국제수지 등 각 경제 분야별 목표를 제시하는 등 나름대로 뚜렷한 경제개발의 형식과 목표, 내용을 갖춘 것으로 평가된다. 가장 큰 특징은 농업과 공업, 그리고 중공업과 경공업에 대해 '균형발전' 전략을 채택했다는 점이다. 그러나 이 개발계획이 국무회의를 통과한 지 며칠도 안 돼 곧바로 1960년 4·19가 일어나 자유당 정부가 축출되는 바람에 제대로 빛을 보지도 못한 채 무산되고 말았다.[6]

케네디 정부의 외교정책 변화

한국에서 부패한 자유당 정권의 뒤를 이어 윤보선 대통령과 장면 내각수반을 정점으로 하는 민주당 정권이 국민들의 압도적 지지를 받아 들어섰다. 비슷한 시기인 1961년 3월 미국에서는, 케네디 행정부가 새로 들어서면서 이전 정부와는 차별화되는 외교정책을 시도했다. 1950년대 후반부터 진행되던 한국 등 아시아 각국에 대한 미국의 원조정책을 바꾸어 '무상원조 감축 및 유상원조-기술지원 전환정책'을 천명했다.

케네디 행정부의 대외원조 정책에 기초이론을 제공한 사람은 매사추세츠 공과대학(MIT) 경제학과 로스토(Walt Rostow) 교수였다.[7] 케네디 행정부에서 미 국무부 정책기획위원회 의장으로 발탁된 로스토 교수는 "저개발국가, 특히 아시아의 공산주의는 전근대적 사회의 정체와 모순에 기생하는 풍토병

6 비록 실현되지는 못했지만 이때 한국의 최초의 독자적인 경제개발 모델이 모습을 드러냈고 산업개발위원회는 경제개발계획 수립을 위한 싱크탱크의 노릇을 톡톡히 해냈다.

7 로스토, 밀리칸(Milikan) 등의 학자는 미국의 원조계획이 단순히 군사능력 강화나 빈곤해소에 의한 공산주의 저지, 우정을 얻는 것에 그쳐서는 안 되고 세계경제의 공동성장을 위하여 미국이 주도하는 새로운 국제협력계획을 세워야 한다고 주장했다.

적 현상으로 미국이 자금지원을 해서 근대사회로의 이행을 도울 경우 도약과정(take off)에 진입할 수 있을 것이다. 이 과정에서 장기경제개발계획이 필요하다"고 주장했다. 단기원조의 반복적 제공이 자조 자립적 노력의지를 약화시킨다는 주장이었다.

케네디 대통령은 로스토 교수의 외교정책 전환 건의를 받아들여 집권하자마자 1961년 3월 대외원조에 관한 특별교서를 의회에 제출했다. 그는 이 교서에서 "1960년대를 저개발국의 자립적 성장을 지원하기 위해 연 단위로 제공하던 무상원조를 장기성 차관을 통한 유상원조계획으로 전환할 것과 저개발국의 장기경제성장을 돕기 위한 기술지원을 할 것"이라 밝혔다. 한층 강화된 미국의 '유상원조 전환정책' 기조를 잘 파악한 장면 정부는 집권하자마자 부흥부 산하 산업개발위원회를 통해 자유당 정권시절 만들어진 3개년 개발계획을 확대, 발전시킨 경제개발 5개년계획안을 작성했다.

'불균형 발전론' 개념의 도입

민주당 정부 때 만들어진 5개년 경제개발계획이 이전 자유당 때 작성된 3개년 개발계획과 가장 크게 달라진 점은 '불균형 발전론'의 개념이 최초로 도입되었다는 점이었다. 균형발전을 하려면 대규모 자본이 필요하지만 대부분의 후진국들은 충분한 초기 자본형성이 되어 있지 않다. 따라서 저개발국의 한정된 자원을 전 산업으로 분산시키지 않고 특정 분야에 집중투자해서 발전시킨 후 다른 분야의 발전을 자극한다는 것이 '불균형 발전론'의 핵심이었다.[8] 이와 같은 전략변화에 영향을 미친 학자는 로스토와 울프(Martin Wolf) 등이었다.

미국의 경제학자 울프는 직접 방한해서 한국의 장기계획을 짜는 데 많은 도움을 주었다. 그가 작성한 한국경제 진단서에는 불균형 성장의 필요성 이외에 한국의 인적 자원 활용방안이 들어 있었다. 특히 "50만 한국군을 경제발전에 활용할 수 있도록 해야 한다"는 흥미로운 건의도 포함되었다. 일단 경제개발 5개년계획을 세웠지만 문제는 재원이었다. 5년간의 경제개발에 필요

8 경제학자 킨들버거(C. P. Kindleberger)는 "경제개발에 가장 중요하면서도 애로의 극복에 결정적인 부분을 집중 개발해야 한다"라고 불균형 성장론을 주장했다.

한 자금은 약 4억 2천만 달러로 추산되었는데 연간 수출이 2,400만 달러가 고작이던 시절에 4억 2천만 달러는 천문학적 규모였다. 민주당 장면 정부는 경제개발 5개년계획에 대해 설명하고 필요한 자금 4억 2천만 달러를 미국으로부터 지원받을 필요가 있었다. 이에 따라 케네디 행정부에 장면 총리의 공식 방문을 요청해 수락을 받고 7월로 예정된 방미기간 동안 최대한의 성과를 내기 위해 5월 초에 미리 재무부 이한빈 예산국장과 김영록 이재국장, 부흥부의 이기홍 기획국장을 미국에 파견했다. 국가 정상끼리의 정식회담 이전에 미국의 유상원조 규모와 방식을 실무진들이 사전에 요청하고 조율하도록 한 것이다. 미국은 한국이 작성해서 보여준 5개년계획의 초안에 대해 '공장설립 쇼핑리스트'라고 혹평하면서도 소요예산에 대해서는 걱정하지 말라고 우호적 태도를 보여주었다.[9]

> 이한빈 국장과 나는 (경제개발에 필요한 자금을 미국에서 조달하기 위해) 비장함의 극에 달해 있었다. 한국원조사업 실무진의 의중이 중요했기 때문에 우리는 젖 먹던 힘을 다하여 그들을 설득하기 시작하였다. 그런데 놀랍게도 그들은 4억 2천만 달러를 걱정하지 말라고 하지 않는가? 그날 숙소로 돌아온 우리 세 사람은 서로 껴안고 목이 메어 말문이 막혀 버렸다. (이기홍)[10]

그러나 민주당 정권하에서 만들어진 두 번째 장기 경제개발계획은 소요자금까지 확보하는 바로 직전단계에서 결정적 파국을 맞게 된다. 장면 총리의 7월 방미 직전인 5월 16일 새벽, 탱크를 앞세운 군사쿠데타가 발생해 민주당 정부를 전격적으로 몰락시켰기 때문이었다.

> 록펠러재단 총재인 앰허스트 대학 콜 총장의 소개로 5월 16일(미국 시간) 케네디 대통령 안보보좌관인 번디를 만나기로 되어 있었다. 그러나 5월 15일 저녁(미국 시간) 국무성의 한국 과장인 맥도널드 씨 집에서 저녁식사를 하는데 청천벽력 같은 소식이 들려왔다. 한국에 5·16이 발생했다는 것이다. (이기홍)[11]

9 이기홍, 1999, 《경제근대화의 숨은 이야기》, 보이스사, 269쪽.
10 덕산추모사업회, 2005, 《덕산 이한빈 선생 추모문집: 나라가 먼저지 언제나 그렇지》, 나남, 79쪽.
11 위의 책, 79쪽.

경제개발에 필요한 자금을 마련하기 위해 어렵사리 성사시킨 백악관 방문이었지만 정변이 일어난 상황에서는 아무 의미가 없어져 버렸다. 5월 16일 백악관에서의 미팅 분위기는 무거웠다. 당연히 한국의 국가안보상황이 주된 화제가 되었지만 아무도 모르는 상황이니 불안감만 커졌을 뿐 명확한 정보교환이 나올 리가 없었다. 도대체 서울에서 무슨 일이 벌어진 것일까?

5 · 16과 EPB의 탄생

혼돈의 새벽 — 5 · 16

1961년 5월의 서울은 여전히 가난과 궁핍을 벗어나지 못하고 있었다. 거리에는 일자리를 찾아 헤매는 실업자들과 데모대가 넘쳐났다. 궁핍과 허기, 그리고 하루 앞을 내다보기 힘든 불안한 미래가 대다수 서울 사람들이 눈을 뜨자마자 부딪치는 일상의 모습이었다.

1961년 5월 16일, 아직 미명(未明)의 어둠이 서울을 감싸고 있던 새벽. 민주당 정권에 불만을 품고 오랫동안 쿠데타를 숙의했던 소장 박정희와 중령 김종필을 중심으로 한 육사 8기생 주도세력들이 장교 250여 명 및 사병 3,500여 명과 함께 한강을 건너 서울의 주요 기관을 점령하고 정권을 장악했다. 탱크 등으로 중무장한 채 단숨에 무력으로 민주당 정부를 몰아낸 군사혁명위원회는 '군사혁명의 성공을 위한 6개항의 혁명공약'을 발표하였다.[12] 민주당 장면 내각은 집권 9개월 만에 무력하게 무너져 총사퇴했고 군사혁명위원회는 '국가재건최고회의'로 재편하여 3년간의 군정통치에 들어갔다.

군사혁명 정부가 들어서자 가뜩이나 불안했던 사회는 한 치 앞을 내다보기

12 군사정부 6개항의 혁명공약은 ① 반공을 국시의 제일로 삼고 반공태세를 재정비 강화할 것, ② 미국을 위시한 자유우방과의 유대를 공고히 할 것, ③ 모든 부패와 구악을 일소하고 청렴한 기풍을 진작시킬 것, ④ 민생고를 시급히 해결하고 국가자주경제의 재건에 총력을 경주할 것, ⑤ 국토통일을 위하여 공산주의와 대결할 수 있는 실력을 배양할 것, ⑥ 양심적 정치인에게 정권을 이양하고 군은 본연의 임무로 복귀한다는 것 등이었다.

어려운 혼란 속으로 빠져들었다. 국민들은 권력의 상층부에서 발생한 정치적 격변에 대해 뭐가 어떻게 돌아가는지 영문을 몰라 불안해했고, 도시는 시대의 우울 속에 어둡게 가라앉았다. 일부 국민은 민주당 시절의 정치적, 사회적 혼란에 실망한 나머지 누군가에 의한 강력한 통치력을 은근히 기대하기도 했다. 군사정부가 부패와 구악을 일소한다며 1만여 명의 폭력배를 구속하고 4만여 명의 부패공직자를 파면하자 부정부패에 염증을 느끼던 국민들은 한순간 카타르시스를 느끼기도 했다. 혼돈 속에서 새로운 질서가 나왔다는 물리학의 이치가 역사에도 통용되는 법인가. 정치, 경제, 사회적 혼미가 극심한 그해 7월, EPB가 탄생한다.[13]

새로 출범한 EPB는 경제발전을 위한 투자의 우선순위를 심의하고, 집행하며 부처 간 이견조정 및 물가안정과 대외경제정책을 총괄하는 역할로 만들어진 독특한 성격의 조직이었다. 이로써 내자, 외자, 예산, 통계, 기획 등 모든 기능을 합친 통합조직, 경제개발을 추진할 수 있는 본격적 경제부처가 한국경제개발사에 처음 모습을 드러낸 것이다.

5 · 16 열흘 만에 탄생한 EPB

기획수립과 예산집행의 강력한 '수퍼 경제부처'에 대한 아이디어가 당시 군사정권하에서 전격적으로 채택되고 만들어진 배경은 무엇일까? 군사정부의 주요 혁명공약 가운데 하나가 '국가자주경제의 재건'이었다. 더구나 민주적으로 선출된 기존 정부를 무력으로 몰아내고 권력을 쟁취한 '쿠데타'에 '혁명' 수준의 정당성을 부여하기 위해서라도 반드시 민생문제를 해결하고 빠른 시일 내에 산업과 경제를 활성화시킬 필요가 있었다. 이 때문에 군사정부는 '정부주도 경제개발계획'에 비상한 관심을 나타냈다. 기존 민주당 정부 때 마련되었으나 정치적 리더십 부족으로 제대로 추진되지 못하던 각종 경제개발계획에 눈을 돌리게 된 것은 당연한 수순이었다. 문제는 이를 실천할 수 있는 수단과 조직이었다.

13 처음에는 국가경제를 건설한다는 취지로 '건설부'라는 다소 생뚱맞은 이름으로 출발했지만 국가경제발전을 위한 종합계획을 수립한다는 의미에서 두 달 만에 경제기획원으로 이름이 바뀐다.

부흥부 시절 경제개발계획을 주도한 부흥부의 이기홍 기획국장과 재무부 이한빈 예산국장 등 경제부처 전문관료들 사이에서는 "효율적이고 본격적인 경제개발을 추진하려면 기획부처가 예산기능까지 직접 하도록 해야 한다, 부흥부와 재무부의 예산국을 합쳐야 한다"는 주장이 공유되었다. 경제적 혁명 공약을 실천할 수 있는 구체적 방법론을 갈구하던 군사정부는 이들의 주장에 주목했다. 이와 같은 내용 전반에 대해 브리핑할 사람을 찾았으나 정작 핵심 국장인 재무부의 이한빈 국장과 부흥부의 이기홍 국장은 장면 총리의 7월 방미를 위한 사전조율 때문에 미국에 가 있었다. 부흥부 기획국에는 정재석(丁渽錫: 후일 EPB 기획국장, 건설부 차관, 경제부총리 등 역임) 과장만이 홀로 자리를 지키던 시점이었다.

저녁 7시 무렵에 갑자기 부흥부 확대개편안을 다음날 아침 최고회의에 보고하라는 지시를 받은 정재석 과장은 부근 여관에서 훗날 EPB를 탄생시키는 모태가 된 '부흥부의 EPB 확대방안'을 마련한다. 그는 박정희 소장을 비롯한 5·16 핵심멤버들이 모인 자리에서 "6·25 전쟁의 부흥과업은 일단락되었으니 이제는 정부주도로 경제개발을 착수해야 한다. 이를 위해서는 부흥부의 주기능(기획과 조정)에다 재무부의 예산국과 내무부의 통계국을 흡수함으로써 국내외 자원의 관리에 관한 기능을 일원화하는 동시에, 각 부처의 정책조정을 효과적으로 수행할 수 있도록 신설기구를 내각 서열상의 으뜸으로 격상시키자"는 내용을 보고했다.

아래는 정재석 전 경제부총리가 〈경우회지〉 창간호에 기고한 내용 전문이다.

〈경우회지〉의 창간을 기리는 뜻에서 EPB의 신설 전야에 얽힌 회고담의 일단을 적어 볼까 한다. 앞으로 경우회가 발전하면 할수록, 그 뿌리에 대한 정확한 인식이 필요하기 때문이다. 작으나마 하나의 배경자료로서 기억됐으면 싶다. 흔히들 EPB의 전신을 곧 부흥부로 생각하고들 있는 것 같으나 그 사이에는 건설부(현재의 건설부가 아님)라는 과도기가 있었음을 잊어서는 안 될 것이다.

하기야 모른다 해도 무리가 아닐 것 같다. 군사혁명이란 소용돌이 속에서 불과 두 달밖에 존속하지 못한 데다 그 명칭마저 중앙기획 기구로서는 걸맞지 않게 건설부로 되어 있었으니 말이다. 여기에서 우리는 두 가지 의문을 갖게 될 것이다. 어째서 부명(部名)을 기획이나 경제 아니면 개발로 하지 않고, 하필이면 건설이라고 했으며, 불과 두 달 동안의 과도기라면 곧바로 EPB로 전환할 수 있지 않았겠느냐 하는 점이다.

이 소고를 적는 까닭도, 바로 이 두 가지 점에 대한 회우 여러분의 궁금증을 풀었으면 싶어서다. 요행히 필자는 이때 부흥부의 조사과장으로 근무하면서 극적인 기구개편에 직접 관여하는 기록을 세웠기 때문이다.

때는 1961년 5월 24일로 기억된다. 아직도 매그루더 유엔 군사령관이 혁명군을 인정하지 않는다는 일부 루머가 돌았고, 우리 부 내에서도 과장급 이하의 실무자들만이 나와서 자리를 지키고 있는 뒤숭숭한 무렵이었다. 오후 7시경, 마침 내달 월보의 원고를 마감하느라 남아 있었는데, 장관실로부터 급히 오라는 전갈이 왔다. 수일 전에 갓 부임한 박기석 장관(당시 육군대령)께서 몹시 당황한 표정으로 문의하는 것이었다.

"방금 혁명위원회로부터 내일 아침 8시에 열리는 최고회의에 부흥부를 획기적으로 확대 개편하는 방안을 보고하라는 긴급지시를 받았으니 밤새 어찌하면 좋겠소?"하고 묻는 것이었다.

내심으로 이렇게도 중요한 안건을 밤새 마련하라니, 혁명위도 참 무지막지하다 싶었으나, 다행히 부내적(部內的)으로 이미 연구해온 자료가 있었기 때문에, "대안이야 곧 마련할 수 있으나, 정식 안건화는 밤새에 어렵겠고, 더구나 사안의 중요성에 비추어 간부회의에서의 검토가 필요하니 보고일자를 하루 연기받았으면 좋겠다"고 진언했다. 장관께서는 잠시 궁리하더니, "상황상 연기신청이란 어렵겠으니, 밤샘을 해서라도 소신껏 작성해서 브리핑만으로 대충토록 하자"고 결정하였다.

할 수 없이 가까운 여관에 들어가 밤샘으로 다듬은 결과, 1안 'EPB', 2안 '개발부'로 정리하여 편제표만을 두 장의 차트로 작성하였다. 남 보기에는 비범한 일을 해낸 것 같으나, 실은 어려운 일이 아니었다. 왜냐하면, 이미 연초부터 민주당 정권하의 행정부 안에 '정부기구 개편소위(이한빈 예산국장, 이기홍 기획국장, 김영준 인사국장, 김도창 법제국장)'가 마련돼 그동안 충분한 연구를 해왔을 뿐만 아니라 필자 자신이 간사를 맡았던 관계로, 특히 중앙기획기구에 대해서는 나름대로의 복안이 있었기 때문이다.

어찌하든, 이때 혁명위는 태평로에 있는 전 국회 건물을 점용하고 있었는데 정시에 본회의장에 들어서니 마치 결전을 앞둔 작전지휘 본부에 찾아온 느낌이었다. 젊은 위원들이 전투복 차림에 권총을 찬 채로 숙연히 참석해 있었고, 정면에는 장도영 의장(당시 육참총장)과 옆자리에 부의장인 듯 낯선 소장 한 분이 좌정했다.

운영위원인 듯한 모 대령의 개회선언이 있자 일제히 기립하더니 저 귀에 익은 혁명공약부터 제창하는 것이었다. 이때의 생소했던 분위기는 지금도 눈에 선하다. 하기야 뒤이은 1960년대와 1970년대를 주름잡았던 주역들이 거의 이 자리에 있었으니 여러분도 짐작이 갈 것이다.

준비한 두 안의 편제표만을 정면에 걸어 놓고서 열성껏 구두로 설명했다. 이 보고안의 세부내용과 배경에 대해서는 다른 기회에 따로 엮어볼 생각이지만 여기서는 지면상 요지만을 적고자 한다.

요컨대 6·25 전쟁의 부흥과업은 일단락되었으니, 이제는 정부주도하의 경제개발을 착수해야 하겠고 이를 위해서는 먼저 중앙에 강력한 개발센터가 필요하므로, 부흥부의 주기능(기획과 조정)에다 재무부의 예산국과 내무부의 통계국을 흡수함으로써 국내외자원의 관리에 관한 주기능을 일원화하는 동시에, 각 부처의 정책조정을 효과적으로 수행할 수 있도록 신설기구를 내각 서열상의 으뜸으로 격상시키자는 것이었다. 경제기획부가 아니라 원으로 한 까닭이 바로 여기에 있었던 것이다.

다만, 여러 부에 걸치는 이러한 대수술은 혁명초의 불안정한 현 여건하에서는 실행할 수 없으므로, 당분간 부흥부만을 개발부로 확대개편해서 시급한 제1차 5개년 개발계획부터 입안케 하자고 제언하였다. 이때 부흥부에는 정규부서로 기획과 조정의 열세한 두 내국만이 있었고 막중한 새 기능들은 산업개발위원회(개발계획의 입안)와 지역사회개발위원회(농촌운동) 및 국토건설본부(국민자조운동) 등의 임시기구들이 담당했다. 따라서 이들 내국과 외곽기구들은 통합해서 대국대관의 원칙 아래 ① 종합기획국, ② 물동(物動)계획국, ③ 국토건설국, ④ 지역사회국으로 재편함으로써 명실공히 중앙개발 센터로서의 면모를 갖추게 하자는 것이었다.

보고를 마치자 장 의장께서 사회봉을 들어 치려다 말고, 멈칫 옆자리를 돌아보면서 "참, 어떻게 처리하지요?"하고 문의하지 않는가. 그제야 필자도 비로소 이분이 바로 혁명을 주도한 박 소장인가 싶었다. 그는 무뚝뚝한 표정으로, "귀관의 보고내용은 우리 혁명군의 의욕을 잘 반영한 것 같소. 건의한 대로 우선 2안을 채택해서 경제 제일주의를 실천토록 하겠고, 앞으로 혁명기반이 어느 정도 잡히는 대로 1안의 EPB로 옮겨가겠소. 한 석 달쯤 걸리면 되겠지(실제는 두 달 안에 실현). 따라서 내용은 보고안대로 결정하되, 2안의 개발부 명칭만은 건설부로 고쳤으면 하오"라고 매듭짓는 것이었다.

여기서 놀란 필자가, "그것은 곤란합니다. 개발 하면 국민경제 전체를 포괄하는데, 건설 하면(지금의 건설부가 그렇듯이) 한 부문에 한정되므로 이는 부흥부의 확대강화가 아니라 오히려 축소요. 약화가 됩니다"라고 이의를 제기하자, "물론 이론적으로는 그렇겠으나 개발이란 말은 나에게도 생소한데 어찌 일반국민이 알아듣겠는가? 귀관 보고도 우리나라를 적극 건설하자는 뜻인 것 같으니, 국민이 알아듣기 쉬운 건설로 하자"고 말씀하셨다.

그렇다고 여기서 승복할 수는 없었다. 개발이란 말이 널리 퍼져야 한다고 믿었던 필자도 "만약에 건설부라고 부르게 되면 주무국을 종합기획에서 국토건설로 바꿔야 하는 모순이 생깁니다. 정녕 건설로 원하신다면 최소한 경제건설부로 보충하거나 아니면 개편을 일단 보류했다가 바로 EPB로 전환하는 편이 좋겠습니다"라고 대안을 제시했다.

"혁명가는 어디 경제만을 건설하자는 것인가? 정치도 사회도 문화도 다 건설해야지. 그리고 혁명가는 도탄에 빠진 민생고를 하루 속히 구제하자는 경제제일주의를 내걸고 있으니 이제부터 2~3개월이 결정적 시기라고 생각하오. 따라서 오늘 당장 보고안을 실천에 옮겼으면 하오" 하면서 생각을 바꾸지 않았다.

그래도 당돌했던 총각시절의 필자는 여기에서 물러서지 않았다. "당부는 원조교섭 등 대외협력상 영명이 중요합니다. 앞으로 원조자금도 늘리고 외자투입도 촉진해야 하는데, 부명을 'Ministry of Construction'이라 해서는 대외설득력이 약해집니다"며 계속 버티었다. 여기에는 그분도 자못 충격을 받은 듯싶었다. 한참을 숙고하더니, "좋아, 그러면 우리말로는 건설부로 하고, 영명은 원안(Ministry of Development) 대로 함세" 하면서, 스스로의 기지에 놀랐다는 듯이 벌떡 자리를 털고 일어서 버리지 않는가! 아쉽게도 장 의장이 들었던 사회봉은 미처 쳐보지도 못한 채 폐회되었음은 물론이다.

이렇게 해서 이날 중 소정의 결재절차를 밟아, 이튿날인 5월 26일 부 국가재건최고회의령 제 14호로 기형아인 건설부(MOD)가 탄생하여, 두 달 미만인 7월 22일에 EPB가 발족할 때까지 어려운 과업들을 수행하노라 힘겨워 하였다.

그러나 비록 단명의 기형아에 그쳤다 하더라도 한국의 발전행정상 MOD가 끼친 임팩트는 심대하였다고 평가된다. 대형으로 성장한 기획, 물동의 두 국은 재무부 예산국과 내무부 통계국을 흡수하여 저 막강한 EPB를 탄생시켰고, 국토건설국은 내무부 토목국을 흡수해 잠시 EPB 산하의 국토건설청으로 있다가 이듬해에 현존의 건설부로 승격했으며, 지역사회국은 농림부에 옮아가서 장차 요원(遼原)의 불길처럼 일어난 새마을운동의 밑거름이 되었다 할 것이다.

이 소고를 마치면서, 그날 그 모임에서 본 박 소장의 나라건설을 향한 불타는 집념과 결연했던 모습을 상기하면서 새삼 감회에 젖는 바다.[14]

EPB 탄생에 얽힌 논란

정재석 과장으로부터 1차 브리핑을 받은 후 군사정부는 '경제개발계획을 전담할 경제부처' 신설에 관해 구체적 논의에 들어갔다. 그리고 5·16 직후 불과 열흘 만인 5월 22일, 부흥부의 이름을 바꾸어 '건설부'라는 경제개발전담 부처를 발족시켰다. 군사작전을 방불케 하는 빠른 속도였다. 건설부라는 다소 생뚱맞은 이름으로 출발한 이 조직은 두 달 만에 재무부에서 예산국을 가져오고 내무부에서 통계국을 가져와 합친 후 'EPB'로 이름을 바꾸었다. 고도성장을 통해 정통성을 확보하려는 군사정부의 강력한 지원 아래 어려운 한국경제의 현실을 뛰어넘기 위한 본격적 경제발전 추진기구가 출범한 것이다.

그러나 기획과 예산을 합치고 내각수반 다음의 위치라는 강력한 기능과 조직, 위상을 갖춘 수퍼 경제부처 기획원의 탄생과정이 순조로웠던 것만은 아니었다. 최종확정 당시 내각의 반대가 만만치 않았던 것이다. 1961년 7월 초순. 부흥부에 근무하다가 군사혁명 직후 육군본부에 파견되었던 송정범 국장이 송요찬 내각수반에게 불려 들어갔다.

"경제개발을 전담할 새로운 경제부처가 신설될 텐데 여기에 관한 최종보고서를 작성해 보게."

"네, 그렇게 하겠습니다."

"국방연구원에서 군 출신 대령 두 사람이 파견되어 자네를 도와줄 테니 열심히 한번 해봐."

"알겠습니다."

다행히 송정범 국장이 만난 김 모, 박 모 대령은 이전의 기획국장 시절 국방

14 정재석, 1987. 1, "특집: 초창기의 경제기획원—EPB 신설에 얽힌 사료 한 토막", 〈경우회지〉, 창간호.

연구원에서 한국경제에 대해 특강했을 때 만난 적이 있는 사람이었다. 세 사람은 부흥부 청사 옆 국립영화연구소 시사실에서 신설 경제부처의 기구와 조직, 기능, 정부 내 위상 등에 관해 연구하고 최종안을 작성했다. 송 국장은 보고서에서 경제계획과 예산기능의 일체화가 필요하며 타 부처보다 위상이 더 높아야 한다는 점을 강조했다.

> 1955년에 등장한 부흥부는 합동경제위원회를 통해 원조에 뒷받침된 일에만 편중되었고 예산은 재무부에 속해 있었다. 재원이 두 곳에서 분리 운영되는 이원제였다. 외국자본과 세금을 집중하지 못하는 고질적 단점을 해결하자면 모든 재원이 한 곳에서 다루어지도록 계획과 예산의 일체화가 필요하다는 것이 첫 번째 결론이었다. 또 행정관서의 영역이 오랜 전통으로 굳어진 일본의 경제기획청이나 행정력 없이 부처의 요구를 배분만 하는 인도의 '플래닝 커미션'(Planning Commission)은 우리 실정에 맞지 않았다. 지난날의 경험과 해외사정을 감안할 때 신설부처의 장이 내각의 두 번째 서열이 아니라면 부처를 신설하더라도 제대로 기능을 발휘할 수 없다는 내용으로 연구보고서를 작성했다. (송정범)[15]

그는 세계은행에서 연구된 개발기구에 대한 자료와 1957년에 발간된 뮈르달 교수의 《경제이론과 저개발지역》이라는 저술을 인용해 경제계획의 수립과 실행, 조정에 강력한 실천력을 주려면 내각에서 부수반 정도의 신분을 덧붙여 주어야 한다고 강조했다. 막상 EPB 설치안을 만들어 내각과 국가재건최고회의에서 브리핑을 시작하자 내각의 토의과정에서 난리가 났다. EPB의 권한과 위상이 지나치게 강하다는 반발이 일어난 것이다.

두 가지 걸림돌 가운데 경제기획원장의 신분을 부(副)수반 신분으로 높이는 문제는 헌법학자 출신 박일경 법제처장이 "다른 부처와 동등한 지위의 국무위원으로 하되 내각수반 유고시에는 경제기획원장이 직무를 대행할 수 있도록 하는 서열을 두자"는 의견을 제시해 나름대로 해결되었다. 그러나 예산국을 통째로 이전하는 문제가 가장 큰 걸림돌이었다. 김유택 재무장관은 재정과 금융은 보완관계인데 재정을 떼어내면 안 된다는 논리로 강하게 반대했고 상공

15 송정범, 1987, "특집: 초창기의 경제기획원—EPB의 탄생", 〈경우회지〉, 창간호.

부와 농림부도 EPB의 권한이 지나치게 강하다면서 우려의 목소리를 높였다.

들끓는 내각의 반대를 단칼에 잠재운 것은 박정희 의장이 주재하는 최고회의였다. 천정부지로 오르는 악성 인플레이션과 실업, 식량부족을 겪는 경제에 대한 위기의식이 절박했고 경제발전을 통해 군사작전의 정통성을 확보하려고 했던 최고회의는 '강력한 경제개발기구 신설안'을 원안대로 확정했다.

EPB 출범하다

설립 당시 EPB 조직은 부흥부의 종합계획국, 물동계획국, 내무부의 통계국, 재무부의 예산국 등이 합쳐진 4국 19과로 되어 있었고[16] 인원은 228명에 불과했다. 그러나 경제개발을 추진하는 과정에서 장기계획을 세우고 예산을 편성하고 외자를 도입하고 경제정책을 조정하는 등 온갖 업무가 걷잡을 수 없이 생겨나자 몇 달 만에 외자도입국이 추가 신설되었다. 외자의 역할이 점차 중요해지면서 1963년 6월에는 외자도입국이 경제협력국으로 확대 개편된다.[17]

▸▸ **최각규** (당시 기획원 예산국 과장, 후일 경제부총리)

당시 EPB는 장기경제개발을 위한 기획기능에 예산편성기능을 추가하여 만들어졌기 때문에 자연스럽게 설립목적이 ① 장기경제개발계획을 세우고, ② 매년 정부의 예산편성을 주도하고, 그다음에 당시 우리 경제는 외국으로부터의 차관 없이는 움직이기 어려웠기 때문에 ③ 외자도입을 주도하는 것, 이 3가지가 가장 큰 기능이었습니다. 장기경제계획, 매년 예산편성, 외국차관 도입, 그리고 여기에 부수적으로 통계국 등 다른 기능이 도입되었습니다. 기획원을 창설하고 이 기관이 장기경제개발계획, 예산편성기능, 외자도입기능, 경제정책의 통합조정 등의 기능을 갖도록 한 다음 나중에는 EPB 장관이 경제부처를 총괄할 수 있도록 부총리 제도를 만들었습니다. 그리고 부총리로 하여금 기획국, 예산국, 경제협력국 이런 조직과 권한을 가지고 전체 경제행정부서의 통합기능을 수행하도록 했습니다.

●

16 1962년 초 보스턴의 컨설팅사인 아더 디 리틀이 기획국을 1차, 2차, 3차로 나누어 전문화하라는 권고가 있었으나 행정실정에 부합되지 않아 제도화되지는 않았다.

17 본격적 경제개발의 후유증으로 인플레이션의 폐해가 커지자 1963년 8월에는 종합계획국내에 물가과가 신설되어 종합적 물가대책 수립역할을 담당하게 되었다.

군사정부는 EPB의 권한을 강화하기 위해 일반 경제부처보다 상위개념인 원(院) 조직으로 출범시켰다. EPB 장관은 내각수반 유고시에는 제1순위로 직무를 대행하도록 했다. 나중에는 장관을 부총리로 명명하는 부총리 제도까지 도입했다. 강력한 정책집행을 위해 명확하게 수석경제부처로서의 지위를 부여한 것이다(1964년 민정이양이 되면서 EPB 장관은 부총리 직위로 격상되어 명실공히 경제 수석부처가 된다).

초대 원장은 한국은행 출신 김유택 씨가 발탁되었다. 당시 군사정부는 대부분의 부처 장관에 군출신을 내세웠으나 기획원과 재무부 등 경제적 전문성이 꼭 필요한 몇 부처는 경제전문가를 영입했던 것이다. 이렇게 탄생한 기획원은 개발연대의 출발점인 1960년대 이후 오랫동안 한국경제의 큰 그림을 설계하고 외자유치와 예산을 동원해 개발계획을 집행한다. 또 그 결과를 평가해 방향과 진로를 수정하는 등 큰 역할을 수행한다.

유엔 '개발연대'의 선언

개발연대의 모범생 한국경제

기획원의 역할이 가장 빛난 것은 '개발연대'인 1960년대와 그 직후인 1970년대였다. '개발연대'는 1961년 취임한 미국 케네디 대통령의 유엔연설에서 등장한 단어다. 케네디 대통령은 1960년대를 개발연대로 규정하고 전 세계 저개발국의 경제발전을 지원하겠다고 선언했고 유엔은 1960년대 세계의 목표 연평균 경제성장률을 5%로 잡았다. 유엔의 '개발연대' 비전은 1950년대의 실패를 반면교사 삼아 마련된 현실적이고 구체적인 계획이었다. 제2차 세계대전 이후 1950년대가 되자 전쟁의 후유증에서 어느 정도 벗어난 신흥독립국들과 저개발국에 경제개발계획 붐이 일기 시작했다. 그러나 대부분의 국가에서 마련한 야심찬 경제개발계획은 빈곤의 덫과 정치적 혼란 때문에 무용지물이 되고 말았다. 차라리 경제개발계획을 세우지 않았던 나라들이 더 나은 성과를 보이기도 했다.

유엔은 1950년대의 실패를 극복하기 위해 5% 성장이라는 구체적 목표를 정하고 세계은행과 국제통화기금(IMF: International Monetary Fund) 등을 통해 이를 달성할 수 있는 자원과 원조를 제공하는 한편 선진국의 원조와 투자, 경제교류를 촉구하고 나섰다. 유엔의 '개발연대 선언'이 만들어낸 최대 모범생은 한국이었다. 개발연대의 목표와 비전에서 가장 높은 성공 가능성이 예상되었던 인도, 대만, 필리핀, 브라질 등은 오히려 뒤처지고 전혀 예상치도 못했고 기대하지도 않았던 한국이 최대 성공사례로 부상한 것이다. 한국은 일본 제국주의 전쟁에 강제 동원된 후유증으로 극심한 궁핍과 재정난과 낙후된 금융시장에서 출발했는데도 1962년부터 지속적으로 추진된 1~4차까지의 경제개발계획 기간에 연평균 8.9%라는 전대미문(前代未聞)의 지속적 고도성장의 신화를 만들었다.

1차 경제개발계획: 시행착오로 시작된 거대한 역사(役事)

1962년 1월 13일 군사정부는 민주당 정부하에서 만들어진 경제개발계획을 수정·보완하여 전문을 발표하고, 2월 15일에는 "한국경제의 자립달성 기반구축을 위한 제1차 경제개발 5개년계획을 본격 추진한다"고 공식 천명했다.

당시 발표된 1차 경제개발계획의 주요 내용은 ① 농업생산력의 확대와 농가소득증진, ② 전력과 석탄 등 에너지원 확보, ③ 기간산업 확충과 사회간접자본 충족, ④ 고용증대, ⑤ 국토보전과 개발, ⑥ 수출증대를 통한 국제수지 개선 등으로 되어 있었다. 핵심 육성산업은 기초산업과 소비재 수입대체 산업으로 비료, 섬유, 시멘트 공장을 짓겠다는 계획이었다.

초기의 EPB는 군사정부와 민간공무원들의 상호이해 부족으로 큰 성과를 내지 못했다. "민생고를 해결하고 자주경제를 이룩하는 데 총력을 다한다"는 혁명공약을 내세운 군사정부는 가시적 성과가 나오지 않자 기획원 공무원들을 몰아붙였지만 닦달한다고 될 일이 아니었다. 이 때문에 초대원장인 김유택 씨를 비롯해 총리인 송요찬 씨가 잠깐 겸임했고 이후 김현철, 유창순, 원용석 씨 등 중량급 인사들이 등용됐으나 대부분 몇 달에 불과한 짧은 재임기간에 그쳤다.

경제개발에 제대로 시동이 걸리기 시작한 것은 1964년 군사정부의 민정이

양 직후부터였다. '방탄내각'으로 불린 '최두선 총리 - 김유택 부총리 체제'가 6개월 만에 물러나고 '정일권 총리 - 장기영 부총리'의 '돌격내각'이 들어서면서 EPB는 진정한 경제발전의 핵심엔진으로 자리잡는다.

대통령으로부터 경제부처의 인사권까지 내락을 받은 장기영 부총리의 진두지휘 아래 기획원은 개발계획의 수립 및 관련법 제정, 예산·외국자본의 유치, 내자동원 및 자금집행과 운영, 물가관리 등 거의 모든 경제정책을 '불도저'처럼 추진하기 시작했다. 마침내 1961년 82달러에 불과했던 1인당 국민소득도 1966년 초에는 126달러로 올라섰다. 수출 역시 1964년에 1억 달러를 달성했다. 1차 5개년계획 작성과정에서 수출목표액을 1억 3,800만 달러로 잡을 때 최고회의 측의 협박에 가까운 설득과 기획원의 현실론이 부딪쳐 첨예한 마찰을 빚었던 금액이었지만 3년 만에 1억 달러를 조기에 달성한 것이다.

제1차 경제개발 5개년계획 기간(1962~1966년) 동안 가장 어려운 점은 필요재원의 조달이었다. 국내 금융시장이 제대로 기능하지 못하고 재정의 절반 이상을 무상원조에 기대는 형편에서 경제발전을 위한 투융자 자금의 자체조달이 불가능했던 것이다. 부족한 투자재원을 해외에서 마련하려 기획원은 1961년 8월 「외자도입법」을 개정해 상업차관에 대해 정부가 지급을 보증하는 개정안을 통과시켰다. 또 같은 해 10월 외자도입국을 신설하고 1962년 6월 이를 다시 경제협력국으로 확대하는 등 상업차관 및 장기 유상차관도입에 힘쓴다. 급격히 늘어난 통화량과 본격적 경제개발추진 후유증으로 악성 인플레이션이 나타나자 종합계획국 내에 물가과를 설치하는 등 종합적 물가대책을 추진하기 시작했다.

2차 개발계획: 고도성장의 궤도에 접어들다

한국경제가 본격적으로 고도성장 궤도에 올라선 것은 제2차 경제개발 5개년계획 기간(1967~1971년) 동안이었다. 마침 한일 국교정상화 이후 일본기업들로부터의 상업차관이 급증하기 시작한 시점이었다. 차관도입을 통한 공업화가 급격하게 촉진되는 동시에 외자도입에 따른 각종 부작용과 정경유착 의혹으로 '외채망국론' 논쟁이 거세졌던 시점이기도 했다.

외자도입이 급증함에 따라 관계법령이 제·개정되고 조직과 인원이 정비되었다. 외국인 투자유치를 담당하는 투자진흥관이 신설되고(1967년), 도입된 외자를 효율적으로 사후 관리하는 직책인 외자관리관이 신설되기도 했다(1968년). 급증하는 국내통화에 더해 외자까지 대량 유입돼 물가가 불안해지자 경제기획국의 물가정책과가 물자정책국으로 확대 개편된다.

경제개발계획 초반을 성공적으로 이끈 장기영 부총리가 물러난 후 기획원의 수장은 박충훈 부총리(1967~1969년 재임)와 김학렬 부총리(1969~1972년 재임)였다. 김학렬 부총리는 부족한 재원으로 경제개발계획을 집중 지원하기 위해 투자우선순위 이외에는 강력한 긴축정책을 동시에 펴나간다. '성장 속 안정'이라는 새로운 정책기조를 정착시킨 것이다. 강한 재정긴축을 단행하면서 당시 무소불위였던 국방부 예산의 고삐를 잡는 등 역설적으로 기획원의 위상이 더 높아진 시기이기도 했다.

이 기간에 수출기반이 확대되면서 수출이 본격화되었지만 동시에 수출용 상품생산에 필요한 각종 공장과 기계, 부품들을 일본, 미국 등지에서 수입하기 시작하면서 무역적자가 심화되어 만성적 외환위기에 시달린 시기이기도 했다. 일본, 미국 등으로부터 차관도입이 활발해졌지만 차관을 제공하는 조건으로 자신들의 상품을 사도록 하는 판매자 금융 형태였기에 자본과 기술의 대외의존도가 높아진 것이다. 원료의 대외의존도도 높아져 원유, 원면, 원모, 생고무, 유지, 원당은 전량 수입에 의존했고 밀, 펄프, 고철 등 원자재도 내수의 80% 이상을 수입으로 충당했다. 이 때문에 수출은 크게 증가했는데도 수출을 통한 외화가득률은 높지 않았고 만성적 외화부족에 시달리는 경제패턴을 형성하게 되었다.

3차 경제개발계획 — 고속도로와 종합제철의 완성

제3차 경제개발 5개년계획 기간(1972~1976년) 동안에 있었던 가장 큰 사건은 경부고속도로와 포항종합제철의 완공이었다. 대일 청구권자금 및 재정을 집중투입해서 한국경제사에서 상징적인 두 가지가 완성된 것이다. 포항종합제철의 성공으로 연산 100만 톤이 넘는 철이 생산되면서 다른 중화학공업의 발전을 유인하는 계기가 된다. 또 경부고속도로 완공을 계기로 다른 고속도로들이 속속 건설되기 시작해 철도 위주였던 물류와 수송이 도로 중심으로 전환되고 전국일일생활권이 완성된다.

그러나 차입을 통한 고도성장의 후유증, 만성적 무역적자와 낮은 외화가득률 등이 한국경제의 부담이 되어 이로 인한 부실기업 정리 및 외화상환 위기를 처리하는 데 큰 어려움을 겪는 시기이기도 했다. 수많은 기업들이 단기상업차관을 들여와 생산공장을 짓고 고리사채를 빌려 경영하던 상황에서 세계적 경기침체가 계속되자, 차관기업들이 한꺼번에 도산할 위기에 처한 것이다. 이에 대처하기 위하여 1972년에는 부실기업을 정리하는 한편 기업의 사채를 동결하고 일정한 거치기간을 둔 후 장기저리로 갚을 수 있도록 하는 초유의 '8 · 3 긴급조치'를 단행한다.

또 제 1차 고유가파동의 여파로 1974년 하반기에 국내경기가 침체되고 외환위기를 겪게 됨에 따라 환율인상, 석유류 가격현실화 등을 내용으로 한 '12 · 7조치'를 발표하였다. 외환위기를 극복하려는 조치의 하나로 국내에 달러를 가지고 들어오는 외국금융기관의 설립을 대폭 허용하기도 했다.

4차 경제개발계획 — 중화학공업 본격 육성

제 4차 경제개발 5개년계획(1977~1981년)의 특징은 처음으로 사회개발 및 복지의 개념이 포함되었다는 점이다. 교육과 보건, 의료 등 사회적 측면에 대한 정책적 배려가 강조된 것이다. 이에 따라 명칭도 경제사회개발 5개년계획으로 바뀌고 성장, 능률, 형평이라는 이념 아래 사회개발, 기술과 능률의 혁신적 향상을 기본목표로 작성했다.

한편 경제 측면에서는 그동안 재정과 금융을 총동원해 육성해온 중화학공업이 본격적으로 돌아가기 시작했다. 수출에 총력을 기울인 드라이브 정책이 1975년부터 시작된 세계경기 회복과 맞물려 수출도 급증하기 시작했다. 그러나 중화학 부문에 과열투자현상이 나타나고 중복투자로 인한 비효율이 문제가 되자 1977년 '투자심사국'이 신설된다.

건설부문에서도 해외진출 붐이 일어난다. 제 1차 석유파동 당시 엄청난 달러를 벌어들인 중동 산유국이 경제개발을 본격화하면서 이들 나라가 중요한 건설시장으로 등장한 것이다. 이에 따라 1975년 한국 건설업체들을 지원하기 위한 '중동진출 촉진방안'을 수립했으며 이를 뒷받침하는 중동경제협력관을 EPB에 신설했다. 이 조직은 후일 해외사업국으로 승격된다.

이 시기에 나타난 부작용은 부동산 투기였다. 중동 건설붐과 수출호황으로 돈이 넘쳐나고 경기가 과열된 데다 개발연대 이후 지속된 도시로의 인구이동 결과 수도권을 중심으로 부동산 투기현상이 나타나기 시작한 것이다. 기획원은 이를 억제하기 위하여 1978년 '부동산 투기억제와 지가안정을 위한 종합대책'을 발표했다. 같은 해 물가안정과 경쟁촉진을 통한 경쟁력 강화라는 측면에서, 수입자유화 조치를 단행했다.

독특한 통치수단 — 월간 경제동향보고

1965년 1월부터 EPB 주도로 월간 경제동향보고회의가 열렸다. 이 회의는 1979년까지 총 147회 열렸는데 박정희 대통령은 한 번을 제외하고는 전회를 출석하는 강한 집념을 보였다. 월간 경제동향보고회의가 시작되자 처음 몇 번은 내각은 물론이고 국회와 대법원의 주요 인사까지 모조리 참석하였으나 몇 차례가 지나면서 주로 행정부처와 일부 당 관계자, 국책은행장, 학계, 업계 인사들이 참석하는 것으로 자리 잡는다.

기획원 공무원들을 초긴장으로 만들었던 '월경'에서 브리핑을 잘해서 두고두고 인구(人口)에 회자되는 '브리핑 스타'가 탄생하기도 했다. 정재석 기획국장이 대표적 브리핑 스타였다. 부흥부 조사과장을 지낸 그는 해박한 경제지식에다가 5·16 직후 살벌한 최고회의에서도 군인들의 기에 전혀 눌리지 않는 배짱으로 최장수 '월경 브리핑 오피서'의 기록을 남기기도 했다.

정재석의 뱃심을 엿볼 수 있는 에피소드가 있다. 군사정권의 민정이양 논란이 일던 무렵, 최고회의에서 '왜 경제가 조속히 좋아지지 않느냐', 'EPB가 책임져야 한다'는 문책성 목소리가 높아졌다. 최고회의에 실무자 자격으로 참석했던 정재석 과장이 맞받아쳤다.

"경제에 가장 나쁜 것이 불확실성입니다. 군사정부가 군으로 돌아가는지 남아 있는지 확실하게 정하지 못한 채 오락가락하다 보니 사회가 불안하고 경제가 좋아지지 않는 것입니다."

화가 난 김형욱[18]이 권총을 빼들어 정 과장을 겨누었다.

"이 자식, 무슨 소릴 하는 거야, 건방지게!"

권총까지 빼들자 최고회의장이 갑자기 조용해졌다. 그러나 정재석 과장은 태연하게 반박했다.

"내가 틀린 말 했습니까? 사실을 말한 것뿐입니다."

긴장된 분위기를 깬 사람은 박정희 의장이었다.

"어이, 그쯤 해두지. 총 집어넣어."

박 의장이 말리자 김형욱이 씩씩거리면서 총을 집어넣었다.

자그마한 체구이면서도 전혀 기에 눌리지 않고 할 말을 하는 경제관료를 나름대로 높이 평가했는지 김형욱은 나중에 정재석 과장에게 전화를 했다.

"당신 배짱이 보통 아니오. 남자답고 마음에 듭니다. 권총 뺀 것은 내가 미안하고 우리 앞으로 호형호제합시다."

권총 앞에서도 기죽지 않고 할 말을 다하던 정재석 과장은 월경 브리핑에 스트레스를 받았던 전임자들과는 달리 기획원 기획국장 승진 이후 잠깐 동안 교통부에 나가 있던 시절을 제외하고는 무려 5년이 넘게 월경 브리핑을 담당했다. 월경이 낳은 최장수 스타가 된 것이다. 월간 경제동향보고회의는 관·민·업계·제계·학계·전문가들이 모이는 회의로서 고급정보를 가감 없이 교환하고, 배분하는 효과가 있었다. 월간 경제동향보고는 한국 경제개발사에서 핵심적이고도 중요한 역할을 한 것으로 평가된다.

박 대통령은 월경에서 경제부처 간 알력이 생기면 묵묵히 논란을 듣고 있다가 오래 끌 필요가 없이 그 자리에서 직접 이견을 조절하고 결단을 내렸다. 이 때문에 최고 의사결정권자의 의중이 혼선 없이 분명하게 전달되는 효과가 있었을 뿐만 아니라 논의된 내용을 매우 중요하게 다루겠다는 신호를 다른 경제주체에게 명확히 전달하는 효과가 있었다. 대통령이 강한 경제개발 의지를 보여 관료들의 '기회주의적 행동'을 방지할 수 있었다는 평가도 있

18 김형욱(1925~1984)은 육사 8기생으로 경희대·육군대를 졸업했다. 1961년 국가재건최고회의 최고위원·동 내무분과위원장·동 운영기획위원장·KCIA 부장을 지냈다. 1979년 파리에서 실종됐다.

다.[19] 월간 경제동향보고회의에서 나온 내용은 언론에 중요하게 보도되었고 민간기업의 행동 변화에도 직접적 영향을 미쳤다.

처음에는 수출문제를 월간 경제동향보고회의 때 함께 다루다가 수출이 주요 관심사로 떠오르자 수출문제만을 따로 다루는 수출진흥확대회의가 만들어졌다. 박정희 대통령은 1965~1979년에 총 152회 열린 수출진흥확대회의에도 다섯 차례를 빼고는 언제나 참석했다. 속도와 효율성이 가장 중요한 덕목이었던 시절인 경제개발 초기에 극히 효율적 의사결정 방식으로 '월간 경제동향보고회의'라는 독특한 방식이 활용되었던 셈이다.

'경제발전 전략' 백화제방

확실한 정설도 만병통치약도 완벽한 공식도 없는 것이 사회과학이다. 분명한 답이 없다 보니 경제개발계획 기간에 한국의 정책에 영향을 미친 경제이론과 주장은 가히 백화제방(百花齊放)을 방불케 했다. 산업분야별로는 농업부터 우선 발전시켜야 한다는 농업우선론부터 공업발전우선론, 농업과 공업을 균형 있게 가야 한다는 병진론이 있었다. 방법론으로는 균형성장이냐, 불균형성장이냐, 성장우선이냐, 안정우선이냐 등을 둘러싸고 정책결정자들 사이에 격렬한 토론이 벌어졌다. 내수와 수출 가운데 무엇을 우선할 것인지, 민간주도와 관(官)주도 중 무엇이 맞는지, 차관도입이 늘어나기 시작하자 차관이 과연 국가의 살길인지 아니면 망국으로 이어지는 지름길인지 고민하기도 했다.

따라서 EPB를 책임진 수장(首將)이 상황을 어떻게 보느냐에 따라 정책의 큰 방향이 바뀌었다. 처음에는 농업과 공업을 균형 있게 발전시킨다는 관점이 우세하다가 얼마 안 되는 자원을 효율적으로 활용하기 위해서는 공업과 수출 분야부터 발전시켜야 한다는 불균형 발전론이 대세로 자리 잡았다.

그 와중에도 저개발국의 한계 때문에 국가가 정책을 수립하고 방향을 이끌고 자원을 배분하지만 어디까지나 시장을 중심으로 가야 한다는 컨센서스가 나름대로 이루어지기도 했다. 불균형 발전으로 어느 정도 고도성장이 이뤄지자 성장 속 안정이라는 새로운 철학이 도입되었지만 소득분배와 복지문제는

19 강광하 · 이영훈 · 최상오, 〈한국 고도성장기의 정책결정체계: EPB와 정책추진기구〉, KDI 정책보고서.

막연한 구두선(口頭禪)에 그치고 환경문제는 작은 단초조차 나타나지 않았다.

미지의 영역을 항해하는데 항법(航法) 장치도 지도도 없다 보니, 고비고비마다 수많은 경제적 관점과 철학이 길항(拮抗)하고 대립하며 부딪쳤다. 하지만 이 모든 논쟁이 마모되고 변형되면서 한국경제 발전에 초석이 되었다.

별다른 부존자원이 없고 미래의 불확실성이 높았던 개발연대에 한국경제가 우왕좌왕하면서도 시·소·위(時·所·位), 시간과 장소상황에 따라 잘 대응하면서 고도의 경제성장을 지속할 수 있었던 것은 당시를 살았던 사람들의 강한 의지와 열망 때문일 것이다. 세계 최빈국의 굶주림과 가난의 덫을 빠져나가려는 목표는 최고 통치권자인 대통령부터 경제관료들, 하루하루 생계유지가 어려웠던 민초들에 이르기까지 공통된 목표였던 것이다.

그리하여 고도성장의 신화가 탄생하다

1~4차 개발계획 기간에 한국은 연평균 8.9%라는 고도경제성장의 신화(神話)를 만들어낸다. 같은 기간, 연평균 40.7%의 높은 수출신장률과 20%의 해외저축증가율을 기록했다. 1966~1970년에는 59개 개도국 가운데 경제성장률 1위, 수출신장률 1위, 고용증가율 2위라는 기록을 세우기도 했다.

이후로도 여러 정치적 격변과 걸림돌, 여론의 거센 비판에도 이 같은 고도경제성장 추세는 계속됐다. EPB가 출범한 1961년으로부터 약 30년이 경과한 1990년까지의 경제발전 내용을 보면 GNP는 113배 증가하였고, 국민 1인당 GNP는 68배 급증했다. 2011년의 1인당 GNP는 2만 2,770달러이다. 수출은 1,500배 이상 늘어났고 예산규모는 무려 480배가 늘었다. 국민생활을 위한 인프라도 급증했다.

이 과정에서 손발이 맞지 않고 삐걱거렸던 일도 적지 않았다. 정권을 잡은 군사정부는 경제개발 초기에 특유의 속도전으로 강하게 밀어붙여 실무를 관장하는 기획원 관리들과 큰 갈등을 빚었다. 기획원 장관이 부총리로 격상된 이후에는 유례없이 개성이 강했던 장기영, 김학렬 부총리가 이끄는 기획원의 독주에 다른 부처의 역할이 철저하게 무력화되기도 했다. 예산을 통해 타 부처를 통제하는 바람에 기획원은 '잔소리 많은 시어머니'란 별명으로 불리기도

〈표 1-1〉 주요 지표변화 추이

구분	1961년	1990년
GNP	21억 달러	2,379억 달러
국민 1인당 GNP	82달러	5,569달러
수출	4,100만 달러	650억 달러
예산규모	570억 원	27조 4,560억 원
도로포장률	4.1%	71.5%
전화보급률	0.4%	36.1%
상수도보급률	17.3%	77.8%

했다. 학계에서는 지나친 '관치'(官治) 때문에 경제와 산업의 왜곡을 불러왔다는 비판도 많이 제기됐다.

그러나 온갖 논란 불구하고 연평균 8.9%의 고도 경제성장을 19년 동안이나 꾸준히 지속한 나라, 30년 동안 명목상의 경제규모를 100배 이상 키워낸 사례는 전 세계 역사상 전례를 찾아보기 힘들 것이다. 한국보다 훨씬 앞선 시기에 경제종합개발계획을 세우고 한국이 열심히 벤치마킹하려고 했던 인도와 필리핀 등이 그럴듯한 계획만 세웠을 뿐 실제로는 거의 집행하지 못했다는 점에 비춰 볼 때 경제사적으로 분명히 차별화되는 사건임은 분명하다. 그리고 개발연대를 기점으로 해서 시작된 고도경제발전 신화에는 '혼란과 굶주림과 절망의 시대'에 태어난 'EPB'가 큰 역할을 했다.

제 2장

자립경제의 성장엔진 예산과 재정

건국 초기 예산과 럭키 스트라이크 담배

주산과 암산의 천재들

건국 초기 대한민국의 예산은 국무총리 직속인 '기획처 회계국'이 담당하였다. '회계국'이라는 말에서 짐작되는 것처럼 이 조직은 예산의 고유기능인 통제와 관리, 기획기능 가운데 회계적 관리에 초점을 맞추고 지출의 합리성을 따지는 정도였다. 예산을 통한 기획이나 통제 등 행정의 재량권은 거의 찾아보기 어려웠고 국가의 종합적 경제발전을 설계하고 기획하고 집행하는 핵심엔진으로서의 현대적 예산제도는 상상할 수도 없던 시절이었다.

예산의 편성이나 집행의 근간이 되는 법은 일본의 법을 그대로 베낀 것이고 철도, 전매사업, 증권거래소 등 수많은 공기업들은 해방이 되었는데도 여전히 총독부령을 근거로 집행되었다. 회계국 직원들의 경우에도 일제총독부 시기의 하위직급 관리들이 해방 후에도 그대로 일을 했다. 대부분 상업학교 출신 고참 주사와 서기 중심이었다. 전자계산기도 없이 국가회계를 작성하던 시절이라 직원들은 모두가 주산과 암산의 귀재들이었다. 한 사람이 틀리면 다른 사람들까지 연속으로 피해를 입기 때문에 벌금으로 외제 '럭키 스트라이크' 담배 한 갑을 내는 소박한 모습이 해방 후 1950년대 초반까지 기획처 '회계국'의 전형적인 사무실 풍경이었다.

조선시대 왕정 때도 나름대로의 회계기능이 있었지만[1] 우리나라에서 근대적 의미의 예산제도가 도입된 것은 1895년 「회계법」이 제정되고 수입과 지출에 대해 조규(條規)가 만들어지면서부터였다. 당시 만들어진 「회계법」은 조세를 새로 신설하거나 세율을 변경할 경우 반드시 법률에 근거해야 한다고 명시하는 등 나름대로 현대 예산제도의 기본정신을 따랐다. 다음해인 1896년 「회계법」에 근거한 첫 세입세출 예산안이 내각조의를 거친 후 황제의 재가를 얻어 마련됐다.[2] 일제 강점기에는 일본의 예산제도와 법이 그대로 도입되어 적용됐다.[3]

예산안의 수립과 심의절차에 관한 내용이 최초로 법으로 명시된 것은 해방 후 1948년 10월 제정된 「국회법」에서였다. 이 법은 정부가 예산안을 국회에 제출하면 각 상임위원회의 예비심사를 거쳐 재정경제위원회에 회부되고 최종적으로 본회의의 의결을 거쳐 확정하도록 규정했다.

「국회법」에 따라 최초의 정부예산이 편성, 심의, 집행된 것은 1949년부터다.[4] 대한민국 최초의 예산규모는 약 3천만 원. 해방직전 조선총독부의 예산 5,800만 원보다도 훨씬 적은 초라한 액수였다. 당시 한국경제와 재정이 얼마나 열악하고 빈약했는지 실감할 수 있는 액수다.[5] 그나마도 전체 세입에서 조세수입을 통한 자체조달 비중은 약 11%에 그쳤고 국채 등 차입금 비중이 46%에 이르는 등 그야말로 빚더미 재정이었다.[6]

앞서 설명한 것처럼 당시 예산제도는 일본의 '품목별 예산시스템'(line item budgeting system)을 그대로 사용했다. 인건비와 집기구입비 등 정부가 구입

1 조선시대에 유사한 기능으로는 호조의 판적사와 경비사가 있었다고 한다. 판적사는 세입에 관련된 업무, 경비사에는 세출에 관련된 업무를 수행했다.

2 '건양원년 예산서'에는 세입 · 세출의 총규모 및 항목별 명세서와 산정기준 등에 관한 내용이 명시돼 있다.

3 일제 강점기에 예산의 편성에 관한 일은 조선총독부 재무국 사계과에서 맡았다.

4 1948년에 남한 단독정부가 시작되었지만 그해의 예산은 미군정에 의해 미리 수립된 것을 사후적으로 승인한 것에 불과했다.

5 이한빈, 1989. 11, "EPB는 이렇게 태어났다", 〈경우회지〉, 제 6권, 15쪽.

6 재경회 · 예유회 편, 2011, 《한국의 재정 60년》, 매일경제신문사, 12쪽.

하는 물품과 서비스를 구체적으로 분류하고 예산을 편성해 집행한 후 경비사용의 적정성을 평가하는 정도의 단순한 시스템이었다. 미군정 당시 선진국형 예산제도가 도입되기는 했으나 극히 일부에 보완적으로 사용된 데 불과했다.

전쟁 중에 돌아온 하버드 유학생 이한빈

한국정부에 전(前)근대적 일본식 예산시스템이 아닌 현대적 개념의 예산기능이 도입되기 시작한 것은 1951년, 미국 하버드대에서 공부한 이한빈(李漢彬)이 예산국 제2과장으로 부임하면서부터였다. 서울대 영문과를 나온 이한빈은 1949년 가을 하버드 비즈니스 스쿨에 입학한 대한민국 최초의 경영학 석사학위(MBA) 취득자였다. 유학 간 이듬해 6·25 전쟁이 발발하자 그는 단순한 '비즈니스 스쿨 졸업자' 이상으로 국가에 대한 강한 의무감을 갖게 된다.

> 정규과목 외에 지금의 케네디 스쿨[7]의 전신 '리타우어 행정학부'(Littauer School of Public Administration)에 가서 정부행정에 관련된 과목들을 따로 이수했다. 조국에 돌아가는 대로 어떻게든 정부 분야에 힘을 보태고 싶은 강한 동기가 있었던 것이다. 내가 특히 예산과 관련된 공부를 한 것은 당시 미국 행정학계의 유명한 교수였던 존 가우스(John M. Gaus) 교수가 지도하는 '정부조직 및 공공행정'이라는 제목의 세미나였다.[8] (이한빈)

그는 이 세미나 과목에서 '연방예산국장'이라는 주제를 택해 당시 워싱턴의 연방예산국에서 추진 중이던 성과예산제도(performance budgeting)에 관한 자료를 받아 공부하고 리포트를 작성했다. 이것이 훗날 한국이 '성과주의 예산제도'를 도입하게 되는 기초가 된다.

이한빈은 1951년 하버드대를 졸업하자마자 지도교수의 만류에도 불구하고 전쟁이 한창인 조국으로 서둘러 돌아왔다. 한국정부가 부산으로 피란해 임시 행정부를 꾸리고 있던 시절이었다.

7 케네디 공공정책대학원(Kennedy School of Government)을 의미한다. 하버드대 대학원 중 한 곳으로 공공정책학, 행정학, 국제관계학, 경제학, 정치학 등 다양한 학문을 연구한다.

8 이한빈, 1989. 11, "EPB는 이렇게 태어났다", 〈경우회지〉, 제6권, 15쪽.

故 이한빈 부총리(1926~2004)
이한빈은 1951년 하버드대 경영대학원을 졸업하고, 6 · 25 전쟁 중에 돌아와서 재무부에서 관료생활을 시작하였다. 5 · 16 이후 제네바 주재공사가 됐으나, 1967년 서울대에서 철학박사 학위를 받고 교육자로 돌아왔다.

> 당시 가우스 교수의 추천서 한 장을 달랑 들고 경남도청 건물이던 피란정부 청사의 장면 총리를 방문하자 장 총리는 백두진 재무장관을 찾아가라고 했다. 백 장관은 생면부지의 나를 반갑게 맞아 주며 재무부 이재국 근무를 권했다. 그러나 나는 의지를 가지고 공부한 예산부문에서 일하고 싶다고 고집했다.[9] (이한빈)

훤칠한 키, 넓은 이마에 총명한 눈빛을 가진 29살의 젊은 과장 이한빈은 예산국 직원 중에 가장 나이가 어렸다. 직원 수도 얼마 되지 않아 당시 예산국 전체 인원이 운전기사와 타이피스트를 포함해 모두 25명에 불과했다. 미국에서 새로운 개념의 경제학을 공부한 이한빈 과장은 주산과 암산의 달인들인 상고 출신들이 주로 포진했던 예산국에 신선한 충격과 혁신의 바람을 불러왔다. 마침 고시출신 인재들이 한두 사람씩 예산국에 배치되던 무렵이었다. 그는 부하직원들에게 늘 다음과 같이 역설했다.

"예산은 단순한 세입과 세출의 계산서가 아닙니다. 국가가 의지를 가지고 집행하는 정책의 계수적 표현이고 국가정책 수행의 가장 유력한 도구입니다."

9 앞의 책, 15쪽.

과장으로 취임하자마자 그는 우선 예산을 일반서비스, 경제서비스, 사회서비스 등 3가지 큰 기능으로 나누고 구체적 개별 예산항목을 여기에 맞춰 재분류하는 새로운 형태의 '기능별 예산제도'를 만들었다.

이 예산제도는 1955년 유엔 에카프(EACAFF: 유엔의 아시아·극동 경제위원회) 주최로 열린 예산재분류에 관한 전문가회의(working party of experts on reclassification of budget)에서 공식 채택되기도 했다. 에카프는 세계 각국의 예산을 국민소득계정체계에 맞게 재분류함으로써 각 나라가 경제개발이나 복지사회 건설에 얼마나 자원을 동원할 수 있느냐를 연구하고 국제간 제도의 효율성을 비교하기 위해 유엔이 마련한 국제회의였다.

당시 한국의 예산국에서 만들었던 예산의 기능별 분류방식(일반서비스, 경제서비스, 사회서비스)이 영국, 스웨덴 등 선진국 양식과 나란히 국제적 표본으로 보고서에 수록됐다. 다른 나라의 예산제도를 집중적으로 연구하고 비교하는 과정에서 얻은 성과도 적지 않았다.

> 한국의 경제개발계획 작성의 기초가 된 경제 성격별 분류(경상지출, 투자비, 이전경비 등)에 대한 자세한 지식을 얻었고 공기업 예산에 기업회계제도를 도입하기로 한 것도 우리가 에카프 회의에서 얻은 중요한 결실이라고 할 수 있다.[10] (이한빈)

에카프 회의에서 많은 것을 배우고 귀국한 이한빈 과장은 유엔이 작성한 기준에 따라 본격적 예산제도 개혁에 착수했다. 우선 방대한 예산을 장, 관, 항, 세항, 목으로 재분류하는 작업을 시작했다. 장, 관, 항은 기능별로 분류하고 목은 경제적 기능별로 개편하는 힘든 작업이었다. 또 「예산회계법」과 「기업예산회계법」,[11] 「정부투자기관 예산회계법」 등이 속속 제정되었다.

> 법률의 초안을 작성하는데 이한빈 국장은 '「예산회계법」에 일반회계에서 발생하는 세계잉여금은 무조건 차입금을 상환하는 데 쓰도록 조문화하라'고 지시했

10 이한빈, 1989. 11, "EPB는 이렇게 태어났다", 〈경우회지〉, 제 6권, 17쪽.

11 「기업예산회계법」은 기업회계를 발생주의 원칙에 의한 복식으로 개편하는 것이었다.

홍은주 한양사이버대 교수(인터뷰 진행자)

다. 당시 우리의 재정에서 6·25 전쟁 때 차입한 전란수습비 특별회계 차입금과 국채 특별회계 누적금은 천문학적인 것이었다. 만약 이 국장이 이런 법을 만들지 않았다면 인플레를 수습하는 데 많은 지장을 받았을 것이다.[12] (김주남)

오늘날 적용되는 국가예산회계, 기업회계, 정부투자기관 회계 등이 이후 약간의 개정이 더해졌을 뿐 사실상 모두가 이때 만들어졌다.

재무부로 옮겨간 예산국

유엔 에카프 회의가 있었던 1955년 「정부조직법」이 개정되어 국무총리제가 폐지되면서 국무총리 직속의 기획처가 해체되고 예산국은 재무부로 흡수된다. 자유당이 행정부의 권한을 약화시키고 당 지도권을 강화하려는 시도에서 국무총리를 없앤 것이다. 당시 자유당 당무위원들의 권한은 대단했다. 1953년 「국회법」 개정에 따라 예산결산위원회가 신설되었는데 예결위 소속의원들은 예산안을 종합심사할 때, 대낮부터 요정에 진을 치고 재무장관과 부흥부 장관을 호출해서 큰소리치는 것이 예사였다. 예산국이 재무부로 옮겨지게 된 것도 당시 재무위원회에서 활약했던 모 국회의원이 후일 자신이 재무장관을 할 야심으로 예산국을 재무부에 흡수시켰던 것이라는 소문이 파다했다.

국가의 종합적 경제발전을 설계하고 기획하고 집행하는 핵심 성장엔진으로서 현대적 예산제도에 대한 이한빈의 구상이 구체화된 것은 예산국이 재무부로 옮겨 오면서부터였다. 예산제도 개혁의 촉매가 된 것은 젊은 인재들의 영입이었다. 대학을 졸업하고 고시에 합격한 젊은 인재들이 당시 잘나가던 수석부처였던 재무부에 들어오기 시작해 기존의 나이든 예산국 직원들을 대체하기 시작한 것이다. 똑똑한 수습사무관들은 젊은 과장의 혁신적 생각과 아이디어를 선입관 없이 받아들였고 불철주야 훈련을 받아가며 예산제도 전반에 걸쳐

12 덕산추모사업회, 2005, 《덕산 이한빈 선생 추모문집: 나라가 먼저지 언제나 그렇지》, 나남, 91쪽.

최각규 崔珏圭 전 경제부총리

1933. 11. 3 강원 강릉 출생
강릉상고, 서울대 정치학과 졸업
경제기획원 투자예산과장,
재무부 국고국장, 세정차관보
1973~1974 제23대 재무부 차관
1974~1975 제7대 경제기획원 차관
1975~1977 제29대 농수산부 장관
1977~1979 제26대 상공부 장관
1991~1993 부총리 겸 경제기획원 장관

혁신적 변화를 이끌어낸다. 이때에 예산의 관리기능을 강조하는 '성과주의 예산제도'나 기획기능을 강조하는 '계획예산제도'(PPBS: Planning-Programming Budgeting System) 등 현대적 제도의 단초도 도입되었다.

당시 이한빈 과장에게 깊이 매료되어 지적(知的) 세례와 예산훈련을 받은 젊은 사무관 가운데 한 사람이 최각규(후일 EPB 부총리)였다. 1956년에 재무부에 들어온 최각규 사무관은 행정과 1부 고시합격자였다. 따라서 원래는 내무행정 쪽으로 가야 하는데 우연히 재무행정으로 진로를 바꿨다가 똑똑한 인재를 찾던 이한빈 과장의 눈에 띄었다. 최각규의 증언을 정리한다.

재무부로 배치된 상황을 설명해 주신다면?

▸▸ 최각규

제가 대학교 3학년 2학기에 고등고시에 합격하고 정식으로 행정부에 들어간 해가 1956년이에요. 행정과 1부에 합격했기 때문에 내무부나 도(道) 행정으로 가야 되는데 그쪽에는 주로 법대 출신들이 많았습니다. 정치학도였던 나는 2부 재정 쪽으로 배치됐어요. 처음 갔을 때 기획처 예산국의 수습사무관으로 각 국을 한 달씩 돌고, 예산국이 재무부로 옮겨졌을 때 고정배치를 받고 본격적 업무를 시작했습니다.

당시 예산국 분위기는 어땠습니까? 인적 구성이 어떻게 되어 있었나요?

예산국에 들어갈 때가 자유당 시절인데 예산국장은 오인근 씨라고 나중에 차관까지 하시다가 지금은 세상 떠나신 분이고 제1과장이 이한빈 박사였습니다. 이때 우리나라 관료들은 일제 강점기에 근무했던 분들이 많았어요. 해방이 되어 나라를 운영하려면 어떻게든 행정부의 실무적인 일을 해야 하는데 경력과 경험이 필요하다 보니 일제 강점기 근무자들이 그냥 계속 일을 했던 것입니다. 내가 예산국에 들어갔을 때도 거의 다 일제 강점기 경력자들이 예산을 다루었지요.

그런데 나는 운이 좋아서 행정부에 들어가서 처음 만난 상사가 미국에서 공부하고 막 돌아온 이한빈 과장이었지요. 당시 이한빈 과장은 하버드 비즈니스 스쿨에서 MBA를 하고 난 후 발탁돼 정부에 들어왔습니다. 당시 정부가 정치적 임명으로 발탁해서 관리로 중용하는 그런 경우가 별로 없었는데 이분은 아주 젊은 나이에 예외적으로 중용된 것입니다. 저는 기획처 예산국 시절에 수습사무관을 지내고 1955년 예산국이 재무부로 흡수되면서 그분 밑에서 처음 관리생활을 시작했습니다. 얼마 안 있다가 이분이 또 예산국장이 됐어요. 이분과의 만남이 그 후 공무원으로서의 내 삶에 큰 영향을 주었습니다. 내가 인생의 길목마다 여러 스승으로부터 많은 교훈을 받았지만 공직생활 35년 동안 가장 존경하는 선배, 스승으로 큰 그늘을 드리운 분은 단연 이한빈 박사가 첫손에 꼽힙니다.

이제 재무부에 갓 들어간 최각규 사무관의 눈에 비친 이한빈 과장의 활약은 눈부셨다. 예산에 혁신적 시스템을 도입하고 젊은 사무관들을 훈련시키는 한편 일개 과장이면서도 백두진 당시 총리를 수행해서 미국을 방문하곤 했다. 이승만 대통령이 아이젠하워 대통령 초청으로 도미했을 때도 백두진 장관, 김현철 장관 등을 이 과장이 수행할 정도였다. 유창한 영어, 미국에서 배워온 전문지식과 인문학을 아우르는 해박한 식견, 끊임없이 선진 예산제도를 공부하는 자세, 아랫사람들의 말을 귀담아 듣는 개방적 자세가 빛을 발했다. 이 때문에 이한빈 과장이 젊은 나이에 예산국장으로 승진했을 때 연공서열이 분명한 재무부 관료사회에서도 누구도 이의를 달지 않고 당연하게 생각했다.

1926년 함경남도 함주에서 출생한 이한빈은 캐나다 선교회가 설립한 영생중학교에 입학하면서 원어민에게 영어를 배운다. 서정시인 백석(白石)이 1936년에 영생중학교에서 영어를 가르쳤으니 이한빈이 몇 년 일찍 입학했더라면 백석의 제자가 될 뻔했다.

이한빈은 1943년 일본 교토의 도시샤(同志社)대학 예과에서 1년간 영어, 독어, 프랑스어, 철학, 역사 등을 공부한다. 태평양전쟁이 격화되자 고향에 돌아와 모교 영생중학교에서 잠시 영어교사로 근무한다. 1946년 3월에 월남해 그해 9월에 서울대 영문과에 입학한다. 3년 만에 대학을 졸업하고 1949년 9월 국비장학생으로 미국 유학을 간다. 이렇게 동량지재(棟梁之材)는 일찌감치 양성되었다.

칸막이 속에서 탄생한 '장기재정계획'

당시는 차관보나 실장이 없던 시절이라 국장이 실무적으로 가장 큰 권한을 쥐고 있었다. 국장이 되면서 본격적으로 예산국을 장악한 이한빈 국장은 젊은 인재들을 유치하고 실무를 맡은 젊은 사무관들의 의견을 적극적으로 반영했다. 보수적이고 배타적인 예산국의 분위기가 개방적이고 토론하는 분위기로 바뀌었다. 올챙이 사무관들을 불러 외국에 보낼 문서를 작성하게 하는 등 공부를 시켰고 예산시스템을 개선할 수 있는 방안을 늘 고민하도록 만들었다.

이한빈 국장은 온화한 미소와 함께 안경 속의 맑은 눈을 반짝이며 "훌륭한 장수는 부하직원이 다쳐도 병원에 가 보지 않는다. 너무 개인적으로 감정이입을 하면 전쟁을 수행할 수 없기 때문이다. 마찬가지로 예산을 다루는 사람은 나무보다는 숲을, 현재보다는 미래를, 부분보다는 전체적 안목을 길러야 한다. 다만 예산을 깎을 때 합리적으로 상대를 이해시키고 설득할 수 있는 능력이 필요하다"고 역설했다. 최각규의 증언을 덧붙인다.

이한빈 국장의 업무추진 스타일을 구체적으로 밝혀 주신다면?

▸▸ **최각규**

그분은 젊고 미래지향적이었어요. 전통적 일제 강점기 관료나 이를 답습하는 나이든 한국 관료가 가지기 어려웠던 미래 경제전략, 이코노믹 플래닝, 이런 것을 늘 생각하고 실천하셨어요. 또 비즈니스 스쿨 MBA 출신이라 그런지 조직관리라든가 매니지먼트 마인드가 있었지요. 예를 들어 예산국이란 기구를 운영할 때 기존방식으로는 위에서 지시하면 아래 사람들이 무조건 들어야 하는 상명하복 방식이었는데, 이한빈 국장은 한 달에 한 번 정기적으로 당시 사무관급 이상을 회의실에 불러 모았습니다. 그때는 예산국에 과가 4개밖에 없었고 한 과에 사무관이 2~3명이 있었기 때문에 총 20명이 채 안 되는 숫자였는데 국장이 회의실에 정기적으로 이사관, 사무관 전 직원을 모두 모아 놓고 한 사람씩 물어보고 의견을 청취했습니다. 한마디로 실무자의 의견을 많이 듣고 의사결정을 내렸습니다.

실무진의 의견을 청취하고 피드백 받는 것은 요즘도 실천하기가 쉽지 않습니다. 이런 상사가 나타났으니 그때 조직문화로는 참 신선한 충격이었겠네요.

그렇죠. 실무자들로부터 의견을 듣는 이런 방식으로 일처리를 하는 사람은 예산국 이한빈 국장 외에는 정부 내에 아마 달리 없었을 거예요. 실무자들의 의견을 적극적으로 청취하고 반영하는 그런 점이 다른 간부들과 달랐고, 그런 분 밑에 있었다는 것이 내가 굉장히 다행스러운 일이라고 생각했지요.

당시 나는 예산 1과에서 일했는데 어느 특정 부처 예산을 담당하지 않고 일종의 총괄정책을 다루었습니다. 가령 예산이 다 확정되면 그 예산이 의미하는 바가 무엇이고, 경제적 목표가 무엇인지 등을 평가하는 그런 업무입니다. 또 해마다 예산이 다 배정되면 재무장관이 국회에 가서 예산연설을 하기 때문에 이 연설내용을 써야 하는데 그것도 주로 내가 맡아보았죠. 총괄정책 쪽 선임은 주무사무관, 그다음에 보좌 사무관이 하고 그 후에 내가 그것을 책임지는 상황이었습니다.

그런데 하루는 여느 때처럼 이한빈 국장이 사무관 이상을 회의실에 모이게 하더니 "여러분 각자가 예산업무 개선을 위한 의견을 내봐라" 하는 것이었습니다. 그 자리에서 내가 나이가 가장 젊었는데 나에게 "최 사무관은 어떤 의견이 있어?" 하고 묻습디다. 그때 예산국에서 예산 배분을 할 때 모든 부처에서 사업을 들고 와서 필요 예산을 달라고 주장하는데 정작 재원이 부족하다 보니 어떻게 예산을 스마트하게, 효율적으로 배정하느냐가 늘 골칫거리였죠.

달라는 데는 많고 줄 돈은 없으니, 예산을 달라, 못준다,
이렇게 밀고 당기는 작업이 쉽지 않았겠네요.

그러다 보니 예산국은 습관적으로 안 된다는 소리만 늘 되풀이하여 다른 부처의 반발을 샀습니다. "다른 부처에서 요구가 오면 우리가 습관적으로 '노'(no)라는 말부터

하는데 그것을 어떻게 스마트하게 '노' 해야 하느냐? 그냥 '노'라는 답변 외에 다른 대안은 없겠는가?" 그런 고민들을 예산국 공무원들끼리 많이 토론했었죠. 그래서 제가 바로 그 얘기를 회의석상에서 했지요. 다음과 같은 내용으로 … .

"우리 예산국의 가장 큰 문제는 장기계획이 없이 회계연도 한 해만 생각하는 단일연도 개념이라고 생각합니다. 장기 개념이 없어 매번 1년치만 생각하기 때문에 언제까지고 안 된다는 소리만 되풀이하지 않습니까? 만일 장기계획을 가지고 보면 올해 예산이 안 되면 내년에 준다든지, 사업규모가 클 경우엔 한 해에 크게 가져갈 것이 아니라 첫 해는 적게 줄여서 출발하더라도 연차적으로 늘려나간다든지, 여러 가지 대안을 제시할 수 있습니다. 상대방 부처는 프로젝트를 할 때 부처 나름대로 충분한 연구와 검토를 해서 오는데 우리는 그냥 올해 예산이 없으니까 안 됩니다, 매번 이래서는 곤란하지 않겠습니까? 그러니까 우리도 장기적 관점에서 예산을 생각하고 대안을 내야 되지 않을까요?"

그렇게 발언했더니 그 발언을 이한빈 국장이 선뜻 받아들였어요.

"좋은 생각이오. 우리도 이런 새로운 예산의 개념을 한번 도입해 봅시다."

그때 예산국 국장실이 별로 크지 않았을 때인데 그 국장실을 칸막이로 막아서 "그럼 이제부터 최 사무관이 장기재정계획을 맡아 주시오. 필요한 인원은 누구든지 데려다 써도 좋아요" 그럽디다.

그래서 내가 예산국에서 가까이 지내던 몇 사람들을 모아서 국장실 옆에다가 칸막이를 치고 '장기재정계획'이라는 것을 처음 만들었습니다.

당시 예산국은 정부예산을 쥐락펴락하고 있어서 사무실은 늘 사람들로 붐비고 점심을 사겠다는 '독지가'들이 줄을 서고 있었다. 그러나 최각규 사무관 등이 맡은 일은 장기예산의 시스템과 틀을 만드는 업무였기에 타 부처에 인기가 좋은 다른 예산실 담당관과는 달리 점심때가 되어도 누구 한 사람 점심을 접대하겠다는 사람이 없었다. 이들은 사무실 한구석 칸막이 안에 쪼그리고 앉아 점심과 저녁을 해결하면서 밤낮으로 일했다. 그때의 '칸막이 사무실'을 지켰던 동지들이 후일 건설부 장관을 지낸 김주남, 고등고시 행정과 사법 양과에 합격한 전정구 등이었다.

대학에서 공부할 때 막연히 나라의 세입세출을 다루는 것으로만 알았던 정부예산이 국가발전의 청사진이요, 정책도구, 그리고 정치세력의 이해조정 과정의 결과물이라는 것을 알게 되었다. … (예산은) 여러 가지 정책대안 중에서 행정 수반이 선택한 최우선 대안을 제한된 재원 속에서 최소경비로 목표를 달성하게 만드는 구체적 과정인 것이다. 국가정책의지와 우선순위를 화폐적으로 저울질하는 일에 긴장감도 느끼게 되었다. 이는 모두 당시 국회에서 행할 대통령의 시정연설과 재무부 장관의 예산안 제안 연설초안을 이한빈 박사님이 준비하는 일을 보조하면서 터득한 것이다.[13] (전정구)

다른 행정부에서는 제도적 개혁을 꿈도 못 꾸던 시절에 예산국은 한 사람의 선각자에 의해 빠르게 선진화의 길로 향하고 있었다. 국가재정과 지방재정을 함께 보는 '공공재정' 부문과 공공재정이 국민경제에 미치는 영향에 대한 분석과 평가의 중요성이 강조되기 시작했다. 한국의 예산제도는 단순한 회계개념에서 통제, 평가, 기획 등 복합적 상위개념으로 진화하기 시작했다. 또한 장기계획과 성과주의 예산제도가 도입되기도 했다. 최각규의 증언을 다시 정리한다.

당시 새로운 예산제도를 구체적으로 설명해 주신다면?

▸▸ 최각규

우리의 예산제도는 그때만 해도 완전히 일본식 제도를 그냥 답습했는데 변혁을 추구한 분이 바로 이한빈 박사였습니다. 당시 1950년대 말 1960년대 초에 한참 인기를 끌며 새롭게 등장한 개념이 바로 '프로그램 예산'(program budgeting) 혹은 '성과주의 예산'(performance budgeting)이었습니다. 프로그램 예산은 돈을 어떻게 책정하고 어떻게 효율적으로 쓰고 합목적적으로 제대로 쓰느냐 하는 점에 초점을 맞추는 개념이었고 성과주의 예산은 실적을 보고 평가한 후 예산을 편성하는 개념이었는데 미국 등 외국에서 공부한 사람들이 그런 개념 도입을 시도했어요. 이를 위해 예산국 담당자들이 필리핀과 대만 등 외국에 가서 자료도 수집하고 본격적 안을 만들었지요. 조사해 보니 당시 필리핀 등 일부 개도국에서 이미 원용되고 있었습니다.

13 덕산추모사업회, 2005, 《덕산 이한빈 선생 추모문집: 나라가 먼저지 언제나 그렇지》, 나남, 86쪽.

새로 도입한 '프로그램 예산'이 기존의 일본식 예산방식과 어떤 점이 달랐습니까?

당시 우리나라 예산은 인건비 얼마, 수용비 얼마, 인쇄비 얼마 이렇게 디테일하고 자세하게 짜는 품목별, 비목별 예산편성 방식이었습니다. 정부가 무슨 사업을 하겠다고 할 때 예산국에서 인건비니 수용비니 이렇게 세세한 각목을 일일이 사전에 정하고 배정하는 방식입니다. 이런 방식의 문제점은 예산에 신축성이 없어진다는 거예요. 어떤 분야에서는 돈이 남는데, 남아도 전용을 못하니까 무조건 써 버리고 부족한 분야에서는 모자라서 쩔쩔매고. 당연히 예산의 효율적 집행도 불가능하구요.

그런데 큰 아이템별로만 예산을 분류해 두면 세목별 예산은 각 부처에서 필요에 따라 신축성 있게 쓸 수 있게 됩니다. 또 예산집행 결과를 평가할 때도 더 효율적이에요. 만약 항목별로 예산배정을 했다면 인건비 얼마라고 했는데 월급으로 얼마를 썼느냐 수용비 얼마라고 했는데 얼마를 썼느냐, 이렇게 항목별로 세세하게 따져야 하는데 그럴 필요가 없어요.

또 성과주의 예산방식으로 하면 실적을 측정해서 '이 사업을 수행하려고 비용을 큰 항목으로 책정했는데 비용 대비 그 결과가 어떻게 나왔는가?'를 따지고 평가할 수 있게 됩니다. 그래서 당시 우리가 예산국의 업무에 처음에는 장기재정계획을 도입했고 그다음엔 '프로그램 예산', '성과주의 예산' 등의 개념을 도입하기 시작한 거죠. 바로 이한빈 씨라는 선각자가 계셨기 때문에 그런 새로운 제도도입이 가능했습니다.

재무부 예산국의 고시인재 독식

성격상 예산을 달라는 부처는 많고 재원은 한정되었기에 재무부 예산국은 막강한 힘을 가진 부서였다. 주사만 되어도 각 부처의 예산을 마구 깎는 등 위세를 부리던 시절이었다. 그러다 보니 재무부 예산국은 공무원 사이에 인기가 높았다. 고등고시 합격자 가운데 인재들을 모조리 재무부에 배치해 예산국과 이재국에서 몇 달씩 수습을 시킬 정도였고 특히 공무원 시험 합격자 중 1등부터 5등까지는 무조건 예산국이 데리고 갈 정도로 예산국은 우수인재들의 집합지였다.

국회에서도 예산결산위원회가 핵심이었다. 특히 계수정정 소위에는 박동규, 이재형, 이충환, 김대중, 이중재, 송방용 등 당시 국회에서 날리던 스타급 의원들이 기라성처럼 모여 있었다. 모두가 일기당천(一騎當千)의 맹장들이었는데 당시 예산심의 때만 되면 정부 각 부처들은 금수장 호텔(현 앰배서더 호텔) 전관을 예약하고 국회의원을 모셔다 로비공작을 벌이곤 했다. 예산의 정치적 거래과정과 최종 타협을 지켜보고 거물 국회의원들과 밤을 새우다 보면 거시적 안목에서 배우는 것도 많았다.

> 예산국 공무원이 되면 매년 국회를 출입하면서 국회의원과 안면과 친분도 생기고 정책결정, 예산 계수조정의 내막 등에 정통해 시야가 넓어지고 활약하는 무대가 넓어지고 정치적 감각도 생기게 된다. 그래서 예산국 출신 관료들은 옛날부터 승진이 빨랐다. 국정 전반에 대한 식견, 정치적 감각 등을 훈련받고, 정책이 형성되는 과정, 그리고 정치적 거래가 이뤄지는 과정을 목격하면서 큰 그림을 그릴 줄 알게 되는 데다 여야의원과 함께 밤을 새우면서 고생하다 보니 비슷한 실력이면 예산국 관료들의 승진을 밀어 주곤 했다. 따라서 재무부가 부흥부보다 선임부처였다. 그렇게 재무부를 거쳐 간 인재들이 김용환, 장재식, 임영득, 엄영석, 최동규, 윤항렬, 이만기, 홍인기, 하동선 등이다.[14] (이한빈)

갑과 을이 뒤바뀐 예산국과 부흥부 기획국

재무부 예산국 공무원들은 다른 부처의 예산을 단칼에 삭감하는 막강한 '갑'의 자리였지만 반대로 재원을 조달하는 몇몇 부처에 대해서는 어쩔 수 없이 '을'의 입장이 되기도 했다. 예산국이 가장 신경을 써야 하는 두 개의 정부조직이 내국세를 거두는 사세국[15]과 당시 예산의 절반을 차지하는 대충자금[16]을 미국과 협의하는 부흥부였다. 예산국은 사세국장으로부터 최대한의 세입규모를 약속받아 그것을 토대로 예산을 짜고 국회에 제출했기 때문에 새해가 되면 사세국장에게 식사접대를 하면서 세입규모 추정과 탐색을 하는 것이 관례였다.

14 이한빈, 1989. 11, "EPB는 이렇게 태어났다", 〈경우회지〉, 제6권.

15 현재의 세제실과 국세청 기능을 합한 역할을 했다.

16 대충자금(counterpart fund) : 미국이 자국의 대외원조 계획에 따라 한국에 제공한 원조물자와 잉여농산물 등을 한국정부가 시장에 공매하여 조성한 원화원조자금이다. 한국에서 대충자금의 주종을 이룬 것은 미국의 「농산물교역 발전 및 원조법」(Agricultural Trade Development and Assistance Act, 1954), 즉 PL480에 의한 잉여농산물의 무상도입이었다.

사세국이야 같은 재무부 내에 있었기 때문에 큰 문제가 없었으나 부흥부는 신경을 많이 써야 했다. 1955년 「정부조직법」 개정에 따라 신설된 부흥부는 USOM과의 협의에 따라 원조자금 규모와 쓸 곳을 사전에 정해 재무부 예산국에 넘겨주는 역할을 했다. 정부예산의 절반을 차지하던 미국의 원조자금은 규모도 컸을 뿐만 아니라 미국의 철저한 통제를 받았기에 재무부 예산국은 부흥부에 대해 '을'이 될 수밖에 없었다. 부흥부로부터 내용을 간접적으로 전달받아 예산을 짜야 했던 재무부 예산국은 적잖은 신경전을 벌여야 했다. 부흥부가 USOM과 프로젝트별로 대충자금의 규모를 확정하고 '경제부흥 특별회계에 의해 어디어디에 얼마를 투자한다'고 결정하면 재무부 예산국은 결정된 숫자를 받아다가 취합해서 정리하는 것에 불과했다. 예를 들어 가장 큰 예산이 들어가는 국방비의 경우 국군의 봉급과 급식비, 피복비 등 기본비용만 예산에 계상하고 그 외의 막대한 군수비는 '직접 군사원조'라고 해서 부흥부가 미국으로부터 받아오는 대충자금에 의존하였다. 그러다 보니 대충자금의 프로젝트별 용도와 사용규모를 둘러싸고 재무부 예산국과 부흥부는 긴장관계가 형성될 수밖에 없었다.

그 시절을 기억하는 공무원들은 재무부 예산국의 김학렬 제4과장과 부흥부 기획국 장예준 관리과장이 그중에서도 특별히 사이가 좋지 못했다고 증언한다. 성격이 칼같이 꼼꼼한 데다 고시 1회라는 자부심으로 가득한 재무부 김학렬 과장과 털털한 성격에 술을 좋아하는 부흥부 장예준 과장은 기질이 완전히 정반대여서 성격상 서로 잘 맞지 않는 터였다. 그런데도 예산 때문에 어쩔 수 없이 자주 접촉하는 상황이 되다 보니 늘 옥신각신하는 것이 당시 재무부 예산국과 부흥부 기획국에서 벌어지는 익숙한 풍경이었다.

이때의 두 사람은 훗날 김학렬 과장이 기획원 부총리로, 장예준 과장이 기획원 차관으로 '갑'과 '을'이 완전히 뒤바뀐 채 다시 만나게 된다. 삶의 작은 엇갈림, 운명의 짓궂은 장난이다.

기획원 시절의 예산국

기획원에 통째로 옮겨간 예산국

1961년 5·16이 발발하고 정부주도로 강력하게 경제개발을 추진하기를 원하는 군사정부가 들어서면서 EPB가 신설되었다. 재무부 핵심부서의 하나였던 예산국이 기획원으로 통째로 옮겨간 것이 바로 이 시점이었다. 사실상의 수석부처였던 막강한 재무부의 예산국, 국회의 든든한 후원까지 받는 조직이 통째로 다른 조직으로 이동하는 것은 당시로서는 상상하기 어려운 일이었다. 그런데 어떻게 예산국이 EPB로 옮겨가게 되었을까?

재무부 예산국이 EPB로 넘어가게 된 단초는 부흥부의 이기홍 기획국장과 재무부 이한빈 예산국장의 공동의 아이디어, 즉 '경제개발을 위해서는 기획과 예산이 결합된 강력한 경제부처가 있어야 한다'는 소신에서 비롯되었다.

머리가 좋고 고리타분한 규칙에 얽매이지 않고 기발한 아이디어가 많아 주변 동료들로부터 '국보급 천재'라고 불리던 이기홍은 미국 유학을 마치고 부흥부 기획과장으로 들어와 5·16 직전에는 기획국장을 지내고 있었다. 서울대 영문과 출신으로 미군정 시절 미군통역을 하면서 배운 탁월한 영어 실력으로 유엔의 에카프와 세계은행에서 일하기도 했던 그는 인도의 '경제계획위원회'(Planning Commission) 제도에 심취해 경제개발을 위해서는 그런 성격의 정부부처가 한국에도 꼭 필요하다고 늘 역설했다. 다만 인도의 경제계획위원회에는 예산기능이 빠져 있어서 무력하니 우리나라엔 반드시 예산을 결합해야 한다는 주장을 계속했다.

이 주장에 적극 동조한 사람이 이기홍 국장의 서울대 영문과 친구이자 같은 미국 유학파였던 재무부 이한빈 예산국장이었다. 이한빈은 미국 하버드대에 다닐 때 '예산국은 내각수반 등 고위기관의 직속기관이 되어야 한다'는 취지의 논문을 쓰기도 했기에 비록 재무부에 몸담았으나 예산은 개발부처와 통합해야 한다는 소신을 늘 가지고 있었다.

한국이 빈곤에서 벗어나려면 경제개발 5개년계획을 추진해야 한다. 그러나 소요재원인 내자는 재무부 예산국이 관장하고 외자는 부흥부 기획국이 관장하는 등 분산되어 있어 관료주의적 권한다툼으로 경제개발에 필요한 효율적 조정이 어려웠다. 따라서 두 기구를 합쳐야 한다는 나의 주장에 대해 이한빈 국장은 적극 동의하고 자신이 앞장서서 「정부조직법」 개정에 필요한 조치를 추진하고 나섰다. 세계 어느 나라 재무부 예산국장이 자기 자리와 조직을 내주겠다고 하겠는가![17] (이기홍)

그러다가 5 · 16 이 발발하고 1961년 재무차관으로 승진하자 이한빈은 최고회의에 나가 예산기능을 재무부에서 떼어내는 내용을 담은 새로운 예산회계법안을 열심히 제안하고 설명하였다.

아무리 좋은 아이디어라도 결정적 순간에 강한 힘으로 이를 채택하는 주체가 필요하다. 내가 1955~1956년 무렵 예산국 제 1과장으로 있으면서 국방연구원과 육군군수학교를 창설할 때 유병현, 박태준, 김희덕 씨 등 군의 지성 엘리트들과 아이디어를 나누면서 긴밀하게 교유한 적이 있었는데 나중에 이 사람들이 5 · 16 이후 최고회의 요직으로 왔다. 그래서 이분들 도움을 많이 받았다.[18] (이한빈)

민간에서 오랫동안 담론으로 이야기되던 기획기능과 예산기능의 결합 아이디어를 미국 군에서 새로운 예산과 관리제도를 배워온 군 엘리트들이 적극적으로 받아들이면서 자칫 공염불로 끝날 수도 있었던 예산국의 기획원 행(行)은 순식간에 현실화됐다. 기획기능이 예산과 통합된 것은 세계 어느 나라에도 없는 한국 유일의 제도였다. 당시의 상황을 최각규의 증언을 통해 알아본다.

▸▸ 최각규

그 당시 우리 정부에는 부흥부 내에 별도로 '장기개발위원회'인가 하는 조직이 있었습니다. 주로 미국에서 공부했거나 미국식 경제제도를 공부한 이런 분들이 '우리가 이 조직을 중심으로 해서 한국경제의 장기계획이라는 것을 세워보자', 그런 움직임이 있었습니다. 이런 분들이 경제계획과 예산을 합쳐야 한다는 아이디어를 강하게 주장했어요.

17 덕산추모사업회, 2005, 《덕산 이한빈 선생 추모문집: 나라가 먼저지 언제나 그렇지》, 나남, 78쪽.
18 이한빈, 1989. 11, "EPB는 이렇게 태어났다", 〈경우회지〉, 제 6권, 18쪽.

그러다 5 · 16이 일어났습니다. 일본식 제도를 답습하던 일반 관료와는 달리 군은 당시에 이미 미국의 군에서 시행하였던 이른바 '플래닝 프로그램'(planning program), 즉 계획수립과 실적분석 등 효율적 매니지먼트를 도입하였습니다. 미국의 그런 프로그램과 성과분석 등 선진관리제도가 민간이나 기업에는 아직 들어오지 않았고 정부조직상으로는 일본식 제도가 온존하던 시절인데 오히려 군이 먼저 미국 군의 제도를 받아들인 것이죠. 어떤 점에서는 민간보다 더 현대화되어 있었습니다.

전쟁 시 군조직을 효율적으로 동원과 운영하려면
조직경영과 관리가 선진화되어 있어야 하지요.

그렇습니다. 당시 현실적으로 미국의 영향을 제일 크게 받은 조직이 바로 군이었습니다. 미국식 경영학이 기업이나 행정부처에 들어오기 이전인데 미국의 육군대학 등 군계통의 교육을 받은 분들이 한국군으로 돌아오면서 미국적 경영의 개념을 도입했고 5 · 16 이후 이분들이 정부에 들어오기 시작한 거예요. 또 당시 군사정부가 뭔가 눈에 띌 만한 경제적 실적을 올려야 될 상황이었습니다. '지난 정부와는 확실히 차별화된다, 뭔가 옛날하고는 다르다'는 평가를 받아야 하는 절박한 상황이었습니다. 실적을 내야겠다는 혁명목표와 군사정부의 미국식 제도가 어우러져서 '우리도 뭔가 좀 멀리 내다보는 그런 플래닝 프로그램을 경제에 도입해야겠다' 이런 분위기가 형성된 것이죠. 그래서 만든 것이 바로 EPB입니다. 군사정부 내의 프로그램 마인드(program mind)가 있는 몇몇 분들과 미국에서 공부하고 미래지향적 마인드를 가진 공무원 몇몇 분들, 이들이 합쳐서 만든 작품이 바로 경제기획 및 예산부서인 EPB예요. 미국에서 유래된 프로그램 매니지먼트라는 효율적 제도가 군을 통해서 이미 도입되어 있었고, 다른 한쪽 민간에서는 이한빈 씨 등 외국에서 공부한 분들이 생각했던 혁신적 제도에 대한 이상(理想)이 존재했었는데, 군사정부가 들어서면서 현실적으로 합쳐진 것이지요.

이런 과정을 거쳐 EPB에 합류한 예산국에는 처음부터 재무부 출신들이 주력으로 포진했다. 재무부 예산국이 기획원으로 옮겨질 당시 예산국 총책임자는 예산 4과장을 지내고 재무부 사세국장으로 승진한 김학렬 국장이었다.

김학렬 국장이 재무부에서 기획원으로 가게 된 배경을 설명해 주십시오.

▸▸ 최각규

EPB가 생기면서 재무부의 예산국이 EPB로 가야 했습니다. 그런데 재무차관이던 이한빈 씨가 기획원으로 옮겨가는 예산국장을 누구를 시키느냐를 놓고 많이 고민했던 것 같습니다. 그 당시 민영훈 씨 등이 이한빈 차관과 가까웠고 과장도 오래해서 예산국장으로 갈 만한 유력후보로 점쳐졌는데 막상 인사발표가 나오는 것을 보니 엉뚱하게 사세국장으로 있던 김학렬 씨가 예산국장으로 발령이 났습니다.

나중에 알아보니까 내부에서 상당한 토론이 있었던가 봐요.

"옮겨가는 예산국엔 누구를 책임자로 보내면 좋을까요?"

"예산국을 기획원으로 시집보낼 수 있으려면 특별한 사람이 필요합니다. 새로운 조직에 가서 예산국을 이끌려면 예산문제도 전문가여야 하지만 자질과 배짱, 카리스마, 역량을 갖춘 사람이어야 할 겁니다."

"그런 사람이 누가 있습니까?"

"지금 사세국장인 김학렬 국장이 어떻습니까? 기싸움에서는 누구에게도 밀리지 않을 사람이잖아요."

"그건 정말 그렇죠. 김학렬 국장이라면 어딜 보내도 주도권을 놓치지 않을 테니."

그래서 김학렬 씨가 예산국장이 됐고 김학렬 예산국장 인솔하에 우리 국 전체가 EPB로 갔습니다. 나도 재무부 예산국에서 장기계획 등을 세우다가 그때 과장으로 승진해서 기획원으로 옮겨 갔습니다.

재무부에 예산국이 있었을 때는 각 과의 명칭이 1과, 2과, 3과, 4과였는데 기획원으로 옮겨 오면서 기능별로 조직을 나타내는 명칭으로 바뀌었다면서요?

그렇죠. 기획원으로 옮겨간 당시 예산국은 예산총괄과, 행정예산과, 투자예산과, 기업예산과 이렇게 4과로 나뉘게 됩니다. 나는 투자예산과 과장으로 승진해 갑니다. 우리 투자예산과는 경제부처와 관련되는 업무나 정부의 투자계획 등을 총괄하는 업무를 담당했습니다.

당시 기획원 조직을 보면, 정부의 장기 5개년계획을 기획국에서 세우고 그 연차적 실행은 매년 정부예산을 통해서 실행하고 나중에 그 결과를 심사 분석하고 평가하는 그런 개념으로 구성되어 있었습니다. 이 가운데 장기 경제개발계획상의 정부투자를 예산을 통해 반영한다는 것이 우리 투자예산과의 핵심업무였습니다. 정부의 장기투자 계획을 연차적으로 시행하고 예산에 반영하기 위해서는 여러 가지 법과 제도를 새로 만들고 기존의 제도를 평가하고 조정해야 했거든요. 정부의 장기투자계획을 하나의 과에서 총괄하는 것이 좋겠다, 이렇게 해서 투자예산과란 것이 당시 새로 만들어졌고 내가 거기에 과장으로 승진해서 간 것입니다.

예산국의 해체위기

예산국도 한때 해체위기에 몰린 적이 있다. 5·16 직후 내각총리실의 기획관리관인 김정렬 장군의 주도로 예산국이 해체당할 위기에 몰린 것이다. 당시 기획조정이 먼저냐, 예산이 먼저냐 하는 격렬한 논쟁이 벌어지고 이에 불복한 예산국장이 군 수사관의 심문을 받는 사태까지 벌어졌다. 그러나 결국 데이터베이스가 없고 뒷받침할 이론도 스태프도 없었던 총리실의 주장은 아이디어 차원에서만 검토되었을 뿐 예산국은 살아남았다.

기획처 시절부터 축적된 통계와 노하우, 이 통계를 제때 제공해 주는 한국은행 조사부 등 든든한 우군의 도움이 있어 무서운 군정시절을 잘 버텨냈다. 질문이 떨어지기가 무섭게 어려운 통계를 귀신같이 만들어 오니 "예산국이 따로 있어야 할 필요성이 있다"고 인정받았던 것이다. 그러나 예산국의 위기는 이것으로 끝이 아니었다. 군사정부 초기에 제 1차 경제개발 5개년계획을 세우고 이를 집행하는 과정에서 예산수립과 집행에 대한 인식 차이 때문에 적잖은 괴로움을 겪어야 했다.

▸▸ 최각규

기획원은 탄생했을 때 본원적 애로가 있었습니다. '경제개발을 위한 장기계획을 만들고 그 장기계획을 매년 연차별 예산을 통해서 집행을 하고 그 결과를 사후 분석한다. 예산 외에 경제개발에 필요한 자금은 외부에서 차관을 도입해서 해결한다', 이런 생각이 이론적으로는 딱 틀이 맞아 보이지만 근본적 문제는 자유시장경제 체제하에서 경제개발을 하는 데 정부역할에 한계가 있다는 점이에요.

군대식 관점에서는 일단 세부계획을 짜면 진행상황을 매달 체크하고 안 되면 무엇 때문에 안 되느냐를 따지고 해결하고, 빈틈없이 완벽한 계획과 집행이 이루어져야 합니다. 군 계통에서는 이렇게 하는 것이 당연하지요. 그런데 문제는 당시 우리나라의 민간 경제개발계획이라고 하는 것이 처음부터 시장경제 체제를 전제로 했다는 점입니다. 사회주의 통제경제 체제하에서는 모든 것을 정부가 하는 것이지만 자유시장경제 체제하에서는 정부라도 시장의 큰 플레이어의 하나에 불과하니까 민간을 무턱대고 강제할 수가 없어요. 또 시장경제하에서는 민간의 주체성과 창의가 중요하고 시장 메커니즘에 의해서 경제가 굴러가기 때문에 EPB가 군인들처럼 철저하게 매달 통제할 수는 없는 것이거든요.

경제개발계획을 국가적 통제경제와 동일한 개념으로 생각했던 최고회의의 군 권력자들은 부진한 경제개발계획의 집행과정에 큰 불신을 나타냈다. 특히 1차 5개년 개발계획은 부서별, 산업별 투자계획까지 모두 디테일하게 만들었기에 연차별로 실행하는 과정에서 최고회의와 행정부 간에 갈등과 마찰이 계속 발생했다.

"예산을 왜 짭니까? 그대로 집행하자고 짜는 것 아니오? 그런데 왜 실제 집행상황이 이것밖에 안됩니까? 뭐가 문제인지 보고해 보시오."

그때마다 기획원 예산국의 공무원들이 불려가서 이유를 설명해야 했다.

"예산은 배정되어 있지만 정부가 모두 투자하는 것은 한계가 있습니다. 시장을 움직이는 것은 기업인데 기업은 시장 전망을 보고 투자를 결정합니다. 기업이 움직여 주지 않는다고 정부가 기업을 강요할 수는 없는 것 아닙니까?"

여러 시행착오를 겪고 갈등과 토론을 거듭하면서 최고회의의 군인들이 점차 경제개발계획의 근본 시장논리를 이해하기 시작했다. 경제개발계획과 이를 뒷받침하는 예산의 역할이 차츰 제자리를 찾아간 것은 이 무렵부터였다.

▸▸ 최각규

어느 정도 시간이 지나니까 최고회의도 '경제개발계획이나 정부의 장기계획은 통제경제가 아니라 시장경제에 대한 일종의 안내(guidance)이다. 그것은 국가의 큰 경제목표다. 그 방향으로 민간을 이해시키고 정책을 세우고 정부의 정책의지를 보여주고 유도하는 역할이다' 그런 내용을 이해하였어요. 그래서 그때부터 경제개발계획이 국가경제가 지향해야 할 특정한 지표, 목표를 정부가 세운 다음 시장과 기업들에 대해 하나의 선도 역할을 하는 것으로 변해갔지요. 정권을 잡은 군인들의 요구대로 타이트하고 구체적인 계획으로 출발했던 경제개발계획은 2차, 3차,

4차를 거치는 동안 집행계획이라기보다는 국가경제가 지향해야 할 중장기적 방향과 설계도의 개념으로 변화하였고 이에 대한 예산의 수립과 집행도 융통성이 생기게 됩니다.

기획원의 초기시절을 회고해 볼 때 또 다른 어려운 점은 무엇이었습니까? 또 군사정권하에서 군인들과의 초기 갈등관계를 극복하고 성공하게 된 계기는 무엇이라고 보십니까?

당시 EPB라는 게 기획과 통제기능만 있을 뿐 사업에 대한 현실적 집행기능이 없었습니다. 집행기능이라고 해 봐야 예산편성과 외자 승인밖에 없었습니다. 경제정책의 통합조정이라고 하는 기능도 사실상 강력한 부총리가 없다면 별 의미가 없었어요. 각 부처가 실질적 집행권한이 있고 독자적으로 대통령에게 보고채널이 있는 상황에서, 부총리제라는 제도만 가지고는 전체 경제부처를 통솔하는 데 한계가 있었습니다.

우선 아주 디테일하고 엄격한 경제계획이 그대로 집행되기에는 자유경제시장체제하에서 본원적 한계가 있었지요. 그리고 각 부처가 다 독립되어 있고 제 역할을 가졌는데 예산권과 부총리제도만으로 전체 경제정책을 통합 조정한다는 데도 한계가 있다는 것이지요. 이렇게 현실적으로 애로가 있는데도 불구하고 나중에 제도가 잘 정착이 된 것은 박정희 대통령이라는 리더가 '경제는 기획원을 통해서 통합운영을 해가겠다'는 확실한 의지로 기획원에 힘을 실어 주었기 때문이었습니다. EPB가 여러 한계와 애로를 극복하고 그래도 국내외적으로 EPB 하면 한국경제개발의 상징으로 자리 잡을 수 있었던 것은 바로 그런 이유 때문이죠.

마른 수건 쥐어짜기 — 경제개발 특별회계

경제개발계획이 점차 자리 잡고 예산제도가 선진화되기 시작했으나 당시 예산의 가장 큰 문제는 예산액이 턱없이 부족했다는 점이다.[19] 그나마 조세를 통해 정상적으로 조성되는 예산은 얼마 되지 않았고 전후의 시설복구 등에

19 예산의 총규모는 1958년 14억 7,900만 원, 1959년 15억 7,800만 원, 1960년 25억 5천만 원에 불과했다(〈산업은행 조사월보〉).

필요한 재원은 산업복구국채 및 산업금융채권 등을 발행하는 등 만성적 부채재정에 의존하고 있었다. 예산이 얼마나 빈약했는가를 알 수 있는 에피소드가 있다. 최고회의가 5 · 16 공약 중 하나인 부정부패 일소를 실천하기 위해 공무원 처우를 개선하려고 재원 염출방안을 검토했다.

▸▸ 최각규

당시 자유당 때 공무원 월급이 워낙 낮았어요. 가령 내가 고시 붙고 나서 첫 공무원 월급을 받아 보니 대학 때처럼 두 사람이 한 방을 쓰는 하숙비를 내고 나면 그걸로 끝이에요. 부족한 생활비는 집에서 받아다 써야 했습니다. 기초적 생계비도 안 되니 공무원 부패가 만연하게 된 원인이 되었지요.

그러나 막상 구체적으로 예산을 들여다보니 쥐꼬리만 한 공무원 봉급과 기본사무비, 최소한의 국방비와 몇몇 불가피한 계속사업을 빼면 가용재원이 거의 없어 처우개선 공약은 슬그머니 물 건너갔다. 예산국은 그 와중에도 어떻게 해서든 전쟁 중에 정부가 진 빚을 갚기 위해 세계잉여금을 만들어 국채를 상환하는 등 노력을 계속했다. 당시 6 · 25 전쟁 때의 전비조달을 위해 설치되었던 전란수습특별회계와 국채기금관리 특별회계에서 사용하던 거액의 차입금과 국채상환액이 있었는데 세계잉여금을 차입금 상환 이외의 목적으로 사용할 수 없도록 한 「예산회계법」을 엄격하게 적용하여 채무를 완전히 상환했다. 빈약한 재정의 와중에서도 경제개발을 지원하기 위한 특별회계를 만들어 운용하기도 했다.

빈약한 재정의 와중에도 어떻게 해서든 최소한의 경제발전을 위한 재원을 마련하려고 당시까지 개별적으로 운용하던 공무원연금기금 적립금과 국민생명 보험기금 적립금 등을 재원으로 해서 재정자금운용 특별회계를 만든 것과 경제개발특별회계를 신설해 재정투융자 체제를 구축한 것은 지금 생각해 보아도 잘한 일이다. (김주남) [20]

20 "특집: 초창기의 경제기획원—물가정책의 요람기", 〈경우회지〉, 창간호, 1987. 1, 32쪽.

당시 신설된 경제개발 특별회계는 경제개발에 동원되는 자금 가운데 일반 조세는 물론이고 대충자금과 차관 등 외자를 포함한 포괄적 항목으로 구성되어 있었다.

▸▸ 최각규

당시 우리가 장기 경제개발 계획 중 정부투자 부분을 어떻게 가져가야 될까 고민하다가 제일 먼저 '경제개발 특별회계'라는 것을 만들었어요. 특별회계를 만들어서 5개년계획에서 책정된 정부의 투자계획을 매년 연차적으로 반영한다는 것입니다. 그래서 정부투자예산을 전담하는 전담예산과 또 그것을 실질적으로 예산에 반영해 책정하는 것으로서 경제개발 특별회계로 나누어졌습니다.

특별회계란 특별한 목적을 위해 일반회계와 분리하여 별개로 설치한 회계로 정의됩니다. 필요자금의 조달은 어떻게 이뤄졌는지요?

당시 신설된 경제개발 특별회계자금은 일반회계 일반조세재원과 원조자금, 즉 대충자금, 그 둘을 합친 거예요. 그러니까 우리 일반 정부가 조세를 통해 조성한 일부 자원과 미국의 무상원조자금인 대충자금, 그리고 공공차관 등을 합친 것이죠. 그런데 공공차관은 예산을 통하는 경우도 있고 아니기도 하고 그랬습니다. 가령 예를 들면 체신부라든가 철도청이라든가 이런 기업형 정부산하기관이 외국에서 차관을 들여올 때는 예산에 반영이 되지만 그렇지 않은 경우, 예를 들면 소양강댐 건설이나 영산강 개발을 위해서 국제부흥개발은행(IBRD: International Bank for Reconstruction and Development)이 차관을 제공하는 것과 같은 경우에는 예산을 통하지 않고 바로 해당 계획으로 집행됩니다. 따라서 공공차관은 사업의 성격과 투자를 담당하는 기관에 따라서 예산 처리방식이 좀 달랐죠.

한마디로 일반재원과 원조물자를 팔아 조달한 대충자금, 그다음에 공공차관 일부, 이 3가지가 경제개발 특별회계의 자금소스였습니다. 그 당시 정부의 주요 경제개발 투자는 거의 다 그 회계를 거쳤죠. 각종 댐, 건설, 도로, 항만건설과 산업기지 조성 등 주요 정부 투자사업은 사실상 전부 그 특별회계를 통해서 했다고 보면 됩니다.

시어머니가 된 USOM — 재정안정계획

한국정부는 6·25 전쟁이 끝난 후 1953~1961년에 이르는 기간 동안 예산소요액의 절반 가까운 연평균 49.5%를 미국이 제공한 무상원조에 의존한다. 미국의 잉여농산물을 들여와 그것을 팔아 조성한 대충자금을 국방비 등 주요 예산의 재원으로 사용한 것이다.[21] 심지어 예산의 60%를 대충자금에 의존한 해도 있었다. 대충자금 등 미국의 무상원조자금 역시 특별회계[22]로 관리되었다. 특별회계에는 1948년 설치된 임시관재총국 특별회계와 임시외자총국 특별회계가 있었으나 모두 1960년대 초에 폐지되거나 조달사업 특별회계에 흡수되었고 가장 중요한 특별회계는 미국의 경제원조자금을 관리하기 위하여 설치된 '대충자금 특별회계'였다.[23]

미국은 한국의 부족한 예산을 대충자금으로 지원해 주는 대신 예산의 사용내용에 대한 간섭의 강도를 점차 높여갔다. 그 첫 단초가 1953년 발표된 〈타스카 보고서〉였다. 이 보고서는 '국방비 유지를 위한 원조도입 및 인플레이션 타개를 위한 재정금융구조의 획기적 개혁' 등 한국정부에 대한 강력한 요구사항을 담고 있다. 전쟁이 끝나고 체결된 '경제재건과 재정안정계획에 관한 합동경제위원회' 협약은 대충자금에 대한 적정 환율책정, 원조물자 가격 및 분배원칙, 대충자금 계정의 운영 등을 구체적이고 엄격하게 명시한다. 이때까지만 해도 다소 느슨했던 미국의 경제간섭이 무상원조 규모가 최고조에 달했던 1957년부터 본격화되기 시작했다. 정부부문, 금융부문, 해외부문 등 세 부문에 걸쳐서 구체적이고 세밀한 '재정금융 안정계획'을 수립하도록 하고 구체적 집행내용을 강제하기 시작한 것이다.[24]

21 전쟁복구를 위해 1953년부터 시작된 무상원조는 1956년까지 약 16억 달러, 1961년 말까지는 총 19억 700만 달러가 제공되었다.

22 특별회계예산은 국가에서 특정한 사업을 운영하는 경우에 쓰는 예산이다. 특정한 자금을 보유하여 운영하는 자금관리 특별회계, 기타 특정한 세입으로 특정한 세출에 충당하는 특별회계로 분류할 수 있다.

23 이와 비슷한 성격의 한시적 계정으로는 후일에 일본에 대한 청구권자금으로 설치된 청구권자금 특별회계를 들 수 있다.

24 재정안정계획은 대충자금 및 기타원조재원, 금융활동 및 기타요인 등으로 구분하여 제출하였다. 한국정부예산에 대한 계획은 ① 일반회계, 국방비특별회계 및 국채금특별회계, ② 양곡관리특별회계, ③ 산업부흥국채특별회계 및 한국산업은행융자, ④ 기타예산 등으로 세분하여 제시하였다.

인플레이션의 억제와 원조자금의 효율적 집행이라는 명분이었지만 점점 내정간섭적 성격을 띠기 시작해 미국의 동의 없이는 사전적으로 계획되지 않는 어떤 자금도 한국정부 독자적으로 집행하기가 어려워졌다. 매달, 매 분기별로 집행실적도 엄격하게 점검했기 때문에 재정계획을 신중하게 세워야 했고 집행을 맡은 관리들은 살얼음판을 걷는 것처럼 조심스러웠다.

▸▸ 김용환

당시 재정안전계획이라는 게 재정, 금융, 외환 3개 부문을 통틀어서 일정액을, 자원배분(resources allocation)을 어떻게 조화시키느냐 하는 업무였습니다. 경제정책을 총괄적으로 볼 수 있는 프로그램입니다. 그때 가장 중요한 목표는 우리나라의 인플레를 억제하고 그러면서 동시에 자원(resources)을 최적배분해서 우리 경제성장을 뒷받침하느냐는 것이 큰 목적이었죠. 그렇게 하기 위해서 재정수입 내에서 지출하고, 그러니까 적자재정을 견제하고 말이에요, 또 금융의 과잉유동성을 경계하는 거죠. 표면적으로는 우리 정부가 재정금융 안정정책을 추구하기 위한 노력의 지표였지만 솔직히 말씀드려서 당시는 우리나라가 엄청난 규모의 미국 원조에 의해서 재정과 예산이 운영될 때 아닙니까? 미국 측의 요구가 강하게 있었어요. 한때 나도 재정금융 안정 프로그램을 숫자화해서 관리하는 책임을 맡은 적이 있는데 아주 고생을 많이 했습니다.

합동 ECC의 비밀문건

재정통제적 성격의 '재정금융 안정계획'은 무상원조가 현저하게 줄어들기 시작한 1960년대 이후에도 한동안 계속된다. 미국은 5·16 이후 잠깐 중단되었던 한미 합동경제위원회(CEB)를 복원시켜 1963년 7월 19일 한미 합동 ECC를 신설하고 한국정부 재정에 원조해 주는 대가로 한국경제 전반에 깊숙이 개입했다. 정부예산의 절반 이상을 미국 원조에 기대고 있는 데다 갈수록 줄어드는 외환 때문에 다급했던 한국 측으로서는 미국의 요구를 거절할 만한 입장이 아니었다.[25]

25 한편 재정안정계획이 외자에 의존해 경제운용의 경험이 없이 경제개발을 추진하는 개도국에서는 방만 재정을 억제하는 견제장치로 작용했다는 긍정적 평가도 있다.

▸▸ 양윤세

당시 우리나라 예산재원의 상당액이 미국에서 USOM을 통해 무상지원 형태로 올 때니까 미국과의 관계가 절대적이었습니다. 이와 관련해 공식적으로 이야기되어야 할 것이 한미 합동 ECC입니다. 그 ECC가 어떻게 생겼느냐 하면 킬렌이라는 USOM 처장이 한국에 와 있을 때입니다. 킬렌 처장과 김유택 경제기획원장이 만났어요. 이분들의 대화는 이러했습니다.

김유택 한미 합동 ECC를 만들어서 운영합니다.

킬　렌 그건 좋은데 합의되지도 않은 내용이 토론과정에서 사전에 흘러나가면 곤란하니까 보안이 중요합니다.

김유택 그렇습니다. 운영을 단순화하기 위해 정규멤버 2명과 간사(secretary) 2명만 두면 어떻습니까?

킬　렌 그럼 한국 측은 기획원 원장이 대표를 하고 USOM 측은 처장이 대표가 되어서 협의하는 걸로 하면 되겠습니다.

이에 따라 한국은 김유택 기획원 원장[26]이, USOM 측은 킬렌 처장이 대표였고 데니스 카트라고 하는 법무관이 미국 측 서기, 한국 측 서기는 내가 맡았습니다. ECC에 관한 합의문서도 왔다갔다 했는데 부처의 장관들에게 비공식으로 보낸 문서로 처리되었기 때문에 공식화는 안 됐지요.

그 이후 모든 한미관계는 이 4명이 일단 앉아서 얘기하고, 결정된 사항은 한국 측과 미국 측이 교대로 회의록을 만들었어요. 그리고 회의록을 프린트해서 상급비밀로 분류하고 주요인사 50명에게 정기적으로 배달하는 그런 시스템으로 운영했습니다. 당시 모든 예산집행은 ECC에서 협의된 테두리 안에서 했습니다. 일례를 들어 한국정부가 예산문제를 논의하려면 내가 주요 내용을 준비해가서 USOM 측과 먼저 얘기합니다. 또 각 분야별로도 문제가 있으면 따로 사람들을 접촉시켜서 양측이 어느 정도 합의를 해야 예산 프로세스가 진행됩니다.

심지어 국회의원들이 예산심의를 하다가 "이 예산을 깎자", "USOM이 반대할 수 있으니 일단 협의해 보겠습니다" 그러면 막무가내로 깎자고 주장을 못하는 거예요. 결국 한국정부의 예산사업안에 대해서는 내가 USOM과 사전에 교섭하고 그

26 5·16 직후 설립된 EPB의 장관은 처음에는 원장으로 부르다가 나중에는 부총리로 바뀐다.

쪽의 동의를 받은 후 국회에서 통과가 되는 그런 절차를 밟았어요.

그러다가 장기영 부총리가 취임하면서 우리 예산 및 기타 경제활동에 태반을 차지한 미국계통과 아주 잘 조율하면서 움직였습니다. 결국 당시 예산 및 금융 측면에서 ECC가 상당히 중요한 역할을 한 것인데 그것을 구체적 실행 프로그램으로 공식화한 것이 바로 '재정안정계획'입니다. 예산이니 금융대출 한도니 이런 것을 정할 때 완전히 '재정안정계획'에서 합의하고 그 테두리 안에서 집행한다는 단서가 항상 붙어 있습니다. 그런 형식으로 해서 큰일을 추진하는데 그것을 합의하는 게 1년 중에 아주 큰일이었거든요. ECC라는 건 위원회고 재정안정계획은 ECC에서 취급한 프로그램이었지요.

현재 ECC의 활동기록이 별로 안 남았는데 그 이유는 무엇인지요?

그때는 "미국사람들이 이렇게 요구하기 때문에 우리가 그 요구에 따라서 이렇게 한다"는 사실을 우리 정부가 대외적으로 철저하게 비밀로 하려고 했습니다. 비밀을 유지해야 하기 때문에 주요 내용을 공식문서로 만들지 않았습니다. 상당한 부분의 문서가 비공개였습니다. 대통령과 장기영 부총리, 나, 그렇게 딱 세 사람만 봤던 문서가 꽤 많아요. 안타깝게도 지금은 그것들이 다 없어졌을 거예요. 사실은 내용적으로는 그때 본보기가 된 게 많았지요.

장기영 부총리시절의 예산국

당시엔 국회예산심의가 시작돼 계수조정 단계에 가면, 예결위에 계수조정 소위가 구성되어 며칠 동안 호텔에서 장소를 옮겨 밤새워 토론하는 것이 관례였다. 이때가 되면 예산국은 초비상이 된다. 언제 합의될지 모르는 예산을 기다리며 며칠 밤을 새워야 하는 것이다. 국회의원들이나 부총리야 안락한 호텔방에서 가끔 쉬기도 하고 다른 곳으로 저녁도 먹으러 가면서 원기를 보충해 계수조정을 하지만 예산국 직원들은 뜬눈으로 밤을 새우고 24시간 대기하곤 했다. 집에 들어가지 못하니 옷을 갈아입기는커녕 제대로 세수도 못하고 언제 끝날지 모르는 계수조정 합의가 나오기를 기다리는 신세였다.

장기영 부총리 때 내가 예산국장이었다. 며칠 밤을 새야 했는데 아침 7시경에 계수조정 소위가 결말이 났다. 끝나자마자 장 부총리와 청와대를 들어가서 대통령 각하 앞에서 합의된 내용을 설명하는데 그분의 시선이 계수조정 보고서의 숫자가 아니라 내 손등에 와 있는 것이 아닌가. 가만히 내 손을 보니 손등과 손톱 밑에 까맣게 기름때가 묻어 반질반질한 윤기를 내고 있었다. 며칠 밤을 새우고 세수도 못한 불결한 얼굴에 눈은 벌겋게 충혈되어 있고 입에서는 악취가 진동할 것에 생각이 미치자 당장 쥐구멍이라도 있으면 들어가고 싶었다. (김주남: 당시 예산국장) 27

장기영 부총리 시절, 이렇게 고생해도 예산국은 별 주목을 받지 못했다. 가장 바쁘고 가장 주목받던 부서는 해외차관을 담당하는 경제협력국과 물가안정을 위한 물가과였다. 물가안정을 신앙으로 생각하는 장 부총리였기에 물가과는 밤낮 고생은 했지만 권한이 대단했다. 또 기업들이 일본 등에서 상업차관을 얻어다가 무서운 속도로 공장을 짓고 생산을 하고 또다시 상업차관을 들여와 시설을 확장할 때 상업차관에 대해 경제성을 심사하고 지급보증을 해 주고 인허가를 내주며 생색이 나는 부서는 경제협력국이었다. 반면 내자 쪽에서는 빈약한 재정으로 버티다 보니 예산국 기능이 축소될 수밖에 없었다. 아무리 고생해도 생색이 나지 않았다. 당시 예산국 총괄사무관이던 강경식의 증언을 듣는다.

▸▸ 강경식

그때 우리 예산국에서 일하는 사람들 불만이 컸어요. 며칠 밤을 새도 장기영 부총리가 우리가 밤을 새는지 알지도 못하는데 경제협력국에서 하룻밤만 새면 수고했다고 (장 부총리에게서) 직원 회식용 돈봉투가 내려옵니다. 밤낮 밤을 새는 우리는 국물도 없어서 불만이 좀 있었습니다(웃음). 내가 예산국 총괄 사무관을 할 때입니다. 옛날에 롯데호텔 자리가 반도호텔이잖아요. 거기 10층에서 이틀 밤 사흘 밤을 새면서 야당하고 계수조정 절충을 할 때였어요. 그때 야당 쪽에서 목포 비행장을 예산에 넣으라고 해서 그것 가지고 실랑이가 붙고 할 때입니다. 며칠 동안 밤새면서 정리하고

27 "특집: 초창기의 경제기획원 — 물가정책의 요람기", 〈경우회지〉, 창간호, 1987. 1, 32쪽.

강경식 姜慶植 전 경제부총리

1936. 5. 10 경북 영풍 출생
부산고, 서울대, 미국 시러큐스대학 행정학 석사
경제기획원 물가정책국장, 기획국장, 차관보
1982 제28대 재무부 차관
1983 제29대 재무부 장관
1983~1985 제10대 대통령비서실 실장
1997 제4대 재정경제원 장관 겸 부총리

있는데 국회의원들하고 계수조정회의를 하다가 장기영 부총리가 갑자기 날 보고 "당신 누구냐?" 이러는 거예요. 그러니까 국회의원들이 어이가 없어합니다. "아니, 부총리는 자기 부하도 모릅니까? 며칠 밤을 새는 부하도 못 알아보다니…."

당시 1960년대 중반만 하더라도 우리나라 경제를 끌고 가는데 차관이나 외자 빼놓고 나면 사실 아무것도 없을 때였다. 무상원조가 유상원조로 달라지고 나중에 상업차관 이런 식으로 변하면서 차관도입을 통한 경제개발만 신경 썼지 재정과 예산 쪽은 전혀 관심이 없었다. 재정이나 예산이 워낙 빈약하니까. 이렇게 푸대접 받던 예산국의 역할과 위상이 달라지기 시작한 것은 차관을 통한 경제개발이 어느 정도 성과를 거두고 국세청의 신설과 함께 재정이 확충되기 시작하면서부터다.

예산을 통한 경제발전 본격시동

국세청의 신설과 재정확충

제 1차 경제개발계획이 성공적으로 진척되면서 경제개발 투자를 위한 재정자금 수요가 급증했다. 해외차관은 공장 건설용에 한정됐고 공장을 가동하는 데 필요한 도로, 하수도, 전력 등 주요 인프라를 건설하는 데는 내자동원을 통한 예산집행이 필수적이었다. 이 때문에 조세수입을 늘리기 위한 세제개혁과 함께 징세행정의 강화가 시급했다. 행정미흡에 따른 탈세와 탈루세금이 적지 않았기 때문이다. 경제개발의 내자를 확충하기 위한 징수행정 강화의 절박한 필요성이 국세청 신설로 이어졌다.

1960년 초중반의 조세행정기구는 정부수립 당시 만들어진 재무부 사세국이 거의 20년 가까이 변함없이 유지되고 있었다. 재무부 사세국을 필두로 서울·대전·광주·부산의 4개 지방 사세청과 77개 지방세무서, 2개 지서로 구성되어 있었다. 그러다가 독립적 징수행정기구의 필요성이 대두되면서 1965년 하반기부터 재무부 실무자 6명으로 구성된 '국세청 신설추진단'이 만들어지면서 기초작업을 추진하기 시작했다.

그러나 국세청 신설은 시작부터 난항이었다. 우선 여론이 정부기구 확대에 부정적이었다. 예산 측면에서도 일개 국이나 과의 증설이나 인원증가도 쉽지 않은 상황에서 독립된 정부조직인 국세청의 신설은 부담스러울 수밖에 없었다. 또 지방청의 존폐 여부, 국세청과 재무부의 결재권 및 인사권 문제 등 현실적이 이해조정 문제까지 겹쳐 합의가 이뤄지지 않고 계속 미뤄지고 있었다.

우여곡절 끝에 징세행정을 전담하는 국세청의 신설을 담은 「정부조직법」 개정안은 1966년 2월 8일 국무회의, 2월 15일 국회본회의 의결을 거치면서 일사천리로 진행되어 3월 3일 국세청이 문을 열었다.[28] 국세청의 신설은 안정적 세수 확보 측면에서 일단 성공적으로 평가되었다. 개인사업소득세, 법인세, 물품세, 영업세 등의 징수에 노력한 결과, 1966년 내국세 징수실적은

28 국세청은 본청에 세정감독관, 기획관리관, 징세국, 직세국, 간세국, 조사국, 징세조사국, 부과국, 총무과 등을 둔 기관으로 출범했다.

704억 원, 1967년에는 1,040억 원으로 증가하였다. 새로운 세목을 억지로 만들거나 세율을 인상하지 않고 재무행정의 강화만으로 거둔 성과였다. 경제성장에 따른 자연적 증가도 있었겠지만 대부분은 탈루세금이 줄어들었기 때문으로 추정되었다.

국세청의 신설과 징세행정의 강화로 재정이 어느 정도 확충되기 시작하자 그동안의 경제개발 과정에서 상업차관 열기에 밀려 뒷전에 물러나 있었던 예산기능이 본격적으로 강화되었다. 예산의 기획, 통제, 관리 기능이 작동하면서 경제성장의 핵심 제어장치로 전면에 나서게 된 것이다. 특히 제2차 경제개발계획 후반기 김학렬 부총리가 취임하면서부터는 경제개발의 핵심동력이 되는 개발 프로젝트 지원에 총력을 집중하는 형태로 예산이 집행됐다. 일반회계 세출에서 경제개발 투융자가 차지하는 비중은 1967년 25.5%에서 1971년에는 43.4%로 급등했다. 국방비 26%와 인건비 등 경직성 경비를 제외하고 나면 다른 분야에는 거의 전용할 여력이 없이 주요사업 위주로 예산편성이 집중됐다는 뜻이다.

예산의 블랙홀 — 경부고속도로

1967년 11월, EPB 예산국에 갑작스런 비상이 걸렸다. 건설부에 경부고속도로 건설사업을 맡길 테니 예산국에서 이를 철저하게 뒷받침하라는 강력한 지시가 청와대로부터 내려온 것이다. 갑자기 떨어진 초대형 사업에 예산을 편성해야 하는 기획원 예산국 공무원들은 당혹스러운 얼굴로 의견을 주고받았다.

“이거 큰일 났습니다. 고속도로 건설에 300억 원이 훨씬 넘는 돈이 든다는데 대체 어디서 돈을 구합니까? 혹시 장기예산에서 전용할 여지는 없습니까?”

“경부고속도로는 제2차 경제개발 5개년계획에도 들어 있지 않은 사업입니다. 그래서 미리 확보해 둔 예산이 없습니다.”

조심스럽게 반대의견을 올렸으나 박 대통령의 의지가 워낙 강했다.

“정 예산이 없으면 내년도 전 부처의 예산을 무조건 5%씩 일괄적으로 줄여라. 그 돈으로 고속도로 건설사업을 집중 지원하라”는 지시가 다시 내려왔다.

박 대통령의 의지로 추진된 고속도로 건설방침을 공식화하자 정계와 학계 등 각 분야에서 비판이 쏟아졌다. 이때 EPB의 수장은 전임 장기영 부총리의 후임으로 취임한 박충훈 부총리였다.

> 정계와 학계의 반대논리는 '고속도로 건설이 시기상조이다, 고속도로를 만들어 놓으면 향락을 위한 자가용만 다닌다'는 등의 내용이었다. 그러나 고도 경제성장을 위해서는 수송수단의 개발과 확충이 필요하며 인구 및 공업의 지방분산과 대규모 사업을 통한 고용창출 등 여러 면에서 효과가 크다고 생각했다. 그래서 내가 부총리로 취임하던 해인 1967년에 향후 10년간의 우리나라 고속도로 건설계획을 수립하여 국토의 효율적 활용과 전국 1일 생활권화의 청사진을 마련했다. (박충훈: 전 부총리)[29]

경부고속도로 건설이 처음 거론된 것은 1967년 4월 박정희 대통령이 선거공약으로 "제 2차 경제개발 5개년계획 기간 동안 대국토건설계획을 발전시켜 고속도로와 항만건설 및 4대강 유역의 종합개발을 추진하겠다. 서울을 중심으로 인천, 강릉, 부산, 목포를 잇는 기간고속도로를 건설하겠다"고 밝히면서 부터였다. 원래는 세계은행 등으로부터 차관을 얻어내서 건설할 계획이었으나 경제성이 없다는 이유로 거절당했다. 결국 한국의 자체예산으로 건설해야만 했는데 문제는 고속도로 건설에 소요되는 막대한 공사비였다.

박 대통령은 도로사업과 관련이 있는 정부 각 기관, 즉 건설부와 EPB, 재무부, 서울시, 육군 등에 서울-부산 간 428㎞에 이르는 고속도로 건설비를 개략적으로 계산해 제출하도록 지시한다. 민간업계 중에는 태국에 진출해 고속도로를 건설해 본 경험이 있는 현대건설에도 공사비를 추정하도록 요청했다. 각 기관이 추산한 건설비는 건설부 650억 원, 재무부 330억 원, 기획원 산출포기, 서울시 180억 원, 육군공병감실 490억 원, 현대건설 280억 원 등이었다. 여기에서 최저액과 최고액의 중간선이 315억 원, 현대건설이 낸 액수와 가장 근사치였다. 약간 초과되는 것을 감안해서 총비용이 330억 원 정도가 될 것으로 추산됐다.

29 "부총리는 종합예술가", 〈경우회지〉, 제 2호, 1987. 4, 12~15쪽.

조경식 曺京植 전 농림수산부 장관

1936. 10. 2 경남 밀양 출생
서울대, 영국 맨체스터대학원 석사,
순천향대 경영학 박사
경제기획원 주영 경제협력관,
해외사업국장, 예산총괄국장, 경제협력국장
국방부 관리차관보, 경제기획원 예산실장
공정거래위원회 위원장, 해운항만청장, 교통부 차관
1990 제1대 환경처 장관
1990~1992 제42대 농림수산부 장관
1996~2000 제2대 한국해양대학교 총장

정작 예산을 집행해야 하는 기획원 예산국은 건설비 추정과정에서 제외되었다. 내심 반대하는 분위기가 있었던 것이다.

1968년 2월 1일을 기해 첫 삽을 뜬 경부고속도로 건설을 완성시킨 주인공은 1969년에 취임한 김학렬 부총리였다. 부총리 취임 전 오랫동안의 청와대 수석시절에 박정희 대통령을 지근거리에서 보좌하면서 박 대통령의 숙원사업이 무엇인지 누구보다도 잘 알던 김 부총리는 넉넉하지 않은 재정과 예산을 고속도로 건설에 집중적으로 쏟아붓도록 예산국 공무원들을 독려했다.

▸▸ 조경식(당시 예산국 사무관, 후일 농림수산부 장관)

그때 제가 예산국의 건설예산 담당관이었는데 김학렬 부총리로부터 특명이 내려왔어요. "경부고속도로 건에 대해서는 예산배정이나 자금(재무부 소관)배정 등 필요한 조치를 당일로 처리하라"는 지시였습니다. 당시 경부고속도로 사업은 정부차원에서 추진하는 최우선 사업이었고 공사현장에는 군의 공병단까지 투입이 됐어요. 지금 기억으로는 건설에 파견된 현역 소령이 예산배정을 받으러 왔습니다. 그를 옆에 앉혀 놓고 예산배정서를 바로 작성해서 과장과 예산국장의 결제를 받아 예산배정서를 내어 주면 그 사람은 그것을 들고 곧바로 재무부로 갑니다. 당일로 자금

배정을 받아야 하니까요. 당시로는 정부의 가장 큰 사업이 경부고속도로 개통과 소양강댐 건설이었습니다. 경부고속도로 428㎞를 건설하는 데 430억 원이 소요되었으니까, 1㎞ 건설에 거의 1억 원이나 되는 엄청난 돈이 들어갔지만, 지금 생각하면 가장 싼 공사비로 가장 짧은 기간에 건설이 이루어졌다고 하겠습니다.

예산국은 다른 분야의 예산을 싹싹 쓸어 담아 고속도로 건설에 쏟아 부어야 했다. 예산의 블랙홀이나 다름없던 경부고속도로는 1970년 7월 드디어 완공되었다.30

경부고속도로는 당시 철도 위주로 전개되던 수송시대를 마감하고 본격적 도로수송의 시대를 열었다. 경제가 급격히 개발되면서 수송인프라가 이를 따라가지 못해 야기된 물류적체와 사회간접자본의 병목현상을 줄이고 일일생활권 시대를 연 상징적 사업이었다.31

포항종합제철과 예산 싹쓸이

포항제철 역시 기획원이 예산을 집중적으로 쏟아 부어 완성시킨 개발연대의 대표 사업이었다. 당초 외국의 전문기관들은 하나같이 한국이 제철사업을 벌이면 경제성이 없다고 판단했다. 제 2차 세계대전 이후 경제자립을 명목으로 종합제철을 건설했던 인도와 터키, 멕시코, 브라질 등 대부분의 국가들이 적자의 늪에서 헤어나지 못한 현실이 부정적으로 보였기 때문이다.

당시 유진 블랙 IBRD 총재는 세계은행과 IMF 연차총회 연설에서 "개발도상국에는 3가지 신화가 있다. 첫째가 고속도로 건설, 둘째가 종합제철 건설, 셋째가 국가원수 기념비 건립이다"라고 지적할 정도였다. 한때 차관제공을 검토하기도 했던 미국국제개발처(USAID: United States Agency for International Development)가 돌아서게 된 결정적인 이유는 IBRD가 미국수출입은행(EXIM: Export-Import Bank)에 제출한 한 건의 보고서 때문이다. 이 보고서에는 "한국은 인건비가 싼 장점을 살려 노동집약적 공업부터 시작해야 한다. 한국의 제

30 경부고속도로 건설에 착수한 1968년 말에는 서울-인천 간 고속도로 29.5㎞를 개통하기도 했다.
31 이후 1967년에 만들어진 10개년 고속도로 청사진에 따라 전국에 고속도로가 계속 놓이기 시작했다.

철사업은 경제성이 없으므로 브라질의 제철사업에 투자하는 것이 바람직하다"는 내용이 들어 있었다. 이 보고서를 근거로 USAID와 EXIM은 1968년 브라질에 제철사업 지원을 위한 차관을 제공하는 한편 한국에는 차관제공 거부의사를 공식적으로 밝혔다.

우여곡절 끝에 정부는 자체자금으로 종합제철을 건설하기로 결정했다. 농촌지역에 배정될 예정이던 대일 청구권자금을 모조리 끌어다가 종합제철 건설에 전용하기로 한 것이다. 종합제철은 자체 건설비용 조달도 큰 문제였으나 또 다른 어려움은 제철소 건설과 동시에 엄청난 규모의 주변 인프라를 한꺼번에 건설해야 한다는 점이었다. 제철소가 제대로 가동되려면 항만, 물류, 공업용수, 전기, 통신, 하수도 시설 등 온갖 기반시설이 반드시 동시에 완성되어야 했다. 당시 김학렬 부총리는 박 대통령이 종합제철사업에 대해 얼마나 비상한 의지와 집념이 있는지 잘 알았다. 그래서 부총리로 취임하자마자 그가 첫 번째로 한 일은 자신의 부산상고 후배인 정문도(鄭文道) 차관보를 불러 포항제철 건설추진을 지시한 것이다.

"정 차관보, 당신은 이제 기획원 일 대신 포항제철 추진하는 일만 전담하게."

김 부총리 특유의 '노'를 인정하지 않는 단호한 명령이었다. 김 부총리의 성격을 누구보다도 잘 아는 정문도 차관보는 두말 하지 않고 물러나와 포항제철 추진팀을 꾸려 작업에 박차를 가하였다. 이것이 인연이 되어 정문도는 훗날 제 2 종합제철 사장을 지낸다. 포항제철이 완성되려면 세금과 이자 감면, 정부 보증 등 생각할 수 있는 모든 수단이 동원되어야 했다. 김학렬 부총리 특유의 강한 카리스마가 없이는 불가능한 일이었다. 예산국 역시 모든 정부 투융자 예산을 모조리 포항제철 건설에 쏟아 부었다. 다른 분야 예산은 생각할 여지도 없었다.

태어나 제철소를 본 적도 없는 사람들이 시작한 포항제철은 역경의 연속이었다. 자본도 기술도 경험도 없어 현장에서 배워가면서 건설한 포항제철은 무수히 많은 어려움을 넘겨야 했다. 정부예산을 싹쓸이하고 동원가능한 모든 정책수단을 써가면서 작업을 추진한 결과 포항제철은 착공 3년 반 만인 1973년 7월 완공된다. 먼지만 풀풀 날리던 땅에는 번듯한 도로가 들어섰고 황량하기만 했던 벌판에는 큰 제철소와 항만이 들어섰다. 한여름에 열린 기념식에 참석한 관계자들의 눈에는 땀방울인지 눈물인지 모를 물기가 어른거렸다.

당시 103만 톤 규모로 1기가 건설되어 '산업의 쌀'인 철강을 생산하는 포항제철은 경제성에 대한 우려를 씻고 6개월 만에 1,200만 달러의 흑자를 냈다. 또 1980년도의 철강생산량은 초기 생산량의 12배에 달하는 1,200만 톤으로 크게 늘어났다. '한국의 제철사업은 경제성이 없으니 브라질의 제철사업을 지원하는 것이 바람직하다'는 IBRD의 보고서에 따라 미국이 차관을 지원해 한국보다 먼저 완공되었던 브라질 제철소의 철강생산량은 같은 기간 400만 톤으로 늘어난 데 불과했다.

「국민투자기금법」의 제정

중화학공업 육성 선언

1970년대에 들면서 국제정세에 불안기류가 흐르기 시작했다. 북한의 무력도발이 심해지는데도 닉슨 대통령은 1969년 "아시아에서 미국의 개입과 역할을 축소한다"는 '닉슨 독트린'을 발표한 바 있다. 미국은 또 1970년 한국정부와 상의 없이 주한 미군의 3분의 1을 철군할 계획을 밝혔다. 1970년 4월, 중국(당시 중공)은 한국과 대만에 투자하거나 기술을 원조한 기업은 중국과 무역거래를 할 수 없다는 '주(周) 4원칙'을 발표했다.[32]

북한과 중국(중공)의 행보는 갈수록 불안해지는데 한국 등 아시아에서 점차 발을 빼겠다는 미국의 움직임은 한반도의 경제와 안보에 큰 불안감을 불러일으켰다. 당연히 자주국방과 방위산업 육성이 한국정부의 최우선과제로 등장했다. 방위산업을 키우려면 반드시 중화학공업의 발전이 뒷받침되어야 한다. 중화학공업은 그 자체로 경제발전과 수출의 핵심동력이 되지만 유사시 곧바로 방위산업으로 바꿀 수 있기 때문이다.

32 중국이 발표한 '주 4원칙'은 ① 미국의 동남아 침략전쟁에 사용되는 무기를 공급한 회사, ② 미국회사의 자회사, ③ 한국과 대만에 투자한 회사, ④ 한국과 대만에 기술원조한 회사는 중국과 무역거래를 할 수 없다는 4가지 조항으로 되어 있었다.

마침 포항제철이 완공되어 흑자를 낸 것이 좋은 촉매제였다. 종합제철을 통해 특수강이 생산되면 철로 만들 수 있는 배와 자동차, 기타 방위산업의 육성이 가능했다. 이에 따라 선정된 핵심 중공업사업은 제철, 특수강, 주물, 신동, 조선, 기계 등 6개 분야였다. 김학렬 부총리, 오원철 경제 제2수석비서관 등을 통해 비밀리에 중화학공업 육성의 큰 그림을 그리도록 한 박정희 대통령은 1973년 1월 12일 신년 기자회견에서 대대적인 중화학공업 육성을 선언했다. 이 구상이 '4대 핵(核)공장사업'으로 포장되어 발표되었다. 6대 중화학공업 분야 가운데 제철은 이미 완성되었고 신동공장은 노골적 무기공장이라 발표에서 제외됐다. 문제는 중화학공업 육성에 드는 거액의 자금이었다. 최각규의 증언을 요약한다.

▸▸ 최각규

1970년에 박 대통령이 경부고속도로를 해냈습니다.[33] 제3자가 보기에 무리하다고 했던 경부고속도 건설을 성공적으로 빠른 시간 안에 건설해낸 것입니다. 이와 함께 대내외적으로 후진국이 추진했다가 대부분 실패했기 때문에 한국도 실패작의 하나가 될 수 있다면서 모두가 부정적으로 평가했던 포항제철도 1973년에 완공시켰습니다. 당시 후진국들이 대부분 이른바 프레스티지(prestige) 산업으로 제철과 댐 등을 추진했는데, 당시 후진국 경제개발의 대표적 실패사례가 대규모 제철사업이었습니다. 괜히 국가위신 세운다고 프레스티지 산업에 착수했다가 경제성이 없어서 쓰러진 경우가 많았어요. 그런 상황에서 한국이 제철사업을 한다니까 한국도 그렇게 되는 게 아니냐고 미국이고 세계은행이고 다들 말렸는데 그것을 보란 듯이 성공시켰거든요.

박 대통령이 다음에 시작했던 분야가 이른바 중화학공업 건설입니다. 방위산업 육성목적도 있었고 수출주력 분야 육성목적도 있었습니다. 우리 수출이 처음에는 노동집약적 경공업 위주의, 저노임과 저임금의 비교우위를 가지고 시장을 개척을 했습니다. 그런데 동남아 등 다른 국가들이 우리 식으로 따라오는데 이미 우리는 저노임의 비교우위를 상실해가고 있었습니다. 우리가 헤쳐나온 길을 뒤에 오는 사람에게 따라오지 말라고 할 수도 없는 것 아니에요? 살아남는 길은 한발 앞서가는 길이고, 추월당하지 않으려면 산업구조를 고도화하는 길밖에 없는 거예요.

부가가치가 높고 자본집약적 · 기술집약적 중화학공업 쪽으로 가는 길밖에 없었습

33 경부고속도로는 1968년 2월 1일 착공해 2년 5개월 만인 1970년에 완공된다.

니다. 그래서 추진했던 것이 예를 들면 창원공업단지, 기계공업단지 등입니다. 그걸 추진할 때 잘한다고 하는 소리를 단 한 번도 들어본 일이 없습니다. (언론과 야당 등) 주변에서는 기계공업을 저렇게 한꺼번에 추진하는 법이 없다느니 하며 우려했죠.

너무 빠른 속도로 한꺼번에 주요사업이 추진되는 데 대한 사회적 울렁증과 과잉투자에 대한 우려였다. 높아가는 비판 때문에 정상적으로 국회를 통해 자금조달을 추진하는 것도 무리였다. 또 당시에는 인플레이션과 재정적자가 문제점으로 등장하면서 국회가 건전재정 운용을 위한 긴축예산편성, 긴축재정을 강하게 압박하는 상황이었다. 따라서 통화증발을 동반하지 않고, 국회의결 등 복잡한 정치적 의사결정 과정을 거치지 않은 채 중화학공업 육성을 위한 투자재원을 마련할 필요가 있었다.

일석삼조의 묘안을 마련하라!

가장 좋은 방법은 '4대 핵공장'을 해보겠다고 손들고 나선 투자기업들이 알아서들 금융시장을 통해 자체적 투자자금을 조달하는 것이었다. 그러나 이는 기대난망이었다. 장기 대규모 투자자금을 유치할 수 있는 시장 자체가 존재하지 않았다. 또 중화학공업이 시장을 통해 자연스럽게 추진되려면 국내저축률이 충분히 제고되어야 했으나 당시 저축률은 15% 선으로 극히 낮은 수준이었다. 중공업은 투자자금 규모가 너무 크고 위험성이 높아 참여의사를 적극적으로 밝히는 기업이 많지 않았을 뿐 아니라 당시 은행들의 기업대출 관행은 단기 운영자금 위주였다.

결국 ① 통화량에 중립적이면서, ② 국회의결을 거치지 않고, ③ 대규모 중화학공업 투자재원을 조성하는 '일석삼조'의 묘안을 만들어내는 책임은 재무부의 몫이었다. 그 무거운 책임을 진 사람은 남덕우 재무장관이었다. 남 장관은 과도한 투자재원이 들어가는 중화학공업 육성에 개인적으로는 반대했으나 '우리 경제의 명운을 걸고 중화학공업을 건설해 보려고 하니 어렵더라도 이 일을 해 달라'는 박 대통령의 설득에 무거운 마음으로 청와대를 나왔다. 남 장관은 중화학공업 추진위원회 기획단장으로 옮겨간 김용환 차관의 후임인 최각규 재무차관과 이 문제를 의논했다. 절박한 당시 상황을 최각규 증언으로 듣는다.

▸▸ 최각규

중화학공업 추진 당시, 정부도 그렇고 민간기업에는 공장건설 자체는 상당부분 경험을 쌓고 계획도 세워두었는데, 재원조달을 어떻게 하느냐, 이것이 숙제였습니다. 외자 쪽은 차관으로 조달이 되는데 내자가 문제였습니다. 돌이켜 보면 한국정부와 한국경제, 한국산업, 한국기업의 가장 큰 애로사항이 바로 내자조달이 원활하지 못하고, 내자를 조달하는 메커니즘이 없어서 발생했지 않습니까? 중화학공업 계획을 선언하고 추진하는 당시에도 가장 큰 문제점의 하나가 바로 이 내자조달이었습니다. 과거의 경제개발 초기단계에서 우리가 겪었던 실패를 반복하지 않기 위해서도 반드시 내자조달 문제를 해결해야 한다는 겁니다.

당시 남덕우 재무장관이 나를 불러, "중화학공업 추진을 위한 내자조달 방안을 강구해야 된다는 지시를 (박 대통령으로부터) 받았다"고 그래요. 그때 내가 이야기를 들어보니 "그것(내자조달)을 못하면 당신 그만두라"는 이야기나 마찬가지예요. "중화학공업의 성공적 추진이 내자조달에 달려 있다. 그러니 재무부가 내자를 조달하는 책임을 져 달라"는 겁니다. 그래서 남 장관과 제가 여러 날 머리를 맞대고 의논했습니다. 고민 끝에 생각한 것이 바로 '국민투자기금' 아이디어였습니다.

국민투자기금의 내용을 좀더 구체적으로 설명해 주시지요.

당시 우리나라의 금융시장구조를 보면 자본시장도 없고 채권시장도 없고 장기시설금융을 공급할 수 있는 그런 금융인프라가 없었습니다. 장기자금 조달창구가 전혀 없는 상태인데 우리가 가만히 보니까 그래도 돈이 어디에 모이느냐? 역시 은행이에요. 그런데 당시는 기업들이 은행 돈을 빌려 장기 시설자금으로 쓰지 못하고 단기 운영자금으로만 썼습니다. 여러 가지로 고민하다가 우리가 '은행저금의 일부로 장기투자를 전문으로 하는 기금을 만드는 게 어떨까'하는 데 착안했습니다. 정부가 보증해 주고 금융기관을 유도해서 은행의 저축성 예금의 30% 정도만 국민투자기금으로 넣는다고 하면 큰 문제가 없지 않겠는가 하는 것이죠. 은행뿐만 아니라 보험회사도 그렇게 유도하면 될 것 같다는 결론을 냈습니다. 특히 보험회사의 자금은 원래가 장기자금이니까요.

그래서 30% 정도의 은행의 저축성 예금을 중화학공업 투자를 위한 자금으로 동원하자고 결정했습니다. 은행의 저축성 예금 30%를 떼다가 중화학공업 투자 풀(pool)로 만들고 그 이름을 '국민투자기금'이라고 한 것입니다. 기업이 30% 정도의 내자를 자기자금으로 조달하면 남은 70%를 국민투자기금에서 투자하는 것으로 기초적 틀을 잡았습니다. 국민투자기금이라는 이름은 내가 지었습니다.

국민투자기금이라고 '국민'자를 강조해서 명명한 이유가 있습니까?

만약 은행자금을 동원해 중화학 공장을 지어서 준공이 되고 제대로만 가동된다고 하면 기업에 투자한 기금에 엄청난 자본차익(capital gain)이 생길 수가 있는 거예요. 그렇다면 그 자본차익을 국민에게 돌려주자, 그런 취지였습니다.

우선 은행이 저축성 예금을 가지고 국민투자기금 채권을 매입하는 형태로 기금에 출연합니다. 그 돈을 정부와 한국은행이 기업의 중화학공업 투자에 장기저리로 빌려줍니다.[34] 그런데 나중에 투자기업이 정상적으로 가동되고 이익을 내면 은행이 보유한 채권은 수익성 있는 증권이 되지 않습니까? '그 수익증권을 시장에 내놔서 국민에게 매각하는 형태로 돌려주고 은행은 은행대로 채권회수를 할 수 있도록 하자, 그래서 투자에서 발생하는 자본차익을 국민이 함께 나누어갖도록 하자' 그런 아이디어였습니다. 즉 중화학 공장이 정상 가동되면 은행이 매입한 국민투자기금 채권을 주식으로 바꾸든지 해서 일반인에게 매각하거나 은행은 그때 원리금을 회수하고 이후 기업에서 발생하는 이익은 국민들에게 돌아간다는 내용입니다. 그래서 그 이름을 국민투자기금이라고 했습니다. 국민이 기업에 주식투자를 하는 것인데, 우선 건설기간 동안은 은행이 대출한 거라고 간주하는 것이죠.

당시 「국민투자기금법」에 따르면 은행의 경우 예금액의 약 10~39%, 보험회사의 경우 수입보험료의 40~50%, 공공기금의 경우 여유자금의 약 90%를 국민투자채권을 매입하는 형태로 기금에 출연하도록 되어 있었다. 이렇게 조성된 국민투자기금은 1974년부터 1979년까지 중화학공업 투자재원의 약 61% 정도를 지원한 것으로 집계된다.[35] 그러나 자본의 회임기간이 길고 자칫 실패

34 대출해 주는 기업은 '대통령령이 정하는 사업'으로 되어 있었고 기금 운용계획은 국무회의의 심의에서 결정되었다. 기금의 책임자는 재무부 장관, 채권발행 및 기금의 운용관리는 한국은행 총재가 맡았다.

35 처음 재무부가 만든 '국민투자기금' 안은 이 기금을 철강, 조선, 기계, 전자, 화학공업 등 중화학공업에만 거의 100% 활용하기로 되어 있었다. 기타사업은 대통령령에 위임하는 것으로 하였으나 국회심의를 거치는 과정에서 여야의원들이 식량증산사업을 지원대상으로 법에 공식 명기할 것을 요구해 식량지원사업 등 다른 사업에 지출되어 중화학공업 대출비중이 61%로 하락했다(〈광복이후 우리나라의 금융정책에 대한 평가 및 앞으로의 정책과제〉, 한국조세연구원, 1995. 12).

할 경우 엄청난 손해를 볼 수 있는 중화학공업 투자를 나서서 하려는 기업들이 없었다. 그런 사업을 기업에 반 강제로 떠맡기면서 상업금융기관의 예금이나 보험료를 전용한 점에 대해서는 비판이 적지 않았다. 야당 의원들은 "기금 출연이 강제저축 성격을 띠고 있으며 금융자금을 일부나마 특정기금에 위탁하여 계획사업에 투자하는 것은 관 주도로 금융자금을 배분하려는 통제경제체제로의 전환을 뜻한다"면서 맹렬하게 반대했다. 경제계나 학계에서도 강제저축 제도이며 효율적 금융자금배분의 왜곡화를 초래할 가능성이 있다고 반론을 제기했다.[36]

통화정책상 재정부담이 금융부분으로 전가되어 민간투자가 크게 위축되는 구축효과(驅逐效果, crowding out effect)가 발생하고 인플레이션 요인을 잉태하기도 한다는 우려도 컸다.

금융시장에 정부가 개입해서 장기-대규모 중화학공업을 하려는 민간기업들에게 금융기관들이 장기대출을 해줘라 하는 셈인데, 정책금융에 대한 비판이 상당히 크지 않았습니까?

▸▸ **최각규**

당연히 온 나라에 '과잉투자다, 무리한 계획이다'해서 난리가 났습니다. 일반적으로 개발연대는 관치금융에 대해 비판들이 많을 때였습니다. 당시에 '어느 기업체에 돈 얼마 꾸어 줘라'하는 일들이 자주 있었는데 이는 권력자가 개인적으로 금융기관을 압박해 그런 짓을 했기 때문에 문제였습니다.

"이것(국민투자기금)은 정부가 저축성 예금에 대해 제도를 갖추고 공식적으로 시행하는 것이니까 과거의 개인적 권력형 관치금융과는 전혀 다르다"고 국회와 언론에 열심히 설명했지요. 그러다 정변이 일어났어요. 10 · 26이 일어난 것입니다. 10 · 26이 일어나자 중화학공업이 모든 몰매를 맞는 거예요. 국민투자기금에 대해서도 당시 정부의 자문위원이었던 고려대 경제학 교수 한 분이 나보고 "최 차관, 금융은 그렇게 하는 게 아닙니다"라고 하더라구요. 정상적인 눈으로 보는 학자들은 "금융은 정부가 그렇게 다루는 것 아니야"라고 말하고 싶은 것이죠. 당연히 그

36 박영구, 2002. 12, "산업과 보호 : 1970년대 중화학공업화 재정정책", 〈한국경제연구〉 제 9권, 한국경제연구학회, 117~144쪽.

렇지요. 그러나 당시 장기 투자자금을 조달할 수 있는 시장이 없는 상황에서 중화학공업을 추진하기 위한 자금을 마련하려니까 제도적으로 무리하게 된 것입니다.

그런데 10 · 26 후에 중화학공업이 몰매를 맞는 통에 국민투자기금이 어떤 상황에서 만들어졌고 왜 그렇게 이름을 지었는지 아는 사람도 없어졌어요. 당시 기금으로 건설했던 공장 주식이 얼마에 팔렸느냐, 그 프리미엄이 아마 200%도 넘었을 거예요.

국민투자기금으로 지었던 대표적인 공장은 무엇이 있습니까?

중화학공업 추진을 선언한 후에 바로 만들어서 기금을 운영했으니까 수많은 중화학공업 공장이 건설되면서 소요된 국내 자금은 거의 대부분 국민투자기금에서 지원이 된 것입니다. 기금은 산업은행에다 풀(pool)로 넣거나 아니면 거래은행에 따라서 자금공급을 했으니까 실질적으로 어느 기업에 얼마를 배분하고 한 것까지는 내가 잘 모릅니다. 아무튼 그런 취지로 시행했는데 중화학공업이라는 자체가 정치적 의미까지 가미돼서 몰매를 맞는 통에 국민투자기금이 관치금융의 대표적 예로 매도된 것입니다.

은행과 보험자금으로 조성된 국민투자기금은 철강 · 비철금속 · 조선 · 기계 · 화학 · 전자공업 · 식량증산사업 등에 투입된다. 국산기계 구입자금, 전자 · 자동차 · 조선공업의 연불수출 등에도 지원되었다. 2003년 4월에 폐지된 국민투자기금은 금융과 경제가 정부주도로 이뤄지던 시대에 동원된 가장 강력한 형태의 설비자금 조달방식으로 기록된다.

긴축재정과 국방예산 개혁

국방예산 — 예산 먹는 하마

외자의존형 성장기조가 오랫동안 이어지면서 한국경제에 치명적 부작용이 발생하기 시작했다. 고도 경제성장을 했지만 인플레이션이 워낙 심각해 성장의 결과가 의심받고 위협받는 상황이었다. 선거에서도 물가불안이 가장 중요한 정치적 쟁점과 비판의 핵심으로 등장했다. 그러는 한편에서는 포항종합제철과 경부고속도로, 4대 핵공장 등 핵심사업이 무서운 속도로 추진되었다. 이 때문에 주요 사업에 들어가는 엄청난 공사비에 예산을 모조리 쏟아붓는 동시에 물가안정을 추진해야 했다. 이때 EPB의 수장은 김학렬 부총리였다. 김 부총리는 박정희 대통령으로부터 전권을 위임받고는 예산을 정부의 주요 개발사업에 쓸어 넣다시피 하는 한편 다른 부문 예산에 대해 강한 긴축을 요구하였다.

긴축으로 가장 곤란해진 부처가 최다예산을 쓰던 국방부와 문교부였다. 특히 당시 국방예산은 북한과의 대치상황에서 한마디로 치외법권이나 다름없었다. 대충자금 역시 국방예산 사용이 1순위였다. 그러다 보니 해마다 예산규모가 커져서 김학렬 부총리 취임 당시 GNP의 6%를 차지하는 '예산 먹는 하마'가 된 것이다. 일반회계 세출에서 국방비가 차지하는 비중은 30% 안팎이나 되었다.

▸▸ 강경식

그때만 하더라도 국방예산은 사실 우리 기획원 예산국이 거의 관여하지 못했어요. 우리가 일종의 총액만 결정하는 그런 방식이에요. 물론 인건비 같은 큰 분류는 하지만요. 총액 베이스로 하고 용도는 알아서 자체적으로 결정하는 곳은 한국중앙정보부(KCIA: Korea Central Intelligence Agency)하고 국방부 두 군데만 그렇게 했습니다. 그때 KCIA 예산은 대통령이 조정을 해주고 국방부 예산은 GNP의 몇 % 이런 식으로 총액만 정하고 그렇게 진행되니까 구체적 내용이나 검토는 우리가 그렇게 많이 안 한 것으로 기억해요.

갑자기 국방부와 문교부 예산을 대폭 긴축하기 시작하자 견디다 못한 두 부처의 장관들이 기획원에 예산을 부탁하러 드나들기 시작했다. 당시 쟁쟁했던 민관식 문교부 장관과 정래혁 국방부 장관까지 기획원에 예산부탁을 하러 와서 머리를 숙일 정도였다. 군사정권 출범 이후 처음으로 민간관료가 국방부 예산을 부분적으로나마 통제하게 된 첫 출발이었다. 군사정권으로 출발했던 정부, 더구나 북한과의 대치상황 때문에 군부의 서슬이 아직 시퍼렇던 시절이었다.

▸▸ 강경식

예산을 많이 쓰더라도 교통부, 건설부 이런 곳은 경제부처니까 수시로 연락이 되고 예산 효율성 컨트롤이 되는데 국방부하고 문교부는 기획원 소관 외(外)란 말이에요. 그런데 갑자기 긴축을 하니까 민관식 장관과 정래혁 장관이 수시로 EPB로 와서 예산 달라고 부탁하고 그랬어요. 나중에는 국방부에 가서 국방부 장차관과 별자리 장성들, 고위 군당국자들을 다 모아 놓고 예산 브리핑을 듣고 그랬습니다.

당시 김학렬 부총리가 아무리 권한이 있었다고는 하지만 서슬 퍼런 국방부 예산을 장악하기 위해서는 그보다 윗선에서 박 대통령의 확실한 지지가 있었기 때문에 가능하지 않았겠습니까?

▸▸ 엄일영

그때 누가 국방예산 감축지시를 했느냐, 박 대통령이 김 부총리에게 문교부하고 국방부 예산을 직접 좀 챙기라고 했다고 합니다. "임자말이야, 부총리가 거기(국방부) 예산 좀 챙겨", 그랬다고 해요. 위에서 명령이 떨어지니까 김 부총리가 국방부 예산까지 간섭하기 시작한 거예요. 그때 기획원이 국방부 예산에 간여하게 된 경위를 내가 (김 부총리로부터) 직접 들었어요.

이때부터 감히 아무도 들여다볼 엄두를 못 내던 군 예산, 어떻게 쓰이는지도 모르는 채 갈수록 커지기만 해서 '예산 먹는 하마'가 되던 국방예산에 대해 기획원이 효율성을 따져보고 문제점을 지적하는 등 어느 정도라도 관여할 수 있게 된다. '국방예산의 개혁'이 이루어진 것이다. 극도의 긴축정책이 가져온 예상치 못한 부대효과였다. 여기서 한걸음 더 나아가 나중에는 아예 기획원에서 관리차관보가 국방부 예산편성을 위해 파견되기도 한다.

▸▸ 조경식

그때 국방예산을 국방부가 편성을 했는데 전체 예산 편성지침이나 균형 면에서 어려움이 있다는 판단에서 EPB의 예산전문가를 보내서 효율적으로 예산을 편성하도록 해야겠다는 상부의 방침을 따랐습니다. 최동규 차관보가 제일 먼저 국방부로 갔고 그다음에 김흥기 차관보가 가고 제가 세 번째로 갔던 것입니다.

그 이후부터 국방예산은 완전히 기획원에서 간 관리차관보가 책임지고 짜게 되었습니다. 사실 그렇게 하면 예산국에서도 편하고요. 당시 국방비가 GNP의 6% 정도였는데 그게 우리 전체 예산의 34%, 약 3분의 1입니다. 그것을 기획원 예산국 출신이 가서 짜니까, 예산편성 지침에 맞추어서 비교적 합리적이고 효율적으로 예산편성이 이뤄졌고, 그렇게 편성된 국방예산을 EPB 예산당국에서는 그대로 예산에 집어넣으면 되었으니까요. 이것이 아주 좋은 제도구나 하고 생각했는데, 나중에 알아보니까 일본은 이미 그전부터 예산파트(주계국)에서 예산심의관이 2년 임기로 방위청에 파견가는 게 관례가 되어 있더라고요. 2년 후에 또 바꾸고요.

예산 전산화 — 미지와의 조우

우리나라에서 최초로 예산편성의 전산화 작업이 추진된 것은 새로운 제도의 도입에 적극적인 김학렬 부총리 시절인 1969년이었다. 강경식 예산총괄과장이 미국유학 시절(1962년 미국 시러큐스 맥스웰 행정대학원)에서 공부했던 전자정보 처리시스템 EDPS[37]를 도입하자고 건의하면서 예산국에 우리나라에서 처음으로 컴퓨터 터미널 1호가 설치되고 예산의 전산화가 추진된 것이다.

당시 정부예산은 성질별, 기능별, 조직별 등 3가지 분류를 기본으로 하고 있었지만[38] 아직까지는 후진성을 면치 못하고 있었다. 인건비, 물품구입비, 시설비, 여비, 공공요금 등 일제 강점기부터 내려오던 품목별 예산(line item budgeting)의 잔재가 그대로 남아 있던 탓이었다.

각 부처별로 장, 관, 항, 세항, 목 등으로 구분은 되어 있었지만 목을 제외한 나머지는 분류할 때 일정한 원칙이 없었다. 또한 각 부처별로 예산편성을 위한 심사가 품목별로 이루어지고 이들을 집계해서 예산을 편성하는 상향식(bottom up)이다 보니 국가 전체적으로 어떤 용도로 예산이 얼마나 편성되는

37 EDPS(Electronic Data Process System): 컴퓨터를 이용하여 사무나 경영관리 데이터를 처리하는 시스템으로, 모든 데이터를 컴퓨터 입력장치에 넣어 컴퓨터가 착오 없이 종합 처리하는 방식을 말한다.

38 봉급 등 인건비와 물품구입비, 공공요금, 차량유지비, 시설비 등으로 분류하는 것이 성질별, 혹은 품목별 분류이고 어떤 목적을 위해 예산을 사용하는가에 따른 분류가 기능별분류이다. 경제개발, 국토개발, 교육, 국방 등으로 분류해 집계하는 것이다. 마지막으로 해당 예산을 사용하는 조직이 어디인가에 따라 소관별로 구분하는 것이 조직별 분류이다. 예산의 아웃풋에 따른 분류는 기능별 분류, 인풋 측면에 따른 분류는 성질별 분류, 집행책임에 따른 분류는 조직별 분류가 된다.

지 전체적 구조나 규모를 사전에 파악하고 조정하고 변경하는 것이 사실상 불가능했다. 국가가 추구하는 정책목표 달성에 예산이 얼마나 기여하는지, 예산의 기능적, 아웃풋(output)의 측면을 거시적으로 파악하기 위해서는 무언가 혁신적 조치가 필요하다는 지적이 끊이지 않았다. 정부가 중점을 두고 추진하는 분야에 적정 예산을 배분하는 하향식(top down) 방식을 도입하려면 예산과목을 국가정책과 연계해 재분류하는 것이 필수적이었다. 이를 위해서는 당시 미국 연방정부에서 채택하던 PPBS의 도입이 필요했다.

그때까지만 해도 예산편성과 집행관리는 일일이 주판과 계산기, 수작업으로 진행되었다. 워낙 작업량이 방대해 예산편성 작업이 끝나갈 무렵이면 주판의 귀재(?)인 여자행원들이 예산총괄과에 와서 며칠 동안 예산집계를 도와주던 시절이었다. 탁상용 전기계산기 몇 대가 그나마 신식기계에 속했다. 예산을 통한 국가정책 방향의 수립을 위해서는 예산편성 작업의 전산화가 필수적이었다.

당시 예산총괄과정이던 강경식은 예산전산화 작업을 추진하면서 PPBS 방식에 따라 예산 재분류 작업을 주도했다.

> 우선 플래닝(planning) 측면에서는 예산의 국가목표, 즉 큰 기능별 기준에 따라 분류했다. 예산의 아웃풋 측면에서의 분류다. 가용재원 배분이 국가가 추구하는 목표달성과 어떻게 연계되는지, 예산의 합목적성을 보다 체계적으로 파악하고자 했다. 프로그래밍(programming)은 사업별로 구분했다. 사업집행 책임을 분명히 하기 위해 집행기관별로 구분한 것이다. 예산의 매니지먼트(management) 측면에서의 분류다. 인풋 측면은 종래의 품목별 구분을 사용하되 이름만 비도별 구분으로 바꾸었다. 이렇게 하여 예산의 세 측면, 즉 아웃풋, 인풋, 매니지먼트의 입체적 구조로 분류했다. (강경식)39

예산업무를 컴퓨터로 전산처리 하기 위해 실무진들은 예산과목에 장, 관, 항, 세항, 목별 코드를 부여하고 예산의 구조와 과목을 재분류하는 등 적지 않은 고생을 했다.

39 강경식, 2010, 《국가가 해야 할 일, 하지 말아야 할 일》, 김영사, 220쪽.

컴퓨터 앞에서 치른 '돼지머리 고사'

예산 전산화를 위해 프로그램을 개발하는 업무는 한국과학기술연구원(KIST: Korea Institute of Science and Technology) 전산실의 안문석 팀장(실장 성기수 박사)이 맡아서 했다. 성 박사는 하버드대학에서 단 2페이지의 논문으로 항공우주학 박사를 받은 것으로 유명한 학자였다. 이 두 사람의 지원을 받아 전산화 작업이 완결되고 홍릉의 KIST 전산실에 있는 본체와 광화문의 예산총괄과에 있는 컴퓨터 터미널 사이에 전화선을 통한 통신망이 구축되었다. 기획원이 예산편성 관련 자료들을 키펀치로 입력시키면 KIST 전산실에 있는 본체에 전달되는 것이다.

1970년 1월, '월경'에서 연두업무계획을 보고받은 박정희 대통령이 컴퓨터 터미널을 직접 둘러봤다. 박 대통령이 건설현장이 아닌 사무실을 방문한 것은 극히 이례적인 일이었다.

부처들로부터 불평을 들어가며 적지 않은 시간과 노력을 들이고 대통령까지 큰 관심을 보인 예산전산화 작업이 잘못되면 어떻게 하나, 걱정이 될 수밖에 없었다. 결국 예산현대화의 상징인 전산시스템이 사고 없이 추진되도록 하는 데 예산국 직원들은 '유사 이래 가장 전통적인 방법'을 택한다. 컴퓨터 앞에 돼지머리를 놓고 고사를 지내기로 한 것이다.

> 1970년 2월 컴퓨터 터미널이 우리나라에서 최초로 가동되던 날 장예준 차관과 강경식 예산총괄과장, 조경식, 진념, 이진설, 강현욱 사무관 등을 모시고 예산국 직원들과 함께 당시 최첨단 시설이라고 할 수 있는 컴퓨터 터미널 앞에서 돼지머리를 놓고 무사고 작동을 위한 고사를 지냈던 기억이 생생하다. (김주익) 40

예산 전산화 초기에는 시스템이 안정되지 않아 한동안 골치를 앓았다. 예산국 컴퓨터 터미널과 홍릉 KIST 전산실에 있는 본채를 연결한 전화선이 비만 오면 먹통이 되어 예산편성 자료들을 화물차로 옮겨가는 일이 비일비재했고 전산처리에 자신이 없다 보니 수작업을 병행하는 일도 자주 발생했다.

40 "경제기획원 창립 30주년을 맞아", 〈경우회지〉, 통권 10호, 1992. 6, 133쪽.

그러나 1977년까지 3단계에 걸쳐 지속적으로 예산전산화가 추진되면서 점진적으로 시스템이 안정화되기 시작했다. 그 결과 예산 편성과 동시에 국민소득 개념상 정부예산의 부가가치와 경제적 효과 등 예산의 아웃풋 측면을 판단할 수 있게 되었고 예산배정에 필요한 자료분석과 분기별 예산배정 업무, 결산업무 등을 빠르고 효율적으로 집행할 수 있게 되었다.

원조중단과 재정자립의 시대

미국과의 대등한 관계의 출발점

1970년 11월, 한국경제사에 기념할 만한 특별한 사건이 발생한다. 미국의 한국에 대한 순수한 지원성격의 원조, 지지원조(SSA: Security Supporting Assistance)가 종식된 것이다. 1954년 첫 집행 이후 최종적으로 자금이 완전히 소진된 1970년 11월까지 제공된 SSA 규모는 18억 7,600만 달러, 기간으로는 17년 만의 일이었다. 〈경향신문〉 1970년 11월 16일자는 “SA 원조 17년 만에 종지부, 경제자립의 새 전기”라는 제목의 기사에서 이렇게 적었다.

> USAID가 제공하는 SA 자금 1천만 달러가 지난 11월 12일자로 전액 소진됨으로써 지난 1954년 이후 17년간 지속된 미국의 대한(對韓) 지원원조는 이미 그 대단원의 막을 내렸으며 한국경제가 미국의 지원원조 없이 자립할 수 있는 새 전기를 맞이했다고 관계당국이 밝혔다.

당초 미국은 1966년 의회에 대한 보고서를 통해 한국정부에 대한 SSA를 1972년에 끝낼 것이라고 예고했는데 이보다 2년 앞서 끝낸 것이다. 몇 년 앞서 SSA가 조기종료된 것은 한국의 재정자립도가 예상보다 빠르게 높아졌기 때문이었다. 해방 후 1950년대를 통틀어 절반도 안 됐던 한국정부의 재정자립도는 1970년에는 이미 94%로 올라가 있었다. 1964년 일반회계 세입의 35.3%를 차지했던 대충자금의 비중은 점차 줄어들기 시작해 1966년 25%,

1968년에는 11.2%로 줄어들었고 SSA가 최종 중단된 1970년에는 4%로 사실상 한국 재정에 별 의미가 없는 상태로 감소했다. 같은 기간, 1964년 47.1%였던 조세의 일반회계 비중은 1970년에는 75.1%로 증가했다.[41] SSA 자금 중단에는 우리나라 재정의 자립뿐 아니라 미국 경제의 악화와 원조 정책변경 등 여러 가지 이유가 복합적으로 작용했다.

▸▸ 조경식

1950년대에는 우리나라의 재정자립도가 50%도 미치지 못했어요. 남은 50%는 미국의 SSA와 PL480 잉여농산물 원조를 받아 이를 팔아서 나오는 대충자금을 가지고 우리 예산의 절반을 담당해서 재정을 끌어왔는데 우리 경제가 발전하면서 자립도가 자꾸 올라가서 최종 지원종결 협정 사인할 당시에는 재정자립도가 94%였어요. 그때 내가 기자들한테 '재정 자립도가 94%니까 이제는 우리가 자립할 수 있는 단계에 왔다'하고 브리핑했습니다.

미국의 무상지원이 끝난다는 것은 우리 경제가 그만큼 성장하고 재정자립도가 향상되었다는 의미에서 '지원 성공국'이 되었다는 이야기지요. 물론 이 지원을 종료한 데는 미국 내부의 사정도 있었습니다. 당시 미국이 국제수지가 안 좋아서 금이 유출되고 달러 가치가 위협을 받았다는 것입니다. 또 미국 내에서 '대외원조가 비효율적이다'라는 비판적 여론이 생겨났습니다. 당시 우리와 함께 SSA를 받던 나라가 라오스, 인도네시아, 베트남 및 중동지역의 몇 나라들이었습니다. 이 가운데 한국이 가장 우수하고 성공적이었다는 평가였지만 대체적으로 미국 내 여론은 이런 해외 원조프로그램이 비효율적이다, 그런 반응이었습니다. 이런 상황에서 미국이 '이제 한국 같은 나라에는 무상지원을 유상으로 바꿀 수밖에 없다', 그렇게 결정한 겁니다. 마침 한국의 경우 재정자립도가 94%나 되니까 한국에 대한 SSA는 끝내자, 그렇게 된 것이죠.

예산자립과 대등한 통상의 시대

1970년 SSA를 종료한 한국의 예산이 미국의 대충자금으로부터 완전히 자유로워진 해는 1973년이었다. 그 전해인 1972년에는 예산의 0.6%로 약간 남아

41 나머지는 전매익금(6.8%)과 기타재원으로 구성되어 있다.

미-대한 무상원조 협정(1970.5)
1970년 5월 EPB 회의실에서 김학렬 EPB 장관과 휴스턴(Houston) USAID 처장이 미-대한 무상원조 협정에 서명하고 있다. 뒤편 왼쪽부터 김주남 예산국장, 조경식 예산총괄사무관, 그리고 장예준 EPB 차관이 서 있다(뒤쪽 벽에는 경부고속도로 노선도가 걸려 있다).

있던 것이 1973년을 고비로 완전히 사라졌다. 1945년 해방 이후 오랫동안 지속되던 미국의 원조가 하나둘씩 중단되고 예산자립도가 급격히 높아지기 시작한 것은 한국정부의 독자적 경제정책의 수립과 투자와 관련한 중대한 변화였다.

경제사적으로 보면 무상원조의 다음단계는 유상원조이며 유상원조를 끝내고 나면 최종적으로 통상과 교역을 통한 경제적 파트너 관계가 된다. 미군정 시절부터 한국에 제공되었던 무상원조는 1960년대 초를 고비로 차관 등 유상원조로 바뀌었다. 1970년대 초에 접어들면서 유상원조까지 모두 중단되었다. 이에 따라 한국과 미국의 관계가 서서히 달라질 조짐을 보였다. 수십 년간 일방적 도움을 받아오던 피원조국과 원조국의 불평등 관계에서 벗어나 한국은 처음으로 미국과의 대등한 관계로 올라선 것이다. 그리고 그 첫 출발점이 된 것이 예산과 재정의 자립이었다.

제 3 장

외자조달과 경제성장의 빛과 그림자

서독차관에서 일본 상업차관까지

이 · 불 어업차관 — 호화판 어선도입

1963년 6월 1일자 〈경향신문〉에는 '최고회의상임위원회는 오늘 오전 '이 · 불(伊 · 佛) 어업차관' 계약의 동 집행계약을 승인하였다'라는 짤막한 기사가 실렸다. 대한민국 최초로 도입을 시도한 상업차관에 관한 기사였다. 이탈리아와 프랑스로부터 연차적으로 원양어선을 도입하기로 한 이 차관은 정권을 장악한 5 · 16 군실세들이 경제발전을 위한 차관을 들여와야 한다고 서둘러 진행한 사업이었다. "3면이 바다로 둘러싸인 우리나라는 원양어업을 통한 수산입국이 필요하며 원양어업을 추진하기 위해서는 어선이 필요하다"는 명분으로 추진되었지만 자세한 내용을 들여다보면 한마디로 이탈리아와 프랑스 등이 자신들이 건조한 어선 159척을 1억 달러가 훨씬 넘는 돈을 내고 연차적으로 매입하라는'현물차관'이었다.[1]

1 1964년부터 1966년까지 159척의 어선과 어구 및 부속품을 이탈리아와 프랑스 현지에서 건조해 도입하는 조건이었다.

원양어선(1978)
한국의 원양어업은 어획 어종에 따라 참치류와 트롤류 어업으로 나뉜다. 1970년대 이후 참치어선과 트롤어선에 모자선식 어선이 도입되어, 1974년에는 어획물을 해상에서 가공처리할 수 있는 2만 5천 톤급 모선이 조업하게 되었다.

군사정권 내 어업차관 추진파들은 총 도입규모 1억 2천만 달러의 엄청난 규모의 차관계약에 서명하고는 행정부에 이를 진행하라고 내려보냈다.[2] 계약 단계에서 이미 선수금으로 110만 달러라는 적지 않은 돈을 선금으로 주어 버린 상태였다. 행정부에서 이·불 어업차관의 실무적 뒤처리를 떠맡은 사람이 당시 EPB의 양윤세 기획과장이었다.

▸▸ 양윤세

내가 기획과장이 되니까 이·불 어업차관 업무가 나에게 뚝 떨어졌어요. 그런데 내용을 들여다보니 최고회의에서 총 1억 2천만 달러 계약에 서명을 하고 상당액을 이미 선금으로 물어 버렸어요. 자기네들이 이미 저질러 놓고 나보고 수습하라는 거예요. 주동자는 당시 군사정부 최고회의 중장급이지만 거기에 전문위원들이 있는데 실제 추진한 브레인들은 아마 이 사람들이겠지요. 그런데 내용을 보니까 차관금리가 7~

2 "한-이·불 어업차관협정 조인", 〈동아일보〉, 1962. 8. 9, 1면.

8%로 엄청 높게 책정돼 있어요. 한국에서는 그때까지 그렇게 높은 금리를 주고 외자를 가져온 적이 없었거든요. 미국의 무상원조나 아니면 기껏해야 금리 2~3% 하는 USAID 차관 정도이지, 7~8%짜리 고금리 차관을 들여온 전례가 없었는데 그렇게 높은 이자를 물고 돈을 들여와서 배를 사라니 어이가 없지요. 더구나 그때 내가 보니 우리가 연차적으로 사야 하는 배들이 그냥 어선이 아니라 유람선처럼 무척 호화스럽게 돼 있어요.

도저히 그대로는 안 되겠더라고요. 그래서 관계부처 회의를 소집했어요. 각 부처 차관보급들이 회의에 왔는데 다들 "아니 돈 준다는데 받아먹고 말지", 그래요. 무상원조가 많던 시절이라 그런지 당시 사용하는 용어들이 어느 나라가 우리에게 '차관을 준다'거든요. 차관은 '누가 우리에게 주는 것', 그러니까 언젠가는 이자를 쳐서 갚아야 할 부채라는 점은 전혀 생각 안 하고 거저 받는 것으로만 생각해요. 그리고 관계부처들 입장에서 보면 자기네들도 다 거기에 관계가 되고 하니까 나보고 왜 자꾸만 반대하느냐고 못마땅하게 생각해요.

당시 이·불 어업차관에 반대한 다른 분들은 없었습니까?

당시 이 · 불 어업차관을 적극 반대한 사람이 나보다 윗분으로는 기획원 김학렬 차관보와 유창순 상공부 장관 등이 있었습니다. 우리가 계속 반대하니까 최고회의에서 우리들을 들어오라고 부르더니 우리보고 '까분다'고 그래요. 그래서 김학렬 차관보가 "나 더러워서 다시는 그 회의 참관 안 한다, 당신 혼자서 해라"고 말한 기억이 납니다. 결국 경제각료 회의에서 끝까지 반대한 분이 김유택 기획원장과 유창순 상공부 장관이었습니다.

당시 한국의 전체 외환보유고가 1억 달러밖에 안되던 시절이었다. 이 · 불 어업차관 전체 규모가 1억 2천만 달러였으니 유람선 같은 호화판 어선들을 사들이는 데 전체 외환보유고를 다 써도 빚을 못 갚는 황당한 상황이 벌어진 것이다. 기획원의 담당부서 관리들은 머리를 맞대고 고민하기 시작했다.

"이 문제를 어떻게 처리해야 할지 의견들을 이야기해 봅시다."

"이야기는 무슨, 도저히 우리 형편에 불가능한 이야기 아닙니까? 있는 그대로 최고회의에 보고해야죠."

"최고회의의 이 · 불 어업차관 추진파들은 왜 안 되느냐, 돈 준다는데 받아야지 그러면서 움직이지 않는데 어쩌면 좋소?"

"그럼 일단 추진은 하되 규모를 대폭 줄이면 어떻습니까? 한 3분의 1 수준으로 줄여 보지요."

숙의 끝에 최고회의의 체면을 봐서 이·불 어업차관을 그대로 진행은 하되 규모는 약 3분의 1 정도로 줄이는 것으로 대안을 제시했다. 그러나 최고회의의 추진파들은 계속 불만이었다. 국제적 신의가 있는데 계약해놓고 어떻게 대폭 축소할 수 있느냐는 주장이었다. 고민 끝에 김유택 기획원장과 유창순 장관은 한국은행 총재를 각의에 참석시켜 "우리나라 외환보유고가 1억 달러밖에 안 된다, 이 돈으로는 어업차관의 원금상환도 불가능하다"고 설득했다. 또 주한 이탈리아와 프랑스 대사들을 따로 불러서 차관규모를 대폭 줄이는 절충작업을 시도한다.

> 관계국 대사들을 기획원장실로 불러서 우리는 그렇게 많은 배를 움직일 기술자도 없고 능력도 없으니 차관규모를 대폭 줄여 달라, 그렇게 설득했습니다. 워낙 내 입장이 강경하니 끝내는 그들로 수락할 수밖에 없었습니다. (유창순) 3

이 같은 노력의 결과 한국정부는 1963년 1월 21일 이·불 어업차관단과 5,500만 달러로 축소조정한 채 계약을 맺는다. 그러나 1963년부터 본격화된 외환위기 때문에 추가적 축소가 불가피해졌다.

▸▸ 양윤세

나중에 원용석 씨가 기획원 원장으로 왔을 때에야 이 문제를 완전히 해결했는데 3,400만 달러로 간신히 끝냈어요. 그때 해외차관을 추진하려면 미국 측 USOM과도 얘기가 돼야 되거든요. 왜냐하면 미국은 공짜로 원조를 주는데 우리가 따로 비싼 이자내고 다른 나라에서 차관을 들여오는 것이니까. 그래서 USOM과 이 문제를 계속 의논했더니 나중에는 귀찮으니까 USOM의 킬렌 처장이 '이탈리아, 프랑스 어업차관단한테 계약금 먹고 떨어지라고 그래라' 그러더라고요. 그래서 '그럴 수는 없다, 우리가 무슨 돈이 있어서 계약금 110만 달러를 떼이느냐?' 그랬습니다.

3 "격동기를 돌아보며: 유창순 전 원장 대담", 〈경우회지〉, 창간호, 1987. 11, 2~15쪽.

양윤세 梁潤世 전 동력자원부 장관

1931. 7. 2 황해 곡산 출생
코넬대 졸업(학사)
뉴욕대 대학원 외교학 석사
하버드 대학원 경제개발론 수학
1962 경제기획원 외자총괄과 과장
1966 경제기획원 투자진흥관
1971~1972 농림부 농정차관보
1972~1974 청와대 경제 제3비서관
1974~1979 외무부 주미 경제공사
1979 한국수출입은행장
1979~1980 동력자원부 장관

규모 축소를 절충하던 당시에 최고회의 추진파들의 분위기는 어땠습니까? 개인적으로 받은 압력은 없었나요?

처음에는 난리였죠. 그러다가 막판에 들어가서는 자기들도 뭐가 잘못되었는지를 알게 됐는지 더 이상은 압력이 없어요. 다만 그때 모 부처 군출신 장관이던 분이 아주 비꼬는 말로, '여긴 장관도 필요 없어 과장 하나면 다 돼' 하더라고요. 결국 계약금을 살리려고 절충 끝에 총액 3,400만 달러로 계약하고 끝냈습니다. 처음에는 해무청에서 관장하다가 나중에는 그걸로 수상개발공사를 만들었어요.

경제성 검토 없이 들여온 어업차관으로 만든 한국수산개발공사는 부실화의 길을 걸었다. 결국 지급을 보증한 외환은행이 나중에 700만 달러의 빚을 대신 갚았고 훗날 부실차관 공기업을 정리할 때 아예 청산되고 만다. 대한민국 건국 이래 최초의 상업차관인 이·불 어업차관은 천금처럼 귀했던 외화만 낭비한 채 대실패로 끝나고 말았고 이 사건 때문에 김유택 기획원장이 물러나고 1963년 2월 유창순 상공부 장관이 경제기획원장으로 자리를 옮기게 된다.

빈약한 경제개발 재원

이・불 어업차관의 실패는 빈약한 경제현실에서 경제개발 재원을 마련하려던 5・16 군사정부의 조급한 심리상태가 빚어낸 실패사건 가운데 하나였다. '가난으로부터의 탈출'을 주요 공약으로 내세우고 경제발전을 통해 정치적 정통성을 확보하려 했던 군사정부는 그 이전 민주당 정부가 편성했던 경제개발 5개년계획을 승계하고 수정・보완해 신설조직인 EPB를 통해 전격적으로 추진하려고 시도했다. 국민들에게 확실하고 구체적인 경제발전의 미래를 보여줘야 한다는 강박증에 쫓기던 시절이었다.

문제는 경제개발을 추진할 재원이 거의 없다는 점이었다. 정부주도의 경제개발계획을 추진하려면 국내저축이 있어야 하는데 당시 한국경제는 1인당 GNP가 100달러가 채 안 되는 세계 최빈국 가운데 하나였다. 제대로 운영되는 기업이 많지 않고 국민들의 생계유지도 막막한 경제에 세금이 제대로 징수될 리가 없었다.

제1차 경제개발계획이 본격적으로 착수되었던 1962년 전체 일반회계 세출규모는 겨우 880억 원이었다. 북한과의 대립 때문에 국민수 대비 군인수가 세계에서 가장 많았던 터라 국방비로 23%정도를 쓰고 공무원 임금 등 일반경비를 제외하고 나면 개발에 동원할 수 있는 자금은 겨우 24억 원에 불과했다.[4] 교통과 통신, 도로, 항만, 주요 공장건설 등 돈이 많이 드는 인프라에 대한 투자는 꿈도 꿀 수 없었다.

국내저축률은 3% 정도에 불과하였고[5] 은행은 예금잔액보다 대출잔액이 더 많은 만성적 오버론(over loan) 상태였다.[6] 자기자본을 마련할 수 있는 창구인 증권거래소는 발행시장도 유통시장도 발달되지 않아 사실상 유명무실하였다.[7]

4 재무부, 〈결산개요〉.

5 GNP에 대한 국민저축의 비율. 이 국민저축률에 해외저축률을 더한 것을 국내저축률이라고 한다. 해외저축은 차관 등의 형태로 국내에 도입된 투자재원으로 대외부채가 된다.

6 오버론 현상이 나타나는 원인은 자금수요에 비해 자금축적, 즉 저축이 제대로 이뤄지지 못하기 때문이다. 오버론이 되면 중앙은행으로부터의 차입에 의존하게 되어 은행경영이 불건전해진다.

7 1963년 증권거래소를 공영제로 개편할 당시 상장회사 수는 15개에 불과했다.

이처럼 극심한 재정난과 낙후된 금융시장에서 출발했는데도 한국은 1961년부터 지속적으로 추진된 경제개발계획 기간에 연평균 8.9%라는 고도 경제성장의 신화를 만들어냈다.[8] 1948년 제1공화국 수립 당시 정부예산은 3천만 원에 불과했다. 이처럼 빈약했던 한국경제가 고도성장을 지속적으로 추진할 수 있었던 재원은 어디서, 어떤 방식으로 마련되었을까?

특명 — 외자를 조달하라

1961년 7월 신설된 EPB의 핵심업무 중의 하나는 내부적으로는 경제개발을 위한 내자조달과 물가안정, 대외적으로는 경제협력을 통한 차관과 외자조달이었다. 그러나 빈약한 경제, 낙후된 금융시장에서 원활한 내자조달을 기대하기는 어려웠다. 경제개발에 필요한 자금 마련을 위해 외자에 먼저 눈을 돌리게 된 것은 당연한 귀결이었다.

기획원은 부족한 투자재원을 외국에서 조달하기 위하여 1961년 8월 「외자도입법」 개정안을 처리했다. 같은 해 10월 외자도입국을 신설하고 이를 다시 경제협력국으로 확대 개편했다.[9] 법은 만들었지만 외자도입은 난항이었다. 식민지에서 해방된 지 얼마 안 되는 가난한 신생국가에 돈을 빌려주려는 나라는 없었다. 미국의 무상원조 이외에 수출은 거의 없고 수입만 늘어나 외환보유고가 위험수준으로 낮아졌다.

계속 줄어드는 외환을 채우기 위해 다급해진 정부는 1962년 7월, 민간기업이 도입하는 외국 상업차관 대해서도 정부가 대신 지급보증을 서준다는 내용의 「차관에 대한 지불보증에 관한 법률」을 제정하기도 했다. 정부차원에서의 차관도입이 기대난망이다 보니 민간 부문에서라도 해외 차관을 들여오도록 법을 만든 것이다. 그러나 이 역시 성과가 당장 가시적으로 나타나는 것은 아니었다. 법 통과 후 민간업계에서 해외 차관도입을 위해 미국과 유럽 등으로 분주하게 움직이기는 했지만, 결과가 신통치 않았다.

8 1966년과 1970년 사이에는 59개 개도국 가운데 경제성장률 1위, 수출신장률 1위, 고용증가율 2위라는 기록을 세우기도 했다.

9 1962년 6월 경제협력국으로 확대 개편했다.

1962년 서독으로부터 약 2천만 달러의 상업차관이 들어온 후 1965년 초까지 차관도입은 실적이 거의 없었다. 「외자도입법」은 만들어지기만 했을 뿐 무용지물이었다. 이·불 어업차관은 당장 가시적 성과를 내려는 급한 마음에 경제성 검토 없이 추진했다가 대실패로 끝난 대표적 경우였다.

냉랭한 미국과 실패한 통화개혁

미국은 무상원조를 대폭 줄이고 유상으로 전환한다는 기본방침을 꾸준히 밝혔다. 특히 새로 출범한 케네디 행정부는 국민들의 높은 지지로 당선된 민주당 정부를 무력으로 밀어낸 박정희 군사정부에 대해 적잖이 경계했다. 자연히 군사정부가 요청하는 경제적 지원에 대해 냉랭한 태도를 보였다.[10]

경제개발에 필요한 자금을 미국에 기대기 어렵다고 판단한 군사정부는 몇 가지 자체적 자금조달 방안을 추진한다. 첫째가 부정축재 기업인들에게 자금을 조달하여 공장을 지을 경우 처벌을 면제하여 주기로 한 조치였다. 이 때문에 당시 유명 기업인들이 차관교섭과 공장건설을 위한 여러 가지 문제를 협의하느라 한동안 대거 미국을 방문하기도 하였으나 큰 실효를 거두지는 못했다.

군사정부가 자체 자금을 조달하기 위해 추진했던 특별조치는 1962년에 비밀리에 추진한 제 2차 통화개혁이었다. 1953년에 단행된 1차 통화개혁은 유엔군 대여금이 환율문제로 상환되지 않고 악성 인플레 증조가 나자 맥아더 사령부가 밀렸던 유엔군 대여금을 미화로 상환할 테니 사전에 통화개혁을 하라고 제의해와 단행한 것이었다. 이와는 달리 군사정부가 비밀리에 추진한 2차 통화개혁의 목적은 당시 박정희 의장의 설명대로 '부정부패 등 음성적으로 축적된 자금이 상당히 온존해 있으나 산업자금화나 장기저축이 되어 있지 않아 음성적 자금과 과잉구매력을 장기저축으로 유도해 이를 투자재원으로 활용하는 동시에 인플레를 방지하기 위한 조치'였다.[11] 화폐개혁을 하면 숨겨져 있던 음성자금들이 새로운 화폐로 바꾸기 위해 쏟아져 나올 것을 기대했던 것이다.[12]

10 조희연, 2007, 《박정희와 개발독재시대: 5·16에서 10·26까지》, 역사비평사, 57~59쪽.

11 김정렴, 2006, 《최빈국에서 선진국 문턱까지: 한국 경제정책 30년사》, 랜덤하우스코리아, 114~118쪽.

12 이에 대한 자세한 증언은 이 책 제 7장 "금융개혁으로 사채의 악순환을 끊다"에 수록되어 있다.

그러나 군사정부의 통화개혁에 대해, 미국은 국가통제경제로 가려는 전 단계 조치가 아닌가 의심했다. 이에 따라 미국은 강경한 반대의사를 분명히 하는 한편 인천항에 들어와 있던 무상원조 물자의 하역을 중단하는 등 본격적 실력행사에 들어갔다. 2년 연속 계속된 가뭄으로 식량사정까지 최악이었던 한국경제는 도저히 견딜 수 없었다.

결국 군사정부는 통화개혁의 실패를 공식 선언할 수밖에 없었다.[13] 통화개혁의 내용 중 액면단위 변경을 제외한 나머지 조치들은 대부분 원위치하고 그때부터 미국과의 관계개선을 모색했으나 한 번 어긋나기 시작한 미국과의 관계는 쉽게 회복되지 않았다. 경제는 갈수록 악화됐고 다분히 의도적인 미국의 무관심 속에 외환위기가 가속화됐다. 외환보유고는 1962년 3월말 2억 1,300만 달러를 정점으로 감소하기 시작해 1962년 말에는 1억 6,700만 달러로 1961년에 비해 3,900만 달러가 감소했다.[14] 1963년 6월 말에는 겨우 3~4개월 정도의 수입을 버틸 수 있는 액수밖에 남아 있지 않았다. 외환위기에 대한 불안감 때문에 수출입 링크제도를 전면실시하기로 한 것도 이 무렵이다.

엎친 데 덮친 격으로 물가까지 폭등했다. 가뭄으로 농산물 가격이 오른 데다 수입물가까지 급등했던 것이다. 외화가 없어 원자재를 수입할 수 없다 보니 생필품 생산이 줄어들어 시중의 소비재가 품귀현상을 빚었다. 전쟁비용 마련과 전쟁 이후 복구비용을 위해 통화가 대책 없이 풀려 있는 상태라 인플레이션이 심했는데 여기에 더해 생산의 대부분을 의존하던 수입원자재까지 외환부족으로 품귀현상을 빚자 물가가 걷잡을 수 없이 폭등했다. 외환위기를 막기 위해 당시 기획원과 재무부 관료들은 미국으로 달러를 꾸러 다니는 것이 주요 업무였다.

▸▸ 양윤세

당시 저는 기획원 경제협력 과장이었습니다. 1963년도에 우리가 돈을 꾸러 미국에 갔어요. IMF 총회에 참석한다는 구실로 간 것입니다. 당시 IBRD는 우리 기획원 쪽에서 맡고 IMF는 재무부 이재설 씨가 맡고 있었습니다. 그때부터 나와 이재설 씨가

13 2차 통화개혁의 자세한 내용은 이 책 제7장을 참조하길 바란다.

14 이 금액은 금과 외환보유액을 합친 규모이다.

미국에 다니기 시작하는데 미국 가는 주목적이 다른 것 없어요. 무조건 달러를 구하는 것, 원조교섭을 하러 가는 것입니다. 그때 김학렬 기획원 차관도 같이 IMF 총회에 가서 USAID와 원조문제를 교섭했어요. 미국 국무부 산하에 있던 기구인데 한국 등 개도국에 대한 원조문제를 담당하고 있었어요. 우리 측의 요구 패키지는 USOM을 통해서 사전에 미리 보내 놓고요, 겉으로는 IMF 총회에 간다고 하고 실제 내용은 USAID와 원조교섭을 하러 가는 겁니다. 그래서 다 같이 거기 가서 한 달 정도를 있으면서 원조요청 교섭을 하곤 했지요.

미국의 강경한 실력행사에 눈물을 머금고 통화개혁 관련 조치들을 백지화한 한국정부는 이후 미국 측의 요구에 따라 ECC를 복원시켜 경제문제에 대해 철저하게 미국과 의논하는 등 확연한 방향선회를 한다. 그런데도 미국 케네디 정부는 경제개발계획에 필요한 자금지원에 회의적이었다. 정부주도의 경제개발 방식의 목적과 효율성에 대해 의구심을 갖게 된 데다 쿠데타 정부를 적극 지원할 경우 아시아 전체로 쿠데타가 확산될지 모른다는 정치적 이유도 작용하였다.[15]

미국으로부터 경제개발을 추진하기 위한 차관도입이 기대난망이라는 사실은 이제 분명해졌다. 무언가 다른 돌파구를 모색해야 했다. 1963년 민정이양을 위한 선거에서 윤보선 전 대통령과 맞서 불과 15만 표 차이로 신승했던 박정희 대통령은 경제개발 5개년계획을 성공시키고 고도성장을 이룩해야 정권의 유지가 가능하다고 판단했던 것이다.

서독차관에 의존하다

당장 원자재를 수입할 돈조차 부족해 외화에 목마른 한국이 희망을 걸고 문을 두드린 나라는 비슷한 분단상황에 놓인 서독이었다. 일본과의 공식수교 재개 이전인 1960년대 초중반까지 차관은 미국과 서독에서만 들어왔다. 서독과는 장면 정권 때부터 대사관계를 수립하고[16] 민간차관 도입이 추진됐으며

15 조희연, 2007, 《박정희와 개발독재시대: 5·16에서 10·26까지》, 역사비평사.
16 1958년 10월 10일 리처드 헤르츠(Richard Hertz) 초대 주한독일 대사가 부임한다.

1961년 3월 18일에는 한독 기술원조협정이 체결되었다. 서독이 대한석탄공사에 1,500만 달러의 차관을 주는 형식으로 시설용량 10만kW의 화력발전소를 영월에 건설한다는 계획이 성사되기도 했다.

1961년 12월 13일, 한·독 간 경제협력 및 기술협력에 관해 정부 간 의정서를 맺게 되면서 독일은 7,500만 마르크(약 1,875만 달러)의 재정차관을 제공하였다. 1964년 박정희 대통령의 방독 이전까지 서독으로부터 차관도입 확정액은 2억 382만 8천 마르크(약 5,095만 7천 달러) 수준이었다. 한일 국교정상화 이전까지 미국을 제외하면 서독차관이 유일한 한국의 자금줄이었던 셈이다.

▸▸ 양윤세

내가 외자도입 기획과장이 된 게 1962년 9월쯤 될 거예요. 그때 이미 제1차 경제개발 5개년계획안에 정부 간 유상차관이 유일하게 독일만 있었어요. 유상 정부차관으로 독일에서 3개가 추진되었습니다. 그때 제 밑에서 독일차관을 담당한 사무관 중에 강신조 씨라고 있었어요. 그 사람이 주무관이고 그다음에 김태경 사무관이 독일 주재원으로 간다고 해서 우리 과에 일종의 파견 비슷하게 와 있었는데 이 사람이 아주 독일어가 유창해요. 내가 독일 차관 3건을 맡아서 일단 추진하게 되었는데 나중에 이것 때문에 최고회의에서 싸움이 났어요.

그때 차관을 도입하는 절차 보고는 최고위원 회의까지 갔었습니다. EPB 원용석 원장 시절인데 최고회의에서 기획원 원장하고 실무자가 회의에 참석하라고 해요. 그래서 원 원장을 모시고 내가 최고회의에 들어가 보니까 '독일차관 프로젝트 변경에 관한 건'이라고 해서 회의를 하는데 한쪽은 변경해야 된다 하고 한쪽은 변경할 필요가 없다고 논란이 붙었어요. 변경을 주장하는 전문위원이라는 사람이 담배까지 꺼내서 "독일 차관으로는 셀로판지 이런 것을 생산해야 한다" 그렇게 주장한 것입니다. 그때 독일차관으로 추진되는 3개의 프로젝트가 뭐가 있었느냐 하면 비스코스 인견사와 마 혼방 옷감 공장, 그다음에 한영전기라고 하는 프로젝트가 있었습니다. 그때 뭘 하느냐를 두고 최고회의에서 하도 싸움을 했기 때문에 지금까지도 그 프로젝트 내용을 기억해요.

회의석상에서는 독일차관을 그대로 진행하자는 측과 새로운 사업으로 바꾸어야 한다는 측 사이에 난상토론이 벌어졌다. 결론은 없이 분위기만 험악해지자 그때까지 양측 주장을 듣고만 있던 박정희 의장이 갑자기 "여기 회의에 관계부처 실무자 온 사람 없나?"하고 물었다.

회의장 맨 뒤쪽에 배석해 있던 양윤세 과장이 긴장해서 일어났다.

"제가 기획과장입니다."

"오늘 토론내용을 다 들어봤을 텐데, 실무자의 의견은 어때?"

"기존의 3개 프로젝트는 5개년계획에 추진하는 것으로 이미 확정 반영되어 있습니다. 또 차관을 제공하는 독일정부와의 관계도 고려해야 합니다. 제가 독일대사를 만나봤는데 독일대사도 기존의 3개 프로젝트로 알고 추진했습니다. 그런데 이제 와서 우리가 프로젝트를 바꾼다고 하면 재교섭해야 하는데 시간도 걸리고 제대로 추진될지도 잘 모르겠습니다. 독일 측 입장도 있고 하니까 이전에 결정된 사업을 그대로 밀고 나가는 것이 좋을 것 같습니다."

묵묵히 듣고 있던 박 의장이 그 자리에서 결론을 냈다.

"그럼 실무자 의견대로 진행해."

결국 박 소장의 단안으로 독일 프로젝트는 원안대로 진행되는 것으로 결론이 났다. 민정이양 이후 박정희 대통령은 소양강댐이나 금리인하 조치 등 권력의 상층부에서 이해타산이 엇갈리고 결론을 내기 힘든 일이 벌어질 때마다 반드시 실무자들을 배석시켜서 실무자들의 의견대로 결론을 내버리곤 했는데 이 같은 특유의 의사결정 방식의 단초를 엿볼 수 있는 사건이었다.

독일차관 에이전트 '아이젠버그'

정부 베이스로 들여오는 재정차관 외에 독일 수출업자와 상업베이스에 의하여 5,488만 마르크(1,372만 달러)가 도입되기도 했다. 당시 한국의 독일 상업차관 도입에는 외자도입 중개회사인 아이젠버그사가 일정한 역할을 한 것으로 알려졌다. 이 회사는 서독인으로 중국과 일본 등 아시아 시장에 외자중개 에이전트 역할을 하던 아이젠버그가 자신의 이름을 내세워 차린 회사였다. 당시 기획원의 외자도입국 기획과장은 아이젠버그의 역할을 다음과 같이 기억한다.

▸▸ 양윤세

한때 독일 상업차관이 한국에 많이 들어왔습니다. 그때 독일 쪽 차관을 들여오는 데 아이젠버그라는 사람이 상당히 중요했습니다. 자신의 이름을 딴 아이젠버그라는 외자중개회사를 만들어서 우리나라에 서독 상업차관을 들여오는 데 아주 활발하게 활동했거든요. 그 사람이 한국에 와서 독일 차관도입 중개를 했는데 초기에 설립된 우리나라의 시멘트 공장은 대부분 그 사람이 알선한 독일 상업차관으로 지은 것입니다. 나중에 국교가 회복되었을 당시 일본은 미쓰이, 미쓰비시, 도메인 이런 회사들이 한국 현지에 지사를 차려서 직접 우리 기업들과 거래했는데 독일은 그렇지 않고 아이젠버그가 계속 에이전트로 차관도입을 중개했어요. 아이젠버그가 독일의 디마크, 루브이 이런 큰 회사를 대리하는 에이전트 권한을 가졌으니까 대단했죠. 독일에 포르시스라는 기업이 있어요. 우리나라의 시멘트 공장이 포르시스가 건설한 공장입니다. 쌍용의 모든 공장은 포르시스가 만든 것이고 한일시멘트, 성신시멘트 전부 거기서 한 거예요. 또 독일 디마크라는 기업이 있는데 디마크가 지금 인천제철소의 철강공장 시설을 제공했고 그다음에 루브이라는 회사가 나주비료공장을 건설했어요. 그 모든 독일 회사를 대리하는 에이전트가 바로 아이젠버그였어요. 서독 기업들과의 상업차관거래 에이전트는 이 사람이 거의 다 했습니다.

아이젠버그 회장이 한국에서 활동한 시점이 언제부터였습니까?

아이젠버그는 박정희 대통령의 서독방문 훨씬 이전부터 우리나라가 활용했어요. 말씀드린 것처럼 아이젠버그는 서독차관 도입에 공이 굉장히 큰 사람입니다. 1964년 12월 박 대통령이 서독을 방문할 때도 독일업체들을 움직인 주역이 이 사람이에요. 아이젠버그가 왕성하게 '디마크를 통해서 한국에 종합제철도 추진해 보겠다, 1차 5개년계획에 있는 비료공장도 자기가 해보겠다, 시멘트 공장도 해보겠다'고 하면서, 말하자면 완전히 한국시장을 자기가 점령하려고 했지요. 나중에 우리가 종합제철소 건설을 추진할 때 대통령이 처음에는 독일 차관에 많이 기대했는데 그것도 이 사람 때문이었습니다.

아이젠버그가 에이전트가 되어서 디마크사 쪽에 이야기해서 이 회사 사람들이 한국에 와서 조사하고 그랬어요. 그런데 막상 와서 평가해 보더니 첫째 한국이 요구하는 제철소 규모가 너무 크다는 거예요. 자기네들이 한다면 한 20만~30만 톤짜리 소규모로 추진하자고 합니다. 우리가 "무슨 소리냐, 앞으로 우리나라가 발전하려면 단위가 100만 톤이 되어야 한다"고 주장했는데 독일사람들이 "너희 나라는 인천 제철소 정도 하면 되는 것이지 대규모 종합제철소는 경제성이 없다" 그런 식으로 결론을 내리고 돌아가 버렸어요. 그래서 무산이 되어 버렸지요.

아이젠버그가 초기에 한국이 독일에서 상업차관을 들여오는 데는 일정한 역할을 했지만 장기영 부총리를 자주 찾아오는 등 관리들을 상대로 한 외자 로비스트로 인식되면서 기획원 관리들 사이에는 그를 기피하는 경향이 생기기도 했다면서요? 외자 망국론의 역풍으로 매스컴에서도 적지 않은 비판을 당하면서 악명도 높아졌다고 하던데요.

나중에는 아이젠버그가 별로 역할을 한 게 없어요. 외자도입 중개를 하려고 이것저것을 한국에 오퍼를 하고 그랬는데, 언론에 하도 자주 등장해서 문제가 커지니까 한국 측의 경계심이 심해졌거든요. 나는 아이젠버그나 그 회사 사람들을 근처에도 못 오게 하였습니다. 그때 유명한 게 아이젠버그 회사에 있는 사람들이 자기네가 필요한 관리들에게 접근해서 "만년필 이런 것(싼 것)을 쓰고 있느냐", 그러면서 비싼 만년필 내놓고 가고 그랬거든요. 그래서 나는 아예 내 옆에 못 오게 하고 그랬어요.

그리고 내가 1969년도에 유럽순회 경제사절단장을 맡아서 한 40~50일간 유럽을 돌았던 적이 있어요. 영국 가고 그다음에 스웨덴, 폴란드, 벨기에 가고 프랑스, 이탈리아 등을 돌고 오는데 그때 회의에 가면 매번 낯선 사람이 꼭 한 사람 껴 있어요. 처음에는 정부 측 사람인 줄 알았어요. 그러다가 하도 이상해서 나중에 저 사람이 누구냐고 물어보니까 아이젠버그 회사에서 나왔다는 거예요. 어째서 정부 간 교섭을 하는데 민간회사에서 나타나느냐, 야단치고는 내가 더 이상 회의 참석을 못하게 했거든요.

또 한 번은 박 대통령이 나를 불러서 "우리가 종합제철 하려는 것에 대해서 그 친구(아이젠버그) 아니면 안 된다는 소리가 있는데 그것이 맞는 소리냐?"라고 물어보세요. "그런 일은 없습니다. 그 사람들이 차관을 준다면 한국정부의 신용을 보고 주는 것이지 어떤 개인이나 중간업자를 보고 주는 것은 아닙니다. 정부 대 정부 개런티가 중요한 거니까 정부 신용으로 해 주는 것이지 절대로 개인 신용이 아닙니다"라며 잘라 말했습니다. 아이젠버그가 그런 식으로 자꾸 여기저기서 "자기네 아니면 안 된다"고 그러고 다녔어요.

그런데 어떻게 해서 독일의 에이전트 회사가 한국하고 인연을 맺게 되었을까요?

그 사람이 일본과 중국에서 아주 크게 비즈니스를 했습니다. 그렇게 아시아 시장을 여기저기 돌아다니다가 한국과도 연결이 된 것입니다. 아이젠버그는 나중에 중국에서는 등소평 시대 때 큰 프로젝트를 많이 했어요. 그런데 애석하게 현장에서 사망했지요.

아이젠버그는 종합제철 설립을 위한 자금중개에 실패해 한국과 멀어진 이후에도 지속적으로 아시아 각국에서 활동한다. 그 인연으로 이대용 공사사건[17] 때 그의 석방을 위해 막후에서 나름대로 한국을 위해 움직이기도 했다.

▸▸ 양윤세

나중에 한참 시간이 지나서 내가 동력자원부 장관으로 있을 때 KCIA에서 연락이 왔어요. 아이젠버그를 좀 만나 달라, 이거예요. 무슨 일이냐 그랬더니 월남 마지막 때 잡혀갔던 이대용 공사를 석방하는 데 이 사람이 힘을 썼다는 거예요. KCIA에서 하는 말이 아이젠버그가 그 공로로 한국정부로부터 훈장을 타게 됐는데, "당신 희망이 뭐냐?" 했더니 "양윤세 장관을 한번 만나게 해 달라"고 했다는 거예요. 안 만날 수도 없고, 그래서 내가 만났더니, "당신이 우리 비즈니스에 대해서 좀 오해했기 때문에 친해지지는 못했지만 당신이 더 크게 되리라고 나는 생각했다", 그런 식으로 얘기해요. 그래서 고맙다고, 도와줘서 얼마나 고마운지 모르겠다고 그 사람한테 그러고 차 한잔 대접하고 보낸 일이 있어요.

6 · 3 사태와 대일 청구권자금

1964년 3월 24일, "굴욕적 한일회담 반대!"를 외치는 학생시위가 서울의 각 대학에서 발생했다. 학생이 주도한 시위에 야당과 사회, 종교, 문화단체 인사들이 가세하면서 곧바로 정치쟁점으로 비화되어 전국적으로 확산된다. 시

17 이대용은 월남의 마지막 때 한국공사로 재직했다. 본국으로 대피하라는 미국 측의 권유를 거절하고 한국교민들과 함께 월남에 남았다가 월맹의 포로로 잡혀 5년간 수감되었다. 한국으로 돌아온 후 사이공 최후의 날에 대한 저서 《사이공 억류기》(1981, 화남출판사)를 출간하였다.

위가 격화되자 정부는 1주일 만에 11개 대학의 학생대표들이 박정희 대통령을 면담하고 요구사항을 전달하는 것으로 조기수습을 시도했다.

이를 계기로 사태는 잠깐 진정되는 듯했으나 정부 여당이 한일회담을 계속 추진하자 4·19 혁명 4주년 기념일을 전후하여 시위가 다시 격화된다. 마침 비가 오는 날이었다. 기념식을 끝낸 대학생들은 비를 맞으며 거리를 행진하기 시작했다. 더욱 결정적 도화선이 된 것은 서울대 문리대생들의 단식농성이었다. 동료 학생들의 단식농성에 자극받은 서울시내의 각 대학생들이 거리로 뛰쳐나와 격렬한 시위를 벌이기 시작한 것이다.

6월 초 공화당 김종필 의장이 한일 국교정상화 회담을 위해 일본으로 건너가자 6월 3일 정오를 기해 서울시내 1만 2천 명의 대학생들이 일제히 거리로 쏟아져 나왔다. 정부는 중앙청 앞에 바리케이드를 치고 저지선을 설정했으나 학생들이 힘으로 이를 돌파하면서 세종로 일대는 아수라장이 되었다. 대학생들이 경찰과 대치하는 과정에서 몸싸움과 구타, 유혈극이 벌어지기도 했다.

그러자 정부는 비상계엄령을 선포하고 서울에 4개 사단 병력을 투입해 시위를 강제진압했다. 모든 학교에 휴교령을 내리는 한편 일체의 옥내외 집회 및 시위를 금지하고 영장 없이 압수수색과 체포구금을 한다. 이른바 '6·3사태'였다.

6·3 사태의 발단인 한일 국교정상화 회담의 연원은 1951년 10월로 거슬러 올라간다. 당시 한국과 일본은 미국 측의 주선으로 국교 정상화를 목적으로 하는 한일 예비회담을 개시했다. 이 회담은 1952년 2월부터 본 회담으로 바뀌었지만 관계정상화를 위한 보상금문제, 어업권문제, 재일 한국인의 처우문제, 북한의 위치부여 등 각종 이슈를 둘러싸고 큰 이견을 보여 협상진척이 전혀 이루어지지 않았다. 특히 '이승만 라인'[18]문제를 둘러싼 양국의 신경전과 과거사에 대한 일본의 잦은 망발도 협상의 진척을 막는 걸림돌이었다.

지지부진하던 한일 국교정상화에 속도가 붙기 시작한 것은 1961년에 5·16 군사정부가 집권하면서부터였다. 1961년 10월 12일에 도쿄에서 열린 김종필 KCIA 부장과 오히라 마사요시(大平正芳) 외무장관의 회담에서는 이른

18 이승만 대통령은 1952년 1월 '해양주권선언'을 발표하여 한반도 주변의 광범위한 공해상에 한국의 주권을 주장하고 그 수역으로 일본어선의 출입을 일방적으로 금지했다.

바 '김종필 · 오히라 메모'가 교환된다. 여기에는 최대현안이었던 '한국의 대일 청구권문제'에 대해 일본정부가 무상 · 유상을 포함하여 5억 달러를 제공하는 선에서 타협하기로 한 내용이 포함되어 있었다. 이 김종필-오히라 메모의 내용이 공개되자 "도저히 받아들일 수 없는 굴욕적 내용"이라면서 한일 국교정상화 협상에 대한 격렬한 반대시위가 발생한 것이다.

국민적 반발을 야기한 한일 국교정상화의 전제조건이 된 것은 대일(對日) 청구권자금이었다. 일제 강점기 36년간의 수탈과 피해에 대해 한국에 배상하는 성격의 이 자금을 무상 3억 달러, 유상 2억 달러 수준으로 1966년에서 1975년까지 매년 협상을 통해 나누어 받기로 했다. 수입이 수출보다 3배나 많은 만성적 무역적자에 시달리면서[19] 외환보유고가 3,500만 달러에 불과했기 때문에 당시 공화당 정부는 대일 청구권자금에 목말라 있었다. 한일 국교정상화는 국민적 반발 때문에 계속 미뤄지다가 한일회담을 추진해오던 김종필 공화당 의장이 사임하고 나서야 진척이 이뤄져 한일 두 나라는 공식적 국교를 간신히 수립했다. 6 · 3 사태 발생 다음해인 1965년에 6월의 일이었다.

청구권자금의 쇼핑리스트

일단 국교정상화가 이뤄지자 청구권자금의 사용조건을 협의하기 위해 당시 EPB의 장기영 부총리와 이동원 외무장관, 김동조 주일대사 등 한국대표단은 일본 현지에서 6개월 동안 일본 측과 교섭을 벌인다.

일본 한국은 자체생산에 경제성이 없습니다. 우리가 제공하는 차관으로 소비재를 사가도록 하시오.

한국 청구권자금은 일본이 우리에게 당연히 배상해야 하는 자금입니다. 우리가 무슨 용도로 쓰든지 간섭할 수 없소. 우리는 이 돈으로 경제개발에 필요한 시설재를 사가겠소.

일본 유상 2억 달러의 이자수준은 6%는 되어야 합니다.

한국 6%는 너무 높고 3%가 적당합니다.

19 1965년의 경우 수출 1억 7천만 달러의 수입은 그보다 훨씬 많은 4억 6천 3백만 달러였다.

지루한 밀고 당기기 끝에 유상 2억 달러는 3.5%의 이자에 7년 거치 13년 분할상환 조건으로 합의한다.[20] 또 한 가지의 쟁점은 5억 달러의 조기(早期) 사용 여부였다. 일본은 가능한 한 천천히 제공하려고 했고 한국은 조기 사용 단서조항을 주장하다가 결국에는 한국 측은 "단축할 수 있다"로, 일본 측은 "단축할 가능성이 있을 수도 있다"는 복잡한 표현으로 각각의 서류를 마무리 지었다.

> 그런 홍정은 한국이 잘했습니다. 우리는 그전에 10여 년 동안 미국과 매년 원조협상을 하느라고 기획원에 협상 베테랑들이 모여 있었고 노하우가 축적돼 청구권자금에 의한 구매물자 리스트를 척척 만들어냈습니다. 일본 측이 눈이 휘둥그레지더군요. 또 한 가지 자부하는 것은 그때 필리핀이나 인도네시아 등도 일본으로부터 청구권자금을 받아서 권력층의 요트 구입 등 사치나 낭비로 없어져 버렸는데 한국은 그걸로 시설재를 구입해 경제발전에 사용했습니다. 아무튼 청구권자금의 쇼핑리스트는 우리가 유리하게 만들었습니다.[21]

이렇게 도입된 대일 청구권자금은 원자재 도입에 26.5%, 소양강댐 건설에 4.4%, 경부고속도로 건설에 1.4% 등으로 쓰이다가 포항종합제철을 청구권자금으로 건설하기로 결정하면서 '사용기간 단축조항'을 근거로 23.9%를 집중 투입한다.

20 당시 외무부 김동조 대사는 6%의 이자를 주는 대신 상업차관 규모를 늘리자는 것이었고 기획원 본부에서는 상업차관은 물건을 사면 저절로 들어오게 되니까 이자를 양보해서는 안 된다고 주장했다.

21 "경우방담", 〈경우회지〉, 1989. 4, 통권 제5호, 85쪽.

공공차관과 미국 상업차관

부진한 USAID 공공차관

일본으로부터 도입되는 상업차관은 붐을 이루었으나 같은 기간 미국으로부터의 차관, 특히 공공차관은 지지부진하기 짝이 없었다. 1967년 11월 1일까지 인가된 미국 대외원조 자금인 USAID 공공차관은 겨우 2건에 3,300만 달러에 불과했다. 5 · 16 이후 군사정부가 부정축재로 지목한 기업인들을 처벌하는 대신 공장을 하나씩 건설하도록 했기 때문에 공장건설에 쓸 차관교섭을 하려고 한때 유명 기업인들이 대거 미국을 방문하기도 했지만 대부분 별 소득이 없이 빈손으로 귀국하곤 했다. 당시 EPB에서 공공차관 업무를 담당하던 관리는 황병태 과장이었다. 그는 외교부에서 첫 근무를 시작했다가 상공부로 부처를 바꾸고, 또다시 기획원으로 옮기는 등 여러 부처를 거친 신참과장이었다.

▸▸ 황병태

내가 시골 고등학교 재학 중에 고시 예비시험을 쳤는데 그게 합격이 됐습니다. 합격한 후 다시 상과대학을 들어갔는데 막상 대학에 들어가니까 그때 그 시험 붙은 것이 좀 아까운 생각이 들어서 대학에서 다시 고시 준비를 했습니다. 그런데 고 3때 합격한 예비고시를 활용하려다 보니까 외교계통인 고시 3부를 쳐서[22] 대학교 2학년 때 합격했습니다. 그런데 막상 외무부에 갔더니 지금과 달리 그때는 외교관 하는 일이 별로 없어요. 외교라고 해 봐야 우리나라는 미국에서 원조 얻어오는 것 그게 전부였고 일본과는 국교수립도 안 돼 있고 … . 그때 내가 아주과(亞洲課)에 들어갔는데 하는 일이 해군사관학교 학생들이 대만 같은 데로 배 타고 가면 그것 뒷바라지 하는 서류 쓰고 이런 일이 다였어요.

그래서 일을 찾아서 상공부로 옮겨갔는데 그때 수출이라고 하는 것이 내 기억으로 3,200만 달러에 불과했습니다. 지금 중소기업 수출액만도 못한 거지요. 그때 수출품목은 주로 제일 큰 게 텅스텐, 형석, 그리고 고철 이런 것밖에 없었어요. 수

22 당시 고시는 1부, 2부, 3부로 나뉘었는데 1부는 행정, 2부는 재무, 3부가 외교였다.

황병태 黃秉泰 전 주중국 대사

1935. 2. 20 경북 예천 출생
영남고, 서울대 경제학과 졸업
미국 하버드대 행정학 석사
캘리포니아 버클리대 정치학 박사
1957 외무부 아주과 3등 서기관
1963~1974 경제기획원 공공차관과장
경제협력국장, 차관보
1984~1988 한국외국어대 총장
1988~1992 제13대 국회의원
1993~1995 주중국 대사
1996~1997 제15대 국회의원
경산대 총장, 대구한의대 총장

출 자체가 없으니까 여전히 할 일이 없는데 마침 경제기획원이 생겼어요. 그래서 스스로 손을 들어서 기획원으로 옮기게 됩니다.

제가 1963년 기획원에 가자마자 맡았던 업무가 바로 ECC였는데 ECC는 그때 이미 석양이에요. 왜냐하면 이제 무상원조시대가 끝나서 역할이 줄어드니까. 그다음에 EPB가 개편이 돼서 경제협력 1과, 2과로 나눠질 때 내가 1과로 가게 됐어요. 경제협력국이 민간차관하고 공공차관 2개과가 있었는데 내가 공공차관 담당과장을 맡게 된 것입니다.

당시 공공차관을 담당할 때 주로 누구와 이야기를 했습니까?

USOM이었지요. 내 카운터파트는 그 당시 USOM에 있는 두 사람이었습니다. 농업관계는 사토란 사람이 했고 그다음에 빌 브라운(William Brown) 산업국장이 있었어요.

공공차관 업무를 맡을 당시 차관도입 상황은 어땠습니까?

당시에는 미쓰이, 미쓰비시 등의 기업들을 통해 일본 상업차관이 한국 시장에 자꾸 진출을 시작했습니다. 일본말로 단기외자라는 게 있지 않습니까? 일본으로부터 단기 상업차관이 들어오니까 그때 우리나라 경제에 확 불이 붙었지요. 일본하고 손잡으면 금방 공장이 만들어지니까 이 사람 저 사람 할 것 없이 일본 상업차관 도입을 추진하였습니다. 그리고 특히 상업차관은 막후에 리베이트가 있었습니다. 잘하면 공장을 짓고도 개인적으로도 뒷돈이 생깁니다. 이 때문에 모든 것이 일본 상업차관 중심으로 움직일 때였습니다.

반면에 내가 맡은 공공차관은 거의 개점휴업 상태였어요. 우선 USAID 차관이라 기업들 입장에서 보면 리베이트고 뭐고 아무것도 안 생깁니다. 미국정부가 주는 거니까, 국물도 없어요. 시간도 오래 걸리고 성사도 잘 안되고 …. 공공차관의 경우 신청부터 결론이 날 때까지 보통 3~4년, 길면 5년 이상 걸렸습니다. 일본, 독일기업으로부터 들어오는 상업차관은 서너 달이면 되는데 공공차관은 성사시키는 데 몇 년이 걸리니까 우리 기업들이 자꾸 기피하는 거예요. 처음 공공차관과에 가 봤더니 일이 거의 없을 정도로 그렇게 되어 있었어요. 민간차관과는 늘 북적거리고 일도 많은데 내가 맡은 공공차관과는 사람도, 일도 없었습니다. 의욕에 차서 막상 가보니 아무 할 일이 없는 초라한 말단과장이었어요.

공공차관은 외국정부나 국제기구, 공공단체로부터 외자를 끌어들이는 업무였다. 세계은행으로부터 철도와 광산개발 차관을 들여오기 위한 교섭이 일부 있었지만 사실상 대부분의 업무는 USAID 차관에 집중되었다. 미국은 한국에 대해 국무성 주관으로 무상원조를 하다가 1958년부터는 유상차관으로 지원방식을 전환한다. 대표적 유상차관이 DLF[23]이었는데 이것이 나중에 국제협력처의 대외지원방식과 통합되어 USAID 차관[24]으로 대체되었다. 미국이 경계가 불분명했던 경제원조와 군사원조를 명확하게 분리한 것이다.

자유당 정권 말기부터 교섭에 들어가 1959년 USAID 자금에 의해 최초의 차관기업인 동양시멘트가 설립됐고 대구에 한국나일론이 완공됐다. 하지만 그 2건이 성사된 이후부터는 몇 년째 단 1건도 이루어지지 않은 채 지지부진한 상황이 계속되었다. 황병태 과장이 업무를 맡았을 당시에도 현대건설이 단양에 지으려던 시멘트 공장과 동양화학이 인천에 지으려던 소다회 화학공장을 위해 USAID 차관을 교섭 중이었지만 성사는 요원한 채 시간만 흘렀다.

23 1951년 발효된 미국의 「상호안전보장법」(Mutual Security Act)에 근거한 차관방식.

24 미국의 「국제개발법」(Act for International Development)에 따른 장기융자 정부차관.

▸▸ 황병태

내가 공공차관과로 처음 가서 보니까 현대건설의 경우 정주영 회장의 동생 정인영 씨가 서울 대사관의 USOM 사무실뿐만 아니라 워싱턴의 USAID 사무실에도 자주 방문하면서 외자를 유치하려고 열심히 뛰어다니고 있었지만 별 진척이 없어서 USAID 담당자들이 미안해할 정도였습니다. 동양화학의 이회림 회장은 신청해놓고도 워낙 오랫동안 진전이 없어서 그런지 아예 정부쪽에 나타나지도 않아요. 내가 작심하고 USAID 차관교섭의 카운터파트인 USOM을 시간 날 때마다 방문했습니다. 마침 USOM 사무실이 광화문 대사관 건물이어서 바로 EPB 건물과 붙어 있었기 때문에 자주 들르는 게 가능했어요.

직접 쓰신 책[25]에 보면 당시 일본상업차관에 대한 쏠림현상이 갈수록 커져서 크게 우려했다는 기록이 있습니다. 문제점이 무엇이었습니까?

단기상업차관은 이자가 비쌌을 뿐만 아니라 3~5년 이내로 갚아야 하는 돈이었기 때문에 상환이 한꺼번에 몰릴 경우 지급보증을 약속한 정부에 심각한 외환부족문제가 발생할 우려가 있었습니다. 반면에 USAID 차관은 상환기간이 20년이나 되는 장기였습니다. 4~5년 동안 짧은 기간 빌려주는 상업차관과는 전혀 성격이 다르지요. 이자도 USAID 차관은 0.75%라고 하니까 엄청 낮고요.[26] 그래서 그때 박대통령께 내가 이런 보고를 했지요.

"각하, 지금 모든 사람이 일본이나 독일 상업차관만 도입하려고 하는데 너무 거기에만 몰리다 보면 여러 가지 문제가 있습니다."

"무슨 문제가 있다는 말인가?"

"우선 큰 국가적 사업에 대해서는 장기자금을 가져와야지 단기적 성격인 돈으로는 어렵습니다. 그리고 두 번째, 우리나라가 경제를 개발하려면 좋든 싫든 미국 자본을 들여와야 됩니다. 여태까지는 전부 원조였지만 이제는 미국도 개발자금을 제공하려고 하니 미국의 민간자본을 유치해야 됩니다. 그리고 세 번째 USAID 차관을 중시해야 됩니다. 미국정부가 제공하는 공식 차관이니까, 이걸 들여와야 다른

25 황병태, 2011, 《박정희 패러다임》, 조선뉴스프레스.

26 외채도입 조건을 보면 재정차관의 경우 거치기간 5년 이상 상환기간 20년 이상의 장기였다. 이자율은 낮았고 가장 높은 것도 5% 미만이었다. 그러나 상업차관은 거치기간이 거의 3년 미만, 상환기간도 10년 이하가 전체의 53%를 차지했다.

나라도 안심하고 정부 차관을 제공할 것 아닙니까? 미국의 민간업계도 우리가 USAID 차관을 먼저 도입해야 믿고 따라오지 안 그러면 절대로 안 오려고 할 것입니다. 그런데 우리나라 기업들이 USAID 차관을 기피합니다. 그래서 제가 적극적으로 USAID 차관을 추진하려고 하니 각하께서 이 문제를 좀 도와주십시오", 그렇게 요청했어요.

그 요청에 대해 박 대통령은 어떤 반응이었습니까?

대통령이 선뜻, "그럼 그렇게 노력해 봐라", 이러시더라고요. 문제는 그때 USAID 차관이 잘 성사가 안 된다는 것이었어요. 박 대통령 들어와서는 단 1건도 미국의 USAID 차관이 들어온 일이 없었습니다. 당시 현대건설이 단양에 시멘트 공장을 지으려고 USAID에 3~4년을 왔다갔다 허송세월하는 사이에 다른 회사는 독일의 포르시스와 합작해서 시멘트 공장을 2~3개 만들었어요. 그러니까 차관 바람이 전부 독일로 가버렸습니다. 한일시멘트도 그렇고, 성신시멘트도 그렇고….

또 당시 사람들이 다들 일본말을 잘하고 일본에 주로 연줄이 있으니까 일본 상업차관은 잘 얻어 왔습니다. 그런데 영어에는 능숙하지 못했고, 미국에 인맥도 없고 해서 미국차관은 지지부진했습니다. 그 당시에 우리 측이 USAID에 추진하던 제일 큰 사업이 현대의 단양시멘트 공장과 동양화학이 추진하던 인천의 소다회 공장이었습니다. 다른 사업들도 처음에 들어왔지만 잘 안되니까 다 떨어져 나가고. 그래서 내가 말단이지만 USAID에 가서 현대의 시멘트 차관 빨리 좀 추진해 달라고 자꾸 재촉했습니다. 현대의 정인영 씨와 함께 가고 이랬습니다.

사기꾼으로 오해받은 대통령 특명대사

한국의 복합 비료사업에 투자한 회사는 걸프사와 스위프트사 등 미국의 대형기업이었다. 이들은 직접투자 형태로 들어와서 제 3, 제 4 비료공장 2개를 동시에 짓는다. 당시까지의 우리나라 외자도입 역사상 최대규모의 민간투자였다.

비료공장 상업차관을 얻기 위해 박 대통령의 지시로 미국 걸프사에 특명대사로 가신 일이 있지 않습니까? 바로 그 차관도입에 성공하신 건가요?

▸▸ 황병태

그렇습니다. 내가 걸프사에 우리 비료공장에 관심을 가져 달라고 간 다음에 벌어진 일입니다. 대통령 특명을 받아서 내가 한창 걸프사에 요청하는 중인데 그 사실을 잘 모른 채 이병철 씨가 일본 상업차관으로 비료공장을 짓겠다고 추진했다가 결국 좌절한 거지요.

그럼 걸프사에 특명대사로 간 사건을 좀 이야기해 주십시오.

하루는 청와대에서 나를 들어오라고 해서 장기영 부총리와 같이 들어갔더니 박 대통령이 "황 과장 자네 미국에 걸프사라고 아나?" 물어요. 그때 나는 걸프사를 잘 몰랐습니다. 그것은 내 소관이 아니지 않습니까? 그것은 상업차관이지 나는 공공차관 담당이거든요.

"듣기는 했습니다만 걸프사를 제가 직접은 잘 모릅니다."

"울산 정유공장에 투자한 걸프사 말이야. 그런데 그 양반들이 콧대가 높고 보통이 아니라고 그래."

무슨 소리인지 몰라서 잠자코 있었는데 설명을 들어보니 이래요. 그때 걸프사의 한국지사장인 굿맨을 통해서 본사에 한국 비료공장 직접투자 문제를 알아보라고 박충훈 상공부 장관한테 지시를 내렸는데 박충훈 장관이 "그쪽으로부터 아무 대답이 없다", 이런 얘기를 한다는 거예요. 그래서 대통령이 화가 난 거예요. 이 사람들이 까닥도 안 하고 아무 대답이 없으니까.

내가 가만히 듣고만 있었더니 대통령께서 나에게 "일이 그렇게 됐으니까 저 사람들을 움직이기 위해서는 황 과장이 직접 나서봐라" 그러는 겁니다. 그 이야기를 듣고 사실 내가 내심 많이 떨었어요. '여기 지금 현지에 와 있는 지사장들도 장관들 상대를 안 하려고 하는데 내가 그리로 간다고 해서 가능할까?'하는 생각이 들었거든요. 그런데 박 대통령이 그때 붓을 들고 먹물을 찍어서 '황병태 공공차관과장을 대한민국 대통령의 특명대사로 임명한다' 이렇게 붓글씨를 써서 도장을 찍어요. 그 서한을 주면서 "자, 이것 가지고 가봐" 그럽니다. 사실 있을 수 없는 일 아닙니까? 대통령이 과장을 불러서 특명대사 임명장을 주고 미국 가서 추진해 보라고 하니까 말입니다. 아무 형식도 없이. 그 서한 한 장을 들고 내일 당장 출발하라고 그래서 바로 출발했습니다. 워싱턴 대사관도 들르지 않고 걸프 본사가 있는 피츠버그로 갔어요.

비밀특명을 받은 터라 주미(駐美) 한국대사관도 들르지 못한 채 미국 펜실베이니아 주 산업도시인 피츠버그에 도착한 황병태 과장은 당시 공무원으로서는 꿈도 못 꿀 고급호텔인 리츠칼튼에 일단 방을 잡았다. 서울을 출발하기 전 박정희 대통령이 "당신이 과장이지만 이번에 피츠버그 가서 가장 좋은 호텔의 큰방에 들어가라. 힘을 좀 과시해야 무시당하지 않는다"고 지시했던 것이다. 일단 호텔방에 '베이스캠프'를 차린 그는 걸프사 회장 비서실에 전화를 했다.

"누구라고 전해 드릴까요?"

"한국의 EPB에서 온 '디비전 치프'(division chief) 황병태입니다."

"어떤 직책입니까?"

과장은 원래 '섹션 치프'(section chief)인데 당시 대외적으로는 좀 격을 높이기 위해 '디비전 치프'라고 말하던 시절이었다. 실제보다 역할과 직함을 약간 과장할 수밖에 없었다.

"EPB 차관 바로 밑의 조직을 관장하는 중요한 직책입니다. 와이트포트 회장을 좀 만나고 싶습니다."

비서는 회장이 지금 없으니 잠시 후 회장이 들어오면 보고한 후 연락하겠다고 답변했다. 나중에 와이트포트 회장으로부터 연락이 왔다.

"비료회사 설립 용건으로 당신을 좀 만나고 싶다."

"나는 당신이 말하는 내용이 뭔지 잘 모르겠다. 서울에 있는 우리 매니지먼트에 연락할 테니 거기 책임자를 만나라."

"그 사람하고 이야기가 잘 안 통하니까 내가 여기까지 직접 온 것이다. 그러니 당신을 꼭 만나서 이야기를 하고 싶다."

"알았다. 내가 알아보고 다시 연락하겠다."

전화를 끊고 초조하게 호텔방에서 다시 연락이 오기를 기다렸으나 감감 무소식이었다. 나중에 알고 보니 그다음 날 걸프사가 워싱턴에 연락해서 김현철 주미 한국대사에게 "이러이런 사람이 피츠버그에 왔는데 어떤 사람이냐?"고 물었던 것이다. 경제부처의 일개 과장이름까지 주미대사가 알 턱이 없다. 한국정부로부터 연락을 받지 못한 김 대사는 "한국정부에 그런 사람은 없다. 그리고 이와 관련해 본국으로부터 어떤 협조요청도 받은 바 없다"라고 답변했다. 대통령 이름을 팔고 관명을 사칭한 사기꾼이라고 생각했던 것이다. 미국에 있던 KCIA에서도 난리가 났다. 대통령을 사칭한 사기꾼이라면 심각한 문제였다. 즉시 본국에 보고하는 사태가 벌어졌다. 아무것도 모르는 황병태 과장은 호텔방에서 사흘이나 연락을 기다리며 대기했다.

▸▸ 황병태

걸프사에서 사흘 만엔가 연락이 와서 "워싱턴 한국대사한테 물어봤더니 대사가 당신을 모르더라. 그리고 대통령이 그런 서류를 보낸 일도 없다고 하더라. 그러니까 이번에 당신을 만날 수 없다", 그렇게 통보합디다. 황당하지만 말은 맞는 소리예요. 그래서 내가 이후락 씨한테 전화를 했지요. 그때만 해도 전화하기가 어려워서 국제전화를 하면 6시간 정도를 기다려야 할 땝니다. 전화를 해서 6시간 이후에 이후락 씨가 받더니 대뜸 "그곳 일이 힘들지?" 이래요. 그 내용이 이미 정보부 라인으로 보고가 들어갔을 것 아닙니까?

"힘든 것은 아닌데, 왔더니 김현철 대사가 사실을 부인해서 내가 사기꾼처럼 우습게 됐습니다."

"각하도 다 알고 있어. 내가 어떻게 도와줄까?"

"우선 급하게 도와주실 것은 김현철 대사한테 연락해서 각하가 보낸 사람이라고 하고 와이트포트를 면담하게 해 주십시오."

"이미 알아서 다 조치했으니 잠깐 기다려 봐."

그리고 기다리고 있었더니 그다음 날 오후엔가 다시 전화가 왔어요. 그런 우여곡절 끝에 걸프사 회장을 만났어요.

"우리나라와 당신 회사가 관계가 많은데 지금 우리가 필요한 것이 복합 비료공장입니다. 귀사에서 이것을 지원 좀 해 주셨으면 하고 제가 방문한 것입니다."

"요구하는 차관액수가 얼마입니까?"

"한 1억 달러 됩니다."

내 설명을 들은 와이트포트 회장 얘기가 그런데 자기들은 비료공장은 안 한다는 거예요. 걸프는 기름을 생산하는 회사니까 비료공장은 안 한다고. 그래서 제가 계속 설득했습니다.

"석유회사가 비료공장을 하는 것은 큰 문제가 없을 것이다. 원료가 기름을 많이 쓰는 것이니까 원가를 낮출 수 있다. 그리고 또 당신들이 투자해야 다른 민간투자가 따라온다, 그런 점에서 우리나라 대통령이 당연히 관심이 많다."

"알았다. 당신이 서울 돌아가면 우리가 검토해 보고 연락하겠다." 그럽디다. 그래서 서울에 돌아왔더니 굿맨이 나를 찾아와요. 나보고 판을 크게 키운다고 그러면서 아무튼 앞으로 무슨 일이 있으면 이제부턴 자기가 연락하겠다고 그럽디다. 그때부터 비료공장 프로젝트 교섭이 시작된 것이지요.

걸프사 회장을 처음 만나고 성사가 되기까지 시간이 얼마나 걸렸습니까?

한 1년 걸렸어요. 그렇게 한참 걸프사와 교섭하는 사이에 아까 말한 이병철 씨가 다른 한비공장을 일본 상업차관으로 짓겠다고 나섰다가 좌절한 사건이 생긴 거죠. 걸프사의 비료공장 차관 건과 관련해서 또 한 가지 언급할 만한 사실은 현대의 정주영 회장이 바로 그 걸프사가 투자한 제 4 비료공장인 진해비료공장의 덕을 봤습니다. 하루는 정주영 씨가 나를 찾아왔어요. 진해비료공장 건설의 원청을 맡게 해달라고. 그런데 그쪽에 사실 플로어(Flour)라는 회사가 원청업자였거든요. 그 회사가 석유공사도 원청을 했습니다. 미국에서 그 회사하고 벡텔이라는 2개가 당시 가장 큰 건설 회사였습니다. 그런데 정주영 씨가 나를 찾아와서 "이번에 비료공장이 되면 우리가 공사 좀 해야 되겠는데 하청이 아니고 원청에 한 파트라고 해도 좋으니까 끼워 달라"고 해서 내가 그때 나서서 원청을 받도록 주선했지요. 그 당시에 현대건설은 외국회사의 하청만 받았지 원청은 한 번도 못 받았습니다.

당시 국내 건설기술력은 어땠나요?
비료공장을 원청(prime contract)을 받아 지을 정도로 기술수준이 있었는지요?

그때 현대가 상당히 기술수준이 높았습니다. 여기저기 많이 짓고 건설하고 그러면서 현대가 막 치고 올라올 때입니다. 그 당시에 플로어사에서는 윌리엄 디타라는 사람이 한국 책임자였습니다. 그 사람을 불러서 "당신네 단독 수주는 안 된다. 현대하고 같이하라"고 조정을 해서 공사를 두 회사가 같이했어요. 공동수주를 통한 원청 이것을 현대가 최초로 한 것입니다.

비료차관 사건도 그렇고 소다회 공장 사건도 그렇고, 일개 과장이 대통령과 직접 독대해서 보고하고 소신을 주장해서 관철하는 것은 상당히 이례적입니다. 당시 젊은 과장이 그 정도로 박 대통령과 가까워진 계기가 있었습니까?

내가 과장 때에 장기영 부총리를 뵙고 "월간 경제동향보고 때 대통령이 관심 있는 사업을 보고해서 이분이 궁금해서 자주 오고 싶어 하도록 만들어야 됩니다. 그렇게 하려면 일상적 보고만 가지고는 안 됩니다. 대통령이 관심 있는 사업을 선정해서 그 사업의 진행상황, 진척상황을 보고하면 어떨까요?" 그렇게 건의한 적이 있습니다. 그랬더니 장기영 부총리가 선뜻 "그러면 당신이 한번 브리핑 준비해 봐라" 하고 기회를 주었습니다. 그래서 내가 브리핑한 적이 있는데 이때 박 대통령이 브리핑 내용이 마음에 든다고 했던 것으로 기억합니다.

당시 과장이 대통령 앞에서 직접 브리핑할 기회는 거의 없었다. 잘하면 기회가 되겠지만 잘못하면 경력상 큰 문제가 될 수도 있었다. 장기영 부총리의 호의로 모처럼 대통령 앞에서 브리핑할 기회가 주어진 황병태 과장은 어떻게 해야 대통령의 관심을 끌 수 있을지 여러 날을 고민하다가 1차 5개년계획 사업 점검표를 만들었다. 그는 짚어봐야 할 점들이 많았다고 생각한 것이다. 우선 경제개발사업을 계획했을 때의 의도는 무엇이었는지, 출발당시의 상황은 어떠했는지, 그리고 현재의 진행결과가 의도대로 진행되었는지 등 3단계로 나누어서 점검표 항목을 만들었다. 주요 항목별로 20여 개를 정리하고 월간 경제동향 보고일을 초조하게 기다렸다.

드디어 다가온 '월경' 보고일, 일상적 브리핑이 끝나고 곧 점심시간이 되었을 즈음 장기영 부총리가 입을 열었다.

"각하, 오늘은 좀 특이한 브리핑을 한 가지 추가하겠습니다. 여기 황병태 과장이 준비했는데 한번 들어보시면 흥미를 가지실 만한 내용입니다."

박 대통령이 황병태 과장을 주시했다.

"그럼 해보시오."

황병태 과장은 브리핑 단상에 올라갔다. 월간 경제동향보고에는 대통령뿐만 아니라 당의 주요 인사들, 각 부처 장관들, 학자들이 모두 모여 있어 긴장 탓에 목이 탔지만 며칠 밤을 새우면서 고민하고 나름대로 준비를 많이 했기에 브리핑은 예상보다 술술 잘 풀려나갔다.

▸▸ 황병태

준비한 대로 주요 경제재발 사업에 대해 3단계로 변화를 쭉 보고했더니 한 댓 장 지나면서부터 박 대통령이 정면으로 돌려 앉아서 관심 있게 보더니 자세히 듣기 시작합디다. 브리핑을 다 끝냈더니, "이름이 뭐라고 그랬소? 무슨 과에서 일하시오?" 묻더군요. 그리고는 한 일주일 됐을까, 장 부총리가 전화로 나를 찾아요.

"이 사람아 대통령이 당신 좀 만나자고 그런다. 빨리 가 보자."

장 부총리의 지프차를 타고 함께 청와대로 들어갔더니 대통령이 집무실에 이후락 비서실장과 둘이 앉아 있어요. 장기영 부총리에게는 저쪽에 앉으라고 말한 뒤에 나를 가까이 앉으라고 하더니 "지난 번 보고 잘 들었소. 임자 같은 공무원이 있다는 게 나는 참 좋소" 그러면서 "일하는 가운데 앞으로 경제개발 계획에 대해서 의견이나 할 말이 있으면 기탄없이 말해 보시오" 그럽디다.

그런데 내가 월간 경제동향보고를 할 때 대통령이 어떤 분야에 관심 있는지에 대해 이미 감을 잡았기 때문에 예상질문에 대한 답을 몇 가지 마음속으로 정리해 두었습니다. 박 대통령이 경제발전을 추진하는 데 있어 뭔가 철학적 기초가 있어야 하는데 그것이 확실치 않다, 이런 고민을 하는 것으로 제가 추측했습니다.

"각하, 원래 후진국개발론은 맑스의 사회주의 경제학에서 영향을 많이 받았습니다. 영국에서는 '양떼가 농민을 잡아먹었다'고 할 정도로 농민의 희생을 통한 산업자본형성이 이뤄졌습니다. 경제가 발전하려면 자본의 원시적 축적[27]이 문제가 됩니다. 일반적으로 원시적 축적이라고 하면 농업부문을 통한 축적을 먼저 생각하는데 그 방식 가지고는 경제발전이 안 된다고 생각합니다. 인도의 네루 수상도 농업을 통한 개발을 추진했다가 실패하고 있습니다. 스탈린이나 모택동도 성공하지 못했습니다. 북한 역시 그 방식으로 추진했는데 다 실패했습니다. 우선 농업방식으로 자본축적이 잘 이뤄지기 어렵고 또 하층계층의 희생이 컸기 때문입니다. 따라서 우리의 경제개발은 먼저 공장부터 지어야 합니다. 공업을 먼저 집중적으로 키우는 불균형 성장모델을 도입해야 하는데, 공업발전을 하려면 바로 외국자본으로 해야 됩니다. 남의 나라 돈, 남의 나라 기술을 적극 도입해야 합니다. 우리나라가 잘될 것 같으면 외국이 얼마든지 돈을 줄 것이고 외자에 의한 공업화가 정책의 가장 우선순위가 되어야 합니다. 두 번째, 소비시장도 살펴봐야 합니다. 외자를 도입해 물건을

27 자본주의적 생산의 출발점을 이루는 자본축적으로서 본원적 축적이라고도 한다. 칼 맑스에 따르면 원시적 축적(primitive accumulation of capital)이란 생산자가 생산수단을 수탈당하는 역사적 과정이며 이 과정에서 산업자본가가 성장하는 한편 빈곤하게 된 생산자는 임금노동자로 전락한다고 보았다.

생산하면 그 물건을 사고파는 시장이 있어야 하지 않습니까? 그러기 위해서는 자본주의 시장경제를 육성하지 않으면 안 됩니다."

이런저런 소신을 말씀드렸더니 박 대통령이 "당신 말이 맞다. 내가 여러 가지를 추진하는데, 이 사람아 자네가 오늘부터 몸은 기획국에 있지만 사실상 여기 내 비서실에서 일하고 있다고 생각해라. 몸은 밖에 있지만 내용은 내 비서를 하는 것으로 생각해라" 그럽디다. 그리고 이후락 씨에게는, "앞으로 황 과장이 오면 바로 나한테 보고하고 또 무슨 일 있으면 나한테 직접 오도록 조치해"하고 지시합디다. 비서실장뿐 아니라 실장 방에 있는 보좌관에게 말해서 황 과장의 청와대 출입을 자유롭게 하라고 그러더니 또 나보고 그래요.

"급한 일은 전화 보고로 해도 돼. 내가 전화 받을 게."

장기영 부총리의 표정이 확 변합니다. 워낙 파격적인 일이라 이분도 깜짝 놀란 거죠. "앞으로는 내가 무슨 일 있으면 연락할 테니까 바로바로 오고, 또 한 가지, 국장, 차관보, 차관 신경 쓰지 말고, 어렵게 생각하지 말고 무슨 일 있으면 바로 나한테 오시오" 이래요.

그 일이 계기가 돼서 박 대통령은 황병태 과장을 비서처럼 활용하면서 실무자의 아이디어를 활용한다. 황 과장은 정부가 추진하는 여러 가지 문제에 대해 대통령에게 소신보고를 하기 시작했다. 황 과장의 판단에 대한 신임이 두터워지면서 나중에는 대통령이 추진하는 대부분의 공업정책에 대해 의견을 묻고 직접 추진하라고 지시하는 일이 늘어났다.

외채망국론 촉발시킨 미국 상업차관

당시 한국이 추진한 비료공장 차관 가운데는 걸프사뿐만 아니라 미국의 스위프트사로부터 들어온 자금이 있었다. 걸프사를 설득하자 스위프트사가 따라 들어온 것이다. 그런데 스위프트사의 경우는 한국정부가 보증해 준다는데도 추가로 국회에다가 지급 보증해 달라고 요구해 당시 큰 파문을 일으켰다. 상업차관에 국회가 보증을 서 달라니 나라의 체면이 말이 아니었다. 스위프트사의 무리한 요구는 일본의 상업차관 도입 허가과정에서 발생한 정경유착 의혹 때문에 대학과 언론, 야당에 확산되던 '외채망국론 논쟁'을 확산시키는 결정적 역할을 했다.

국회동의 요구를 내세운 것은 표면적으로는 스위프트사였지만 걸프사도 내심 국회동의를 요구했다. 다만 박 대통령의 체면을 봐서 자신들이 직접 국회보증 요구를 하지는 않고 함께 교섭하고 투자하기로 한 스위프트사를 전면에 내세운 것이다. 실제로 국회보증을 받은 스위프트사가 추진한 것이 제3비료공장이고 걸프사가 추진한 진해공장이 제4비료공장이었다. 투자를 먼저 결정한 것은 걸프이지만 스위프트사가 국회지급보증을 받고 투자를 집행하자 뒤늦게야 따라서 투자한 것이다.

차관에 대한 지급보증 법률에 따라 상업차관을 정부가 지급보증을 한다는데도 그걸 믿지 못하고 국회에 따로 지급보증을 받아 달라니 참으로 난감했겠습니다.

▸▸ 황병태

그때 스위프트사와의 교섭을 나, 장유태 씨, 윤석영 씨 세 사람이서 맡았는데 사실 내부인 기획원에서도 어떻게 돌아가는지 잘 몰랐습니다. 그랬는데 마지막에 스위프트사가 너희들 말만으로는 못 믿겠다. 국회에서 보증을 해 달라"고 요구합니다. 말이 안 되는 요구에 고민을 참 많이 했습니다. 그러고 있는데 대통령께서 눈치를 챘어요. "왜 요새 보고 안 들어오나?" 이렇게 묻습니다. 제가 그때 대통령한테 수시로 가서 보고 했거든요. 청와대에 오라고 해서 내가 대통령을 만나 말없이 고개를 숙였더니 "황 과장 목이 왜 없어졌어?" 그렇게 농담을 해요.

"비료공장 투자를 더 추진하기가 어렵게 됐습니다. 그쪽이 국회 비준을 요구하는데 저는 도저히 감당할 수도 없습니다. 그렇다고 이제 와서 그만둘 수도 없고, 참 고민입니다."

"고개 펴 봐. 내가 추진해 줄 테니 걱정하지 마."

그래서 그때 상업차관에 대한 국회보증 문제에 대해 청와대 오더가 국회에 떨어진 거예요. 그것 때문에 잘 알려진 것처럼 국회와 언론에서 온통 난리가 났지요. 그 당시에 박동묘 교수라는 분이 서울대 상과대학의 은사이시고 유명한 학자였어요. 어느 날 이분을 찾아갔더니 "너 역사에서 매국노라는 평가를 받고 싶어?" 이러시는 거예요. 그때 그분은 민간기업 차관을 국회가 보증해 주는 것에 대해 나라를 팔아먹는 모습이라고 본 거예요. "일개 기업으로부터 돈 빌려오면서 국회가 보증하다니 그건 주권을 잃는 일이다" 그런 이야기예요. 그래서 내가 매국노라는 욕까지 들어가면서 그걸 추진했습니다.

은사한테까지 매국노라는 소리를 듣고서 참 충격이었겠습니다.

괴롭고말고요. 두 말 하면 뭐해요. 나는 확신이 있어서 추진한 것인데 주변이 다 난리가 나서 비난할 때 아닙니까? 스승한테서 매국노라는 소리를 들어서 충격이었고, 온 정부사람이 다 반대하고 심지어 나중에는 장기영 부총리도 나를 슬슬 피하는 눈치고. 다른 정부부처들도 반대해요. 당연히 상공부가 반대가 제일 심하고 농림부도 반대하고 … . 당연히 그럴 것 아닙니까? 그런데도 그때 박 대통령이 강하게 밀어붙입디다.

매국노 소리를 들어가면서까지 차관도입의 확신을 가진 이유가 무엇이었습니까?

안보를 생각해서라도 미국으로부터 거액의 직접투자가 반드시 들어와야 한다고 생각했지요. 박 대통령이 그 후에 국회의원들을 불러서 "이번에 황 과장이 추진한 외자가 다 들어오면 1억 5천만 달러인데, 이것은 미국의 1개 사단이 들어온 거나 마찬가지다", 이런 말을 했어요.

미국이 자기네 기업의 직접투자를 보호하기 위해서라도 만약의 사태가 발생할 경우 군사적 개입을 한다는 그런 전략적 고려를 했던 것입니까?

물론이죠. 나도 그렇고 대통령도 그렇게 생각했지요. 왜냐하면 일본차관이나 독일차관만 들어오면 유사시 미국은 한반도에서 나가버린다는 거예요. 그래서 내가 고군분투한 겁니다.

그 뒤로는요? 스위프트사 외에는 민간기업에 더 보증한 것은 없나요?

없었어요. 그때부터는 미국차관도 잘 들어오고 그랬어요. 그렇게 매국노 소리 들어가면서 어렵게 추진했는데, 지금 보세요. 다 잘 끝난 것 아닙니까? 그 뒤부터 공장이 잘 돌아가서 한 6년 만에 차관을 다 갚아 버렸어요. 6년 후에 스위프트사며 걸프사의 원리금 전부 다 상환해 버리고, 비료공장은 완전히 우리 것이 되었고요.

〈표 3-1〉 미국으로부터의 총 외자도입 건수

연도	1964	1965	1966	1967
건수	9	18	32	23

〈표 3-2〉 USAID 공공차관 건수

연도	1964	1965	1966
건수	4	5	11

걸프사나 스위프트사 등 미국의 거대 상업차관이 들어와서 성공을 거두게 되자 미국으로부터의 상업차관이 증가하기 시작한다. 미국으로부터의 외자도입(상업차관, 공공차관)은 1964년 9건에서 1965년 18건, 1966년 32건, 67년 23건으로 늘어났다. 초기에는 미온적이었던 USAID 공공차관도 점차 증가했다.

차관형식으로 설립된 합작투자 회사의 경영권에 관한 구체적 합의내용을 보면 ① 양측이 같은 수로 이사회를 구성하고 이사회의 결의가 가부동수일 때는 경영상의 의사결정권을 외국 측 대표에게 준다. ② 자본금변동, 정관변경, 회사합병과 청산은 양측의 동의에 따르지만 재무, 고용, 구매, 판매 등 일상적 경영은 모두 외국대표의 전결로 한다는 등의 내용으로 되어 있었다. 외국투자자는 투자액을 상환받을 때까지 계속 이 같은 방식을 유지했다. 또 직접 투자자본에 대해서는 일정 수준 이상의 이윤배당을 보장했다. 이윤배당 보장률은 상업차관보다 높은 수준이었다.

▸▸ **황병태**

그때 차관 도입조건을 보면 미국기업이 일단 투자하고 원리금 상환이 완전히 이뤄지기 전까지 경영권은 미국기업에 있다가 우리 측이 원리금을 다 상환하면 경영권을 우리 측에게 돌려주고 미국으로 돌아간다, 그렇게 계약을 맺었습니다.

다른 미국차관도 다 그런 조건이었습니까?

그렇지요. 다른 것들도 다 동일한 조건이었지요. 나중에는 다 잘되었지만 최초 추진 당시엔 정말 고민을 많이 했습니다. 외채망국론도 나왔습니다. 그때 대통령과 장기영 부총리, 그리고 저, 세 사람이 여론의 집중포화 대상이 됐습니다. 그런데 정작 대통령은 못 건드리니까 온갖 데서 장기영 씨를 비난하지요. 그리고 장기영 씨를 혼낸다는 것은 사실 내용으로 봐서는 그 밑에 있는 실무책임자인 황병태가 외채망국론의 원인이 됐던 것입니다.

현금차관과 외채망국론

외자가 극도로 부족해 만성적 외환위기를 겪고 경제개발에 부족한 돈을 차관으로 조달한 시절, 상업차관이 갖는 경제적 의미는 각별했다. 내자가 빈약해 대규모 공장을 건설하는 데 자체자금조달을 통해 건설하는 것은 불가능한 시절이었다. 대규모 공장설립을 위한 상업차관 도입이 불가피했다. 그런데도 왜 상업차관이 야당과 언론으로부터 '외채망국론', '빚더미 건설' 등 여러 가지 비판에 휘말렸던 것일까?

당시 도입된 외자 가운데서도 특히 현금차관에 대한 비난이 거셌다. 현금차관에 대한 비난의 핵심근거 가운데 하나는 현금차관은 도입하자마자 한국 돈으로 바뀌기 때문에 이것이 통화증발로 이어져 물가상승의 요인이 된다는 점이었다. 그러나 국내적 요인에 의한 통화증발이나 현금차관 도입에 의한 통화증발이나 마찬가지인데 왜 현금차관의 통화증발만 유독 문제 삼은 것일까?

현금 상업차관이 한국사회에서 인플레이션 요인보다 훨씬 큰 비판을 받았던 것은 정치자금이나 부패와의 연결고리 때문이었다. 원래 외환취급 은행들이 조달해야 할 현금차관을 차입자인 기업들이 연줄이 닿은 일본기업들로부터 직접 조달해왔는데 정부가 이를 지급보증해 주다 보니 온갖 특혜와 정경유착의 온상이 되었던 것이다.[28] 당시 실세 이자율이 몇십 % 수준이어서 누구든 낮은 금리로 현금차관만 들여오면 엄청난 금리차익을 얻을 수 있었다. 1967년 11월까지 인가된 상업차관은 102건으로 이 가운데 50건, 지급액 규모로 보면 상업차관의 76%가 정부의 지급보증을 얻어 이뤄졌다.[29]

28 당시 현금차관 도입방식은 차입주(한국기업)가 전주(외국기업)를 물색해 차입계약을 한 후 정부에 허가 신청을 하면 정부가 이를 심사해서 정부보증 인가를 해 주는 식이었다.

29 1962년 7월, 정부는 민간기업이 지는 외국 상업차관 대해서도 빚보증을 서 주는 법안을 제정하였다(「차관에 대한 지불보증에 관한 법률」, 1962. 7).

명목상으로는 외자도입심의회가 전원 만장일치로 경제성을 인정해야 상업차관이 도입되지만 현실적으로 수많은 상업차관에 대해 경제성을 따질 전문 인력도 없었다. 각 부처가 각 분야에 대해 나름대로 심의해야 했으나 각 부처 역시 '의견 없음'으로 보내는 경우가 적지 않았다. 가령 기업이 지방에 공장을 짓겠다고 상업차관도입을 신청하고 그 서류에 '공장부지를 확보하기 위해 ○○도 ○○군에 있는 땅 1천 평을 얼마 얼마에 매입했다'라고 적었다고 하자. 그러면 현장에 가서 공장부지가 실제로 있는지, 시가가 얼마인지 확인하는 것이 원칙이었으나 적은 인력으로 과로에 시달리던 각 부처의 해당부서에서 매 건마다 지방까지 출장가서 이를 확인하는 것은 사실상 불가능했다.

현금차관 논란과 재무장관 경질

더 큰 문제점은 상업차관 도입이 정치자금 조성의 창구로도 악용되었다는 점이다. 정권이 주도하는 차관은 제대로 심의도 받지 않고 무조건 통과되는 경우가 대부분이었다. 당시 외자도입 승인을 사실상 결정한 것은 청와대, KCIA 부장, 공화당, 장 부총리 등 4인방이었고 외자도입의 적격성을 심사하기 위해 구성된 외자도입 심의위원회는 사실상 거수기에 불과했기 때문에 외자도입을 둘러싼 '정경유착'은 언론과 야당에서 두들겨 맞는 단골메뉴가 되기도 했다.

특히 현금차관의 경우 들여오기만 하면 높은 국내의 사채금리로 활용할 수 있어 '돈 장사'의 수단으로 활용되기도 했다. 기업이나 정권실세나 현금차관을 들여오기만 하면 개인적 '리베이트'를 받을 수 있어 수단 방법을 가리지 않고 현금차관 도입에 열을 올렸다. '현금차관은 곧 특혜'라는 인식이 광범위하게 확산되었던 시절이었다.

현금차관에 대한 저항과 거부감은 야당이나 언론의 단골메뉴만은 아니었다. 차관도입을 독려했던 장기영 부총리의 방식에 대해 재무부 등 정부부처 관리들 사이에서도 비판과 우려가 팽배했다. "특정재벌의 부당한 치부가 국민경제 발전에 해독을 끼치고 있다"면서 장기영 부총리가 특정 재벌을 감싸주고 있다고 빗대어 비판했던 이정환 재무장관은 6개월 만에 단명장관으로 끝나고 말았다. 당시 외자도입 업체들 가운데는 공장을 짓고 기계를 사서 생산과 수출을 하겠다는 명분으로 정부보증을 받아 차관을 들여와서는 부동산 투자나 돈놀이를 하는 경우가 적지 않았는데 이를 두고 이 장관이 "정부가 운영자금 지원명목으로 특혜융자를 남발하는 바람에 통화량이 팽창해 인플레가 유발된다"고 직언을 했다가 해임되고 만 것이다.

현금차관 도입을 활성화하고 지급보증 기능을 정부가 은행으로 넘기면서부터 부실상업차관의 부작용과 폐해는 급격히 더 커지기 시작했다. 권력에 약간의 줄을 대기만 하면 은행들은 지급보증을 했고 은행의 지급보증을 받아오면 외자도입심의회는 거의 추가심사 없이 이를 통과시키곤 했다. 또 초기에 정부 지급보증으로 들여온 상업차관 가운데 부실이 발행하여 정부가 대신 지급해야 할 형편이 되자, 경제성이 없는 것이 이미 입증이 되었는데도 이를 메우기 위한 현금차관 도입을 추가승인하는 경우도 적지 않게 발생했다.

상업차관 도입이 늘어나면서 생긴 또 다른 문제점은 차관의 형태를 빌린 소비재 수입급증이었다. 당초에는 경제발전을 위한 주요 공장건설 위주로 들여왔던 차관이 나중에는 음료와 맥주, 포도주, 식품 등 당시로서는 사치성 소비재를 외국에서 수입해오는 편법적 창구로 활용된 것이다. 1967년 모 식품회사는 콜라 100만 상자를 국내에서 생산해 미군에 납품하고 수출해서 외화를 벌어들인다는 명목으로 수십만 달러의 차관도입을 신청했다. 외자도입 심의위원회 허가를 받은 이 회사는 불과 1년도 안 돼 콜라를 국내에 판매하기 시작했다. 뒤이어 맥주와 커피, 초콜릿, 사이다 등 수많은 소비재 업체들이 처음에는 미 군납용과 수출용으로 외자도입 인가를 받았다가 일단 생산공장이 만들어지면 국내 판매용으로 전환하는 편법으로 상업차관을 활용하기 시작했다.

차관도입 붐으로 인한 부작용이 갈수록 커지기 시작하자 국민들 사이에 '차관망국론'이니, '빚더미 위의 건설' 등 격렬한 반대의견이 커지기 시작했다.

판매자 신용(sellers' credit) 반론

장기영 부총리의 '차관 다다익선론'은 일반의 오해와는 달리 장 부총리 특유의 철저하게 계산된 정책이었다는 반론도 있다. 국내 외환이 극도로 부족한 상황에서 어떻게 해서든 돈을 빌려와야 하는데, 돈을 빌려주는 측에서 까다로운 사전심사를 미리 거쳐 검증된 프로젝트에만 현금차관을 제공하기 때문에 돈을 들여오는 입장인 한국까지 이중으로 까다롭게 규제할 필요가 없었다는 것이다. 또 당시의 현금차관은 대부분 해외 플랜트 수출기업들이 자기네 물건을 팔기 위해 제공하는 방식이어서 돈을 빌려주었다가 곧바로 회수하곤 했다. 그래서 현금차관이 물가를 자극하는 기간이나 범위는 제한적이었다는 주장이다.

▸▸ 양윤세

당시 외자를 도입하는 데 장기영 부총리가 '상업차관이고 뭐고 그냥 막 들여와라', 이런 식으로 아무렇게나 방치한 것 같은 인상을 주는데 절대로 그렇지 않습니다. 첫째 당시 차관은 스크리닝(screening) 제도가 엄격했습니다. 우리 자체의 심사뿐만이 아니고 상대방 국가의 스크리닝 제도가 얼마나 강했는데요. 그게 얼마나 골치 아픈지 다들 잘 알았어요. 그걸 다 아니까 장 부총리가 민간기업들에게 "당신들 재주껏 얼마든지 가져와 봐라" 그랬던 겁니다. 상대방이 알아서 심사해서 거를 것은 사전에 다 걸러진다는 것을 잘 아니까. 현금차관 도입 논란과 관련해 그 점을 반드시 지적하고 싶습니다. 또 하나 지적하고 싶은 것은 당시 차관에 대해서 제대로 인식하는 한국사람이 별로 없었다는 것입니다. 그때 차관이 뭐냐 하면 공급자 신용(suppliers' credit)이에요. 물건 파는 사람이 물건을 담보로, 분할불입(installment)의 권리를 얻어서 물건을 팔면서 거기에 대한 파이낸싱을 자기가 해 주는 겁니다.

요즘도 돈 많이 필요한 대규모 사업의 국제경쟁 입찰 같은 데서 이른바 셀러스 파이낸싱(sellers' financing)이 많이 거론되는데 이것과 비슷한 개념이었습니까?

그렇지요. 원래 엄격한 의미의 차관은 이른바 바이어스 파이낸싱(buyers' financing)이 돼야 합니다. 원래 금융은 금융대로 따로 구매자 신용을 받아야 제 돈으로 물건을 살 때 값을 깎고 싸게 사야 합니다. 돈 빌려오는 것과 물건 사는 것이 별개로 이뤄져야 하는데 그때는 아무도 우리에게 그냥 돈을 빌려주려고 하지 않았어요. 모두가 파이낸싱이었습니다. 외국기업들이 자기네 물건 팔아서 이익 내고 우리가 그 물건을 사는 데 자기네들이 금융을 조달해 줘서 이자를 받고, 두 군데, 세 군데서 우리에게 폭리를 취했습니다. 우리한테 돈 빌려주고 물건 사게 한 다음 그 돈을 다시 가져가는 거예요. 그런데 당시 한국사람들이 그걸 잘 모르고 외자가 들어오면 그날로 현금으로 바뀐다는 것만 생각해요. 그때만 하더라도 외화예금이라는 게 없었거든. 그러니까 '외자가 바로 들어와서 한국돈으로 바뀌면 인플레가 야기된다, 물가가 폭등한다', 그래서 일반사람들이 반대를 많이 했던 것입니다. '그것(외자) 많이 추진하는 사람들이 인플레 일으켜서 뭐 해먹으려고 그런다'고 의심하고 그랬어요. 그런데 그때는 모두가 공급자 신용이었어요. 물건 사고 나면 돈이 다시 다 빠져나가요.

외자도입 부작용이 나타나다

차관도입으로 고도성장

한국의 경제발전이 급속하게 이뤄지고 국세징수 증가로 정부의 지급보증 능력이 커지자 공공차관과 상업차관 도입이 급증했다. 상업차관 도입에 국회동의까지 해 줘서 문제가 되었던 스위프트사의 차관도입사건 이후, 정부에 지불보증을 요구하는 경우도 점차 줄어들었다. 1967년 11월까지 인가를 받은 상업차관의 경우 전체 129건 가운데 정부가 지급보증한 경우는 8건에 불과했고 규모도 6천만 달러에 지나지 않았다. 차관을 도입해 고도의 경제성장이 이뤄지자 한국경제나 기업에 대한 신뢰도가 높아졌던 것이다. 대부분의 정부보증은 시중은행의 지급보증으로 바뀐다.

건수는 많지 않았지만 외국기업들의 직접투자도 점차 들어오기 시작했다. 그러나 직접투자는 미국에 집중되어 있었다. 1967년 11월까지 이뤄진 외국인 직접투자 69건 가운데 미국인 투자가 5,400만 달러로 85.2%를 차지했고 일본인 투자는 800만 달러로 11.9%에 불과했다. 그나마도 일본의 직접투자 11건 가운데 10건이 재일교포 투자로 순수한 일본인 직접투자는 단 1건에 불과했다. 일본에서 상업차관은 많이 들여오면서도 일본의 대한(對韓) 직접투자를 크게 경계했던 당시의 분위기를 읽을 수 있다.

한국은 외자를 통한 공장건설로 경제개발을 추진했다. 1차 5개년 경제개발계획 이후 19년간은 연평균 8.9%의 높은 고도성장을 이룩했다. 같은 기간 40.7%의 높은 수출신장률과 20%의 외자저축증가율을 기록하기도 했다.

"배 째라" 외자도입

돈은 물과 같은 법이다. 부족하면 가뭄이지만 너무 넘치면 홍수가 된다. 물밀듯 쏟아져 들어온 상업차관은 자금부족으로 애를 태우던 한국경제 발전에 '마중물'이 되었지만 너무 많이 들어오자 적잖은 부작용과 문제점을 낳았다. 기업들은 사후관리 능력이 취약했던 정부의 약점과 규제의 허점을 이용해 경제성 없는 외자도입을 계속 늘려나갔다. 외자를 들여와 공장을 다 지어 놓고서야 정부의 허가를 얻는 '배 째라' 식의 편법이 횡행하기도 했다.

당시 언론은 기업들의 이 같은 무모한 상업차관에 대해 연일 비판하였다.

> 경제성 없는 차관은 차라리 꾸지 못하는 것이 한국에 오히려 이로울 것이다. 품질이나 가격 면에서 국제경쟁에서 견딜 수 없는 공장은 세우지 말 것이며 1천만 달러로 사올 수 있는 것을 2천만 달러로 사오는 짓을 하지 말 것이며 시시한 리베이트의 수수를 그만둘 것 등을 엄격히 지키는 것이다. 그런데 정부가 외자도입을 심의하는 꼴을 보면 국제경쟁에서 도저히 견딜 수 없는 것이나 엄청나게 비싼 값으로 사오겠다는 것 등을 척척 통과시켜 주고 있으니 너무도 심하다 아니할 수 없다. (〈동아일보〉, 1971. 8. 6)

그러다 보니 외자도입을 통한 경제발전의 한편으로 부작용도 갈수록 커졌다. 우선 외채의 누적으로 경제의 대외 의존성이 심화되었다. 자본과 기술의 대외의존도가 높아졌을 뿐 아니라 원료의 대외의존도 높아 1차 원료개발 산업이 지체되는 문제점이 생겼다.

원유, 원면, 원모, 생고무, 유지, 원당은 전량 수입에 의존했고 밀과 펄프, 고철 등 원자재도 내수의 80% 이상을 수입으로 충당했다. 특히 수출용 원자재와 기계설비의 경우 일본으로부터의 수입이 압도적이었다. 이 때문에 수출은 크게 증가했는데도 수출을 통한 외화가득률은 높지 않았고 만성적 외화부족에 시달리는 경제패턴이 형성되었다.

또 차관을 얻어올 수 있는 능력을 가진 기업과 그렇지 못한 기업 사이에 편차가 커지고 차관기업의 경제력 독점현상이 걷잡을 수 없을 만큼 커지기 시작했다. 차관도입을 통한 경제성장이 어느 정도 완료된 시점인 1979년 현재 종업원 300인 이상의 대기업은 수적으로는 2%에 불과했으나 생산액으로는 전체의 절반이 넘는 55%를 차지하게 된다. 이들 대기업들은 이미 정부의 통제를 벗어날 정도로 한국경제에 있어 큰 비중을 차지하고 있었다. 반면 종업원 10인 미만 영세기업은 수적으로는 37.5%였으나 생산액으로는 1.5%에 불과했다.

누적된 차관경제의 모순

높은 차관의존 때문에 제조업 자기자본 비율도 갈수록 악화되었다. 제조업 자기자본은 1960년대 이래 계속 낮아져 1975년에는 22.8%에 불과했다. 1975년의 제조업 부채는 은행차입이 35%, 사채가 28%나 됐고 공장설비 등에 들어간 고정부채는 외국차관이 전체의 48%를 차지했다.

기업들의 부실차관 도입을 견제하기 위해 정부는 1967년 11월 외자에 대한 원리금 상환액을 당해 연도 경상외환수입의 9% 이내로 제한하는 '외자도입 합리화 시책'을 발표한다. 1968년 1월에는 외자도입 합리화 시책을 보완하고 다시 발표했다. 경제성이 떨어지는 부실외자 도입을 견제하려는 시도였지만 기업들이 편법과 탈법, 권력을 앞세운 교묘한 우회수단을 통해 계속 외자를 들여오는 바람에 별로 효과를 보지 못했다.

그러는 동안 누적된 차관경제의 모순은 한국경제를 뿌리부터 잠식했다. 1970년 초·중반이 되자 3~5년 전에 도입했던 상업차관의 원리금 상환기한이 돌아오면서 기업들의 부담이 커졌다. 특히 정부 지급보증을 은행 지급보증으로 전환하면서부터 별다른 경제성 검토 없이 들여왔던 부실 상업차관 기업들이 무더기로 도산하기 시작했다. 은행들은 도산한 차관기업들을 대신해 돈을 물어주어야 했고 이는 결국 정부부담으로 이어졌다. 부실한 자기자본과 차관상환 압력 때문에 기업들이 무너지자 결국 정부는 대대적으로 부실차관 기업을 정리할 수밖에 없게 된다.

더 심각한 것은 차관을 들여와 공장을 건설한 기업 가운데 자기자본이 거의 없어 고금리 사채를 얻어 운영자금을 마련한 기업들이 적지 않았다는 점이다. 빚더미 경영을 하던 기업들이 1970년대 중반 외부에서 닥쳐온 경제위기 때문에 한꺼번에 무너질 우려가 커지자 정부는 결국 '8 · 3 조치'라는 사상 초유의 극약처방을 선택한다.

월남파병과 중동건설

1965년 박정희-존슨 대통령 회담

한국경제의 외자도입사(外資導入史)에 남아 있는 무거운 역사의 기록이 월남파병이다. 한국은 전세가 치열해지기 시작한 1965년부터 휴전협정이 조인된 1973년까지 월남에 지속적으로 파병한다. 1964년 9월 11일 1개 의무중대(醫務中隊) 및 태권도 교관단을 보내는 등 후방지원부대 파병을 시작으로 육군 맹호부대와 해병 청룡부대가 파병되었다. 1966년 한국군의 월남파병을 전제로 한국군 지원에 관한 14가지 조항의 내용을 담은 '브라운 각서'[30]의 전달과 함께 본격적으로 전투병격인 백마부대가 추가파병되는 등 베트남전 참전 8년간 총 31만 2,853명의 병력이 파견되었다.

베트남 전쟁 동안 수많은 한국 군인들이 목숨을 잃거나 다치고[31] 고엽제 후유증 등 혹독한 상흔(傷痕)에 신음해야 했다. 그러나 경제적으로는 미국으로부터 1억 5천만 달러에 이르는 대규모 차관을 이끌어내고 파병 기간에 8억 달러가 넘는 외화를 벌어들였으며 월남전 당시 미군으로부터 각종 공사를 수주한 몇몇 한국기업들이 거대기업으로 성장하는 계기가 되기도 했다.

30 미국이 당시 주한 미 대사였던 W. G. 브라운을 통해 1966년 3월 7일 한국정부에 전달한 각서. 한국군의 월남파병을 전제로 한국군 지원에 관한 14가지 조항의 내용을 담고 있다. 주요 내용은 ① 한국방위태세의 강화, ② 한국군의 장비 현대화, ③ 보충병력의 확충, ④ 증파비 부담, ⑤ 남파간첩을 봉쇄하려는 지원과 협조, ⑥ 차관제공, ⑦ 대(對)월남 물자 및 용역의 한국조달, ⑨ 장병의 처우 개선 문제 등이었다.

31 당시 파병된 한국군 전사자는 4,624명이었다.

▸▸ 양윤세

월남파병에 대해서 이야기하려면 브라운 각서가 1966년 한국정부에 공식으로 전달되기 이전, 박정희 대통령의 방미가 있었던 1965년도부터 시작되어야 합니다. 박대통령 방미 때만 하더라도 우리는 아직 공식 파병은 안 했어요. 처음에 비둘기부대인가 의무중대만 조금 파병했고 실제 본격적 진출은 아직 안 한 상태예요.

1965년 5월 미국과 한국 양국 대통령이 만났을 때 공동성명에 중요하게 다루어졌던 어젠다가 1억 5천만 달러에 달하는 USAID 차관도입 건이었어요. 당시 미국의 한국에 대한 차관제공에 대해 실무라인끼리 처음에는 이야기가 잘 진행되다가 어디서 막혔느냐 하면 "얼마를 '수년 내에'(in a few years)에 지원해 주겠다"라고 하는 문장이었습니다. 장기영 부총리가 이 내용을 보더니, "양 과장, 이거 기간이 너무 막연해서 안 되겠어, 다시 협의해 봐" 하는 거예요. "최소한 2~3년, 늦어도 5년 안에 주겠다, 이런 식으로 기한이 구체적으로 명시되어야 하는데 이 표현은 너무 모호하잖아. 다시 협의해 봐", 그럽니다.

그런데 미국 측은 "우리는 예산에 대한 권한이 국회에 있기 때문에 1년 이상 걸쳐서 발생하는 일에 공식문서로 약속을 못합니다. 법적 제한이 있으니 공식표현은 못하지만 우리가 가능한 한 빨리 집행하겠습니다. 1억 5천만 달러를 2~3년 안에 제공하겠습니다", 그렇게 말해요.

그래서 이 내용을 수정해야 하는데 어느 레벨에 가서 수정할지 그것은 나중에 두고 보고 일단 수정판을 만들어서 남겨놓자까지만 합의했어요. 이른바 오픈 퀘스천(open question)으로 남겨놓고 결정은 못한 거예요. 그러다 나중에는 '입법절차(legislating procedure)를 완료하는 즉시'로, 국회의 승인을 얻는 즉시로 한다고 하는 식으로 해서 바꿨습니다. 그때 나는 과장이니까 비공식 수행원이어서 공식회의석상에는 참석 못하고 블레어 하우스에 남아 있었는데 나한테 전화가 왔어요. 전화를 받으니까 자기는 백악관의 누구라고 그래요. 그러면서 하는 소리가 "존슨 대통령이 박정희 대통령도 자신처럼 초등학교 교사를 했다는 과거를 알고 한국에 교육적 연구기관을 하나 선사할 것을 제안했고 박 대통령이 이를 흔쾌하게 받아들였다", 이런 취지의 글을 나에게 쭉 읽어 주더니 공동성명에 이 내용을 넣는 것에 동의하느냐, 이렇게 물어요. 내가 즉시 동의한다고 그랬지요. 그게 KIST예요. 그래서 KIST가 거기서 탄생합니다. 공동성명에 1억 5천만 달러 차관을 지원한다고 써주고 거기에 따로 추가지원을 해 주는 것으로 ….

그런데 여기서 내가 강조하고 싶은 점은 당시 차관협상에서 군대파병에 관한 합의내용이 명문화되거나 그러지는 않았다는 것입니다. 내가 경제관계 조항은 집에까지 가져가서 밤에도 직접 쓰고 그렇게 했는데 경제지원을 대가로 파병한다고 공식적으로나 문건으로 약속한 적이 없어요.[32] 미국이 먼저 우리를 도와주니까 우리도 성의를 보이기 위해 파병해서 미국을 도와준다는 정신은 물론 뒤에 깔려 있었겠지요.

두 정상 간에 합의된 차관 지원에 대해 파병이 '공식적' 반대급부는 아니었다는 것이지요?

그렇습니다.

김치 통조림과 인삼차 협상

한국군의 월남 공식파병이 시작되면서 한국군이 월남 현지에서 먹을 음식의 종류와 납품 가격문제가 한국과 미국 간 경제협상의 테이블에 등장했다. 가장 문제가 된 것이 김치 통조림과 인삼차 납품 문제였다. 파병이 결정된 이후 이 문제를 미국 측과 논의한 경제부처는 EPB였다.

▸▸ 양윤세

그때 우리가 김치를 팔아서 무슨 외화벌이를 하려고 했던 것이 아닙니다. 한국 군인들이 월남 가서 사기를 제대로 유지하려면 한국밥, 한국음식을 먹이는 게 좋다고 우리 쪽은 그렇게 생각한 것입니다. 그런데 그때는 통조림 캔이 아직 제대로 발달이 안 되어 있을 때에요. 식품개발공사가 월남 수출용 김치 통조림을 만들기 시작하는데 하루는 거기에서 자기네 것이 채택되게 해 달라고 나한테 샘플을 가져왔어요. 그것을 내가 먹어 봤더니 막 설사가 나요(웃음). 그래서 김치 통조림은 안 되겠다고 그랬어요. 이것을 보냈다가 우리 국군들 다 설사하면 큰일 나잖아요.

우여곡절을 거쳐서 품질을 개선해서 미 8군과 김치 통조림 납품 교섭을 하는데 김치 가격 산정에 가서 합의가 안 되고 탁 막힌 거예요. 김치는 미국사람 입장에서

32 존슨 대통령은 한국군 1개 전투 사단을 베트남에 파병해 줄 수 있는지를 물으면서 만약 1개 사단을 파병해 준다면 베트남에서의 전투에 큰 도움이 될 것이라고 말했다. 이에 대해 박 대통령은 이 문제는 한국정부에 의해 검토되어야 하는 사항이라고 답변했다(전재성, 2004, "1965년 한일국교정상화와 베트남 파병을 둘러싼 미국의 대한(對韓) 외교정책", 〈한국정치외교사논총〉, 26집 1호).

원가계산이 안 되니까요. 어떻게 양념값을 다 생각하면서 계산을 해요? 미국 측 안은 USOM이 만든 것이고 한국 측 안은 기획원이 만들었는데 당시 USOM 차장이 라저 언스터(Roger Ernst)라는 사람이었습니다. 밀고 당기고 하다가 라저 처장이 하는 소리가 "한국군이 자기네 나라 음식 먹겠다는데 우리가 왜 반대하느냐?" 그렇게 양보해서 "당신 말 잘했다. 결론은 우리가 내자" 이렇게 김치 통조림 가격이 결정됩니다.

또 하나 문제가 됐던 게 뭐가 있느냐 하면 인삼차가 있어요. 인삼차 납품가격이 다른 아이템에 비해 되게 비싸요. 미국사람들이 보기에 김치가 너무 비싸고 인삼차가 비싸고. 그런데 그것도 그대로 넘기자, 이래 가지고 라저와 내가 사인하고 이쪽에서 마무리해서 그것을 워싱턴에 보냈습니다. 그런데 정작 워싱턴에서 질질 끌기만 하고 아무 대답이 없어요. 그러다가 존슨 대통령이 정일권 국무총리를 국빈자격으로 초청했어요. 그때는 나도 공식수행원으로 가게 됐어요. 그래서 회담에 참석해서 존슨 대통령에게 "K-레이션이 김치 납품가격 때문에 지금 막혀 있다, 이것을 그대로 통과해 줬으면 좋겠다"고 요청했습니다. 다른 것도 몇 가지 얘기하면서 실제 요청하는 것은 김치 통조림 그거였어요. 그랬더니 며칠 안에 모두 해결됐어요. 인삼차와 패키지로 한꺼번에 처리했지요.

그런 일화가 있지만 확실한 것은 김치납품이나 인삼차납품을 외화벌이를 위해서 한 것은 아닙니다. 파병한 병사들에게 사기차원에서 먹이자고 한 것이지요. 그 점을 오해하면 안 됩니다.

1964년 10월 '주월 한국군 원조단의 지위에 관한 협정'이 맺어지고, 1967년 9월 '한월 항공운수협정', 1971년 6월 '한월 경제 및 기술협력에 관한 협정' 등이 체결되는데 최초에 월남과의 경제관계는 어떻게 시작됐습니까?

6·25 전쟁이 발발했을 때 나는 미군부대의 통역을 했어요. 비행장 조성하는 일을 하는 미군부대가 김포공항, 여의도공항, 김해공항과 진해공항을 만들 때인데 그 통역을 한 1년 반 정도 하면서 어느 때인가 김해 쪽에 내려갔더니 필리핀 친구들이 들어와서 공사를 깨끗이 정리하고 돈을 벌어갑디다. 그때 느낀 것이 계약만 잘하면 전쟁 중에도 돈을 벌 수 있구나, 그런 점이었습니다.

1965년 말경에 월남 경제관계 시찰을 하게 됐는데 그때 한국전 당시 개인적 경험이 생각나면서 '앞으로 우리가 군대를 월남에 파병하면 경제적으로 우리가 할 수 있는 일이 뭐가 없을까?' 고민했습니다. 그런데 막상 월남에 가서 보니까 월남 경제가 전쟁으로 워낙 피폐해서 경제적으로 월남 자체와는 경제협력을 할 일이 거의 아무것도 없었어요.

그런데 일이 되려고 그랬는지 한국의 USOM에 있던 킬렌 처장이 이번에는 월남의 USOM 처장으로 와 있었습니다. 킬렌 처장이 한국 있을 때 나하고 직통전화를 할 만큼 자주 만나고 가까운 사이였습니다. 그래서 이 친구에게 월남의 미군 총사령관인 웨스트모어랜드 장군을 좀 만나게 해 달라고 부탁했어요.

"웨스트모어랜드를 만나서 무얼 의논하려고 하느냐?"고 물어요.

"한국기업의 월남 진출 가능성을 좀 알아보려고 한다. 특히 건설관계 쪽으로 미국의 협력이 필요할 것 같다" 그랬더니 킬렌 처장이 웨스트모어랜드 사령관과의 면담을 주선해 줬어요. 사령관을 만나서 한국기업의 월남 진출과 공사 문제를 제안했습니다.

웨스트모어랜드 한국에서 공사한다면 언제든지 환영합니다. 환영하는데 한 가지 조건이 있다. 정부 지불보증을 요청하겠습니다.

양윤세 우리가 공식적 정부보증을 서려면 헌법에 따라 국회에서 해야 하는데 그러한 모든 것을 일일이 국회에 가져가서 승인받는 것은 불가능합니다. 그러니 부총리가 보증한다는 서한을 당신이나 또는 당신이 지명하는 책임자한테 보내면 이것을 정부보증으로 인정해 주십시오.

웨스트모어랜드 알겠습니다. 그럼 그 선에서 합의합시다.

웨스트모어랜드 사령관이 내 말에 선뜻 동의했어요. 미국 측 동의를 구했으니 이제 남은 것은 월남과의 공식협의인데, 그때 월남 경제장관을 만나서 "우리 부총리가 꼭 당신을 만나고 싶어 한다, 그러니까 한월 경제각료회담이라는 것을 만들어서 같이 좀 경제협력 관계를 논의했으면 어떠냐?" 그렇게 제의했더니 그쪽도 좋다 합니다. "그럼 우리가 언제 월남에 오는 것이 좋겠느냐?" 물으니까 "1월 9일에 오라"는 거예요. 그때가 12월 중순인데 바로 한 달도 안 되는 1월 9일에 오래요.

그래서 부랴부랴 12월 말에 한국 돌아오자마자 장 부총리에게 "한월 경제각료회담을 하기로 했으니까 여기서 7일쯤 떠나셔야 합니다, 뭐가 될지는 아직 모르지만 그쪽 경제장관하고 합의해서 왔으니 무조건 1주일 후에 가셔야 합니다" 이랬어요.

장 부총리가 그런 문제에 대해 절대로 머뭇머뭇 안 해요. 바로 그 자리에서 "그렇게 하지" 결정합니다. "부총리가 인솔하시고 장관과 차관 각 한 사람씩 구색을 맞춰서 예방합시다." 그때 무임소장관에 오윤석 장관이 있었어요. 김정렴 상공부

장관, 신상철 대사, 나, 외무부에서 한 사람 등 해서 약식 사절단을 급히 꾸려서 월남으로 갔습니다. 그렇게 가서 월남 대통령과 만나서 합의하고 월남 측과의 법적 형식을 갖춘 다음 즉시 웨스트모어랜드 사령관과 만나서 정식으로 한국기업의 월남진출 경제협력 내용을 합의했습니다.

그러고 나서 바로 얼마 후 대림에서 정부를 찾아 왔어요. 대림이 미군으로부터 바닷가에 파일을 박는 작업을 수주했는데 정부보증을 해오라고 한다고요. 그래서 장 부총리 사인을 받아갔는데 그것이 한국기업의 월남 진출 1호가 됐어요. 그리고 그 후에 얼마 안 돼서 한진이 '트러킹 서비스'(trucking service)라고 해서 4천만 달러짜리의 엄청난 수송 프로젝트를 맡았어요. 규모와 액수가 너무 커서 나뿐만 아니라 그때 다들 깜짝 놀랐지요.

오늘날 한진그룹이 그곳에서 컸군요. 트러킹 서비스가 정확히 무엇을 하는 겁니까?

미 군수 물자의 하역작업과 수송이에요. 하역해서 트럭에 실어서 수송하는 작업인데 그게 패키지로 해서 4천만 달러라고요. 그 엄청난 것을 한진이 딴 거예요. 그게 잘돼서 나중에 대한항공을 인수하고 현재의 한진그룹으로 성장한 겁니다.

월남전 당시 베트남에 진출한 한국기업 수는 1970년에는 56개 기업으로까지 늘어났다. 또 본격적 파병이 시작된 1966년에서 종전이 이뤄진 1975년까지 군인 및 기술자 송금, 용역 및 건설군납, 특별보상지원 등에 의한 무역외수입이 6억 4,190만 달러, 수출 및 물품군납이 2억 1,560만 달러 등 8억 5천만 달러가 넘는, 당시로서는 적지 않은 외화벌이를 했고 인력 해외수출을 본격적으로 하는 계기가 된다. 경제가 어렵고 만성적으로 달러가 부족하던 시절의 외화벌이로서 기록적 액수였지만 동시에 한국의 근세사에 무거운 역사의 기록으로 남게 되는 사건이었다.

중동건설 특수와 오일머니(oil money)

월남전 당시의 건설과 인력 해외진출은 이후 중동진출로 이어져 1970년 중반 이후 한국경제 성장의 견인차 역할을 한다. 1973년 말부터 시작된 1차 석유파동 당시 유가를 대폭 올려 전 세계에 경제위기를 불러온 중동 산유국들이 넘쳐

나는 오일달러로 주택, 사회간접자본, 공장 등을 신축하려 한 것이다. 1973년 석유파동 당시 기름값이 폭등하자 한국경제는 큰 위기에 봉착했다. 예산을 모조리 쏟아 붓다시피 해서 중화학공업을 추진했는데 그 공장을 움직이는 에너지인 원유가격이 폭등한 것이다. IMF와 국제금융시장에서 간신히 외환을 조달해 아슬아슬하게 넘겼던 한국에 중동특수는 천우신조(天佑神助) 였다.

정부는 1975년 12월 '대(對) 중동 진출방안'을 수립해 중동에 진출하는 건설기업과 해외진출 건설인력에 대한 종합지원을 시작했다. 세제와 금융지원뿐 아니라 관련법과 규정을 제·개정하는 등 전방위에 걸친 지원방안을 마련했다. 건설부 차관을 지내고 미국에 유학갔던 정재석 차관을 급히 불러들여 중동경제에 관한 정보를 집중적으로 제공하는 '중동연구소'를 설립하기도 했다. 중동경제연구소에는 각 은행의 조사부 엘리트들이 차출됐다. 처음에는 마지못해 간 이들은 정보의 질(質)에 경쟁이 붙자 자신이 속한 은행의 명예를 걸고 중동에 관한 고급정보를 쏟아내기 시작해 신문에 중계될 정도였다.

이에 따라 한국 건설업체들의 중동진출 붐이 일었고 중동에서 벌어들인 오일달러가 급속도로 흘러들어왔다. 한국은 사상 처음으로 외자부족의 어려움을 벗어난다. 1970년대 초 한국경제를 부도위기에 빠뜨렸던 석유파동이 한국의 본격적 외화벌이의 계기가 된 셈이니 아이러니가 아닐 수 없다. 미국식 격언대로 '불행이라는 이름의 축복'(bless in disguise)이 된 셈이다.

2

개성과 재기의 경제 리더십

제 4 장

개발연대를 이끈 경제거인 장기영 부총리

프롤로그

백상(百想) 장기영(張基榮, 1916~1977). 한국경제가 세계사에 유례가 없는 초고속 압축성장 가도를 달리고 공업화·도시화로 거침없이 나아가던 시절, 그는 희망과 도전, 절망과 양극화의 모순이 동시에 존재했던 혼돈의 시기인 그 1960년대에 우리나라 경제정책을 이끌었던 거인이다. 백상에게는 온갖 별명이 따라다닌다. 컴퓨터 달린 불도저, 탱크, 왕초, 뛰면서 백 가지 생각(百想)을 하는 사람, 불면불휴(不眠不休), 원맨쇼 맨, 25시의 사나이까지 금융계에서 언론계로, 관계에서 정계로, 문화계에서 체육계로 온갖 분야를 넘나드는 그의 파란만장한 삶의 곳곳에서 붙여진 화려한 별명의 향연이다.

그는 선린상고 졸업 후 한국은행(전신 조선은행) 실무자급 행원으로 들어가 인재가 우글우글한 그곳에서 조사부장을 맡았고 30대 초반에 부총재로 고속 승진하고, 30대 중반에 〈한국일보〉를 창간했으며 40대 중반에 제 2대 부총리 겸 EPB 장관에 올라 한국 개발연대를 이끈 주역으로 올라서기까지 좌충우돌하면서 주변 사람들에게 이런 별명들을 얻었다. 이 별명은 모두 그의 일면을 나타내니 그는 거구돈상(巨軀豚像)의 외모 그대로 하나의 잣대만으로는 잴 수 없는 큰 인물이었다.

故 장기영 전 경제부총리(1916~1977)
장기영은 서울 출신으로 외할아버지의 훈도 아래 자랐다.
1952년 〈조선일보〉 사장에, 1954년 〈한국일보〉 사장에 취임한 백상은 1961년 국제신문협회 한국위원회 초대회장을 역임했다.
1964년 부총리 겸 EPB 장관으로 발탁되어 조국의 근대화와 경제자립의 터전을 마련하는 데 힘썼다.

스스로는 "나의 뼈는 금융인이요, 피는 신문인, 몸은 국가공무원"이라고 칭했다(〈일본경제신문〉, '나의 의견' 기고문에서). 나중에 정치인이 되고 나서는 "정치인은 내 얼굴이다"라고 덧붙였다. 실제로 경제인, 금융인, 언론인, 문화인, 체육인, 정치인 등 그를 기억하는 수많은 사람들의 회고를 통해 그의 행적을 더듬어 보면 금융인으로서의 꼼꼼함, 왕초·리더로서의 불도저식 업무처리, 공무원으로서의 헌신, 정치인으로서의 직관 등이 혼재되어 있다.

그는 지인들의 평가대로 '크면서도 섬세하고, 독단적이면서도 객관성 있는, 폭군적이면서 정이 깃든 사람', 온갖 반대의 개념과 모순적 단어들이 별다른 갈등 없이 한 인간 안에 고스란히 녹아 있었던 유례가 드문 인물이었다. 가난과 기아에서의 탈출이 무엇보다도 중요한 지상명제였던 개발연대(開發年代)를 지켜낸 큰 바위 얼굴이었고 한국경제의 앞을 가로막는 온갖 장애물들을 불도저처럼 밀어젖혔던 '바로 그때, 그 시절'의 경제지도자였다.

한국은행 부총재가 된 상고 졸업생 — 금융계 시절

행동파 조선은행 대부계장

장기영은 1916년 5월 2일 서울 남문 밖 은행동(銀杏洞) 1번지에서 곡물상을 하는 장동후(張東厚)의 아들로 태어났다. 어린 장기영은 도성 밖에 집이 있어 학교에 가려면 공동묘지를 지나 몇십 분을 걸어야 했다. 집안이 넉넉지 못했으나 어머니의 피나는 헌신으로 선린상고에 진학했다. 1934년 우등으로 선린상고를 졸업한 18세 청춘 장기영의 첫 일터는 조선은행(한국은행의 전신) 함경북도 청진지점이었다. 청년 장기영은 그때부터 현장을 누비는 씩씩한 면모를 보였다. 항구도시 청진에서는 파도와 태풍 때문에 배가 자주 파손됐다. 장기영은 배가 부서졌다는 소식을 들으면 선주 앞에 가장 먼저 나타나 선주의 자금사정을 살피곤 대출 여부를 결정했다. 노력과 근면성이라는 무형의 자산, 주민들의 신용상태를 평소에 잘 파악해 두었기에 담보가 없어도 대담하게 대출을 결정했다.

그는 "담보 받고 돈 빌려주면 전당포나 다름없는데, 은행은 전당포가 아니다"라고 입버릇처럼 말했다. 놀라운 점은 일본인 상사들이 그의 판단과 결정을 믿었다는 사실이다. 실무자 행원시절부터 남다른 실행력, 세심한 신용평가로 상사들의 주목을 받았다.

대학졸업 후 조선은행에 들어가니 일본인 행원들이 장기영 군은 유능하고 장래가 촉망되는 행원이라고 극구 칭찬하기에 대체 어떤 사람인데 말단행원이 그런 평을 받는가 싶어 관심을 두었다. 우연한 기회에 실제로 만나 보니 야심이 만만찮을뿐더러 패기충천한 청년임을 알게 되고 장래 크게 대성할 인물이라는 것을 직감했다. (민병도: 전 한국은행 총재)

그는 젊은 시절부터 조직을 위하고 보호하는 일에는 몸을 아끼지 않았다. 사생활은 아랑곳 없었다. 그의 행동력은 위기상황에서 더욱 빛났다. 역사적 8·15 광복 바로 며칠 전 소련군의 대대적 상륙과 공습이 시작되자 청진시내 주요 건물과 시외 변전소 등이 큰 불길에 싸였다. 말로만 듣던 전쟁이 바로 눈앞에 닥친 것이다. 청진지점도 급히 문을 닫고 은행원들은 서울로 피란가야 했다. 당시 기차역에는 수많은 피란민들이 몰려들어 서로 먼저 기차를 타려고 다투는 바람에 플랫폼이 극도의 혼란에 빠졌다. 그런 아수라장에서도 백상은 조선은행의 동료 행원들의 승차를 도와주려 혼잡한 플랫폼에서 큰 소리를 지르면서 행원들을 찾았다. 멸사봉공하는 20대 백상의 모습이었다. 그는 또 밤중에 청진지점의 현금과 중요 문서, 물품 등을 몰래 다른 사람 집으로 옮겼다가 커다란 륙색(rucksack)에 담아 피란할 때 지고 내려왔다. 은행서류 때문에 자신과 가족의 개인 짐은 거의 챙길 수가 없었다.

▸▸ 김정렴 (조선은행 동료, 전 대통령 비서실장)

백상은 정말 비상한 분이에요. 청진지점의 문을 닫고 가족들하고 걸어서 38선을 넘어오는데 청진지점의 대부장부와 예금장부 등을 모두 등에 메고 왔어요. 부인, 딸, 젖먹이 아들을 데리고 청진에서 함흥 원산까지 걸어오는데 장부들을 가지고 나온 거예요. 맨몸으로 피란오기도 힘든데 말입니다. 그리고는 서울에 도착해서 본점 영업부 옆 복도에 청진지점이라고 문패를 달고 '예금, 대출관계 문의하십시오'라고 써 붙였어요. 그때 청진은 겨울이 되면 북쪽에서 청어가 많이 내려와서 성어기에는 바닷물이 안 보일 정도였다는군요. 우리 어업 하는 분들이 가서 돈도 많이 벌었어요.

그 수산업자들이 조선은행 청진지점에 수입금을 다 예치해 놓았었는데, 전쟁이 나서 다 불타 없어진 것으로만 알았겠지요. 그런데 한국은행 본점에 갔더니 청진지점 팻말이 붙어 있고, 예금만 확인되면 바로 인출해 준다는 겁니다. 그 덕에 많은 사람들이 잃어버렸던 재산을 찾고 다시 일어설 수 있었지요. 장기영 대부주임이 예금과 대출장부를 짊어지고 온 덕에 말입니다. 장기영 씨가 바로 그런 사람이에요.

조선은행 조사부를 일으키다

백상은 현장을 뛰어다니며 고객을 살피는 현장파였지만 동시에 엄청난 독서광, 무서운 노력가이기도 했다.

방 사방 벽에 빼곡한 책, 은행관련 책자와 상법, 민법, 통계, 화폐론 등 경제관련 책뿐 아니라 문예춘추, 중앙공론, 개조, 마르크스의 자본론, 역사책, 소설에 이르기까지 그의 방에 산더미처럼 쌓인 책에 놀란 그의 지인들이 실제로 읽었는지를 확인하기 위해 책을 열어 보면 빨간 밑줄이 곳곳에 그어져 있었다. (진경득: 한국은행 동료, 전 제일화재 사장)

그의 독서벽(癖)은 금융관련 책자뿐만 아니라 문학에까지 폭넓었다.

경제학이나 문학에 대한 그의 넓은 지식은 만만찮은 것이었기에 탄복할 때가 많았다. 무서운 노력가였다. 그의 서가에는 경제·사상·문학 등 다방면의 책이 가득 차 있었는데, 개중에 김말봉의 《찔레꽃》이 꽂혀 있는가 하면, 《이상선집》이 있고, 도스 패소스의 *USA*가 있고, 김기림의 《시론》도 꽂혀 있었다. (김규동: 시인)

방대한 독서량을 바탕으로 청년 장기영은 은행 내의 현상논문 모집에 응모하여 "저축과 물가 그리고 인플레"라는 주제로 전체 1등을 차지했다. 그 덕분에 일본 명문대학이나 상대 출신이 운집하고 학력을 중시하는 조선은행에서 요직으로 알려진 조사부의 차장이 된다. 그런데 막상 조사부에 가 보니 말만 조사부이지 장기영 밑의 직원은 단 한 사람뿐이었다. 그는 일단 큰 방부터 요구하고 어학에 밝은 다른 부서의 직원들을 동원해 조선은행 〈조사월보〉(調査月報)를 만들어내고 해외정보를 번역해내는 데 진력했다.

"일할 때는 배가 고파서는 안 된다"면서 중국집과 거래를 터서 업무에 참여하는 직원들에게 푸짐한 중국음식을 대접했다. 당시 가난한 은행원에게는 감지덕지였다. '자장면 한 그릇'에 넘어가 열심히 조사부 번역을 도와준 다른 부서의 엘리트 직원들 가운데는 김정렴(후일 박정희 대통령 비서실장), 신병현(후일 EPB 장관), 진경득(후일 한국은행 외환관리부장, 제일화재 사장) 등 기라성 같은 인재들이 포함되어 있었다.

〈조사월보〉를 잘 만들려면 새로운 해외서적과 경제자료를 입수하고 국제경제 동향을 파악해야 했다. 광복 후 미군정하(美軍政下)에서 대외교역은 물론 해외여행도 금지상태였고 해외신간을 구할 길도 없었기에 사실상 절망적 상태였다. 장기영 차장은 '비범한 발상'을 했다. 재일교포의 협조로 일본에서 발간되는 경제관련 서적과 자료를 입수하는 것이었다. 대금결제도 문제였고 편법이나 불법으로도 몰릴 수 있었지만 장기영 차장은 '특수 루트'를 개척해 계속 들여왔다. 신지식을 갈구하던 소장 행원들은 앞다투어 공부하면서 자장면 한 그릇에 열심히 번역을 하고 글을 써냈다.

> 그는 나타나는 곳마다 바람을 불러일으키는 존재였다. 조사부만 하더라도 의욕적으로 도서를 닥치는 대로 사들이고 번역하고 우수한 대졸직원을 대폭 증원하고 나섰다. 운동화짝을 끌고 목욕타월을 목에 걸고 나대는 장기영은 흡사 촌부자의 모습이었지만 그 뒤 조선은행의 〈조사월보〉가 수없이 많은 월보 가운데 군림하게 된 것은 이 촌부자가 몰고 온 바람 덕분이었다. 내가 한국은행 이사이던 시절에 상사 한 분이 '장기영에게 일을 맡기면 고삐 풀린 망아지 같아서 십리 밖으로 뛰니 휘어잡을 겨를이 없다'고 술회한 적이 있다. 그만큼 그에게는 무사안일은 없고 소신껏 일을 추진했다. (문종건: 한국은행 이사 역임)

신문에도 "화폐가치 안정정책의 원칙", "신화폐 대책은 물가노임 안정 후에" 등의 경제사설 등을 기고하는 한편 〈경제연감〉, 〈조선경제연보〉 등을 엮어내는 것과 같은 의욕을 보인다. 이때도 물론 부족한 조사부 인원을 타 부서에서 '징발'하여 보충했다. 원고료 한 푼 없이 '알아준다'는 맛에 집에서 밤늦게까지 집필하게 만들었으니 그때부터 탁월한 용인술이 나타난 셈이다. 잠시를 쉬지 않는 그의 엄청난 행동력과 조선은행 〈조사월보〉를 반석에 올려놓은 공로로 장기영은 1948년 12월 1일 조사부장이 된다. 엘리트 집합소인 조선은행에서 상고출신이 올린 쾌거였다.

조사부장이 된 그는 조선은행의 기존 입행시험을 완전히 무시하고 자신이 데리고 쓸 인재들을 요즘으로 말하자면 인턴십을 통해 뽑았다. 우선 인재를 추천받아 임시사원으로 채용하고 각자의 업무능력과 보고서 내용을 평가하여 나중에 총재에게 "이러이런 사람을 정식채용해 달라"고 건의하는 형태였다. 입행시험을 무시한 이런 식의 채용에 대해 말이 많아지자 장기영은 "조사부원들은 국내외 경제흐름을 진단하고 평가해야 하는데 입행시험에 필수과목인 주판계산이나 기술 등이 무슨 소용이냐"고 반박했다.

나중에 신문사 사장, 경제부총리가 되었을 때 격식과 절차, 조직의 기존 프로토콜 등을 무시하는 장기영식 독특한 인사 스타일의 단초가 보이는 대목이다. 이런 파격적 인재 등용과 좋은 자료와 책을 구하기 위해 동분서주한 결과 조선은행 〈조사월보〉는 업계의 최고로 올라섰다.

> 백상은 조선은행 조사부를 한국에 있어서 유일한 그리고 최고의 조사기관으로 만드는 데에 심혈을 기울였다. 백상의 그러한 노력으로 말미암아 조선은행 조사부는 한국은행 창설을 거쳐 국제적으로 널리 알려진 조사기관으로 성장 발전했다. 6·25 전쟁 이후 국제연합이나 미국정부가 한국에 관한 통계 숫자를 요구할 때마다 한국은행 조사부가 제공하는 조사자료는 큰 도움이 되었다. 한국은행에서는 제 1급의 인재들을 조사부에 집중시켰으며, 그 조사부가 제공하는 여러 가지 자료가 1950년대의 정부정책 수립에 크게 기여했음은 말할 것도 없으려니와 조사부에 있던 많은 인재들이 직·간접으로 정부에 등용되어 한국은행 조사부의 명성을 크게 떨치게 되었다. 이러한 일들을 시작한 바로 그 사람이 백상이었다. [송인상: 당시 식산은행(현 산업은행) 심사부장, 전 재무장관]

조선은행, 한국은행으로 전환

당시는 조선은행, 식산은행, 조흥은행 등이 서로 중앙은행이 되겠다고 경쟁하던 시절이었다. 한국은행이 중앙은행이 되려면 우선 중앙은행이 될 실력을 과시해야 했다. 조선은행의 중앙은행 추진 책임자가 장기영 조사부장이었다.

▸▸ 김정렴

해방 이후 11월에 조선은행에 복직했는데 좋은 자리는 먼저 서울에 있거나 일본에 있던 사람들이 차지하고 나는 발권부에 배속이 되었어요. 그걸 계기로, 발권제도에 관한 공부를 열심히 했지요. 국고부 행원 때는 중앙은행의 국고금 취급에 관한 규정의 시안을 작성했지요. 이렇게 발권과 국고금 취급업무를 했기 때문에 나중에 조선은행이 중앙은행 설립준비를 할 때 실무요원으로 참여할 수 있었습니다. 그 당시 설립준비 실무책임자가 장기영 씨였습니다. 여러 은행이 경쟁하는 상황에서 한국은행이 중앙은행이 되려면, 우선 중앙은행이 될 실력을 과시해야 하는데 장기영 부장이 발권과 국고금 업무를 아는 나를 불렀어요. 내가 불려가서 설립준비위원회에 참여했는데 그중에 행원은 나 혼자뿐이었어요. 아무튼 장기영 씨가 시키는 일을 열심히 하다 보니까 시키는 일들이 많아졌죠. 발권과 국고업무 이외에도 (조사부에서) 일을 주면 열심히 보고서를 썼지요.

백상은 압도적 행동력과 우수한 자료를 바탕으로 조선은행이 다른 라이벌들을 모두 물리치고 1950년 6월 중앙은행인 한국은행으로 전환할 수 있도록 했다. 조선은행을 중앙은행으로 전환하기로 결정한 한국정부는 본격적 중앙은행법을 만들기 위해 뉴욕의 미국연방준비이사회(FRB: Federal Reserve Board)에 전문가 파견을 요청한다. 이때 내한한 경제금융전문가가 아더 블룸필드(당시 뉴욕 FRB 국제수지 조사국장) 박사였는데 그가 5개월 동안 심혈을 기울여 만든 「한국은행법」의 초안은 영미(英美)식 정신에 입각해 중앙은행에 독자적 권한을 최대한 부여한 것이 특징이었다. 이 법안의 내용에 대해 일본을 통해 대륙법 전통을 받아들인 한국의 국회의원 등이 적지 않게 반발했다.

이때 블룸필드 박사와 자주 만나서 실무적 지원을 하고 완성된 영미식 「한국은행법」을 들고 법제처와 국회 등을 찾아다니며 의욕적으로 설득을 하고 통과시킨 야전사령관 역시 장기영 조사부장이었다. 중앙은행인 한국은행은 1950년(단기 4283년) 6월 12일 창립했고 초대 총재에는 구용서(具鎔書) 부총재가 선임됐다. 한국은행 창립 13일 후에 6·25 전쟁이 일어났다.

6·25 전쟁 비상업무 책임자

장기영은 이와 동시에 일본 도쿄지점 개설을 의욕적으로 추진했다. 무모하고 쓸모가 없다는 소리를 들어가면서 추진한 이 도쿄지점은 개설 후 한 달 만에 발발한 6·25 전쟁 당시 전비조달에 필요한 은행권을 일본에서 인쇄해 한국으로 수송하고 외화자산을 관리하는 등 전시경제에 절대적 기여를 했다.

▸▸ 김정렴

은행가로서 장기영 씨의 또 하나의 비범한 발상은 한국은행 도쿄지점의 개설을 들 수 있습니다. 장기영 씨는 「한국은행법」 초안이 거의 마무리되어 갈 1950년 1월 도쿄지점 개설의 필요성을 주창하고 당시 부총재이던 구용서(具鎔書) 씨와 함께 도일(渡日)하였습니다. 당시 도쿄지점이 반드시 필요한 것도 아니었고, 일본 점령당국인 맥아더 사령부 및 일본 정부와 교섭해서 인가받는 것이 쉽지 않은지라 감히 엄두도 못 낼 형편이었습니다. 무모하다는 은행 내 여론도 적지 않았으나 구 부총재와 장 부장 일행은 놀랍게도 2주일 만에 원칙적 내락을 얻고 귀국했습니다. 도쿄지점은 그 후 약 4개월 만에 개점했습니다. 그런데 6·25 전쟁이 발발하자 1개월 전에 막 개점한 도쿄지점이 필수적 역할을 했지요. 우리나라 외화자산의 전담관리, 은행권의 인쇄와 수송 그리고 민생물자 긴급 수입·지원 등 전시경제에 지대한 기여를 한 것입니다. 도쿄지점 개설을 주창한 장기영 부장의 선견지명에 탄복할 뿐입니다.

전쟁발발 직후인 1950년 6월 27일 아침이 되자 각 은행창구는 아수라장으로 변했다. 한국은행 실무자들은 회사가 보유한 금괴 1,070kg, 은괴 2,513kg과 미발행 은행권과 주요 문서, 결재도장 등을 89개 상자에 나눠 담아 트럭 1대에 실었다. 한국은행 간부들은 2개조로 나뉘어 선발대는 27일 오후 8시 30분에 안양으로 출발하고 후발대는 남았다가 상황을 봐서 대처하기로 했다.

구용서 한은 총재는 선발대로 피란을 떠나면서 장기영 조사부장에게 "끝까지 은행을 지키다가 정 안 되면 안양에서 만나자"고 당부했다. 장기영을 총책임자로 하는 9명의 후발대는 멀리서 포성이 들리자 안양으로 출발했다. 금괴를 실은 트럭은 헌병 20명의 호송을 받으며 한강대교를 건넜다. 트럭이 한강을 건너고 20분 후에 한강교는 폭파됐다. 안양에서 합류한 선발대, 후발대는 수원을 거쳐 28일 오후 8시에 대전에 도착해 임시본부를 설치했다.

죽음과 총성으로 얼룩진 전쟁의 참화 속, 내일을 알 수 없는 불안한 상황에서 장기영의 행동력은 더욱 빛을 발했다. 부산으로 피란갔던 장기영은 미군의 인천상륙작전 소식을 듣자마자 선발대를 구성하여 부산항에서 배를 타고 피란 3개월 만인 9월 20일 인천항에 도착했다. 폐허로 변한 인천시, 그나마 형체가 남아 있는 인천지역의 은행지점들의 문을 여는 작업을 독려하고는 서울에 서둘러 와 아직 포성이 멎지 않은 서울의 금융기관의 문을 열도록 했다. 매번 가장 힘든 일을 맡기는 데 대해 구용서 총재가 미안해하자 백상은 "일이 없으면 심심해서 자살할 지경입니다"라고 대답했다.

그의 행동력에 감탄한 구용서 총재는 전쟁 참화로 망가진 국민경제를 부흥하기 위해 한국은행에 부과된 전시(戰時) 비상업무의 총책임자에 장기영을 추천한다. 전시 통화조치와 공급, 금융기관 복구 등의 업무를 신속하게 기획하고 추진하며 심의, 조정, 연락하는 업무를 맡은 '임시 부흥부'를 책임진 장기영은 물 만난 고기처럼 비상시국 업무를 성공적으로 추진했고 그 공로로 한국은행 부총재로 고속 승진한다. 그때 장기영의 나이 34세, 상고 출신이라는 학력과 젊은 나이를 생각할 때 그야말로 파격적 승진이었다.

그러나 승진의 기쁨도 잠시, 다시 1·4 후퇴로 부산으로 피란간 장기영은 전쟁과 피란살이로 기진맥진한 기업이나 상인들이 영업을 계속할 수 있도록 도왔다. 거침없고 저돌적이며 무서울 것이 없는 장기영의 배짱이 전시에도 통했던 여러 에피소드가 전해진다.

> 6·25 당시 임시수도가 잠시 대구로 옮겨졌을 때 한국은행 본부도 임시로 대구지점으로 이전했던 1950년 7월 중순 무렵, 막대한 군사비 수요에 대해 은행권의 공급이 따르지 못하여 현찰지급 제한이 엄격히 실시되는 시기였다. 어떤 일선부대 장교가 대구지점 창구에서 카빈소총으로 위협하며 현찰지급을 강요했다.

1·4 후퇴 때의 피란민 행렬(1951)
6·25 전쟁 중에 1950년 12월 4일 중공군이 개입해 1951년 1월 4일 서울이 두 번째로 함락됐다. 이때 아군이 수원까지 퇴각하였으나 1951년 3월 14일에 다시 서울로 진주했다.

> 그 장교의 형상은 필사적으로 보였으며 매우 험악한 분위기여서 지점 책임자가 감당을 못했다. 이런 사정을 전해 들은 당시의 한국은행 조사부장이던 백상이 2층 본부실에서 창구로 내려와 "전쟁은 당신들만이 하고 있는 것이 아니라 우리도 다 같이 싸우고 있다"라고 거침없이 호통을 치는 바람에 그 장교도 기가 죽어 물러간 현장을 직접 목격한 바 있다. (배수곤: 전 은행감독원장)

전시의 통화증발 문제는 심각했다. 부산과 대구에 피란민들이 몰려들어 아수라장이 되어 있는 판국에 전비(戰費)를 충당하느라 돈은 마구 찍혀 나갔다. 전시의 초(超)인플레 현상이 나타났다. 본원통화 발행잔액은 전쟁 초반인 1950년 6월 말 669억 원이었는데 1951년 1월 한 달 동안에만 새로 찍혀 풀린 돈이 528억 원이었다. 2월에는 334억 원, 3월에는 225억 원의 돈이 찍혀서 시중으로 풀려나갔다. 유엔군에 대한 전비대여금이 대부분이었다. 몇 달 새 통화량이 몇 배나 늘었으니 물가가 천정부지로 치솟는 것은 당연한 현상이었다.

장기영은 1950년 7월 체결된 한·미 간 '유엔군 경비지출에 관한 협정'을 들어 대여금을 달러로 얼른 상환해 달라고 촉구했다. 반면 미국은 유엔이 한국을 위해 싸운다는 점을 들어 환율을 올릴 것을 요구했다. 환율 부분에서는 미국의 요구가 어느 정도 받아들여져 환율이 달러당 4천 원에서 6천 원으로 올랐지만 장기영 등의 끈질긴 막후 주장으로 1951년 4월에 열린 금융통화위원회는 유엔측에 대여금의 중간상환 혹은 정기상환을 요구함과 동시에 연리 4%의 이자를 요구하는 결의를 했다. 이와 같은 요구가 받아들여져 1951년 가을 유엔은 전시에 유엔군이 쓴 한국돈 차입금 일부를 1,215만 달러로 중간상환했다.

또 장기영은 1·4 후퇴 때 어쩔 수 없이 서울에 남았던 금융인들이 부역(附逆) 누명을 쓰고 미 육군의 CIC(Counter Intelligence Corps)[1]에서 조사받을 때 당국과 교섭해 이들이 풀려나도록 했다. 뒷감당은 은행과 자신이 지겠다고 약속했다. 그는 이들을 구해내 전시 은행실무에 투입했다.

대일 청구권위원회 한국대표

장기영은 일이 없으면 만들어서라도 해야 직성이 풀리는 사람이었다. 어떤 직업, 어떤 상황에 처하든 의욕적으로 일을 만들어내고 추진하기 때문에 그 자신 입버릇처럼 "심심한 것보다는 차라리 자살하는 것이 낫다"는 사람이었다. "한직은 없다, 소사 노릇을 제대로 하지 못하는 사람은 장관 자리를 거저 줘도 못한다"는 말도 그의 입버릇말의 하나였다. 그를 잘 아는 구용서 총재는 끊임없이 일거리를 주면서 "자살할 틈이 없지요?"라고 농담하곤 했다.

그러던 중에 그를 오른팔처럼 아끼던 구 총재가 1951년 12월 18일 취임 1년 6개월 만에 사표를 냈다. 제2대 총재인 김유택 총재가 취임한 후 백상은 한국은행에서 사직했다. 젊은 나이에 실업자가 된 것이다. 그러나 세상은 그 넘쳐나는 에너지와 능력을 주목했다.

당시 나는 도쿄에서 주일대표부 공관장으로 있으면서 한일회담 수석대표를 맡아 보았다. 백상이 한국은행을 그만두었다는 말을 듣고 이승만 대통령께 한일회담의 대일(對日) 재산청구권위원회 한국 측 대표로 백상을 추천하였다. 백상

1 미국 육군 소속의 방첩부대. 8·15 광복 직후와 6·25 전쟁 때 한국에서 활발한 활동을 펼쳤다.

은 숫자에 밝고 두뇌 회전이 빨라 교섭에서 그 재능을 발휘했다. 그는 놀라울 정도로 빨리 대일 청구권의 기초작업을 완성하였다. 그의 설득력은 탁월해 교섭대표로는 최적임자였다. (김용식: 전 외무장관)

1960년 봄, 한·일 국교정상화 교섭을 위한 막후교섭을 위해 일본을 방문한 백상을 처음 만난 신격호 씨(롯데그룹 회장)의 회상은 다음과 같다.

첫인상은 무뚝뚝해 보였다. 그러나 좌중에 대화가 오가는 동안 처음의 그 무뚝뚝한 인상은 정력에 차 있고, 추진력이 특출하면서도, 매사에 치밀하고, 호탕하고 자상하신 분으로 완전히 바뀌어 버렸다.… 백상은 일하기 위해 태어났고, 일생을 전력질주한 분이다. 남달리 하루를 25시로 사신 분이며 후회 없이 뛰고 뛰셨다. 백상이 도쿄에 들를 때면 거의 매번 자리를 같이했는데 묵고 있는 호텔이나 다른 사무실에서 만날 때면 그분은 어디엔가 연신 전화를 주고받았고, 국제전화까지도 매시간 간격으로 하면서 뭔가 확인, 재확인하는 바쁜 시간을 보내고 있었다. 전화하면서도 한 손으로는 서류를 챙기고 신문을 읽고…. 내가 접해 본 인사 가운데 1인 3역의 일을 하는 가장 바쁜 분이었다. 가히 초인적 정력을 지닌 분이라고나 할까. (신격호: 롯데그룹 회장)

훗날 부총리 시절 꼭두새벽부터 심야까지 불면불휴(不眠不休)의 1년 365일을 살았던 백상의 모습이 엿보이는 묘사이다.

은행원에서 언론인으로 파격 변신—언론계 시절

재와 먼지의 도시에서 펼쳐진 아이스쇼

백상은 잠깐의 〈조선일보〉 사장을 거쳐 1954년 6월, 한국 언론사상 최초의 상업지인 〈한국일보〉를 창간해 자본주의 시대의 DNA에 맞는 저널리즘 문화를 만들어냈다. 어디를 둘러봐도 국민들에게 별다른 즐거움이 없던 어려운 시절에 신문이 뉴스뿐 아니라 여가와 엔터테인먼트까지 제공해야 한다는 것이 그의 소신이었다. 이에 따라 〈한국일보〉는 각종 경기대회, 아이스쇼, 연날리기, 활쏘기, 마라톤대회, 심지어 미스코리아 선발대회까지 주최했다.

> 휴전협정 조인으로 전쟁의 포성이 잦아들면서 서울시민들은 속속 집으로 돌아오고 있을 때였다. 세계적으로 이름을 날리는 미국의 빙상 흥행단체인 '홀리데이 온 아이스쇼'를 어렵게 들여왔다. 전쟁 참화를 입은 서울은 '재와 먼지의 도시'였다. 지금의 문화부와 공보처 자리가 당시에는 허허벌판이었는데 백상은 기술진과 더불어 그곳에 얼음을 얼리고 수백 명이 앉을 수 있는 원형 계단식 관람석을 만들었다. 평생 '아이스쇼'란 것을 본 일도 없고 피란생활에 지친 시민들은 이 신기한 구경거리를 보려고 남녀노소를 가릴 것 없이 몰려들었다. 득의만면하던 백상이 사라진 것은 이때였다. 나중에 알고 보니 백상은 그때 관람석 밑에 들어가 관중들의 무게로 혹시나 버팀대나 버팀목에 이상이 생기지나 않았나 하고 샅샅이 점검하며 돌아다녔다고 했다. 인명사고를 미연에 막고자 하는 그의 세심함을 누가 쩨쩨하다고 혹평하겠는가. (김종규: 전 〈연합통신〉 사장)

부지런히 아이스쇼 관람석 밑을 돌아다니면서 점검하던 백상의 머리 위로 물이 떨어졌다. 인파가 너무나 몰려 움직이지 못하게 된 관람객 중 누군가가 몰래 실례를 한 것이다. 졸지에 오줌을 맞은 백상은 우려했던 '비'가 아니라 오줌세례라는 설명을 듣고는 태연하게 "비만 아니면 됐어"하고 넘어갔다.

백상에 대한 평가는 사람에 따라서는 더할 수 없이 대담하다는 사람도 있고 어떤 사람은 쩨쩨하기 그지없다고 혹평하기도 했는데 이처럼 상반된 평가가 나오게 된 이유는 평소 그의 업무철학이었던 '담대심소'(膽大心小)를 생각해 보면 당연하다. 생전 처음 보는 아이스쇼를 미국에서 초청하는 것 같은 큰일은 대담하게 추진하고 막상 공연을 할 때는 인명사고가 날까봐 관람석 밑까지 살펴볼 정도로 세심해야 한다는 것이 백상의 지론이었다.

기사는 발로 써야 한다

당시 〈한국일보〉 기자들에게 가장 골치 아팠던 문제는 백상이 단순한 사장역할에 만족하지 않았다는 점이다. 다혈질이고 매사를 직접 챙기는 장기영 사주는 사실상 자신이 편집국장이기도 했고 심지어 기자역할까지도 서슴지 않았다. '기사는 발로 써야 한다', '첫째도 확인, 둘째도 확인'이라면서 밤새 기사를 챙기곤 했다. 잠은 언제 자는지 꼭 새벽 2시면 회사에 들어와 '게라'(교정지)를 하나부터 열까지 다 읽어 보고 어떻게나 뜯어고쳐 대는지 공무국 직원들은 죽을 맛이었다고 회고한다.

장 사장의 피 끓는 정열과 초인적 부지런함, 끝 모를 세심함은 후배 기자들을 언제나 기절초풍하게 만들었다. 사무실에 몇 대나 되는 전화기가 쉴 새 없이 울리는 것은 물론이고 자동차와 자택 화장실에까지 전화기를 달아 놓았다. 그것도 부족해 심지어는 발로 초인종을 누르는 상황이었다.

> 이 시절 백상은 그야말로 일에 묻혀 살았다. 아직 인터폰이 없던 때라 발로는 초인종을 눌러 사람을 부르고, 양손으로는 동시에 전화를 받으며 숨 쉴 겨를도 없이 지시하고 협의하고 결정을 내리며 바삐 움직이던 그의 모습은 일하는 인간의 아름다움을 보여준 전형이 아닌가 생각한다.
>
> 그보다 더욱 나의 마음을 사로잡은 것은 그의 집무실 흑판에 분필로 써 갈겨 놓은 한마디의 함축적 문구였다. '승리는 부채(負債)요, 실패는 자산이다.'
>
> 언론인다운 재치와 불같은 그의 투혼이 생동하는 이 경구에서 나는 성취에 결코 자만하지 않고 실패에 절대로 낙담하지 않는 거대한 인간과 만났다는 기쁨도 컸다. (민관식: 전 문교부 장관)

그는 또 욕설을 잘하는 사람으로 유명했다. 일을 보면 성난 황소처럼 저돌적으로 추진하다가 화가 나면 '월급 도둑놈', '회사 망해 먹을 놈', 'IQ 80도 안 되는 놈' 하면서 인정사정없이 퍼부어댔다.

> 장 사주의 욕설은 유명하다. 이제까지 듣지도 못했고 상상도 할 수 없는 은유와 창의로 가득한 욕이 쉴 새 없이 튀어나오는 바람에, 욕먹고 있는 당사자를 오히려 아연하게도 하고 낄낄거리게도 만드는 것이다. 그런데 이 욕설에는 분명한 서열이 있었다. '월급 도둑놈'이 그나마 가장 가벼운 욕이다. 좀더 화가 나면 '공산당 같은 놈', 가장 중범자에게 내뱉는 욕이 '일제 순경 앞잡이 같은 놈!'이다. 그리고 최악의 욕은 머리회전이 빨리 안 되는 자, 공부하지 않는 자, 같은

실수를 되풀이하는 자, 즉 '머리를 안 쓰는 자'에게 주로 사정없이 퍼부어진 포화였던 것으로 기억된다. (이영희: 전 〈한국일보〉 문화부장, 작가)

대범한 '왕초기질'

기자들은 아침이나 낮에는 백상의 호통과 수모를 참다가 밤에 기사마감을 끝내고 한잔 거나하게 마시면 불철주야 회사를 지키는 사주에게 쳐들어가곤 했다.

본격적 소란은 자정도 훨씬 지난 조간마감 무렵에 곧잘 벌어졌다. 외근에서 취기가 도도하여 들어와서는 느닷없이 데스크의 전화통을 내동댕이쳐서 박살을 내고, 또 한편에서는 이에 질세라 발길질로 우지끈 책상다리를 부러뜨리고 하는 난동이 밤마다 다반사인데, 어느 날 밤에는 사회부의 외근기자가 만취상태로 동공이 흐린 눈을 부릅뜨고 편집국에 들어서자마자 '장 기자 때려죽인다'면서 불문곡직 달려들고, 백상은 책상과 의자의 미로 사이로 그 육중한 몸을 피하느라 땀을 뻘뻘 흘려야 했던 촌극이 벌어지던 것도 이 시간대의 일이었다.

어느 논설위원은 취흥이 지나쳐서 사장 비서실과 사장실의 유리창을 주먹과 발길질로 차례차례 산산조각을 내고도 직성이 풀리지 않았던지, 평소 백상이 애지중지하던 화류탁자를 한주먹에 박살내었으며, 주필은 주필대로 이에 질세라 청진동 해장술에 대취해 귀가하던 지프차 앞자리에서 비분강개의 여세로 손짓 발짓을 하다가 그대로 달리던 차에서 새벽 대로로 곤두박질을 치는 판국이었으니 지금 생각하면 사내의 노소를 가릴 것 없이 천지현황(天地玄黃)을 방불케 했던 무렵이라고나 해야 할지. (예용해: 당시 〈한국일보〉 기자)

술 취한 기자에게 사장이 쫓겨 다니는 우스꽝스러운 사태가 자주 벌어졌지만 장기영 사주는 전혀 뒤끝이 없는 사람이었다. 오히려 자신에게 밥상을 뒤엎고 회사에 사표낸 기자를 '사나이다운 기백이 있어'라면서 중용하는 대범한 '왕초기질'을 보였다. 선불 맞은 황소처럼 날뛰다가도 화가 가라앉으면 아무 뒤끝이 없는 그의 성격을 보여주는 이런 사건도 있다.

하루는 외신면 편집기자 한 사람이 술 때문에 인사불성이 되어 회사 책상 위에 쓰러졌다. 그 바람에 외신면의 일부를 다 바꾸지 못해 외신면 1단짜리

기사 하나가 전날과 같은 내용으로 다시 나왔다. 뒤늦게 이를 발견한 다른 편집자들이 부랴부랴 바꾸었지만 이미 일부 지역에 배달되는 신문에 같은 내용이 나갔다. 새벽 5시쯤 장기영 사주가 있는 10층에서 편집부 전원 호출 명령이 떨어졌다. 1단짜리 기사 한 줄도 소홀히 해서는 안 된다는 호통과 질책을 한 시간이 넘게 들은 기자들은 기진맥진한 상태였다. 장기영 사주는 봉투 2개를 내놓았다.

"편집부장, 하나는 부원들하고 해장국 먹고, 하나는 차비 해서 집에 가게."

문제는 다음날부터였다. 술에 취해 그 실수를 한 편집기자를 사장 사무실로 보내라는 것이다. 문제의 기자는 사표를 쓰라고 하거나 불벼락이 내릴 것 같아 슬슬 피해 다니다가 결국 장기영 사주의 방으로 불려 들어갔다. 그런데 웬일, 그 기자는 10분도 안 돼서 편집국으로 되돌아왔다. 초조하게 기다리던 부장과 동료들이 몰려들었다.

"뭐래? 어떻게 됐어?"

"저어, '이제부턴 나쁜 술 마시지 마라. 취한다. 술 먹으려면 앞으론 이런 좋은 술 마셔라' 하시면서 양주 한 병 주시대요."

그러자 편집국 여기저기서 "과연 왕초!" 하는 탄성이 들렸다. 장기영의 이런 기질 때문에 언론사 시절 후배들이 가장 많이 불렀던 그의 별명은 '왕초'였다. 다른 사람의 의견을 찬찬히 듣고 조율하는 데 시간을 끌기보다는 자신의 일처리에 자신감이 드높은 사람 특유의 밀어붙이기식 일처리 방식 때문에 생겨난 별명이었지만 어려운 처지의 지인이나 문화인, 체육인이 도움을 청하면 외면하는 법이 없이 내 일처럼 돌본 데서 생겨난 별명이기도 했다.

마라톤 영웅 손기정을 돕다

장기영은 신생 신문사를 꾸려나가면서 돈가뭄에 시달리고 운영자금을 변통하려고 불철주야 부탁하러 다니는 와중에도 병원에 입원한 친구를 위해 선뜻 거금을 내놓았다. 베를린올림픽 마라톤 우승자인 손기정도 자신의 삶에서 가장 어려웠던 순간에 그의 도움을 크게 받았다고 회고한다.

1953년 나는 전란으로 불타 버린 풍국제분의 헌 창고를 불하받아 사업을 시작했다. 그러나 마라톤 진흥과 육상연맹 일 등으로 정작 내 사업을 돌볼 틈이 없어 자연히 집안사람들에게 맡긴 것이 화근이 됐다. 나 대신에 일 보던 자들은 세계제패 기념체육관을 만든다는 구실로 은행에서 대부를 받고, 부족하다며 다시 어음을 발행하여 종국에 가서는 부도어음이 쏟아졌고, 은행 부채 말고도 사채만 1억 원이 되었다. 나로서는 해결방법이 없었다. 국민훈장 모란장을 받게 됐는데 식장에까지도 채권자들이 몰려와 소란했으니 그 당시의 내 처지란 말이 아니었다. 이러한 수렁에서 한 사람의 은인을 만났으니 그분이 바로 백상 선생이다. 백상 선생은 크리스마스이브인데도 고문 변호사를 옆자리에 앉히고 채권자들을 모조리 한국일보사 13층에 불러들였다. 채권자를 한 사람씩 만나 담판지어 결국 누구도 손대기 어려운 채권자의 회오리바람을 잠재웠다. (손기정: 베를린올림픽 마라톤 우승자)

바쁜 와중에도 주변 사람의 어려움을 못 본 체하지 않는 백상 때문에 백상에 진 신세를 갚기 위해 돈 없는 신생 신문사에 '무료봉사'한 사람도 있었다.

▸▸ 김정렴

장기영 씨가 한국은행을 그만두더니 〈한국일보〉 사장이 된 거예요. 당시 저녁때면 가끔 전화가 옵니다. 빨리 오라고 해서 가 보면, 경제논설을 보여주면서 '이것을 좀 고쳐서, 미스터 김이 대신 논설 좀 써' 하는 거예요. 그래서 글을 쓰면 빨간 펜으로 수정해서 바로 인쇄로 돌리는 거예요. 내가 그분의 '꼬붕'[2] 노릇도 많이 했지요. 장기영 씨가 나에게는 큰 은인이었거든요. 내가 6 · 25 때 피란을 못 가고 3개월간 서울에서 숨어 지냈어요. 제대로 먹지도 못한 상태에서 노숙하고 마룻바닥에서 자는 등 형편없이 지내다 보니까 예전에 앓았던 늑막염이 도지고 폐가 다시 나빠졌어요. 서울수복 후 한국은행이 문을 열었다고 해서 나가 보았는데 그때 장기영 씨가 조사담당 부총재예요. 폐병환자인 나를 보고는 깜짝 놀라서 미군 병원에 있는 폐결핵의 특효약인 파스와 스트렙토마이신을 구해 주더군요. 당시로서는 엄청난 일이었지요.

좋은 약을 써서 그랬던지, 폐결핵이 많이 나아져 다시 출근했더니 장기영 씨가

2 '부하'라는 뜻의 일본말이다.

'너 이 몸 가지고 국내 업무 못한다. 도쿄지점 보내줄 테니 다른 신경 쓰지 말고 병만이라도 고쳐 와라. 월급도 많고 그곳 병원도 좋고 하니 잘 먹고 병 꼭 고쳐 와라' 하더군요. 그래서 그 양반 덕택에 1년 동안 도쿄근무를 하였습니다. 이분이 나한테는 정말 은인이었죠.

'컴퓨터 달린 불도저'—경제부총리 시절

불도저 부총리와 '질풍노도' 기획원 시대

5·16 당시 부흥부가 주축이 되고 재무부의 예산국과 내무부의 통계국을 합쳐서 경제개발계획 수립과 집행을 주도하는 EPB가 탄생했다. 민정이양할 때 어렵게 선거에서 신승한 박정희 대통령은 어떻게 해서든 경제를 성장시켜 일자리를 만들어내고 국민들의 가난을 퇴치해야 한다는 강한 정책의지가 있었다. 그래서 기획원이 확고하게 경제부처의 컨트롤과 정책조정을 할 수 있도록 기획원 장관의 직위를 격상시켜 부총리 제도를 도입했다.

그 기획원의 초대 부총리가 역시 초대 기획원장을 지냈던 김유택 씨였는데 한국은행 총재 출신인 그는 전형적 금융전문가였다. 과묵하고 신사다운 그는 극성스러운 야당과 언론의 정치공세에 시달린 나머지 건강을 해친 상태로 6개월 단명 부총리로 끝나고 만다.

▸▸ 손명현

제가 김유택 부총리 계실 때 처음으로 비서실에 들어가서 같이했었는데 그때 굉장히 정치적으로 혼란기였지요. 이분을 제가 가까이서 뵈니까 통계국에 간호사가 있어서 거의 매일 와서 주사를 맞으셨거든요. 국회에서 야단하고 그러니까 도저히 감당을 못하시는 겁니다. 어차피 김유택 부총리 시절은 건강 때문에 오래 못 가는 그런 시기였어요. 이분이 밤낮 국회에서 너무 고생하시는 걸 제가 옆에서 지켜봤어요.

당시 경제가 극도로 불안정할 때였다. 제 1차 경제개발계획을 수립하여 집행하는 등 여러 가지로 노력하였으나 경제는 별로 눈에 띄게 좋아지지는 못했다. 길거리에서는 데모가 한창이었으며 비상계엄이 연일 계속되는 상황이었다. 건강이 나빠진 김유택 부총리를 내보낸 박 대통령이 자신의 강한 경제개발 의지를 책임지고 집행할 '해결사'로 점찍은 인물이 수완과 언변이 좋고 배짱 두둑한 〈한국일보〉 사주 장기영이었다. 박정희 대통령은 왜 신문사 사주인 민간인을 경제부처의 수장으로 선택했을까?

> 1963년 여름에 민정이양을 앞두고 물가가 굉장히 폭등한 적이 있어요. 그런데 장기영 사주가 일본 미쓰이물산에서 소맥을 도입하는 것을 성공시킵니다. 박 대통령 특명을 받아 도쿄에 가서 소맥을 10만 톤인가 한국에 도입해서 그것을 팔아서 선거자금도 하고 민정이양 때 결정적 공을 세웠어요. 그래서 박 대통령이 이 사람 일 참 잘한다고 본 겁니다. (지동욱: 당시 〈한국일보〉 기자)

> 그때 환율문제가 현안이 돼서 처음으로 우리나라에서 변동환율제도(floating system)가 도입됩니다. 그 발표를 할 때 왕초가 금융계 출신이니까 당시 실세인 JP(김종필) 등과 상당히 아이디어를 종합했던 것 같습니다. 여기서도 점수를 땄어요. 그리고 며칠 안 되어 백상이 부총리로 발령이 나요. (엄일영: 〈한국일보〉 및 EPB 근무)

후배 기자들에게 '왕초'라 불리던 장 부총리의 등장으로 기획원의 본격적 전성시대가 도래한다. 고도성장이라는 목표를 향해 뒤도 돌아보지 않고 휘몰아쳐 가는 '질풍노도(疾風怒濤)의 시대'가 온 것이다.

시장경제, 반드시 해낼 겁니다!

백상이 박 대통령으로부터 부총리 제안을 받은 1964년은 제 1차 5개년 경제개발계획이 3차 연도에 접어든 해였다. 5·16 이후 군사정부는 나름대로 열심히 경제개발을 추진했으나 눈에 띄게 내세울 만한 실적은 없었다. 의욕을 갖고 추진했던 2차 통화개혁도 실패하였고 이후 미국으로부터 경원시되어 자금조달도 어려워지면서 초조감만 늘어갔다. 당시 유명한 경제학자 로스토 박사의 주장대로 한국경제가 도약(take off)하려면 뭔가 새로운 돌파구가 절실하게 필요한 때였다.

부총리직 제의를 받고 백상이 가장 먼저 의논한 사람은 한국은행 조사부 시절부터 늘 친하게 지내던 후배 김정렴이었다. 재무부에서 이재국장 등을 지낸 김정렴은 당시 공직을 물러나 교수로 가기로 내정된 시점에 백상으로부터 "긴히 만나 의논할 이야기가 있다"는 연락을 받았다. 당시 상황을 김정렴의 인터뷰 증언을 통해 정리한다.

그날 백상이 먼저 만나자고 했다는데 무슨 이야기를 하시던가요?

▸▸ **김정렴**

1964년 정일권 내각이 들어섰을 때 박 대통령께서 장기영 씨를 부르시더니 부총리직을 제의하면서, "지금 한국경제의 문제가 어떻고 어떻게 풀어야 하느냐?"고 물으셨던 모양이에요. 장기영 씨가 "하룻밤만 시간을 주십시오"라고 말씀드렸다고 하더라구요. 장기영 씨가 그날 저녁 댁으로 돌아오자마자 나를 호출해요. 급히 댁에 가 보았더니, "미스터 김, 내가 지금 EPB 부총리 오퍼를 받았는데 아직 결심을 못했다. 한국경제의 문제가 뭐냐 그리고 어떻게 하면 되겠느냐?"고 의논하시는 거예요. 그래서 "내일 아침까지 시간을 주십시오. 제가 메모를 드리겠습니다"라고 했죠. 그랬더니 내일 아침 6시까지 메모를 해서 당신 집으로 오라고 하세요. 그래서 다음날 아침 그분과 밥상에 마주 앉아 준비한 메모를 드렸지요.

나중에 장기영 부총리 시절의 경제정책의 기본이 되는 중요 메모를 하룻밤 만에 만드신 거네요. 무슨 내용이었습니까?

사실 당시 한국 경제의 문제점과 이를 해결할 수 있는 방안은 IMF 보고서에 너무 잘 나타나 있었어요. 그때 매년마다 IMF와의 연차협의가 있었거든요. 한국이 IMF에 가입할 때와, 한국은행 뉴욕 사무소에 근무하면서 IMF 쿼터 산정작업을 할 때 제가 참여했고 재무부 이재국장으로 있으면서 매년 IMF 연차협의단을 만나 재정금융에 대한 정책협의를 했었기 때문에 IMF는 잘 알아요. IMF의 정책권고는 환율현실화, 금리현실화, 무역자유화, 관세인하 이런 것들이었거든요. 이른바 시장에 맞게 경제 구조조정을 하라는 것이었지요. 그런데 아무리 정책이 옳아도, 각 부처가 겁을 내서 추진하지 못했습니다. 업자들이 들고 일어나고 언론이 반대하고 그러니까 장관들이 IMF의 정책권고를 하나도 실천을 못하고 있었던 거죠.

'시장자유화를 추진하라'고 정답은 이미 나와 있는데
이를 실천할 수 있느냐 하는 의지의 문제였군요.

그렇죠. 장기영 씨에게 이러한 얘기를 조목조목 정리해 드렸지요. 시장자유화 정책이 실현되어야 IMF, 세계은행 등에서 차관도 들여올 수 있으며, 민간으로부터의 차관도입도 잘될 것이라고 말씀드렸지요. 물론 이런 일들이 매우 어렵다는 것도 말씀드렸어요. "금리를 올리면 돈 많이 빌려 쓰는 기업이, 환율을 올리면 수입업자가, 관세를 내리면 국내 생산업자가 각각 반대하고, 결국 재계가 전부 들고 일어나고, 거기에 국회의원들이 또 가세하고 유식한 언론사설이 또 비판하고 … . 정말 어렵습니다" 라고 했죠. 장기영 씨가 "미스터 김, 나는 할 거야. 나는 반드시 해내고 말 겁니다"라고 하더니, 그날로 부총리 겸 EPB 장관 발령이 나고, 그다음 날 저녁때 다시 오라고 하시는 거예요. 가 뵈었더니 "어제 미스터 김이 건의한 대로 정일권 총리까지 있는 자리에서 각하께 말씀드렸더니, 각하가 강력히 지지한다고 말씀하셨다"는 거예요.

당시 장기영 부총리가 취임하면서 박 대통령으로부터
경제부처에 대한 인사권을 약속받았다면서요?

그랬다고 들었습니다. 장 부총리에게 듣기로 박 대통령께서 "경제장관들이 말을 안 들으면 자르고, 믿는 사람을 당신 마음대로 천거해라. 내가 다 그대로 해 주마"라고 하면서, 정일권 총리에게도 "장관 제청권은 원래 총리에게 있지만, 경제부처 장관에 대해서는 제청권을 장기영 씨한테 일임하겠소" 하셔서, 셋이 합의 봤다고 해요. 장기영 씨는 또 대통령께 "도중에 마음이 변하시면 큰일 납니다. 업계가 들고 일어난다고 해서 개혁을 중지하면 그때는 안 한 것보다 못합니다"라고 말씀드렸다고 하시더군요. 그랬더니 박 대통령께서 "반드시 장 부총리가 하자는 대로 끝끝내 실행하겠다"라고 거듭 언질을 줘서, 그렇게 됐다고 전해 주더군요.

관료사회를 뒤흔들다

40대의 신문사 사주(社主)인 젊은 부총리의 입각을 기획원의 모든 사람이 반겼던 것은 아니다. 특히 공무원 조직의 내부질서를 잘 인정하지 않는 그의 전제적이고 독특한 업무스타일 때문에 많은 공무원들이 적응을 못해 홍역을 치러야 했다. 자연히 반감이 높아질 수밖에 없었다.

▸▸ 양윤세 (전 동자부 장관)

신문사라는 너무나도 동떨어진 세계에 계시던 분이 경제총수로 들어온다는 데 대해, 이를테면 관료적 감각에서 나 역시 일말의 불안감이 일었어요. 그분이 취임한 후 직원들이 인사할 때 차관 아무개요, 차관보 아무개요, 국장 과장 아무개요 하는 식이었는데, 이러한 관료식 인사에 장 부총리는 체질적으로 몹시 저항감이 들었던 모양입니다. 그래서인지 '과장은 이사관입니까?', '국장이 높습니까, 서기관이 높습니까?' 운운으로, 관료들을 아연실색케 하는 엉뚱한 질문들이 예사로 쏟아졌습니다. 지금 생각해 보면 딱딱한 관료체제에 대한 그분 나름대로의 비웃음 같기도 해요.

장기영이 기획원에 뿌리를 내린 과정은 실로 좌충우돌의 연속이었다. 직원들의 태도와 자세가 의도와는 전혀 맞지 않는다고 불평하면서, '동물들도 서로 체온이 맞아야 생산을 하는데 하물며 우리의 체온이 서로 안 맞으니 일이 제대로 될 리가 있습니까?'하고 마구 야단쳤다. 자신이 일단 결심하고 공식으로 표명한 사업에 대해서는 절대로 이견을 받아들이지 않았다. 불같은 성미로 초지를 관철시키는 것이 장 부총리의 특징이었다.

관료사회를 뒤흔들면서 등장한 장 부총리의 정력과 스태미나는 타의 추종을 불허했다. 새벽 4시부터 기획원은 물론 타 부처의 직원들에게 전화를 걸기 시작하고 복도까지 들리는 쩌렁쩌렁한 목소리로 업무의 확인이나 지시를 끊임없이 내리는가 하면, 무엇인가 관련된 일이 생각나면 그때마다 지위고하를 막론하고 거침없이 전화를 해대는 것이었다. 회의도 격식이 따로 없었다. 대회의실, 소회의실, 접견실 등 어느 장소이든 상관없이 두세 팀씩을 한꺼번에 소집해 놓고 왔다 갔다 하면서도 핵심을 빠뜨리는 법이 없었다. 수많은 사람들을 불러들여 회의하는 와중에도 장관실 문호를 활짝 개방해 수많은 방문객들을 맞아들였다. 장관실은 하루 종일 시쳇말로 '도떼기시장'을 방불케 했다.

끝없는 불도저 정신 앞에 기획원은 어느덧 그가 뜻한 바대로 강력한 경제개발의 추진체가 되어 온갖 경제개발업무를 기획, 조정하고 각종 시장개혁조치와 더불어 새로운 제도를 도입하며 물가를 안정시켰다. 또 한일 국교정상화가 이뤄진 이후부터는 외자도입이라는 날개를 달면서 한국경제를 고도성장의 본궤도로 진입시킨다.

경제장관 길들이기와 심야 '녹실회의'

입각 직후 장기영 부총리는 재무, 상공, 건설, 교통, 농림 등 경제부처 장관들과 유관기관장들, 한국은행과 산업은행 총재 그리고 농협중앙회장을 모두 소집했다. 신임 부총리가 주재하는 첫 회의인데 갑자기 소집되어 오후 7시로 예정되었기 때문에 다들 저녁도 못 먹고 집합한 상태였다. 그런데 회의시간이 한참 지나도 장 부총리는 나타나지 않았다. 청와대에서 늦어진다니까 불평할 수도 없었다. 다들 지치고 배가 고파도 그가 언제 나타날지를 몰라 배를 쫄쫄 굶은 상태에서 기다렸다. 결국 두 시간 후인 9시에야 회의에 나타난 장기영은 이렇게 선언했다.

> 내가 민간에 있을 때 용무가 있어서 행정부 요인에게 전화하거나 찾아가면 으레 회의 중이라는 바람에 만날 수가 없었어요. 이는 정부로서 국민을 대하는 올바른 태도가 아니라고 늘 생각했습니다. 그래서 나는 그런 중요한 위치에 있다고 생각하는 경제장관들의 회의는 퇴근시간 이후인 밤에 열기로 작정했습니다.

악명 높은 '심야 녹실회의'의 시작이었다. 이 회의를 시작으로 일주일에 2~3차례씩 공식 경제장관회의에 앞서 경제정책을 사전조율하는 장관회의가 언제나 밤늦게 '녹실'(綠室, 일명 그린룸)에서 열린다. 당시 세종로에 있던 기획원 3층, 부총리 집무실의 오른쪽에는 10평 남짓한 소회의실이 있었다. 가죽의자와 양탄자가 녹색이라고 해서 녹실이라고 불리는 이 소회의실에서 열린다고 해서 '녹실회의'라고 불리는 이 회의는 백상의 재임 3년 5개월 동안 예외 없이 저녁에 시작돼 한밤중까지 계속되었다.

녹실회의의 목적은 공식회의인 경제장관회의의 참석자가 너무 많아(20여 명) 이해가 대립되는 복잡한 현안을 효율적으로 다루기 어렵기 때문에 부총리 주재로 관련 장관들만 녹실에서 모여 사전조율한다는 명목이었다. 사실상 여기서 모든 정책이 결정된 후 공식 경제장관회의에 올라갔기 때문에 비공식 회의인데도 실질적으로 더 무게를 갖는 회의였다. 말은 사전조율이지만 사실상 장관들이 배고픔과 피로에 지쳐서 항복선언을 하고 장 부총리의 뜻이 관

철될 때까지 회의는 끝나지 않았다.[3]

그러나 이처럼 장관들을 체력전을 통해 항복시키고 자신의 뜻을 무섭게 몰아세우면서도 그가 크게 인심을 잃지 않았던 것은 그의 풍부한 유머감각 덕분이었다.

> 경제장관회의를 하며 피곤하고 짜증이 나고 할 때는 꼭 우스운 이야기라든가, 어디서 구하였는지 세계에서 일어나고 있는 재미있는 이야기를 소개해서 잠을 깨게 하는 일이 많았다. 장 부총리의 박식에는 감탄을 금치 못할 때가 많았는데, 세계 각국의 신간서적을 널리 읽어서 그 면에서는 타의 추종을 불허했다. 마지막으로 그의 유명한 유머 하나를 소개한다. 국회에서 난제를 제기받아 난처했을 때의 답변이다. "그 문제는 연구할 것을 검토하겠습니다." 여야가 기가 막혀 다 함께 웃어 버렸다. (박충훈: 당시 상공부 장관, 전 경제부총리)

물가를 잡아라

흑백전쟁과 침수대책위원회

1964년 5월 12일, 하루 전날 부총리 통보를 받은 백상은 〈한국일보〉 기자 한 사람과 함께 용산역 양곡하치장에 가서 입하된 쌀이 몇 가마인지를 직접 세어 보았다. 당시는 식량자급이 가장 심각한 문제였다. 쌀이 턱없이 부족해서 온 국민이 굶주리고 쌀값이 천정부지로 뛰던 시절이었다. 무릇 '경세제민'(經世濟民)의 근본은 국민들을 굶기지 않는 것, 배고프지 않게 하는 것이다. 부총리 통보를 받고 나서 실무적 성격의 백상에게는 쌀이 가장 먼저 떠

3 이 녹실회의가 있을 때면 장기영 부총리는 몰래 미리 저녁을 든든히 먹고 충분한 휴식을 취한 후 회의에 들어가 자신의 주장대로 결론이 날 때까지 밤새 회의를 계속했다. 회의는 늘 예고 없이 소집되었기 때문에 다른 부처 경제장관들은 바쁜 업무에 쫓겨 저녁도 못 먹은 상태에서 회의에 참석할 수밖에 없었다. 배고프고 피곤한 사람이 배부른 장사를 당해낼 리가 없다. 한밤중에 몇 시간씩 시달리다 보면 허기진 해당부처 장관들은 자신들이 크게 반대하는 사안도 부총리가 하자는 대로 따를 수밖에 없었다. 배고프고 길고 일방적인 회의, 통금 30분 전에야 풀어 주는 회의에 매주 두 번씩 시달려 보라, 부총리의 주장에 항복할 수밖에 없는 것이다. 악명 높았던 '녹실회의'는 장기영 부총리식 '경제장관 길들이기'였던 셈이다.

올랐을 것이다. 그래서 용산역 양곡하치장으로 향해 실제로 입하된 쌀이 얼마나 되는지 자신이 직접 확인한 것이다.

서울시민이 하루를 살아가는 데 필요한 절대량은 하루 1,500가마. 그런데 양곡하치장에 들어와 있는 쌀은 858가마에 불과했다. 수요에 비해 공급이 이렇게 부족하니 쌀값이 천정부지로 뛸 수밖에 없었다. 쌀뿐만이 아니었다. 모든 생필품값이 올라서 당시 언론에는 '인플레'라는 단어가 난무했다. 도매물가는 1962년 9.5%에서 1963년 21.1%, 장기영이 부총리로 취임한 해인 1964년에는 35.4%로 수직상승하였고, 소비자 물가도 1962년 6.5%에서 1963년 20.2%, 1964년에는 29.6%로 급등했다.

물가가 이처럼 급등한 원인은 외환보유고가 바닥을 드러내면서 수입원자재 가격이 폭등해 소비재가 품귀현상을 빚었기 때문이었다. 정부가 마지못해 재정안정계획을 통해 통화량 증가율을 낮추고 안정기조로 방향을 선회했지만 날뛰는 물가와 풀려난 통화량은 걷잡을 수 없었다. 우선 고물가, 특히 쌀값 등 생필품 가격부터 잡아달라는 청와대의 주문과 함께 입각한 장 부총리의 취임일성은 "물가를 때려잡고 저축을 늘리겠다"는 것이었다. 그는 취임 직후부터 절약과 증산 그리고 수입증가의 3가지 방향에서 만성적 식량난 해결의 돌파구를 찾기 시작했다.

"인플레는 사회의 공적이다, 물가는 신앙이다"라는 것이 그의 입버릇이었다. 도시 서민들의 핵심 생필품인 '쌀과 구공탄'의 가격상승을 막으려는 싸움을 '흑백전쟁'이라고 불렀다. 추석 등 명절을 앞두고는 일상적 물가대책만으로 부족하다면서 매일 아침 7시 30분에 기획원 회의실에서 물가분석위원회와 수송대책위원회, 침수방지대책위원회 등을 번갈아 열곤 했다.

▸▸ 전응진 (당시 EPB 물가정책과장)

수송대책위원회를 기획원에서 주도했던 이유는 당시에 가장 중요한 물자인 쌀과 연탄, 시멘트 등을 제때 실어 나르기 위해서였습니다. 그때는 유류와 가스를 때지 않고 난방이든 취사용이든 다 연탄을 사용했는데 연탄이 전부 강원도 산골에서 올라옵니다. 아무리 무연탄을 많이 캐도 이게 서울로 도착해야 연탄을 만들어서 집집마다 배달하는 것이니까 수송이 가장 큰 문제가 된 겁니다. 건설을 하려면 시멘트가 필요한데 시멘트는 문경이나 삼척에서 실어 와야 했습니다. 쌀도 마찬가지고요. 물가를 안

전응진 全應瑨 전 경제기획원 물가정책과장

1930. 6. 1 경북 대구 출생
서울대 법학과 졸업
서울대 행정대학원 행정학 석사
1963 경제기획원 물가정책과장
1967 농림부 양정국장
1970 수산청 어정국장
1971~1981 한국제분공업협회 상근부회장
1981~1986 한국사료협회 상근부회장
1986~1990 삼양식품공업(주) 대표이사사장
1991~1994 한국유가공협회 상근회장
1994 유원건설(주) 상임고문
민주평화통일자문회의 자문위원

정시키려면 어떻게든 물자수송이 원활해야 한다고 해서 기획원에 수송대책위원회를 만들어서 대책을 논의했습니다. 철도청 화물과장을 불러다 놓고 나하고 화물과장이 배차까지 했어요. 그럴 정도로 월권이라면 월권까지 하고 그랬습니다. 그 당시에 철도청장이 부총리가 하도 자주 부르고 기합을 많이 주고 하니까 부총리가 불렀다고 하면 나한테 먼저 와서, '부총리께서 왜 나를 불렀느냐?' 하고 묻곤 했어요. 그때는 고속도로도 없었고 대형트럭도 없어서 대량물자 수송을 전적으로 철도에 의존하고 있었기 때문에 물가안정을 위해 철도·화차 배차까지 물가과에서 다 했어요.

"현지에서 생산이 아무리 많으면 무엇하나, 일단 서울까지 수송해야 소비자 물가가 낮아질 것 아닌가!"라고 다그치는 장 부총리는 주요 생필품 물가를 잡기 위해 취임 초 새벽부터 역장과 고래고래 소리를 지르며 통화하면서 원활한 화물유통을 독려했다. 매일 새벽에 기획원에서 열렸던 물가관련위원회 가운데 도대체 무엇을 하자는 위원회인지 감 잡기 어려운 것이 바로 침수방지대책위원회였다. 이 위원회는 밀수나 부정 외제품 거래, 암달러 거래 등을 단속하기 위한 위원회였는데 '대한민국 경제호(號)'에 이와 같은 나쁜 물이 스며들지 못하도록 한다는 뜻이 담긴 장기영 식 작명(作名) 센스가 들어간

위원회였다.[4] 위원회는 3개였지만 결국 모두 물가안정으로 귀결되는 회의였다. 그만큼 서민들을 위한 물가안정이 시급한 과제였다.

물가 잡는 아이디어맨

장기영 부총리는 물가를 잡기 위해 우선 물가정책과의 기능과 권한을 대폭 확대했다. 고기, 쌀, 밀가루, 연탄 등 주요 생필품과 시멘트, 철근, 면사 등 주요 원자재는 가격고시를 해서 물가를 억제했다. 또 경제실무에 밝은 민간인 출신 부총리답게 정통 책상물림 관리 출신들은 도저히 생각하지 못하는 기발한 방식을 동원했다. 쌀 도매상들이 매점매석을 통해 가격담합을 하자 이들에 대한 은행융자를 중단하도록 해서 돈가뭄에 시달린 도매상들이 어쩔 수 없이 쌀을 내다 팔도록 한 적도 있었다.

▸▸ 전응진

이 어른이 파격적인 발상을 많이 하셨어요. 예를 들어서 그 당시에 쌀값 안정이 굉장히 중요한데 정부가 이중곡가제를 하고 있을 때입니다. 농민들한테 쌀을 비싸게 사서 소비자들에겐 싸게 팔아서 쌀 가격을 조절하는데 차액만큼 재정이 부담하지만 재정에 한도가 있기 때문에 그렇게 많은 양은 못합니다. 결국 산지에서 쌀이 많이 올라와서 시장에 많이 풀려야 하는데 이 쌀 도매상들이 담합 장난을 해요. 주로 호남지역에서 쌀이 올라오는데 거기서 쌀장수들이 담합해서 쌀이 못 오게 한다든지 하는 일이 있는데 장 부총리가 치안국장에게 지시를 해서 이 사람들이 담합한다는 정황을 파악하고는 은행장들을 다 불러 모아요. 그리고는 쌀 도매상들에 대한 대출규제를 요청합니다. 돈줄을 끊으면 쌀을 내팔게 마련이지요. 그 사람들이 돈이 많으면 쌀을 내놓지 않는다는 겁니다. 이런 식의 착안은 우리도 생각하지 못한 일이었어요.

그는 또 발로 뛰던 은행원 기질을 100% 발휘해 경제정책을 할 때도 늘 발로 현장을 답사하곤 했다.

4 이 위원회의 이름 때문에 첫 모임 때 대책위원 가운데 한 사람인 치안국장이 멋모르고 소방과장을 대리 참석시킨 일도 있었다.

▸▸ 전응진

그때는 연탄이 가장 중요한 생필품 중 하나였습니다. 그래서 장 부총리가 직접 이문동 저탄장과 연탄공장에 가셔서 연탄생산을 독려하셨습니다. 당시는 우선 서울시내의 연탄가격 안정이 중요하니까 서울시내 연탄을 시외로 못 나가게 했습니다. 그때는 인천에 가는 고속도로가 없을 때니까 한밤중에 오류동까지 직접 가서, 서울의 연탄 차가 못 나가게 막는 일까지 직접 하셨습니다. 상식적으로 일반 관료사회에서 부총리가 저탄장, 연탄공장 돌아다니고, 한밤중에 길목에서 연탄반출을 막는 것은 생각하기 어렵잖아요. 그 정도로 열심히 하셨던 겁니다.

"본전다방 커피값을 내리시오!"

전체 경제를 위축시키지 않으면서도 물가를 잡아야 했기 때문에 개별 물가는 두더지잡기 식으로 때려잡을 수밖에 없었다. 물가를 내리기 위해 별별 비상한 수단이 동원됐다. 식당과 분식센터와 다방커피, 이발, 목욕, 버스요금 등 서비스 요금까지 거의 모든 물가와 요금을 개별적으로(당시 언론의 표현을 빌리자면 각개격파 식으로) 관리하기 시작했다.

시멘트 품귀로 시멘트값이 오르자 중소기업은행 본점 신축공사를 중단하는 조치를 취했다. 정육업자나 다방마담을 부총리실로 불러들여 물가를 올리지 말라고 호통치기도 했다. 1966년 당시 다방 커피값이 20원이었는데 서울에서 가장 시설이 좋았던 본전다방이 커피값을 30원으로 올렸다. 장 부총리는 업주를 불러 당장 찻값을 20원으로 환원하라고 종용하는 한편 서울시 보사국장에게 무슨 트집이든 잡아서 영업정지 처분을 내리도록 했다. 보사국장은 고민 끝에 위생을 문제 삼았고 다음날 영업정지가 떨어졌다. 이에 놀란 업주가 가격을 인하하자 처분 하루 만에 다시 영업정지가 풀린 사건도 있었다.[5]

5 그러다 보니 막무가내식 물가 억제의 부작용도 나타났다. 기획원의 허가 없이는 찻값도 못 올리다 보니 커피의 양이 줄기 시작했고 그 이전에는 정육점에서 공짜로 주던 쇠고기의 비계를 쇠고기의 근수에 포함시키게 되었다. 물 먹인 소가 신문기사에 등장하고 곰탕과 설렁탕의 맛이 비슷해지는 웃지 못할 일화가 남게 된 것도 장 부총리의 물가전쟁 이후에 있었던 일이었다.

▸▸ 전응진

이런 에피소드를 이야기하면 그때 장기영 부총리가 물가를 하나하나 때려잡은 줄로만 아는데 절대로 그렇지 않습니다. 그 시절만 해도 물가정책의 기본방향이라고 할까, 물가안정 정책의 큰 방향이 요즘 하는 것하고 큰 차이가 없었어요. 예를 들어 재정안정계획의 강력한 추진이라든가 주요 물자의 수급조절 그리고 수송대책 그리고 수입자유화의 탄력적 운용, 건전한 소비생활의 유도 이런 내용이 그때도 물가정책의 기조가 돼 있었습니다. 그런 다음에 개별 생필품과 주요 생산원자재 가격, 심지어는 다방 커피값까지 인상억제에 힘썼습니다.

장 부총리는 또 귀중한 달러가 수입품으로 새 나가는 것을 아까워했다. 그러다 보니 외제 수입을 막고 국산품을 장려하기 위해 YWCA(기독교여자청년회), 한국부인회, 주부교실 등 여성단체와도 자주 만났다. 여성들에게 외제 수입화장품을 쓰지 못하도록 호소하는 한편 국산 화장품업체에 대폭 지원을 해 주기도 했다.

▸▸ 전응진

그 당시에 한국의 부인모임의 대표되는 사람들을 불러서 소비생활의 건전화라든지 그런 것을 유도했습니다. 소비자단체, 여성단체 부인들을 다 모아서 국산품 애용해야 된다, 불량식품이라든가 불량상품이 있으면 그것을 고발해서 전부 고쳐야 된다는 것 등을 설득하는 모임을 여러 번 열었어요. 김대중 대통령 부인 이희호 여사가 그때 YWCA 총무로서 그 모임에 나오곤 했지요. 또 국산 화장품을 상당히 지원해 줬어요. 왜냐하면 좋은 국산 화장품이 나와야 여자들이 외제를 안 사 쓴다고 본 거죠. 그때 프랑스에서 코티 분 하나만 사오면 최고의 선물로 생각하던 시절입니다. 지금은 우리 화장품이 수출할 정도로 됐는데 그때 좋은 화장품 만들어야 된다고 지원해 주고 부인들을 설득하고 그랬습니다.

불도저 부총리의 노력으로 약간의 부작용은 있었지만 물가는 드디어 안정기미를 보이기 시작했다.[6]

6 서울 소비자물가상승률은 1965년 13.8%에서 1966년에는 12%, 1967년에는 10.9%로 점차 안정되었다. 도매물가상승률은 더 큰 폭으로 안정되었다.

담합방지 「공정거래법」을 추진하다

지금은 공정거래위원회로 독립한 기구의 출발도 백상의 부총리시절에 추진되었다. 공급은 충분한데도 시멘트, 밀가루, 설탕 등 이른바 '3백(白) 산업' 생산기업이나 쌀 도매업자들의 담합 때문에 가격이 폭등하고 소비자들이 고통을 겪는 것을 목격하고는 「공정거래법」을 추진한 것이다. 업계의 반대를 피하기 위해 은밀하게 추진한 공정거래법은 국무회의까지 통과하고서도 최종 국회통과 직전 업계의 로비에 부딪혀 두 차례나 폐기가 됐고 불발로 끝나고 말았다.

▸▸ 전응진

장기영 부총리가 1966년, 1967년 두 차례에 걸쳐서 국회에 「공정거래법」을 제안했어요. '어떻게 해서든 독과점 폐해를 없애고 소비자를 보호해야 되겠다, 그렇게 해서 물가안정을 기해야겠다. 그러자면 「공정거래법」 같은 법을 꼭 만들어야 되겠다'라고 해서 법 입법을 추진했습니다. 일본·독일·미국 등의 관련 입법 예를 참고하고 법제처에 도움으로 성안했습니다. 여기에는 장기영 부총리의 적극적인 지원·격려가 있었습니다. 공개적으로 진행하면 업계에서 반대 로비가 들어오니까 아주 은밀하게 추진했습니다. 국무회의에도 내야 되고 국회에도 내야 되고 하기 때문에 나중에야 다 알려지겠지만 일단은 철저히 비밀로 하면서 추진합니다. 국무회의까지 잘 통과했는데 국회가 그것을 반대해서 결국 통과는 안 되고 법안이 두 차례나 폐기가 되어 버렸습니다.

「공정거래법」이 통과된 것은 그로부터 한참 뒤인 1975년도이고 본격 실시는 1980년대 초부터 시작되었지만 사실은 그 이전에 두 차례나 국회에 제출이 됐었습니다. '최소한 오늘날 공정거래제도의 그 불씨를 그때 지피지 않았나' 하는 정도의 평가는 해야 된다고 생각합니다.

이렇게 쉴 새 없이 몰아붙이다 보니 입각하자마자 생긴 또 다른 별명이 '불도저'였다. 한국에 불도저라는 장비가 귀했을 무렵이었다. 수많은 사람이 달려들어도 꿈쩍도 않는 무거운 장애물들을 한 번에 확 쓸어버리는 불도저처럼 뚝심 있게 밀어붙인다고 해서 장기영에게 붙여진 별명이었다. 1인당 국민총생산(GNP) 100달러 미만이라는 가난을 면하고 경제기적을 낳으려면 불도저

같은 저돌적 추진력이 없이는 안 된다는 것이 그의 생각이었고 청와대 역시 그의 주장에 손을 들어 주면서 그의 불도저 기질은 더욱 빛을 내뿜는다.

물가안정 새벽기도회

장기영 부총리는 언제 잠을 자는지 모르게 잠이 없는 사람이었다. 새벽 4시부터 왕성하게 업무를 개시했다. 물가담당 고위 담당자들 역시 어김없이 매일 새벽 5시면 전화를 받아야 했다. 쌀값과 채소값, 생선값 물가통계를 매일 챙기는 부총리 때문에 하는 수 없이 새벽 4시에 일어나 시장을 점검해야 했다. 물가대책위원회 역시 매일 아침 열렸다. 아침 7시에는 물가관련 국장과 실무자들을 불러 모아 회의를 하곤 했기 때문에 출입기자들은 그 회의를 '물가안정 새벽기도회'라고 불렀다. 물가는 신앙이라는 장 부총리의 슬로건에 빗댄 은유였다.

어느 날 장 부총리는 졸음에서 아직 깨어나지 못한 물가단속위원회 위원들에게 경제행정에 대한 자신의 소신을 다음과 같이 피력했다. "경제행정은 꼭 내 장사처럼 해야 합니다. 남의 장사처럼 하면 실패해요. 백전백패를 당할 수밖에 없습니다." '물가안정 새벽기도회' 때문에 문제가 풀린 적도 있었다. 안경모 당시 교통부 장관의 회고를 들어본다.

> 1966년 어느 날 경제동향보고에서 있었던 일이다. 그때 21공탄 한 개의 고시가격이 8원일 때였다. 그는 8원을 2년간이나 억제했다. 연탄업자들은 정부에 단가인상을 탄원했지만 쉽사리 승인이 나지 않았다. 이때 장기영 부총리가 동대문, 남대문시장에 시장물가를 살피러 나갔다. 어느 날 새벽 4시 뚝섬에서 야채를 실은 리어카 수십 대가 통행금지에 걸려 한강 남쪽에서 대기하고 있는 것을 보았다. 새벽 4시 정각이 되자 일제히 리어카들이 동대문시장으로 달리기 시작하는 것이었다.
>
> 장 부총리는 이들 리어카상 이야기를 월간 경제동향보고 때 이야기하면서 이들 리어카상들에게는 통행금지를 해제할 것을 제의했다. 대통령이 좋다고 했고 나는 차제에 전국의 화물차 야간통행금지도 철폐할 것을 건의했다. 장 부총리는 내무부 장관과 상의해서 곧 철폐하겠다고 화답하고 이 조치로 화물자동차는 24시간 국내 전 지역을 달리게 되었다. (안경모: 당시 교통부 장관)

새벽 4시에 뚝섬을 가지 않았으면 통금으로 인한 물류지체를 풀어 물가를 안정시킨다는 아이디어를 얻지 못했을 것이다. 새벽 4~5시에 부총리의 전화를 받는 공무원은 물가 공무원 이외에도 수도 없이 많았다. 덕택에 관련 공무원들은 아무리 저녁 늦게까지 일을 하고 술을 마셔도 반드시 관련 통계를 사전에 점검한 채 잠을 자고 꼭두새벽에 일어나 부총리의 전화에 답을 해야 했다. 장기영 부총리가 자주 통화했던 김용환 당시 재무부 이재과장이 술회하는 에피소드 하나를 소개하겠다.

▸▸ 김용환 (당시 재무부 이재과장, 전 재무장관)

당시 나는 불광동에 살았는데 서울시가 자꾸 도로를 놓는다고 파헤치는 바람에 전화선이 불통된 적이 있었습니다. 그런데 어느 휴일 비가 오는데 갑자기 집 앞에 사람들이 몰려들고 소란이 벌어졌습니다. 무슨 영문인가 싶어 알아보니 전화국 직원들이 우리 집의 전화선을 잇겠다면서 광화문 전화국에서부터 선을 끌고 온 것이에요. 장 부총리가 우리 집에 여러 차례 전화를 했는데 공사 때문에 전화선이 불통되었기 때문이라는 것을 알고 전화국에 야단쳐서 전화선이 이어지게 된 것이죠. 그래도 나는 성실하게 장 부총리의 새벽 5시 전화를 받는 편이었는데, 다른 과장 한 사람은 영리하고 꾀가 많아서 집 전화에 스위치를 달고는 자기 전에 스위치를 끄고 잤습니다. 나중에 이 사실을 알게 된 장 부총리는 불호령을 내렸죠.

이처럼 공무원들을 지위고하를 막론하고 이른 새벽에 깨워 모든 기초자료를 챙기고 아침 7시 물가회의, 수송대책회의 등을 여는 이유에 대해 장 부총리의 설명은 이랬다. 첫째, 참석하는 공무원들의 머리가 맑아서 좋은 아이디어가 나올 것이다. 둘째, 이른 아침 맑은 공기를 마시고 그 전날 밤에는 일찍 일어나기 위해 술을 자제하니 건강에 좋을 것이다. 농담 겸 위로가 섞인 장기영 식 설명이었다.

"뛰면서 생각하라!"

장 부총리는 상상을 초월할 만큼 바쁜 업무를 초인적 체력으로 처리했다. 부총리 집무실과 제 1, 제 2 응접실은 언제나 만원이었다. 결재 받으려는 공무원들이 줄을 서고 그 와중에 손님과 만나고, 본전다방 마담을 불러들여 커피값을 내리라고 호통치기도 하고 기자들과 만나고 회의를 소집해 주요 정책을 결정하고 토론하고 부하 직원들에게 속사포처럼 지시명령을 내렸다. 장관 비서실에는 5개의 초인종, 13대의 전화, 남자비서 3명, 여자비서 4명인데 그들이 바삐 뛰어다니는 것을 보고 어떤 기자는 '트위스트 추는 홀 같다'고 평가하기도 했다. 당시 장기영 부총리가 술자리에서 스트레스 해소방안으로 트위스트를 잘 추곤 했는데 아마도 그의 그런 습관을 잘 아는 기자가 붙인 별명일 것이다.

▸▸ 손명현 (당시 비서실 근무)

그분이 단 하루도 안 쉬고 3년 6개월을, 일요일이고 공휴일이고 어떤 날 하루도 안 쉬고 일하셨어요. 그때 장관실에는 보통 2명의 여비서가 있는데 오시자마자 여자비서를 4명으로 늘렸습니다. 왜 이렇게 많이 두나 했더니 주말에도 매일 나오시니까 여자비서들이 둘씩 교대로 해야 되고, 그렇게 했는데 아무튼 하루도 안 쉬셨어요. 일에 대해 100% 집중하는, 거의 24시간 이상을 일하시는데 저는 그때 사회 초년생이지만 그런 분을 처음 봤고 또 마지막으로 본 분이에요. 집중력과 추진력이 가히 초인간적인 거인이었어요.

그는 또 꼼꼼하기 그지없고 기억력이 비상했다.

▸▸ 손명현

제가 쭉 회의록을 파일을 정리했는데 그런 과정에 가끔 회의하시다가 종이에 몇 자 메모를 적어서 주세요. 그러면 제가 그 메모를 시간에 따라 파일에 끼워 넣었습니다. 그러면 몇 달 후에 "저번에 회의할 때 내가 쓴 것 있잖아 그것 찾아줘" 이러세요. 참 기억력이 초인적이에요. 가서 한참 찾으면 정말 있어요. 그래서 갖다 드리고 한 게 한두 번이 아니에요.

행동하지 않는 것을 누구보다도 견딜 수 없어했던 장기영은 집무실에도 이를 경고하는 문구[7]를 붙여놓고 늘 이렇게 이야기했다. "어떤 사람이 이렇게

7 그의 회의실에 붙어 있는 경구는 회이불의(會而不議), 의이불결(議而不決), 결이불행(決而不行)이었다. 만나서 회의하지 않고 회의를 하고도 결정을 내리지 않는 것, 결정을 하고도 행하지 않는 것 등 이른바 3계(戒)였다. 말만 하고 행동하지 않는 것에 대한 경구였다.

손명현 孫明鉉 전 주스웨덴 대사

1937. 3. 17 서울 출생
미국 브라운대, 컬럼비아대 대학원
1963~1972 경제기획원 사무관
1973 주미 한국대사관 경제협력관
1975~1987 경제기획원 외자관리과장
해외협력국장, 통계국장
1993~1996 주싱가포르 대사
1998~2001 주스웨덴 대사

이야기했어요. 영국사람은 걸어가면서 생각하고, 프랑스 사람은 생각한 다음에 뛰고, 에스파냐 사람은 뛴 다음에 생각한다고. 사정이 급한 우리는 뛰면서 생각해야 합니다. 단시일 내에 뭔가를 이루려면 뛰면서 생각해야 해요." 그 말이 나중에는 이렇게 바뀌었다. "뛰면서 생각하면 이미 늦어요. 자면서 생각하고 꿈속에서 통찰력을 얻은 후 사전에 돌다리를 두들겨 보고 다음날 뛰어서 달려야지요."

장기영 부총리 시절에 국회 예산심의는 계수조정 단계에 가면 예결위에 계수조정소위가 구성되어 며칠씩 호텔로 장소를 옮겨 심의하는 것이 관례였다. 국회의원들은 낮에는 바둑이나 잡담으로 시간을 보내다가 자정이 훨씬 넘어서야 본격적 계수조정에 들어가 여야 간에 갑론을박으로 완전히 뜬눈으로 밤을 새우는 것이 예사였다.

장 부총리는 외부에서 일을 본다고 하고는 호텔에 비밀리에 방을 빌려 초저녁부터 충분히 수면을 취했다. 자정이 넘어 본격적으로 계수조정의 문제점과 여야의 주장이 부각되면 예산국 직원들로부터 핵심 쟁점에 대한 설명을 듣고는 원기왕성하게 토론을 시작한다. 몰래 충분한 수면을 취하고 주요 내용을 사전에 파악해서 계수를 꿰고 있는 부총리를 밤을 새워 몽롱한 상태인 의원들

이 당해낼 재간이 없다. 결국 결론은 정부가 원하는 방향대로 나곤 했다.[8]

지칠 줄 모르는 체력의 또 한 가지 비결은 언제 어디서든 자신이 원할 때면 1초도 걸리지 않고 잠을 잘 수 있는 능력이었다. 유명한 지프가 이동침대 노릇을 했고 심지어는 외국인과의 중요한 회의 때도 자는 듯, 깨는 듯 '허허실실 수면법'을 구사했다.

〈한국일보〉 사장 시절 하루는 백상이 일본에서 공연 중인 아이스쇼단의 지배인을 불러서 한국 공연에 관한 상담을 호텔방에서 시작했다. 상담이 순조롭게 결론이 잘 안 나는 것 같자 그는 외국인 지배인을 앞에 두고 의자에 앉은 채로 코를 골면서 잠을 자는 것이다. 나는 손님을 앞에 두고 안절부절못했고 상대방도 어이없어하면서도 깨어날 때까지 기다릴 수밖에 없었던 것이다.

무엇을 생각하는가 하면 잠이 든 것 같기도 하고, 잠이 들었나 보다 하면 깨어 있기도 하는 특이체질이었다. 백상은 잠자는 동안에도 무엇인가 주의력을 집중시키고 동시에 여러 가지에 관심도 가질 수 있는 사람이었다. 짧은 시간 내에 너무 많은 것을 동시에 해치워야 직성이 풀리는 형의 성품이었던 것 같다. (김수근: 건축가, 전 국민대 조형대 학장)

대외협상에도 달인

USOM과 ECC

당시 EPB 장관의 주요 업무 가운데 하나는 USOM과의 대충자금 협상이었다.[9] 세수(稅收)가 바닥났고, 게다가 1962년에 착수한 제1차 경제개발 5개년계획에 소요되는 재정투융자 자금의 필요 때문에 대충자금을 한 푼이라도

8 장 부총리의 초인적 체력의 또 하나의 비결은 아무 데서나 고개만 대면 잘 수 있는 '쪽잠'이었다. 백상이 평생 타고 다녔던 검은색 지프는 사실상 그의 움직이는 침실이기도 했다. 침대에서는 겨우 3~4시간밖에 자지 않았지만 지프차를 타고 다니면서 쪽잠을 자면서 차 안에서 기력을 회복하곤 했던 것이다. 한마디로 '뛰면서 생각하고, 달리면서 잠을 자고, 잠자면서 통찰력을 얻는' 초인(超人)이었다는 것이 주변 사람들의 평가이다.

9 미국 잉여농산물 판매대전의 한미 양국 간 사용비율과 그 내역을 결정하는 협상이었다. 이른바 '대충자금'이라고 불리는 이 원조자금은 당시 한국정부의 세입예산 편성에 큰 비중을 차지했다.

더 얻어내는 것이 부총리의 능력을 평가하는 잣대가 되기도 했던 시절이었다. 몇 달에 걸친 실무협의가 끝나고 마침내 장기영 부총리와 USOM 처장 조엘 번스타인이 만나 최종회담을 벌였다.

> 전날 하루 종일 회의를 계속했을 뿐만 아니라 그날도 점심도 거른 채 오후 늦게까지 회의가 길어지자, 번스타인 처장이나 장 부총리를 대신해 영어로 협상을 진행하는 양윤세 과장이나 나나 모두 허기에 지치기 시작했다. 그러나 이 회담은 그날 안으로는 결말을 지어야 했으므로 강행하였다. 그런데 얼마 후 드르릉 하고 코고는 소리에 모두가 놀라 쳐다보니 백상은 소파에 기대앉은 채 조는 것이었다. 희한한 것은 졸면서도 상대편 말에 대한 통역이 끝날 무렵이면 반드시 눈을 뜨고 말을 이어가는 것이다. 눈 감고 졸아서 대담의 흐름이 끊기거나 다른 줄기로 빠져나가지 않았다. 그래서 그에게 초인의 능력이 있다고 하는 것일까? (박필수: 당시 외자총괄과 사무관)[10]

장기영이 직접 협상 파트너가 된 미국원조 창구인 USOM은 외부 민간인 영입케이스인 그가 완고한 관료조직 내에서 영향력을 키워나갈 수 있는 발판을 제공하기도 했다. 당시는 기업이나 시장이랄 것이 없는 황무지 상태였다. 당연히 한국의 독자적 재원이나 예산이 별로 없고 재정자립도가 낮아서 USOM을 통해 미국에서 오는 지원에 목말라할 때였다. 무슨 일이든 추진하려면 USOM으로부터 지원을 받아야 했고 그 창구가 기획원이다 보니 부총리 장기영의 영향력이 저절로 커진 것이다. 장 부총리는 영어를 잘하지 못했지만 특유의 친화력으로 번스타인 처장의 후임인 킬렌 처장 등과도 잘 지냈다.[11] 대외적으로 별로 노출이 안 되었지만 장 부총리 재임 당시 한국의 재정을 쥐락펴락했던 막후의 기구가 ECC였다.

▸▸ 양윤세

킬렌이라는 처장이 USOM에 있을 때 초대 김유택 기획원 원장에게 앞으로는 모든 것을 ECC라는 것을 만들어서 운영하되 운영을 간결하게 하기 위해서 임원 2명, 위

---

10 한운사, 2006, 《한국적 최강 CEO 장기영: 뛰면서 생각하라》, 동서문화사 재인용.

11 이에 대한 자세한 내용은 최우석, 《초창기의 기획원》에 나와 있다.

원회 멤버 2명, 간사 2명을 두자, 그렇게 제안해서 양측이 합의했어요. 각 분야나 부처별로 예산소요가 되는 문제가 있으면 어느 정도 USOM에서 동의해야 이 프로세스가 진행됩니다. 국회의원들도 그것을 알기 때문에 막무가내로 깎자고 단언을 못했습니다. 주요 예산사업안이 USOM의 오케이를 받아야 이게 국회에서 통과가 되고 그런 절차를 밟아야 했어요. 그러니까 우리 예산 또 기타 경제활동의 태반을 차지했다고 할 수 있는 미국계통을 제대로 움직인 사람이 장 부총리지요. ECC의 한국측 대표라는 게 사실은 상당히 중요한 역할을 한 것입니다. 나중에 그것을 좀더 공식화시킨 게 조엘 번스타인(Joel Bernstein)이라는 사람이 와서 '재정안정계획'이라는 것을 중심으로 일했어요. 그래서 예산이니 금융대출 한도니 이런 것을 조정할 때 완전히 재정안정계획(financial stabilization program)이라고 해서 사전에 합의하고 그 테두리 안에서 추진한다는 단서가 항상 붙습니다. 그것을 쭉 합의하는 게 1년 중에 기획원의 아주 큰일이었거든요.

1년 중 가장 중요한 회의에서도 태연하게 쪽잠을 잘 수 있는 배포, 그런데도 미운털이 박히지 않았던 것이 백상의 장점이었다. 해외여행을 함께할 때에도 백상 특유의 극성과 집념에서 나오는 언동이 관례나 외교적 예의에 비해 정도가 지나치다 싶은 경우가 있었다. 여기에 대해 주변에서 뭐라고 지적하면, "프로토콜로 먹고 삽니까? 나랏일입니다" 하고 답하기가 일쑤였다. 부총리의 이 같은 실전적 태도가 기획원 전체에 영향을 미쳐 기획원에는 실무자 중심의 분위기가 확산됐고 지위고하를 가리지 않고 무슨 수를 써서든 일단 일을 되게 만들자는 '할 수 있다는 정신'(can-do spirit)이 자연스럽게 정착된다.

서독차관과 에르하르트의 충고

해방 이후 일관되게 한국에 무상원조를 공여한 나라는 물론 미국이었지만 정부간 유상차관(借款)으로는 일본보다 앞서 서독의 마르크 차관이 들어왔다. 1962년 미국차관은 3,090만 달러, 서독차관은 1천만 달러였고, 다음해인 1963년은 미국차관 4,843만 달러, 서독차관은 1,529만 달러였다. 1961년 한국의 1인당 GNP는 겨우 80달러 안팎이어서 인도 등과 더불어 세계 최빈국 가운데 하나였다. '보릿고개'로 불리는 춘궁기에는 농촌에도 양식이 떨어져 하루 세끼 밥을 제대로 먹지 못하는 사람이 태반이었다. 도시에는 변변한 일자리가 없어 빈둥거리는 시민들이 부지기수였다.

1차 경제개발 5개년계획의 주요 내용은 고용확대, 수출기반 조성, 중소기업 육성, 농촌부흥, 기계공업 육성 등 주로 농업 발전과 경공업 발전에 초점이 맞춰져 있었다. 이를 통해 GNP(국민총생산) 연평균 7% 성장이 목표였지만 이를 실현시킬 투자자금은 턱없이 부족했다. 재원을 마련하는 방법으로는 국내적으로는 저축을 늘리는 것이었지만 당시 저축률은 3%에 불과하고 그나마도 거의가 사채시장으로 돈이 돌고 있었다.

대외적으로 자금을 조달하는 방법은 선진국 정부로부터 차관을 꾸어오는 것이었다. 하지만 미국은 박정희 대통령에 대해 냉담했다. 박 대통령은 미국 원조를 기대하고 존 F. 케네디 대통령을 찾아갔지만 '쿠데타 정권'이라는 이유로 문전박대 당했다. 쿠데타를 용인하면 아시아 전체로 쿠데타가 확산될지 모른다는 것이 미국의 우려였다.

1964년 12월 돈에 목마른 한국이 희망을 걸고 노크한 나라는 비슷한 분단 상황인 서독이었다. 장기영 부총리는 박정희 대통령을 보좌해 정부 간 차관을 요청하기 위해 서독을 방문했다. 서독의 에르하르트 총리는 한국대표단을 만나 향후 한국경제의 큰 흐름을 결정짓게 되는 의미심장한 조언을 한다.

> 한국은 산이 많다. 산이 많으면 경제발전이 어렵다. 한국에 고속도로를 깔아야 한다. 그 길을 달릴 자동차를 만들어야 한다. 자동차가 다니면 고용이 늘고 새로운 산업이 생겨나고 세금이 들어온다. 그런데 자동차를 만들려면 철이 필요하다. 그러니 제철공장을 만들어라. 정유공장도 필요하다. 자동차 연료용으로도 필요하거니와 앞으로는 석유화학공업이 대세이다. 나일론 플라스틱공업 등 연관산업이 일어난다. 독일은 마에스터라는 기능장 제도가 있다. 한국도 기술인력을 육성하는 제도가 필요하다. 한 나라 경제가 안정되려면 중산층이 탄탄해야 하는데 그러려면 중소기업을 육성해야 한다. …

박정희 대통령과 장기영 부총리는 에르하르트 총리의 충고를 가슴 깊이 받아들였다. 제공받은 차관보다도 어떤 의미에서는 한국 경제의 미래좌표를 설정하는 데 더 도움이 된 대담이었다. 이후 박정희 대통령은 김학렬 부총리

때 독일의 아우토반을 모델로 경부고속도로를 건설하고 자동차산업을 육성하며 울산 석유화학단지를 조성하여 이른바 '한강의 기적'을 일으킨다.

'한강의 기적'이라는 단어는 5·16 직후 부흥부에서 최고회의에 긴급경제 시책을 보고할 때 서독 에르하르트 총리가 저술한 《경제를 통한 번영: 독일 기적의 경제학》이라는 책에서 힌트를 얻어 발표문의 끝에 첨부한 것인데[12] 당사자인 에르하르트 총리가 한국 경제지도자들에게 한강의 기적을 일으킬 수 있는 구체적 비전과 영감을 제시한 것이다.

서독 간호사와 코리안 밍크

당시 서독으로 광부와 간호사들이 외화벌이를 위해 갈 때였다. 그러나 처음에는 민간 베이스로 오고가고 했을 뿐 이들에 대한 아무런 정부 간 양해각서도 없을 때였다. 장 부총리는 서독에 차관협상을 하러 가는 김에 이 문제를 한 번에 해결하려고 마음먹었다. 영어 잘하고 똑똑한 젊은 양윤세 외자총괄과 과장을 대동했다.

▸▸ 양윤세 (당시 외자총괄과 과장, 후일 동력자원부 장관)

대(對) 독일 인력수출은 그때 중단 상태였어요. 두 나라 사이에 양해각서가 없다 이겁니다. 알고 보니 한·독 경제 및 기술협력에 관한 조약 비슷한 양해각서 초안이 대사관에서 6개월간 잠을 잤어요. 그래서 거기서 장 부총리가 즉각 제안합니다. '이번에 있는 동안에 이것을 매듭짓자' 그래서 저 혼자서 독일 측과 실무교섭을 벌이는데 양해각서의 내용은 8개 정도의 부서가 다 관계된 거예요. 제가 앉아 있으니까 경제계획사무소, 그다음에 재무부에서 오고 그다음에 농림부에서 오고 이런 식으로 순서대로 와서 자기네 부처에 해당되는 것에 대한 교섭을 각각 진행했습니다. 거기서 완전히 한나절을 걸려서 다 끝냈어요. 그래서 그동안 낮잠 자던 그것(양해각서)을 통과시켰습니다.

그러고 나서 얼마 후에 내가 다른 일로 김포비행장에 가서 보니까 사람들이 비행기 앞에 줄을 쭉 서 있어서 뭐냐고 물어보니까 광부들이고 간호사들이에요. 이 사람

12 송정범, "특집: 초창기의 경제기획원", 〈경우회지〉에서 인용.

서독으로 파견되는 광부들(1966)
1963년부터 1977년까지 8,395명의 광부가 독일 석탄광산에서 일했다. 이들은 기술이수를 목적으로 3년 계약을 하였으나, 대부분이 계약기간 완료 후에도 독일에 남아 계속 일하며 성공적으로 정착하였다.

서독의 한국인 간호사들(1970)
1965년부터 한국인 간호사가 독일에 취업하는 것이 허용되었다. 독일병원협회가 1969년 한국의 해외개발공사와 계약을 체결하고 한국에서 간호사를 모집하였다. 1977년까지 1만 371명의 간호사가 독일에서 취업했고 대부분 좋은 평가를 받아 3년의 계약기간이 끝난 후에도 체류했다.

들이 독일로 다시 가는 거예요. 이때는 완전히 정부베이스, 정부 간 협약으로 바뀌어서 간 것입니다. 그전에 장기영 부총리하고 내가 갔던 해가 1966년도인가 그럴텐데, 그것을 추진해서 몇 달 후에 내 눈으로 성과를 보고 그러니까 기분이 상당히 흡족하더라고요.

서독 진출을 정부 차원에서 공식화하자 광부와 간호사들의 진출이 크게 증가했다. 직장 구하기가 '하늘의 별따기'이던 시절이라 대부분 대학졸업자들이 지원했는데 경쟁률이 4 대 1이나 되었다. 명문대 출신자들도 있었고 괴테 문학이나 하이데거 철학을 독일어로 읽는 청년 지식인도 더러 포함됐다. 이들의 월급은 100달러 안팎이어서 요즘 기준으로는 소액이다. 그러나 당시 1년간 1인당 GDP와 맞먹으므로 적잖은 금액이었다. 이들은 알뜰살뜰 아낀 돈을 한국으로 보내 당시 달러 부족으로 어려움을 겪던 한국경제에 큰 도움을 주었다.

수입액이 수출액보다 3~4배나 많아 달러가 태부족이던 시절이었다. 서독과 미국에서 제공받은 차관을 갚고 달러를 벌어들이려면 수출을 늘려야 했다. 한국이 수출할 수 있는 품목으로 무엇이 있는지 조사하기 위해 유능한 세일즈맨 30여 명을 해외로 보내서 아이템을 알아보라고 시켰는데 아무리 둘러봐도 그런 품목이 없었다.

그런데 미국 유명백화점을 둘러보는데 흑인들이 줄을 길게 서서 호기심 어린 눈으로 바라보는 물건이 가발이었다. 당시 시골에서 상경한 어린 10대 소녀들이 화학약품 냄새를 참아가며 하루 16시간 이상을 일하면서 생산한 가발이 수출상품 1호로 선정되었다. 그리고 '코리안 밍크'로 불리는 쥐털 수출이 뒤를 이었다. 대통령령으로 전국에 쥐잡기 운동이 선포되고 큰 쥐를 잡아서 깎아 만든 것이 '코리안 밍크'였는데 도지사들에게 큰 쥐를 잡는 할당량을 부과하기도 했다. 그렇게 해서 장기영 부총리가 취임한 1964년 말 최초로 연간 1억 달러 수출이 달성된다.

금리현실화 조치

고양이 목에 방울달기

지지부진한 경제개발에 날개를 달려면 턱없이 모자라는 국내 저축과 내자(內資) 조달 문제를 해결해야 했다. 제1차 경제개발 5개년계획의 4차년도인 1965년도에 필요한 내자는 530억 원, 1966년에는 740억 원이었다. 제2차 경제개발 5개년계획이 실행되는 기간에는 최소 4,900억 원의 내자가 필요할 것으로 추산되었다.

장기영 부총리는 역설했다.

> 외자를 아무리 들여와도 내자가 동원되지 않으면 소용이 없습니다. 내자가 준비되어 있어야 합니다. 급한 외자부터 하나씩 끌어들이되 그걸 내자와 맞춰야 되는 것이에요. 그래서 공장을 하나씩 지어야 합니다. 외자를 시멘트라고 하면 내자는 모래와 물입니다. 모래와 물이 없으면 아무리 시멘트를 들여와도 먼지만 납니다.

그런데 당시 금융권은 고리의 사채시장만 비정상적으로 발달한 상태였다. 압축성장기에 기업들의 필요자금 수요는 천정부지로 늘고 있는데 은행이 만성적 저금리 정책을 펴다 보니 돈이 은행으로 들어오지 않고 사채시장으로 돌았다. 은행의 대출이자가 워낙 싸다 보니 은행대출은 특혜였다. 자금이 필요한 대부분의 대기업, 중소기업, 소상인, 개인들은 고리대금 사채에 매여 있었다. 특혜받은 사람들 가운데는 싼 이자로 은행돈을 빌려서 사채꾼에게 빌려주고 고리를 받는 이들도 수두룩했다.

뭔가 특단의 조치가 절실하게 필요했다. 내자를 동원하려면 사채시장에서 떠도는 뭉칫돈을 제도금융권인 은행으로 끌어들여야 했다. 1965년 9월 30일, 장기영 부총리는 온갖 반대와 비난, 부작용에 대한 우려를 무릅쓰고 '금리현실화 조치'를 단행했다. 금리를 현실화해서 개인들에게 사채시장 수준의 높은 금리로 예금을 받아 사채시장의 돈을 은행으로 끌어들이고 이 돈을 기업들이나 서민들에게 대출해 준다는 복안이었다. 당시 장 부총리의 '밀명'을 받아 금리현실화 조치를 추진한 실무책임자는 김용환 이재과장(후일 재무부 장관)이었다. 금리현실화의 필요성은 누구나 인식했지만 업계의 반발과 정치적 후폭풍이 두려워 해방 후 누구도 손대지 못했다. 백상은 대담하게 '고양이 목에 방울달기'를 시도한 것이다.

장 부총리는 철저하게 사람 중심, 실무적 효율성을 중요시해서 일을 추진했다. 금리현실화 조치 때도 재무부 장관이나 차관, 국장을 건너뛰어 재무부의 일개 이재과장에게 엄청난 일을 맡겼다. 당시 재무부 이재과장 김용환은 중간관리자 직급인데도 실무를 중시하는 장 부총리의 독특한 개성 때문에 금리현실화라는 큰 드라마의 사실상의 주연으로 등장한다.

금리현실화 추진팀은 일단 예금금리는 24% 정도, 대출금리는 영업마진을 고려해 26% 정도가 적정하다고 판단하고 작업을 진행하였다. 막판에 장기영 부총리가 '역(逆)금리'라는 발상의 전환을 했다. 대출금리는 24~26%로 하고 예금금리는 30%로 하는 등 대출금리보다 예금금리를 더 높게 하는 역금리를 잠정적으로 도입해 금리현실화에 대한 정부의 단호한 의지를 보이자는 제안이었다. 전 세계적으로 유례가 없는 역금리에 금리현실화 작업팀 내에서도 논란이 벌어졌다.

금리현실화 조치는 우여곡절을 거쳐 1965년 9월 30일 자정을 기해서 시행된다. 예금금리 30%, 대출금리 24%의 사상 초유의, 아마도 전 지구상 초유의 역금리 체제였다. 당좌대월은 26%였고 연체금리는 36.5%였다. 시중은행은 예금의 일부를 한국은행에 지급준비금으로 의무적으로 맡겨야 한다. 한국은행은 이 지급준비금에 높은 이자를 붙여주기로 했다. 그렇지 않으면 시중은행들은 역마진 탓에 예금을 많이 받을수록 손해가 늘어난다. 금리현실화 조치 때문에 지급준비금에 대한 이자 인상이라는 기발한 대책이 동원되기도 했다.

"사채는 아편입니다"

시사월간지 〈신동아〉의 1965년 12월호에는 금리현실화를 단행한 장 부총리가 서울시민회관에 지점장급 이상의 전국 금융인 3천여 명을 모아 놓고 금리현실화의 목적과 배경에 대한 설명과 설득을 겸한 강연내용의 전문이 실렸다. 그 내용을 살펴보면 사채는 아편이며 아편중독이나 다름없는 사채생활자를 치료하기 위해 금융기관들이 제대로 역할을 해주어야 한다는 그의 생각을 읽을 수 있다.

금리현실화의 목적은 경제적 목적, 정치적 목적, 사회적 정책성 3가지입니다. 우선 경제적 목적은 내자조달, 즉 저축입니다. 다음으로 정치적 목적이란 이른바 금융의 특혜화를 배제하자는 것입니다. 금리가 너무 싸고 비현실적이기 때문에 금융특혜가 생겼고 금융의 가수요가 생겨나 그나마 얼마 안 되는 자금이 악순환합니다. 금융을 위한 금융, 즉 은행에서 특혜융자를 받아 사채를 놓는 금융브로커조차 생겨났습니다. 금융이 하나의 이권으로 작용하는 정치적 폐해를 없애기 위한 것입니다. 끝으로 사회적 정책성이라 함은 고리채를 없애야 하겠다는 것입니다. 고리채의 횡행은 오랜 인플레의 폐독이 누적된 현상입니다. (중략) 사채가 아편이라면 그 사채의 이자는 아편의 엑기스일 것입니다. 채권자 입장에서 사채를 놓아서 고리이자의 맛을 보면 좀처럼 맛을 잊지 못하고 손을 떼려고 하지 않습니다. 채무자 입장에서도 사채는 쓰기 쉽기 때문에 한번 써 보면 좀처럼 벗어날 수 없습니다. 아편중독자처럼 되는 것입니다. 이 중독을 떼려면 과감한 수술이 필요하고 어느 정도 부작용은 각오해야 합니다. 금리로 생활하는 사람들이 이렇게 많은 현실은 결코 정상이 아닙니다. 체질을 개선하고 피를 바꿔 넣어야 합니다.

장기영은 사채라는 아편중독에 빠진 서민들을 위해 은행이 병원 역할을 해줄 것을 당부한다. "사채를 쓴 사람은 환자입니다. 중독자예요. 반면 은행이란 경제계의 병원입니다. 그런데 최근 은행에 가면 지점장이나 간부들이 안 계신 데가 있습니다. 그런 은행은 신용이 없어요. 환자는 온종일 옵니다. 그런 점에서 여러분들이 은행 자리를 지켜 주셔야 합니다. 앉아서 오는 환자를 고치는 거예요."

이날 장기영은 부총리가 도대체 무슨 목적으로 자신들을 불렀는지 호기심에 가득 차 자리를 메운 금융인들에게 '연날리기 작전'을 주문한다. "금융은 연이나 다름없습니다. 일단 금융의 연을 날려봐서 연이 지나치게 팽팽해져서 실이 끊어지지 않도록 연이 팽팽해지면 실을 풀어 주어야 합니다." 금리를 현실화하면 대출이자가 비싸진다. 이 자금수요가 고리채로 가지 않도록 대출제도를 원활하게 운영하고 한도거래, 창구거래 등 대출을 쉽게 해 줘서 대출자들이 은행을 이탈해 고리채시장으로 내몰리는 경우가 없도록 금융의 실을 풀어주라는 것이다. 갑자기 연줄을 잡아당기면 끊어지기 때문에 저쪽에서 당기면 풀어 주고 너무 풀어졌으면 당기는 신축자재(伸縮自在)한 작전이다. 연이 안정궤도에 접어들 때까지 줄을 풀어 주듯, 은행이 기업들에 필요한 돈을 공급해 주라고 요구하면서 대신 한국은행이 쥐고 있는 대출한도(ceiling)를 금융인의 손에 돌려주겠다고 약속했다. 여신안전기금 한도 50억 원을 설정하고 대출재량권을 허용한다는 것이다.

"예금이 오른발이면 대출은 왼발입니다. 처음에 여러분이 오른발만 내디디고 왼발, 즉 대출을 주저하면 금융경색이 일어나 사채이자만 오르고 역효과가 날 것을 염려하여 왼발(대출)부터 내디딜 수 있도록 무기와 용기를 드린 것이 여신안전기금 한도 50억의 재량권입니다."

은행들이 역금리 때문에 다 죽는다고 항의하자 인상된 금리가 연 15% 미만의 단기예금이기 때문에 예금대출의 실질적 금리차는 은행 측에 유리하며 은행수지에는 큰 영향이 없다고 주장하면서 장기영은 다음과 같이 덧붙였다.

"은행에서 이익이 나면 일정한 사내유보금과 적립금, 배당금을 제외하고는 은행에 예금하거나 대출받은 사람에게 되돌려 주어야 합니다. 은행이 돈을 벌려고 해서는 안 됩니다. 은행수지는 남지도 밑지지도 않는 상태가 가장 경제를 위해 공헌하고 있을 때라는 것을 잊지 말아 주세요."

금융인 출신이면서 신문사 사주 경험이 있는 독특한 경력의 장 부총리는 사람을 설득하거나 연설할 때 언론인다운 비유를 많이 동원한다. 금리현실화 당시 금리수준을 결정하면서 낚시작전이라고 명명한 것이나 사채를 마약에 비유한 것, 금융인들이 기업이 필요한 돈을 풀어 주는 것을 연 날리듯 하라고 하는 등 풍부한 은유와 비유가 등장한다. 그는 대출한도 규제를 풀어 주는 것에 대해서도 다양한 비유를 동원한다.

"여러분은 실링이라는 얕은 지붕에 눌려 여태껏 빛이 없는 그런 동굴 같은 곳에서 오래 지냈어요. 그래서 실링이 없어진 바깥세상에 나오니 눈이 부셔서 과연 내가 해방되었는지 인식을 못합니다."

국내 금리를 현실화하는 데 따른 부작용 가운데 하나인 국내외 금리차를 이용한 재정거래(arbitrage), 즉 금리가 낮은 해외에서 외환을 가져와 높은 금리로 예금을 해서 위험이 없이 금리차익을 노릴 가능성에 대해서는 외국돈을 얼마든지 가져오되 다만 그 달러를 다시 살 수 있는 조건을 붙이지 않는다면 문제가 없다고 답변했다.

'B미팅'을 주재하다

장기영 부총리는 금리현실화를 직접 독려하고 실적을 점검하기 위해 이른바 'B미팅'을 매일 소집하였다. 관계장관 회의를 뜻하는 'A미팅'(administration meeting)에 대칭해 은행장을 매일 소집하는 회의(bankers' meeting)를 B미팅이라고 부른 것이다. 매일 새벽 지나치게 부지런한 부총리로부터 닦달을 당하던 공무원들 대신에 이번에는 은행장들이 시달림을 당할 차례였다.

금리현실화는 기대 이상의 실적을 가져왔다. 사채로 돌거나 장롱 속에 들어있던 유휴자금들이 월리 2.5%의 높은 금리를 주면서도 안전한 은행으로 몰려들어오기 시작했다. 저축성예금은 1965년 115%, 1966년 126%로 큰 폭으로 증가했다. 그러나 동시에 사전에 우려했던 후유증도 뒤따랐다. 이자율을 높여 저축을 유인하고 내자를 동원하는 데는 성공했으나 예금금리가 대출금리보다 높은 데서 나타나는 역마진이 발생해 금융기관의 수지가 나빠져 한국은행이 이를 보전해 줄 수밖에 없었다. 또 금리가 높아진 일반대출과 낮은 이자의 정책금융 간의 금리차가 확대되면서 각종 정책금융에 대한 가수요와 초과수요가 발생해 금리현실화 조치의 효과를 저하시키는 요인이 되기도 했다.[13]

사실 금리현실화 조치는 박정희 대통령보다 훨씬 이전인 민주당 정권 시절부터 필요성을 인식하고 이재국에서 실무수준의 준비를 해왔던 내용이었다. 그러나 금융기관과 기업의 반발에 부딪쳐 늘 무위에 그치고 말았다. 고금리가 기업의 위축을 가져오고 연체금리의 대폭 인상이 중소기업의 존립기반을 해치며 원가상승 압력을 가져와 물가상승을 자극한다는 것이 반대의 논리였다. 정치적으로 늘 반대에 부딪쳐 공염불이 되어온 금리현실화 문제

13 한국은행, 1990, 《한국은행 40년사》.

를 불도저 장관인 장기영 부총리 때 강행한 것이다. 당시 금리현실화의 실무작업을 맡은 김용환은 "금리현실화의 감독과 주연은 모두 장기영 부총리의 몫이다"라고 표현했다.

숨어서 한 경제 과외공부

국가경제에 지대한 영향을 미치는 경제정책은 개인 아이디어의 실험이 아니다. 금리현실화 같은 대담한 정책을 장 부총리가 별 스터디도 없이 그냥 강행했던 것은 아니었다. 미국 USOM과 재정안정계획의 틀 내에서 충분히 의논도 하고 전문가들을 불러 배우고 검토하는 숨은 과정이 있었다.

▸▸ 양윤세

그때는 중요한 일은 모두 미국과 의논할 때예요. 그러니까 금리인하계획 같은 것도 이것을 하기 위해서 미국 측과 철저하고 세심하게 의논하고 했어요. 그래서 스탠퍼드의 쇼(Edward S. Shaw) 교수를 불러 공부도 하고 그랬습니다. 쇼 교수를 방학 동안에 초빙해서 그것을 스터디시켰어요. 스터디에서 나온 결과를 한나절 내내 쇼 교수와 장 부총리, 나 셋이서 토론했습니다. 나도 공부를 경제 쪽으로 했기 때문에 실전에 많이 관여했지요. 그런 데서 사전에 다 충분히 공부하고 자기 것으로 소화를 시켜서, 자기 나름의 아이디어도 집어넣고 작명도 하고 그래서 내놓는 거예요. 그러니까 이 양반이 무턱대고 기발한 아이디어라고 해서 쓰는 게 아니라 하나하나 세심하게 자기가 모르는 부분은 미국 측 전문가들 많이 불러다 썼습니다. 금리나 그런 관계는 쇼 교수가 왔고, 세제 관계는 이 분야의 전문가인 마스그레이브(Richard Musgrave)라는 부부를 불러서 한국의 세제관계를 연구시키고 그래요. 그런 데서 나온 권고안을 많이 참고했지요.

불도저 부총리의 강한 주도로 전에는 꿈도 못 꾸던 금리현실화 등 시장경제로 향하는 일련의 조치를 계속하자 대외신인도가 높아지기 시작했다.

▸▸ 김정렴

한국이 시작한 자유화 정책에 IMF도 놀랐어요. IMF의 정책처방이라는 것이 쓴 약이거든요. 병을 고치려면 입에 아주 쓴 약을 써야 효과가 있지만, 보통의 경우 감히 엄두를 못 내거든요. 그런데 다른 나라에서는 엄두도 못 낼 일을 장기영 부총리라는 사람이 들어와서 척척 해내거든요. 그것도 한꺼번에요. 한국정부의 통치능력을 각인시켜 주는 계기가 되었지요. '한국경제가 지금은 엉망이지만, 이렇게 하면 잘될 수 있다'라는 확신이 들게 만든 거죠. 그래서 IMF가 한국에 관한 특별 리포트를 냈습니다. 그것을 각국에서 특히 차관 주는 나라에서 알고, 그 나라 금융기관들이 알게 되다 보니까, 그 이후 우리 기업들이 차관을 요구하면 귀담아 듣게 된 거죠.

불가피한 차관경제

"부채도 자산이다"

1960년대 중반 경제계의 가장 뜨거운 토픽은 로스토 박사가 한국에 와서 강연 도중에 말한 '테이크 오프'(take-off : 경제의 이륙)였다. 한국 등 저개발국에 비전과 희망을 준 이 이론에 한국인들이 얼마나 열광했는지 입학시험, 기업체 입사시험에 이 문제가 자주 나올 정도였다. 그러나 한국경제가 '테이크 오프'하기 위해서는 외자라는 동력이 필요했고 이를 위해 정부는 민간기업이 지는 외국 빚에 대해서도 정부가 대신 보증해 준다는 법을 통과시켰다.[14]

마침 장기영이 부총리로 취임했던 1964년 소비자물가는 30%에 육박할 정도로 급등했다. 물가고의 주원인 가운데 하나는 제1차 경제개발 5개년계획을 추진하던 과정에서 자본재 수입이 급증하면서 외환보유고가 바닥을 드러낸 탓이었다. 장 부총리 취임 당시 외환보유고는 4개월을 버틸 정도밖에 없었다.[15] 외화가 없어 원자재를 수입할 수 없다 보니 완제품 생산이 줄어들어 수요에 맞출 수가 없었고 시중의 소비재는 품귀현상을 빚었다.

단순한 수입뿐만 아니라 경제개발 5개년계획의 큰 꿈을 달성하려면 비료와 화학공장 등을 설립하는 데 막대한 규모의 외자가 필요했다. 1962년부터 추진된 울산공업단지에는 그 넓은 땅에 대한석유공사의 정유공장 하나만 달랑 서 있었다. 오죽하면 당시 신문 제목이 "울산의 하늘을 회색으로 만들었으면…"이었을까. 당시 영국과 독일의 공업단지의 경우 공장에서 나오는 검은

14 「차관에 대한 지불보증에 관한 법률」(1962. 7).

15 1962년 초 2억 1,300만 달러였던 외환보유고는 1964년 9월에는 1억 2,100만 달러로 크게 낮아졌다.

연기와 매연으로 하늘이 회색이었는데 이를 둘러보고 온 사람들이 하늘이 회색이어야 공업화가 진전된다고 생각했던 것이다.

수출로 달러를 벌어들이면 좋겠지만 수입이 수출보다 3~4배나 많은 형편에 무역거래를 통한 달러 수입은 요원했다. 장 부총리는 외자도입에서 고도 경제성장의 돌파구를 찾으려 했다. 외자도입에 관한 한 그는 수많은 반대에도 불구하고 신념을 굽히지 않았고 유명한 '차관 다다익선론'을 내세웠다.

> 장 부총리는 확신에 차서 차관 필요론을 폈어요. 그는 '식구는 많고 돈은 없는 동네 구멍가게 주인이 가난한 살림을 꾸려나간다고 할 때 돈을 빌려 공장을 짓고 종업원을 채용하고 고용도 늘리고 소득도 늘려서 나중에 빚을 갚고 살림을 향상시키는 것이 좋은 일이지, 이 사람이 평생 구멍가게만 하라는 법 있습니까? 나라도 마찬가지입니다. 나는 가난을 이어받았다고 하늘만 쳐다보고 주저앉아 있을 것이 아니라 남의 자본과 기술을 도입해서라도 경제를 발전시켜 나가야 살길이 생깁니다. 가난을 벗어날 방법은 그것뿐입니다. 돈 빌려 빚 많이 지면 어떻게 하느냐고 걱정만 할 일이 아니라 일 잘하고 장사 잘해서 돈 벌어 갚고 잘사는 것이 상책 아닙니까'라고 반론을 펴곤 했습니다. (박충훈: 당시 상공부 장관)

장 부총리는 '나의 의견'이라는 제목으로 일본 경제신문에 기고한 글에서 상업차관은 필요에 따른 수요와 공급의 상업원칙이 바람직하며 굳이 한도를 설정할 필요가 없다고 다음과 같이 주장했다. "나는 상업차관에 미리 일정한 한계를 둔다는 것은 원래 이상하다고 생각한다. 민간 경제협력에는 가령 경제적·자연적 한도가 있어도 인위적 한도가 있어서는 안 된다." 그의 불도저식 차관도입 정책으로 수많은 기업들이 차관을 도입해 공장을 세운다. 그는 일단 설명을 들어 보고 경제적으로 납득이 되면 신속하게 차관도입을 허용했다.

> 그때만 해도 소비재용 철강재만 생산하는 전근대식 시설뿐이었다. 국제경쟁력을 향상시키기 위해서는 자동차·전차 등에 각종 원자재로 사용되는 철강재를 생산해야 했다. 이를 위해 냉간압연 공장 사업계획서를 제출하였더니 냉연이냐, 열연이냐를 두고 각 언론 및 행정부, 경계 모두가 찬반양론으로 갈라져 상당한 물의를 일으켰다. 한번은 백상이 나를 불러 냉간압연 공장이란 것이 무엇

이기에 이렇게 시끄럽게 논란이 되느냐며 그 사업에 대한 설명을 요구하였다. 나는 냉간압연 공장에 대한 사업설명을 하고 철강재를 생산하여 국가 기간산업에 기여하고 나머지는 전량 수출하여 외화 획득에 기여하겠다고 하였다. 설명을 다 듣고 난 백상은 즉석에서 모든 행정적 지원을 약속하였으며 대외차관에 필요한 정부지불보증도 승인해 주었다. 후일 국회 동의(당시 정부지불보증은 국회 승인절차를 밟음)를 받아내는 데도 상당한 노력을 기울인 것으로 알고 있다. (권철현: 전 연합철강 회장)

한편 당시 기획원에서 외자협상을 도맡았던 양윤세 과장은 장 부총리가 아무 돈이나 들여온 것 같은 인상을 주지만 절대로 그렇지 않다고 잘라 말한다.

봇물 터진 상업차관과 외채망국론

빚을 내서라도 일단 경제를 키워야 한다는 장 부총리의 확신에 따라 차관도입실적이 늘어나기 시작했다. 정부가 상업차관에 대해서도 지급보증을 해준다는 법률까지 제정했는데도 전혀 꿈쩍도 않던 상업차관이 급속도로 늘어나기 시작한 것이다. 1959년에서 1966년까지 전부 합쳐서 3억 2,500만 달러에 불과했던 차관도입이 1967년 한 해에만 2억 3천만 달러가 들어왔고 1968년에는 3억 3,860만 달러, 1969년에는 5억 5천만 달러를 넘어섰다. 특히 여기에는 일본기업들로부터의 상업차관이 높은 비중을 차지했다. 해방 이후 1964년 말까지 차관도입액의 1%도 안됐던 일본 상업차관 도입액수는[16] 한일 국교정상화가 이뤄지고 장기영 부총리가 재임한 3년 반 동안 무려 2억 6천만 달러에 이른다. 같은 기간 한국에 들어온 전체 외자 6억 5천만 달러의 40%에 이르는 엄청난 액수였다.

외자가 극도로 부족해 만성적 외환위기를 겪고 경제개발에 부족한 돈을 차관으로 조달한 시절, 상업차관이 갖는 경제적 의미는 각별했다. 내자가 빈약해 대규모 공장을 건설하는 데 자체 자금조달을 통해 건설하는 것은 불가능한 시절이었다. 대규모 공장설립을 위한 상업차관 도입이 불가피했다. 일본,

16 한국의 외자도입액 9,950만 달러 가운데 40%가 일본에서 들어온 돈이었다.

서독, 미국 등에서 들여온 상업차관과 낮은 정책금리의 은행대출을 얻어 기업들은 화학, 시멘트, 비료, 나일론, 섬유, 설탕, 식품, 음료 공장 등을 속속 건설하기 시작했다. 바야흐로 상업차관을 통한 공장건설 전성시대였다.

또 1966년에는 차관 공여국들이 '대한국제경제협의체'(IECOK: International Economic Consultative Organization for Korea, 외국차관단 컨소시엄)를 창설했다. 그해 12월 12일 파리에서 개최된 IECOK 창립총회에서 장 부총리는 "도약단계(take-off)에 있는 한국경제가 완전한 비행고도에 도달할 때까지 IECOK가 국제적 관제탑 역할을 해 달라"고 역설했다.

일본 상업차관의 유입과 동시에 그동안 야당과 학계, 언론계로부터 간간히 제기되었던 '외채망국론'의 비난도 터져 나오기 시작했다. 특히 현금차관에 대한 비난이 거셌다. 현금차관에 대한 비난의 핵심근거 가운데 하나는 현금차관이 도입되자마자 한국돈으로 바뀌어 통화증발과 물가상승의 요인이 된다는 점이었다. 또 정치자금이나 부패와의 연결고리가 된다는 비판이 쏟아졌다. 당시 시장이자율이 몇십 퍼센트 수준이었기에 누구든 낮은 금리로 현금차관만 들여오면 엄청난 금리차익을 얻을 수 있었다. 그러다 보니 현금차관 도입이 정치자금 조성의 창구로도 악용됐다. '외자도입심의회'가 있었지만 정권이 주도하는 차관은 제대로 심의도 받지 않고 무조건 통과되는 경우가 대부분이었다.

상업차관 도입이 늘어나면서 발생한 또 다른 문제점은 차관의 형태를 빌린 소비재 수입 급증이었다. 당초에는 경제발전을 위한 주요 공장건설 위주로 들여왔던 차관이 나중에는 음료와 맥주, 포도주, 식품 등 당시로서는 사치성 소비재를 외국에서 수입해 오는 편법적 창구로 활용된 것이다.

높은 차관의존 때문에 제조업 자기자본 비율도 갈수록 악화되었다. 제조업 자기자본은 1960년대 이래 계속 낮아져 1975년에는 22.8%에 불과했다. 같은 해 제조업 부채는 은행차입이 35%, 사채가 28%나 됐고 공장설비 등에 들어간 고정부채는 외국차관이 전체의 48%를 차지했다. 차관도입으로 인한 경제 생산성이 하락하고 있는데도 기업들의 무모한 차관도입이 계속되자 결국 정부는 1967년 11월 기업들의 부실차관 도입을 견제하기 위한 '외자도입 합리화 시책'을 실시하고 1968년에는 현금차관 도입을 원칙적으로 중단했다. 장기영 부총리가 퇴임한 직후에 일어난 일이었다.

꿈을 현실로 — 제 2차 경제개발 5개년계획

연평균 성장률 7% 목표, 11.4% 달성

제 1차 경제개발 5개년계획은 혁명정부의 의욕이 지나쳐 현실과는 동떨어지게 엄격히 집행되는 과정에서 다소 삐걱거리기는 했지만 해당 기간의 연평균 경제성장률은 8.3%로 당초 목표를 웃돌았다. 그러나 저임금을 기반으로 한 생산증가와 일부 품목의 수출증가, 미개발 부문의 개발에 따른 양적 성장의 결과였을 뿐 한국경제의 본격적 도약은 제 2차 경제개발 5개년계획에 집중된다.

외자가 물밀듯 들어오고 내자도 어느 정도 조달이 되면서 장기영 부총리가 이끄는 EPB은 다소 풍부해진 내・외자 재원을 바탕으로 1965년에 제 2차 경제개발 5개년계획(1967~1971년)을 수립했다. 독일의 에르하르트 총리에게서 한 수 지도받은 대로 제철소를 만들고 고속도로를 건설하며 자동차와 기계 등 공업구조를 고도화하고 수출을 늘리며 농업개발정책을 통해 농공병진을 추진함으로써 연평균 7%의 성장률을 이룬다는 목표를 세웠다. 1971년의 경제규모는 기준연도인 1965년보다 50% 확대되고 1인당 GNP는 31% 증가해 진정한 자립경제를 달성한다는 원대한 청사진이었다.

IBRD는 물론 미국경제 고문단들까지 "실현 불가능한 꿈에 불과하다"고 일축했다. 희망과 비전으로서의 꿈(dream)이 아니라 대안과 자본이 마련되어 있지 않은 '백일몽'(daydream)에 불과하다는 평가였다.

〈뉴욕타임스〉 도쿄 지국장 에머슨 체이핀이 장 부총리를 찾아와 2차 경제개발 5개년계획에 대해 '꿈에 불과하다'는 냉정한 시각이 있다고 전하자 장 부총리는 "번영의 시초는 모두 꿈이다"라고 반박했다. "너무 원대한 꿈은 실현 가능성이 없다"는 주장에 대해서도 "있고 없고는 해봐야 안다. 해보지도 않고 안 된다는 것은 패배주의다. 역사가 잠자는 것이다"라고 주장했다. 전진이 없으면 죽은 것이나 마찬가지이며 힘껏 달리다가 안 되면 다음 세대가 이어받아서 완성할 것이라고 역설했다. "능력에는 한계가 있지만 노력에는 한계가 없다"라고 말하는 것이 백상의 입버릇이었다.

그런데 막상 뚜껑을 열어 보니 그 꿈은 당초 계획보다도 훨씬 일찍 실현되고 있었다. 계획기간(1967~1971) 중 한국경제는 평균목표인 7%를 훨씬 넘는 11.4%의 높은 경제성장을 기록했다. 특히 경부고속도로가 완성되면서 물류가 활발해지고 포항제철이 건설되며 자동차 공장과 시멘트 공장, 석유화학 공장이 속속 건설되고 생산이 시작되면서 공업 부문은 연평균 성장률 22.5%라는 놀라운 기록을 세운다.

컴퓨터 달린 불도저

모든 난제를 뚝심 있게 밀어붙이기 때문에 불도저라는 별명으로 불리던 백상이지만 평소 늘 입버릇처럼 달고 살던 '담대심소'(膽大心小)의 철학 때문인지 정작 일처리는 세심했다. 때로는 챙기는 것이 너무 지나쳐 다른 사람들을 어처구니없게 만들었다. 어떤 회의에서는 잠깐 동안에 수십여 건의 세세한 지시를 내려 관계자들을 놀라게 했다.

그는 대담하면서도 엄청나게 꼼꼼한 사람이었다. 대외협상을 하기 전날 지시를 내리면서 백몇십 가지 사안을 챙겨보라고 하는 바람에 부하직원들이 애를 먹는 경우도 있었다.

▸▸ 양윤세

이 양반이 얼마나 세심한가, 얼마나 조심스러운가 하면 내가 수없이 그 양반 모시고 세계 각국을 돌아다녔습니다. 김기병(당시 비서실장)은 항상 있었고, 큰 그룹을 인솔하고 비행기 타고 해외 다닐 적에, 그때는 내가 국장 때인데 '양 국장 이것 경비야' 하며 탁 던져 줍니다. 사람들 보건 안 보건. 그러면 가는 사람이 한 10명쯤 되니까 한 2만 달러 된다는 말이에요. 그걸 보면 속 모르는 다른 사람들은 '통도 크다, 달러 막 주네' 이렇게 생각하는 거예요. 그런데 그 달러 받아서 우리가 해외업무 끝나고 돌아올 때까지 내가 일일이 다 명세를 적어야 했습니다. 돌아올 적에 도쿄에서 비행기 타고 나면 그 돈에서 남은 게 100달러 조금 넘어요. 102달러 3전, 이렇게까지 전 단위까지 계산한다는 말이에요. 그러면 보통사람 같으면 남은 돈 갖다 주면 그것 알아서 가지고 있으라고 그럴지도 모르는데, 이 양반은 꼭 받아서 다 챙겨요. 그러니까 남들 보기에는 저쪽 양반은 돈을 막 쓴다, 막 주는구나, 싶지만 절대로 이게 아니거든요. 자기가 미리 세밀하게 계산 다 해서 줍니다. 아무튼 남아도 그렇게밖에 안 남게 딱 맞춰서 만들어서 주는 겁니다. 그렇게 꼼꼼해요.

은행원 출신답게 통계와 계산에 밝은 백상의 꼼꼼한 일처리 방식은 특히 외국과의 협상에서 빛을 발했다. 대일 청구권자금 협상, 월남파병 등 경제적으로 중요한 역사적 회담에서 백상은 특유의 달변으로 소신 있게 밀어붙이면서도 우리 측에 유리하도록 세밀하게 경제적 실리를 챙겨 '불도저는 불도저인데 컴퓨터가 달린 불도저'라는 별명을 얻는다.

> 일선 외교는 외교관인 내가 했지만 외교효과가 실이익이 있도록 작전을 일일이 기획해 준 사람은 바로 EPB 장관 겸 부총리인 백상의 컴퓨터 머리에서 나온 것들이다. 외교적 수완은 내가 더 있었는지 몰라도 경제적인 쪽, 특히 숫자 개념에 약한 나로서는 백상의 천재적 수리 파악에 놀랄 때가 많았다. 극히 일부의 사례에 지나지 않지만 월남파병과 관련해 한국군 현대화 등에 대한 미국의 지원을 문서로 약속받은 것이 브라운 각서다. 이 각서에 우리가 지원요청 내역을 요구할 때도 백상은 비상한 머리 계산을 했다. 당시 외로운 전쟁에 고전하던 미국은 울며 겨자 먹기로 우리의 모든 요구를 수용했다. 그리고 한국 기업들이 월남에 진출할 수 있는 기초를 다졌으며 몇몇 대기업이 탄생하는 계기가 되었다. 하루는 박 대통령이 사석에서 웃으면서 '장 부총리가 불도저라는 별명이 있던데 사실이냐'고 물었다. 이때 내가 '그냥 불도저가 아니라 컴퓨터가 달린 불도저죠' 라고 말해 한바탕 웃은 에피소드가 있다. (이동원: 전 외무부 장관, 대통령 비서실장, 국회의원)

세 번의 국회 불신임안

재임 중 장 부총리는 세 번씩이나 국회에서 해임결의의 대상이 되었다. 첫째는 장 부총리의 전직인 언론과 관련된 사건이었다. 1964년 한일회담 반대에서 시작된 소요가 갈수록 커지자 박정희 대통령은 6월 27일 학원의 과잉자유와 언론횡포의 시정을 요구하는 특별교서를 발표하고 8월 2일 언론윤리위원회 법안을 국회에서 통과시켰다. 장 부총리가 취임한 지 몇 달 안 된 1964년 8월 31일, 장 부총리가 부의장으로 사회를 본 임시국무회의는 「언론윤리위원회법」 시행을 가로막는 기관이나 개인에 대해 특혜나 협조해 주지 않기로 결정했다. 반(反)정부 성향의 언론에 대해 정부부처는 물론 산하 금융기관,

모든 공공기관들이 해당 신문의 구독을 중지하도록 하는 어이없는 일이 벌어지자 야당은 장 부총리 불신임안을 제출했다. 장 부총리가 언론계 출신이면서도 언론탄압에 앞장섰다는 이유였다.

두 번째 불신임안은 이른바 '편타(便他) 대출사건'이라고 불리는 소수재벌들에 대한 특혜금융 의혹 때문이었다. 6대 재벌에 대한 정책금융여신은 60억원이라는 당시로서는 어마어마한 규모였고 편법대출의 규모도 엄청났다. 청와대의 특혜 지시설과 재벌 정치자금 제공설 등이 국회 재경위에서 공개되어 정치적 파란을 일으키기도 했다. 심지어는 여당의원 가운데 일부가 부총리 해임 찬성에 표를 던져 항명파동이 일어나기도 했다.

다음은 정치인 고흥문, 김재순, 정일권 등의 회고다.

> 그는 매우 어려운 시기에 3년 반 동안 부총리 겸 EPB 장관을 맡게 되어 야당의 세찬 공세를 한 몸에 받곤 했는데 육중한 체구답게 야당의 세찬 공세를 잘 견뎌냈다. 부총리 재임기간에 그는 국회에서 세 번이나 해임결의의 대상이 되었다. 인상적인 일은 그 표결의 결과였다. 당시 여당인 공화당 의원들의 항명소동이 된 두 번째 해임결의에서 부결처리하기로 한 공화당의 당론에도 불구하고 여당의 몇몇 의원들이 해임 찬성표에 가세했는가 하면 반대로 한비(韓肥) 사건 때는 해임을 요구한 야당 측에서 해임 반대표가 다수 튀어나왔다. 즉, 장 부총리에 대해서는 여당의원들 일부가 불신임을 원했고 거꾸로 야당 쪽 일부 의원들이 해임을 반대한 셈이다. 그때마다 백상은 그 무표정한 얼굴로 눈만 끔벅이곤 했다.
>
> 그 당시 6, 7대 재경위는 청구권자금, 금리현실화 문제, 편타대출, 한비 밀수사건 등으로 해서 열리기만 하면 여야, 정부 간에 치열한 격론이 벌어지곤 했는데 화살을 한 몸에 받으면서도 백상의 태도는 무척 성실하고 참을성이 깊었다.
>
> 당시 재경위는 오전 10시쯤 시작되어 오후 늦게, 때로는 자정을 넘기는 경우가 적지 않았는데 백상은 야당 측 주장에 일리가 있다고 생각되면 '청와대를 잠시 다녀오겠다'면서 정회를 요구하곤 했다. 어느 때는 새벽 2시쯤 청와대를 다녀오기 위해 자리를 뜬 적도 있었다. 대통령을 설득해야 하겠다고 믿으면 그대로 시간에 상관없이 대통령 면담을 신청했다. 짐작건대 대통령의 잠을 깨운 적도 있었을 것이다. 어쨌든 그가 청와대를 다녀오면 야당 측 주장의 일부가 받아들여지곤 했다. (고흥문: 전 국회부의장)

그를 혼냈던 수많은 정치인들도 마음 한구석으로는 샌드위치가 될 수밖에 없었던 백상의 처지를 이해했다.

> 할 일은 많고, 돈은 없고, 밖으로는 외자를 구걸해야 하고, 안으로는 청와대와 그 주변 권력자들의 압력을 피해야 하고, 개발정책에 따른 온갖 부작용에 대해서 밤낮으로 국회에 불려가 얻어맞아야 했다. 그의 성품이 느긋한 점은 이런 어려운 일들을 해결하는 데 윤활유가 되었다. 백상을 가리켜 국회에서는 '여야 원내총무'라고도 했다. 여당은 물론 야당 수뇌들의 회의에도 어슬렁어슬렁 찾아가서 미움 사지 않고 참견하고 돌아오기도 하였다. (김재순: 전 국회의장)

마지막 불신임안은 그를 개발연대의 고속성장, 압축성장의 주인공으로 일으켜 세운 그 '다다익선 외국자본' 때문에 발생했다. 바로 우리나라 외자도입사상 최대 비리사건으로 손꼽히는 '한비(한국비료) 밀수사건'이다.[17] 유명한 국회 오물투척 사건으로 이어진 이 사건은 이병철 삼성회장이 한비 주식 51%를 국가에 헌납하는 것으로 사건은 매듭지어졌으나 외자도입이 국민 전체의 의혹을 사게 되어 장기영을 씁쓸한 퇴장으로 몰고 간 계기이기도 했다.[18]

국회에서 그처럼 시달렸는데도 그는 의회 민주주의의 기능과 역할에 대해 나름대로 신념이 있었다. 매년 예산을 통과시키는 데 죽도록 고생하면서도, "예산통과가 힘든 것이 바로 민주주의다"라고 말하곤 했다. 그는 한비사건 때 가장 많은 오물을 뒤집어쓰고도 김두한 의원의 징계에 대해 끝까지 반대했다.

> 김두한 의원 징계문제가 거론되자 국무위원들 대부분이 처벌을 주장했으나 백상만은 '대의정치에는 관용이 있어야 한다'면서 '이번 일은 역사에 남을 텐데 우리 후진들이 내각을 욕하겠는가, 상식 밖의 일을 한 장본인을 욕하겠는가. 결국 국민 여론에 있어 우리는 승리하고 그는 욕을 먹었는데 구태여 또 징계까지 할 필요가 있느냐'면서 끝내 징계를 반대했다. (정일권: 전 국회의장, 전 국무총리)

17 삼성의 이병철 회장이 울산에 세계최대 규모의 한비공장을 지을 때였는데, 한비가 사카린 58톤을 백시멘트로 위장해 양변기와 함께 면세로 수입한 밀수사건이었다. 삼성이 한비공장을 건설하기 위해 일본 미쓰이(三井)사로부터 5천만 달러에 이르는 차관을 들여올 때 정부지불보증을 인가했던 사람이 바로 장 부총리였다. 사카린 밀수가 정치자금 조성과 관련이 있다는 의혹과 질타가 쏟아졌다.

18 오물을 투척한 김두한 의원은 독립운동가 김좌진 장군의 아들이다.

부총리 퇴임

아시안게임 유치 반환소동과 씁쓸한 퇴장

수많은 일화를 뿌리며 장관 위의 장관, 대한민국 물가를 '때려잡는' 불도저의 사나이도 그 과정에서 만들어 놓은 수많은 적들의 견제로부터 결코 무사하지 못했다. 부총리 후반기로 가면서는 권력실세들과도 자주 부딪쳤다.

▸▸ 지동욱

왕초가 일본사람들과 잘 아니까 일본 관계는 뭐든지 왕초한테 들어오는데, 이후락 씨도 나름 인맥이 있고 하니까 자주 부딪치게 됩니다. 예를 들어 한일 국교정상화 후에 우리나라에서 외환은행이 도쿄에 나갈 예정이었어요. 우리나라에는 일본은행 2개가 들어오고. 그런데 장기영 씨는 일본은행계와 친하니까 후지은행과 일본의 외환전문은행인 도쿄뱅크 2개를 해 주려고 했어요. 그런데 그것을 이후락 씨가 비틀어서 미쓰비시은행으로 바꾸게 했습니다. 그러니까 모든 이권에서 권력실세들과 부딪쳤어요.

대통령으로부터 무한신임을 받고 재무장관을 다섯 사람이나 바꾸던 백상의 질주에 갑자기 이상신호가 잡히기 시작한다. 당시 상황을 지켜보았던 사람들은 대표적 이상징후 가운데 하나로 그가 추진했던 '아시안게임 유치 반환사건'을 들기도 한다.

백상은 부총리 겸 국제올림픽위원회(IOC: International Olympic Committee) 위원이 되면서부터는 국내 체육계의 발전을 위해 예의 멈추지 않는 무한 에너지로 전력을 다했다. 1966년, 더위가 기승을 부릴 때였다. 당국으로부터 제 6회(1970년) 아시안게임을 유치토록 하라는 밀명을 받은 한국올림픽위원회(KOC)는 분주하게 움직였다. 즉시 기본방침을 수립하고 대회유치 사절단을 결성하여 추진에 들어갔다. 당시만 해도 국내에서는 처음 열기로 한 경기이니만큼 모두들 흥분에 들떠 있어 KOC 위원들은 해외 각지에서 너나 할 것 없이 전력투구했고 그 결과 아시아게임연맹(AGF)은 제 6회 아시안 경기를 한국에서 개최토록 만장일치로 결정한다. 관계자들은 일제히 기쁨의 함성을 질렀다.

지동욱 池東旭 전 〈한국일보〉 기자

1937. 3. 11 대구 출생
경북고 졸업, 경북대 경제학과 중퇴
1958~1979 〈한국일보〉 편집국
외신부, 경제부 부장
1978~1980 광유사 대표이사
1980~현재 한일비즈니스 대표이사

당시로서는 '88 서울올림픽'이나 '평창 동계올림픽' 유치에 못지않은 사건이었기 때문이다.

그러나 이러한 환호는 순식간이었다. 당국으로부터 국내 사정이 여의치 못하니 유치권을 반환하라는 충격적 지시가 내려온 것이었다. 아시안게임을 유치하는 것도 어려운 일이었지만 다시 반려하는 것은 더욱 어려운 일이었다. 우여곡절 끝에 태국정부가 대신 유치하기로 했으나 국가적으로도 불명예스러웠다. 더욱이 적자 예상액을 한국이 메워 달라는 태국정부의 요청으로 한층 어려운 사태에 빠졌다. 장기영은 사태수습에 나섰다. 즉각 AGF 회원국에 찬조금 분담 요청을 했다. 다수의 회원국이 분담에 응했으나 필요액의 절반 정도밖에 조달하지 못했다. 이 부족분에 대해서는 정부의 지원이나 체육회의 보조도 거의 없이 그가 개인적으로 보충하여 지불한 것으로 전해진다.

▸▸ 지동욱

백상이 1966년부터 IOC 위원이 되고 아시아게임을 유치했어요. 그런데 그전부터 장기영 씨가 너무 커졌다고, 이권관계가 많다고 그런 말이 떠돌았습니다. 또 결정적으로 문제가 된 게 1967년 초 모 신문 주간지가 있었는데 표지에 김현옥 서울시장과 백상이 둘이서 손잡고 걸어가는 것이 1면 사진에 크게 실렸어요. "1967년의 호프"라고 해 가지고 (기사가) 나왔다고요. 그걸 보고 전부 다 '왕초가 너무 커졌다', 그런 이야기들이 돌기 시작했어요. '장기영 씨가 다른 생각이 있는 것 아니냐?' 하면서 견제하기 시작했어요.

1967년부터 장기영 부총리는 사면초가(四面楚歌)에 몰린다. 백상과 특히 가까이 지낸 주변 사람들이 모두 눈치챌 정도였다.

▸▸ 양윤세

경질되기 얼마 전에 내가 눈치를 많이 챘지요. 하루는 내가 술이 많이 취해서 장 부총리에게 '그만 사표 내세요' 그랬어요. 이제는 장 부총리 시대가 지났으니까, 잘려서 그만두면 창피하니까 지금 당장 사표를 내라고. 술이 잔뜩 취해서 그러니까 다른 사람들이 나를 끌고 가서 옆방에서 재웠어요. 내가 보니까 그때 이미 이분이 아이디어를 자꾸 쥐어짜는 것 같은 그런 것을 느꼈거든요. 그럴 때는 좀 나가서 쉬어야 된다, 그렇게 생각했어요.

부총리 퇴임 직전인 1967년 5월 도쿄에서 제1차 한일 경제각료회의가 열렸다. 이 자리에서 장 부총리는 혼자서 여러 사람의 일본 관리들을 상대로 예의 '심야회의의 뚝심'을 또 한 번 유감없이 발휘했다. 졸리고 지친 일본 관리들이 내일 아침에 회의를 속개하자고 했으나 백상은 "우리는 내일 귀국해야 한다. 반드시 오늘밤 내로 결정지어야 한다"라고 버텼다. 철야 담판에 지친 일본 측 대표는 백상의 주장을 모두 받아들였다.

백상은 혼자서 여러 일본 대표들을 압도해 자신의 주장을 관철시킨 이날의 철야회담을 평생 잊지 못할 회심의 역작으로 자랑스러워했으나 정작 한국의 분위기는 개선장군을 맞는 분위기가 아니었다. 백상의 독주에 대한 정치권 내부의 불만, 차관을 빌려다가 거액의 부실을 내는 기업들을 지원했다는 데 대한 언론의 비판, 차관망국론 등이 비등해 그의 공로는 크게 부각되지 못했다. 그리고 그 회의는 백상이 참가한 마지막 한일 각료회의가 되고 말았다. 귀국한 지 얼마 되지 않아 부총리에서 해임된 것이다.

부총리 퇴임 — 불휴(不休)의 1,241일

1967년 10월 3일 개천절 날, 장기영 부총리는 황병태 경협국장과 비서를 데리고 포항종합제철 기공식에 참석하기 위해 부산에 내려갔다. 그리고 그날 점심 자리에서 자신의 해임뉴스를 듣게 된다.

▸▸ 전응진

백상 선생이 1967년 10월 3일에 그만뒀거든요. 그런데 그날 아침에도 우리 집에 전화를 했어요. 그해 농업생산 동향이 어떻고, 문제가 없는지 장시간 나하고 통화하셨어요. 그런데 그날 낮 12시 뉴스에 경질소식이 나왔습니다. 아침에 통화했는데 점심때 경질뉴스를 들어서 깜짝 놀랐어요. 그래서 나는 지금도 의문이 나요. 본인이 그만둬야 될 낌새를 눈치 채고서도 기획원 일을 다했고 농림부 일까지 챙기셨다면 대단하신 분이죠. 본인이 그만둘 낌새를 알 것 같으면 보통사람 같으면 기획원 일도 못 챙길 텐데, 남의 부처(농림부)에 전화한다는 것은, 만약 알면서도 그렇게 했다면요. 끝까지 내가 하던 일은 하고 간다는 것이고, 몰랐다면 일국의 부총리도 모르게 대통령이 부총리 인사를 한다는 게 대단한 것이고요.

3년 반이나 부총리를 지내는 동안 경제발전과 차관도입, 물가안정 등 온갖 일들을 불도저처럼 거침없이 해치운 부총리에 대해 박정희 대통령은 왜 최소한의 인간적 배려도 없이 지방에 출장간 사이에 경질소식을 전격적으로 발표해 버렸을까? 두 사람 사이에 무슨 일이 있었던 것일까?

백상의 부총리 재임기간이 길어지면서 의욕이 앞선 나머지 대통령의 뜻을 거스르는 일이 나타나기 시작했다. 박 대통령이 전남 여수에 건설될 제 2 호남정유공장의 실수요자를 럭키화학으로 단독 지정하라고 지시했으나 이 말을 듣지 않고 다른 기업들을 불러들인 것이 대표적 사례였다. 직후에 열린 회의석상에서 박 대통령은 "장 부총리는 자기 혼자만 경제를 알고 다른 사람들은 다 바보라고 생각합니까? 내가 지시한 것을 무시하고 복잡하게 일을 벌였지요? '대통령 너도 경제를 모르니까 나를 따라라' 그런 소리였습니까?"라고 날카롭게 쏘아보며 질책했다. 대통령이 감정을 폭발하자 회의 분위기가 싸늘하게 식었다. 백상은 예의 무표정으로 가만히 듣기만 했다. 이런 일이 몇 차례 반복되면서 장기영 부총리에 대한 박 대통령의 인간적 피로감이 누적되기 시작했다.

부총리를 보좌해 그 옆에 있었던 한 기획원 관리는 그것이 사실상의 해임 통보나 다름없게 들렸다고 전한다. 그런데도 백상은 또다시 대통령의 말을 듣지 않고 포항종합제철 기공식 일정을 발표했다.

▸▸ 엄일영

그때까지만 해도 박 대통령이 포철에 대한 집념이 굉장히 컸어요. 그런데 장 부총리는 "나(장기영) 있는 동안에 이것을 실행해야 되겠다"는 욕심이 과했어요. 한국경제의 숙원사업을 내가 해결해야 한다는 그런 욕심이 있었던 거예요. 문제는 자금인데 그 당시에 차관을 도입할 실체가 아무도 없었습니다. 대한국제제철차관단(KISA: Korea International Steel Associates)은 지지부진하고 미국도 세계은행도 결사반대하고. 그런데도 이 양반은 일단 기공식부터 해놓고 진행사항을 과시하려 했습니다. 좀 욕심을 부렸던 거죠. 그때 박 대통령이 기공식을 하지 말라고 했고 이후락 씨도 직접 전화해서 말렸는데도 이분이 기공식을 강행했습니다. 그래서 (경질)된 거예요.

부총리 재임기간이 길어지면서 누적되기 시작한 백상의 독주에 대한 불만에도 불구하고 기획원 사람들이 단 한 가지 공통적으로 분명하게 증언하는 것은 그가 경제행정을 정말 '자신의 일'처럼 '24시간이 부족하게' 그리고 '불면과 불휴'의 노력으로 헌신했다는 것이다. 실제로 퇴임 당시 장 부총리가 기획원 간부들로부터 받은 기념패에는 '불휴(不休)의 1,241일간의 노고를 EPB맨들은 기억하렵니다'라고 쓰여 있었다.

백상에 대한 평가

백상의 리더십

은행원과 신문사 사주 시절의 백상 장기영에 대한 평가는 대체로 긍정적이다. 근면, 성실, 용기, 인정 등의 아이콘으로 각인된다. 문화예술인, 체육인들도 백상의 '통 큰 지원'에 감읍했다. 그러나 부총리가 된 이후의 백상에 대한 평가는 다소 복잡 미묘하다. 특히 부총리로서의 그의 리더십에 대해서는 극단적으로 평가가 엇갈린다.

당시 기획원의 젊은 과장들 사이에는 개발연대의 온갖 어려움을 이겨내며 한국경제를 '안전궤도'로 이륙시킨 주역인 그를 맹목적으로 따르는 장기영 신도(信徒)가 많았다. 이들에게 백상은 상하관계 없이 격식을 가리지 않고 실무자들의 판단을 중시하고 업무를 맡기는 파격적이고 멋진 상사였다. 몸소 현장에 가서 확인한 후 정책을 결정하고, 엄격한 관료사회에서는 전혀 상상도 할 수 없는 반짝이는 아이디어를 냈기 때문에 후배 관리들에게 인기가 높았다.

▸▸ 전응진

옆에서 지켜보면 이분이 참 아이디어가 많아요. 그때 대통령을 보좌해서 해외를 여러 번 나갔잖아요. 대통령이 해외에 가시면 외무부의 통신이 오픈돼 있잖아요. 가령 유럽도 오픈돼 있는데 하루는 이분이 임윤택 비서실장과 나를 불러서 "우리 A, B, C, D로 암호를 정하자" 하십니다. 무슨 이야기냐 하면 그때만 해도 A는 서울의 저탄량이 얼마다, B는 서울의 쌀은 재고가 없다, C는 금값이 얼마다, D는 통화량이 어떻다, 이것을 A, B, C, D로 쭉 미리 정해서 적어두었다가 본인도 하나 가지고 가시고 우리는 우리대로 그렇게 적어서 가지고 있다가 나중에 해외 가셨을 때 숫자만 적어서 보내는 거예요. 내가 통계를 임윤택 비서실장한테 갖다 주면 임 실장이 부총리에게 보냈지요. 부총리는 대통령 모시고 해외 나가서 옆에서 이야기하다가 '오늘은 서울에 이런 일이 있었습니다, 통계는 이렇습니다' 하고 이야기하면 대통령이 놀라실 것 아닙니까? 그런 업무 스타일이며 뭐며 이분이 참 아이디어가 많았습니다. 어깨 너머로 배울 점이 많았습니다.

백상이 실무국장, 과장들을 중용한 것은 발로 뛰며 얻은 현장정보를 중시하고 시간낭비 없이 일의 효율을 강조하는 언론사식 업무스타일이 몸에 뱄기 때문인 것으로 보인다. 〈한국일보〉에서 첫 기자생활을 시작한 김중배는 새내기 사회부 기자 시절에 사장을 기자보(補)로 거느리는 진기한 경험을 했다.

한강의 남북을 이어 주던 나룻배가 뒤집혔다. 사회부의 사건기자들은 유명한 '구보(驅步)의 계단'을 쏟아져 내려갔다. 물론 나도 그중의 하나였다. 회사 밖에 지프차 문이 벌써 열려 있었다. 앞자리에 뛰어오르자 이내 거구의 호흡이 고동쳐 왔다. '빨리 달려, 빨리' 영락없는 사장의 목소리였다. 나는 뒷자리를 눈여겨 확인했다. 틀림없었다. 백상이 거기 앉아 있었다. 엉겁결에 엉거주춤 엉덩이를 일으켰다. '빨리 달리는 데만 신경 써. 취재 차에선 취재기자가 어른이야. 기자가 앞자리에 타야지. 지금 나는 보조기자야. (김중배: 당시 〈한국일보〉 기자, 전 〈동아일보〉 편집국장, 전 문화방송 사장)

사건현장인 나루터에 이르러서도 그는 '독전'의 사령관 자리에 서지 않았다. 기사를 전화로 신문사에 불러주어야 했다. 당시엔 당연히 휴대전화 같은 무선전화가 없었다. 유선전화도 귀할 때였다. 현장 부근의 조그만 화원에 있는 전화가 유일한 수단이었다. 백상은 화원 주인을 구워삶아 〈한국일보〉 기자만이 전화를 사용하도록 했다. 백상이 그 유일한 전화기를 지키는 바람에 다른 신문사 기자들은 발을 굴렀다.

작가 오상원은 당시 〈동아일보〉의 사건기자였다. 전화를 찾아 화원에 달려가자 장판교(長板橋)를 가로막았던 장비(張飛) 같은 사나이가 눈을 부릅뜨더라는 것이었다. 당시 나는 다시없는 '보조기자' 한 사람을 거느렸던 셈이다. 위계를 넘어 기능과 효율을 존중했던 그는 유능한 '보조기자'였다. 직위에 대한 고정관념을 뭉개고 지시 없이도 제구실을 다한 그는 참신한 '보조기자'였다. (김중배)

필요하면 이렇게 사회부 기자의 보조기자도 자처하고 유일한 통신수단인 전화를 확보하기 위해 타사의 말단기자와 싸우는 사람이고 보니 당연히 실무자와 직접 이야기하는 것이 습관이 되었을 것이다.

백상이 입각한 후인 1964년 어느 여름날 이른 아침에 집으로 갔더니 백상이 집 정원 잔디에 텐트를 치고 그 안에서 열심히 무엇을 설명하며 누군가와 길게 전화하고 있었다. 알고 보니 동네 파출소 소장과의 통화였다. 무슨 일이 생각나면 지위고하를 막론하고 때와 장소 등 형식에 구애됨 없이 직접 확인하지 않고는 못 배기는 그의 완벽에 가까운 결벽증과 누구나 접할 수 있는 소탈한 인간미를 느끼게 하였다. (권철현: 전 연합철강 회장)

그러나 다른 사람의 반론을 좀처럼 인정하지 않는 독단적 일처리와 관료사회의 질서를 깡그리 무시하는 업무처리 방식 때문에 날을 세워 그를 비판하는 사람들도 많았다. 특히 타 부처의 장·차관을 건너뛰어 실무 국장과 과장을 불러 자신이 직접 지시하는 장 부총리의 업무스타일이 문제가 되었다. 실무자들이 실세 부총리에게 먼저 보고하는 바람에 정작 타 부처의 장·차관들은 소관업무에서 바지저고리가 되고 말았던 것이다. "한국경제는 장 부총리와 각 부처 실무과장 몇 사람이면 안 되는 일이 없다"는 자조 섞인 말이 관가를 떠돌았다. 하루는 박충훈 상공부 장관이 참지 못하고 한마디 했다.

"상공부 일은 저를 통해 지시하십시오."

"바쁜데 어떻게 일일이 계통을 밟아 일하겠소. 전선이 급할 때는 장군이 대위 역할도 함으로써 승리를 기할 수 있는 것이니 양해하시오."

장기영 부총리에 대해 가장 크게 반발했던 사람이 기획원의 김학렬 차관이었다. 고시 1회 수석합격, 재무부 사세국장과 기획원 예산국장 등 요직을 두루 거친 김학렬 차관은 김유택 부총리 시절에는 거의 모든 업무를 대신했다. 기획원 서류에는 '차관 전결'이 대부분이었다. 그러나 백상이 취임 후 모든 업무를 직접 챙기면서 주로 실무자들을 불렀기에 김학렬 차관 등 기획원의 고위간부들은 철저하게 소외된다. 김학렬 차관은 특히 장 부총리의 민간기업 중시 태도를 민간기업과의 유착으로 봤다. 아무런 의논이나 사전조사, 최소한의 절차조차 갖추지 않은 채 민간기업인들이 직접 부총리를 찾아와 이야기하고 가면 청와대와 함께 결정한 사항이라며 내용을 모르는 관리들에게 일처리만을 지시하는 부총리가 김학렬 차관의 눈에는 '나라 망칠 사람'으로 비쳤다.

지나친 성장우선주의 경제철학도 장기영 부총리에 대한 비판의 하나였다. 경제성장을 명분으로 마구 들여온 상업차관은 특혜시비를 일으켰고 인플레를 야기했다는 것이다. 실제로 급증하기 시작한 외자도입은 결국 한국경제에 양날의 칼이 됐다. 무엇보다 민간기업의 '현금차관'을 정부가 보증해 주다 보니 온갖 특혜와 정경유착의 온상이 되었고 부작용도 심각했다. 외자도입을 사실상 결정한 것은 청와대와 KCIA 부장, 공화당, 장 부총리 등 4인방이었다. 외자도입의 적격성을 심사하기 위해 구성된 외자도입 심의위원회는 거수기에 불과해 '현금차관 정경유착'은 언론과 야당에서 두들겨 맞는 단골메뉴였다.

장 부총리는 재임기간에 김학렬, 박동규, 이정환, 홍승희 장관 등 재무장관을 네 사람이나 바꾸었다. 모두가 장 부총리의 독주를 우려해 저지하려고 쓴소리를 냈던 사람들이었다. 이정환 장관은 외자도입 업체에 대한 특혜융자를 강도 높게 비난하다가 경질되었다. 당시 외자도입 업체들 가운데는 공장을 짓고 기계를 사서 생산과 수출을 하겠다는 명분으로 정부보증을 받아 차관을 들여와서는 부동산 투자나 돈놀이를 하는 경우가 적지 않았다. 이 장관은 "정부가 운영자금 지원명목으로 특혜융자를 남발하는 바람에 통화량이 팽창해 인플레가 유발된다"고 직언했다가 경질되고 말았다. 박 대통령은 그럴 때마다 장 부총리의 손을 들어 주어 재무장관을 경질했다. "기차가 한참 속도를 내서 달리는 상황에서 차량 한 대가 삐걱거리면 전체 기차가 멈추게 되니 바꿔 달라"는 장 부총리의 논리를 받아들인 것이다.

그러나 대통령의 말 외에는 누구도 신경 쓰지 않는 이 같은 일이 되풀이되면서 장 부총리는 정부 내에선 물론이고 정치권에서도 많은 적이 생겼다. 김형욱 KCIA 부장도 그를 눈엣가시처럼 생각했던 사람이다. 김형욱은 심지어 KCIA 요원을 부총리 집무실에 침투시켜 거액의 달러와 일본수표, 귀금속 등을 훔쳐내 증거자료로 내보이며 박 대통령에게 그를 처벌할 것을 건의했다고 한다.

이쯤 되니 천하의 백상도 사방에 늘어나기 시작한 반대파들을 당할 재주가 없었다. 여기에 독주하는 백상에 대한 박정희 대통령의 노여움이 겹쳐 전격적으로 경질되고 만 것이다. 10월 3일의 포항출장 중에 들었던 해임뉴스는 산전수전을 다 겪은 백상에게도 적잖은 충격을 주어 내상(內傷)을 만들었다. 이후 백상은 매년 이날이 되면 출장을 핑계로 한국을 벗어나 타국을 전전하게 된다.

고르디우스의 매듭

장기영 부총리의 리더십은 전후의 잿더미 속에서 1인당 국민소득이 겨우 80~90달러에 불과했던 빼저리게 가난한 시절, 고도성장을 위해서 넘어야 할 온갖 장애물이 난마와 같이 얽힌 시절, 이것저것 따지지 않고 불도저처럼 한꺼번에 밀어 버리는 것이 가장 효율적이었던 시대의 코드에 맞춘 것이다.

그리스에서 옛날부터 내려오는 '고르디우스의 매듭'이란 난제가 있다. 소아시아의 농부 고르디우스가 프리지아의 왕이 되었는데, 왕이 된 기념으로 제우스신의 독수리가 앉았던 자기 우마차의 기둥에 소의 굴레를 묶으면서 이 매듭을 푸는 사람이 아시아 전역의 왕이 된다고 예언했다. 수많은 사람들이 매듭을 풀려고 시도했으나 실패한다. 그런데 수백 년 후 이곳을 지나던 알렉산더

대왕은 그 매듭을 칼로 잘라 버리고 아시아의 왕을 자칭했다. 매듭을 섬세하게 풀어가기보다는 단칼에 잘라 버리는 방식을 택했다는 점에서 백상은 알렉산더와 비슷한 측면이 있다. 문제가 불거지면 탱크처럼 밀어 버리는 방식, 고도성장을 위한 효율만이 유일한 게임의 법칙이던 시절에 알맞은 방식이었다.

그는 비행기의 안정고도라는 말을 자주 썼다고 한다. 비행기가 이륙 직후 상승할 때까지는 무척 힘이 들고 연료소모도 갑절로 든다. 그러나 일정 고도까지 상승하고 나면 모든 것이 순탄해지고 연료도 절약되고 추락사고의 걱정도 줄어든다. 적어도 우리 경제가 안정고도에 오르기까지는 쉴 틈이 없으며 다소의 부작용이나 무리는 어쩔 수 없다는 것이 장기영의 주장이었다. 무리한 일처리 때문에 파생되는 부작용에 관해서는 이렇게 설명한다.

> 지금 우리나라 형편은 '집'을 지어야 하는데 기둥, 벽돌, 지붕 등 모든 재료가 부족한 상황 아닙니까? 벽돌을 어떻게든 쌓아 일단 지붕을 올려 씌운 후 비부터 피해야죠. 창문이나 벽돌 틈을 보완하는 것은 나중에 할 수 있는 일 아니오?

〈한국일보〉 기자 출신인 최정호 연세대 교수가 쓴 장기영 사주에 대한 회고의 글을 보면 고도성장을 위해 다른 모든 것을 희생한 데 따른 여러 가지 모순과 부작용을 백상 자신도 충분히 인지했던 것으로 보인다. 당시 최정호 〈한국일보〉 논설위원은 1970년 6월 창간 16년을 맞아 시대를 논하는 장문의 논설을 쓴다. 그런데 그의 논설을 받아든 장 사장은 내용에는 크게 손대지 않은 채 사설의 시점만을 모조리 과거에서 현재로 바꿔서 게재하도록 했다.

> … 근대화 작업은 양지에 못지않게 응달을 남겨 놓는다(원래의 원고는 '남겨 놓았다'는 과거형). 경제개발은 사회계층 간, 지역 상호 간에 보다 그늘 짙은 소외현상과 주름의 오염을 부수(附隨) 한다(원래는 '부수했다'는 과거형). 공업화의 과정을 통해 일찍이 몰랐던 오염과 부상을 유발한다(원래의 원고는 '유발했다'는 과거형). 발전은 그의 중핵과 주변 사이에 우심한 격차의 모순을 병발하는 것이다(원래의 원고는 '병발했던 것이다'라는 과거형).

1960년대의 급속한 개발의 부작용이었던 빈부격차와 지역격차, 소외와 응달에 대해, '일어났다'는 과거시점을 '일어난다'는 현재시점으로 모조리 바꿀 정도로 백상 스스로가 크게 의식하고 있었다는 뜻이다.

백상은 부총리에서 물러난 이후에도 그 열혈 에너지를 국가에 봉사하는 데 기울였다. 그중의 하나가 한·일 협력위원회 활동이다. 1965년 한일 국교정상화는 6·3 사태(1964년 6월 3일, 대일 굴욕외교를 반대하며 4·19 이후 처음으로 1만 5천 명이 참가한 대규모 시위)와 같은 범국민적 반대투쟁과 정부의 위수령 발동 등 숱한 파란 끝에 가까스로 성립됐지만 그 진통은 계속되었다. 이런 상황에서 현실적으로 한일 양국 간에 발생하는 여러 문제들을 조절하는 기구가 꼭 필요하다는 인식하에서 1968년 만들어진 것이 한일협력위원회였고 이 조직의 핵심적 주역 가운데 한 사람이 백상이었다.

> 도쿄의 회의석상에서 일본의 부도덕성을 나무라며 논리 정연한 열변을 토하던 장기영 씨의 발언이 아직까지 생생하게 기억난다. 발언 요지는 일본의 북한에 대한 전략물자인 플랜트 수출에 관한 것이었다. 1969년 무렵엔 무장공비의 청와대 습격사건(1968년 1월)을 비롯해 북한의 무력도발이 빈번할 뿐 아니라 일촉즉발의 긴장상태가 유지되던 때였다. 이 같은 상황에서 일본이 북한에 전략물자를 공급하는 것은 국교를 정상화하여 원활한 협력관계를 의논하는 척하면서 등 뒤로는 우리를 쏘게 할 무기를 적에게 넘겨주는 것과 다름없는 이중적 행동이라는 매서운 경고였다. 백상의 통쾌한 일침은 회의 분위기를 숙연하게 했다.
>
> 그 밖에 독도 영유권 문제, 일본의 대북무역(對北貿易) 창구를 공식화하려던 협화무역사건(協和貿易事件) 등 그때마다 장기영 씨의 논박은 일본 측을 늘 압도하다시피 했다. 일본에서의 회의 후에는 일본 언론의 한국에 대한 편견적 보도 성향 때문에 모두 기자회견이나 발표를 서로 꺼려하는데도 장기영 씨는 어려운 국면일수록 스스로 대변인을 자청하고 나서서 일본 기자들에게 당당하고 의연한 자세로 내용을 설명하고 질의를 받아넘기곤 했다. (김수한: 전 국회의장)

부총리에서 물러난 백상은 공화당 후보로 종로에서 출마해 국회의원이 되었다. 그러나 초선 국회의원이 활약할 여지는 별로 없었다. 또 남북조절위원회 위원장 대리 등으로 활동했다. 그러나 그는 부총리 이후엔 뚜렷한 역할을 하지 못했다. 그만큼 부총리로서 온몸의 에너지를 소진한 셈이었다.

에필로그 — 백상, 마침내 역사의 거인이 되다

경제관료로서 백상의 일처리 방식이나 성격에 대한 평가는 다양하지만 그가 가장 어려웠던 시대에 갖가지 산적한 난제를 헤쳐 나가며 한국경제가 도약하는 초석이 되었다는 점에 대해서는 누구도 이론을 달지 않는다.

▸▸ 엄일영

사실 1950년대부터 인도니 남미니 해서 저개발국들이 경제개발계획을 많이 세웠는데 거의 성공한 사례가 없어요. 다 실패하고 오히려 계획개발을 안 한 나라가 더 성공한 일도 있었지요. 그래서 계획에 대한 불신 내지는 계획 실패가 일반적 관례였는데 장기영 그 양반이 들어와서 이것을 성공시킵니다.

또 그 당시에 USAID뿐 아니라 USOM, IMF 등 국제기구 전부가 정통 균형성장을 추진했습니다. 균형성장, 민간주도, 시장경제 이런 것을 주로 했는데 우리는 그때 전부 거꾸로 갔습니다. 정부주도에 성장을 더 우선시했지요. 빚 많이 얻으면 다 망한다는 것이 그때 하나의 정서였어요. 나라 망해 먹을 사람, 매국노라는 소리까지 들어가면서 장 부총리가 차관을 많이 들여오면서 경제발전을 시켰습니다. 그러면서 왕성하게 서독관계, 일본관계, 월남관계 등 많은 대외관계의 지평을 넓혔어요. 그것이 오늘날 우리 경제가 세계 7위, 무역 1조 달러의 풍향계가 거기서 나오지 않았느냐 하는 생각입니다. 그런 면에서 그 당시에 그 양반의 역할이 엄청나게 컸어요.

금융계와 언론계, 관계, 정치계, 스포츠계, 문화계를 넘나들면서 살았던 백상에게는 많은 문화계의 지인들이 있었다. 하루는 소설가 최인호가 외국을 다녀와 백상을 찾아 귀국인사를 하자 백상은 이렇게 물었다.

"이제 뭘 할 생각이오?"

"글을 쓰겠습니다."

"글이요? 작가가 글 쓰는 건 당연하고 다른 것도 한번 해보시오."

"그렇지 않아도 영화에 손을 댈 것 같습니다."

"그래요? 사실 나도 근사한 영화감독 한번 해볼 참이오."

중앙은행 부총재, 언론사 사주, 경제부총리도 부족해 이제는 영화감독까지 해보겠다는 것이다. 그러나 개발연대에 한국경제라는 큰 역사의 무대에서

장기영 부총리 회고 간담회
왼쪽부터 시계 방향으로 고일동(KDI), 진념, 양윤세, 엄일영, 홍은주, 손명현, 지동욱, 전응진, 심재학(KDI)

'금리현실화', '독일차관 유치', '경제자립', '물가전쟁' 등 굵직굵직한 작품의 메가폰을 너무 많이 잡았던 탓일까. 백상은 '진짜 영화감독'에 대한 꿈을 실현하지 못한 채 얼마 후 심장마비로 타계하고 말았다.

고도성장, 압축성장으로 상징되는 개발연대, 굶주림과 보릿고개, 빈곤으로부터의 극적인 탈출과 동시에 수많은 모순과 양극화를 낳으며 숨 가쁘게 달려온 한국사회와 경제를 위해 바닥을 모르는 에너지와 헌신을 바쳤던 장기영은 그리하여 개발연대 역사의 지평 위에 우뚝 선 신화적 거인으로 남게 되었다.

> 고도성장 경제의 기반 조성이 백상 시대에서 맹아(萌芽)되었던 만큼 지하의 백상도 오늘의 경제현실을 보고 미소짓고 있을 것이다. 누구든 사람의 진가는 생존 때보다 사후에 더 잘 보인다. 백상에 대한 훼예포폄(毁譽褒貶)도 있었으나 백상이 간 금일에도 백상에 대한 흠모의 정이 면면함은 백상의 능력도 능력이거니와 그의 값어치 있는 인격과 폭넓은 대인관계에 연유함을 아무도 부인하지 못할 것이다. (이충환: 전 국회의원)

* 백상 장기영의 큰 모습을 정확하고 생생하게 전달하기 위해 증언자들의 직접 증언 이외의 인용은 '백상재단'의 홈페이지에 실린 '백인백상'에서 재인용한 글들임을 밝힙니다.

장기영 연보

1916. 5. 2 서울 남문 밖 은행동 1통 1번지 출생

1934 선린상업학교 졸업, 조선은행 입행

1948 조선은행 조사부장

1950 한국은행 부총재

1952 〈조선일보〉 사장

1954~1964 〈한국일보〉, 〈코리아타임스〉 사장

1960~1969 〈서울경제신문〉 사장

1961 대한체육회 부회장

1964~1967 부총리 겸 경제기획원 장관

1966 KOC 위원장, AGF 회장, IOC 위원

1967.10. 21 〈한국일보〉 사장 재취임

1969~1973 〈일간스포츠〉 사장

1972 남북조절위원회 부위원장

1973 제 9대 국회의원(민주공화당, 종로 · 중구) 당선

1977 KOC 명예위원장

1977. 4. 11 한국일보사 집무실에서 심근경색증으로
오전 8시 10분 별세. 향년 61세

상훈 국민훈장 무궁화장, 청조근정훈장,
독일1등대십자공로훈장, 中國大綬瑞雲 훈장

제 5장

'에포크'를 만든 경제사의 주역 김학렬 부총리

프롤로그

'경제사의 지평(地平)에 우뚝 서다!' 어느 경제정책가의 업적을 이렇게 요약한다면 과장된 표현이 아닐까. 하지만 그의 치열한 삶의 궤적을 샅샅이 훑어보면 결코 과찬이 아님을 알 수 있다. 그 주인공이 바로 제 4대 부총리 김학렬(金鶴烈, 1923~1972)이다. 개발연대에 고도경제성장을 주도한 경제부처에는 수많은 관료들이 침식을 잊고 밤을 새워가며 발전전략과 자금조달을 고민하고 정책을 집행했다. 그때 그 시절을 밝힌 수많은 재사(才士)와 인재들 가운데서도 가장 선명한 개성과 뛰어난 업적으로 경제사의 지평에 우뚝 선 사람이 김학렬이다. 깐깐한 성격에 비상한 두뇌의 소유자인 그는 다분히 '천재끼'를 지닌 인물이었다.

1961년 당시 재무부에서 사세(司稅)국장이란 요직에 있던 김학렬은 5·16 직후 전격적으로 신설된 기획원에 재무부 예산국을 통째로 이끌고 합류해 기획원 시절의 초대 예산국장이 되었다. 그는 '불도저' 장기영 부총리 시절에 기획원 차관으로 최장수 봉직하면서 1차 경제개발 5개년계획을 세우고 집행하는 데 일조했다. 재무장관을 거쳐 청와대 수석을 지내면서는 소양강댐과 경부고속도로 건설계획 등 주요 경제정책 입안을 보좌했고 제 4대 기획원 부

故 김학렬 전 경제부총리(1923~1972)

김학렬은 경상남도 고성 출신으로, 1944년 일본 주오대학을 졸업하였다.
1950년 제1회 고등고시 행정과에 합격하였고 미국에서 유학 후 재무부 관료가 되었다.
1969년에 부총리 겸 EPB 장관이 되어, 세 차례에 걸친 경제개발 5개년 계획을 손수 입안했다.

총리로 취임해서는 2차 경제개발계획을 성공적으로 마무리해 개발연대 후반의 눈부신 경제성장의 신화를 만들어냈다.

부총리 재임기간에 그가 남긴 가장 큰 족적은 정부가 주도하는 사업에 분명한 우선순위를 정하고, 단호한 카리스마와 흔들림 없는 예산집행으로 한국경제를 분명한 선순환의 궤도로 끌어올린 점이다. 경부고속도로와 울산공업단지 확장 등 개발연대를 상징하는 대표적 '명품사업'들을 차례로 완성시켰으며 "한국의 종합제철사업은 경제성이 없어 절대로 불가능하다"는 미국과 유럽 일본 등 선진국들의 반대를 이겨내고 '개발연대가 만들어낸 최고의 걸작'이라는 포항제철을 설립하는 데 혼신의 힘을 다했다. 포스코(POSCO)에 지금도 걸려 있는 그의 흑백사진은 중화학공업 발전의 밑바탕이 되는 종합제철을 완성시키는 데 불철주야 헌신했던 그의 노력을 말없이 웅변한다.

그는 또 부총리 시절 강도 높은 재정긴축을 통해 군부정권하에서 하늘 높은 줄 모르고 늘어가던 국방예산의 고삐를 잡았으며 '안정속의 성장'이라는 정책기조를 만들었다. 예산 시스템의 현대화와 재정자립 등 기념비적 사건도 그의 부총리 재임시절 생겼던 일이다. 그 과정에서 유례를 찾기 어려운 강한 리더십과 개성으로 장기영 부총리 다음으로 'EPB 질풍노도의 시대'를 이어갔다.

김학렬 부총리는 또 3차 개발계획의 밑그림을 그리고 입안했다. 그의 철학과 생각이 고스란히 녹아든 3차 경제개발계획에는 오랫동안의 불균형 고도성장전략에 가려졌던 '안정과 균형, 복지'의 개념이 최초로 명시적으로 포함되었고 '수출 100억 달러 달성과 중화학공업 육성전략'의 큰 그림과 전략이 담겨 있다. 그러나 그는 자신이 입안한 제 3차 개발계획을 끝까지 집행하고 그 결과를 지켜볼 운명이 아니었다. "남자가 뜻을 품고 때를 만났으면 굵고 짧게 살다가 가는 것이다"라는 말을 입에 달고 살았던 그는 불철주야 업무에 매진한 나머지 과로와 스트레스로 건강을 해쳐 만 49세의 젊은 나이에 불귀(不歸)의 객이 되고 만다. 그러자 평소 그와 사이가 좋지 않았던 언론은 그의 영전에 공무원에게 바쳐질 수 있는 최고의 헌사를 남겼다.

> 그는 번영 속 안정을 창안한 사람이었고 역사 속에 하나의 뚜렷한 시대(epoch)를 만들어낸 사람이었으며 경제사의 빛나는 주역으로 살다간 사람이었다.

기획원 차관, 재무장관 시절

일본장교와 맞장 뜬 열혈 학병청년

1923년 경남 고성에서 태어난 김학렬은 꿈 많은 청소년 시절을 부산상업학교에서 공부하며 보냈다. 그의 부산상업학교 동창생들은 "보기 드문 준재로서 1학년 때부터 반장을 맡았던 홍안의 미소년"(김종대, 부산상업학교 동창)으로 그를 기억하였다. 실제로 젊은 시절의 그는 쌍꺼풀이 뚜렷하고 콧날이 우뚝해 의지가 굳어 보이는 청년이었다. 상업학교 졸업 후 일본 주오(中央) 대학에 입학해 법학을 공부했으나 졸업을 앞두고 학병에 징발되었다. 일본이 일으킨 제2차 세계대전은 곧 닥칠 패전의 예감 때문에 더욱 광기어린 상태로 접어들어 한국의 젊은이들을 죽음의 전장으로 내몰았던 것이다.

이때 같은 학병으로 만난 사람이 고(故) 김수환(金壽煥, 1922~2009) 추기경과 구태회(具泰會, 1923~) 전 국회부의장 등이다. 오늘의 생사를 장담할 수 없는 전장에서 만난 한국인 청년들은 끈끈한 전우애로 뭉쳤고 이후 평생 동지로 지낸다. LG그룹 구인회(具仁會, 1907~1970) 창업자의 동생인 구태회 국회부의장은 훗날 그가 부총리로서 대(對) 국회 활동을 할 때 그의 든든한 우군이 되기도 했다. 김수환 추기경은 생전에 "청년 김학렬은 성격이 매우 강직해 학병으로 복무하면서도 일본군인과 마찰이 잦았다"고 회고한 적이 있다. 일본장교와 싸움이 붙었을 때는 웃통을 벗고 "내 배에 칼을 찔러봐"라며 맞장을 뜰 정도로 불같은 성격이었다는 것이다.

해방 후 학병에서 풀려난 김학렬에게 그의 인생을 근본부터 바꾸어 놓게 될 개인적 사건이 생겼다. 일본 오사카 태생으로, 그곳의 유력한 교포 실업인의 딸인 김옥남과 결혼한 것이다. 김옥남은 뚜렷한 비전과 재능이 있는 당찬 신여성이었다. 그녀는 광복직후 고국에 돌아와 김학렬과 결혼했다. 당시 김학렬은 경남고 영어 교사로 직장생활을 시작해 안정된 생활을 누리고 있었다. 김옥남은 남편에게 "대장부로 태어났으면 일신의 안일만 추구하지 말고 더 넓은 무대에서 뛰어보라"면서 좀더 큰 목표를 세우고 도전해 볼 것을 권유한다.

김학렬은 아내의 충고에 따라 고등학교에 사직서를 내고 서울로 올라가

1950년 제1회 고등고시 외교과(행정 3부)에 수석으로 합격했다. 6·25 전쟁의 포화(砲火)가 사라지지 않은 1952년 김학렬은 미국으로 유학갈 기회를 잡았다. 엘리트 공무원들을 국가 동량(棟樑)으로 키우려는 국가정책 덕분이었다. 그는 미주리대학과 오하이오 주 에크론 대학원에서 경제학을 공부하며 경제를 보는 눈을 키웠다. 미국의 상아탑에서 배운 거시(巨視)경제학은 훗날 그의 삶과 한국경제를 바꾸는 데 한몫을 했다. 그는 귀국 후 재무부에 복귀한다.

사업가인 친정아버지를 닮아 상재가 뛰어났던 김옥남은 전쟁으로 부서진 주택들을 개량하는 사업, 요즘 말로 하자면 '주택 리모델링' 사업을 해서 남편의 유학기간에 살림을 꾸렸다. 고등학교 영어교사로 자족하며 살 뻔했던 김학렬이 관가의 모진 비바람을 헤치고 개발연대를 빛낸 부총리로 우뚝 서게 된 것은 남편의 재능을 알아차린 부인의 탁월한 내조 덕분이었다. 훗날 병으로 쓰러져 서울대 병원 병상에 누운 김학렬은 곁에서 간병하는 부인에게 "내가 당신 아니었으면 시골학교 교사로 평생 살았을 텐데 당신 덕분에 고시에 합격하고, 미국유학도 가고, 부총리까지 하게 되었다"고 고백하기도 했다.

재무부의 열혈 과장

미국에서 귀국한 김학렬은 처음에는 천병규 재무차관의 비서로 일하다가 나중에 김정렴 이재국장 밑에서 증권·보험분야를 관장하는 관리과장으로 근무했다. 공무원이라면 모름지기 누구보다도 책을 많이 읽고 새로운 지식을 접해야 한다고 생각했던 의욕 넘치는 젊은 과장은 과로에 지친 부하직원들에게 매일 책을 읽고 독후감을 쓰게 해 적잖은 원성을 사기도 했다. 그러나 가혹하기 짝이 없는 일제치하 군대에서조차 일본장교와 정면으로 맞장을 뜨는 강한 성격의 그가 재무부 조직에서 관료적 질서를 고분고분 순응했을 리가 없다. 얼마 가지 않아 윗사람들에게 밉보이게 되어 곧바로 한직으로 밀려날 위기에 처했다.

서양속담에 '인생은 성격에 따라 결정된다'(One's destiny lies in one's character)라는 말이 있다. 위계질서를 별로 중시하지 않는 '강단 있는' 성격 때문에 그는 인생의 진로가 바뀌는 첫 번째 기회를 맞는다. 그의 불같은 성격이 각 부처가 신청한 예산을 단칼에 쳐내야 하는 '비정한' 예산업무에 아주 적합하다는 평가를 받아 한직으로 밀려나기는커녕 핵심 보직 가운데 하나인 예산국 제 4과장으로 영전된 것이다.

> 김학렬 과장이 상사의 지시에 따르지 않아 하극상(下剋上)이라고 해서 한직에 유배될 처지가 되었습니다. 그런데 김 과장의 그런 강직한 자세가 각 부처의 과대한 예산요구를 조정해야 하는 예산국 과장으로는 적임자라고 생각되어 예산국 4과장으로 전보됩니다. 4과장은 공기업 예산을 다루는 과였는데 당시 유엔에서는 상업주의에 입각한 기업회계제도를 도입할 것을 권고했습니다. 김 과장이 예산에는 문외한이라서 워싱턴에서 회계학을 공부하고 돌아온 조익순 교수가 그의 자문역이 되었는데 그렇게 해서 만난 두 사람의 교분은 오랫동안 지속됩니다. ("경우방담", 〈경우회지〉, 1987. 11. 11)

예산국으로 간 김학렬 과장은 이한빈 예산국장의 지도 아래 재무부의 젊은 고시 출신 인재들과 함께 한국에 새로운 예산제도를 도입하고 예산혁명을 일으키는 데 일조했다. '독서광'이었던 그에게 복잡다단하고 선진적 예산제도는 지적 호기심을 만족시킬 정도의 충분한 도전대상이었다. 1960년 4월, 4·19 혁명이 발생한 당일에 그는 대만과 필리핀 등의 예산제도를 살피려 출국했다. 거센 혁명의 폭풍, 정치적 불확실성에도 불구하고 "정권과는 상관없이 공무원은 본분을 지켜야 한다"는 신념과 결기를 지닌 공무원들이 당시의 예산국에는 수두룩했다. 무엇보다도 김학렬 과장 본인이 '지금 출국하면 혹시 나중에 문제가 되지 않을까?' 하면서 몸을 사릴 성격이 아니었던 것이다.

자문교수로부터 기업회계 과외공부를 하고 해외에서 선진 예산제도를 섭렵하고 돌아온 김학렬 과장은 이후 일약 엘리트 예산과장으로 각광 받는다. 당시 중앙공무원 연구소에서 공무원들을 모아 놓고 자주 예산제도를 강의할 정도였다. 엘리트 공무원으로 드높은 성가를 한껏 높이던 그에게 딱 하나, 그의 강한 자존심을 건드리는 부처가 부흥부였다. 당시 한국은 전쟁 직후였던 데다 예산이 빈약하기 짝이 없어 재정의 50% 정도를 미국으로부터 받아오는 대충자금으로 보충해 썼는데 미국과의 협상을 통해 대충자금을 받아와서 부처별, 예산별 규모와 용도를 결정하는 부처가 부흥부였다.

국영기업 예산을 맡고 있던 김학렬 과장은 부흥부에서 지정한 그대로 예산을 쓸 수밖에 없는 처지였다. 그러다 보니 대충자금을 관리하는 부흥부의 장예준 과장과 다소 껄끄러운 관계가 지속되었다. 함께 술이라도 한잔 하면서 감정을 풀면 좋았겠지만, 호방한 성격에 애주가인 장예준 과장과는 달리 성격이 꼼꼼하고 위장(胃腸)이 좋지 않은 김학렬 과장은 술자리를 피했기에 두 사람의 갈등은 해소되지 못한 채 재무부와 부흥부의 '명물 과장'들끼리의 자존심 대결로 이어졌다.

그러나 인생은 어디서 어떤 형태로 다시 만날지 알 수 없어 흥미로운 법이다. 대충자금의 용도를 둘러싸고 절대우위에 있었던 부흥부의 장예준 과장과 드높은 자존심을 굽히고 이를 받아 쓸 수밖에 없었던 김학렬 과장은 훗날 위치가 뒤바뀌어 다시 만난다. 1969년 EPB에 김학렬 부총리가 부임할 당시 장예준 차관이 재임 중이었던 것이다. 예부터 '인생하처불상봉'(人生何處不相逢)이라 하지 않았던가!

재무부 최고요직 사세국장

김학렬 과장의 강단 있는 성격이 삶을 또 한 차례 바꾼 사건은 4·19 혁명으로 자유당 정권이 몰락하고 민주당 정권이 들어선 이후 김영선 재무장관 시절에 일어났다. 김 장관이 세금업무와는 아무 인연이 없는 김학렬 예산 4과장을 재무부의 최고 실세부서인 사세(司稅)국장에 임명한 것이다.

당시 사세국은 지방의 징세조직들을 포함해 오늘날의 국세청과 당시 재무부 세제국을 합친 것 같은 조직으로, 사세국장은 무소불위의 권력을 행사하는 자리였다. 당연히 정치권과도 밀접하게 연결되었고 최상층부 권력기관의 입김이 강하게 작용했다. 장관도 어찌할 수 없는 재무부 내의 치외법권 지대였다.

▸▸ 김정렴

당시 재무부에는 사세국뿐만 아니라 관세국도 있었는데 자유당 정부 시절 내가 이재국장으로 있을 때 옆에서 지켜보니까 사세국, 관세국 모두가 하나의 독자적 왕국이에요. 해당 국장의 권한이 대단했죠. 장관이 국장을 마음대로 바꿀 수 없었어요. 그리고 두 국 모두 지방조직이 달려 있어서 지방에까지 인맥이 다 닿아 있어요.

정치권과 줄이 닿은 것도 아니고 누구 비위도 맞출 줄 모르는 강직한 성격의 김학렬 과장이 사세국장으로 승진하자 관가에서는 "이런 의외의 인사 배경이 뭐냐?"는 호기심이 일어났다. 김학렬의 관료 후배인 최각규 전 부총리의 증언을 들어보자.

김영선 장관은 왜 김학렬 과장을 사세국장으로 발탁했을까요?

▸▸ **최각규**

당시 자유당 정권 때 정부 내 부패가 워낙 만연해 있었습니다. 김영선 장관은 이런 부패를 바로 잡아야 한다면서 여러 가지를 시도했어요. 첫 조치가 공개채용이었습니다. 당시에 '국토건설요원'이라고 정부가 모집했어요. 대학 졸업생들을 정부가 채용하는 제도인데 국토건설요원이라고 해서 우선 뽑아 정부부처에 일이 없어도 배치했지요. 그런데 여기에 엄청난 인사청탁 압력이 들어와요. 당시 민주당 장면 정권이 들어섰는데 과거에 12년 이상 야당을 하다 보니까 야당시절 고생했던 수많은 '실업예비군'들이 모두 정부만 쳐다보고 있는 거예요. 높은 자리에서부터 말단직책에 이르기까지 온갖 인사청탁과 압력이 김 장관에게 몰렸답니다. 그래서 김 장관께서 공개채용시험을 치러서 인재를 뽑도록 제도를 바꿨습니다. 온갖 곳에서 들어오는 인사청탁을 배제하기 위해서죠.

김 장관이 두 번째 시도한 개혁은 인사를 통한 부패방지였는데 당시에 부패가 가장 심했던 쪽이 세무 쪽, 사세국이라는 것이 중론이었습니다. 부패한 세무행정을 어떻게 바로잡느냐 하는 것이 김 장관의 고민이었습니다. 세무부패를 없애려면 먼저 사람부터 바꿔야겠다, 그렇다고 해서 세무공무원들 전체를 바꿀 수는 없으니까 수장을 바꿔서 세무개혁을 하겠다는 것이 그분의 복안이었습니다. 당시 내가 예산관련 국회연설 원고를 써드리고 하면서 가까이서 김영선 장관이 인사하는 것을 봤더니 예산국 4과장으로 있던 김학렬 씨를 사세국장으로 임명하는 겁니다. 그때 김학렬 과장은 한 번도 세무서 계통에는 가본 일이 없는 양반이에요. 이런 사람을 사세국장으로 임명한 거죠, 세무행정의 부패관행을 단번에 없애라고.

김영선 장관의 부패척결을 위한 파격인사에 김학렬 과장이 등용된 것이군요.

그렇죠. 그다음에 세무관계 실무 최고 책임자인 서울 사세팀장 자리에는 이철승 씨를 임명했습니다. 그 분은 재무부 이재과장을 하다가 외환과장으로 근무하던 중이었지요. 김학렬, 이철승 이 두 분은 고등고시 1회 동기생이에요. 두 분 모두 세금관련 보직을 경험하지 않았습니다. 당시 상황에서는 누구도 생각하지 못했던 개혁이고 발상의 전환이었습니다.

재무부에서 기획원으로

사세국 개혁의 사명을 지고 국장이 된 김학렬은 '절대로 업자로부터 돈을 받아서는 안 된다'는 신념으로 사세국을 운영했다. 그가 훗날 여러 요직을 거치면서도 '담수어'(淡水魚)라는 별명이 붙을 정도로 업계와 거리를 둔 것은 이 때의 경험이 바탕이 되었을 것이다.

재무부 최고 요직인 사세국장으로 승진해 거침없이 잘나가던 그의 운명은 또 한 차례 큰 전환의 기로에 서게 된다. 1961년 발발한 5·16 이후 군사정부에 의해 전격적으로 설립된 EPB에 재무부 예산국이 합쳐지면서 기획원 예산국장으로 오라는 권유를 받은 것이다.

재무부 이한빈 차관은 평소 "예산은 경제개발 부처와 통합해야 진정한 경제개발이 가능하다"는 소신이 있었다. 따라서 재무부 예산국을 기획원으로 보내는 작업을 추진하며 누구를 보낼지 고심에 고심을 거듭하다가 김학렬 사세국장을 예산국장 적임자로 지목했다. 당시 상황을 최각규의 증언으로 되살려 보자.

이한빈 차관이 왜 김학렬 사세국장을 예산국장으로 천거했을까요?

▸▸ **최각규**

이한빈 재무차관이 기획원으로 보내는 예산국장을 누구를 시키느냐를 고민했던 것 같습니다. 재무부 예산국에서 오랫동안 과장을 지내서 예산국장으로 갈 만한 분들이 있었는데 막상 인사발표가 나는 걸 보니까 김학렬 사세국장이 예산국장으로 발령이 났습니다. 나중에 보니까 예산국을 기획원으로 '시집'보내려면 '기획원에 가서도 기죽지 않고 예산국을 이끌 수 있는 자질과 카리스마, 역량, 교육적 백그라운드를 가진 사람을 뽑아야겠다'는 원칙에 따라 그렇게 결정된 겁니다.

당시 김학렬 국장은 위궤양 수술을 받고 자택에서 잠깐 요양중이었다. 이한빈 재무차관은 그를 직접 만나러가서 기획원으로 옮겨가는 예산국의 국장을 맡아 줄 것을 간곡하게 설득했다. 김 국장은 오래 망설이지 않고 새로 생겨난 조직인 EPB로 옮겨가기로 결단을 내렸다.

1923년생인 김학렬은 1926년생인 젊은 상사 이한빈을 존경했다. 이한빈의 학식과 덕망이 남달랐기 때문이다. 서울대 영문과를 나와 미국에서 국비장학생으로 공부한 이한빈의 내공을 김학렬은 높이 평가했다. 이한빈과의 신뢰관계 때문에 그 권유를 거절할 수 없었다.

> 사실 그분이 현직에 안주하려고 했으면 사세국장으로 남는 것이 훨씬 유리했을 것입니다. 그러나 예산국장으로 가겠다고 승낙했습니다. 그것이 그 후 김학렬 씨를 부총리로까지 만든 인생 최대의 결단이었을 겁니다. ("경우방담", 〈경우회지〉, 1987. 11. 11)

1급 기획조정관 시절 — 좌절을 맛보다

김학렬은 자신이 늘 주변의 친한 사람들에게 이야기한 것처럼 기가 막히게 승진 운이 좋은 사람이었다. 증권·보험 관리과장을 지낸 후 상사와 잘 지내지 못해 한직으로 유배당할 뻔하다가 오히려 예산 4과장으로 영전한 데 이어, 재무부 요직인 사세국장이 되었는가 하면 예산국장으로 전보되어 기획원으로 옮겨간 지 얼마 안 있다가 곧바로 기획원의 1급으로 승진했다. 당시 군사정부가 각 부처의 운영계획을 전담시키려 국장직급 위에 기획조정관(지금의 기획관리실장)이라는 1급 직책을 새로 만들었는데 김학렬 예산국장이 서열이 가장 높아 기획조정관으로 곧바로 승진한 것이다.

그러나 승진의 영광은 얼마 지나지 않아 좌절로 이어졌다. 총리실과 신설 조직인 기획원 사이에 벌어진 갈등 때문이었다. 총리실이 기획관리실장을 통해 기획원을 간접 통제하려고 했는데 관료로서 자존심이 드높은 김학렬 실장이 호락호락 말을 듣지 않자 그를 보직해임 시켜버린 것이다. 최각규의 증언을 들어보자.

EPB 초기에 총리실과 역할갈등이 있었는데 김학렬 기획관리실장이 그 중심에서 어려움을 겪었다고 들었습니다. 그때 무슨 일이 있었습니까?

▸▸ 최각규

당시 총리실에 기획통제관이라는 직책이 있었습니다. 지금 행정조정실의 전신이에요. 총리가 각 부처의 경제개발계획이 어떻게 짜이고 실행되는지 직접 확인해야겠다면서 기획통제관실을 만들어 놓고 각 부처의 기획관리실장이 의무적으로 참석해야 하는 회의를 구성해요. 그 회의의 의장을 총리실에서 맡고 실질적으로 전체행정을 지휘 감독하겠다는 식으로 시작한 것입니다. 그러다 보니 EPB와 갈등이 생겼습니다. 다른 것은 문제가 없는데 5개년계획에 대한 평가가 문제였어요. 경제개발 5개년계획은 EPB가 주도적으로 수립하고 예산을 배정합니다. 그러고 나서 그 계획이 어떻게 효율적으로 집행됐느냐를 보는 사후관리와 심사분석을 해야 하는데 EPB는 그것까지 자신들이 해야 예산의 수립과 시행, 평가에 일관성이 생긴다는 입장이었고, 총리실 기획통제관실에서는 전 부처의 계획과 평가를 자신들이 모두 통제해야 한다고 주장했지요. 그러다 보니 EPB와 총리실 사이에 의견충돌이 일어날 수밖에요. 나중에는 EPB에 심사분석관실을 만들어 직접 평가하는 걸로 결말이 났는데 그때 총리실과 EPB가 약간 갈등이 생겼습니다.

나름대로 다 논리가 있습니다만 결국 조직 신설 초기에 나타나는 업무의 영역과 주도권 갈등의 성격이었네요. 그런데 여기서 김학렬 기획조정관이 왜 문제가 되었습니까?

당시 대통령이 연초가 되면 각 부처를 순시하곤 했습니다. 그런데 군 출신인 송요찬 총리가 EPB는 대통령이 오시기 전에 자신이 먼저 브리핑을 들어봐야겠다는 겁니다. 총리가 그렇게 하라고 하면 할 수밖에요. 그래서 김학렬 실장 등 EPB 간부들이 보고하는데 송요찬 총리가 계속 이것저것을 문제 삼는 겁니다. 김학렬 기획조정관이 "인구센서스(인구총조사)를 올해 실시할 예정입니다"라고 보고하니까 총리는 "그런 조사를 왜 하느냐, 몇 월에 하느냐 왜 하필 그때 하느냐?"면서 꼬치꼬치 캐물어요. 내가 옆에서 들어보니 이건 완전히 아예 흠을 잡으려고 작정한 것 같았습니다. 그리고 브리핑이 다 끝난 후 총리가 코멘트하게 되어 있었는데, 김학렬 실장에게 총리의 총평이 "EPB의 관리실장은 계획을 잘 모르는구먼"이라고 말하시는 겁니다.

일부러 작심하고 핀잔을 준 것으로 들립니다만?

그렇죠. 그리고 총리가 돌아가더니 갑자기 EPB 기획조정관 인사발령이 나는데 교통부에 있던 모 군출신 장성 이름을 적어 놓았더라구요. 그리고 EPB 김학렬 실장은 총리실 산하에 보직도 없이 '서울시 근무' 이렇게 발령을 냈습니다. 김학렬 실장이 그런 식으로 발령이 났다고 하니까 당시 김유택 기획원 장관이 노발대발했어요. 김유택 장관도 나름대로 기질이 대단한 분이어서, (총리실에서 임명한 군장성 출신인) 새로운 기획조정관이 장관에게 인사갔는데도 비서실에서 따돌리도록 했어요. "면회사절, 별도 명이 있을 때까지 기획원에 출근할 필요도 없어"라고 말입니다.

그 사건이 일어난 후 박정희 대통령이 진해에 계시다가 서울 청와대로 오셨습니다. 총리가 청와대 들어가서 보고하는 자리에서 '부총리가 신임 기획조정관 인사도 안 받고, 이러이런 일이 있었습니다'라고 보고했을 것 아니겠어요? 박 대통령이 그때 내각수반인 총리 손을 들어 주더라고요. 내각수반인 총리와 민간인 출신 부총리와의 갈등인 셈인데 군 계통과 원칙에 따라서 일단은 직급상 윗사람인 총리의 편을 들어준 것입니다. 그래서 김유택 장관이 사표를 냈습니다. 그러자 송요찬 총리가 EPB 장관을 겸임하고 기획원 부원장에는 송정범 씨라는 부흥부 출신을 임명하는 인사를 했습니다.

총리실과 기획원의 역할갈등과 주도권 대립 때문에 빚어진 기획원 인사파동은 송요찬 총리가 물러나면서 잠잠해졌다. 총리와 원장의 갈등에 끼여 괜히 김학렬 기획실장이 피해를 봤다는 동정론이 파다했다. 송 총리가 내각수반에서 물러나자마자 김학렬은 운영차관보라는 실세보직을 제의받고 기획원으로 돌아왔다. 짧은 좌절, 감회 깊은 복귀였다.

계수에 밝은 면도날 차관

당당히 기획원에 돌아온 김학렬 차관은 사리판단이 빠르고 두뇌회전이 남달리 예리해 부하직원들로부터 면도날 차관, 혹은 중간 이름을 따서 '쓰루'(鶴의 일본말)라는 애칭으로 통용되었다. 숫자에 밝고 비상하게 계산이 빠른 그의 남다른 재능은 밖으로도 잘 알려져 외국인들 사이에는 '인간 계산기'로 불리기도 했다. 머리가 좋은 만큼 부하직원들에 대한 요구수준도 높았다.

김학렬의 철저한 업무파악 요구는 예산국장 시절부터 유명했다. 기안내용을 설명하러 들어온 부하직원들에게 질문을 던져 답변을 못하고 머뭇거리면 "그런 실력으로 어떻게 중요한 국가예산을 다루느냐?"면서 불벼락을 내렸다. 당시만 해도 컴퓨터가 없던 시절이라 기안서류가 여러 장일 때는 '미농지'(美濃紙)라는 얇고 탄력성 있는 종이를 가늘게 꼬아 만든 끈으로 서류를 묶어서 사용했는데 한번은 김학렬 국장이 화가 나서 기안서류를 공중으로 집어던지자 '종이끈'이 끊어지는 바람에 서류가 공중분해 돼 국장실 바닥에 산산이 흩날렸다. 기안자는 얼굴이 벌겋게 되어 국장실 바닥에 여기저기 흩어진 서류를 주워 모아 무거운 발걸음으로 자기자리로 되돌아와야 했다.

기안서류를 다시 작성한 담당과장이 이번에야말로 며칠 밤을 새워 철저하게 준비하고 '신관이 천기(天氣)를 읽는 것 같은 경건한 마음으로' 국장의 심기를 살핀 후 벼르고 벼르다가 다시 결재를 받으러 갔다. 이번에는 김 국장이 제목도 보지 않고 결재했다.

> 훗날 김학렬 국장에게 그 이유를 물어보았더니 자신도 서류를 내던진 것이 미안할 뿐 아니라 그동안 기안자가 지적받은 내용을 충분히 검토하고 보완했을 것이기에 두 번째 결재는 보지도 않고 했다는 것입니다. (김주남: 당시 예산국 근무, 후일 건설부 장관)

김학렬의 유명한 '부하직원 길들이기'는 차관시절에 더욱 강한 형태로 진화했다. 보고를 받다가 속사포처럼 질문을 던져 담당업무에 대한 계수를 파악하지 못하거나 내용을 잘 모르면 호된 야단을 쳐서 예습복습에 진땀을 흘리게 만들었다. 게다가 답변을 못해 날벼락을 맞고 얼떨결에 출입문 대신 캐비닛 문을 열었다는 과장, 혼쭐이 나고 밖으로 나가면서 출입문을 노크를 했다는 과장의 이야기는 '기획원 괴담'으로 퍼져나가기 시작했다.

이 때문에 부하직원들은 김학렬 차관에게 기안서류를 설명하러 들어갈 때는 몇 번이고 내용을 검토하고 관련통계, 정책효과 등에 대해 완벽하게 준비해야 했다. 엄격하고 무서운 상사로부터 철저히 훈련받은 부하직원들은 대부분 훗날 장·차관으로 성장한다. 그러나 그의 엄격함은 '사무실 한정'이었다.

▸▸ 조경식 (당시 기획원 물가정책과 사무관)

이분이 일단 사무실을 떠나 바깥에서 만나면 그렇게 다정하고 부드러울 수가 없어요. 정이 많고. 1963년이던가, 이분이 기획원 차관시절일 때 한번은 집사람하고 일식집에서 식사를 하는데 누가 나를 툭 쳐서 보니까 김학렬 차관이에요. 우리 보고 환하게 웃으시며 맛있게 식사하라고 하셨어요. 집사람이 나한테 '저분이 누구세요?' 묻기에 '저분이 그 유명한 김학렬 차관님이야' 그랬더니, '어, 근데 그렇게 안 무서워 보이네' 그래요. 하도 무섭다고 소문이 돌아서 집사람까지 아는 거예요(웃음). 그런데 밖에서는 자상한 이분이 사무실만 들어가면 엄격하기로 유명해서 그분을 어려워하는 사람들이 굉장히 많았어요. 공 · 사석에 이처럼 차이가 있었던 것은 아마 업무에 대한 사명감, 소명의식 때문인 것 같아요.

능력 제일주의 엘리트 관료였던 김학렬 차관에게는 '공부 안 하고 무능한' 경제관료 말고도 싫어하는 대상들이 적지 않았다. 그는 우선 '폼만 재는' 일부 외교관들을 싫어했다. "이 시대의 외교관은 자국의 경제발전을 위한 최고의 세일즈맨이어야 하는데, 일부 우리 외교관들은 연미복이나 입고 폼만 재고, 파티만 즐기는 18세기 스타일이다"며 비판하곤 했다. 차관과 부총리 시절에 다른 나라 대사들을 면담한 경험 때문이었다. 그들 대부분은 자국산 물건을 홍보하고 한국에 팔려고 열을 올렸다.

그는 은행과 은행원에 대해서도 불만을 토로하곤 했다. 당시로서는 최상위급 직장인인 은행원들이 높은 봉급을 받으면서도 업계에 고자세로 군림하고, 융자비리가 다반사라는 이유 때문이었다. 기획원 차관 시절, 자신이 은행융자를 받아본 적이 있는데 어찌나 까다롭고 복잡한지 "내 다시 은행융자를 받으면 사람이 아니다"고 외치고 다니곤 했다.

후일 부총리가 된 후 지방 상공인들과의 간담회 석상에서, 어떤 기업인이 "융자 얻는 데에 5~6개월 씩 걸리니, 융자가 이뤄져도 이미 때를 놓쳐서 사후약방문 격이 되는 경우가 생깁니다"라고 호소하자, "선생님 고충을 제가 충분히 이해합니다. 오죽하면 나도 다시 은행융자 받으면 내가 사람이 아니라고 맹세했겠습니까. 선생께서 융자받는 과정에 문제가 됐던 절차와 경위를 구체적으로 적어 주십시오. 내가 은행의 행태를 고쳐 놓겠습니다"라고 호언하기도 했다.

물가안정을 중시하다

무서울 것이 없는 김학렬 차관에게 긴 좌절의 시기가 찾아왔다. 정일권 총리내각이 들어서면서 당시 〈한국일보〉 사장이던 백상 장기영이 부총리로 임명된 것이다. 그러나 '명물 부총리'와 역시 '명물 차관'은 여러 측면에서 성격적 궁합이 맞지 않았다. 배경과 학력, 성격, 대인관계 모든 면에서 너무도 대조적이었다. 관료출신으로 원칙을 중요하게 여기고 깐깐한 김학렬 차관에 비해 장기영 부총리는 자신의 '직관'을 믿었고 민간기업과 시장경제를 중시했으며 업무효율성을 최우선으로 꼽았다.

그러나 경제관이 전혀 다른 장 부총리가 추진하는 일에 대해 김학렬 차관이 적극 동의하고 가장 열심히 도왔던 정책은 물가안정이었다. 당시 한국경제와 물가는 한계상황에 와 있었다. 적자재정이 거듭된 데다 은행이 만성적 오버론(초과대출) 상태여서 시중엔 과다한 돈이 풀려 있었다. 외환이 턱없이 부족해 외국의 원자재를 제대로 수입할 수 없었다. 그러니 수입원자재 가격은 폭등했다. 인플레이션은 서민생활을 괴롭히는 공적 1호였다. 조경식의 증언을 정리해 본다.

▸▸ 조경식

당시 우리 물가정책과가 EPB 3층의 컴컴한 곳, 방에 전기 안 켜면 잘 안 보이는 장소에 있었습니다. 물가가 중요하다고 장관께서 장관실 가까운 3층에 사무실을 두도록 해서 비서실 옆에 과로서는 유일하게 자리 잡고 있었습니다. 아무도 안 찾는 곳인데 하루는 그 물가정책과에 김학렬 차관이 직접 오셨어요. 그리고 사무관을 하나하나 불러서 거기서 예의 유명한 '계수심문'을 시작합니다. 물가분석 계장에게 "자네 대답해 봐. 물가 올해 들어서 얼마 올랐어?" 하니까 이 친구가 놀란 데다 무섭다는 소문을 들어서 얼른 답변을 못하고 머뭇거렸어요. "물가분석계장이 물가가 얼마 오른지도 몰라?" 하고 엄청나게 혼을 냅니다. 다른 사람들에게 관련 통계를 또 물어보고 대답 못하면 또 혼을 내다가, 마지막에는 격려를 하셨어요. "여러분들이 물가관리가 얼마나 중요한지 잘 알 거다. 무슨 수를 쓰든지 물가를 안정시켜야 한다. 어려운 일 있으면 나한테 꼭 이야기해라."

시간이 한참 지난 뒤 나중에 이분이 부총리로 오셔서 예산국의 담당관들, 사무관들을 전부 회의실에 집합시켰습니다. "여기 건설부 예산담당 사무관이 누구야?"

"접니다"하고 제가 일어나니까 "어? 너 여기 왜 왔어? 그 중요한 데 있다가 왜 여기 와 있어?"라고 말씀하시더라고요. 제가 당시에 예산국에서 가장 큰 사업의 담당자였습니다. 경부고속도로, 소양강댐 등 대규모 사업의 예산담당자인데 그런 저보고 "거기(물가정책과) 안 있고 왜 예산국에 왔어?" 하는 겁니다. 그 말은 물가 정책이 얼마나 중요한데 왜 예산국에 와 있느냐 그런 뜻이에요. 그만큼 이분이 물가에 대해 굉장히 관심이 높았습니다.

재무장관으로 금의환향 — 3개월 초단명

장기영이라는 높다란 '인간의 벽'에 가려 절치부심(切齒腐心)하며 인고의 시절을 보내던 김학렬 차관에게 마침내 입각의 기회가 온다. 박정희 대통령이 그를 재무장관으로 임명한 것이다.

김학렬 차관이 장기영 부총리에게 노골적으로 반감을 드러낸다는 것은 관가나 기자들 사이에 널리 알려진 사실이었고 장 부총리도 이런저런 경로로 소문을 들었다. 김학렬 차관이 재무장관이 되었을 때, 장 부총리는 '저 사람과 호흡을 맞출 수 있을까' 하는 불안감을 숨기지 않았고, 신임 김학렬 재무장관은 장기영 부총리의 독주에 브레이크를 걸기를 감추지 않았다.

그런데 박정희 대통령은 왜 장 부총리와 사이가 유난히 나쁜 김학렬 차관을 재무장관으로 골랐을까? 그때까지만 해도 장 부총리는 각 부처 경제장관에 자신과 호흡을 맞출 사람들을 추천할 정도로 대통령의 신임이 두터웠는데, 당시 재무장관 인사에는 왜 영향력을 행사하지 못했을까?

이 무렵 장 부총리는 자신이 외자도입인가를 내준 한비(한국비료)의 건설 과정에서 '사카린 밀수' 사건에 휘말려 야당과 언론으로부터 "정치적 책임을 지라!"는 강한 비판을 받고 있었다. 이 사건 때문에 장 부총리가 아닌 김정렴 재무장관이 자리에서 물러나면서 급히 신임 재무장관을 물색했는데 장 부총리의 의중과는 무관하게 김학렬 차관이 낙점된 것이다.

수석 경제부처의 최장수 차관이라는 점도 작용했지만 장 부총리의 독주에 은근히 반감을 가진 정일권 총리가 김학렬 차관을 추천한 것이라는 소문이 관가에 파다했다.

▸▸ 황병태

그때 장 부총리가 너무 독주하니까 주변에 이미 적이 생겼어요. 정일권 총리가 가장 큰 라이벌이었습니다. 그래서 정 총리가 김학렬 차관을 추천한 거예요. 정일권 총리가 "김학렬이라고 기획원 사람이 장 부총리 아래서 고생하고 있는데 그 사람이 경제전문가이고 강직한 사람입니다. 이 사람을 한번 써 보시면 어떻습니까?" 하면서 추천하니까 대통령이 "그럼 한번 보내 보시오" 이렇게 된 거예요. 우선 '당신이 능력이 있는데 장기영 부총리 밑에서 기를 못 폈으니까 한번 가서 잘해 봐라' 하는 것이었고, 장 부총리에게 그때부터 조금씩 나타나는 문제점, 즉 너무 오버페이스를 하니까 '그 오버하는 것도 당신이 좀 견제하시오' 그런 뜻이었습니다. 또 물가 전문가라고 하니까 겸사겸사 김학렬 차관을 (재무부 장관으로) 보낸 것 같습니다.

거침없이 달리던 장기영 경제팀에 만만찮은 '야당'(김학렬 재무장관)이 입성한 것은 명물 부총리와 명물 재무장관의 '불편한 동거'를 예고하는 신호탄이었다. 친정인 재무부로 금의환향(錦衣還鄕)한 김학렬 장관의 취임 기자회견 제1성은 "재무부의 영광을 되찾겠다, 최장수·최대 업적을 이루는 장관이 되겠다"는 선언이었다. 수석부처였던 재무부의 옛 영광을 되찾겠다는 자신감 넘치는 발언은 두 사람 사이를 잘 아는 사람들에게는 장기영 부총리에 대한 공개적 도전처럼 들렸고 냉랭한 한랭기류가 흐르면서 관가는 아연 긴장했다.

기획원 출범 전의 수석 경제부처는 당연히 재무부였다. 그런데 장기영 부총리 체제가 들어서면서, 모든 경제관련 정책의 주도권이 기획원으로 넘어갔다. 장 부총리의 뜻에 따르지 않은 재무부 장관이 몇 사람이나 계속 경질될 정도로 기획원이 강한 인사권과 영향력을 행사했던 것이다. 특히 '금리현실화 조치'가 발표된 이후부터는 장 부총리가 매일 은행장들을 소집해서 직접 'B미팅'이라는 회의를 주재할 정도였다.

장 부총리가 자신의 친정인 재무부의 고유권한인 금리정책과 통화정책까지 좌지우지하고 재무부를 통하지 않은 채 직접 업무를 챙기는 모습을 지켜보며 오랫동안 차관 생활을 한 김학렬 신임 재무장관은 재무부의 영광을 되찾아야겠다는 강한 결심을 굳혔을 것이다. 두 사람을 되돌리기 어려운 최악의 국면으로 몰아간 '현금차관 중단 발표'가 나오게 된 것도 재무부의 잃어버린 역할과 위상을 정상화하겠다는 김 장관의 의지가 다소 과하게 표출된 사건이었다.

김학렬 장관은 취임한 지 얼마 되지 않아 기자회견을 자청했다. 개성이 강한 신임 재무장관이 도대체 무슨 말을 할까, 호기심에 차서 기자들이 몰려들었다. 이 자리에서 김 장관은 폭탄선언을 했다.

"물가가 심각한 상황이다. 긴축을 위해 이제부터 현금차관 도입을 중단하겠다."

'차관 다다익선론'을 주장해온 장기영 부총리의 평소 소신에 정면으로 맞서는 내용이었다.

깜짝 놀란 기자들이 웅성대기 시작했다.

"관계 장관과 협의한 내용입니까?"

"현금차관은 재무부 장관의 전권 사안이며, 따라서 다른 부처와 그런 협의를 할 필요가 없다."

김 장관은 질문한 기자를 바라보며 태연하게 덧붙였다.

"그러나 어제 집사람과는 상의했다."

사표를 낼 각오를 하고 현금차관 도입금지를 추진하겠다는 결연한 의지를 내비친 것이다. 아무리 법적으로는 재무부 장관의 전결사항이라고 하더라도 현금차관이 가진 정치·경제적 의미, 외환보유고와 외자동원 문제, 대외교섭력 등을 고려했을 때 이를 일방적으로 중단시키는 중대조치를 부총리와 상의조차 하지 않고 발표했다는 것은 분명히 무리한 측면이 있었다.

▸▸ 황병태

장기영 부총리가 그때부터 조금씩 나타내던 문제점이 오버페이스였습니다. '그 사람이 너무 오버페이스를 하니까 당신이 가서 그걸 견제해라'하면서 대통령이 재무장관으로 보낸 것인데 문제는 김학렬 장관도 그 시점에서 약간 성급하게 오버페이스를 한 겁니다.

두 핵심 경제부처의 수장들 간에 '현금차관'이 날카로운 대립의 이슈가 된 배경은 무엇일까? 당시 한국경제는 경제개발에 동원할 내자(內資)가 거의 없어 해외에서 빌려오는 단기 상업차관에 전적으로 의존하였다. 그러다 보니 여러 부작용이 생겨 단기 현금차관은 도입 초기부터 숱한 비판에 직면했다.

우선 현금차관이 통화증발의 중대 요인이라는 점이다. 외국돈이 들어오자마자 국내통화로 바뀌어 그 현금뭉치가 시중에 풀리니 물가를 자극할 수밖에 없었다. 현금차관에 대한 또 다른 부정적 시각은 '현금차관은 특혜와 정경유착의 핵심'이라는 인식 때문이었다. 시중 사채금리가 살인적으로 높았기에 누구든 낮은 금리로 현금차관만 들여오면 엄청난 금리차익을 얻을 수 있었다.

문제는 그 특혜를 누구에겐 주고 누구에게는 안 주느냐는 것이다. 업계는 당연히 현금차관을 선호했지만 누구나 납득할 만한 기준이나 절차 없이 현금차관 도입 허가가 나면 특혜로 인식될 수밖에 없었다. 정치적으로 연줄을 가진 특정기업이나 인사에게만 현금차관이 허용되는 경우가 많았기에 정치적 의혹으로 비쳐졌다.

부처 사이의 인식과 역할의 차이도 있었다. 기획원은 경제성장과 개발자금을 마련하려면 일단 도입할 수 있는 차관은 모두 끌어와야 한다고 주장했고 집안 살림을 맡은 재무부는 물가안정을 위해서라도 당연히 이를 견제할 수밖에 없었다. '현금차관 도입금지'를 일방적으로 발표한 김학렬 장관은 자신이 불러일으킨 국내의 충격과 파장을 태연하게 무시한 채, 기자회견 얼마 후 일본 도쿄에서 열린 아시아개발은행(ADB: Asian Development Bank) 창립총회에 참석했다. '한민족의 얼을 지킨다'며 한복을 입고 회의에 참석하는 기개를 보이기도 했다.

> 24일부터 열릴 ADB 창립총회에 참석하는 김학렬 재무장관은 23일 돌연 한복차림으로 도쿄로 떠나 화제다. '때와 장소가 일본인만큼 민족의식을 높이는 데 목적이 있을 뿐 아니라 우리나라의 국위선양의 일환이다'라는 것이 그의 변이다. 김 재무장관은 24일로 예정된 각국 수석대표의 연설 때도 한복을 입을 것이며 일본천황 주최의 파티에도 한복차림으로 기세를 올릴 것이라고 밝혔다.
> (〈경향신문〉, 1966. 11. 23)

너무 튀는 언행이라고 판단한 고위층에서 "두루마기를 벗어라"는 훈령을 보내, 결국 회의 참석 이틀째부터 양복차림으로 바꾸었는데 이에 대해 야당 국회의원이 "왜 바꿔 입으라는 훈령을 보냈느냐"고 국회에서 질문하기도 했다.

화제를 뿌리면서 ADB 총회에 참석하는 동안 '단기 현금차관 금지' 선언이 일으킨 엄청난 파장 때문에 그의 운명은 이미 결정되어 있었다. 장기영 부총리가 그의 해임을 박 대통령에게 강하게 요청한 것이다. 결국 김학렬 장관은 ADB 총회에 다녀온 후 한 달도 안돼서 재무부 장관직을 물러난다. 최장수 장관이 되겠다던 큰소리와 달리 3개월 초(超)단명 장관이 됐다. 자신이 추진하겠다고 왕성하게 구상했던 여러 가지 정책을 채 펼쳐보기도 전에 재무장관에서 강판당했다.

석 달 정도의 짧은 재무장관 자리를 떠나면서 김학렬이 남긴 이임의 한마디는 '셀라 비, 셀라 비'(C'est la vie, 이것이 인생이다)였다. 나중에 기자들이 "최장수 장관이 된다고 호언장담하더니 왜 최단명이 됐느냐?"고 물었더니 그는 "내가 대통령, 총리, 부총리 밑에 랭킹 4위는 되는 줄 알았는데 더 무서운 사람들이 많아서 그렇게 됐다"고 씩 웃었다.

청와대 수석시절

스스로 선택한 차관급 강등

재무장관에서 물러난 후 후임 자리로 영국대사, 교통부 장관 등의 하마평이 흘러나왔지만 결국 그는 청와대 정무수석으로 갔다. 장관을 지내고 나서 차관급인 정무수석이 된 것이니 스스로 택한 직급강등이었다. 늘 자신을 아껴주던 정일권 총리와 상의한 후 '그래도 대통령 곁에서 국정의 큰 경험을 쌓는 것이 낫다'는 충고를 받아들여 내린 결정이었다.

청와대 시절은 김학렬 수석이 박 대통령으로부터 재평가를 받게 된 결정적 기회가 되었다. '유능한 관리'라는 평가를 받으면서도 다소 튄다고 보았던 그의 인물 됨됨이와 재능을 박 대통령이 직접 옆에 두고 일을 맡겨 보면서 높게 평가한 것이다.

▸▸ 황병태

장관을 물러나고 나서 청와대 수석으로 간 전례가 없지 않습니까? 당시 그 일은 대통령이 봐준 거라고 봅니다. '당신이 유능하다고들 주변에서 그러니 어디 여기 와서 한번 일을 해보시오' 그런 것이죠. 그때 김학렬 수석이 단단히 결심한 것 같아요. 박 대통령이 지시하는 여러 사안들을 잘 챙겼습니다. 그때부터 대통령이 김학렬 수석을 다시 본 거예요. '역시 이 친구가 주변 평판대로 치밀하고 일을 잘하는구나' 이렇게 느낀 것입니다. 대통령 신임도 깊어지고요.

평소 철저하게 메모하는 완벽주의자 성격이 청와대 수석시절에 큰 도움이 되었다. 사전에 충분한 준비를 하는데다 늘 수첩을 가지고 다니면서 보고할 내용을 자세히 메모하고 준비했기 때문에 조그마한 실수도 하지 않았다. 훗날 박 대통령과 몇 시간이나 둘이서 술잔을 나눌 정도로 신임을 얻게 된 인간적 관계도 이때 형성된다.

김학렬의 남다른 분석력과 정보력은 대통령을 보좌하는 업무에서 빛이 났다. 당시 장 부총리 선에서 해결되지 못한 채 청와대까지 올라오는 안건들은 대부분 비용이 많이 들어 경제성이 의심되거나 고위 정치인들끼리의 이해관계 때문에 결정되지 못한 사업들이었다. 판단하기 어려운 문제에 대해 김학렬 수석은 대통령이 '올바른 정보에 기반한 의사결정'을 내릴 수 있도록 제대로 된 자료와 정보를 적시에 제공했다. 자신이 잘 모르는 내용은 관련 서적을 구해다 읽고 전문가들을 만나서 세세하고 실무적 정보를 채워서 완벽한 대안을 박 대통령에게 제시하곤 했다. 이런 식으로 김학렬 수석이 박 대통령을 도와 추진한 대표적 사업이 소양강댐과 경부고속도로 건설이었다.

경부고속도로 건설

1960년대에 한국의 교통과 물류는 철도 위주였다. 자동차가 거의 없던 시절이었다. 경부고속도로 건설 이야기가 나오자 "천문학적 돈이 드는 데 비해 경제적 효과가 의심된다"면서 대대적 반대여론이 일었다. 자금지원을 요청한 미국도 난색을 보였다. 이때 김학렬 수석은 고속도로에 관한 온갖 관련 서적들을 섭렵해 박 대통령에게 핵심정보를 제공했다. 그는 경부고속도로의 필요성에 대한 논리를 세우는 데 결정적으로 힘을 보탰다.

고속도로 건설이 표면화한 것은 1967년 4월 박정희 대통령이 선거공약으로 "제 2차 경제개발 5개년계획 기간에 국토건설계획을 발전시켜 고속도로와 항만건설 및 4대강 유역의 종합개발을 추진하겠다. 서울을 중심으로 인천 - 강릉 - 부산 - 목포를 잇는 기간(基幹) 고속도로를 건설하겠다"는 내용을 선언하면서 부터였다.

이때 한국은 경제성장이 본격화하면서 화물수송과 물류에 심각한 애로를 겪었다. 장기영 부총리가 전화통에 대고 고래고래 소리를 지르면서 화차배정에 직접 관여할 정도로 수송의 병목현상이 심각할 때였다. 철도를 대체하는 새로운 운송체계인 고속도로에 대해 관심이 높았지만 문제는 공사비였다. 비슷한 시기에 먼저 건설된 일본의 도쿄-나고야 간 고속도로가 ㎞당 1억 원이 소요된 것으로 알려졌으니 빈약한 한국정부의 재정으로는 엄두를 못 낼 거액이었다.

주변의 반대도 극심했다. 야당은 물론 일반 여론은 "철도가 있어 화물수송은 별 문제가 없다. 자동차도 얼마 없는데 비싼 돈을 들여 고속도로를 왜 건설하느냐, 고속도로를 만들어 놓으면 돈 많은 일부 자가용 족들의 연애놀음이나 행락용으로만 쓰일 것이다"고 격렬하게 반대했다. 심지어 장기영 부총리까지 반대했다. 제 2차 경제개발계획에 들어 있지도 않은 고속도로 사업에 엄청난 예산을 쏟아 붓는 것이 부담스러웠던 기획원의 입장을 반영한 것이었다.

국내외로부터 반대에 부딪힌 박 대통령은 일단 건설부와 재무부, 서울시, 육군 등에 서울-부산 간 428㎞ 길이의 고속도로 건설비를 개략적으로 산출해서 제출하도록 지시한다. 민간업체 가운데서는 태국에 진출해 고속도로를 건설해 본 경험을 가진 현대건설에 공사비를 추정해 보라는 지시가 내려졌다. 추정결과 각 부처에서 제시한 최저액과 최고액의 중간선이 300억 원 정도였다. 현대건설이 낸 추정액수도 비슷했다. 공사를 진행하다 보면 약간 초과되는 것을 감안해서 330억 원으로 추산했다.

1967년 10월, 박 대통령은 장기영 부총리를 해임하고 후임으로 박충훈 부총리를 임명한 후 곧바로 경부고속도로 건설을 공식 선언했다. 그런데 박 대통령은 왜 국내외의 온갖 반대를 무릅쓰고 경부고속도로 사업을 강하게 추진했을까? 박 대통령이 최초로 고속도로에 관심을 가지게 된 것은 1964년 서독 방문 당시 독일의 아우토반을 달리면서부터였다.

▸▸ 김정렴

내가 비서실장으로 임명된 후 비공식 석상에서 박 대통령으로부터 우리나라 고속도로 건설에 관한 숱한 숨은 비화를 들을 기회가 여러 번 있었습니다. 박 대통령이 고속도로의 중요성과 기능에 대해 깊은 감명을 받은 것은 서독을 공식 방문했을 때였다고 합니다.

박 대통령의 서독 방문 때 통역을 맡았던 백영훈 박사의 회고록에 따르면 뤼브케 서독 대통령은 박 대통령을 만난 자리에서 "본에서 쾰른으로 가려면 아우토반을 달리겠군요. 본-쾰른 간 아우토반은 세계에서 가장 먼저 건설된 고속도로로 독일 부흥의 상징입니다"라고 중요성을 강조했다고 한다.

그 말을 들은 박 대통령은 아우토반을 달리면서 두 차례나 차를 멈추게 하고 노면과 중앙분리대 교차시설 등을 관찰했으며 수행한 뤼브케 대통령 의전실장에게 고속도로의 건설과 관리방법, 소요비용, 건설장비, 동원인원 등에 대해 자세히 설명을 들었다. 따라서 고속도로 건설에 대한 아이디어는 박 대통령의 머리에 계속 남아 있었을 것이다. 경제개발의 우선순위에서 다소 밀렸던 경부고속도로 건설에 대한 아이디어가 구체화된 것은 황병태 당시 공공차관 과장과 레어먼드 굿맨(한국이름 나선남)이라는 세계은행(World Bank) 아시아 국장과의 대화가 계기가 되었다.

▸▸ 황병태

당시 우리나라의 교통인프라라고 하면 철도가 중심이었습니다. 제가 디젤기관차 도입문제로 미국 국무부에 간 김에 세계은행을 방문했을 때인데 당시 레어먼드 굿맨이라는 사람이 세계은행의 아시아 국장으로 있었습니다. 그 분을 만났더니 나보고 어떻게 워싱턴에 왔느냐고 물어요. "디젤 기관차 도입 건 때문에 왔다"고 하니까 그때 그 분이 이런 말을 해요. "미스터 황, 내가 한국을 예의주시하는데 교통인프라나 교통수요라고 하는 것이 철도만으로 되는 게 아니다. 곧 고속도로 시대가 온다. 한국이 이제 고속도로시대를 준비해야지 철도만으로 되는 것은 아니지 않느냐?" 이런 얘기를 해요. 그래서 내가 '고속도로가 우리에게 필요하다고 보느냐?' 했더니 당연하다는 거예요. "너희 나라가 철강이나 자동차도 생산하려고 하는데 그런 것들만 만들면 뭐하느냐 차가 달릴 도로가 없으면 안 된다"는 거예요. 한참 이야기를 나누다가 보니까 이게 참 좋은 생각이다 싶어요.

그 무렵 대통령의 신임을 얻어 자주 독대하던 황병태 과장은 서울로 돌아오자마자 대통령을 만나 고속도로 이야기를 전달한다. 대통령의 얼굴이 확 밝아지면서 반색했다.

▸▸ 황병태

그때 박 대통령이 아주 반기면서 "다시 세계은행에 가서 우리가 고속도로를 건설하려는데 당신들이 어떻게 협조할 수 있는지 알아보라"고 해서 내가 다시 미국을 갔습니다. 그랬더니 미국에서는 "고속도로 공사를 하기 위한 설계나 기술적 측면은 우리가 얼마든지 도와줄 수 있다, 하지만 실제로 내자공사가 많아 우리가 도와주는 것은 한계가 있다" 그래요. 한국에 돌아와서 그대로 보고했더니 대통령이 "그래? 그럼 이것은 우리가 우리 돈, 내자로 하겠다"라고 선언합디다.

주변의 온갖 반대를 무릅쓰고 경부고속도로 건설을 결정할 당시 박 대통령의 결심을 실질적으로 도운 사람이 김학렬 수석이었다. 그는 고속도로 건설비용이 고무줄처럼 180억 원에서 650억 원까지 중구난방(衆口難防)인 것을 보고는 대통령에게 도움이 되도록 고속도로 전문서를 일본에서 여러 권 들여왔다. 밑줄을 그어가며 읽고 대통령에게 핵심 정보를 제공했다. 당시 지인들이 청와대로 김 수석을 만나러 들어가 보면 책상에 고속도로에 관한 일본 책들이 가득했다고 한다.

박 대통령도 처음에는 고속도로 건설자금을 추정해 보라고 했다가 막상 필요액수가 너무 어마어마하자 '기존의 국도를 좀 넓히고, 구부러진 길을 좀 펴고 해서 간단하게 고속도로를 건설하는 게 어떨까?' 하고 생각했다. 그런데 김 수석의 보고에 따르면 고속도로는 단순한 국도의 재포장 정도의 수준이 아니었다. 고속도로가 되려면 반드시 도로폭을 일정 수준 이상으로 확장하고 직선도로를 만들어 속도를 지속적으로 높일 수 있어야 하고, 사고를 막기 위해 중앙분리대를 엄격하게 설치하는 등 반드시 갖춰야 할 제반요소들이 필요했다.

김학렬 수석은 자신이 연구한 내용을 바탕으로 구체적 공사 추정액과 현실적 대안을 자세한 보고서로 만들어 대통령에게 제출했다. 이 정보를 기초로 박 대통령은 최종결정을 내리고 1967년 11월 경부고속도로 건설을 내각에 지시한다. 경부고속도로가 단순한 국도의 포장이 아니라 고속도로로서 제대로 역할을 하려면 천문학적 예산을 들여야 했다. 예산에 들어 있지 않은 대규모 사업에 대해 기획원 예산국이 당황해하자 고속도로 건설 재원을 마련하기 위해 각 부처의 1968년도 예산을 5% 포인트씩 일괄 감축하라고 강제할 정도로 강한 의지를 보였다. 1968년 2월 박충훈 부총리·김학렬 수석 시절 시작된 경부고속도로 공사는 결국 김학렬 부총리 시절인 1970년 7월 무렵 완공된다.

소양강댐 건설 비화

소양강댐 건설 논란이 벌어졌을 때도 김학렬 수석이 결정적 역할을 했다. 경제개발이 본궤도에 오르면서 정부재정의 투자 우선순위가 점차 도로, 상하수도, 댐 등 기본 사회 인프라에 집중되기 시작할 무렵이었다. 이런 가운데 건설부가 소양강댐 건설계획, 즉 북한강 합류지점에서 소양강 물줄기를 가로막아 25억 톤 이상의 강물을 가두려는 다목적댐 건설 추진계획을 마련했다. 주무부처인 건설부의 주원 장관은 홍수를 위한 다목적댐인 고(高) 댐을 추진하고 있었다. 단순히 전력생산만을 위한 댐이라면 저(低) 댐으로도 충분했지만 당시 홍수 때만 되면 경기도 양주와 광주, 그리고 수도 서울 등에서 한강하류까지 곳곳이 범람하고 있었기에 건설부는 홍수조절까지 겸하는 다목적댐을 추진한 것이다.

취지는 좋았지만 문제는 엄청난 건설비용을 어떻게 조달하는가 하는 점이었다. 또 일부 정권실세들과 한국전력이 일본 미쓰비시의 차관과 기술을 받아들이자면서 저댐을 주장했다. 장기영 부총리도 저댐을 밀었다. 반면 김학렬 수석은 건설부의 의견대로 고댐으로 가자고 대통령에 건의했다.

▸▸ **황병태**

그때 장기영 씨와 한국은행 박영균 씨, 이후락 씨 등이 일본 미쓰비시가 추진하는 저댐을 하자고 주장하는 거예요. 외롭게 고댐을 하자고 버틴 분이 주원 건설부 장관입니다. 양측이 팽팽하게 대립할 때 결정적 순간에 주 장관을 지원해 준 분이 김학렬 수석이에요.

홍수조절 기능은 꼭 필요하지만 천문학적 건설비용이 드는 소양강댐 문제에 대해 차일피일 결정이 미뤄지자 김학렬 수석은 댐에 관련해 공부하고 전

소양강댐
소양강댐은 강원 춘천시 신북읍 소양강에 있는데, 1950년을 전후하여 다목적댐 건설사업을 계획한 이래로 1960년 타당성 검사를 마친 후 1967년 4월에 착공, 1973년 10월에 완공되었다.

문가들에게 다양한 의견을 물어보면서 고댐의 필요성을 확신했다. 그는 대통령에게 이렇게 건의했다.

> 각하, 댐을 만드는 데는 농업용수, 공업용수, 생활용수, 홍수조절, 전력 등 다양한 목적이 있습니다. 돈을 아낀다고 소양강댐을 저댐으로 만들면 매년 되풀이되는 서울의 한강범람과 홍수피해를 못 막습니다. 비용이 훨씬 더 들더라도 반드시 고댐으로 가는 것이 옳다고 봅니다.

박 대통령은 이해관계가 복잡하게 얽힌 사안에 대해서는 실무자들의 의견을 들어서 결정하곤 하였다. 소양강댐 사안에서도 관련 장관들을 불러 놓고 EPB 황병태 국장의 의견을 물었다. 황병태 국장은 "홍수와 종합적 한발(旱魃) 관리를 위해서는 고댐이 좋겠습니다"라고 의견을 냈다. 평소 고댐을 주장해온 김학렬 수석이 얼른 그 말을 받았다.

"각하, 황 국장 말대로 고댐을 짓는 것이 올바른 선택인 것 같습니다."

그 자리에 앉아 있던 장기영 부총리가 뭐라고 더 말하려 했지만 박 대통령은 그의 말을 막아 버렸다.

"일본 상업차관 업자들이 들락거리며 바람을 넣은 것 같은데 원래 건설부 방안대로 고댐으로 가는 것이 좋겠소. 더 이상 재론하지 말기 바라오."

빈약했던 재정에 큰 주름살을 줄 만큼 건설비용이 많이 들기는 했지만 소양강댐은 훗날 건설된 팔당댐과 의왕댐 등 수 많은 홍수조절용 다목적댐의 효시가 됐다. 또 4대강 종합개발사업의 원조가 된 셈이다. 소양강댐은 연례행사처럼 되풀이 되던 서울, 경기지역의 홍수를 막는 데도 훌륭하게 제 몫을 다해 개발연대의 대표적 치수사업으로 기록되었다.

청와대에서의 2년 반 동안, 김학렬 수석은 지근거리에서 대통령에게 경제정책을 보좌하면서 전 부처의 행정과 경제업무에 깊숙이 관여했다. 이 과정에서 거시정책의 안목을 높였고 이해관계가 복잡한 정책이 어떤 정치적 거래과정을 통해 최종 결정되는지 관찰할 수 있었다. 훗날 부총리 업무를 성공적으로 수행할 수 있게 된 데는 청와대 수석시절의 경험이 큰 몫을 했다.

이 기간에 인간적으로나 능력 면에서 박 대통령의 깊은 신뢰를 얻은 김학렬 수석은 대통령 특사자격으로 페루, 엘살바도르 등 중남미를 공식 방문한 후 대통령의 뜻에 딱 맞는 시찰보고서를 작성하기도 했다.

> 시찰보고서의 내용 가운데는 페루 대통령 알바라도와 엘살바도르 대통령 산체스는 한국에 대한 각별한 관심이 수록되어 있다. 작년 군부 쿠데타로 집권한 알바라도 대통령은 '한국경제가 지난해 13.1%나 고도성장한 비결이 무엇이냐?' 고 질문했고, 김학렬 비서관은 '혁명 후에는 정치안정과 경제발전이 무엇보다 중요하며 5개년 개발계획을 강력히 추진해야 한다는 것을 실제 경험을 통해 알았다'고 답변했다. (〈경향신문〉, 1969. 3. 7)

김학렬의 청와대 수석비서관 시절에 있었던 에피소드 하나. 그의 아내 김옥남이 늦깎이 공부로 대학을 졸업해 언론에 등장했다.

> 오늘 중앙대 졸업식에서 학사학위를 받은 김옥남 여사는 3남 1녀의 주부로서, 남편과의 약속을 지키고자 결혼으로 중단된 학업을 계속해 오늘의 영광스런 순간을 맞았다고 밝혔다. 김 여사의 연구는 "한국 소년비행요인 분석에 관한 고찰"이다. (〈매일경제〉, 1969. 2. 25)

부총리 시절

40대 젊은 부총리의 취임

예상치 못했던 부총리 인선

수석비서관으로서 청와대에서 오랫동안 착실하게 점수를 따던 김학렬에게 드디어 일생일대의 큰 기회가 찾아온다. 장기영 부총리가 물러나고 후임으로 들어온 박충훈 부총리가 퇴진하면서 1969년 6월 부총리 겸 EPB 장관으로 임명된 것이다. '김학렬 부총리' 임명은 예상 밖이었다고 당시 기획원 출입기자들은 전한다. '머리 좋고 능력 있는 거야 자타가 공인하지만 그렇게 개성이 강하고 독불장군 같은 분이 부총리로서 여러 부처를 잘 다독거리며 이끌어나갈 수 있을까?' 하는 회의론도 관가에 은밀하게 떠돌았다.

쟁쟁한 거물급, 혹은 군출신 인사들을 제치고 김학렬 수석을 부총리 자리에 앉힌 것은 고도경제성장을 위한 핵심 숙원사업을 누구보다도 잘 이해하는 사람이 예산 주도권을 잡고 해당 부처를 동원해 적극적으로 추진하라는 박 대통령의 의지 때문이라고 당시 기자들은 기억한다.

김 부총리는 강렬한 개성 그대로 취임하자마자부터 충격요법을 단행했다. 말썽은 많지만 정치적 이해관계와 재계의 반발 때문에 누구도 건드리지 못했던 단기 현금차관 도입을 가급적 억제한다고 발표했다. 마침 1962년 890만 달러였던 외채가 1969년에는 무려 18억 달러에 이르면서 세계은행이 눈덩이처럼 불어나는 한국의 외채에 대해 걱정하던 시점이었다.

김학렬 부총리는 상업차관에 대해 한도제를 도입하여 우량 장기차관 외에는 원칙적으로 도입하지 못하도록 했다. 금리차익을 노리고 몰려드는 단기 현금차관을 막고 물가안정을 꾀하며 안정을 추구한다는 원칙을 천명하기도 했다. 이는 전임 장기영 부총리의 현금차관 정책과 확연히 다른 방향이었다. 김학렬 부총리는 또 취임 기자회견에서 소비건전화 및 재정건전화에 의한 안정성장을 추구하는 한편 수출과 농촌경제 진흥에 힘쓰겠다고 다짐했다. 이와 함께 종합제철과 석유화학 등 기간산업을 조성하겠다고 약속했다.

그리 길지 않은 재임기간에 김 부총리는 대통령의 무한신임과 누구도 감히 반발하지 못하도록 하는 독특한 카리스마를 무기로 폭풍노도처럼 각종 정책을 밀어붙여 기자들과의 약속을 지켰다.

온갖 비난을 무릅쓰며 방만한 재정을 줄여 물가를 안정시킨 덕분에 재정이 건전해졌다. 그는 경제부처에 대한 강력한 주도권을 갖고 제 2차 경제개발계획을 수행했다. 특히 강력한 리더십을 발휘해 정부예산은 물론 민간 투자계획까지 조정하고 국내외 자원배분에 관한 모든 권한을 동원해 핵심산업 추진에 집중했다. 포항제철과 경부고속도로 건설, 4대 핵심공장 사업, 4대강 종합개발, 울산석유화학 공업단지, 쌀자급을 위한 녹색혁명 등 한국의 개발연대에 추진된 주요 사업들은 김학렬 부총리 시절에 완성되거나 본궤도에 올랐다.

숙원사업 포항종합제철 건설

당시 정부의 최대 관심사는 석유화학공장과 종합제철소였다. 처음 경제개발 5개년계획을 발표하고 곧이어 울산공업단지를 지정하면서 그곳에 4대 주력사업으로 발전, 비료, 정유, 제철 등의 공장을 건설하기로 발표한 바 있다. 이 가운데 석유화학은 이미 부지가 정해지고 외국 기업들도 차관이나 기술제공에 적극적이었지만, 종합제철사업은 박 대통령이 염원하는 최대현안인데도 오랫동안 지지부진한 상태였다. 워낙 규모가 큰 데다 경제성이 불확실해서 적극적으로 나서는 국내외 기업이 없었다. 업무 성격으로 보자면 석유사업, 종합제철 2개 모두 상공부 소관이었다. 하지만 한 부처가 전담하기가 버거워 박 대통령은 '교통정리'를 했다. 석유화학은 상공부가 주로 추진하되 EPB가 지원하고, 종합제철소는 EPB가 주로 하되 상공부가 지원하도록 업무를 분장했다.

1967년 3월 장기영 경제부총리 시절, 6·25 전쟁에 참전했던 벤플리트 장군이 한국정부의 뜻을 알고 종합제철소 건립을 돕는 데 앞장섰다. 미국, 영국, 서독, 이탈리아 등 4개국의 18개 회사로 구성된 KISA, 즉 '대한국제제철차관단'을 결성한 것이다. 그해 10월 한국정부와 연산 60만 톤 규모의 종합제철 건설에 관한 기본계약을 체결한 KISA는 의욕적으로 세계은행과 EXIM, 영국, 프랑스, 서독, 이탈리아 정부와 공공차관 교섭을 진행했다.

이제야 뭐가 좀 되나 보다 싶었으나 시간이 갈수록 KISA의 활동이 지지부진해졌다. 차관교섭에 응한 국가들이 하나같이 경제성이 없다고 판단하고 차관제공을 거절했던 것이다. 제 2차 세계대전 이후 경제자립을 내세워 의욕적으로 종합제철을 건설했던 인도, 터키, 멕시코, 브라질 등 대부분의 국가가 적자의 늪에서 헤어나지 못한다는 현실이 매번 지적되곤 했다.

특히 USAID는 IBRD의 보고서를 받아들여 '한국에 종합제철은 시기상조'라면서 강하게 반대하고 나섰다. '고철을 녹여서 철근정도나 뽑아 쓰는 소규모 제철 수준이면 몰라도 후판이나 냉강판을 만들어내는 대형 종합제철은 한국에는 시기상조이다. 잘못하면 재정운용에 큰 위험을 불러온다. 한국은 노동집약형 기계공업을 추진하는 것이 바람직하다'는 것이었다. 1968년엔 KISA는 유명무실해졌고 누구 눈에도 종합제철사업을 위한 해외차관 도입은 기대난망이라는 것이 거의 확실시되었다. 당시 상황을 김정렴 당시 상공부 장관을 만나 알아보자.

그때 한국정부는 결국 미국이나 유럽을 포기하고 일본에 눈을 돌렸다고 합니다. 1968년 8월 한일 정기 각료회의가 열릴 때 김학렬 청와대 수석과 김정렴 상공부 장관 등 한국 대표단에게 내려진 주요 미션은 종합제철 사업에 대한 일본의 협력가능성 타진이었다고 하던데요. 그 각료회의에 직접 참여하신 분으로서 증언해 주십시오.

▸▸ 김정렴

한일 각료회의에 관한 청와대 관계장관회의 석상에서 박 대통령으로부터 김학렬 수석과 상공부 장관이었던 나에게 종합제철에 관한 일본의 협력을 중점적으로 교섭하고 일본 측의 의사를 타진해 보라는 특명이 있었어요. 그래서 외무, 경제, 기획 합동회의에서는 김 수석이, 일본 통산성과의 개별회의는 내가 맡아서 교섭하기로 역할을 분담했습니다.

종합제철소 이야기를 꺼내니까 일본 반응이 어떠했습니까?

이때까지만 해도 일본의 반응은 미온적이었습니다. 그저 한국의 입장은 알겠다는 정도였어요. 오이하라 통산성 대신에게 얘기했더니, 아주 대놓고 얘기해요. "김 장관, 한국을 위해서도 종합제철은 안 됩니다. 현해탄 건너면 세계에서 제일 잘되는 일본의 종합제철이 있어서 질 좋은 철을 국제가격 중 가장 싼 가격으로 공급받을 수 있는데 왜 60만 톤, 100만 톤짜리 제철소에서 비싼 철을 생산해서 고생합니까? 우리 철을 팔아먹기 위해서가 아니라, 김 장관의 장래를 위해서, 한국을 위해서 충심으로 충고하는 것입니다"라고 말합디다. 내가 "그래도 우리가 종합제철은 반드시 해야 합니다"고 그랬더니 "KISA가 아직도 움직이는데 KISA가 손을 들면 그때 가서 다시 생각해 봅시다"라면서 "김 장관이 강력히 요구하니 한번 조사팀이나 보내겠습니다' 하더군요. 그래서 통산성 관료, 일본 종합제철소 직원이 한 팀이 된 실무조사팀이 한국에 온 것이지요. 그래도 끝까지 종합제철소 건설에 협조해 준다는 얘기는 안 합디다."

지금 말씀을 들어보면 처음에는 일본이 반대했던 것 같습니다. 그런데 나중에는 종합제철 건설을 돕는 쪽으로 입장이 바뀌잖아요. 입장이 변하게 된 결정적 배경은 무엇입니까?

일본이 과거 이승만 대통령 때 고생했지만, 박 대통령이 취임한 이후 한·일 국교정상화가 이뤄지고 평화라인을 철폐하는 등 일본에 대한 악감정이 상대적으로 줄었기 때문이었다고 봐요. 특히 일본 자민당 내에서 박 대통령을 보는 시각도 남달랐던 것 같습니다. 당시 국제정세는 6·25 전쟁 때 북한이 소련·중공과 맺었던 군사동맹이 시퍼렇게 살아 있고 월남과 캄보디아가 공산화되는 상황에서 아시아에서 한국 혼자서 공산화를 막고 있는 형국이었습니다. 그러한 가운데 이 양반(박 대통령)이 원하는 것이 종합제철소라는 사실을 일본 정부와 여당의 간부들이 알게 됐지요. 이때 자민당 내 친한파가 기시 전 수상 그다음에 후쿠다 전 수상 이런 사람들이에요. 일본 정계에 이런 분들과 박 대통령이 친했지요. 이들이 한국을 많이 도왔어요.

당시 박태준 씨는 어떤 역할을 했습니까?

박태준 씨는 와세다대학을 나와서 일본말을 아주 잘했고 일본 제철소 사장들을 만나 설득하느라 애를 많이 썼지요. 김종필 씨도 다방면에서 많이 노력했어요. 일본 정계의 고위층 인사들을 만나 '일본은 군대도 없고 국방비도 GDP의 1% 정도만 쓰지 않느냐. 한국이 4% 이상의 국방비를 써가면서 소련과 중공을 막아내고 있기 때문인데 이제 일본이 경제대국이 되었으니 한국을 도와주어야 하지 않느냐?' 이런 식으로 설득하고 다녔지요.

일본도 한국의 종합제철 건설을 통해 경제적 이득을 누릴 수 있다고 생각하지 않았을까요? 예컨대 지금 한국이 중국에 플랜트를 수출하듯이, 기자재를 팔아 이득을 얻을 것이라고 계산하지 않았을까요?

기자재 팔려는 속내가 당연히 있었겠지만 큰 동기는 아니었다고 생각해요. 기자재는 단 한 번 팔아먹는 것이 아닌가요. 그보다는 일본이 자신들의 안전보장을 위해서는 한국이 잘돼야 하는데, 한국의 대통령이 간절하게 원하니 도와주어야겠다는 생각이 더 컸다고 봅니다.

포철은 결국 외국이 자금지원을 하지 않으니 일본에서 받은 청구권자금을 쓰게 됩니다. 그 아이디어가 처음 어디서 출발했는지 궁금해하는 사람들이 많습니다.

양윤세 당시 EPB 국장이 국제회의 때 통역을 도맡아 하곤 했는데, 이 사람이 제2차 한일 각료회담에도 참석했어요. 상공부에서는 오원철 국장이 참석했고요. 이들 젊은 국장들이 각료회담 후에 일본의 국·과장급 실무자들을 만났는데, 그때 일본 측에서 포철 건설에 청구권자금의 가능성을 언급하더라는 것이에요. 당시 각료들 차원에서는 아직 언질도 없었던 상황인데도 말입니다.

청구권자금을 포철에 사용할 수 있다는 가능성은 일본으로부터 처음 나온 것이네요. 청구권자금 활용 아이디어가 일본의 실무급 국·과장에게서 나왔다는 말을 처음 듣습니다.

양국 실무 국·과장들이 각료회담에 배석하고, 이후 카운터파트끼리 술 한잔하면서 이런저런 얘기를 하다가 그런 방법도 생각할 수 있지 않느냐며 힌트를 일본 측이 주었다는 거지요.

포항종합제철의 경우 100만 톤 생산규모로 경제성이 확보될 수 있는지가 가장 큰 과제였다. 양측 실무자들이 채산성을 맞추는 방법에 대해 토론하다가 일본의 아카자와 중공업국장 등 실무자들이 "만약 한국 측이 무이자인 청구권자금을 사용하고 추가 인프라 건설에 국가예산을 사용한다면 100만 톤으로도 경제성을 확보할 수 있을 것 같다"고 귀띔한 것이다.

한국정부가 일본에 물밑 의사타진을 하는 사이 1969년 4월 프랑스 파리에서 열린 제3차 IECOK 회의에서 세계은행은 "한국의 종합제철 건설에 반대한다"라고 공식적으로 밝혔다. EXIM도 1969년 5월 경제성이 없다는 이유로 차관제공 거부를 최종 통보했다. 이 회의에 김학렬 수석이 참석했다. 장기영 부총리의 뒤를 이은 박충훈 부총리에게 맡겨진 제철사업에 진척이 없고 확실한 실마리가 보이지 않자 박 대통령이 김 수석을 직접 보내 실제 상황을 있는 그대로 보고 오도록 지시했던 것이다.

IECOK 회의결과 미국이나 국제기구의 지원으로 한국이 제철사업을 추진하는 것은 사실상 불가능하다는 점이 명확해졌다. 이때 박 대통령은 종합제철의 추진방향에 대해 특단의 결심을 한다. 바로 다음 달인 6월 박충훈 부총리가 사임하고 김학렬 수석이 기획원 부총리로 취임했다. 자신이 내린 '특단의 결심'을 실천할 인물로 김학렬을 선택한 것이다. 예리하고 추진력 있는 40대의 젊은 부총리가 중후하고 원만한 성격의 중진보다 낫다고 본 것이다.

김학렬 부총리는 지근거리에서 박 대통령을 보좌하면서 종합제철사업에 대한 대통령의 숙원과 집념을 누구보다도 잘 알았다. 그래서 어떻게 추진해야 할지 취임 초부터 고민했다. 마침 일본의 실무진으로부터 무상 청구권자금을 포철 건설에 사용하면 경제성을 확보할 수 있다는 아이디어를 들은 양윤세 국장이 이를 김 부총리에게 보고했다.

▸▸ 양윤세

10년에 걸쳐 받기로 한 청구권자금은 매년 한일 회담을 통해서 자금의 용처를 의논한 후 나눠서 받는 식으로 진행됐습니다. 1년에 몇천만 달러씩 받아 봐야 결국은 몇 년 지나지 않아 소진되고 말 것입니다. 생산적 시설이 아무 것도 남지 않아서 허망하다고 늘 생각했어요. 그래서 내가 김학렬 부총리한테 얘기했어요. "청구권자금 앞으로 몇 년치 남은 것으로, 예를 들어 제철이나 조선사업을 하면 어떻겠느냐?" 그랬더니 그 얘기를 듣고 "내가 올라가서 각하께 잘 말씀을 드려 보겠다"고 그러더군요.

▸▸ 김정렴

양윤세 국장의 보고를 들은 김 부총리가 이 아이디어를 적극적으로 박 대통령께 건의를 드렸던 것으로 알아요. '일본 청구권자금으로 (종합제철을) 추진하면 가능성이 있습니다. 일본의 고위층이 각하가 그걸 원하신다는 것을 알고 있고, 실무진에서도 움직임이 있습니다'고 보고했다고 합니다.

농어촌개발용으로 쓰도록 예정된 청구권자금을 종합제철 건설에 쓴다는 아이디어에 대해 박 대통령은 처음에는 적잖게 망설였다고 한다. 고민하던 대통령에게 진언해서 결정적으로 마음을 움직인 사람은 김학렬 부총리였다.

▸▸ 황병태

그 당시 박 대통령은 자신이 농촌출신이어서 청구권자금을 농촌개발에 써야 한다는 소신이 강했었습니다. 나도 건의했지만 결정적으로 박 대통령을 움직인 사람은 김학렬 부총리였어요. 처음에는 그 말이 잘 안 먹혔지요. (박 대통령이) '말도 안 된다. 그게 무슨 소리냐?' 이랬다는 거예요. 그래서 김 부총리가 두 번, 세 번 진언했다고 합니다.

▸▸ 양윤세

여러 차례 진언해서 박 대통령의 재가를 얻어낸 김학렬 부총리는 다시 양윤세 국장을 불렀다. "김 부총리가 나중에 나를 부르더니 '미스터 양, 이제부터는 당신 마음대로 하시오. 재량권을 줄 테니 대신 일을 성사시키기만 해라', 그렇게 말합디다. 그래서 그때 내가 그 일로 도쿄에 왔다갔다 했어요. 청구권자금을 전용하려면 일본에서도 거쳐야 할 절차와 과정이 있으니까 한일 각료회담을 빨리 열어서 거기서 청구권자금 전용을 결정하는 것으로 합의하고, 그다음에 일본 조사단이 오게 만들어야 된다고 해서 일정을 앞당겼습니다. 12월 초면 김학렬 부총리 취임 6개월이 됩니다. 그래서 '그날까지 못하면 할 수 없습니다' 그랬습니다. 결국 그렇게 서둘러서 4명의 위원으로 구성된 일본조사단이 만들어졌습니다. 외무부, 대장성 멤버 등으로 구성된 조사단입니다. 내가 일본을 그해 6개월 안에 여섯 번인가 가서 갈 때마다 4명을 돌아가면서 모두 만나고 그랬어요. 필요한 자료도 그 사람들에게 다 내고.

청구권자금을 써서 독자적으로 포항종합제철을 건설하기로 대통령의 최종 결심이 서고 추진력 강한 부총리가 들어서자 사업이 일사천리로 진행되기 시작하였다.

포철건설 드라마의 주역들

1970년 4월 황량한 영일만의 모래벌판에서 포항종합제철 착공식이 열렸다. 모래바람으로 눈도 뜨기 어려운 날씨였다. 태어나 단 한 번도 용광로를 구경한 적이 없는 사람들이 긴장된 얼굴로 종합제철 착공식에 모여 있었다.

경제성이 없다며 차관제공을 거부한 서방국가와, '농촌지역에 써야 할 돈을 포항제철에 전용한다'고 반대하는 농촌지역 출신 국회의원들의 맹렬한 비판을 무릅쓰고 추진한 '포항제철 건설 드라마'에는 몇몇 주역들이 등장한다.

우선 자금과 기술제공 측면에서 포항제철 건설을 지원해 준 사람이 일본의 사토 에이사쿠(佐藤英作) 총리였다. 사토 총리는 한일 국교정상화를 성사시킨 주역으로서 박 대통령과 유난히 친분이 두터웠다. 꿈적도 않는 일본의 무거운 관료사회를 움직여 포항제철 건설이 가능하도록 자금과 기술제공을 도운 것이다. 그는 서울 지하철 1호선 건설 필요 자금 8천만 달러에 대해 일본 수출입은행 차관을 주선했고 후일 중화학공업 추진을 위한 자금 및 기술지원에도 호의적이었다.

또 다른 주역은 포항제철의 현장 책임자 박태준 사장이었다. 당시 한국의 거의 유일한 수출 달러박스는 중석(重石)이었다. 중석을 개발하는 회사는 국영기업체 대한중석이었다. 이 회사의 박태준 사장은 대한중석이 출자하는 형태로 포항제철을 법인으로 등록했다. 박태준 사장은 개인보다는 국가를 우선하는 인물이었다. 그가 포항제철 건설현장에서 실무자들과 기울인 노력과 고생은 필설(筆舌)로 표현하기 어렵다.

건설과정에서 박 대통령의 뜻에 따라 전반적 계획을 세우고 일본과 끝도 없이 협상하고 정부예산 상당액을 쓸어 넣다시피 해서 전폭적으로 지원한 주인공이 김학렬 부총리였다. 부총리로 취임한 후 그가 최우선 순위로 한 일이 정문도 기획원 차관보를 불러 포항제철 추진을 전담하도록 지시한 것이다.

"정 차관보는 이제부터 기획원에 출근하지 않아도 되오. 호텔이든 어디든 방을 정해서 포항제철을 추진하는 일만 담당하시오."

부총리로부터 이런 지상명령이 떨어지자 정문도 차관보는 상공부, KIST 등 관련부처와 전문기관에서 10여 명을 차출해 태스크포스 팀을 구성했다.

포항제철 착공식(1970)
1968년 포항제철은 국영기업으로 설립됐다. 1970년 4월 1일 포항제철소 1기 착공식이 있었다. 1973년 7월 조강연산 103만 톤의 포항제철소 1기의 준공이 이루어졌고, 1987년 광양제철소 1기 설비를 준공했다. 1992년에 이르러, 포항제철 4반세기 대역사를 완성했다. 왼쪽부터 박태준 초대 사장, 박정희 대통령, 김학렬 부총리.

팀원들은 자발적으로 호텔방에 '감금'되었다. 출근도 호텔로 했고 휴일도 없이 매주 작업해서 일요일마다 김학렬 부총리에게 진척상황을 보고하곤 했다.

포항종합제철에 대한 태스크포스 팀의 기초작업이 끝날 무렵인 1969년 9월 일본 통산성의 아카자와 중공업국장을 단장으로 한 사업타당성 조사단이 방한했다. 어느 나라에서나 실무국장의 판단과 결정이 중요하지만 장・차관이 정치권에서 오는 경우가 많은 일본 내각체제에서는 실무국장의 파워가 유난히 강했다. 천하에 무서운 사람이 없는 김학렬 부총리지만 일본의 실무국장이 공식 판단을 내리기 전까지는 무한한 인내심을 보였다. 그 불같은 성격을 어떻게 저렇게 잘 참을 수 있을까, 옆에서 지켜보는 사람들이 의아해할 정도였다.

부총리가 직접 일본인 국장을 상대했고 저녁이면 회식 술자리도 잦아 외교 프로토콜상 부총리가 너무 체면을 손상하는 것이 아니냐는 비난이 일어날 정도였다. 그러나 김학렬 부총리는 태연하게 '격식이나 폼이 밥 먹여 주느냐, 일단 목적을 달성할 때까지는 무슨 일이든 감수한다'는 태도를 보였다. 포항제철 사업추진이라는 절박한 소명의식 때문에 드높은 자존심을 접고 불같은 성질을 눌렀던 것이다. 얼마나 공을 들였던지 큰 감동을 받은 아카자와 국장은 귀국하면서 김학렬 부총리의 포항제철 사업에 대한 열의와 치밀함을 찬양하는 긴 시구를 남겼다.

일본의 타당성조사단이 귀국하고 그해 12월에 마침내 총 건설자금 1억 6,805만 달러 규모의 '한일 종합제철에 관한 기본협약'이 체결된다. 포철사업의 큰 문제는 해결되었지만 그 이후로도 세부사항을 둘러싸고 한일 간에 여러 차례 고비가 있었다. 그때마다 큰 무리 없이 애로사항을 풀어나간 데는 김 부총리의 넓은 일본 인맥이 주요한 역할을 했다.

김 부총리를 도운 인물 가운데는 사토 수상(총리)의 경쟁자이자 후임수상이었던 다나카 가쿠에이 통산대신과, 후쿠다 다케오 외무대신, 사토 수상의 친형인 기시 전 수상도 있었다. 특히 기시 전 수상은 자신과 김학렬 부총리의 공통점인 '면도날 성격'에 대해 이렇게 말했다고 한다.

> 김 부총리의 성격에 대한 평판과 소문이 많던데 나도 마찬가지입니다. 나도 일본에서 관료생활을 할 때 '면도날'이라는 별명이 있었고 곡절이 많았습니다. 큰 일을 하려면 주변의 비판이나 원성을 듣더라도 소신껏 일을 추진하셔야 합니다.

가나야마(金山) 주한 일본대사도 포철사업을 돕다가 친한파가 되었고, 딸을 한국인에게 시집보내기도 했었다. 가나야마 대사는 포철사업이 시작된 이후 한일 간의 협력문제를 의논하기 위해 몇 달동안 거의 매일 김학렬 부총리 방에 들락거려 한국인들과 친해졌고 주변에서는 그를 '김(金) 대사'라고 부르기도 했다.

포항제철 사업에 올인하다

일본의 타당성 조사팀이 귀국하고 난 후 자금 및 기술 협력이 확정되자 김학렬 부총리는 성격대로 질풍노도처럼 종합제철 사업을 밀어붙였다. 그는 '103만 톤 규모로 종합제철을 만든다면 돈이 얼마나 드는가? 그 돈으로 철강 103만 톤을 생산했을 때 국제경쟁력이 있는가? 만약 경쟁력이 없으면 어떻게 확보할까? 제철수요는 어떻게 창출할까?'하는 원론적 문제로부터 '공장건설에 장애가 뭐냐, 원료확보는 어떻게 하느냐? 건축자재 수송에 문제는 없는가?'

등의 실무적 애로사항까지 철저하게 직접 챙겼다. 끊임없이 보고받고, 검토하고, 해결책을 고민했다.

항만, 물류, 공업용수, 전기, 통신, 하수도 시설 등과 관련된 애로를 해소하는 데도 김 부총리 본인이 해당 부서에 직접 지시를 내렸다. 세금 및 이자 감면, 정부 보증 등 동원할 수 있는 모든 조치가 포항제철 건설사업에 동원되었다. 예산국은 얼마 되지도 않는 정부예산을 포항제철 건설에 집중적으로 쏟아 부을 수밖에 없었다.

▸▸ 강경식(당시 예산국, 후일 경제 부총리)

그때 제가 예산국에 있었는데 예산국 입장에서 보면 정말 죽을 맛이었어요. 이에 앞서 착공한 소양댐과 경부고속도로만으로도 예산이 숨 가쁜 판인데 엎친 데 덮친 격으로 남은 예산을 모조리 가져다 (종합제철 사업에) 쓸어 넣어야 되니까요. 지금도 눈에 선한데, 종합제철을 짓기 전에 포항 해변을 직접 가서 보니까 완전히 허허벌판이에요. 모래밖에 없어서 버스가 지나가면 길거리에 먼지가 풀풀 났습니다. 그렇게 낙후된 어촌에 포항제철을 지으면서 공업용수용 댐을 만들고, 길을 내고, 터를 닦고, 항만을 짓는데 그걸 전부 정부예산으로 뒤치다꺼리를 하려니까 힘들 수밖에요. 청구권자금을 모조리 쓸어 넣고, 국내 은행들 전부 동원해서 출자시키고, 온갖 재원을 다 끌어모아서 정말 올인했어요. 예산과 경제자원 전체를 총투입하다시피 해서 완성한 것이 포항제철입니다. 이런 식으로 재정을 올인했던 두 가지 사업이 경부고속도로 하고 종합제철소예요. 그 대신에 재정의 다른 쪽은 완전히 말이 아니었죠.

부총리 김학렬의 꼼꼼하고 부지런한 성격은 포항제철을 추진할 때도 예외 없이 나타났다. 하나하나 따지기를 좋아하고 여기에 즉시 대답하지 못하면 불벼락이 떨어졌다.

▸▸ 조경식(당시 예산국 사무관)

포항종합제철에 대해서 이 어른의 집념이 얼마나 강한지 말도 못합니다. 그 지원사업을 건설부에서 하고 우리 기획원이 예산을 담당하는데 저보고 '도면 가져왔어?' 하고 묻습디다. '예, 가져왔습니다' 하고 도면을 펼쳐 놓으니까 도면을 가리키면서 '방파제가 어디 있어?', '여기 있습니다', '원료부두 어디 있어?', '이겁니다', '제품부두

어디 있어?', '이겁니다' 하나하나 집어가면서 물어보고는 내가 대답을 다 하니까 그때서야 '그래 너는 여기 가 봤나?' 하고 물어요. '아직 제가 맡은 지 얼마 안 돼서 못 가봤습니다' 그랬더니 '현장을 반드시 가 봐야지. 나는 여기 방파제부터, 여기 끝에까지 갔던 사람이야' 이러시더라고요. 그러면서 종합제철 지원사업을 최우선으로 추진하라고 또 한 번 당부하십디다.

그렇게 챙기는 것도 부족해서 공사 진행상황에 대해 세부사진을 찍어 앨범에 담아와 실무자가 매달 김 부총리에게 직접 보고하기도 했다. 이때의 월말 보고서 연락 담당자가 당시 포철의 박재홍 총무부장이었다. 그를 통해 다른 부처에서 협력하지 않는다는 이야기가 들리면 "협조가 안 된다니, 그게 무슨 소리냐?"며 당장 관계부처에 전화를 걸어 무섭게 독려했다. 호랑이 부총리가 전면에 나서서 매일같이 금융, 예산, 세제 등을 모조리 동원해서 챙기다 보니 부처간 협력이 안 될 수 없고 사업은 일사천리로 진척되기 시작했다.

1973년 7월, 우리나라 최초로 조강 생산능력 103만 톤의 1기 설비를 갖춘 포항종합제철이 완공된다. 박 대통령의 오랜 집념, 김학렬의 기획력과 추진력, 박태준의 현장 열정 등이 합쳐져서 오늘날 세계적 기업이 된 '포항제철'이라는 '한국경제 명품기업'이 탄생한 것이다. 1973년의 완공 기념식에 '포항제철 드라마'의 주역들이 한자리에 모였다. 사토 일본 수상은 국빈자격으로 한국을 방문했다. 완공식 단상에는 박정희 대통령과 박태준 포철 사장이 감격에 찬 얼굴로 앉아 있었다.

그때 얼마나 고생했는지 완공되니까 눈물밖에 안 나와요. 만세소리도 제대로 안 나와서 그냥 '어어어어' 하기만 했어요. (한경식: 전 포스코 건설본부장)

그러나 그 감격의 자리에 애석하게도 핵심 주역인 김학렬 부총리의 자리는 비어 있었다. 갑자기 악화된 건강 때문에 자신이 그처럼 열과 성을 다해 추진했던 포철의 완공을 보지 못한 채 고인이 되고 말았다. 박 대통령은 연설에서 "지금부터 3년 전 바로 이 자리에서 지금은 고인이 되었지만 김학렬 부총리, 박태준 사장, 그리고 본인이 발파 기공식을 했다. 그때가 바로 어제 같은데 오늘 염원하던 사업이 이뤄져서 감개무량하다"고 말문을 열었다. 기념식 자리에는 고인이 된 김 부총리 대신 부인 김옥남이 초청을 받아 단상의 뒷줄에 앉아 있었다. 부인은 식이 끝날 때까지 하염없이 눈물만 흘렸다.

제철산업의 첫 불이 당겨지고 생산에 들어간 포항제철은 경제성에 대한 국내외의 우려를 말끔히 씻고 6개월 만에 1,200만 달러의 엄청난 흑자를 냈다. 1980년도에는 철강생산량이 1,200만 톤으로 크게 늘어났다. '한국의 제철사업은 경제성이 없으니 차라리 브라질 제철사업을 지원하는 것이 바람직하다'는 IBRD의 보고서에 따라 미국이 한국 대신 차관을 지원했던 브라질 제철소의 철강 생산량은 같은 기간에 400만 톤에 불과했다.

경부고속도로 완성

김학렬 수석 시절에 밑그림이 그려진 경부고속도로는 1968년 박충훈 부총리 당시 '국가 기간고속도로 건설추진위원회'가 설치된 후 정문도 운영차관보가 재경반장을 맡아 꾸준히 추진되었다. 그러나 고속도로 건설비 추정에 불참했던 기획원은 엄청난 공사비에 대해 예산부족을 이유로 다소 소극적이었다.

▸▸ 강경식

기획원은 경부고속도로 건설방침이 확정된 다음에 관여하기 시작했습니다. 내 기억은 건설비용이 4백몇십억 원으로 추정되었던 것 같습니다. 그때 그 재원을 마련하기 위해서는 정말로 예산을 싹싹 쓸어 넣어야 가능했습니다.

수석 시절에 경부고속도로가 국내의 격렬한 반대를 뚫고 얼마나 어렵게 결정되었는지를 옆에서 지켜봤던 김학렬 부총리는 장관 취임 후 경부고속도로 건설사업에 대해서도 예산을 집중 동원하도록 지시했다.

▸▸ 조경식

경부고속도로 사업은 정부의 우선순위 1위 사업으로 김 부총리의 특별지시에 따라 신청당일 예산배정은 물론이고 정부가 할 수 있는 모든 지원조치를 신속하게 추진했습니다.

여수 화학공업단지(1973)
우리나라의 대표적 중화학공업단지인 여수 공업단지의 모습이다.
유조선의 운송화물 중에서 대종을 이루는 것은 석유류로, 중동 · 북아프리카 · 중남아메리카 · 북아메리카
동남아시아 등지에서 정유시설지로 수송되는 원유와 정유지에서 소비지로 수송되는 정제유이다.

그렇게 예산을 총동원해 건설된 경부고속도로는 당시만 해도 '단군 이래 최대 역사(役事)'였다. 건설에 들어간 비용 430억 원은 1967년도 전체 국가예산의 23.6%에 달하는 엄청난 금액이었으니 자연스럽게 그런 수식어가 등장한 것이다. 경부고속도로의 완공은 철도시대를 마감하고 도로수송의 시대를 연 개발연대의 상징적 사업이었다. 전 국토의 1일 생활권 시대를 열고 인적, 물적 자원의 지역 간 이동을 촉진했으며 지역평준화 확산 등 국민생활에 유형무형의 큰 변화를 낳는다.

안보불안과 4대 핵공장

1970년 전후 무렵 한반도를 둘러싼 국제정세와 안보에 이상기류가 흐르기 시작했다. 그 첫 신호탄이 닉슨 독트린이었다. 닉슨 미국 대통령은 '아시아에서 미국의 개입과 역할을 축소한다'는 원칙을 공공연히 천명했다. 엎친 데 덮친

격으로 1970년 4월, 중국(당시 중공)이 한국과 대만에 투자하거나 기술원조를 해 준 기업은 중국과 무역거래를 할 수 없다는 '주(周) 4원칙'을 발표했다.

이 같은 미국과 중국의 움직임은 한반도의 경제와 안보상황에 큰 불안감을 불러일으켰다. 미국의 군사적 보호우산이 축소된 이후에 대비하는 자주국방과 방위산업 육성이 한국정부의 핵심 어젠다로 떠오른 것은 자연스러운 결론이었다. 방위산업을 키우려면 반드시 중화학공업의 발전이 뒷받침되어야 했다. 중화학공업은 그 자체로 경제발전과 수출의 핵심동력이 되지만 유사시 곧바로 방위산업으로 전환할 수 있기 때문이다. 철강으로 승용차나 배를 만들면 민간 경제발전의 동력이 되고 수출이 되지만 탱크를 만들면 즉시 방위산업이 된다. 전쟁을 일으켰던 일본에서 중화학공업이 발전한 것이 대표적 사례이다.

한계에 도달한 수출을 늘리고 경상수지 적자를 줄이기 위해서라도 중화학공업을 추진해야 했다. 한국은 1964년 11월에야 간신히 1억 달러 수출실적을 올렸다. 수출품이라고 해 봐야 농수산물, 중석, 가발, 신발, 섬유 등이 고작이었다. 시멘트와 석유화학 등 일부 공업을 육성했지만 수출보다는 내수용 목적이 더 컸다. 이 때문에 수출이 한계에 부딪혀 1971년 무역수지 적자는 1,327억 달러였다. 경공업 중심의 노동집약적 산업으로는 도저히 무역수지를 맞출 수 없었고 언제나 외환이 바닥나는 두려움에 떨어야 했다.

수출증가와 무역수지의 돌파구를 중화학공업 육성에서 찾는 것은 당시 불안했던 국제정세와 맞물려 당연한 결과였다. 그러나 아직 빈약했던 한국경제에 엄청난 투자재원이 소요되는 중화학공업 육성은 지난(至難)한 과제였다. 박 대통령의 특명을 받은 김학렬 부총리는 작전하듯 비밀리에 중화학공업 발전의 큰 그림을 만들어내야 했다. 기획의 최고 책임자인 그는 매일 밤 고민했다. 어찌해야 할 것인가?

▸▸ 엄일영(당시 기획원 장관 비서실장)

독서광(讀書狂)인 김 부총리는 거의 매일 밤에 잠을 줄여 중화학 및 기계공업 관련 책을 탐독하면서 중화학공업 정책수립에 골몰했습니다. 옆에서 자는 부인이 잠을 깰까 봐, 라이트가 달린 펜을 구해, 책을 읽고 끊임없이 메모하고 그 메모는 누구에게도 맡기지 않고 자신이 늘 가지고 다녔습니다. 또 KIST 등 전문가들로부터

엄일영 嚴鎰永 전 동서경제연구소 대표이사

1933. 8. 5 경남 울산 출생
용산고 졸업, 서울대 경제학과 졸업
〈경향신문〉 기자
〈한국일보〉 경제부 차장
〈서울경제신문〉 경제부장
1969~1979 경제기획원 장관비서실장
외자관리국장, 경제조사국장
1979~1982 조달청 차장
1994~1997 동서경제연구소 대표이사

중공업 육성에 관한 고견을 청취하곤 했습니다. 당시 그의 집무실에는 중화학공업 육성에 따른 산업연관 흐름표가 한가득 펼쳐져 있었습니다.

방위산업을 포함한 중공업 발전을 위해서는 종류가 다른 산업끼리 상호 시너지를 낼 수 있도록 종합적 마스터플랜을 세울 필요가 있었다. 소재부문에서 특수강, 주물선이 있어야 하고, 완성제품으로는 조선과 기계공장을 중점 육성해야 했다. 종합제철을 통해 특수강이 생산된다면 철로 만들 수 있는 배와 자동차, 기타 방위산업의 육성이 필요했던 것이다. 이에 따라 선정된 핵심 중공업 사업은 제철, 특수강, 주물, 신동, 조선, 기계 등 6개 분야였다. 오랜 불면의 밤을 지새운 끝에 중화학공업 육성 구상이 끝나자 김학렬 부총리는 이 구상을 '4대 핵(核) 공장 사업'으로 발표한다. 선정된 분야는 6개였는데 왜 발표는 '4대 핵공장'이 됐을까? 종합제철의 경우 포항제철이 이미 착공된 상태였다. 또 신동공장의 경우 90% 이상이 총알 등 무기생산용 품목이어서 외교적으로나 차관교섭 측면에서 부정적 이미지를 보인다고 해서, 대외적 발표에서는 제외됐다. 그래서 조선, 기계, 특수강, 주물선(鑄物銑) 등 4개 분야로 축소되어 '4대 핵공장 사업'으로 발표된 것이다.

큰 계획을 짜서 '4대 핵공장 추진 계획'을 언론에 대대적으로 발표하기는 했는데, 이 사업을 누가 어떻게 수행할지에 대해서는 대안이 없었다. 막막한 심경인 김학렬 부총리는 장고(長考)에 들어갔다. 이미 짓기 시작한 소양강 댐, 경부고속도로 때문에 국가재정은 바닥난 상황이었다. 민간투자를 유도하는 수밖에 없었다. 그러나 전(全)세계적 경제난 때문에 민간업계도 쪼들렸다. 비싼 사채이자를 물고 만기가 돌아오는 상업차관 갚기만도 허덕이는 형편이다 보니 거액의 장기(長期)투자에 자발적으로 나서는 기업이 없었다.

김학렬 부총리는 일일이 민간 사업자들을 개별 접촉하면서 중화학공업에 대한 대통령의 강력한 의지를 전달하고 설득하고 회유했다. 그래도 주저하는 기업인들에게는 "앞으로 다른 사업을 할 때 정부로부터 어떤 도움도 기대하지 말라"고 냉정하게 잘라 말했다. 당근과 채찍을 동원한 설득작업이 계속되자 해보겠다는 기업인들이 한둘씩 나타났다.

첫 지원자는 미륭상사의 박근석 씨였다. 미국의 걸프 석유회사로부터 유조선 수송에 따른 선수금으로 받은 수백만 달러를 가지고 있으니 적당한 업종을 골라 한번 해보고 싶다고 알려온 것이다. 기계공업은 당시 새나라자동차와 한국기계주식회사를 경영하던 김창원 씨가 추진해 보겠다고 희망했고, 특수강은 대한중기공업의 김연규 씨가, 주물선은 강원산업의 정인욱 씨가 맡기로 했다. 무기를 만드는 신동공장은 당시 영등포 지역에서 놋그릇 만드는 수준의 중소 공장을 운영하던 유찬우 씨를 수소문해서 관계당국이 설득해서 시작하도록 했다. 본인이 자신 없어하고 주저하는데도 세제혜택과 장기 저리이자의 자금지원 등 '당근'을 제공해 강하게 밀어붙였다. 신동공장은 이후 확고한 기반을 굳히고 오늘날의 풍산금속으로 성장한다.

현대조선소 탄생기

4대 핵공장 계획이 발표된 지 며칠 후였다. 광화문에 있는 기획원 김학렬 부총리의 집무실로 정주영 현대건설 회장이 찾아왔다. 4개 핵공장 사업에 현대건설이 참여하고 싶다는 것이었다.

김 부총리 기계와 특수강, 주물선은 이미 관련 업체가 있어서 실수요 업체를 내정했습니다. 현재 조선사업만 희망업체가 없는 상태입니다.

정 회장 그러면 우리 현대가 조선사업을 한번 해볼까요?

김 부총리 현대건설이 조선사업을 해본 적이 없는데 가능하겠습니까?

정 회장 조선사업을 하려면 도크(dock)부터 파놓아야 하는데 도크 파는 것은 건설사업이니까 우리가 해볼 만하다고 생각합니다.

이 날의 대화에서 무슨 결론이 내려진 것은 아니었다. 정 회장이 돌아간 후 김 부총리는 고민에 빠졌다. 도크건설은 조선사업의 극히 일부일 뿐이고 선박건조를 위해서는 터빈, 기계, 전자 등 고도의 기술집약형 산업이 수없이 뒷받침되어야 한다. '중공업의 모든 기술과 산업이 축약된 조선사업을 단순한 건설업체에 맡겨도 될까?' 도무지 확신이 서지 않았다. 그러나 달리 마땅한 대안도 후보사업자도 없었다. 김 부총리는 결국 이런 정황을 박 대통령에게 보고하고 협의 끝에 조선사업을 현대건설에 맡기기로 결정했다.

그런데 막상 정부가 결심하자 이번에는 정주영 회장 측으로부터 조선사업을 포기하고 싶다는 답변이 왔다. 조선사업자로 지정받자 측근들의 반대가 만만찮았던 것이다. 실무자들로부터 "현대그룹의 흥망이 달려있다, 조선은 돈도 많이 들고 성공 가능성도 극히 낮다, 재고해 달라"는 반대의견에 부딪힌 정주영 회장은 고민 끝에 "죄송합니다. 사업을 포기하겠으니 없던 일로 해 주십시오"하고 정부 측에 전달했다.

그러나 이미 박 대통령이 결정을 내린 상태였다. 결국 김학렬 부총리의 주선으로 박 대통령과 정주영 회장이 청와대에서 3자 대면을 했다. 정 회장은 이 자리에서 "정부가 사업성공이 가능하도록 모든 지원과 협조를 하겠다"는 언질을 받고 다시 조선사업 추진을 시작했다. 훗날 세계 최고로 등장한 조선소 설립을 향한 기가 막힌 역경과 감동의 드라마의 시작이었다. 그리고 그 드라마의 첫 단초는 김학렬 부총리와 정주영 회장의 "조선사업 하려면 도크부터 파야 되지 않습니까?"라는 대화에서 시작된 것이다.

조선사업을 하려면 엄청난 돈이 필요했다. 정주영 회장은 일단 인력을 스카우트해서 조선사업 추진팀을 구성하고 조선소 건설을 위한 기술제휴와 차관도입을 위해 일본, 캐나다, 미국의 몇몇 회사들과 접촉했다. 그러나 이들의 반응은 한결같이 냉담했다. 한국은 조선소 건설의 역량이 없다고 대놓고 거절당한 것이다. 정 회장이 미국 이곳저곳에서 문전박대를 당할 무렵 한국에서는 박정희 대통령과 김학렬 부총리가 좋은 소식을 기대하면서 목이 빠지게 정 회장을 기다리고 있었다.

정 회장은 지푸라기라도 붙드는 심정으로 돌아오는 길에 일본 기업들을 타진해 봤지만 마찬가지 반응이었다. 상황은 절망적이었다. 정 회장이 귀국하기도 전에 조선소 건설에 대한 기술과 자본제공을 거절당했다는 소식이 정부측에 전해졌다. 김 부총리는 현실적 한계를 인정해야 했다. 이를 솔직하게 대통령에게 보고할 수밖에 없다고 판단한 김 부총리는 귀국한 정주영 회장과 다시 만나 나름대로 다른 중화학공업 투자계획을 마련하도록 하고 박 대통령과 정주영 회장의 면담을 다시 주선했다. 정 회장은 차관도입을 거절당한 내용을 자세히 설명하면서 조선소 대신 다른 사업을 추진해 보겠다고 사업계획서를 내밀었으나 박 대통령은 이를 쳐다보지도 않았다.

"국가에 절실히 필요한 사업이고 대통령인 내가 이처럼 요청하는데 못한다는 소리가 이렇게 쉽게 나오시오? 지금 내 앞에 앉아 있는 사람이 온갖 반대와 간난신고(艱難辛苦)를 이기고 고속도로를 건설한 정주영 회장이 맞소?"

정주영 회장은 현대가 만약 이번에 조선소 사업을 포기하면 앞으로 어떤 사업도 불가능할 것임을 깨달았다. 박 대통령은 그만큼 단호했고 어조는 격앙되어 있었다.

결국 조선소 건설을 다시 추진해 보겠다고 물러날 수밖에 없었다. 정 회장은 미국을 포기하고 이번에는 유럽 쪽으로 눈을 돌렸다. 제대로 차관을 추진하기 위해 외국의 조선소 전문 컨설팅업체에 의뢰했다. 비싼 수수료를 지불한 전문 컨설팅업체는 제 역할을 톡톡히 했다. 우여곡절 끝에 영국 바클레이즈 은행에서 차관 승인을 받게 됐다. 그러나 기쁨도 잠깐, 바클레이즈 은행은 영국의 수출보증신용기금(ECGD)에서 보증을 받아올 것을 요구했다. 그런데 수출보증기금에 가보니 조선건조 실적이 있어야 보증서를 내주겠다는 것 아닌가! 배를 만들기 위해 돈을 빌리려 하는데 선박건조 실적이 있어야 보증을 해 준다니 지금까지 완전히 헛고생한 셈이었다.

정 회장은 조선산업을 포기하기로 작정하고 귀국했으나 사전에 이 내용을 전해 들은 박 대통령은 KCIA 부장을 시켜서 공항에서 막 내린 정 회장을 청와대로 불러들였다. "안 된다"는 소리를 하지 말라는 박 대통령의 강한 지시 앞에 정 회장은 도리가 없었다. 손해를 보더라도 저가에 선박을 수주하기로 하고 컨설팅 회사의 도움을 얻어 선박 주문자를 찾았다.

다행히 선박왕 오나시스의 처남인 리바노스라는 그리스인이 26만 톤급 배 2척을 주문했다. 턱없이 불리한 계약조건이었지만 일단 주문을 받았으니 영국의 수출보증신용기금의 보증서를 받을 수 있었고 바클레이즈로부터 차관을 들여올 수 있게 된다. 배를 만들 도크도 없는 상황에서 선박부터 미리 수주받고 그 선박수주를 담보로 해외에서 도크 건설자금을 빌리는 역발상으로 만들어낸 쾌거였다.

정주영 회장은 차관을 들여다가 한편에서는 도크를 건설하고 한편에서는 배를 만들면서 기적처럼 납기를 맞춘다. 도크와 배를 함께 만든 것은 세계 조선업 역사상 전무후무한 일이다. 엔진이며 터빈, 스크루 등 거의 모든 부품을 해외에서 수입해서 용접과 땜질만 한 '조립선박'이었지만 그렇게 열악한 조건에서 첫 조선수출 실적을 올렸다는 점이 중요했다. 처음 작은 물줄기로 시작한 한국의 조선산업은 이후 세계 최고의 거대한 폭포로 성장한다.

한편 이 과정에서 김학렬 부총리의 주도하에 종합제철과 4대 핵공장, 신동공장 등을 EPB가 독단적으로 추진하다 보니 주무부처인 상공부의 불만이 이만저만이 아니었다. 김학렬 부총리와 개인적으로 막역한 사이인데다 김 부총리의 추천으로 국세청장에서 장관으로 올라간 이낙선 상공부 장관은 "내가 바지저고리여서 부하직원들 대하기가 창피하다"며 노골적으로 불평을 늘어놓았다. 이낙선 장관과 김학렬 부총리의 각별한 인간관계마저 금이 갈 판이었다. 결국 중화학공업과 4대 핵공장의 추가적 추진과정은 상공부로 권한이 대부분 넘어갔다.

인기 없는 긴축정책

물가와 싸우다

김학렬 부총리는 취임과 동시에 박정희 대통령에게 "팽창정책의 부작용이 심각하니 이제부터는 철저한 긴축을 해야 합니다"고 보고했다. 자칫 인기 없는 긴축정책으로 정치적 부담이 갈 수 있는 사안에 관해 대통령의 최종 결심을 얻은 그는 기업들의 항의를 묵살하고 단기 현금차관 도입도 대폭 줄이기 시작했다. 정부가 중점적으로 추진하는 일부 사업을 제외한 모든 예산의 고삐를 바짝 조였다. 인플레이션을 잠재우기 위한 긴축정책, 훗날 그를 정치적 탄핵의 곤경으로까지 몰아간 신호탄이었다.

그때까지만 해도 재정과 통화 등 정부의 모든 정책수단은 고도경제성장을 위해 팽창 일변도로 진행되었다. 한국경제 개발계획의 초기 발전모델이 된 것은 잘 알려진 대로 〈네이선 보고서〉이다. 이 보고서는 개도국은 물가불안의 후유증을 감수하고서라도 일단 개발을 추진해야 한다면서 다음과 같이 주장하였다.

> 안정과 성장 간의 균형을 어떻게 이론적으로 합리화시킬 것이냐? 개도국의 경우 어느 정도의 인플레이션을 각오해야 한다. 인플레가 걱정된다고 해서 개발을 포기할 수는 없다.

여기에 "빈곤의 악순환을 탈피하기 위해서는 외자도입을 많이 해야 한다"는 경제학자 넉시의 주장과 케네디 대통령의 자문관으로 방한해 강연했던 로스토 교수의 '도약이론'(take-off)도 팽창정책에 영향을 미쳤다. 서울대에서 있었던 그의 강연은 장기개발의 방향과 전략을 모색하면서 고민하던 학자들과 경제부처 공무원들에게 열렬한 지지를 얻는다. 외채를 빌려다가 모든 자원을 공업화에 쏟아 붓는 불균형성장론이 당연히 주류를 이루었다.

그 결과 장기영 부총리가 주도한 2차 5개년계획의 초기에 한국경제는 한해 평균 10% 이상 급성장할 수 있었다. 필요한 자금을 해외에서 조달해 성공적으로 '경제도약'을 시킨 것이다. 불균형 고도성장이 한국경제의 '신앙'이

되면서 경제는 거침없이 확장일로를 치달았다. 장 부총리는 경제개발 사업을 추진하는 과정에서 기업들이 상업차관, 현금차관을 가능한 한 많이 들여오도록 독려했고 만성적 부채재정을 유지했다. 금융도 만성적 대출초과 현상을 보였다. 그 결과 재정은 재정대로, 통화는 통화대로 팽창될 수밖에 없었다. 시중엔 돈이 흘러 넘쳤지만 그것도 모자라 더욱 많은 자금을 필요로 했다.

이 같은 고도성장의 후유증으로 악성 인플레이션이 나타난 것은 당연한 귀결이었다. 아무것도 가진 것 없는 빈곤국가에서 외채를 들여와서라도 성장과 개발 위주로 나아갈 수밖에 없었던 것은 어쩔 수 없는 초기의 선택이었으나 그 기간이 길어지면서 우려했던 부작용이 드러나기 시작했다.

김학렬 부총리 취임당시에는 인플레이션이 심각해 성장의 결과마저 위협받는 상황이었다. 물가급등으로 국민생활이 위협받고 선거에서도 물가불안이 가장 중요한 정치적 비판으로 등장했다. 선거 때 정치적 민심을 좌우하는 가장 눈에 띄는 '성적표'는 물가안정이었다. 그렇다고 대통령의 집념이 걸린 포항종합제철과 경부고속도로 등 대형 정부사업을 포기할 수도 없었다. 물가안정을 추진하면서 동시에 천문학적 예산이 투입되는 주요 사업에는 중점적으로 재원을 쏟아 붓다 보니 다른 재정은 초긴축으로 대응할 수밖에 없었다.

당시 예산관련 신문기사를 보면 긴장된 긴축분위기를 확연히 읽을 수 있다.

> 1970년도 예산안의 세출입규모가 4,293억 원으로 확정되었다. 이는 작년 본예산에 비해 31%가 증가한 것이지만 1969년 증가율 40%보다 낮은 선을 긋고 있다. 예산팽창률의 둔화는 과도한 팽창정책의 억제와 성장의 안정화를 들고 나온 김학렬 부총리의 뜻이 반영된 것으로 경제성장 목표의 인하조정과 함께 교과서적인 축소조정의 신호탄이다. (〈동아일보〉, 1969. 8. 19)

> 김학렬 장관은 1971년도 예산규모가 1970년에 비해 20%가 넘지 않을 것이라고 밝혔다. 김 장관은 1971년이 선거의 해임에도 불구하고 긴축예산의 성격을 띤 것이라고 시사했다. (〈경향신문〉, 1970. 6. 17)

'예산 먹는 하마'를 잡아라

물가를 안정시키면서 초대형 핵심산업에 예산을 집중하려면 다른 부문의 예산을 대폭 줄이는 수밖에 없었다. 다른 부처와의 갈등이 명약관화했던 긴축정책에 대해 대통령의 강력한 지지가 필요했다. 김 부총리는 또다시 대통령을 찾아가 담판을 짓고 결국 "예산 많이 쓰는 부처를 세밀하게 점검하라"는 특명을 받아냈다.

기획원 장관이 예산을 거머쥐고 대통령의 든든한 후원까지 얻어 긴축기조를 강하게 밀어붙이니 다른 부처들은 죽을 맛이었다. 특히 당시 대표적인 '예산 먹는 하마' 부처였던 국방부와 문교부는 갑작스러운 예산감축에 당황했다. 견디다 못한 민관식 문교장관과 정래혁 국방장관 등 쟁쟁한 거물급 장관들이 젊은 김 부총리를 찾아와서 머리를 숙일 정도였다. 김 부총리는 한걸음 더 나아가 서슬 퍼런 국방부에 가서 장군들을 모아 놓고 직접 예산관련 브리핑을 받기도 했다.

국방부가 어떤 곳인가? 당시 한국은 국민소득이 60달러에 불과한 최빈국이었지만 세계에서 인구당 가장 많은 수의 군대(60만 명)를 유지하고 있었다. 북한과의 대립상황 때문에 자유당과 민주당 때도 대충자금이 들어오면 무조건 국방비에 최우선 전입할 정도로 예산의 최대액수를 겁 없이 쓰던 부처였다. 더구나 5·16 이후 군출신들이 정부를 장악하자 국방예산은 그야말로 '신성불가침'이었다. 군뿐만 아니라 경찰과 치안본부 등도 자기네들 예산을 깎으면 기획원 관리들을 몰래 뒷조사하거나 미행을 붙이던 시절이었다.

▸▸ **강경식**

그때만 하더라도 국방예산 편성은 기획원 예산국이 하지 않고 예산국은 총액만 결정하는 그런 방식이었어요. 총액 베이스로 자체 결정하는 것은 KCIA와 국방부 두 군데만 그렇게 했습니다. 그때 KCIA 예산은 대통령이 조정해 주고 국방부 예산은 GNP의 몇 % 이런 식으로 하고 그렇게 진행되다 보니 우리가 구체적 내용이나 검토는 그렇게 많이 안 한 것으로 기억해요.

'치외법권'으로 내버려 두다 보니 해마다 예산규모가 커져서 1960년대 말 국방부는 GNP의 6%를 차지하는 '예산 먹는 하마'가 되어 있었고 북풍한설이 몰아치는 초긴축의 시기가 오자 당연히 예산절감 1순위 대상부처가 된 것이다. 김 부총리는 국방부와의 '예산 전면전'에 들어갔다. 국방부로 가서 별(장군)들이 가득한 자리에서 직접 예산에 관한 보고를 받고도 협상과정에서 예산을 가차 없이 삭감해 버렸다. 화가 난 장성들이 청와대로 몰려가 항의했으나 이미 김 부총리로부터 설득당한 대통령의 결심은 확고한 상태였다. 도리 없이 물러났다.

예산총액도 알아서 정하고 배정된 예산의 분배문제도 자신들이 알아서 하던 국방부는 그때부터 예산에 관해 기획원의 간섭을 강하게 받게 되었다. 나중에는 아예 기획원 예산실에서 국방부로 사람을 파견해 국방예산을 직접 짜게 된다. 군사정권 수립 이후 기획원이 서슬 시퍼런 군(軍)의 예산까지 참견하고 그 쓰임새를 들여다보게 된 것은 긴축정책이 가져온 예상치 못한 변혁이었다. 나중에는 아예 기획원에서 국방부로 예산관련 담당자가 관리 차관보로 파견되기도 했다.

부총리의 '국회 성교육 강연'

극도의 재정긴축 가운데서도 김 부총리가 특별히 관심을 가지고 예산을 지원한 사업들이 있다. 이 가운데 하나가 산아제한 정책이었다. 전쟁직후 태어난 세대, 베이비부머 출생이 1955년부터 급증해 1958년에는 신생아 수가 90만 명을 넘어섰다. 신생아 증가 추세는 1963년까지 계속되었는데 인구급증에 비해 미국으로부터의 무상원조는 갈수록 감소하고 식량사정은 별로 개선되지 못해 아이들은 만성적 영양실조에 시달려야 했다. '덮어 놓고 낳다 보면 거지꼴 못 면한다'는 우스꽝스런 표어와 포스터가 절실한 호소력을 띠고 각 마을의 담벼락에 퍼져나가던 시절이었다.

청와대 수석으로 있을 때부터 산아제한에 관심을 가졌던 김 부총리는 긴축재정의 고삐를 당기는 와중에도 보사부에서 산아제한 관련 예산을 요청하면 "이 사람들, 국가에서 중시하는 산아제한 사업을 소홀히 한다"면서 예산을 깎기는커녕 몇 배씩 증액시키곤 했다. 경제개발과 생활향상을 위해서는 1인당 GDP가 높아져야 하는데 인구증가율이 3% 이상이 되면 국민의 삶의 질은 높아질 수 없다면서 인구 억제정책에 신경을 쓴 것이다.

특히 강조한 것이 피임약, 피임도구, 정관수술 등이었다. 심지어 부총리가 국회에 각종 피임도구를 가져가서 "이건 이렇게 사용하는 거다, 저건 저렇게 사용하는 거다"면서 효율적 피임방식까지 열심히 설명했을 정도였다. 부총리의 진지한 '성교육'에 대해 국회의원들은 한편으로는 어이없어하고 한편으로는 호기심을 가지고 피임교육을 받곤 했다.

개발도상국 모두가 산아제한을 정책으로 장려하던 때라 세계은행에서도 한국의 인구억제 정책에 관해 관심을 나타냈다. 한 번은 맥나마라 세계은행 총재가 "혹시 김 부총리는 자녀가 몇이나 되십니까?"라고 물었다. 김 부총리가 계면쩍은 얼굴로 "4남매입니다"라고 대답했다. 당시 두 자녀를 장려하고 한 자녀도 잘 키우면 된다는 캠페인을 대대적으로 벌일 때였다. 김 부총리가 체면이 안 서니까 쑥스러운 표정으로 얼른 덧붙였다.

"내가 애를 가질 때는 인구정책을 시행하기 이전이었습니다."

KDI의 설립

KDI는 긴축예산의 와중에 1971년 경제·사회과학 분야의 첫 국책연구센터로 태어났다. 경제개발을 지원하는 전문적인 연구소의 필요성은 충분히 인정되지만 극도의 긴축정책 때문에 재계와의 관계가 냉랭해지고 행정부 내에서도 원망을 듣고 국회와 긴장관계가 조성된 상황에서 "왜 지금 당장 연구소를 설립해야 하느냐?"는 비판이 일었다.

그 이전에 만들어졌던 연구소는 한국과학기술정보센터(KORSTIC: Korea Scientific & Technological Information Center)와 KIST 등 과학분야뿐이었다. KIST는 장기영 부총리 시절 박 대통령과 존슨 대통령과의 방미(訪美) 정상회담 당시에 존슨 대통령이 준 선물이었다. 박 대통령과 자신이 교사생활을 했다는 공통점이 있다는 데 호감을 느낀 존슨 대통령이 경제개발을 위해서 미래의 과학인재를 교육하는 것이 필요하다면서 선물처럼 2천만 달러의 무상지원자금을 내놓았다. 이 돈을 바탕으로 1966년 설립된 것이 KIST다.

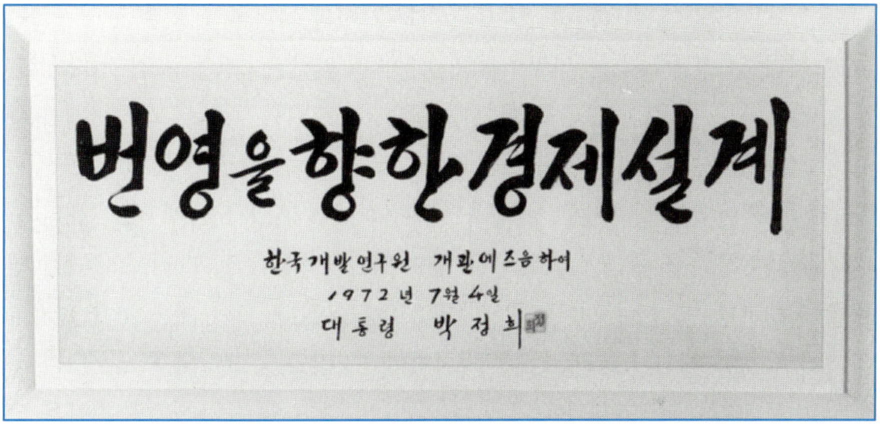

박정희 대통령의 휘호

박 대통령은 국가발전을 위해서는 최고의 엘리트들이 모여
전문적으로 국책을 연구하는 기관이 필요하다고 절감하고 KDI 설립을 추진했다.

이공계 분야가 아닌 사회경제연구소, 그것도 국내 자금으로 설립된 연구소는 KDI가 처음이었다. 홍릉에 KDI를 비롯한 국방과학연구소와 과학원을 설립하기로 발표하자 그곳에서 임업시험 영역을 관장하던 농림부에서 크게 반발했다. 적잖은 논란 끝에 대통령이 직접 농림부 장관에게 전화해서 "큰일을 위해서 추진하는 것이니 이해하라"고 양해를 구했다.

당초에는 신생 정책연구소의 이름을 한국경제개발연구원(KEDI)이라고 지으려다가 E(economy, 경제)를 빼고 KDI로 하기로 결정했다. "개발은 국가발전이란 큰 틀에서 추진해야 하므로 학문간 교차(inter-disciplinary)가 뒷받침되어야 한다. 연구소를 경제로만 한정지을 게 아니라 종합적 싱크탱크(think tank)로 만드는 것이 바람직하다"라고 생각해 이름을 고친 것이다. 미국이나 일본, 중국의 사회과학원 등을 참고하여 KDI를 학문통합연구소 차원으로 출발시켰으니 요즘말로 하자면 '학문의 통섭'을 이때 이미 주장했던 셈이다.

KDI를 책임진 초대원장은 김만제 서강대 교수였다. 당시 37세인 소장학자를 원장으로 임명한 이유는 그가 실력을 인정받은 해외 유학파라는 점과 친화력이 탁월한 성격 때문이었다. 당시 한국 관계를 휘어잡은 인사들은 군출신 외에는 대부분이 은행가들이었고 다음이 외국 유학파였다. 유학에서의 전공은 별로 따지지 않고 영어 구사능력이 중시됐다. 외자확보 때문에 외국 전문가와 회담이 자주 열렸기 때문이다. 영어를 잘하고 미국 유학까지 갔다 온 사람이면 거의 예외 없이 잘나가던 시절이었다. 김만제 원장은 그 두 조건을 다 갖춘 것은 물론이요, 학자가 아니라 외교관이라고 해도 좋을 정도로 대인관계가 부드러웠다.

KDI가 설립되던 당시에는 '관청을 위한 어용(御用) 연구를 해서는 안 된다, 재정을 독립시켜서 예산에 의존하지 않고 객관적, 장기적, 그리고 종합적 연구를 하도록 해야 한다'는 원칙이 나름대로 지켜졌다. 그런데 KDI가 설립되자마자 경제위기가 거센 파도처럼 닥쳐왔다. 연간 물가 3%대 억제지시가 떨어지는 등 정책 연구과제가 폭주했고 엎친 데 덮친 격으로 세계적 제1차 오일쇼크가 터졌다. 기획원은 KDI에 대응방안을 내놓으라고 매일같이 재촉하는 상황이 벌어졌다. 이때부터 독자적이고 장기적 국가발전 연구소로서 KDI의 기능이 정부의 단기 정책연구 쪽으로 기울어지는 경향도 엿보였다.

홍릉 산기슭에 KIST와 KORSTIC 등 과학관련 연구소 이외에 KDI와 국방과학연구원 등 여러 연구기관이 들어서면서 이 일대가 하나의 큰 연구개발센터 복합단지로 형성됐다. 이에 따라 홍릉 일대를 지금 미국의 실리콘밸리처럼 한국발전의 두뇌기능을 수행하는 연구단지로 만들자는 아이디어가 기획원의 실무진에서 나왔다. 구체적 이름으로 '사이언스 파크'(Science Park), '브레인 밸리'(Brain Valley), '리서치 밸리'(Research Valley) 등 여러 이름이 거론됐다.

마침 1971년 여름 김 부총리는 박 대통령과 함께 진해의 대통령 별장에 휴가를 가게 되자 실무자들은 김 부총리에게 이들 후보 이름을 전달했다. 진해에서 대통령의 최종 낙점을 받아오면 특별선언 형식으로 명명식을 갖기로 세부계획까지 세웠다. 그러나 막상 진해에서 돌아온 후 김 부총리는 "스트레스 풀고 쉬느라 그걸 의논할 기회가 없었다"고 측근들에게 말했다.

이때의 진해 휴가가 김 부총리의 마지막 여름이었다. 이미 건강이 눈에 띌 정도로 악화됐다. 만약 김 부총리의 건강이 악화되지 않고 이때의 아이디어와 구상이 구체적 예산의 뒷받침을 얻어 실현되었다면 홍릉은 오늘날 한국판 실리콘 밸리'와 같은 명소가 되었을지도 모른다.

재계와의 냉랭한 관계

국방부, 문교부 등과 '전면전'을 치르고 모든 부처의 원성을 들어가며 무자비하게 예산감축을 하자 드디어 재정증가율이 둔화되기 시작했다. 매년 30~40%였던 통화량(M1), 총통화(M2) 등 통화량 증가율이 대폭 하락했다. 심지어 M1 지표는 10%를 조금 넘는 수준까지 떨어졌다.

매년 30%이상씩 늘어나던 통화량을 줄이고 기업대출의 고삐를 죄다 보니 업계에서는 "돈이 말라 죽겠다"는 비명이 쏟아졌다. 여기저기서 "기업들을 다 죽이려 한다"는 원성이 쏟아졌고 국회를 통한 저항도 만만치 않았다. 그렇지 않아도 재계와 거리를 두는 바람에 '담수어'(淡水魚)라는 별명을 듣던 김학렬 부총리와 재계 사이에는 찬바람이 불었다. 당시의 기사를 보면 재계와의 싸늘한 긴장관계가 도처에서 읽힌다.

> 대한상의는 김학렬 부총리를 비롯한 전 경제각료와 재계 거물급인사 200여 명을 조선호텔에 초청해 경제인 간친회를 열었다. 이 회의는 금융긴축, 사채 출처조사 이후 냉랭했던 관계와 재계의 집단적 대화창구를 마련하기 위한 것이다. 그러나 이날의 대화는 이해보다는 피차가 상대방에 대해 자기주장을 앞세우는 빛이 짙었다. (〈경향신문〉, 1970. 4. 10)

다음은 당시의 언론에 지상중계되었던 김 부총리와 재계총수들 사이의 냉랭한 기류가 감지되는 대화내용이다.

상의회장 기업들의 자금사정이 이대로 가다간 큰일 나겠습니다.
김 부총리 돈 없다는 사람들이 부동산 많이 가지고 있는 것 박 회장 아십니까?
상의회장 부동산 있으면 왜 돈타령을 하겠습니까?
김 부총리 모르는 소리 마십시오. 일전에 모 업체가 자금이 없어 은행부도가 났다기에 조사해 보니 부동산이 무려 1백만 평이나 됩디다.
상의회장 변두리 1백만 평이 있다고 한들 무슨 소용이 있습니까? 그리고 90% 이상 기업인은 정상적인 사람들이니 좀 도와주셔야 할 겁니다.
김 부총리 그러니까 진작 주식공개를 해서 자금조달을 하라고 하지 않습니까?

여기 구회장(구자경 럭키회장)도 계시지만 주식공모가 좀 잘됩니까?

구 회장 주식공모가 좋기는 한데 현재 은행금리나 사채금리에 비추어 볼 때 기업 수익률이 40%는 되어야 하고 정부가 반 강제라도 상장된 우량 주식을 소화시켜 주어야 할 것입니다.

상의회장 주식공개는 대기업이나 하지 중소기업은 어떻게 합니까? 운전자금은 좀 풀어 주세요.

김 부총리 지난해 통화량 증가가 얼마인 줄 압니까? 45%입니다. 정부가 금융의 고삐를 말아 쥔 덕에 현재의 안정이 있는 것입니다.

(〈경향신문〉, 1970. 4. 10)

김학렬 부총리가 당시 신문에 기고한 '내가 기업인이라면'이란 칼럼에도 과거 인플레에 편승해서 성장해오던 관행에서 벗어나지 못해 툭하면 지원을 요청하는 재계에 대한 불만과 경고의 내용이 담겨 있다. 역마진을 악용해 돈을 빌려서 정상적 기업활동에는 투자하지 않고 공장용지 명목으로 땅 투기를 하는 기업인들에게도 일침을 가한다.

우리는 자원부족과 시장협소 등의 불리한 점이 있다. 시장협소는 해외진출로 커버하고 국민의지를 살려 기업과 경영의 획기적 혁신으로 자원부족을 커버해야 한다. 우리 기업은 개선해야 할 점이 많다. 과거 인플레에 편승해 안이하게 자라온 기업 타성을 탈피하고 노동관리 판매관리 등에서 많은 쇄신을 이룩해야 한다.

그러기 위해서는 최고경영자의 새로운 모럴이 필요하다. 막스 베버의 프로테스탄티즘에 입각한 기업가의 윤리적 정신이 우리나라 기업풍토로 세워져야 하고 검약과 저축에 기인한 기업의 자본축적과 민족자본 육성도 이루어져야 한다. 1970년대의 기업가적 정신은 내셔널리즘에 입각해 사기업의 이윤추구와 함께 공익을 동시에 고려해야 한다는 것이다. (중략) 예컨대 19세기 미국의 불건전한 투자형태인 Gilded Age와 같은 혼란시대에 제기되었던 부동산투자 중심의 기업가 자세는 이 땅에서 불식해야 한다. (〈매경논단〉, 1970. 1. 1)

김학렬 부총리와 업계와의 불편한 관계는 그의 재임기간 내내 계속되었다.

김학렬 부총리는 재계 인사들과의 대화에서 왜 정부의 (긴축 및 환율) 대책이 종전과 똑같으냐고 비난하는 재계의 공격에 대해 그렇게 말하는 사람은 바보라

> 고 생각해도 틀림없다고 재계에 일침을 놓았다. 작년에 감기에 걸렸을 때 아스피린을 먹어서 나았다면 금년에 감기에 걸렸을 때도 아스피린을 먹어야 하지 않겠느냐는 뜻이다. (〈매일경제〉, 1971. 9. 8)

기업들의 죽겠다는 원성에도 불구하고 의외로 언론의 평가는 갈수록 좋아졌다. 기업들로부터 일체의 로비를 받지 않는 깔끔한 처신, 차츰 자리를 잡아가는 경제안정 모드에 언론이 점수를 후하게 주기 시작한 것이다.

> 긴축과 안정의 과제를 운명으로 안고 있는 김학렬 팀으로서는 팽창과 확대기의 윤기 있는 업자거래와는 자연 거리가 멀 수밖에 없다. 김학렬 기획의 기업관은 우리 기업들이 지나치게 이기적이라는 것, 오늘의 부가 경제개발이 가져다준 선물임에 틀림없는데도 업자들이 정부시책에 너무 비협조적이라는 불평일 것이다. 사업가들의 이기적인 자세 때문인지, 경제행정 관료 출신으로 흐린 물에 섞이지 않는 담수어 같은 깔끔한 성격 때문인지는 몰라도 김 기획이 특정업자와 특수한 인연을 맺지 않고 있다는 데는 의견을 같이한다. (〈동아일보〉, 1970. 3. 19)

> 물가가 3·4분기부터 안정조짐을 보이고 있다. 그동안 헌신적 노력을 기울인 김학렬 부총리가 이 같은 청신호를 보고 환호했다는 신문 보도에 수긍이 간다. 사실 긴축정책을 강행하면서부터 도산사태에 부도가 연발했다. 그런 소용돌이 속에서도 소신을 굽히지 않고 그대로 밀고 나가기란 여간 어렵지 않다. 이제 겨우 안정의 조짐이 나타나기 시작했으니 이를 그대로 견지함으로서 그 청신호가 꺼지지 않게 해야 한다. (〈매경논단〉, 1970. 7. 18)

경제정책은 시행시점에서 결과가 나타나기까지 적지 않은 회임기간과 시차를 나타낸다. 수많은 갈등과 불신을 낳으면서 어렵게 추진된 긴축정책의 효과 역시 한참 후에나 나타났다.

▸▸ 강경식

김학렬 부총리께서 경기안정과 긴축을 굉장히 적극적으로 추진합니다. 긴축을 추진한다면 인기가 없게 마련이고 여기저기서 욕 얻어먹고 힘들고 그런 것 아니겠습니까? 그렇게 어렵게 (안정기반)을 다져 놓았습니다. 그리고 그 덕을 다른 분이 보게 됩니다. 내 생각으로는 후임 남덕우 부총리께서 상당히 그 덕을 봤다고 봐요. 김 부총리 때에 잘 다져 놓았기 때문에 남덕우 부총리께서 경제수장이 됐을 때 현실적으로 아주 고통스러운 정책을 펴지 않고도 경제가 굴러갈 수 있는 상황이 됐다는 겁니다.

2차 개발계획의 아버지, 3차 계획의 할아버지

팽창과 확대정책을 통해 경제개발 5개년계획을 성공적으로 도약시킨 주역은 장기영 부총리였지만 긴축과 선택적 성장전략을 통해 개발계획의 후반을 성공적으로 완성시킨 주인공은 김학렬 부총리였다. 김 부총리는 1972년부터 시작되는 제3차 경제개발계획을 정교하게 설계했다. 그가 구상한 제3차 계획의 핵심은 중화학공업 육성이었다. 경공업 중심의 수출한계를 극복하고 수입에 의존하던 중간재를 국산화하려면 중화학공업을 키워야 했다.

제3차 5개년계획에는 '수출 100억 달러'라는 구체적 표어가 등장했다. "수출주도 전략을 확고히 하고 국가의 기간산업을 적극적으로 추진하겠다"고 강조한 자신의 취임 기자회견 내용대로 김 부총리는 경남 마산에 수출자유지역을 설치하는 등 수출 목표치를 3차 개발계획에 집어넣었다. 3차 계획의 또 다른 특징은 '성장 속에 안정과 균형을 추구한다'는 목표가 명시적으로 제시되었다는 점이다. 요즘으로 치자면 분배와 복지의 개념이 처음으로 경제발전 목표에 들어간 셈이다.

불균형 개발전략에 따른 부작용을 시정하려는 정책목표가 제시된 이유는 김 부총리가 평소 얀 틴버겐(Jan Tinbergen)과 아더 루이스(Arthur Lewis), 군나르 뮈르달(Gunnar Myrdal) 같은 균형성장론자들의 경제론을 즐겨 읽은 데서 영향을 받았던 것으로 보인다. 틴버겐, 루이스 같은 학자는 농업과 공업의 균형발전을 강조했고, 뮈르달은 '경제가 사회적, 정치적 현상과 어떻게 상호작용해서 선순환 혹은 악순환을 일으키는지'를 분석한 학자였다. 불균형발전의 후유증을 그대로 방치할 경우 사회적 반발로 이어져 큰 정치적 혼란으로 연결될 가능성이 있다는 지적을 받아들인 것이다.

김 부총리는 3차 개발계획을 입안할 때 영국의 경제학자 피구(Pigou)의 '후생경제학' 이론을 바탕에 깔고 총론에 '성장, 안정, 균형의 조화를 추구한다'는 것을 3차 계획의 기본이념으로 내세웠다. 불균형성장의 폐해를 어떻게 극복하느냐 하는 '균형과 형평성'의 철학을 경제개발계획에 집어넣은 것이다. 그는 이 점을 특히 자랑스럽게 여겨 "내가 2차 계획의 아버지였는데, 3차 계획은 할아버지가 된다"고 말하기도 했다. 그가 세운 3차 개발계획 기간에 철강·전자·조선·석유화학 콤비나트 등 중화학공업의 중점적 건설에 힘입어 제조업 부문의 부가가치가 GNP에서 차지하는 비중이 1971년 18.3%에서 1976년에는 24.1%로 크게 높아졌다. 1인당 GNP도 급증하고 수출도 46억 달러로 크게 늘어났다.

정치 및 언론과의 관계

국회의 해임건의안 파동

김학렬 부총리의 깐깐한 긴축정책이 계속되자 재계의 저항이 커졌다. 정치권에서도 비판과 반대의 목소리가 높아졌다. 공화당 정책의장인 백남억 의장의 주재로 앰버서더 호텔에서 당정회의를 하는 자리에서는 정부의 긴축정책이 너무 심하다고 김 부총리가 집중포화를 받았다.

이때 회의에 참석한 한 장성 출신 의원이 충격발언을 했다. "지금 김 부총리가 나라 전체를 가스통에 집어넣고 있다. 업계가 질식상태다. 당신이 지금 (유태인을 가스실에 넣고 학살한) 나치의 아이히만 역할을 하고 있다"라고 독설을 퍼부었다.

'아니, 비교할 사람이 따로 있지, 아무리 그래도 아이히만이라니!' 마음이 크게 상한 김 부총리는 회의가 끝나자마자 곧바로 청와대에 들어갔다.

김 부총리 저 부총리 못해 먹겠습니다.
박 대통령 왜 그러시오?
김 부총리 제가 오늘 아이히만 소리까지 들으며 긴축에 대해 비난받았습니다.

이 소리를 듣고 박 대통령이 불같이 화를 냈다. 그는 백남억 의장에게 직접 전화를 해서 "내가 추진하는 정책인데 당에서 협조를 안 해 주다니! 당신들은 내가 국가를 망치고 있다는 얘기요?"라고 질타했다.

'아이히만' 사건이 있고나서부터 표면적으로는 여당의 반대가 진정되는 듯했다. 그러나 그 불만은 수면 아래로 잠적했을 뿐 부글부글 끓었다. 그러다가 농어촌자금(대일 청구권자금)을 전부 포철로 전용하기로 했다는 사실이 알려지면서 농어촌 출신 의원들이 들고 일어났다. 또 긴축을 했는데도 물가가 기대보다 빠른 속도로 진정되지 않자 거센 정치적 비난이 뒤따랐다.

김 부총리의 긴축기조 고집에 대한 비난과 불만이 쌓여서 나중에 국회에서 불신임안이 제출되기까지 했다. 오치성 내무장관, 신직수 법무장관, 김학렬 부총리 등이 한꺼번에 국회 해임건의의 대상이 되었다. 국회 투표의 첫 번째가 오치성 내무장관이었는데 별일 없을 것이라던 예상과 달리 큰 이변이 벌어졌다. 김성곤 의원 등 이른바 '공화당 4인방'이 선동해서 오치성 장관에 대한 불신임안이 통과되고 말았다. 당시 김 부총리는 청와대에서 대통령 옆자리에 같이 앉아 있었다. 청와대에서 이 소식을 접한 박 대통령은 노발대발했다. 대통령이 당에 연락하여 다음 번 투표대상인 김 부총리와 신 장관에 대한 해임건의안은 부결되었다.

원만한 대(對) 국회관계 — 정치인 김학렬

해임 건의안 파동처럼 관계가 악화되는 때도 있었지만 김학렬 부총리와 국회의원들의 사이는 생각보다 나쁘지 않았다. 누구에게도 굽혀 본 적이 없는 깐깐한 성격이었는데도 정치적 측면까지 고려해야 하는 부총리가 되면서부터는 국회에 대해서는 자신을 대폭 낮추고 국회의원들과 친한 교분을 나누는 의외의 모습을 보이기도 했다.

> 김 부총리께서 재무장관까지는 그냥 직업 공무원이었는데 부총리가 되면서부터 정치적으로 바뀌었습니다. 그 변신이 아주 빨랐어요. 그래서 '역시 수재!'라는 평가가 나왔습니다. ("경우방담: 지금은 웃을 수 있어도", 〈경우회지〉, 103쪽)

당시 언론에 나타난 김학렬 부총리에 대한 기사를 보면 그가 국회의원들을 상대로 몹시 몸을 낮췄다는 사실을 알 수 있다.

> 날씨가 풀리자 김학렬 EPB 장관은 국회 재경위 소속의원들과의 친선도모에 신경을 쓰는 듯했다. 3월 들어 첫 휴일에 재경위 의원들을 골프장에 초대하여 필드를 돌았는데, 다시 기획원 회의실로 재경위 의원들을 초청해서 '번영의 70년대'라는 경제브리핑을 했다. 김 장관은 앞으로도 종종 이런 모임을 가질 것이라고 말했는데 국회의원들도 싫지는 않은 눈치다. (〈매일경제〉, 1970. 3. 3)

> 개회식 아침 국회에 나타난 김학렬 부총리는 여야의원들의 축하 악수공세에 밀려 마냥 즐거운 표정이다. 면도날 부총리가 쇠뭉치 종합제철과 씨름을 벌일 자신이 있느냐는 어느 의원의 익살에 덧붙여 '재(才) 부총리라고 하니 솜씨 좀 봅시다'는 말이 연거푸 쏟아져 나오기도 했다. 이병희 공화당 총무는 면도날에 배짱까지 세다고 하니 한판 칠 만한 사람이라고 조크를 던졌다. 여기에 김 부총리는 한껏 몸을 낮추고 '성심성의껏 소임을 다하겠습니다. 잘 부탁합니다'만을 연발했다. (〈매일경제〉, 1969. 6. 12)

국회의원들과의 관계가 좋았던 것은 단순히 골프접대를 잘하거나 몸을 낮췄기 때문만은 아니었다. 압도적으로 숫자와 논리에 밝았고 소신이 분명했다. 특유의 유머로 분위기를 누그러뜨리기도 했다.

> 김학렬 부총리는 내년 경제성장률에 관해 묻자 '내년 이때까지 이 자리에 있을지 없을지 모르기 때문에 경솔히 말할 수 없다'고 답변해 웃음을 일게 한 다음 경제기초이론을 장시간 강의했다. (〈매일경제〉, 1969. 7. 7)

> 국회본회의에서 정 총리를 대신해 나온 김학렬 부총리의 답변솜씨를 놓고 공화당 쪽에서는 매우 흐뭇한 반응이다. 그런가 하면 신민당 일각에서도 내용이 비위에 거슬리기는 하지만 적어도 소신은 분명한 셈이라고 말하기도 했다. (〈경향신문〉, 1969. 8. 22)

그는 부총리가 되기 이전에 국회의원들을 은근히 무시했던 태도도 180도 고쳤다.

▸▸ 강경식

그 어른(김학렬 부총리)이 우리 예산국 직원들 보고 뭐라고 강조하느냐 하면 '국민들 표를 받아서 당선된 분들이다. 그러니까 국회의원들이 부탁하는 예산은 그냥 넘기지 말고 잘 검토해 봐라' 하는 식으로 말씀을 많이 했습니다. '전에는 내가 국회의원을 우습게 알았는데 나중에 보니 그게 아니다', 그런 식으로 국회의원들하고 관계가 굉장히 좋았던 것 같습니다. 국회의원들은 주민들하고 바로 접촉하지 않습니까? 현장 소리를 그대로 잘 반영한다는 점을 높이 평가했던 것으로 생각합니다.

여당뿐 아니라 야당 국회의원들까지도 잘 챙겼다. 당시 유명한 야당 국회의원인 김대중 의원, 김영삼 의원과도 친하게 지낼 정도였다.

▸▸ 엄일영

학병 동기였던 구태회 의원을 매개로 해서 현오봉 씨하고 굉장히 가깝고 심지어는 DJ(김대중 의원)하고도 아주 가까웠어요. DJ도 일 있으면 수시로 녹실에 찾아와서 만났고, YS(김영삼 의원)는 경남고등학교에서의 인연과 고향이 서로 인접(경남 거제도와 경남 고성군)하다는 사실 때문에 매우 가까워졌고요. 그 양반이 의외로 대외 국회관계도 참 잘하고 여당 원내총무와도 수시로 연락하고 그랬어요. 옆에서 지켜보면서 김 부총리가 어떻게 저렇게 자신의 성격을 죽이고 국회의원들과 잘 지내느냐며 의문이 생길 정도였어요. 학병 동기인 구태회 씨를 통해서 대인관계를 넓히고 국회의원과 불편한 관계가 있으면 그분을 통해 중재를 부탁하고 그랬습니다.

김 부총리는 정부여당을 위해 나름대로 정치적 쇼맨십도 곧잘 발휘했다. 선거가 있을 때마다 각 경제부처 장관들을 대동해서 합동기자회견을 자주 열었다. '한국경제는 안정 속 고도성장'이라면서 당시 선진국을 휩쓸었던 스태그플레이션의 반대인 '프로스터빌리티'(prostability: prosperity + stability)라는 신조어를 만들어 기자들에게 표현하기도 했다. 선거가 있을 때마다 정책홍보에 적극적으로 나서거나 여론에 부정적 기사를 자주 물타기 하다 보니 언론에 빈축과 반발을 사기도 했다.

김 부총리가 하필 왜 이 시점에 양대 선거를 앞두고 전례가 없을 만큼 합동기자회견을 계속 열어야 하는지 그 동기가 석연치 않다. 게다가 희망적 관측과 장밋

빚 전망으로 물들어 있는 대목마저 없지 않다는 것을 간과할 수 없다. 이러한 합동기자회견의 뜻한 바를 다시 한 번 검토해야 한다. (〈동아일보〉, 1971. 4. 6)

사법파동, 남북적십자 회담, 닉슨조치, 8·23 난동 등 그야말로 10대 뉴스가 마치 폭죽처럼 터져나오는 틈을 이용한 김학렬 경제팀의 뉴스 흐리기 작전이 이제 일가를 이룰 정도라고. 남북적이 첫 대좌하는 역사적인 날 석유, 석탄값 인상을 기습 발표하는가 하면, 그다음 날에는 역시 예정에도 없는 기자회견을 갖고 한은총재가 경제가 고도 성장중이라는 또 다른 물타기를 강행했다. 그뿐 아니라 세제개혁, 예산안 등 빅뉴스를 계속 풀어 불황과 물가고에 따른 비난의 방패막이로 삼는 절묘한 솜씨를 발휘하고 있다. (〈경향신문〉, 1971. 8. 27)

천재적이지만 괴팍한 그의 성격을 잘 아는 주변사람들이 보기에 뜻밖일 정도로 정치적 처신이 좋았지만 야당의 비난이 빗발친 '통치자금' 마련 문제는 늘 그를 괴롭혔다. 당시 정부여당은 대형 외자도입 사업이나 물자차관 등 여러 경로를 통해 정치자금을 조성했는데 부총리 입장에서 이를 피할 방법이 없었던 것이다. 정치성 프로젝트는 사후에 심각한 부실로 이어질 가능성이 높았다. 김 부총리는 궁리 끝에 모든 인가사업은 사전에 경제적 타당성을 먼저 심사한 후 정치권에 통보하기로 했다. 얼핏 당연한 일처럼 보이지만 당시 정치적 압력이나 관행을 고려하면 적지 않은 용기가 필요한 결단이었다.

정치와 통치자금, 이 문제 때문에 김 부총리가 굉장히 고민을 많이 했어요. SK(김성곤, 당시 공화당 재정위원장)를 자주 만났는데 정치적, 통치적 업무 때문에 경제성이 없는 프로젝트에 대해 로비가 많이 들어오곤 했습니다. 결국 '이대로는 안 되겠다, 투자 심의위원회를 만들어 사업타당성 검토를 먼저하고 통과된 것을 SK한테 가져가도록 하자' 이렇게 됐습니다. 이것이 하나의 큰 전환을 이루게 됩니다. 박 대통령한테나 SK한테 정치적 의리를 다하고 사업의 경제성도 살리고요. (당시 기획원 공무원)

김학렬 부총리의 리더십 스타일

계수파악 빠른 천재이자 독설가

김학렬 부총리는 수재답게 계수파악과 암기에 남다른 재능이 있었다. 그를 아는 외국인들 사이에 '인간 계산기'로 불릴 정도였다. 특히 예산처럼 숫자가 많이 들어가는 경우엔 수치에 밝은 그의 장점이 부각되었다. 국회의원들을 상대로 예산안을 다룰 때 조목조목 관련 숫자를 인용하면서 자신의 주장을 펴다 보면 통계에 약한 일반 사람들은 제 풀에 무너지기 일쑤였다.

> 추경예산을 다룰 때나 1970년 새해 예산안을 다룰 때 보인 김학렬 부총리의 조정 솜씨는 전자계산기 같은 능률을 보여 담당 실무자들이 혀를 내두르기도. 또 최근 수해 피해에 따른 복구예산 마련과 대책도 전례 없는 능률과 과학성을 보이고 있다. 기획원은 물론 다른 부처의 관리들도 방대한 자료나 브리핑 차트에서 잘못된 점을 척척 잡아내는 전자계산기 같은 그의 솜씨에 찬탄과 신경을 곤두세우고 있다. (〈경향신문〉, 1969. 9. 24)

완벽한 논리를 세우고 기가 막히게 계수를 잘 인용하면서 말하는 속도까지 빠르다 보니 토론으로 그를 당해낼 사람이 드물었다. 하도 말이 빨라 재무장관 시절에는 여야 국회의원들로부터 속사포 장관이라는 평을 받기도 했다.

> 우선 그가 국회에서의 질의 답변을 통해 전자계산기처럼 계수를 훌륭하게 구사한다는 점도 있지만 특히 말이 초고속으로 빨라 무려 1분에 420자의 발언을 하는 신기록을 세웠다. 이는 우리 의회사상 1분 360자의 발언을 했던 윤치영 씨의 기록을 훨씬 능가하는 것이다. (〈경향신문〉, 1966. 10. 27)

숫자가 밝다 보니 그러지 못한 사람들을 무시하는 발언을 자주 해서 기업인들 가운데서는 면도날 부총리에게 혹시라도 바보 같다는 소리를 들을까 봐 침묵을 지키는 사람이 많았다. 찬성하지 않거나 반론이 있어도 차마 입을 열지 못했다.

> 지방 간담회에서 김 부총리는 메모도 없이 온갖 숫자를 인용하여 자신의 말을 증명하면서 "과학적 근거도 없이 주장하는 사람들은 무식한 사람들이다. 무식한 사람들이 유식한 체하면서 차관 때문에 나라가 망한다고 무책임한 발언을 하는 것이 안타깝다"라고 말하였다. 광주 간담회에서도 김 부총리는 상공인들에게 정부의 경제시책이나 전망에 대해 질문하도록 했으나 아무도 반론을 하거나 질문하지 않았다. 기자 옆에 있던 모 사장은 "질문했다가 무식한 놈이라는 욕을 먹느니 차라리 가만히 있는 것이 상책이지"라며 중얼거렸다. (〈경향신문〉, 1971. 3. 2)

공식석상에서 경제인들에게 대놓고 '무식한 사람'이라고 질타하는 김학렬 부총리가 부하직원들을 결코 호락호락 다루었을 리 없다.

> 김학렬 부총리가 우리 직원들을 아주 엄정하게 훈련시키고, 교육시키고, 업그레이드시키려고 그랬습니다. 그때 경제협력국 사람들 GDP가 얼마인지, 민간소득이 얼마인지 그 자리에서 즉시 대답하지 못하면 '병신' 소리 듣고 그랬어요. (진념: 후일 경제부총리)

기획원의 유명한 '월경'(月經), 즉 월간 경제동향보고에서도 브리핑을 맡은 공무원들은 정작 대통령과 각 부처 경제장관, 공화당 간부, 학자 등 지도층 인사들이 참석한 월경의 브리핑 자체보다 김학렬 부총리에게 사전보고를 하는 것을 더 두려워했다. 월경 브리핑의 사전보고는 김 부총리 주재하에 기획원의 전 간부들이 모인 자리에서 이뤄졌는데 김 부총리는 관련된 내용과 통계, 효과 등에 대해 속사포처럼 질문을 던지고는 대답을 머뭇거리면 불호령을 내렸다. 마음 약한 국장은 부총리의 불호령에 옆자리에 앉은 사람이 눈치 챌 정도로 손발을 벌벌 떨기도 했다.

부하들을 이렇게 엄하게 다루는데도 그가 큰 미움을 사지 않았던 이유는 공적으로는 눈물이 쏙 빠지게 야단치면서도 뒤끝 없이 금방 끝나는 점과 사석에서는 더할 수 없이 부드럽게 대해 주는 점, 그리고 부하들의 긴 장래를 위해서 챙겨주는 은근한 배려 때문이었다.

▸▸ 강경식

부하직원들에게 챙길 수 있는 것은 다 챙겨주고 야단쳤습니다. 또 우리들에게 회의 때마다 늘 강조하던 것이 '너희들 절대로 협회나 조합 돈 받지 마라. 그런 돈 받으면 한 번에 간다'였습니다.

심하게 야단을 맞더라도 때때로 터져나오는 우스개 때문에 곧바로 마음이 풀리기도 했다.

▸▸ 조경식

예를 들어 '너 그것도 모르면 차라리 한강에 가서 빠져 죽어라'고 야단쳐요. 그리고는 조금 있다가 '근데 한강 가는 버스비 챙겨갈 때, 왕복 버스비는 챙겨가라', 그렇게 야단치는 거죠(웃음).

김 부총리의 유명한 '계수심문'은 매주 월요일 아침 국·과장 회의 때마다 어김없이 되풀이 되었다. 한 번은 김 부총리가 국·과장 회의 때 애써 구석에 몸을 숨긴 과장을 지목했다.

"거기 숨어 있는 과장, 지난 해 우리나라 국내 저축이 얼마야?"

"제 업무가 아니라 자세히 모르겠습니다."

"그렇게 기초적인 것도 모르면서 무슨 기획원의 엘리트 관료야? 다음, 그 옆 사람, 작년 우리나라 자본계수가 얼마야?"

대답을 못하자 또 불호령이 떨어졌다. 계수심문에 단련되어 이제는 익숙해진 야단이라 맞은편에서 다른 과장이 픽 웃었다.

"거기서 웃는 너 한번 대답해 봐. 작년 예산이 얼마야?"

"모르겠습니다."

"그렇겠지. 네가 알면 기적이야."

웃음보가 왁 터져 나왔다.

이렇게 여러 가지 일화를 낳을 만큼 부하직원들을 호되게 야단치면서도 정말 가망이 없다고 판단되면 아예 말을 하지 않았다. 그의 욕을 먹는 것이 그나마 그의 관심과 사랑을 받는 증거이며 실제로 그의 책망을 많이 들은 사람일수록 승진이 빨랐다는 설도 있다. 그는 기획원 직원들에 대해 정신이 혼미해지도록 야단치면서도 대외적으로는 "기획원 과장급이면 타 부처 장관급 행정 수행능력을 가지고 있다"고 추켜세우곤 했다.

기획원 차관은 개각 때마다 으레 다른 관계부처 장관으로 승진하는 것이 다반사였다. 다른 실무자들도 농림, 건설, 보사, 교통, 국방, 정보통신, 국세청, 관세청, 특허청 등으로 '시집' 가면서 거의 대부분 한 직급씩 승진했다. 김학렬 부총리에게 기합을 너무 호되게 받은 나머지 퇴실하다가 캐비닛 속으로 들어간 전설적 에피소드를 남긴 모 과장도 외청의 국장으로 승진했다.

'국민이 까불면 …' 설화사건

속으로 삭이기보다는 일단 내뱉고 보는 날카로운 언변 때문에 종종 큰 설화(舌禍)사건도 겪었다. 1969년 한일 각료회의 때였다. 회의가 만족스럽게 진행되고 잘 매듭지어졌는데도 일부 언론이 그 성과를 과소평가하거나 왜곡해 보도했다. 격분한 그는 '언론은 악의 씨앗'이라고 내뱉었다. 언론이 온통 벌집 쑤셔놓은 듯 시끄러워졌다. 그 후 기자단에게 공식사과를 했지만 그 후에도 두고두고 문제가 되었고 언론인들의 트집대상이 되기도 했다.

그를 궁지에 몰아넣은 또 하나 대표적 설화사건이 1971년 9월 17일 박 대통령 주재로 대구에서 열린 '전국 시장군수 비교행정회의'에서 한 "국민이 까불면…"이라는 발언이었다.

노벨경제학상 수상자인 얀 틴버겐 교수의 책을 즐겨 읽던 그는 틴버겐의 개발이론을 자주 인용했다. 이 날 회의석상의 발언에서도 국가발전에는 통치자의 역량과 군민의 단합된 노력과 협조가 전제되어야 한다고 강조하는 과정에서 "이런 표현이 적절할지 모르나 이제 국민소득이 200달러를 넘었다고 해서 국민들이 까불면 경제성장이고 나발이고 될 수 없다"라고 말한 것이다. 이 사실이 알려지면서 야당과 언론으로부터 집중포화를 맞는다. "오만한 박정희 정권의 생리가 그대로 드러난 망언"이라고 비난한 야당은 김 부총리에 대한 해임건의안 제출도 불사하겠다고 강경하게 나왔다. 심지어 여당인 공화당의 신동식 대변인조차도 "설사 국민이 틀린 이야기를 해도 이를 경건하게 받아들여야 할 것"이라고 논평할 정도였다. 언론의 반응도 차가왔다.

세상 살다 보니 정말 별꼴 다 보겠다. 물가는 오르고 생활은 쪼들려서 주부도 남편도 이마에 주름살이 늘어나고 있는 형편인데 어느 누가 까불 경황이 있는가. (〈동아일보〉, 1971. 9. 20)

이 발언은 박 대통령도 옆에서 직접 들었지만, 정작 대통령은 이를 중대한 실언으로 여기지 않았던 것 같다. '까분다'는 그의 발언은 계속 문제가 되다가 결국 며칠 후 열린 국회본회의에서 "내가 말한 국민이란 말은 우리 국민을 대상으로 한 이야기가 아니라 어느 나라 국민이건 그렇다는 일반론을 이야기한 것"이라고 해명하고 사과했다. 그러면서 그는 덧붙였다. "한 나라의 부총리나 되는 사람이 까분다는 저속한 용어를 사용했다는 자체가 수양 부족의 소치다. 앞으로 내 평생 '까분다'는 말은 다시는 쓰지 않겠다." 국회 본회의장에 한 바탕 폭소가 터져 나왔다. 이것으로 '까분다' 사건은 일단락되었지만 이후에도 이 말이 심심찮게 신문 만화나 가십 등에 오르내리곤 했다.

다른 부처 장악전략

물가를 안정시키려면 재정뿐만 아니라 통화도 긴축해야 한다. EPB는 재무부와 한국은행 일에까지 자연스럽게 개입하게 되었다. 다른 부처의 불만이 커지기 시작했다. 장기영 부총리 시절에 이미 정부가 추진하는 모든 주요업무가 기획원의 영향력 아래 있었던 관성이 남아 있던 터에 산업, 건설, 농업 등은 물론 긴축 기조를 위해 금융, 통화정책까지 기획원이 고삐를 쥐고 간섭하자 다른 부처들은 바지저고리나 다름없는 신세가 되었다. 예산편성권을 쥐고 전 부처를 장악하는 무소불위 '수퍼 기획원 시대'의 도래였다.

당연히 다른 부처의 불만이 하늘을 찔렀지만 김학렬 부총리는 박 대통령의 전폭적 지지와 신임을 받았다. 서슬 퍼런 국방부의 별들까지도 대책 없이 머리를 숙이던 시절이었으니 다른 부처들은 더 말할 필요가 없었다. 그 자신감을 바탕으로 김 부총리는 다른 경제부처를 철저하게 장악했다. 숫자에 밝은 부총리에게 타 부처의 장관이 회의석상에서 제대로 대답을 못해서 망신을 당하는 일이 비일비재했다.

아무리 부총리지만 시도 때도 없이 독불장군 스타일로 계속 다른 부처의 군기를 잡다 보니 마찰이 심해졌고 경제팀 내부의 삐걱거림은 고스란히 언론으로 노출됐다.

> 최근 농림행정에 관한 주요 정책결정이 주무부처가 아닌 EPB에서 자주 발표되어서 농림 실무진을 당황케 하고 있다. 지난번 쌀 배급제에 관한 폭탄적 양정전환이 기획원에서 발표된 데 이어 30일에는 김학렬 부총리가 하곡수매값 25% 인상을 공식기자회견에서 누설, 20% 인상안의 국무회의 통과를 추진하던 농림부 취재진을 긴장시켰다. 취재진들이 주무부처인 농림부에 몰려 질문공세를 폈으나 차관을 비롯한 주무국장들은 전혀 모르는 일이라고 안색을 바꾸면서 뒤늦게 확인전화를 걸어보는 실정이다. 농림부 장관의 체면이 어찌될지. (〈매일경제〉, 1971. 7. 2)

경제장관회의에서 김 부총리는 다른 장관들을 앞에 두고 자신이 관심을 둔 업무의 추진상황을 체크하면서 "나의 얘기는 예수님 말씀으로 알고 시행하시오"라고 오만을 부리기도 했다. 이처럼 드러내놓고 상대방을 면박하는 김 부총리의 행동이 다른 부처를 장악하기 위한 능수능란한 작전이었다는 시각도 있다. 장기영 부총리 때부터 악명 높았던 '녹실회의'를 타 부처를 장악하는 기회로 자주 활용했다.

▸▸ 강경식

김학렬 장관이 경제장관회의에서 다른 부처 장관을 장악하는 방법이 여러 모로 독특했습니다. 예를 들면 어느 장관이 '대통령 각하의 지시사항입니다' 이렇게 얘기하면 그냥 안 넘어가요. '그래? 잠깐 기다려요.' 그래 놓고 회의하다 말고 들어가서 청와대에 전화해요. '지금 전화해 보니까 각하는 그런 뜻이 아니라더라' 이렇게 해서 그냥 단번에 정리해 버립니다.

또 만약 어느 장관이 말 안 들으면, 가령 농림부라면 '어제 비가 왔는데 올해 전체 강우량이 얼마냐?' 다른 부처라면 그 부처와 관련된 통계에 대해 물어보고 대답을 못하면 '주무장관께서 그런 내용도 파악하지 못하고 있느냐?' 해서 면박을 준 다음 꼼짝 못하게 장악하는 방식에 굉장히 능수능란했습니다. 부총리로서 행정부 장관들을 장악하는 방식으로 이런 작전을 쓴 것 같습니다.

▸▸ 조경식

내가 외자관리과장으로 있을 때 철도건설용 차관(借款)을 IBRD에서 들여오는데 갑자기 자금인출 중단사건이 생겼어요. 신문에 톱으로 났지요. 김 부총리께서 화가 나서 '교통부 장관 불러. 나한테 와서 보고하라고 그래' 지시를 내렸습니다. 철도청 국장이 차트를 가져와 설명하는데 당시 교통부 장관이 부총리 옆에 앉아 있었습니다. 국장 설명이 끝나니까 대뜸 교통부 장관에게, 이분이 그때 공군참모총장 대장 출신이셨는데, 그분한테 대놓고 '행정능력 제로!' 그래요. 그런데 나중에 보니 이것도 다 각 부처를 통솔하는 하나의 작전 같아요. '행정능력 제로' 사건이 지금도 기억나요.

당시 목요일 아침마다 뉴코리아 호텔에서 김학렬 부총리 주재로 한은총재와 은행장, 국영기업체 사장들이 간담회를 열었다. 그 자리에서도 김 부총리는 관련업무에 대해 속사포 같이 빠른 질문을 해서 상대방이 모르거나 어물어물하면 큰 망신을 주었다. 유일하게 통계를 자유자재로 인용해 대답한 사람은 한은총재 뿐이었다. 이 때문에 목요 간담회가 있는 날 새벽에는 간담회 시작 전 업무와 관련된 통계를 소리내어 챙기는 진풍경이 호텔로비에서 벌어지곤 했다.

이처럼 하늘 높은 줄 모르던 김 부총리의 독주를 견제한 것은 엉뚱하게도 정부가 아닌 김 부총리의 부인(김옥남 여사)이었다. 김 부총리가 다른 부처 장관들을 호되게 다룬다는 소문이 널리 퍼지자 그의 부인은 "당신 그렇게 하면 안 된다"고 말려 부부싸움까지 벌어진 것이다. 경우 바르고 인사성 밝고 대인관계가 탁월했던 부인으로부터의 강한 충고를 받아들인 김 부총리는 이후 회의부터는 타 부처의 장관을 바로 비난하지 않고 배석한 국장이나 실무자한테 "당신들이 장관을 어떻게 보좌했기에 일을 그르치게 하느냐?"라며 간접적으로 혼을 냈다. 예의 바른 부인 덕분에 타 부처의 수장들에 대한 김 부총리의 '기합 권법(拳法)'이 신사적이고 '문명적인' 수준으로 한 단계 격상한 것이다.

여담이지만 천하에 거칠 것이 없었던 김학렬 부총리가 대통령 말고 유일하게 어려워했던 사람이 부인 김옥남이었다. 그럴 수밖에 없는 것이 김옥남 여사는 나랏일 하느라 바빠서 집안일은 완전히 내팽개친 '경제능력 제로, 빵점짜리 가장'을 대신하여 돈을 벌고 아이들을 키우며 김 부총리가 뇌물과는 거리가 먼 깨끗한 처세를 할 수 있도록 든든하게 지원해 준 최대의 우군이었기 때문이다.

김 부총리는 "공무원이 뇌물을 받지 말아야 하는 것은 철칙이다. 특히 조합이나 협회의 뇌물은 독약이니까 절대로 받아서는 안 된다"는 말을 입버릇처럼 강조했다. "민원을 친절하게 처리하고 봉사한 후 조금 얻어먹는 경우라면 그래도 정상참작의 여지가 있지만 뇌물을 받기 위해 될 일을 안 되게 해서 상대를 괴롭히는 것은 절대로 용서될 수 없다"는 내용으로 공무원 교육도 자주 시켰다. 그가 공무원 뇌물금지를 특히 강조했던 것은 4·19 혁명과 5·16 등 정권이 바뀔 때마다 으레 공무원 조직에 서정쇄신, 부정공무원 숙정 등의 정풍운동이 몰아쳤기 때문이었다. 그런 경우 예외 없이 이권이 많은 요직엔 퇴출 내지 사정의 칼날이 번득이게 된다. 김학렬 부총리가 과거 막강한 사세국장과 예산국장을 지내면서도 여러 차례의 정풍운동 때 오히려 영전을 거듭한 것은 그가 매사에 청렴하게 처신한 덕분이었다.

박봉의 공무원이 뇌물을 받지 않고 버틴 데는 부인 김옥남의 탁월한 경제적 내조가 뒷받침이 되었다. 김옥남은 일본 오사카의 거상(巨商)이었던 아버지의 DNA를 타고난 덕분인지 이재(理財)에 능력을 발휘했다. 6·25 인민군 치하의 서울에서 성냥공장과 거래해 이문을 남긴 다음 1·4 후퇴 때는 서울에 있는 어느 공장에서 메리야스를 매입해 겨울철 부산 피란지에서 팔았다. 서울 수복 후에는 전쟁 통에 불타거나 부서진 집을 사들여, 수리해 되파는 요즘 식으로 말하자면 '리모델링 사업'으로 큰돈을 벌기도 했다. 격변하는 상황에서 '시장수요'를 사전에 예측하고 파악하는 탁월한 상재가 있었던 것이다. 김옥남은 "남편이 고위 공무원만 아니었으면, 내가 본격적으로 사업해서 지금쯤 엄청난 부자가 되어 있을 텐데"라고 아쉬워했다.

부인 덕택에 김학렬 부총리는 공·사 생활에 돈이 필요할 때면 늘 부인의 주머니에 기대었고 "우리 집사람이 내가 뇌물받지 말라고 돈을 많이 준다"고 은근히 자랑하기도 했다. 대통령의 절대적 신임 아래 거칠 것 없던 김학렬 부총리를 견제할 수 있는 유일한 '집안 내 야당'이 부인이었던 셈이다.

김학렬 부총리와 언론

전임 장기영 부총리가 언론을 통한 정책홍보의 귀재였던 데 비해 김학렬 부총리는 대(對)언론관계가 취약한 편이었다. 기자들과의 사이도 좋지 않았다. 깐깐한 성격이라 출입기자들과의 개인적 충돌이나 언쟁 에피소드도 적지 않았다. 심지어 기자들을 '악의 씨앗'이라고 비난하기도 했다. 문제는 박 대통령이 정책홍보에 유난히 관심이 많았다는 점이었다. 선거 때마다 언론의 쓰디쓴 비판을 받아서 어려움을 겪었던 박 대통령은 각 부처가 적극적으로 언론에 정책홍보를 하기를 바랐기에 김 부총리로서도 내키지는 않았지만 언론에 대해서 더 신경을 썼다. 욕하면서 배운다고 김 부총리 역시 신문을 100% 정책홍보에 활용했던 전임 장기영 부총리의 스타일을 어느새 따라 배우고 있었다. 언론인 출신을 부총리 비서실장으로 데려다 쓰고 기자들과 말 한마디를 하는데도 신중하게 처신할 정도였다.

▸▸ 엄일영

김 부총리가 처음에는 언론플레이에 굉장히 서툴렀어요. 성질은 급하고 선후가 분명한 관료출신이라서 말을 대강 에둘러서 할 수도 없고. 재무부 장관 때 신문 기자회견 때 말려들어서 초단명으로 끝났기 때문에 신문과 기자에 대한 공포증 비슷한 게 있었습니다. 그래서 그 양반이 실수를 안 하려고 기자회견할 때는 텍스트를 만들어서 완전히 그냥 낭독하는 거예요. 낭독하다가 대답하기 난처한 질문이 나오면 '이것은 내가 쓴 것 아니고 미스터 엄(언론인 출신인 엄일영 부총리 비서실장을 지칭)이 썼으니까 미스터 엄한테 질문하시오' 이런 식으로 슬쩍 비켜가곤 했어요.

부총리가 언론에 신경쓰는 바람에 당시 경제정책은 언론용으로 잘 포장돼서 크게 실리곤 했다. 김학렬 부총리 재임 당시 '4대 핵심공장', '녹색혁명' 등 언론의 주목을 크게 끈 보도자료들이 쏟아져 나왔는데 이 가운데는 언론의 주목을 지나치게 크게 받아서 대통령을 깜짝 놀라게 한 사례도 있었다. 대표적인 것이 바로 '4대강 개발사업'이었다.

'4대강 종합개발계획'의 전말

1970년 10월 21일자 조간신문에 '정부가 4대강을 종합개발하기로 했다'는 기사가 대문짝만하게 실렸다.

> 정부의 4대강유역 종합개발위원회는 한강과 금강, 낙동강, 영산강 등 4대강 종합개발사업을 1971년부터 모두 착수하기로 했다. 김학렬 EPB 장관을 비롯한 농림, 상공, 건설부 장관 등은 공동기자회견을 갖고 4대강 개발사업은 유역 농토에서 홍수와 가뭄을 추방하고 영농발전을 꾀하며 발전시설과 공업용수, 상수도 건설을 도모하는 국토종합개발사업의 일환이라 밝혔다.(〈매일경제〉, 1970. 10. 21)

구체적 자금규모와 청사진까지 그려진 기사였다. 각 신문마다 대서특필된 내용을 읽어 본 박정희 대통령이 깜짝 놀랐다. 4대강 종합개발 사업이라니? 자신도 자세히 들어보지 못한 사업이 아닌가? 무슨 영문인지 당장 알아보라는 대통령의 지시가 떨어졌다. 청와대 비서실에서 김학렬 부총리를 급히 수소문했다. 최고위층과 사전조율 없이 발표된 것이 예상 밖으로 큰 정책뉴스가 되자 김 부총리도 '아차' 싶어 사후에 박 대통령에게 경위를 설명해 이해를 구하였다.

유명한 '4대강 개발계획' 보도에 얽힌 전말은 이렇다. 1971년 영산강유역 개발사업에 대해 세계은행이 2천만 달러의 차관 지원을 최종승인했다. 호남지역의 오랜 숙원사업이 이뤄진 것이다. 문제는 오래전에 이 사업을 미리 앞당겨서 정치적이고 생색내기용으로 이미 여러 차례 발표했던 터라 새삼스럽게 언론발표를 하더라도 별로 새로운 뉴스로 여겨지지 않는다는 것이었다.

당시는 선거철만 되면 표를 얻기 위해 예산도 없고 실행준비도 안된 각종 사업들에 대해 전국 곳곳에서 '착공식', '기공식' 등의 이름으로 사업촉진대회를 여는 정치적 행사가 유행이었다. 영산강유역 개발사업도 예외가 아니어서 이미 몇 년 전에 선거를 앞두고 기공식을 앞당겨 올린 적도 있었다. 예산도 잡혀있지 않고 세계은행의 차관승인도 안 난 상태에서 치른 생색용 기공식이었다. 그러다 보니 막상 오랫동안 고대해 오던 대규모 차관 승인이 났는데도 이를 홍보하기가 어려웠다.

이런저런 궁리가 오가던 끝에 김 부총리에게 "영산강 프로젝트 착수를 계기로 우리나라 대부분을 포괄하는 장단기 4대강 개발과 댐건설의 현황, 국토건설의 청사진을 한데 엮어 발표하는 것이 어떻습니까?"하는 건의가 올라왔다.

"구체적으로 어떻게 하자는 거지?"

"이미 1967년 4월부터 한강에 동양 최대의 소양강댐 건설이 진행중입니다. 우리 역사상 최대의 투자규모입니다. 그런데 이번 영산강 사업 역시 상류의 장성호와 담양호, 나주호, 광주호 등을 먼저 조성하고 뒤이어 국내최대 규모인 하구언(방조제) 건설까지 끝내는 방대한 사업입니다. 마침 낙동강의 안동댐이 착수단계이고 금강의 대청댐이 계획되고 있으니까 이걸 묶어서 국토종합계획으로 하면 됩니다. 치수(治水)사업은 국가 백년대계가 되는 사업이지만 개별 사업이 하나하나 이미 다 보도되었으니 이번에는 이걸 묶어서 4대강 종합계획으로 해 보시지요."

그럴듯한 생각이라고 여긴 김 부총리는 아이디어를 그대로 진행하기로 했다. 언론 발표에 앞서 농림, 건설, 상공 등 관련부처 장관들을 소집해 급히 '4대강개발 추진위원회'를 구성하고 다음으로 4부 장관 연석기자회견을 열었다. 발표주체가 부총리를 비롯한 4개 부처합동이고 발표내용이 국토개발에 관한 방대한 사업으로 구성되었기에 기자들의 비상한 관심을 끌었다. 김 부총리는 또 영산강 사업에 대한 호남 주민들의 믿음을 심어주려 관련부처 장관들과 광주에 내려가 전남도청에서 큰 규모의 회의를 개최했다. 영산강 개발사업에 관련된 장관과 유관 기관장과의 연석회의였다.

이날 저녁 김 부총리는 호남 유지들을 초청해 리셉션을 열었다. 이 자리에서 그는 "전남의 생명줄인 영산강 개발사업을 진짜로 착수합니다. 이 김학렬, 거짓말 못합니다. 기대하시고 협조해 주십시오"라는 내용의 연설을 했다. 광주 상공회의소 회장이 "제가 알기로도 김 부총리는 거짓말 못하기로 유명한 사람입니다" 하고 맞장구를 쳤다. 회의장에서 박수와 환호가 터져나왔다.

마침 '호남 푸대접론'이 나오던 마당이라 이에 대한 언론의 반응이 예상보다 지나치게 뜨거웠던 것이 문제였다. 각 신문이 '선거전 광주에서 시작되다'면서 유진산(야당 총재)씨와 김 부총리의 사진을 1면에 톱으로 내세우고 4대강 종합개발계획을 대대적으로 보도했던 것이다.

'뛰어난 기획력'과 보도전략 때문에 이미 개별적으로는 다 보도되었던 '4개강사업'이 대대적으로 언론에 소개되었다. 그 후 실제로 4대강 유역에는 수십 개의 댐과 대형 저수지가 건설되어 국토개발과 산업입국의 기초가 되었다.

물을 확보하려면 치수사업과 동시에 산림녹화 사업도 병행되어야 했다. 당시는 나라 전체가 거의 민둥산뿐이었는데 김 부총리는 어려운 예산을 쪼개어 산림녹화 사업을 지원하는 데에도 게을리 하지 않았다. 전국토가 푸른 숲으로 변하고 그 숲이 생명의 물을 보존하게 된 기초역사를 이때 다진 셈이다. 그 결과 유엔식량농업기구(FAO: Food and Agriculture Organization)는 훗날 한국의 산림녹화에 대해 '기적적 성과'로 높이 평가했다.

농촌의 은색혁명과 녹색혁명

식량자급을 상징하는 '녹색혁명'(green revolution)이란 단어도 김 부총리가 기자회견에서 언급해 언론에서 크게 다루어진 용어 가운데 하나였다. 당시 한국경제는 보릿고개의 극복과 쌀 자급이 숙원사업이었다. 6·25 전쟁 탓에 농경지가 황폐해졌고 북한 피란민의 대량 남하로 늘어난 인구 때문에 식량은 태부족이었다. 쌀값이 폭등하고 도시노동자의 임금도 뛰었다. 비싼 쌀을 사 먹으려면 노임을 올려 받아야 했기 때문이다. 쌀값이 민생고와 물가앙등의 주범이었다.

또 당시 선거는 농어촌 표가 당락을 좌우했는데, 종합제철사업을 추진하느라 농어촌자금 용도였던 청구권자금을 모조리 포철로 돌리고 난 다음에 농어촌에 선거구를 둔 국회의원들로부터 "농업을 깔보는 것 아니냐, 농민을 경시하는 것 아니냐"는 비난이 물밀 듯 쏟아져 나왔다. 이런 상황에서 농촌소득을 올리고 식량자급자족을 추진해 물가안정도 이룰 수 있는 정책 아이디어가 나왔다. 정부는 긴축기조인데도 비닐하우스 사업인 '은색혁명'과 통일볍씨 보급사업인 '녹색혁명'에는 예산을 늘려 지원했다.

1965년 초 농촌진흥청은 같은 쌀로 수확을 많이 올릴 수 있는 볍씨 개발에 착수했다. 오랜 노력 끝에 수원 농촌진흥청은 1967년 자포니카계(종래 우리가 먹던 일본계의 찰진 단립형 쌀)의 기존 품종에 인디카계(대부분의 아시아 국가에서 먹는 남방 쌀. 길쭉하고 찰기가 적은 게 특징) 외래 품종을 교배해 새로운 품종인 IR667 개발에 성공했다. 우리 입맛에는 맞지만 수확량이 적다는 자포니카계 쌀의 단점을 보완하기 위해 수확률이 높은 인디카계를 3원 교배해 신품종을 얻었다.

농촌진흥청은 이 신품종을 필리핀에 있는 국제미작연구소에서 번식시켜 성공시켰는데 남은 과제는 이 품종을 한국에 가지고 들어와서 대량보급하는 것이었다. 1968년 농업진흥청장이 된 김인환 박사는 'IR 667'이라는 이름이 붙은 '기적의 볍씨'를 대량보급하려면 세대촉진 온실과 인공기상실을 세워야 한다고 강조하고 정부에 지원을 요청했다. 청와대에 있을 때 이 내용을 들은 김학렬 수석은 대통령에게 건의해서 부처가 요구한 예산보다 몇 배나 더 많은 예산을 지원하도록 했다.

부총리가 된 후에도 그는 이 사업에 지속적으로 예산을 지원했다. 이 볍씨는 수확량은 많았지만 아열대산 인디카 종과 교배했기 때문에 한국의 추위에 약하고 병충해도 많아 대량보급에 특별관리가 필요했다. 우선 산성화된 토지를 유기질로 개량해야 했다. 땅을 깊이 파고 유기질 비료를 많이 쳐야 하는데 재래식 농기구인 쟁기로는 도저히 불가능한 사업이었다. 기계화하지 않으면 씨앗이 제대로 맺지 못하기 때문에 농촌을 기계화하여 심경다비(深耕多肥: 땅을 깊이 파고 비료를 많이 주는 것)를 해 주어야 하는 것이다. 그러자면 경지정리와 농업 기계화를 서둘러야 했고 비료도 복합비료(유기질 비료)를 써야 했다. 여기에 필요한 농기계 공장과 비료 공장, 종자개량 사업, 농약 공장도 세워야 했기 때문에 농업 근대화 분야에 엄청난 돈이 투입될 수밖에 없었다.

당시 추진한 식량자립과 농업 근대화의 상징적 슬로건을 한꺼번에 묶어 언론발표 당시 표현한 용어가 바로 '녹색혁명'이었다. 향후 정부가 농업투자를 많이 하겠다는 발표를 하면서 김 부총리가 "녹색혁명의 조기 완성을 위해 이 같은 투자가 필요하다"고 강조하자 기자회견에서 '도대체 녹색혁명이 무슨 개념이냐?'는 질문이 쏟아졌다. "녹색혁명은 한마디로 종자개량 사업입니다. 종자개량을 위해서는 재래농업으로는 안되고 농업을 기계화하고 경지정리를 하는 등 농업을 현대화해야 합니다. 그것을 포괄적으로 녹색혁명으로 부르는데 이 녹색혁명을 완수하면 쌀자급이 가능해질 것입니다"라고 김 부총리가 답변했다.

다음날 아침 모든 조간신문이 이를 1면 타이틀로 받았다. 당시 녹색혁명이라는 용어는 일부 학계에서만 언급되었을 뿐 일반에는 생소한 개념이었는데 이때부터 '녹색혁명'이라는 단어가 일상적 단어로 자리 잡는다.

IR667이라는 기묘한 이름의 볍씨에 '통일벼'라는 이름이 붙은 것은 우여곡절 끝에 세대촉진 온실에서의 시험재배가 성공적으로 끝나고 수확한 쌀로 밥을 해 먹는 시식자리에서였다. 월간 경제동향회의 직후 대통령과 각료들이 식사를 같이하는 자리에서 신품종 쌀로 지은 밥을 시식하고 무기명 투표를 했다. 밥맛이 괜찮다는 의견이 15표 정도, 3표 정도가 맛이 없다고 답했다. 맛이 없다는 3표에 대해 박 대통령이 "이거 누가 쓴 거야?"하고 불만을 표시했다. 순진하게 맛이 없다고 써낸 사람들이 긴장하고 있을 무렵 김 부총리가 "아직까지 배가 부른 사람이 있어서 맛을 따지는 모양입니다만 배고픈 사람에게는 꿀맛일 겁니다"하고 재치 있게 답변하면서 그 문제는 덮어졌다.

쌀밥을 시식하면서 박 대통령이 "IR667이라고 하면 모르지 않느냐, 우리말로 좋은 이름 없느냐?"고 적당한 이름을 현상투표를 했다. 그 자리에서 새품종벼, 통일벼 등 여러 이름이 나왔다. 결국 '통일벼'가 선택되었다.

이후 '통일벼'에 이어 1970년대 중반 경엔 '유신', '밀양 23호', '밀양 30호', '수원 254호', '노풍' 등 새로운 개량 품종이 잇달아 개발되면서 드디어 쌀 자급이 이뤄진다. 자급이 넘쳐 나중에는 쌀이 수백만 섬씩 남아도는 사태까지 벌어졌다. 그러자 정부는 14년 동안 실시했던 주 2회의 쌀밥 먹지 않는 날, 의무잡곡 혼식, 쌀 막걸리 금지 등의 쌀 소비절약 정책을 철폐했다. 이날 농림부는 "드디어 녹색혁명을 완수했다"고 선언했다.

'녹색혁명'이 쌀 자급이라면 '은색혁명'은 비닐하우스 혁명이었다. 1970년 울산 석유화학단지의 준공으로 폴리에틸렌 필름이 대량생산되면서부터 일반 농가에 그동안 꿈도 못 꾸던 비닐하우스 재배가 가능해졌다. 이에 따라 경기도 임업시험단지 부근에 실험용 온상농장이 만들어지고 정부 예산지원을 받은 서울대 농과대학 교수진, 농업진흥원 팀은 엄동설한에도 농작물을 키울 수 있는 비닐하우스 재배기술을 개발했다.

▸▸ 김정렴

온상재배는 남부 평야지대, 대도시 근교농가, 산간오지의 엽연초 생산농가 등에 보급되기 시작해 전국적으로 불길처럼 번져나갔다. 겨울철에 박 대통령이 헬리콥터를 타고 지방을 순시할 때마다 수행했는데 하늘에서 내려다보면 비닐 온상이 은색으로 눈부시게 반짝이며 일대장관을 이루었다.

역시 김학렬 부총리 재임 중 예산지원을 아끼지 않았던 '은색혁명'의 성공이었다. 엄동설한 긴 겨울에는 땅을 놀릴 수밖에 없었고 봄이 되면 구황식물에 의존해 보릿고개를 넘겨야 했던 한계를 극복해 한겨울 추위 속에서도 과일, 채소, 엽연초 등을 길러 수확할 수 있게 되었다. 지금은 당연한 비닐하우스이지만 당시에는 불모의 겨울을 생산의 계절로 바꾼 기적으로 기록된 사건이었다.

대통령의 무한신임

김학렬 부총리는 동시대 사람들에게 '숫자와 이론에 밝은 천재'라는 찬사와 동시에 '독설가, 사람을 포용할 줄 모르는 사람'이라는 엇갈린 평가를 받았다. 기획원은 물론 타 부처 공무원들에 대한 호된 야단과 기합은 관가에서 유명했고 남들 보기에 좀 황당해 보이는 독특한 철학을 과시하기도 했다. 가령 그는 예산청탁을 받을 때 누구의 부탁이라고 해도 부탁한 사람의 이름을 밝히지 않았다. 들어줄 만한 부탁이니 다른 사람 핑계는 대지 않는다는 자신감의 발로였다. 한 번은 자신의 민원사항에 대해 담당과장이 난색을 표시하자 "직장상사는 집안의 아버지와도 같은 존재다. 너는 애비 말도 안 듣느냐?" 면서 호되게 질타했다. "인사는 정실(情實)이 원칙"이라는 발언도 거침없이 하는가 하면 "똑똑한 사람이라 하더라도 기분 나쁜 놈이라면 함께 일할 수 없다. 능률이 안 오르니까"라는 이야기를 공·사석을 막론하고 주저 없이 얘기하곤 했다.

기획원차관 시절에 이런 일화도 있었다. 모 장관이 예산확보 문제로 김학렬을 찾았다. 김 차관이 보니 별로 탐탁한 사업이 아닌지라 장관을 좀처럼 만나주려 하지도 않고, 장관에 대한 예우도 별로 차리지 않았다. 불쾌해진 장관이 이럴 수가 있느냐며 항의성 발언을 했다.

그러자 김학렬 차관은 차갑게 대꾸했다.

"제 기분이 좋지 않아서 장관께는 예산을 줄 수 없습니다."

어이가 없어진 장관이 물었다.

"아니, 나라 예산을 당신 기분대로 책정하는 거요?"

그러자 김학렬 차관은 태연한 얼굴로 이렇게 답변했다.

"제가 기분대로 판단해도 장관께서 수십 번 생각한 것보다 정확하니까요."

이쯤 되면 요즘처럼 개성만점 시대에도 찾아보기 어려운 괴짜이고 기인에 속한다. 당시는 그런 기인이 살아남기 어려운 시절이었다. 모난 사람이 출세하기란 더더욱 어려운 때였기에 주변사람들이 보기에 그의 남다른 관운은 더욱 놀라웠다. 부총리 시절에 예산긴축과 독재에 가까운 거침없는 독주, 다른 부처의 장차관들을 거침없이 면박을 주는 일이 반복되자 타 부처의 원성이 빗발치듯 쏟아졌다. 그러나 그는 언제나 태연하게 이를 무시했다. 그의 힘은 박 대통령의 '무한신임'에 있었다. 김 부총리에 대해 쏟아지는 수많은 비난에도 불구하고 박 대통령은 그를 더할 수 없이 중용했다. 당시 언론에 나타난 기사를 보면 대통령이 얼마나 김 부총리를 아끼는지 잘 나타난다.

> 이날 박 대통령은 김학렬 부총리의 브리핑 내용에 대해 아주 건전하고 내용도 충실해 만족스럽게 생각한다고 말했는데 대통령이 만족이라는 표현을 사용한 것은 매우 드문 일이어서 참석 각료들은 김 부총리께서 한턱내야겠다고 저마다 우스갯소리를 했다. (〈경향신문〉, 1970. 1. 13)

> 정부 내에서 김학렬 부총리의 재치나 위트가 여러 가지 화제를 남기는 것은 사실이다. 그가 안경과 만년필의 비유로 박정희 대통령을 미소 짓게 한 것은 대통령 연두순시 브리핑 석상에서였다. 그는 우리나라의 경제를 두고 스태그플레이션라고 하는 것은 마치 안경을 만년필이라고 주장하는 것처럼 터무니없는 것이라면서 자신의 안경과 만년필을 가리키는 제스처를 했다. (〈경향신문〉, 1971. 1. 22)

부총리 재임 중, 그는 박 대통령과 수시로 통화할 수 있는 몇 안 되는 사람이었다. 박 대통령이 불러서 오후에 청와대에 들어가면, 집무실에서 대화가 시작되어 그대로 저녁식사와 2차, 3차 술자리로 이어지는 경우가 비일비재했다. 통음을 하면서 취기가 거나해진 후에는 대통령이 인근 김학렬 부총리의 집에까지 가서 친근한 술자리가 이어지기도 했다. 김 부총리의 부인은 대통령이라는 귀한 술손님의 방문에 한밤중에도 술상을 차려내곤 했다.

당시 박 대통령과 김 부총리의 술자리에서는 경제문제는 말할 것도 없고, 개발과 수출입국 자립 등의 담론이 이어지곤 했다. 미래에 대한 청사진은 물론이고 우리나라와 같이 거센 언론과 투쟁적 야당이 있는 상황에서는 경제개발을 제대로 추진하기 힘들다는 불평과 고민도 함께하곤 했다. 대통령은 자신의 뜻을 누구보다 정확하게 이해하고 거침없이 실천하면서도 대(對) 국민 설득을 유도하는 데도 능숙한 김 부총리를 신뢰했다. 김 부총리에게 쏟아지는 온갖 비난을 잘 알면서도 기꺼이 이를 눈감아 주었다.

닥쳐온 정치적 시련

어느 날 김학렬 부총리의 집이 누군가에 의해 감쪽같이 털린 사건이 일어났다. 흔적을 보니 전임 장기영 부총리의 집무실이 KCIA에 의해 털린 것과 비슷한 사건이었다. 김 부총리의 장남인 김정수 박사는 당시의 어수선했던 집안 분위기를 이렇게 기억했다.

> 아버님이 거기 써 놓았던 것은 '당신이 찾는 돈이 여기에 없다'가 아니라 '만약 당신이 찾는 것이 돈 장부라면 여기 없다'라는 뜻입니다. 쉽게 말해 정치자금 배달 사고가 있으면 그것을 잡아서 약점을 잡으려고 한 모양인데, 아버지가 '그런 것은 여기 없다', 이렇게 써 붙여 놓은 것이죠. (김정수)

전임 장기영 부총리 때는 김형욱 KCIA 부장의 부하들이 장 부총리의 집무실 금고를 뒤졌던 것으로 알려졌다.

▸▸ 황병태

장기영 씨는 특이한 분이라 자다가도 화장실에 수첩, 열쇠, 돈은 가지고 갑니다. 또 밤 2시에 집에 들어가고 새벽 5시에 집에서 나가요. 집에서는 잠깐 눈만 붙여요. 그러니까 모든 살림을 사무실에 뒀습니다. 김형욱이 이걸 잘 알아서 사무실 금고를 확 뜯어 버렸잖아요. 그런 일이 있었으니까 김학렬 부총리 집을 뒤진 것도 이 수법이 눈에 익어요.

주변에서는 이후락 정보부장을 의심했다. 한때 장 부총리에 대한 견제의 의미에서 김학렬 부총리를 적극 지지하기도 했던 이후락 부장이 왜 불편한 관계로 돌아섰을까?

이후락 씨와 김 부총리의 관계는 흐름이 있습니다. 처음에 이분(김 부총리)이 청와대 비서실에서 경제수석을 할 때는 비서실장인 이후락 씨 아래에 있었습니다. 즉 아랫사람으로 이후락 실장을 모셨던 셈인데 나중에 부총리가 되고 이후락 씨는 주일대사로 갔단 말이에요. 상하관계가 역전되는 거예요. 그 당시에는 포철이나 4대 핵심공장 덕분에 일본과의 관계가 좋아서 사토 수상의 친형인 기시 전 수상이나 외무상이 한국을 자주 방문하고 그랬는데, 그 과정에서 이후락 씨가 굉장히 소외됐습니다. 김 부총리가 챙겨주거나 예우해 주지 않은 거예요. 그래서 그때 이후락 씨가 '언제부터 자기가 부총리냐?' 그러면서 아주 불쾌해했습니다. 그런데 얼마 안 있다가 이 양반(이후락)이 KCIA 부장으로 다시 롤백(role back) 했습니다.

그 두 사람이 그렇게 복잡한 관계였어요. 한때 좋았다 한때 나빠졌다, 애증이 엇갈리기도 하고요. (당시 기획원 공무원)

'캐비닛 사건'이 있은 지 얼마 후 이코크 총회를 다녀오자마자 김학렬은 갑자기 병으로 쓰러지고 만다. 당시 신문에는 '김학렬 EPB 장관, 재직 중인 1971년 10월, 신병치료를 위해 세브란스에 입원했다가 퇴원'이란 간단한 기사가 실렸다. 그리고 3개월 후 그는 부총리직을 사임하고 서울대 병원에 다시 입원했다. 언론은 '전 부총리 겸 EPB 장관 김학렬 씨는 신병으로 지난 1월 24일 서울대부속병원에 입원해 장수술을 받고 치료중이다'고 보도했다. 이때 사실상 그의 병은 크게 악화되어 있었다.

마르고 깡마른 체구가 닮았기 때문인지 몰라도 그는 링컨을 가장 존경했다. 그에 관한 전기는 물론 어떤 책이든 구해 탐독했으며 전기작가 이상으로 링컨의 삶에 대해 통달했다. 링컨 대통령이 노예를 해방시킨 것처럼 자신은 빈곤과 무지에서 국민을 해방시켜 보겠다는 강한 열망이 있었는지도 모른다.

그는 평소 포부를 물을라치면 손가락 2개를 내밀고 "빈곤과 무지를 없애는 것"이라 소리치곤 했다. 그러다 병마와 싸우기 시작하면서 "내가 이번에 한 가지 포부를 더 추가했습니다. 질병도 몰아내야겠습니다" 하더니 끝내 그 병마에 지고 말았다.

항상 의욕적이고 에너지가 넘쳐 밤낮을 가리지 않고 일하던 김 부총리가 병상에 눕자 놀란 기획원 고위관료들 사이에 건강진단이 한창 유행하기도 했다. 그리고 1972년 3월 21일 아침, 김학렬 부총리는 옆을 지키는 아내에게 "고등학교 교사로 끝날 뻔했던 나를 독려해서 부총리까지 지내게 한 것은 모두 당신의 공이다"라고 감사의 말을 남기고 사망한다. 향년 만 49세, 너무도 젊은 나이였다. 40대의 젊은 나이에(46세) 기획원의 제4대 부총리로 취임해 40대 후반(49세)에 부총리를 사임한 후 몇 달 안 돼 타계한 것이다. 4대 독자였던 그는 4남매를 두었고 재임 중에 4대강 사업, 4대 핵공장을 추진하기도 했으니 유난히 4자(四字)와 연이 깊었던 셈이다. 짧고 굵게 살다가 요절한 거인(巨人)이었다.

그날은 마침 김 부총리가 이뤄놓은 2차 5개년계획 평가회의를 하던 날이었다. 회의를 주재하다가 김학렬 부총리의 부음을 들은 박 대통령은 "내가 너무 쓰루(김 부총리의 애칭)를 혹사시켜서 그의 수명을 단축시켰다"며 깊이 탄식했다. 나중에 박 대통령이 화장실에 혼자 가서 나오지 않아 걱정이 된 정소영 경제수석이 가서 살펴보니 통곡을 하더란다. 김 부총리를 떠나보낸 박 대통령의 비통함이 통곡에서 흘러나왔다.

김학렬은 평소 일에 대한 열정으로 건강을 도외시했다. "남자가 뜻을 품고 때를 만났으면 굵고 짧게 살다가 가는 것이다", "너저분하게 가늘게 질질 오래 사는 것은 머저리들이나 하는 짓"이라는 말을 늘 입에 달고 살았던 그는 골초였고, 커피는 하루 5~6잔을 무시로 마셨다.

젊은 시절에 벌써 위궤양 수술을 받을 만큼 소화기 계통이 좋지 않았기에 삼가야 할 것이 담배, 술, 커피 등인데 극도의 스트레스를 집중적으로 받는 경우가 잦다 보니 뜻대로 되지 않았다. 그가 세상을 뜨고 난 뒤 그의 영전에는 고인을 추모하는 정중한 글들이 바쳐졌다.

> 인생은 허무하다지만 그렇기 때문에 사람은 살아서 무언가 국가와 사회에 남기는 바가 있어야 하지 않을까 생각한다. 고인은 너무나 빨리 세상을 떠나고 말았지만 이미 남긴 업적만으로도 그의 인생을 풍부하고 보람되게 하기에 부족함이 없으니 그의 인생은 결코 허무하지 않다고 하겠다.
>
> 고인을 생각할 때 잊을 수 없는 한 가지는 그의 애국심과 유머러스한 인품이다. 그는 병마와 최후의 사투를 벌이는 동안에도 국가에 대한 생각을 멈추지 않았으며 그를 찾는 문병객들에게 오히려 재기 넘치는 유머로서 웃음을 안겨 주는 것을 잊지 않았다. (정일권 국무총리의 추도사)

> 세상사람들이 '긴축' 하면 '김학렬'을 연상할 만큼, 형은 항상 극심한 인플레이션 수습에 나서야 했고 돈을 아껴 써야 하는 긴축정책 때문에 늘 시달려야 했습니다. 2차 5개년계획의 아버지라고 불릴 만큼 우리나라 공업화의 기반을 다져 놓은 공적은 세계은행이나 워싱턴까지 널리 회자되고 있습니다. 형이 성취하신 높은 업적과 공헌을 오래도록 기억하고 높이 평가할 것입니다. (김종대: 부산상고 동기생, 당시 대한상공회의소 부회장)

김학렬 부총리 회고 간담회
왼쪽부터 반시계 방향으로 진념, 엄일영, 조경식, 고일동(KDI), 안선경(KDI), 심재학(KDI), 강경식, 황병태, 김정수

고(故) 김학렬 부총리의 영전에 바쳐진 여러 글들 가운데 최고의 헌사는 평소 그가 '악의 씨앗'이라고 부르며 별로 좋아하지 않았던 바로 그 언론에서 나왔다. 언론은 '번영 속 안정의 창안자이며 역사 속에 에포크를 만든 사람'이라는 더없이 정중한 글로 공직자로서의 그의 높은 공로를 기렸다.

> 그의 일대와 죽음은 어떤 의미에서 우리나라 경제정책의 하나의 에포크를 그은 것으로 평가된다. 두 차례에 걸친 경제 5개년계획 기간 동안 그는 EPB 차관과 장관으로 산파역할을 했고, 3차 5개년계획 입안은 자신이 직접 진두지휘했다. 그는 한 시대의 경제사의 주역으로 살다 갔다. (〈경향신문〉, 1972. 3. 20)

그리고 김학렬 부총리의 퇴임과 더불어 기획원이 주도하던 '경제의 질풍노도 시대'는 점차 힘이 빠지기 시작했다.

김학렬 연보

1923. 10. 26 경남 고성 출생
1944 일본 주오(中央)대 법학과 졸업
1952 미국 미주리대학 캔자스시티교 수학
1954 애크런대학 경제학 연구
1950 제1회 고등고시 행정과 합격
1957 재무부 이재국 관리과장
1959 재무부 예산국 제4과장
1961 재무부 사세국장
1961 재무부 예산국장
1961 경제기획원 조정관
1962 경제기획원 부원장보
1963~1966 제3대 경제기획원 차관
1966 동국대 명예 경제학 박사
태평양 아시아 지역 각료이사회 한국대표
1966 제21대 재무부 장관
1966 청와대비서실 정무수석비서관
1968 청와대비서실 경제 제1수석비서관
1969~1972 제4대 부총리 겸 경제기획원 장관
1972. 3. 21 췌장암으로 별세

상훈 청조근정훈장

제6장

장기영과 김학렬 부총리를 생각한다

기획원의 명물 부총리와 명물 차관

개발연대에 EPB의 황금기를 만들어내고 1960년대를 관통하는 기간에 한국경제를 반석에 올려놓은 양대 기둥이 장기영 부총리(1964~1967년)와 김학렬 부총리(1969~1971년 말)다. 이들은 기인(奇人)에 가까운 개성, 카리스마 넘치는 리더십, 24시간이 부족할 만큼 업무에 몰두하는 집념으로 '개발연대'라는 시대적 드라마에서 주인공으로 열연(熱演)했다.

갈등과 협력, 오해와 이해의 씨줄 날줄을 오랫동안 교차하면서 한국경제를 이끈 두 사람의 인연은 EPB 김학렬 차관 시절에 장기영 〈한국일보〉 사장이 신임 부총리로 오면서부터 시작된다. '전(前) 장기영-후(後) 김학렬'로 한국경제의 개발연대를 힘차게 열고 최정점으로 끌어올리는 역할을 해낸 두 사람이지만 서로의 궁합은 맞지 않았다. 성장배경, 학력, 성격, 대인관계 등 모든 면에서 두 사람이 너무도 대조적이었다. 외모, 성격, 업무 스타일, 리더십 등에서도 정(正)과 반(反), 테제와 안티테제의 관계였다.

관료 출신으로 원칙을 중요시하는 김학렬 차관에 비해 장기영 부총리는 신문사를 창간해 사장을 거치면서 정치적 감각을 익히고, 관료사회의 조직과 질서를 돈키호테처럼 흔드는 사람이었다. 업무추진 스타일도 서로 전혀 맞지 않았다. 장 부총리는 자신의 '직관'과 '감'을 믿었고 민간기업을 중시했으며 업무효율성을 최우선으로 꼽았다. 자신이 판단하기에 일단 이거다 싶은 사업은 다소의 부작용이 있더라도 전광석화(電光石火)처럼 빨리 추진하곤 했다.

반면 김학렬 차관은 중요한 시험을 보러 갈 때 자신이 탈 차가 고장이 날 경우에 대비해 다른 택시를 뒤따라오게 할 정도로 치밀한 성격이었다. 독서광인 그는 사업을 시작할 때는 관련서적들을 모조리 구해서 읽은 후 타당성 검토(feasibility study)를 하고 예상되는 결과와 후유증을 철저하게 검증한 후에 추진하는 스타일이었다. 이런 김 차관의 눈에 신임 장 부총리의 업무추진 방식은 터무니없어 보였을 것이다. 일에 우선순위도 없는 것 같고 타당성 검토나 객관적 검증 절차도 없이 민간업자가 부총리 집무실에 한 번 들어왔다 나가고 나면 곧바로 부하직원들을 불러 "이거 추진하라, 저거 추진하라"는 식의 일방적 지시로 이어지는 것 같으니 불신의 골이 깊어질 수밖에 없었다.

장 부총리 재임 중반 무렵인 1965년 6월 일본과의 국교 정상화를 위한 한일협정이 조인되었다. 이 협정이 8월 14일 국회에서 비준됨으로써 12월 26일 주한 일본대사관이 서울에 설치됐다. 이때부터 일본에서 상업차관이 봇물처럼 쏟아져 들어오면서 '외채망국론' 논쟁이 들끓기 시작했다. 장 부총리는 "부채도 자산이다. 빚을 내더라도 장사를 잘해서 갚으면 된다"는 독특한 '부채철학'을 가졌으니 "이자는 일요일에도 쉬는 법이 없다"면서 부채를 두려워하는 공무원 김학렬 차관의 철학과는 근본적으로 달랐다.

김학렬 차관은 이때부터 "이 사람 때문에 잘못하면 나라가 거덜 나겠다"며 불안해한다. 그러나 "물가안정과 경제안정을 유지해야 한다, 차관도입 속도를 조절하고 특히 단기 현금차관은 경계해야 한다"는 김 차관의 주장은 "뛰면서 생각해야 하는 판에 망설일 시간이 없다", "차관은 다다익선이다"를 외치는 백상의 불도저 정신 앞에서 메아리 없는 웅얼거림으로 끝날 수밖에 없었다.

장 부총리와 김 차관의 갈등이 증폭된 또 다른 이유는 장기영 부총리가 위계질서를 건너뛴 실무자 중시 스타일이었다는 점이다. 박정희 대통령으로부터 '경제팀 장관의 인사권'이라는 막강한 신임을 받고 실무 과장급 중심의 팀을 꾸려 마구 몰아붙이는 장기영의 옆에서 김학렬 차관 등 다른 고위관리들은 별다른 할 일이 없었다.

장기영의 B미팅

장기영은 부총리로 재임하는 동안 매일 은행장들을 불러 모아 B미팅을 주재했다.
그래서 장기영을 중심으로 매주 수요일에는 금융계의 사람들이 경제문제를 논의하려고 모였다.
오른쪽부터 김봉진, 안인상, 나익진, 장기영, 김기엽, 김광균, 김영휘 씨 등이다.

▸▸ 조경식(당시 기획원 물가과 근무)

장기영 부총리 때 공공차관, 물가, 외자도입 등 굵직굵직한 기획원 일은 때로는 국장, 차관보, 차관 결재도 생략한 채 과장하고 장관만 사인하기도 했습니다. 신속한 업무처리를 위해 중간단계의 결재를 생략했던 것이지요. 임무와 관계없이 그랬어요.

그 백상 밑에서 김학렬 차관은 소외된다. 기획원 차관은 경제부처 수석차관으로서 예산, 외자, 경제정책 조율 등을 총괄하는 중요한 역할이었지만 조직을 모조리 틀어쥐고 실무과장과 직접 담판하는 장 부총리의 파격적 행보 때문에 차관의 결재도장은 아무 의미가 없었다. 직전의 김유택 부총리 시절에 기획원의 결재라인 서류에 '차관전결' 도장이 유난히 많았던 것과는 완전히 대조적이다.

재무부의 온갖 요직을 거친 김 차관에게 금융만큼은 맡겨도 될 터였지만, 은행원 출신인 장 부총리는 자신이 금융의 맥을 누구보다 잘 안다고 자부하였기에, 은행장들을 불러 직접 'B미팅'(bankers' meeting, 금융인 미팅)까지 챙겼다. 일제 강점기에 조선은행을 다녔기에 일본통인데다, 당시 한국에 시시

콜콜 간섭했던 미국 관리들과도 서툰 영어로 의사소통을 하며 돈독한 관계를 맺었다. 장기영은 외자도입과 이자율, 환율 등 금융 부분까지도 모조리 자신이 결정했다. 좌절한 김학렬 차관은 자신의 울분을 후배나 동료들에게 거침없이 털어놓았다.

> 김학렬 차관은 부하직원인 우리를 볼 때마다 장기영 부총리에 대해서 정치적인 사람이라면서 다 들으라고 막 욕을 해요. (당시 기획원 모 과장)

그의 비판은 다른 사람들을 통해 장기영 부총리에게 계속 전달됐다. 워낙 바쁘고 대범한 성격인 장 부총리도 발끈했다.

> 장 부총리 방에 찾아가서 이런저런 얘기를 나누곤 했는데, '나 이 사람(김학렬 차관)과 같이 일 못하겠다'고 왕초(장 부총리를 부르는 기자들의 애칭)가 몇 번이나 말하는 것을 다들 말렸습니다. '김학렬 차관은 관료세계에서는 선두주자이고 최고의 엘리트라는 평가를 받는데 이런 분을 포용 못하면 부총리로서 문제 있습니다' 이랬거든요. 그래서 기자들이 중재하려고 김 차관에게 가서 '차관이 장관 욕하면 당신이 장관 입장이라도 자리에 하루라도 더 있게 하겠느냐? 그러지 마시라' 그랬습니다. (당시 기획원 출입기자)

당시 기획원 후배 공무원들 눈에는 너무나 대조적인 부총리와 차관의 동거가 희한하게 보였다. 장 부총리는 직관파인데 김 차관은 신중파였다. 장 부총리는 정치적 일처리를 많이 하는 반면 김 차관은 정치적 요구 때문에 행정적 소신을 무너뜨려서는 안 된다는 꼿꼿한 관리였다. 장 부총리는 민간업계를 중시했고 김 차관은 '담수어'라고 불릴 정도로 업계와의 유착을 경계했다.

> 두 사람이 체질적으로 완전히 정반대였습니다. 성질도 반대고 일하는 스타일도 반대고, 김학렬 씨는 관료주의고 장 부총리는 철저하게 민간모드, 효율모드고. 모든 게 안 맞아요. 그런데 장 부총리가 보수적 관료세계에 들어와서 서열을 완전히 무시하고 들입다 휘젓고 하니까 저런 식으로 하면 큰일 난다, 저사람 큰일 내겠다 이거에요. (당시 기획원 출입기자)

외모 면에서조차 두 사람은 완전히 대조적이었다. 장기영 부총리는 거구돈상(巨軀豚像), 두꺼운 목과 큰 체격인 데 비해 위가 좋지 못해 절제수술을 받았던 김학렬 차관은 학처럼 가늘고 마른 체격이었다. 이름에도 '학'(鶴)이라는 글자가 들어 있어서 그런지 체격이 그렇게 생겼다. 장기영 부총리는 김학렬 차관이 말라서 신경질이 많다고 주장했고 김학렬 차관은 몸이 비대한 사람은 머리가 명석하지 못하다고 잘라 말했다. 그의 생각은 훗날 그가 부총리로 승진할 때까지 오랫동안 계속된다.

> 김학렬 부총리는 기획원 구내식당에서 사무관 이상 직원들을 집합시켜 매머드급 회의를 열었다. 이날 김 부총리의 훈시는 대부분 두뇌개발과 직결된 이야기로 몸이 비대한 간부는 명석하지 못하다는 독자적 이론과 함께 기획원이 요구하는 간부는 마르고 두뇌가 명석한 사람이라고 말하여 비대한 간부들을 무색하게 했다. (〈매일경제〉, 1970. 2. 11)

김학렬 차관은 그런 장기영 부총리 밑에서 와신상담하면서 3년 동안이나 최장기 차관을 지낸다. 자신에게 정면으로 반기를 드는 김학렬 차관을 장 부총리가 그대로 둔 것은 실력 있는 고시출신을 성격이 안 맞는다는 단순한 이유로 내칠 경우 포용력이 모자란 소인배로 비칠 수 있기 때문이었다.

정반합(正反合)이 된 장기영-김학렬 리더십

개발정책의 주된 철학과 전략을 놓고도 두 사람은 대립각을 세웠다. 장 부총리는 경제도약론을 주장한 로스토 교수나 넉시 교수의 이론에 영향을 받아 확대-성장-차관 다다익선론을 추구했다. 반면 한국경제가 고도성장의 여파로 악성 물가상승의 어려움을 겪을 때 취임한 김학렬 부총리는 철저한 긴축과 안정, 선별적 차관도입 정책을 펴나갔다. 그러나 3차 5개년 개발계획을 세울 때는 '성장-안정-균형'의 철학을 반영했다. 개발성과에 대한 분배와 복지 문제의 단초가 처음 언급된 것이다.

개성, 소신, 철학 등의 차이 때문에 사사건건 대립하던 두 사람이 나름대로 화해한 것은 김학렬 수석이 부총리로 취임하자 장기영 전 부총리가 멀리 해외에서 축하 메시지를 전하면서부터였다. 국회의원에 당선된 장기영은 IOC 총회에 참석차 공산권이었던 폴란드 바르샤바에 가 있었는데 주불(駐佛) 대사관 경유로 '김학렬 부총리 취임을 누구보다도 열렬히 환영하고 축하합니다'라는 내용의 축전을 보냈다. 축전을 받은 김학렬 부총리도 역시 파리의 주불대사관을 통해 '축전 감사. 장의원의 IOC 직무수행에 성공과 영광이 있길 빕니다'라는 정중한 답장을 보냈다.

장기영 의원이 보낸 축전에는 '부총리가 되셨으니 예전 부총리 시절 내 고충도 이해하실 줄 믿는다'는 내용이 포함돼 은근히 화해를 도모하였다. 실제로 김학렬은 재임기간 동안에 부총리로서 무거운 책임이 있는 힘든 업무를 수행하고 정계 및 언론·업계와의 관계설정을 하면서 정치적 행보의 어려움을 절감하였다. 덕분에 장기영 부총리에 대한 그동안의 오해를 풀었고 경우에 따라서는 장 부총리의 업무 스타일을 모방하기도 하였다.

김 부총리 취임 이후 대(對) 국회관계가 원만하고 정치자금을 마련하는 데 나름대로 역할을 하는 한편 언론을 충분히 활용한 점, 또 현장과 실무자를 직접 챙기면서 관료적 위계질서를 신경 쓰지 않았던 점 등도 장 부총리의 업무 스타일과 닮은꼴이었다.

▸▸ **황병태**

욕하면서 배운 거예요. 그때 김학렬 부총리가 다른 부처 업무에 대해서 부처의 윗사람과 지휘라인을 무시하고 실무자들과 일을 직접 처리했습니다. 영락없이 장기영 부총리 스타일이에요. 가령 신동공장과 4대 핵공장 건립을 추진하는데 상공부 장관을 거치지 않고 직접 실무자와 이야기하고, 현대그룹 정주영 회장이 공장을 시작할 때 자금지원 문제에 대해 재무장관을 안 거치고 바로 실무자를 불러서 체크하고 …. 바로 그 점이 장 부총리를 많이 닮은 거지요.

독서광이고 수많은 이론서를 읽었지만 "프로토콜이나 체면이 밥 먹여 주느냐?"고 반문하면서 허황된 것은 딱 질색으로 여겼던 업무 스타일도 장기영 부총리와 닮은꼴이었다.

▸▸ 강경식

김학렬 부총리께서 사실(fact)과 현장을 중요시했습니다. 정책 같은 것도 실사구시, 현실적인 점을 정리해서 일을 하시곤 했습니다. 보통 학자들이 얘기하는 것보다 현장에서의 일을 중점적으로 정책에 반영하는 경우가 많았습니다. 논리적으로는 잘 안 맞더라도 현장의 이야기에는 그 안에 뭐라도 있다고 생각을 해서 굉장히 (현장과 실무자의 발언을) 경청하는 스타일이었습니다.

▸▸ 엄일영

메모한 쪽지를 손에 들고 이 메모는 비서에게도 맡기지 않았어요. 사무실에 도착 즉시, 직접 담당자에게 전화로 확인하고, 지시하고, 명령을 내렸습니다. 전화는 장관이든 사무관이든 업무내용을 가장 잘 파악하고 정확하게 답변할 수 있는 상대라면 지위고하를 가리지 않았습니다. 그는 격식파괴형 리더였어요.

왜 김학렬 부총리는 자신이 그토록 싫어하던 장기영 부총리의 리더십을 닮게 된 것일까? 장기영과 김학렬 부총리 두 사람과 동시에 가까이 지냈던 주변 사람들의 설명은 이렇다.

▸▸ 황병태

김 부총리가 3년 동안 장 부총리와 함께 있으면서 그의 스타일을 욕하면서도 실은 그 장점을 찾아내고 관찰 학습한 거예요. 나중에 부총리가 되고 자신의 장점인 행정관료의 정확성에 장 부총리의 장점인 정치 리더십과 실천적 업무스타일을 결합했으니 이것이야말로 김 부총리의 뛰어난 능력입니다. 그는 장 부총리라는 사람이 동시대에 있었기에 그렇게 뛰어난 리더가 되는 행운을 잡은 거죠.

먼저 부총리를 지낸 장 부총리를 많이 보고 욕도 하면서 그 가운데 장점만을 추려내서 나중에 본받은 것입니다. 예를 들면 김학렬 씨는 원래 손에 물 대는 성격이 아닙니다. 원래 재무부 관료 출신 아닙니까? 그런데 나중에 부총리 되고 나서는 완전히 달라졌어요. 본인이 현장을 여기저기 쫓아다니고 직접 챙긴 것도 장기영 부총리를 본 딴 것이고 정치적 영역을 넓혀간 것도 백상을 그대로 따라 한 것이고. 그런 점 등에 비춰 보았을 때 결론은 이제 그 두 사람을 우리가 한데 묶어 봐야 되지 않느냐 하는 생각입니다.

전국시대(戰國時代)와 같은 불안과 불확실성, 정치적 격변의 시절에 하루 24시간이 언제나 부족할 정도로 힘든 부총리 업무를 수행하고 국회, 언론 등 '적과의 동침'을 계속하면서 김학렬은 자신이 예전에 욕하고 싫어했던 장기영을 깊이 이해했다. 동병상련(同病相憐)의 교감이 생긴 것이다. 실제로 김학렬 부총리는 종종 주변 측근들에게 '역시 그(장기영)는 큰 물건이다. 내가 옛날에는 미처 이해를 못해서 차관으로 있으면서 장 부총리를 비난했으나 이제 입장이 바뀌어 보니 내가 오해했던 부분이 적지 않았다'라며 장기영 부총리를 재평가했다. '그때 만약 내가 부총리고 그가 차관이었다면 나는 단 하루도 그를 용납할 수 없었을 텐데 그는 나를 잘 참았다. 과연 왕초는 왕초야'라고 혼잣말처럼 감탄하기도 했다.

그러나 두 사람의 부총리는 오해를 풀고도 서로 교감하는 시간을 보내지는 못했다. 무사히 공직을 끝내고 야인이 되었더라면 두 사람이 나름대로 교감하고 화해했을 텐데 김학렬 부총리가 갑자기 타계해 버렸기 때문이다. 김학렬이 운명한 날인 1972년 3월 21일, 장기영은 남보다 훨씬 일찍 빈소에 찾아왔다. 장기영은 병풍을 젖히고 차가운 김학렬의 시신을 한동안 내려다보았다고 한다. 장기영은 얼굴을 들고 "개발연대의 순교자"라는 의미심장한 한마디를 남겼다. 복잡다단했을 그의 심경을 엿볼 수 있는 단어였지만 실상 그 자신에게도 적용되는 말이었다. 장기영 부총리도 5년 뒤인 1977년, 61세에 심장마비로 세상을 떠났다.

장기영과 김학렬. 한 시대를 풍미한 이들 경제 부총리는 나라의 근대화를 신앙처럼 여기고 헌신한 인물이었다. 이들에게는 따로 시간을 내어 자신의 건강을 챙긴다는 생각은 안중에 없었다. 자신의 건강을 희생양으로 삼아 경제발전의 순교자가 된 '그때 그 시절의 사람들'이었다. 희로애락을 대범하게 표출하는 기개(氣槪)를 가진 두 거목(巨木)이 만들어낸 수많은 개인적 일화들은 망각의 지평선으로 사라져가고 있다. 그러나 그들의 열정과 헌신은 고도경제성장의 신화 속에 생생하게 살아남아 있다. 경제난으로 어지러운 이 시대에 그들이 더욱 그립고 그들의 없음이 사무치게 아쉬울 뿐이다.

〈표 6-1〉 역대 부총리 및 재무장관 재임기간

보직	장관명	재임기간
EPB 장관 (군사정부)	김유택	1961.7~1962.3
	송요찬	1962.3~1962.6
	김현철	1962.6~1962.7
	김유택	1962.7~1963.2
	유창순	1963.2~1963.4
	원용석	1963.4~1963.12
부총리 겸 EPB 장관 (제3공화국)	김유택	1963.12~1964.5
	장기영	1964.5~1967.10
	박충훈	1967.10~1969.6
	김학렬	1969.6~1972.1
	태완선	1972.1~1974.9
	남덕우	1974.9~1978.12
재무부 장관 (군사정부 및 제3공화국)	백선진	1961.5~1961.6
	김유택	1961.6~1961.7
	천병규	1961.7~1962.6
	김세련	1962.6~1963.2
	황종률	1963.2~1963.12
	박동규	1963.12~1964.6
	이정환	1964.6~1964.12
	홍승희	1964.12~1965.11
	김정렴	1966.1~1966.9
	김학렬	1966.9~1966.12
	서봉균	1966.12~1968.5
	황종률	1968.5~1969.10

3

초기 금융시장과 자본시장의 형성

제 7장

금융개혁으로 사채의 악순환을 끊다

불모의 금융시장과 자본시장

투기의 온상이 된 증권거래소

1962년 1월 15일 한국 최초의 「증권거래법」이 제정, 공포되고 주식회사 형태의 증권거래소가 첫 출발을 했다. 한국 자본시장의 역사에 기록될 만한 기념비적인 날이었지만 증권시장은 문을 열자마자 음지에 숨어 기회를 노리던 큰손들에 의해 투기의 온상으로 전락하고 말았다.[1] 증권가 큰손들은 영단제에서 주식회사로 변한 증권거래소 주식인 '대증주'(大證株: 대한증권거래소 주식)를 대대적 투기주로 만드는 한편 한국전력 등 공기업 주식들에 대한 투기 정보를 흘리고 가격조작을 일삼았다.

"특수법인 대한증권거래소가 주식회사가 되었으니 우량 공기업들도 곧 주식회사가 될 것"이라는 소문이 그럴듯하게 나돌았다. 주식에 대한 정확한 정

1 1964년 국회 국정감사 보고서는 다음과 같다. "증권파동 사건은 전 KCIA 행정처장 이영근, 관리실장 정지원 등이 증권업에 경험이 있는 윤응상으로 하여금 통일, 일흥, 동명의 세 증권회사를 창설하게 하려고, 1962년 2월 초순 무렵, 당시의 인기주인 한국전력주 12만 8천 주를 농협중앙회 회장 오덕준, 부회장 권병호를 설득시켜, 감독기관은 농림부임에도 하등 권한이 없는 재무부 장관의 허가를 얻은 후, 당시 시가보다 5% 싼 가격으로 방출시켜 8억 6,224만 6,400환을 위의 회사 자본금으로 충당했다."

보를 확인할 만한 공식적 창구도, 제대로 된 금융정보 매체도 없던 시절이었다. 막연한 소문만 믿고 일확천금을 노린 군소 투자자들이 전국에서 '마법의 종이쪽지'인 주식을 사려고 몰려들면서 주가 폭등행진을 시작했다.[2]

1962년 1월 초에 90전에 불과했던 '대증주'의 주가가 불과 석 달 만에 9환 20전으로 10배나 올랐고 4월 말에는 실물거래 42환 50전, 보통거래는 60환으로 각각 액면가의 85배, 120배가 폭등했다. 4월에 있었던 대증주 유상증자 때는 액면가의 28배라는 프리미엄이 붙었는데, 이는 세계 증시사상 최단기 가격폭등 신기록이었다고 한다. 대증주 유상증자 청약 날, 증권거래소 주변은 인산인해를 이뤘고 청약창구에는 구름 같은 인파가 몰려들었다. 청약 전날 밤에는 인근 여관방이 전국 각지에서 올라온 사람들로 초만원을 이뤄 웃돈을 줘도 방을 구하기 어려울 정도였다.

당시 투기광풍의 문제점에 대해 신문사설은 다음과 같이 지적했다.

> 5개년계획을 완수하는 데 필요한 내자(內資)를 약 1조 3천 억으로 잡고 있으나 이를 마련할 방안에 관해서는 감감한 실정인 것으로 알려져 있다. 이러한 때에 증권시장에 저러한 부움이 일어났다는 사실은 앞으로 1조 3천 억을 마련하는 것이 가능함을 시사한다고 볼 수 있기에 기쁜 일이다. 50전짜리 대증주(大證株)가 25환까지 오른 것은 아무리 투기사들의 조작이라 하더라도 매기(買氣)가 3개월 이상이나 계속적으로 왕성하지 않고서는 안될 일이고 매기의 그러한 계속적인 강세는 석 달 동안에 증권시장으로 동원된 민간자금이 20~30억에서 500~600억으로 증가했다는 것에 의해 뒷받침된다는 것도 두말할 필요도 없다.[3]

증권투기의 큰손 윤응상

당시 증권투기를 주도한 대표적 큰손이 윤응상(尹應相)이었다. 한국통신과 한국비료 등을 거친 기업인 출신인 윤응상은 모 증권사의 고문을 맡게 되면서 증권투기로 정치자금을 조성할 수 있음을 미끼로 군부의 일부 실세들과

2 대증주가 액면가의 88배, 증금주가 74배, 통운주가 15배 폭등했다.
3 "주식부움을 투기부움에 그쳐서 안된다", 〈동아일보〉, 1962. 4. 23, 사설.

은밀한 거래를 시도했다. 훗날 한국 증시사상 '최악의 큰손'으로 기록된 그는 정보가 부족하고 시스템이 미발달한 당시의 자본시장을 악용해 주가조작을 일삼았다. 그가 주로 사용한 수법은 지금 기준으로 보면 어이없을 정도로 단순했다. 권력을 활용해 엄청난 물량의 주식을 빌려서(대주, 貸株) 정보조작과 시세조종을 하고 수십 배 뻥튀기해서 차익을 남긴 다음 시간이 지나 다시 계약 불성립 등으로 주가가 폭락하면 그 주식을 다시 사서 반납한 것이다. 단순한 만큼 투기효과는 엄청나게 컸다.

8년간의 논란 끝에 주식회사로 결론이 난 증권거래소가 자사주인 '대증주'를 상장하자 윤응상 등은 이를 주된 투기대상으로 삼았다. 한때 그가 동원한 대한증권거래소 주식은 총 발행물량의 70%에 달할 정도였다. 심상찮은 투기 움직임을 포착한 주기식 거래소 이사장이 대증주에 대해 100% 증거금을 납입하도록 하고, 가격등락폭을 제한하는 등, 강력한 규제책을 도입하려 시도했으나 정치권력을 등에 업은 투기세력은 아예 주 이사장을 강제 퇴임시키고 윤응상의 측근을 증권거래소 신임 이사장으로 임명했다.

투기세력에 대한 마지막 저지선이었던 주 이사장까지 퇴임당하자 증권거래소는 윤응상의 독무대가 되었다. '증권가의 황제'로 등장한 윤응상의 영향력이 얼마나 컸던지 그의 출근시간에 따라 주가가 영향을 받을 정도였다. 술집에서 그가 던진 한 마디가 다음날 신문의 주요 기사로 등장하기도 했다. 주가조작과 투기로 막대한 돈을 벌어들인 그는 단골 술집 아가씨들에게 팁을 줄 때 선풍기를 틀어 놓고 돈을 뿌려대곤 했다고 한다. 돈 다발이 온 방안에 흩날리자 돈을 주우려는 여성들이 소리를 지르며 뛰어다녔다.[4]

증권거래소와 증권시장

한국에 주식투기 붐이 인 것은 그때가 처음은 아니었다. 일제 강점기에도 증거금의 10%만 있으면 10배의 주식을 매매할 수 있는 '레버리지 투자방식'이 있었다. 이 때문에 전국 각지의 투기꾼들이 몰려들어 경성 명치정(명동)의 경성현물주식취인소 주변은 늘 인산인해를 이뤘다. 주식 청약일에는 인파가 몰려드

4 "윤응상과 '지하 공화당', 증시 거품을 만들다", 〈아시아 투데이〉, 2011. 4. 4.

는 바람에 경찰이 출동해 강제 정리하는 것이 일상적 풍경이었다. 자본주의에 대한 정확한 이해가 없던 시절, 자고 일어나면 가격이 오르는 주식은 '마법의 종잇조각'처럼 여겨졌던 것이다.

일제 강점기의 증권거래소는 1932년 1월 1일에 설립된 '조선취인소'였다.[5] 지금의 명동 자리에 있었던 조선취인소에서는 동취주(동경취인소 주식), 경취주(경성취인소 주식), 조선석유, 조선방직, 조선은행, 동양척식회사 등 27개 회사의 주식이 상장되었다.[6] 해방이 되자 자유당 정권은 법제처의 유권해석에 따라 '구 조선증권취인소령'에 의거해 일단 대한증권거래소의 문을 열었다.[7] 거래소의 문을 먼저 연 다음 증권관련 법안을 나중에 만들기로 한 것이다. 이후 전개된 대한증권거래소 설립과 운영에 관한 본격적 법안마련 과정에서 가장 쟁점이 되었던 사항은 '민영적 주식회사' 형태로 가느냐 아니면 '공영적 성격의 영단제'를 채택하느냐였다.

재무부와 한국은행은 투기거래 방지를 위해 공영제를 주장했으나 증권업계는 회원들이 출자여력이 없는 현실을 고려해 부득이 주식회사제로 시작해서 설립에 필요한 자금을 자체 조달할 수밖에 없다고 주장했다. 업계가 치열한 대(對)국회 로비를 벌이자 국회까지 가세해 논란이 거세졌다. 근거법 마련 시한에 쫓긴 재무부는 회원제 또는 주식회사제 두 가지 중 하나를 택할 수 있도록 하는 증권거래소 설립에 관한 법안을 3대 국회[8]에 제출했다. 이 법안은 계속 국회의 회기 종료로 폐안되었다가 새로운 회기가 되면 다시 올라가기를 되풀이하다가 1961년 5·16을 맞이한다.

군사정부는 제 1차 경제개발 5개년계획의 실시를 전후하여 국내 자금조달

5 조선취인소는 서울에 있던 유가증권 매매시장과 인천에 있던 상품거래소(미두거래소)를 합병해 주식회사 조직으로 설립된 것이었다. 1939년 11월 인천의 상품거래소를 다른 국책회사로 이관하고 조선취인소는 증권시장으로만 존속된다. 1943년 7월 1일 주식회사 조직인 조선취인소를 특수법인인 조선증권취인소로 개편해 정부 감독을 강화하는 한편 시장관리자를 정부가 임명하는 형태로 공영화했으나 일본의 패전과 함께 일단 중단된다.

6 이때 제정된 조선취인소령에는 유가증권의 거래방법, 시장시세 결정방법, 공중보호를 위해 허위매매를 금지하는 등 기초적 사항이 규정되어 있었다.

7 개소 당시 상장회사 수는 12개 회사에 불과했고 주식거래는 미미해서 국채를 주종으로 하는 국공채 위주의 시장이었다.

8 제1공화국 이승만 대통령 당시 1954년 5월 31일에 개원한 국회이다.

의 한 방안으로 증권시장을 통한 내자동원 역할에 관심을 보인다. 그리고 오랫동안 쟁점이 되던 '영단제'와 '주식회사제' 논쟁은 군사정부에 의해 '주식회사제'로 전격 결론이 났다. 국가재건최고회의 산하에 기획위원회와 재경위 등 상임위가 구성되어 각종 법령을 심의했는데 그 과정에서 자유당 때부터 8년이나 현안으로 미뤄온 증권거래법안이 '주식회사제'로 전격 통과된 것이다.

> 군부정권하에서 국가재건최고회의가 설치되고 그 산하에 기획위원회와 재경위 등 상임위를 구성해 각종 법령을 심의하는 과정에서 자유당 때부터 8년이나 현안으로 미뤄져 온 증권거래법안도 심의하게 됐는데 때마침 증권업계 인사 한 사람이 기획위원회 위원직을 하면서 증권거래소 주식회사제도를 통과시켰다.[9] (김정렴)

증권가의 투기세력과 정치자금이 필요했던 최고회의 일부 군인들이 은밀하게 막후에서 작업한 결과라는 소문이 파다했다.

5월, 악몽의 증권파동

1962년 1월 15일 「증권거래법」이 공포되고, 이 법에 따라 같은 해 4월 증권거래소가 자사주인 '대증주'를 상장하자마자 예견된 투기광풍이 벌어졌다. 청산거래제를 악용해 가격차를 노린 투기가 극성을 부렸고 일확천금을 노린 군소투자자들이 증권가에 몰려들었다.[10] 대증주에 대한 주식 광풍은 곧바로 1962년 5월의 악명 높은 '증권파동'으로 이어진다. 주가가 계속 폭등하자 윤응상의 세력권 안에 들어간 증권거래소는 또다시 대증주를 증자하기로 하고 액면가의 무려 29배나 되는 14원 50전에 공모했다. 5월 한 달 동안 몰린 청약대금이 당시 저축성예금 잔액보다도 많은 252억 원이나 됐다.[11]

문제는 그다음에 발생했다. 투기세력들끼리 기세싸움을 하는 과정에서 증권거래소는 현금이나 보증수표로만 받아야 할 매매위탁증거금을 개인당좌수

9 김정렴, 2006, 《최빈국에서 선진국 문턱까지: 한국 경제정책 30년사》, 랜덤하우스코리아, 132쪽.
10 대증주가 액면가의 88배, 증금주가 74배, 통운주가 15배 폭등했다.
11 1964년 말 민간 저축성 예금잔액은 240억 원 수준이었다.

표로 받는 등 터무니없이 운영했다. 월말이 되고 보니 자금이 모자라 결제불능과 해옥[12]사태가 발생했다. 분노한 투자자들이 몰려들었다. 연일 데모를 하는 등 큰 소동이 벌어지고 자살자까지 생기자 당황한 정부는 수도결제 부족자금을 한국은행에서 조달하려고 했다. 한국은행과 금융통화위원회가 투기자금을 정부 돈으로 메워줘서는 안 된다면서 반대하자 정부는 유창순 한은 총재를 바꾸면서까지 결제불능 사태를 수습하려고 했다. 4월의 지급결제 부족사태를 간신히 막아 5월은 넘어갔지만 5월 부족사태를 막는 데는 역부족이었다. 결국 증권시장은 6월 10일부터 기약하기 어려운 장기휴장에 들어갔다.

군사정부의 최고회의는 투기를 막기 위해 주식시장을 공영제로 전환해야 한다는 재무부와 한국은행의 주장에 한동안 침묵했다. 자신들이 1년 전에 내린 결정을 얼마 안 돼 뒤집는 것은 체면문제라며 영단제 전환을 주저한 것이다. 증권시장이 아무 기능도 없이 투기장화되는 데 대해 "골치 아픈 증권시장을 왜 열려고 하나, 그냥 휴장으로 두자"는 의견까지 나왔다. 증권파동에 시달린 박정희 의장은 '증권'이란 글자가 들어가 있는 보고조차 듣기 싫어할 정도였다.[13]

그러나 주식회사제의 폐해를 알면서도 그대로 갈 수는 없어 결국 1963년 4월 27일 「증권거래법」이 공영제로 개정되었다. 금융단에 의한 3억 원의 출자로 공영제 한국증권거래소가 5월 8일 출범했고 증권시장은 휴장 73일 만에 재개장했다. 우여곡절 끝에 안정을 되찾았지만 1963년 새해 들어 강력한 투기억제책이 동원되자 이번에는 큰손들의 시장 이탈이 가속화하면서 매물증가로 주가가 폭락해 증권시장은 또다시 무기한 휴장에 들어갔다. 5월 증권파동 이후 투기에 농락당한 개미투자자들이 입은 손해는 136억 6천만 환이라는 거액이었다. 깡통계좌가 속출하는 등 엄청난 손해를 본 투자자들의 항의와 자살소동 때문에 사태수습에 밤을 새운 재무부 직원들은 줄줄이 병원에 몸져누웠다. 재무부 내에서 증권과는 '저승행' 자리로 여겨져 아무도 가려고 하지 않았다.

대증주 투기광풍의 와중에 딱 한 가지 긍정적으로 볼 수 있는 점이라면 이전에는 국채가 거래되는 곳으로만 여겨졌던 증권시장이 주식이 주로 거래되

12 해옥(解玉): 증권거래소에서, 매매당사자의 합의로 매매를 없던 일로 하는 것.

13 앞의 책. 136쪽.

는 곳으로 제대로 인식이 전환되는 계기가 되었다는 점이다.[14]

'5월 증권파동'은 큰 충격과 함께 증권시장 자체에 대한 불신으로 이어졌고 이에 따라 한국의 자본시장은 맹아상태에서 피어 보지도 못한 채 사실상 개점 휴업에 들어간다. 기업들의 증권시장을 통한 자금조달은 더더구나 생각할 수 없었다.[15] 1963년 공영제 개편 당시 상장회사는 15개에 불과했다. 한마디로 '기업자금의 직접조달'이라는 본래 의미의 증권시장은 아예 존재하지 않았다.

불모의 여명기 금융시장

1950~1960년대 한국 금융시장은 사실상 불모지대였다. 투기장화된 증권시장뿐만 아니라 은행 등 제1금융권조차도 제 역할을 하지 못했고 지하금융시장만 과도하게 발달했다. 자금시장의 원론적 기능, 즉 '자금잉여부분(예금자)의 여유자금을 흡수해서 투자효율이 높은 자금 부족부분(기업)에 자금을 중개하거나 금융자산가격을 결정한다'는 것은 뜬구름 잡는 이론에 불과했다.[16]

제도권 자금시장과 금융시장이 제 역할을 하지 못하자 사채시장의 이상비대현상이 더욱 심화되는 악순환이 계속됐다. 돈을 맡기려는 사람은 연 30~40%의 높은 이자 때문에, 돈을 빌리려는 사람은 은행보다 훨씬 쉽게 신용으로 빌릴 수 있다는 이점 때문에 사채시장으로 계속 몰려들었던 것이다.

중장기 회사채 시장도 물론 존재하지 않았다. 일부 국공채는 발행돼 거래됐지만 신용이 약한 일반 기업이 중장기 채권을 발행해서 투자자로부터 직접 자금을 조달한다는 근대적인 자금조달의 개념은 아직 존재하지도 않던 시절이었다.[17] 기업의 신용상태나 재무적 건전성을 평가할 수 있는 신용평가제도는 아직 먼 이야기였다.

자금시장에서는 고금리 사채가 기승을 부렸다. 당시 정부가 시중은행을 국

14 1961년 말부터 1962년에 걸쳐 주식거래비율이 90%를 넘었다.

15 증권파동의 후유증으로 자살자가 속출하는 등 여론이 악화되자 군정은 이영근·윤응상·서재식 등을 「특정범죄처벌에 관한 임시특례법」으로 구속하였다.

16 자금의 수요자와 공급자가 금융시장에서 끊임없이 적정가격을 찾는 과정에서 새로운 정보가 신속히 반영되어 금융자산가격이 실시간으로 결정된 개별 경제주체들의 소비나 투자를 결정하는 기능이다.

17 회사채 시장이 성립된 것은 1976년 이후의 일이다.

유화하면서 기업을 지원할 목적으로 은행 대출이자율을 정책적으로 낮게 책정했던 것이 문제였다. 살인적인 물가급등에도 불구하고 은행의 명목이자율은 늘 20% 안팎이었다. 이자율이 항상 물가상승률을 밑돌다 보니 아무도 은행에 돈을 맡기지 않았고 실세금리로 거래되는 사금융 시장이 이상 비대해진 것이다. 낮은 금리의 은행대출은 정책목적이 분명하거나 정치적 연줄이 있어 은행대출을 받을 수 있는 사람이나 기업에게만 허용되었다.

정책금리와 실세금리 간에 큰 괴리가 발생한 가운데 물가는 걷잡을 수 없이 올라가 해방이후 한국경제를 끊임없이 괴롭혔다. 일제 말기 전비충당을 위해 조선은행권을 과도하게 발행한 것이 해방 후 물가급등으로 이어진 것이다. 이어 6·25 전쟁 때 유엔군에 대한 대여금 성격으로 또 한 차례 통화증발이 일어난 것이 두고두고 한국경제를 좀먹는 악성인플레이션으로 이어졌다.

인플레이션과 1, 2차 통화개혁

맥아더 사령부가 지원한 1차 통화개혁

6·25 전쟁이 발생하자 이승만 대통령은 우리 국군의 작전권을 유엔군 사령관에 이양하는 동시에 유엔군의 작전에 필요한 한국 돈을 대여하고 미국 달러화로 정기적으로 청산받기로 약정했다. 한창 전쟁 수행중이라 돈은 걷잡을 수 없이 풀려나갔고 물자부족은 여전하여 인플레 유발은 불가피하였다.

그러나 유엔군으로 부터의 대여금 상환은 계속 미뤄졌다. 유엔 측은 물가급등에 따라 인상된 환율로 상환할 것을 주장한 데 반해 이 대통령은 대여금 약정당시의 공정환율로 상환받을 것을 고수했던 것이다. 팽팽한 의견차 때문에 유엔군 대여금은 계속 상환이 미뤄져 미상환 잔액이 6천억 원, 전체 발행고의 60%에 달할 정도였고 물가상승률이 통화증가율을 초과하는 이른바 하이퍼인플레이션 양상을 띠게 되었다.

악성 인플레이션을 우려한 유엔은 한미 합동경제위원회 미국 측 대표 핸론 해군제독을 통해 한국 측 대표 백두진 재무장관에게 "한국이 통화개혁을 단행해 인플레를 수습하면 밀렸던 전쟁대여금을 달러로 상환하겠다"고 제안했다.

이에 따라 1952년 한국정부와 한국은행은 악성 인플레이션에 대응하고 경제적 왜곡요인을 제거하며 통화 교환가치를 높이기 위해 통화개혁을 시도한다.

비밀리에 통화개혁의 구체적 기안을 작성한 사람은 한국은행의 기획조사과장 김정렴(후일 박정희 대통령 비서실장)과 배수곤 대리였다. '한국경제 사상 최초의 통화개혁 기획'이란 무거운 업무를 20대 후반의 젊은 김정렴 과장(당시 김정렴 과장과 배수곤 대리 모두 29세)이 맡은 것은 우연이 아니다. 그는 전쟁 직전 문을 연 동경지점 근무시절 우리나라도 곧 휴전이 되면 전시 인플레 수습을 위해 통화개혁이 반드시 필요하리라 예견하고 조사연구의 제 1 과제를 통화개혁으로 정하여 세계 통화개혁에 관한 방대한 자료를 조사하고 수집했다.

제 2차 세계대전이 끝나자 서독과 벨기에, 네덜란드, 덴마크, 오스트리아, 일본 등이 전시 인플레이션 수습을 위해 통화개혁을 단행했다. 특히 서독과 오스트리아는 당시 연합군 점령하에서 미국 전문가가 주도하여 통화개혁을 기획했고 일본도 맥아더 사령부의 지도하에 미국 전문가가 통화개혁을 실시해 큰 성과를 얻은 상태였다. 일본은 자신들의 기록은 물론 유럽의 경험에 대해서도 풍부한 자료를 축적해 놓은 상태였다.

문제는 엄청나게 방대한 자료를 어떻게 얻어내느냐였다. 당시 한국은행 동경지점 대리였던 김정렴은 일본은행과 대장성 담당 조사역들과 평소 상당한 친분을 유지하고 있었다. 일본은행과 대장성 조사역들이 한국에서 들어오는 〈조사월보〉나 신문기사가 한국말로 되어 있어 해석에 어려움을 겪는 것을 보고 자발적으로 일본어로 번역해 주는 등 평소에 도움을 주고 인간적 친분을 쌓아 두었던 것이 자료수집에 결정적인 도움을 주었던 것이다.

1년 후 김정렴은 한국은행 조사부 기획조사과장으로 복귀했고 자신이 어렵게 수집한 해외 각국의 통화개혁 자료들을 '대외비'(對外秘)로 한국은행에 배포했다. 이 사실을 잘 알고 있던 김유택 총재가 이 무거운 비밀 업무를 김정렴 과장에게 맡겼던 것이다.[18] 구체적인 통화개혁안이 만들어지자 김유택 총재와 송인상 부총재 등이 3차에 걸쳐 감수하고 최종적으로 백두진 재무장관의 재가로 통화개혁안이 확정되었다.

18 이 업무를 수행하는 과정에 대한 자세한 이야기는 김정렴, 2006, 《최빈국에서 선진국 문턱까지: 한국경제정책 30년사》, 80~84쪽을 참조하길 바란다. 이후 통화개혁 내용은 같은 책을 참조로 재구성했다.

조원동 趙源東 조세연구원장

1956. 8. 12 충남 논산 출생
경기고, 서울대 경제학과
옥스퍼드대 정책학 박사
2007~2008 재정경제부 차관보
2009~2010 국무총리실 사무차관
2011~현 재 조세연구원장

*인터뷰 진행자

1차 통화개혁 당시 한국은행에서 핵심실무를 맡으셨습니다. 1차 통화개혁은 어떻게 추진됐나요?

▸▸ **김정렴**

우리나라의 1차 통화개혁은 환율문제 때문에 촉발되었습니다. 6·25 전쟁이 발발하니까 맥아더 사령부하고 한국정부 간에 유엔군이 쓰는 현지화를 한국이 우선 제공하고 나중에 유엔군 사령부가 달러로 배상하는 것으로 합의했어요. 그런데 매달 갚기로 하였는데 원화와 달러 간의 교환비율(exchange rate)이 문제였어요. 협약 후 인플레이션이 크게 진행되어 현지화(우리나라 원화)의 가치가 떨어졌는데, 이승만 대통령은 협약체결 당시의 환율로 상환받아야 된다고 주장하고, 미국은 외상은 갚더라도 절하된 환율을 적용해야 한다는 것이었어요. 물가상승의 현실을 감안해야 한다고 송인상 당시 재무장관이 아무리 건의해도, 이 대통령께서 요지부동이었습니다. 당시 송 장관이 이 건으로 고생도 참 많이 하셨지요. 통화가 많이 풀려 인플레이션이 지속되는 상황에서도 공정환율을 움직일 수가 없었어요. 그래서 궁여지책으로 고안된 것이 외환거래세죠. 이승만 대통령의 고집 때문에 공정환율 자체를 건드릴 수는 없으니, 일반 국민이 달러를 살 때는 공정환율 외에 외환거래세를 부과하여 달러수요에 대처할 수 있도록 한 것 이지요.

당시 한미 간 합의가 있었을 때는 통화증가율보다 물가상승률이 낮았는데, 1952년부터 물가상승 속도가 통화증가율 속도보다 빠르게 올라가요. 인플레이션 악

김정렴 金正濂 전 청와대 비서실장

1924. 1. 3 서울 출생
일본 오이타경제전문학교 졸업,
미국 클라크대 대학원 수료 및 명예법학 박사
1944 조선은행 입행
1959 재무부 이재국장
1961 한국은행 뉴욕사무소장
1962 재무부 차관
1964 상공부 차관
1966 제20대 재무부 장관
1967 제23대 상공부 장관
1969~1978 대통령 비서실장

순환(inflation in spiral)이지요. 그러다 1952년 말에는 유엔군에 대한 대여금이 통화발행액의 60% 이상을 차지하게 되었어요. 그래서 하이퍼인플레이션을 차단하기 위한 통화개혁의 필요성이 커졌습니다.

제1차 세계대전 이후 독일에서 발생한 하이퍼인플레이션 상황과 유사했군요.

그렇습니다. 당시 독일정부가 연합군이 요구하는 배상금을 갚기 위해 초(超)인플레이션 전략을 선택했거든요. 그러다가 독일 중앙은행의 샤흐트라는 유명한 총재가 통화개혁을 해서 하이퍼인플레이션을 차단했습니다.

제1차 세계대전 후에 프랑스, 영국 등 연합국들은 베르사유 협정을 통해 독일이 다시는 일어나지 못하도록 엄중한 배상금 지불을 요구했다. 그러자 독일 정부는 배상금을 내기 위해 국민들의 세금을 거두기보다는 돈을 대량으로 찍어내 실질적으로 배상금 부담을 줄이는 방법을 택했다.

통화남발은 초인플레이션으로 이어져 물건을 사기 위해 리어카에 돈을 잔뜩 가지고 가면, 그동안에 돈 가치가 떨어져 물건을 제대로 살 수 없게 되거나 가방에 돈을 잔뜩 넣어 가다가 가방을 분실했는데 돈은 남겨져 있고 가방만 없어지는 웃지 못할 상황도 이때 발생했다.

제 2차 세계대전 후에도 비슷한 일이 되풀이되지요.
서독과 오스트리아, 일본이 인플레를 통제하기 위한 통화개혁을 하지 않았습니까?

▸▸ 김정렴

그렇습니다. 그때도 전쟁을 치르면서 엄청난 인플레이션이 발생했는데 다만 제 1차 세계대전의 경험에 의해서 승전국들이 배상해 달라는 얘기는 하지 않고, 마샬플랜 등에 의해서 인플레이션을 막을 수 있는 통화개혁을 전제로 원조물자를 제공합니다. 이들 국가의 경제를 부흥시키되, 우선 인플레이션은 막아야 한다는 것이었지요. 미국이 주동이 돼 마샬플랜이라고 하는 부흥계획을 전제로 통화개혁을 실시하기 전에 정지작업을 하거든요.[19] 통화개혁을 하더라도 원조물자가 지속적으로 공급되도록 해서, 경제가 마비되는 상황을 방지하려고 했던 것이지요. 일본에서도 마찬가지로 통화개혁과 원조를 연계시켰지요.

1953년의 우리 상황도 마찬가지였어요. 휴전이 되었으니, 본격적인 부흥계획을 만들고, 이를 집행하기 전에 인플레이션의 악순환을 잡아야 한다는 것이었지요. 유엔이 제공하는 UNKRA 자금으로 부흥계획을 추진하기로 했어요. 당시 맥아더 사령부는 미국이 전쟁 중 원화로 빌린 통화량의 60%를 차지하는 빚을 달러로 갚을 테니 부흥자금으로 쓰라는 것이었습니다. 단 환율은 공정환율이 아닌 실세를 반영한 환율이어야 한다는 것이었지요. 이를 위해 통화개혁을 하라는 것이었지요.

1차 통화개혁 당시 진행상황을 좀더 말씀해 주십시오.

당시 백두진 재무장관이 미국 측 요구에 동의하면서, 통화개혁 작업이 시작되었어요. 백재무, 김유택 한은총재, 송인상 부총재, 세 분의 합의로 구체적 실무작업은 한국은행 조사부 기획 조사과장이었던 나와 배수곤 대리가 기안했습니다.

해외사례를 참조하고 몇 개월 작업해서 기안을 완성해 맥아더 사병부에 알렸더니 일본 통화개혁을 할 때 참여했던 리드(Reed)라고 하는 금융부장을 한국에 보

19 전후 서독의 통화개혁 시 사전 정지작업을 추진했던 사람이 맥아더 사령부 시절 주일 미국경제공사를 한 더치와 사프라는 경제학자 등이었다.

낼 테니 우리에게 한국의 통화개혁안을 설명해 보라는 것입니다. 그래서 내가 서툰 영어로 영어사전을 참고해 가며 기안한 내용을 영문으로 번역해서 리드를 만났어요. 이틀을 꼬박 설명했어요. 영어는 좀 서툴렀지만, 그래도 내용은 제대로 전달되었던가 봐요. 이틀 후에 "퍼펙트(perfect)하다"라고 평가해 주더군요. 그리고는 헨론 당시 해군제독한테 한국의 통화개혁안이 완벽하다고 보고해 주었지요. 그렇게 OK 사인이 나서 통화개혁이 시작된 것이에요.

개인자산 동결 논란과 1차 화폐개혁의 성과

당시 통화개혁의 주요내용은 기존의 원(圓) 표시 한국은행권과 전(錢) 표시 조선은행권, 일본정부 지폐와 일본주화 등 구화폐를 일체 유통금지하고 이를 한국은행이 발행하는 환 표시 은행권과 100 대 1의 비율로 교환하는 것으로 되어 있었다. 또 하나 주요 목표는 구권 화폐를 대량으로 소장한 일부 부유층의 돈을 은행으로 끌어들이는 데 있었다. 따라서 단순한 신-구 화폐의 교환 뿐 아니라 매점매석과 과잉구매력을 억제하기 위한 '2차 긴급 강제동결 조치'가 통화개혁의 주요내용에 포함되어 있었다. 제 1단계는 대통령 긴급명령으로 은행권(구권)의 유통을 금지하는 한편 9일간의 생활비만 신권으로 교환 조치하고 제 2단계는 국회의 승인을 얻어 과잉구매력을 봉쇄했다가 나중에 순차적으로 풀어주는 조치였다.

통화개혁 실시 전에 1단계, 2단계 조치에 대해 백두진 재무장관이 이승만 대통령에게 상세히 보고하고 대통령의 결제, 즉 '가만'(可晩)을 받았는데 나중에 서울의 경무대 비서실에서 연락이 왔다. 이 대통령이 "무조건 구권과 신권을 100 대 1로 교환하면 되지 왜 생활비 이외의 교환지급 금지를 하느냐?"고 질문했다는 것이었다.

시간이 촉박했다. 백두진 재무 장관과 송인상 한국은행 부총재는 악천후를 무릅쓰고 육군 L-19 경비행기로 상경하여 대통령에게 직접 설명을 했고 이 대통령은 통화개혁안을 원안대로 집행하도록 재가했다.

한국 측은 만약의 사태에 대비한 물자지원 등에 대해 미국 측의 확약을 받은 후 다음해 초 1953년 2월 15일 전격적으로 통화개혁을 단행한다. 전국 지방곳곳에 대통령 긴급명령 제 13호 '긴급통화조치' 전문이 붙었고 국회는 2월

19일 압도적 다수의 동의로 긴급명령을 그대로 승인했다.

안도의 한숨을 내쉰 것도 잠깐, 큰 걸림돌이 기다리고 있었다. 2월 17일 공표된 제1단계 대통령 긴급명령은 순조롭게 진행되었으나 1단계 발표 직후 과잉구매력을 봉쇄당하게 된 일부 사람들이 2차 조치에 대해 격렬하게 반발한 것이다. "공권력이 어떻게 개인자산을 동결할 수 있느냐?"는 항의였다.

논란의 한가운데서 정부 손을 들어주어야 할 여당인 자유당 일부에서 반대표가 나왔다. 당시 자유당은 족청계와 신라회, 비족청계 등 3개 계파로 나뉘어져 있었는데 신라회의 영수인 장택상 의원과 비족청계의 영수 배은희 의원이 본회의에서 "정부 원안대로 통과시키면 백두진 재무가 영웅이 돼, 영웅이!"하는 발언을 쏟아내면서 정부안에 급제동이 걸린 것이다.

국회의 분열과 내분, 돈을 가진 사람들의 격렬한 항의 때문에 정부가 제출한 원안의 내용 가운데 과잉 구매력 억제를 위한 2차 강제동결조치는 상당부분 훼손되고 말았다.

비록 과잉구매력 억제조치는 불발로 끝나고 말았지만 총체적으로 1차 통화개혁은 적지 않은 성과를 냈다. 무엇보다도 3년 동안이나 한미 간에 합의가 이뤄지지 않았던 유엔군 대여금의 상환이 이루어진 것이다. 환산율 1달러 대 6천 원으로 총액 8억 6천 800만 달러의 완전상환이 이루어졌을 뿐만 아니라 추가 유엔군 대여금은 매달 다음 달 중으로 청산하기로 합의해 유엔군 대여금으로 인한 인플레이션 요인을 방지하는 효과가 발생했다.

당시 상환받았던 8억 6천만 달러는 생산공장 복구나 신설을 위한 재원으로 대출되어 전후 복구자금에 목말라하던 한국경제에 소중한 마중물 역할을 하게 되었다.

2차 통화개혁의 비밀추진

1962년, 제2차 통화개혁이 군사정부에 의해 비밀리에 추진된다. 당시 군사정부는 혁명공약을 실천하기 위한 경제개발에 사활을 걸고 있었다. EPB를 신설하고 민주당 정부당시 만들어져 있던 1차 경제개발 5개년 계획을 전격 추진하는 등 의욕을 나타냈으나 문제는 개발에 필요한 자금이었다. 경제개발을 위해 현실적으로는 금리가 낮은 미국의 공공차관을 얻는 것이 가장 바람직한 해법이었으나 당시 미국의 대(對)한국 경제지원은 자원경영, 전력, 광업, 농촌, 교통 등 기본적인 생활시설 위주, 전쟁복구의 목적으로 제한된 상태였고 재정에 들어오는 대충자금의 상당부분은 국방비와 기초 재정수요를 감당하기에도 부족했다.

▸▸ 김정렴

당시 미국 외국원조자금은 기본적으로 질병과 기아를 방지하는 것이 주목적이니까, 당장 필요한 물자조달에 사용되고, 시설재 도입은 20%를 넘지 않았습니다. 시설재 도입도 한전, 철도청 등 기본 인프라와 관련된 것이고, 생산공장 짓는 데는 사용하기는 어려웠어요. 물론 비료공장을 지을 때 해외자금이 필요했지만, 턴키베이스 방식이어서 우리가 따로 외자를 도입해야 하는 것은 아니었어요. 예컨대 호남비료는 서독정부가 다 짓고 시운전까지 하고 공장가동을 위한 열쇠를 주는 방식이었지요. 그러니까 개발자금이 필요 없었지요.

더구나 미국은 군사정부에 호감을 갖지 않았고 군사정부가 추진하는 경제개발계획에 대해서도 부정적인 반응을 나타냈다. 1961년 5·16 직후인 8월 초 군사정부로부터 경제개발계획에 대한 설명을 들은 USOM의 모이어(Raymond Moyer) 소장은 "충분한 사전검토 없이 성급하게 만들어진 계획"이며 "경제개발 종합계획이라기보다는 제철, 정유, 조선, 시멘트, 비료 등 공장건설 일람표에 불과하다"고 혹평했다.[20]

미국의 자금지원을 기대하기 어렵게 된 군사정부는 경제개발에 필요한 자금을 독자적으로 마련할 수 있는 방법을 고민하기 시작했다. 당시 최고회의 재경분과 상임위원으로 경제정책을 주도하는 일부 군 실세들은 미국은 물론 정부각료, 한국은행도 모르게 비밀리에 2차 통화개혁을 추진한다.

당시 한국은행도 몰래 추진된 통화개혁의 주체는 누구였을까? 당시 신문의 가십난에는 통화개혁은 유원식 장군과 당시 최고회의 자문위원이던 서울대 교수인 박희범 씨가 기획했다는 기사가 실렸다.

20 *The Korea Times*, 1961. 8. 24.

당시 언론에 군사정부 내에서 통화개혁을 주도한 사람은 유원식 장군이고, 이분께 통화개혁 아이디어와 이론을 제공한 분은 박희범 교수라고 알려져 있습니다.

▸▸ 김정렴

그렇습니다. 당시 재무부 장관이었던 천병규 씨의 《고희자전》(古稀自傳)에 의하면 천 장관이 통화개혁에 관한 이야기를 처음으로 들은 것은 1961년 9월 초순께 유원식 장군으로부터였으며 박정희 의장도 알고 있으니 만나 보라고 했답니다. 천장관이 다음날 박 의장을 단독으로 만나 "통화개혁이야말로 국민에게 가공할 파급영향을 주는 진짜 혁명이므로 쉽게 생각할 수 없다"는 신중론을 폈지만 통화개혁은 이미 기정 사실화되어 있더랍니다. 당시 박 의장의 경제자문이기도 했던 서울대 상대의 박희범 교수에게 통화개혁에 관한 연구를 하도록 이미 지시해 놓았다는 것이지요. 천 장관이 일의 중대성과 작업의 어려움을 재삼 강조하였더니 묵묵히 천 장관의 이야기를 듣고 있던 박 의장이 "일단 박 교수의 안이 구체화되면 그걸 들어보고 다시 이야기합시다. 그동안 천장관도 여러 가지로 연구해 보시오"라고 말했다고 합니다.

그로부터 한 달 후인 10월 중순, 최고회의 의장실에서 박 의장, 송요찬 수반, 유원식 장군, 천병규 장관 등 네 사람만이 참석한 가운데 박희범 교수가 통화개혁에 관한 극비 브리핑을 했다. 천 장관은 같은 회고록에서 "우리가 들어보니 박 교수 안은 너무나 조잡해서 도무지 쓸모가 없는 것이었다. 예를 들면 화폐교환을 동회에서 하도록 구상하는 등 비현실적이요 실천 불가능한 안이었다. 은행원 출신인 나뿐만 아니라 박 의장, 송 수반, 유 장군이 다 같이 안 되겠다고 판정을 내렸다. 박 교수가 물러간 다음 네 사람만 의장실에 남아서 통화개혁 문제를 협의한 결과 박 교수 안은 백지화하되 통화개혁은 초지일관 이를 단행하기로 결정했다. 박 교수에게는 통화개혁은 안 하기로 했다고 속이고 그를 탈락시켰다"고 술회하고 있다.

KCIA의 호출

군사정부가 비밀리에 2차 통화개혁을 추진하고 있을 무렵 1차 통화개혁의 핵심실무였던 김정렴은 민주당 정부에서 이재국장을 지낸 경력 때문에 군사정부에 의해 한국은행 뉴욕사무소장에서 갑자기 보직해임을 당한 상태였다. 인사부 소속의 무보직으로 6개월 동안 후속발령이 없으면 자동적으로 해직되는 처지라 귀국 후 실의의 나날을 보내고 있었다.

'앞으로 무엇을 하고 지내야 하나, 정치적 외풍이 적고 하고 싶은 공부를 마음껏 할 수 있는 교수가 역시 천직이 아닐까?'

향후 진로에 대한 고민이 깊어지던 무렵, 어느 날 KCIA 연구실의 간사라고 하는 사람이 찾아왔다.

"앞으로 KCIA 연구실에 나와 정부가 의뢰하는 여러 가지 연구를 하시오."

"안 합니다. 멀쩡히 잘 있는 사람을 한국은행에서 재무부 이재국장으로 파견해서 고생은 고생대로 하고 오늘날 이 꼴이 되어 있는데 나보고 왜 또다시 정부로 가라고 그럽니까? 무슨 일인지 모르지만 난 더 이상 안 합니다."

평양감사도 저 싫으면 그만 아닌가, 더 이상 정치적 외풍을 겪기 싫다, 그렇게 사흘을 버텼다. 마음을 비우니 겁나는 것이 없었다. 그런데 며칠 후 유창순 한은총재가 그를 불렀다.

"미스터 김, 최고회의 박정희 소장 명의로 한국은행 총재 앞으로 당신을 차출하라는 공문이 왔어. 은행 인사부 소속 참사 김 아무개를 몇 월 며칠까지 KCIA 연구실로 보내라는 것이오."

유 총재는 정부로 차출되어 간 이후의 고달팠던 김정렴의 이력을 누구보다도 잘 알고 있는 사람이었다.

"제 형편을 잘 알고 계시지 않습니까? 가서 죽도록 일한 결과가 이런 고달픈 처지이니 정부 일은 더 이상 하지 않으렵니다."

"미스터 김, 당신이 안 가려고 하는 입장을 내가 잘 아는데, 그러나 한국은행으로서는 당신을 파견할 수밖에 없소. 어떻게 최고회의 의장 명령을 위반하면서까지 당신을 붙들어 둘 수 있겠나?"

유 총재는 김정렴을 다시 한 번 설득했다.

"미스터 김의 생각과 처지는 내가 잘 알지만 인생은 기니까 한 번 더 참고 나가서 정부를 위해 일해 보시오."

총재가 그렇게 까지 말하는데 죽어도 못한다는 소리를 더 하기가 어려웠다. 그래서 고민 고민하다가 김정렴은 KCIA에서 나오라는 데로 출근했다.

그때 KCIA에 가서 누구를 만났습니까? 무슨 이야기가 오갔습니까?

▸▸ 김정렴

내가 1962년 2월에 KCIA 연구실에 나가서 유원식 장군을 그때 처음 봤어요. 유 장군이 "당신이 1차 통화개혁을 추진했느냐?"라고 묻기에, 그랬다고 대답했더니, 1차 통화개혁 때 얘기를 자세히 정리해 달라는 것이에요. 나한테 1차 통화개혁 당시 자료가 있다는 것을 그쪽이 뻔히 다 아는데, 안 한다고 할 수 없어 그렇게 하겠다고 했지요.

유원식 장군에게 김 실장님을 추천한 분은 누구였나요?

박 교수 안이 무산된 후 유 장군이 "통화개혁은 이미 기정사실인데 그렇다면 누구와 이야기하면 되겠느냐?"고 천 장관에게 묻더래요. 그래서 고민 끝에 내 이름을 얘기해 주었다고 합니다. "통화개혁을 실무적으로 성공시키려면 그 사람을 꼭 잡아야 한다. 통화개혁을 위해서뿐만 아니라 여러 가지로 유능한 인재이기 때문에 군사혁명 정부에서 기용하는 것이 좋겠는데 본인이 절대로 싫다고 한다. 그 사람의 억울한 처지를 잘 알고 있기 때문에 나는 차마 그 사람에게 얘기할 수 없으니 필요하면 직접 얘기해 보라"고 했대요. 사실 천병규 재무장관은 내가 한국은행 동경지점에서 근무할 때, 동경지점장이셨거든. 한국은행 뉴욕사무소에 간 지 겨우 6개월 만에 갑자기 인사부 발령이 나서 황망한 와중에도 우리 내외가 천 장관 댁에 귀국 인사차 갔을 때 "군사혁명 정부에서 같이 일해보지 않겠는가?" 물어서 내가 펄쩍 뛰면서 "다시는 정부에 나가 일하지 않겠다"고 거부의사를 명백히 밝힌 적이 있었거든요. 그랬더니 유원식 씨가 "문제없다. 그 문제는 나한테 맡기고 주소만 알려 달라" 그러더래요. 그래서 나중에 내가 영문도 모른 채 갑자기 KCIA 연구실에 끌려간 거예요.

음성적 자금을 끌어내라!

군사정부가 비밀리에 추진한 2차 통화개혁의 주목적은 경제개발을 추진하기 위한 자금조성이었다. 당시 박정희 의장이 밝힌 대로 "부정부패 등 음성적으로 축적된 자금이 상당히 온존해 있으나 산업자금화나 장기저축이 되어 있지 않기 때문에 음성적 자금과 과잉구매력을 장기저축으로 유도하여 이를 투자재원으로 활용하는 동시에 인플레를 방지하기 위한 조치"였다.[21] 화폐개혁을 하면 숨겨져 있던 음성적 자금들이 새로운 화폐로 바꾸기 위해 쏟아져 나올 것을 기대했던 것이다.

당시 추진된 2차 통화개혁의 목적은 당시 퇴장되어 있던 돈을 양지로 끌어내 경제개발을 위한 산업자금으로 활용하기 위한 것이라고 알려져 있습니다.

▸▸ 김정렴

후일 유원식 장군과 당시 주영(駐英)대사이던 김용식 씨가 지상에 발표한 것을 종합해 보면 1961년 7월 22일 당시 군사혁명 정부에 의하여 제1차 경제개발 5개년계획이 수립·발표된 후 내자조달 문제를 궁리한 끝에 통화개혁 아이디어가 나온 것으로 되어 있습니다. 통화개혁으로 고소득층의 유휴자금을 동결하여 '산업개발공사'에 강제로 투자하게 하고 이 공사가 투자한 기업이 완전히 자립하게 되면 그 투자분을 회수하여 다른 기업에 투자하는 방식을 되풀이함으로써 내자 부족문제를 해결하고 외환도입에 대한 지불보증도 공사가 한다는 방침이 섰던 것으로 보입니다.

당시 천병규 재무장관이 나중에 자서전에 쓴 내용에 따르면[22] 통화개혁의 목표 가운데 하나가 화교들의 자산을 강제저축으로 끌어들이는 것도 포함되어 있었다고 기록되어 있습니다.

그런 얘기는 나도 나중에 들었어요. 화교자본 얘기는 통화개혁 발표 후, 이준구 경향신문사 사장이 통화개혁을 주도한 유원식 장군을 찾아와 차이나타운에서 현찰이 상당히 나왔다고 하는 이야기를 통해서 알게 되었습니다. 당시 차이나타운은 지금 플라자 호텔 뒤에 있었거든요. 아마도 천병규 장관도 그러한 얘기를 들었을 거예요. 화교들이 집안에 깔고 있는 자금을 개발자금으로 활용해야 한다는 얘기도 있었겠죠.

그러나 금융에 대한 실무지식이 없는 학자의 아이디어로 급조된 2차 통화개혁은 처음부터 실패의 단초를 안고 있었다. 미국 모르게 전격적으로 통화개혁을 추진해 독자적으로 경제개발 자금을 마련하겠다는 군사정권 실세들의 조급증까지 겹쳐 충분한 사전논의나 준비가 없이 시행되었기 때문이다.

21 김정렴, 2006, 《최빈국에서 선진국 문턱까지: 한국 경제정책 30년사》, 랜덤하우스 중앙, 114~118쪽.
22 천병규, 1987, 《천마초원에 놀다》, 을유문화사.

▸▸ 김정렴

유원식 장군은 처음에 통화개혁을 하려면 법만 잘 만들면 되면 되는 줄로 간단하게 생각했었나 봐요. 그래서 1차 통화개혁을 입안했던 나를 불러서 옛날 것에 대해서 보고서를 내라고 했던 것이지요. 당시 내가 (유원식 씨에게) 보고서를 내면서 강조했던 것이 사전준비예요. 나중에 최고회의에서 불려가서 보고서를 직접 설명할 때도 마샬플랜하의 제2차 독일 통화개혁과 맥아더 사령부하에서의 일본 통화개혁의 성공요건은 '물자의 사전비축'이었다는 점을 강조하였지요.

최고회의에서 브리핑을 할 당시 누구누구가 참석했습니까?

당시 내가 5월에 브리핑할 때 신당동 최고회의 의장 공관에, 송요찬 내각수반, 천병규 재무장관, 유원식 최고회의 재경분과 상임위원 등이 참석해 있었습니다.

당시 브리핑에서 어떤 이야기를 하셨고 반응은 어떠했는지 말씀해 주십시오.

내 브리핑의 요지는 한마디로 산업자금 조달을 위해서는 통화개혁을 할 필요가 없고 만일 한다고 하면 충분한 사전준비가 필수적이라는 점이었습니다.

"(만약 물자의 뒷받침이 없으면) 힘들더라도 재정, 금융, 외환 정책을 통해 단계적으로 해나가야지, (통화개혁을) 원샷으로 하려다 보면 더 큰 부작용을 가져오게 됩니다. 만약 한다면 우리는 원조를 받고 있는 나라니까 미국과 사전에 완전히 합의를 이끌어내서 미국이 원조물자를 뒷받침해 준다고 해야만 성공할 수 있습니다. 원조를 받는 나라에서 미국의 협조와 도움 없는 통화개혁은 무리입니다, 하려면 반드시 미국과 합의를 보아야 합니다."

통화개혁안에 대해 세부안 및 사후대책 순으로 설명을 끝낸 다음 산업자금 조달을 위한 통화개혁의 불필요성을 재차 역설했습니다. 그러나 참석자들은 금융기관의 고답적 자세, 담보위주 경영의 타성을 열거하면서 획기적으로 경제개발을 추진해야만 하는 국가적 견지에서 볼 때 통화개혁이 불가피하다는 의견이 주를 이뤘습니다.

마지막으로 박정희 최고회의 의장이 유원식 장군에게, "미국과는 협의했느냐?"고 물어봅니다. 이에 유 장관이, "미국과는 의논 안 했습니다"라고 대답합니다. 박 의장은 다시, "그럼 지금부터라도 빨리 미국대사관하고 협의를 봐서 오케이를 받아라"고 당부합니다. 그러니까 유 장군이 "알겠습니다"라고 대답했습니다.

그런데 그날 보니까 통화개혁에 사용될 새로운 은행권이 외국에서 인쇄되어 다음날 부산항에 입항되며 법령·공고문·해설 등 제반 인쇄 등을 감안해서 1962년 6월 10일 단행하자는 결론이 내려졌습니다. 정말 깜짝 놀랄 수밖에 없었습니다. 모르는 사이에 이미 프로세스가 상당히 진행이 된 거에요. 내가 제1차 통화개혁에 대한 보고서 작성을 유원식 장군으로부터 부탁받은 것은 다음해인 1962년 2월쯤이었으니까 이미 2~3개월 전에 통화개혁용 신(新)은행권은 발주되었던 것입니다. 그날 의장공관을 나오는데 다음날 부산에서의 신은행권 하역을 돕기 위해 아침 일찍 부산에 가라는 명령을 받았습니다.

병장기로 위장된 신(新)은행권

1962년 5월 18일, 아침 일찍 지시받은 대로 부산에 내려가기 위해 용산 미군 비행장에 가서 대기하고 있었더니 김종필 정보부장이 이영근 차장(후일 국회의원 역임) 및 보좌관 1명과 나타나 쌍발소형 비행기인 에어로 코맨더에 동승하라는 것이었다. 기류에 흔들리면서 도착한 부산항의 제2부두 끝 부근의 창고지역은 통행이 엄격히 금지되어 있었고 부두에는 네덜란드 선적의 큰 화물선 한 척이 접안돼 있었다. 이 자리에는 공수단 장교 7~8명이 대기하고 있었는데, 후일 대통령 경호실장이 된 차지철 대위와 경호실 차장·처장을 역임한 김인식 대위, 이동훈 대위 등 5·16 당시 한강을 넘어온 공수단 장교들이었다. 하역은 이영근 차장의 지휘하에 군에서 차출된 군인에 의해 진행되었다.

신은행권은 영국의 테라루(De La Rue)사(社)에서 인쇄되어 온 500원, 100원, 50원, 10원, 5원, 1원권 등 여섯 종류로,[23] 큰 나무상자에 철대가 둘러져 견고하게 포장되어 있었다. 선박에서 크레인으로 인양되어 하역되면 창고로 운반해서 적재하는데, 한 개가 사과상자 4개 정도의 크기로 사병 4명이 겨우 들 수 있을 정도로 무거웠다. 각 상자에는 권종별로 적색·청색·백색 등의 표시가 있어 분류할 수 있었는데 이것을 소화기·경기관총·중기관

23 1961년 11월 박정희 의장이 도미했을 때 동행한 천병규 장관은 귀국길에 이스라엘, 이탈리아, 프랑스, 서독 등을 들러 은행권 인쇄문제를 타진하였으나 원판이 없어서 계약하지 못한 채 귀국했다. 그러다가 같은 달 유럽 방면으로 출장을 가는 정래혁 상공부장관에게 독립문의 사진을 가지고 가서 영국에서 인쇄할 수 있는지를 알아보도록 했다. 정 장관은 영국 외무부의 도움을 받아 테라루사와 접촉하고 인쇄 합의를 했으며 본계약은 곧 천재무장관이 도영(渡英)하여 체결하였다고 한다.

총·곡사포·통신장비·화공약품 등으로 표시된 장소에 집적하게 했다. 사병들은 자신들이 운반하는 것을 군용병기로 생각했기 때문에 조심스럽게 취급했다. 한번은 크레인으로 내릴 때 상당한 높이에서 상자 몇 개가 떨어져 은행권이 노출되지 않나 해서 깜짝 놀랐으나 상자가 좀 일그러져 파손되었을 뿐 내부에도 두꺼운 포장지가 내장되어 내용물이 전혀 보이지 않았다. 하역은 2일간 철야로 강행되었다. 이영근 차장을 비롯, 공수단 장교와 김정렴은 한잠도 자지 못하고 교대로 식사를 해가면서 근무했다.

작업이 끝난 후 이 차장과 김정렴의 가장 큰 걱정은 은행권을 싣고 온 네덜란드 선박의 선원들에 의한 기밀누설 문제였다. 특히 그 선박은 부산을 떠나면 일본으로 간다는 것이 아닌가!

결국 이 차장과 김정렴은 테라루사의 영국인 직원과 심각하게 이 문제를 논의했다. 테라루사의 직원은 단호하게 기밀유출 가능성을 부인했다.

"화물이 은행권이라는 것을 알고 있는 것은 저와 선장 및 사무장 세 사람뿐입니다. 저는 물론이고 선장과 사무장도 수백 년의 전통을 자랑하는 선박회사의 직원인 만큼 절대로 비밀을 지킬 것입니다. 안심해도 됩니다."

불안한 마음이 완전히 가시지는 않았으나 그렇게 호언장담을 하니 믿을 수밖에 없었다. 서울로 다시 올라온 김정렴은 한국은행 출신 작업팀을 소집하고 새로운 은행권이 이미 부산항에 도착한 사실과 디데이가 6월 10일이라는 것을 알렸다. 모두들 크게 놀라는 가운데 디데이까지의 최종검토와 준비에 들어갔다.

드디어 1962년 6월 9일 최고회의 상황실에서 최고위원 전원과 전체 각료, 한은총재가 참석한 자리에서 제2차 「긴급통화조치법」이 상정·의결되어 공포되었다. 국가재건최고회의 의장 이름으로 발표된 담화문은 "부정축재 외에도 구정권의 부패에 편승하여 음성적으로 축적, 편재된 자금이 상당히 온존되어 있고 한편 금융기관예금 등이 대폭 증가는 되었으나 장기성을 띤 진정한 저축으로 되어 있지 않았다. 또 누증된 통화량은 언제든지 투기 자금화할 위험성을 내포하고 있을 뿐 아니라 최근의 동향은 악성 인플레의 요인으로서 엄밀히 경계를 요하는 바가 있는 것"으로 진단을 내리는 한편 "부강한 국가를 건설하기 위해서는 이러한 음성자금과 과잉구매력을 진정한 장기저축으로 동원하여 이를 투자재원으로 활용하는 동시에 인플레를 미연에 방지하는 조치, 즉 통화개혁이 불가피하다"고 목적을 설명하고 있다.

긴급통화조치가 의결·공포된 그날 최고회의의 공기는 상당히 흥분된 상태였다. 부산부두에 집적했던 은행권은 그날 밤까지 한국은행 본·지점에 모두 계획대로 수송이 완료되었고 한국은행 본·지점은 철야로 전국의 각 금융기관 점포에 소요량의 분배를 완료하였다. 한국은행에서는 긴급통화조치 대책본부가 설치되어 유원식 장군이 총지휘를 하고 있었고 한국은행 출신 기안팀이 중심이 되어 구체적 대책을 마련하고 있었다.

불안기류 — 미국과의 갈등

예상치 못했던 사건은 6월 10일 긴급통화조치 실시 첫날 발생했다. 한국은행으로 버거 주한 미국대사가 하비브 정치참사관, 파파노 경제참사관, 킬렌 USOM 처장과 함께 항의방문을 한 것이다. 한국 측에서는 유원식 장군과 천병규 재무 장관, 민병도 한은총재가 참석해 긴급연석회의가 열렸다.

버거 주한 미국대사는 강경하게 입장을 표명했다.

"한국경제의 안정과 성장을 위해 미국은 거액의 경제원조를 해왔습니다. 그런데도 한국경제의 안정과 성장에 큰 영향을 미치는 통화개혁을 하면서 미국 측에 전혀 통보나 협의가 없었던 점에 대해 심히 유감스럽게 생각합니다."

주한 미국대사관은 통화개혁 실시 이틀 전에야 통보를 받은 것이다.[24] 긴급 연석회의에 배석했던 김정렴은 깜짝 놀랐다.

▸▸ **김정렴**

버거 미국대사가 사전통보가 없었다는 점에 유감을 표시할 때 크게 놀랐습니다. 제2차 통화개혁 시안작성 때 우리나라가 미국 무상경제원조를 받고 있는 이상 가장 큰 사전조치의 하나로 미국 측에 대한 사전협의와 특히 원조물자의 사전비축, 그리고 사후도입의 순조로움이 통화개혁 성패에 결정적인 역할을 한다는 점을 계속 역설했고 최고회의 의장공관에서 박정희 의장을 모시고 한 브리핑에서도 소상

24 "혁명정부의 진시황 유원식이 털어놓은 통화개혁의 내막", 〈정경문화〉, 1983년 5월호, 103쪽.

히 강조해서 참석자 모두가 전적으로 동의를 표시하고 그때 유 장군이 자기에게 맡기고 염려 말라는 언급이 있었기 때문에 어련히 알아서 잘하려니 했었는데 막상 사전에 아무런 통보가 없었다고 하니 놀라지 않을 수 없었지요.

그러자 유원식 장군이 해명에 나섰다.

“기밀보호를 위해 미국 측에 사전통보를 못한 것이지 다른 뜻은 없었소. 1차는 어쩔 수 없었지만 2차 긴급금융조치에 관해서는 미국 측과 사전협의를 하겠습니다.”

유 장군이 해명하자 당초 상당히 경직됐던 미국 측 태도가 다소 누그러졌다.

“긴급통화조치가 비밀이 누설되지 않고 질서정연하게 조직적으로 진행되고 있는 점에 대해 높이 평가합니다. 약속하신 대로 6일 후인 6월 16일부터 실시하게 될 제 2단계 조치인 긴급금융조치 즉 얼마를 봉쇄할 것인가를 결정하는 조치에 대하여 한미 쌍방간에 충분한 사전협의가 있어야 할 것입니다.”

참석자들은 주스를 가지고 건배까지 했다.

지금 말씀하신 1차 조치와 2차 조치의 내용은 각각 무엇이었습니까?

▸▸ 김정렴

1차 조치는 구화폐를 통용하지 못하도록 한 것이고 2차 조치는 예금동결과 관련된 내용이었습니다. 우리 계획에 따르면 강제 봉쇄대상에 현찰 말고도 당좌예금도 포함이 되어 있었거든요. 저축성 예금은 어차피 기한이 정해져 유통이 안 되는 것이니까, 새로운 화폐 단위로 환산하여 은행장부를 정리해 주면 문제가 끝나지요. 문제는 요구불예금, 즉 당좌예금이었어요. 당좌예금은 사실상 현찰과 마찬가지입니다. 그런데 미국이 나중에 시비를 걸은 부분이 “아무리 요구불예금이라도 예금인데, 왜 통화개혁 때 예금을 우대하지 않느냐? 당좌예금은 봉쇄대상에서 제외하라”는 것이었어요.

1단계 봉쇄조치를 하고 2단계 조취를 취할 때까지 시간이 얼마나 걸렸습니까?

약 6일 정도 걸렸습니다.

6월 10일 단행된 1차 긴급통화조치는 실무자들이 철야근무를 하면서 순조롭게 진행되었다. 그러나 6일 후인 6월 16일 제2단계인 긴급금융조치가 단행되던 날 일대파동이 일어났다. 긴급금융조치를 심의·의결하는 최고위원과 각료의 연석회의석상에서 사전협의를 받지 못했던 김동하 재경위원장 및 몇몇 최고위원들로부터 유원식 장군의 독주와 비협조에 대한 비난이 일시에 분출한 것이다. 이들은 "1차 조치는 기밀유지상 어쩔 수 없었다고 하더라도 제2차 조치는 6일간이라는 시일이 있었고 봉쇄를 어떻게 하느냐 하는 방법론의 조치이므로 설령 난상토론이 되어 토의내용이 사전에 누설된다 해도 큰 문제가 없음에도 불구하고 일체 알리지 않고 강행했다는 것은 재경위원회나 위원들을 무시한 처사다"라고 강하게 비난했다.

일대 비난과 논란 끝에 긴급금융조치는 원안대로 심의·가결되어 공포되었으나 곧바로 더 큰 문제가 불거졌다. 6월 16일 긴급금융조치가 공포되자마자 주한 미대사관과 USOM의 불만이 폭발한 것이다.

1차 조치 때 미국이 항의방문을 했고 이에 대해 유원식 장군이 2차 조치는 미국과 자세한 상의를 하겠다고 해서 주스로 건배까지 했는데, 2단계 조치가 내려진 그 1주일 사이에 상황이 돌변해 군사정부와 미국이 심각한 갈등국면에 접어들게 됩니다. 그 사이에 무슨 일이 벌어진 것입니까?

▸▸ 김정렴

1단계 당시 유 장관이 2단계를 발표하기 전에 미국하고 협의하겠다고 했는데, 유 장군이 협의는커녕 면회를 요청하는 미국 측의 전화도 안 받은 거예요. 당시 우리는 내부적으로 1차 발표 때 2차 계획의 내용도 이미 다 준비가 되어 있었는데 2차는 상의하겠다고 약속해 놓고도 2차 계획까지 통보 없이 진행되니까 미국이 화가 나서 노발대발한 거지요. 유 장군의 회고록에 의하면 "주한 미대사관의 하비브 참사관이 여섯 번이나 면담을 요청해왔으나 거절하였다"고 기록되어 있다. 통화개혁의 제1단계와 제2단계의 사전협의를 못 받았을 뿐 아니라 제2단계가 발표된 후에도 면담조차 이루어지지 않았던 것입니다.

한국은행 내의 통화개혁 대책본부에서 사태수습과 정상화를 위한 대책마련에 분주했던 김정렴은 금융시장이 정상화되고 6월 26일 통화대책본부가 해체되자 주미공사로 부임하기 위한 준비를 서두르고 있었다. 6월 28일 오후 미국 서북항공(NWA)편으로 미국행 출발을 앞두고 오전 10시 출국신고 차 최고회의로 박의장에게 출두했는데 마침 그 자리에 신임 김세련 재무장관이 배석해 있었다. 출국인사를 올리자 박 의장이 입을 열었다.

"여기 김세련 장관이 당신을 꼭 재무차관으로 달라고 한다. 여러 가지 사정이 있겠지만 주미공사를 그만두고 재무차관으로 취임하도록 하라."

미국과는 인연이 없는 모양이라고 포기할 수밖에 없었다. 재무차관으로 취임하고 보니 6월 16일 긴급금융조치 이후 미국대사관과 최고회의 사이에는 깊은 반목의 골이 깊어져 있었다. 통화개혁 추진 과정에서 군사정부가 보인 비밀주의와 예금강제억류조치 때문에 미국은 박정희 군사정부가 시장경제가 아닌 국가주의 통제경제를 지향하는 것이 아닌가 하는 불신을 갖게 된다.

USOM 코리아의 킬렌 처장은 정래혁 상공부 장관을 만나 통화개혁 반대의사를 분명히 했다.

"지금 한국이 추진하고 있는 통화개혁 방식은 국유화와 통제경제를 포함하고 있습니다. 우리는 국가자본주의적 방향으로 추진되는 통화개혁에 대해 심각하게 우려하고 있습니다. 귀국이 추진하는 통화개혁을 분명히 반대합니다."

미국 국무부의 라이스(Edward Rice) 차관보는 정일권 주미대사를 불러 강경한 어조로 경고했다.

"한국정부가 강제 동결시킨 예금을 풀지 않으면 우리도 원조를 끊을 겁니다."

▸▸ 김정렴

미국의 요구는 요구불예금이라도 예금인데 왜 통화개혁 때 예금을 우대하지 않느냐, 당좌예금은 봉쇄대상에서 제외하라는 것이었어요. 그런데 사실상 서독의 화폐개혁을 보면 그때 요구불예금도 동결했어요. 서독에서는 현금거래보다 수표(check) 거래가 통용되니까 통화개혁의 효과를 높이기 위해 당좌예금도 동결시킨 것이지요. 우리 측은 통화개혁에 성공한 서독사례를 들어 미국을 설득하기 위해 노력했습니다. "서독은 민간보유 화폐와 요구불예금을 봉쇄함으로써 인플레를 수습했을 뿐 아니라 국가적으로 필요한 산업자금을 공급함으로써 통화팽창 없이 산업을 복구시켰다. 연합군 점령하에서 이 서독의 통화개혁을 성공시킨 사람은 다름 아닌 미국인들이다. 미국 전문가 3명(일본의 전후 경제안정책을 수립한 시카고의 은행가인 닷지, 한국

USOM에 근무한 바 있는 코스탄조 씨의 친형인 은행가 코스탄조, 그리고 경제학자 1명)이 직접 기안해서 단행한 것이다." 서독의 사례를 정리해서 미국 측에 주고 재래 예금 일부 동결의 정당성을 설득했습니다.

미국의 원조물자 하역 거부

그러나 이미 불신의 골이 깊어진 미국은 아무리 설명하고 설득해도 막무가내였다. 반대의사 통보와 동시에 미국은 곧바로 실력행사에 들어갔다. 인천항에 20여 척이나 정박해 있던 원조물자의 하역을 거부한 것이다. 마침 한국은 2년 연속된 가뭄으로 곡물가격이 크게 올라가고 있는데, 미국이 잉여농산물 하역을 거부하자 곡물가격이 천정부지로 뛰었다.

▸▸ 김정렴

미국이 막무가내예요. 만약 자신들 요구가 관철되지 않는다면, 원조공급을 중단하겠다고 하는 것이었지요. 당시 그 전해에 한발이 심해 흉작이었어요. 곡가를 포함해 모든 물가가 올라가고 있는데, 미국이 잉여농산물 하역을 거부하는 거예요. 인천항과 부산항에 원조물자를 실은 배가 20척 가까이 와 있었는데 미국이 하역을 거부하는 것입니다. 밀을 하역해야 밀가루로 국수나 빵을 만들어 먹을 텐데 말입니다. 이 때문에 (식량부족으로) 물가가 급등하기 시작했지요.

미국이 원조물자 하역을 중단하는 등 초강경으로 나간 이유는 무엇이었을까요?

당시 미국 입장에서는 한국 군사정부에 단단히 경고를 주려 했던 것입니다. 5·16도 자기들 몰래했고 통화개혁까지 사전합의 없이 했다는 말이에요. 그러니까 한국정부의 버릇을 차제에 단단히 고쳐 주겠다는 것이었겠지요. 또 미국은 한국정부가 통화봉쇄를 통해서 국가사회주의로 가는 것 아니냐 의심을 했던 것 같습니다. 나중에 신문에 보니까 통화개혁을 기획했던 박희범 교수의 참여설이 기사화된 후 통화개혁을 통해 설립하려고 했던 산업개발공사 아이디어는 국가자본주의적 사고방식이며 이는 민주자본주의가 아니라는 루머가 일부 유포되기도 했습니다. 이 같은 낭설은 박 교수가 서울대 상대에서 후진국 개발론을 강의할 때 제2차 세계대전 후 독립하면서 사회주의형 사회건설을 표방한 인도의회가 1956년 공동사업과 중화학공업 등 중요산업의 국영화하고 모든 기업에 대한 '산업면허제도'의 전면적 실시를 주요골자로 하는 '산업정책결의'를 채택하였으며 1956년에 시작된 제2차 경제개발 5개년 계획부터 실천에 들어간 것을 호의적으로 소개·논평한 바 있었기 때문에 생긴 오해로 짐작됩니다.

박정희 소장의 눈물

미국이 강하게 실력행사에 들어가면서 경제적 어려움이 커지자 박정희 의장은 김정렴 차관을 불렀다.

▸▸ 김정렴

당시 박 최고회의 의장이 나를 불러서 "당좌예금이 전체 예금의 얼마나 되느냐?"고 물었습니다. "약 15% 정도입니다"라고 말씀을 드렸더니, "그 정도면 대세에 큰 관계가 없으니 미국 요구대로 그냥 풀어주고 나머지를 진행시키시오"라고 하셨습니다. 그래서 그 다음날로 새로운 법안을 최고회의에 올려 법을 만들었지요. 그 당시는 국회가 없어져, 최고회의 의결로 금방금방 법이 만들어지는 시기였습니다. '자기네들 요구를 들어줬으니 이제는 미국이 잠잠해지겠지' 했는데, 며칠 안돼서 미국이 다시 새로운 요구를 해옵니다. 화폐개혁을 아예 전면 백지화하라는 것입니다.

원조물자 하역중단 지시를 내린 미국 국무부의 라이스 차관보는 정일권 주미대사를 다시 불렀다.

"화폐개혁의 2단계 조치를 완전히 백지화하시오. 그러지 않으면 원조를 아예 중단할 것입니다."

사실상 최후통첩이었다. 라이스 차관보는 동시에, "만약 한국정부가 동결예금을 풀면 4천만 달러의 산업개발공사 설립자금을 제공하겠습니다"라고 회유했다. 당근과 채찍 전략을 편 것이다. 원조중단이라는 극약처방 앞에서 군사정부는 눈물을 머금고 손을 들 수밖에 없었다.

▸▸ 김정렴

통화개혁은 시작하는 것도 어렵지만 푸는 것이 더 어렵습니다. 도중에 백지화하는 것은 더 큰 혼란을 가져올 수 있지요. 실제 북한이 통화개혁을 실패하고 겪고 있는 혼란과 경제적 어려움을 잘 알고 있지 않습니까? 그래서 박 의장께 그대로 말씀드렸지요. 박 대통령께서 버티고 버티다 할 수 없이 백지화를 받아들였어요. 그때 박 대통령의 눈에서 눈물이 글썽거리는 것을 보았습니다. 결국 며칠 걸려 경제혼란을 최소화하는 방향으로 백지화 방안을 기안했습니다.

백지화 방안의 골자는 봉쇄예금의 3분의 1은 자유계정으로, 남은 3분의 2는 기한 1년의 특별정기예금계정으로 전환하는 것을 골자로 하는 특별조치였다. 이 법은 7월 13일 공포되었고 결국 독자적인 경제개발 자금을 마련하기 위해 의욕적으로 추진되었던 2차 통화개혁은 전격 추진된 지 한 달 만에 국민경제에 큰 충격만 준 채 허탈하게 막을 내리고 말았다. 화폐단위를 기존의 10분의 1로 절하한 것이 2차 통화개혁의 유일한 흔적으로 남았을 뿐이다.

원조의 조건으로 한국의 거시경제 전반을 간섭하던 미국의 동의 없이 실적 마련에 조급한 군사정부 실세 몇 사람의 주도로 급조되었던 2차 통화개혁은 처음부터 실패를 예고하고 있었던 것이다.

사채시장과 금리현실화 조치

금리현실화

2차에 걸친 통화개혁이 있었으나, 1960년대 중반까지도 악성 인플레이션은 수그러들지 않았다. 제1금융권인 은행은 언제나 예금총액이 대출금을 밑도는 만성적 오버론 상태였다. 예금만으로는 경제성장기의 엄청난 대출수요를 감당할 길이 없어 중앙은행으로부터 만성적 차입융자가 계속되었고 정부예산도 적지 않게 빚에 의존했다.

당시 은행은 자체적 신용창출을 하는 근대적 의미의 금융기관이 아니라 경제개발을 위한 내자조달에 동원되는 '정부자금의 중개통로'에 불과했다. 자체적으로 심사한 사업계획이나 신용평가에 따라서가 아니라 정부의 정책적 결정에 따라 대규모 대출이나 정책자금 대출이 이뤄지는 것이 다반사였다.

주로 경제개발용 기업대출에 초점이 맞추다 보니 금융기관을 통한 정책금리는 비현실적으로 낮은 수준이었다. 정부는 경제개발을 추진한다는 명목으로 기업에 연 10%안팎의 저금리를 제공해 정치적 특혜시비를 불러일으켰다. 정책금리가 실세금리보다 훨씬 낮았기에 차입 과다수요가 발생했고 정치권과 연줄이 있는 사람이 은행의 저금리 대출을 받는 정경유착으로 이어졌다.

돈은 물과 같은 속성을 지닌다. 조금이라도 금리를 더 높게 주는 곳으로 흐를 수밖에 없다. 고도성장의 개화기에 만성적 자금수요는 계속 증가하는데 은행의 여수신 금리는 낮게 운용되다 보니 고금리 사채시장이 기형적으로 발달했다. 거액을 굴리는 전문 사채업자뿐 아니라 일반 중산층 가계도 여윳돈이 생기면 은행에 맡기지 않고 우선 사채시장에 내놔서 이자를 받아 생활에 보태 쓰는 형편이었다.

당시 IMF는 한국정부와 연차협의를 할 때마다 환율과 금리, 관세 등 전 분야에서 국내시장 보호정책을 시정하라고 강력하게 권고했다. 사실상의 기업에 대한 보조나 다름없는 낮은 정책금리를 현실화하고 수입을 자유화하며 관세율을 인하하라는 것이다.

금리현실화에 대해서는 막연하게나마 정부도 인식을 공유하고 있었다. 사금융시장이 기형적으로 큰 현실을 고치고 제도권 금융을 정상화하려면 금리현실화가 반드시 필요하다고 보고 민주당 정권 김영선 재무장관 때부터 재무부 이재국에서는 실무수준의 준비를 하기도 했다. 그러나 민주당 정권이 8개월 단명으로 끝나면서 실천에 옮기지 못했고 이후 5·16 등 정치적 격변기를 거치면서 우선순위에서 밀린데다 막상 금리현실화를 단행할 경우 기업들이 입을 타격과 반발, 이로 인한 정치적 후폭풍 때문에 누구도 고양이 목에 방울을 달지 못하는 상황이 지속되었다.

장기영 연출, 김용환 주연의 '금융 드라마'

1965년 9월, 장기영 부총리는 전격적 금리현실화 조치를 단행한다. 사채시장의 돈을 제도권으로 끌어들여 금융시스템을 정상화시키고 내자동원을 극대화하려고 금리와 환율을 현실화하려는 특단의 조치를 발표한 것이다. 금리현실화의 필요성은 누구나 인식했지만 업계 반발과 정치적 후폭풍이 두려워 해방 후 누구도 손대지 못했던 사안인데 일단 필요가 있다고 판단하면 모든 장애물을 불도저처럼 밀어젖히면서 전진하는 백상의 강력한 리더십이 있었기에 가능했던 조치였다.

원래 금리정책은 재무장관의 소관이다. 그러나 금리현실화 조치의 목적이 '경제개발을 위한 재원조달'이라는 차원에서 장 부총리가 대통령에게 건의해서 이뤄진 사안이어서 장 부총리의 주도로 추진된다. 장 부총리는 실무적 효율성을 중요시하므로 금리현실화 조치 때도 재무장관이나 차관, 국장을 건너뛰어 재무부의 일개 과장에게 엄청난 일을 맡겼다. 이를 추진한 당시 재무부 이재과장은 김용환이었다. 그는 중간관리자 직급인데도 장 부총리의 독특한 개성 때문에 금리현실화라는 큰 드라마의 주연으로 등장한다.

장기영 부총리께서 당시 재무부 김용환 과장에게 직접 추진을 지시하셨다면서요?

▸▸ 김용환

장기영 부총리 그 분의 불명이 불도저였어요. 추진력과 리더십이 굉장히 강했어요. 북북 밀고 나갔어요. 당시 내 위에, 차상위에 직책을 맡고 있는 이재국장도 있었고 차관과 장관 다 계셨지만 (금리현실화) 실무는 제게 맡겼습니다. 내가 금리현실화 실무를 총괄하면서 한국은행 간부들과 함께 철저하게 비밀리에 준비했어요. 그때 장 부총리가 경제 내각의 총괄책임을 진 분이니까 제가 그분에게 직접 보고하고 그랬습니다.

부총리와 이재과장이라면 전통적 관료사회의 관점에서 볼 때 부처도 다르고 직급도 상당한 차이가 있는데 두 분이 어떤 식으로 커뮤니케이션을 유지하고 일했는지요?

제가 직접 찾아가서 보고하기도 하고, 그러지 못하면 매일 통화해서 보고하고 그랬어요. 제 위에 장관 계시고 차관도 계시고 했지만 내가 한 번 실무적 책임을 진 이상은 어느 정도 성과물이 나왔을 때나 장·차관에게 보고하지, 그때그때 매 과정마다 '이것은 이렇습니다, 저렇습니다' 그렇게 하지 않는 성격입니다. 그러니까 전적으로 내 책임하에 작업을 추진했어요. 우선 금리를 시장실세에 맞게 재조정했습니다. 금리는 현실화하고 환율도 그렇게 하고…. 그 이후에는 점진적으로 자유화한 거죠.

금리현실화는 해방 후 여러 정부가 추진하려다가 현실론에 부딪혀 접었던 내용입니다. 장 부총리가 여러 후폭풍을 무릅쓰고 금리현실화를 강하게 추진한 데는 그만한 경제적 배경이 있을 것입니다. 당시 한국경제의 분위기는 어떠했습니까?

당시는 정말 금융시장 인프라라고 할 만한 것이 아무것도 없는 상태였죠. 그런 가운데에 뭔가를 추진할 수 있는 것은 오로지 정부의 의지 외에는 없었다는 거예요. 우리 헌법 구조라든지 국가의 정체성이라든지 기본질서가 자유민주주의와 시장경제 체계로 되어 있었지만 정부가 개입하는 계획경제의 요소를 가미할 수밖에 없었습니다. 그때도 민주주의를 부르짖고 학생들이 데모도 하고 굉장했습니다. 그러나 우선 경제의 기본 틀이라도 만들어 놔야 분배도 있고 또 민주주의도 되는 것이다, 그런 생각으로 정부가 계획경제시스템을 가지고 5개년계획이란 경제발전계획을 만들었습니다.

그러나 계획경제를 추진하면서도 당시 정부는 후일을 위해 본격적 시장경제(market economy)를 할 준비를 해야 한다는 생각이 강했습니다. 당시 금리도 정부가 꽁꽁 묶어서 저금리 정책을 시행했고 또 환율도 저환율 정책을 폈잖아요, 그것을 시장에 맡기는 준비를 해야겠다, 그래서 금리현실화 정책을 추진하게 된 거예요.

금리현실화를 설계할 때 실무적으로 가장 큰 어려움은 무엇이었습니까?

금리수준을 어느 정도까지 현실화해야 효과가 극대화될까가 관건이었습니다. 금리현실화의 적정선을 정하는 문제가 가장 어려웠습니다. 무한정 높일 수도 없고 그렇다고 조금만 높일 경우 정책이 아무 효과가 없이 무력화될 수도 있었습니다.

낚시질 작전과 역금리 정책

금리현실화의 효율성을 극대화시키는 '적정 금리수준'을 결정하기 위해 실무팀은 '낚시질 작전'을 편다. 어느 정도 깊이로 낚시를 드리워야 고기가 와서 무는가? 가장 경제적으로, 가장 적은 코스트로 고기를 잡으려면 어떤 길이(어느 정도의 금리수준)가 적당한가? 김용환 과장과 한국은행 금리현실화 추진팀의 고민이 깊어졌다.

실무진은 일단 월 2%(연 24%)를 매달 지급하는 낚싯줄을 던져서 물고기가 물리면 그것을 잡아당겨보고 그 수준이 안 되면 더 깊고 길게 낚싯줄을 늘려 보자는 작전을 세웠다. 요즘 말로 시장점검(market tapping)을 해본 결과 추진팀은 예금금리는 24% 정도, 대출금리는 영업마진을 고려해 26% 정도가 적정하다고 판단하고 작업을 진행했다.

그런데 실무작업을 거의 마무리할 무렵 장기영 부총리가 기발한 아이디어를 냈다. 대출금리는 24~26%로 하고 예금금리는 30%로 하는 등 대출금리보다 예금금리를 더 높게 하는 역(逆)금리제를 잠정적으로 도입해 금리현실화에 대한 정부의 단호한 의지를 보이자는 제안이었다. 전 세계적으로 유례가 없는 역금리에 금리현실화 작업팀 내에서도 논란이 벌어졌다.

▸▸ 김용환

역금리 체계로 하면 은행에서 대출을 받아 은행에 다시 예금을 하더라도 4~6%의 이익을 낼 수 있게 됩니다. 예금증가에는 성공할 수 있을지 몰라도 금융시스템의 정상화라는 또 하나의 목표를 생각해 볼 때 이에 대한 의문과 논란은 당연했지요. 이 문제를 놓고 장기영 부총리, 홍승희 재무장관, 김세련 한국은행 총재, 그리고 나는 연 나흘간 수많은 토론을 거듭한 끝에 혁명적이고도 파격적 조치를 해야만 사금융시장에서 떠도는 자금을 은행으로 흡수할 수 있다는 데 합의를 보았습니다. 물론 역금리 체계의 부작용을 고려해 '한시적이고 잠정적 조치'라는 조건을 달았습니다.

결국 1965년 9월 27일 장기영 부총리와 실무진은 1년 이상 장기예금을 할 경우 연 30%의 예금금리를 제시하는 파격적 금리현실화 방안을 확정했다.

- 일반자금 최고이자를 연 25.55%로 하되 대출별 성격에 따라 금리차이는 은행이 자체적으로 정함.
- 정기예금 금리는 1년 이상의 경우 월 2.2~2.5%, 6개월 이상은 월 1.8~2%.
- 새로 정한 대출금리의 적용은 일반어음대출 45일, 연체대출은 20일의 조정기간을 둠.
- 연체대출금리는 최고금리인 36.5%로 함.
- 새로운 금리체계에 따라 시중은행이 역마진으로 부담이 생기는 경우 한국은행이 정기예금 증가분만큼 지불준비금에 이자를 붙여주어 보전하게 함.

한밤중의 미스터리 — 금리현실화 연기결정의 번복

오랜 추진 끝에 확정된 금리현실화 조치는 대통령에게 내용을 보고하고 이틀 후인 9월 30일 자정(10월 1일 아침)을 기해서 실시하기로 했다. 그러나 이해하기 어려운 일이 벌어진다. 9월 28일 언론에, 금리현실화 조치가 대통령 보고를 마쳤지만 현실적 당위성을 고려해 실시를 연기한다고 보도된 것이다.

> 박정희 대통령은 금리현실화의 원칙에 찬성하지만 이해관계가 얽힌 각계의 의견을 충분히 참작, 종합검토한 후 금리수준을 재조정하고 부작용을 최소한으로 억제하여 순조롭게 실천할 수 있도록 금리 인상시기를 늦추는 등 더 구체적으로 현실화 방안을 다시 작성하도록 지시했다. (〈동아일보〉, 1965. 9. 29)

그러나 청와대 대변인의 연기발표 기자 브리핑이 있던 바로 당일, 한밤중에 갑자기 금융통화위원들이 재소집된다. 그리고 금리현실화 조치는 다음날인 29일 0시를 기해 전격 실시(9월 30일 아침부터 실시)하기로 결정된다.

> 박정희 대통령은 정부여당과 금융계대표, 경제과학심의회 등을 소집한 회의석상에서 금리현실화를 실시하라고 지시했다. 인상시기와 인상률을 다시 검토하라는 대통령의 전날 지시로 10월 중순께로 미뤄질 것 같던 금리현실화조치는 이로써 오늘(9월 30일)부터 실시하게 되었다. (〈동아일보〉, 1965. 9. 30)

언론을 통해 기사를 접한 일반 사람들은 어리둥절할 수밖에 없었다. 연기한다고 공식 발표했던 금리현실화 조치를 그날 밤 전격적으로 다시 결정하게 된 이유는 무엇이었을까? 그날 한밤중에 도대체 무슨 일이 벌어졌던 것일까?

금리현실화 내용을 전부 만들어서 청와대에서 정식 브리핑한 것이 9월 28일 낮입니다. 그날 낮의 브리핑 참석자는 누구누구였습니까?

▸▸ **김용환**

청와대에서 열린 고위당정회의석상에서 제가 브리핑을 했는데 대통령은 물론이고 당 쪽에서 백남억 공화당 정책의장, 김성곤 재정위원장, 그리고 장기영 부총리와 김세련 한국은행 총재, 김정렴 상공부 차관 등이 참석했습니다. 그날 내가 브리핑만 3시간, 아주 장시간을 했습니다.

브리핑을 다 하고 난 다음 회의 분위기가 구체적으로 어떻게 돌아갔습니까?

금리현실화 조치는 적지 않은 부작용이 예상되었기 때문에 브리핑이 끝나자 대통령께서 참석자 한 사람 한 사람에게 의견을 묻기 시작했습니다. 당시 박 대통령이 무소불위의 권력을 가졌기 때문에 중요사항을 자기 혼자만 다 결정했을 것이라고 선입견을 갖기 쉽지만 실은 광범위하게 학계와 언론계, 금융계 전부 불러서 의견수렴을 하는 스타일입니다. 사전적으로는 의견수렴을 하고 다만 실현단계에 들어가면 과감하게 추진하는 것이죠.

그날도 참석자들 모두에게 의견을 물어보는데, 참석자들이 "금리는 시장 실세에 맞추는 것이 좋다"는 당위론에는 다들 찬성하면서도 당장 금리현실화 조치를 해야 하느냐는 데는 의견을 유보하는 것이었습니다. 반응이 그렇게 (미온적으로) 나오니까 박 대통령이 "준비 잘했구먼" 하시더니 "워낙 중요한 사안이니 경제과학심의회에서 다시 검토해 보시오"라고 지시하는 것이었습니다.

사실상 연기하라는 지시였군요. 오랫동안 준비했을 텐데 무기연기라니까 굉장히 허탈하셨겠네요. 그런데 연기를 결정했던 그날 저녁에 갑자기 금리현실화 연기조치가 번복 결정됩니다. 불과 반나절 동안 무슨 일이 있었습니까?

오랫동안 준비했던 일이 무산되자 젊은 혈기에 화도 나고 의기소침해져서 청와대를 물러나와 고생한 이재과 직원들과 저녁을 겸해서 술이나 한잔 마시려고 당시 광화문 청사 앞 음식점을 예약시켰습니다. 직원들에게 "내가 저녁 살 테니 각자 집에 전화해서 늦게 들어간다고 해라" 하고 이야기하고 있는데 갑자기 전화가 와요. 여직원이 전화를 받더니 "빨리 전화 받아 보세요. 장기영 부총리십니다" 그래요.

"지금 뭐해?"

"오늘 브리핑 통과도 안 됐는데 애쓴 직원들에게 저녁이나 사주려고요" 했더니 장 부총리가 껄껄 웃습니다.

"지금 빨리 부총리실로 와 봐. 나랑 같이 어디 갈 데가 있어" 하는 겁니다. 부총리실로 내려가 보니(당시 재무부 이재과는 7층, 기획원 부총리실은 3층이었음) 서봉균 재무차관이 기다리고 있는 거예요. 홍승희 재무장관이 세계은행 연차총회를 갔기 때문에 서 차관이 장관 대행을 했습니다. 장기영 부총리는 자세한 설명을 해 주지 않은 채 다짜고짜 "청와대에 다시 들어가자" 그럽니다.

바깥에는 장 부총리의 유명한 애마 검은 지프가 대기하고 있었다. 당시 백상은 부총리에게 지급되는 고급승용차를 거부하고 지프만 타는 특이한 고집이 있었다.

"지프는 머리를 숙이지 않고 조수석에 탈 수 있다. 스피드를 내고 달려야 하는 바쁜 상황에 조수석에 타면 눈이 넷이 되기 때문에 사고를 방지할 수 있다. 세단 자동차는 양단치마 저고리를 입고 판자촌을 활개하고 걸어가는 것 같고 주위에서 비웃으며 쳐다보는 것 같아 도무지 성미에 맞지 않는다."

가난한 대한민국, 죽도록 열심히 일해야 하는 나라에는 지프가 맞는다는 것이 그의 지론이었다. 영문도 모른 채 그 유명한 장 부총리의 지프차 뒷자리에 타고 청와대에 들어가자 대통령과 공화당 실세들이 두 사람을 기다렸다.

당시에 그 자리 참석자들은 누구누구였습니까?

▸▸ 김용환

박 대통령과 백남억 공화당 의장, 김성곤 재정위원장, 장기영 부총리, 서봉균 차관, 저 등입니다. 대통령 왼쪽에 백 의장과 김 위원장이 앉아 있고 맞은편에 장 부총리가 앉아 있는 자리배치였는데 나는 대통령 바로 오른쪽에 앉았습니다. 무슨 일인가 깜짝 놀라서 궁금해 하는데 "오늘 브리핑 받은 금리현실화 조치를 지금 이 자리서 결정합시다" 하는 것입니다. 대외적으로는 무기연기, 재검토로 해놓고 그날 핵심멤버들을 다시 소집해 그 사람들 선에서 결정을 하자는 겁니다.

(대통령은) 다시 한 번 각자의 의견을 묻더니 "백 의장, 당에서 잘 협조하셔야 합니다"라고 이야기해요. 그런데도 최선을 다하겠다고만 할 뿐 아무도 책임지고 시행하겠다는 답변이 없어요. 워낙 반발이 클 것으로 우려되는 사안이라 당시 최고 권력자들이 모였는데도 아무도 선뜻 책임지겠다는 소리가 안 나오는 겁니다. 잘못되면 큰 부작용이 우려되고 책임져야 하니까. 그런데 나는 젊고 과장 때라 겁이 없던 시절이에요. 맨 마지막으로 대통령이 내 무릎을 치면서, "임자는 어떻게 생각해?" 하고 묻습니다. 그때는 대통령이 친근감의 표현으로 '임자'란 호칭을 썼어요.

"오늘 이 자리에 여러 어른들 와계시는데, 금리현실화의 당위성과 꼭 해야 한다는 점에는 아무도 이견이 없는 것 같습니다. 이 문제는 오래 끌 일이 아니라 가능한 한 빨리 결론내서 시행에 옮겨야 합니다. 큰 정책을 시행하다 보면 다소 부작용도 있겠지만 그걸 어떻게 감수하고 부작용을 줄이느냐를 생각해야지 처음부터 망설이면 될 일도 안 됩니다. 외람되지만 이 문제는 제가 책임지고 시행하겠습니다."

그랬더니 박 대통령이 내 무릎을 다시 치면서, "아, 임자가 사령관 아니야? 그럼 당신이 책임지고 성공리에 마무리하라"면서 최종 결론을 냈습니다. 그때 또 한 가지 대통령이 결정한 것은 금리현실화 조치 시행이 원래 9월 30일 자정부터였는데 기왕 결정된 사항이니 더 미루지 말고 하루 앞당겨 30일 새벽을 기해서 즉시 시행하라는 것이었습니다.

대외적으로는 미루는 것처럼 해놓고 청와대 6인 회의에서 갑자기 앞당겨 금리현실화를 결정했으니 그 직후 한밤중에 엄청나게 바쁘게 절차가 진행되었겠습니다.

갑자기 급해졌지요. 원래 금통위원들이 소집되어 있다가 무기연기 발표를 듣고는 모두 해산된 상황이었습니다. 그래서 대통령의 최종재가가 떨어지자마자 나는 한국은행 총재에게 전화하고, 이재과 직원들은 각각 금통위원들에게 전화해서 재소집했습니다. 우리가 금통위를 소집하고 나니까 장기영 부총리와 서병균 차관이 서둘러 금통위가 열리는 장소에 뒤따라 들어왔습니다. 그래서 그날 금통위는 이례적으로 부총리가 참석한 가운데 열렸습니다. 그리고 내용 수정 없이 금리현실화 조치를 통과시켰습니다.

금융기관과 무역업계는 금리현실화 조치에 대해 ① 고금리는 기업을 위축시키고, ② 연체금리의 대폭 인상은 중소기업의 존립기반을 위협하며, ③ 원가상승 압력을 가져와 물가상승을 자극한다는 이유를 내세워 크게 반발했다.

언론계도 마찬가지였다. '연 6.5%의 무역금융은 그대로 두고 연 16% 미만의 재정자금 금리도 20%로 인상하는 데 그쳐 우대금융과 예금금리의 차이가 더욱 커졌다, 금리 특혜요인은 계속 존속된 상태로 남아 있고 격차만 커져 은행융자가 관권 또는 정치권력과 결탁될 수 있는 유인을 제공하고 있다'고 비판했다.[25]

25 김용환, 2006, 《임자, 자네가 사령관 아닌가》, 매일경제신문사, 36쪽.

금리현실화 시행 약 1주일 후인 10월 6일 경제과학심의회도 금리현실화 조치로 일어날 수 있는 부작용에 대해 극히 비판적으로 대통령에게 보고했다.[26] 이런 현실적 우려와 비판 속에서 장기영 부총리는 자신이 연출한 금리현실화를 반드시 성공시켜야 했다. 사상 초유의 역금리 아이디어도 자신이 냈기 때문이다. 이 때문에 은행들을 직접 독려하고 실적을 점검하기 위해 이른바 'B 미팅'을 매일 저녁 소집했다. 저축성예금이 얼마나 증가했는지 매일 실적을 보고하도록 해서 각 은행 간의 실적경쟁을 독려한 것이다.

장 부총리는 또 1965년 10월 17일 서울 시민회관에서 전국 금융기관의 지점장급 3천여 명을 대상으로 금리현실화 조치의 목적과 배경 등에 대해 강연했다. 금리현실화는 결과적으로 '절반의 성공'을 거둔다. 사채시장에 돌던 돈을 제도금융권으로 끌어들이는 것은 일단 기대이상의 실적을 나타냈다. 사채로 돌거나 장롱 속에 들어 있던 유휴자금들이 월리 2.5%의 높은 금리에, 떼일 위험이 거의 없는 은행에 몰려들기 시작하자 금리현실화 조치 이후 3개월 만에 예금이 120억 원이 증가했다. 1964년 말 민간 저축성 예금잔액이 240억 원에 불과했던 사실에 비춰보면 엄청난 증가였다.[27]

반면에 경제과학심의회와 언론이 지적한 대로 금리현실화 이후 정책금융과 일반금융 간의 금리격차가 커지면서 우려했던 부작용이 발생하기도 했다. 예금이자보다 대출이자가 싼 역마진 때문에 은행의 수익성이 악화되기도 했고 특혜성 금리를 적용하는 각종 정책금융에 대한 가수요가 몰려 금리현실화의 효과를 무력화하기도 했다.[28]

26 언론반대의 논거는 다음과 같았다. ① 금리체계상 균형을 잃은 금리조정은 정책금융에 대한 가수요를 격증시켜 특혜소지를 확대시킬 것이며 ② 역금리에 의한 대출금의 예금화와 은행 채산상에도 차질을 가져올 것이다. ③ 금리 인상으로 늘어난 예금자원이 즉각 대출되지 않거나 일부 장기사업에 투자된다면 중소기업의 자금사정은 더욱 악화될 것은 물론 사금융의 혼란을 일으키게 될 것이고 ④ 금리현실화 후 소액연체는 회수될 수 있어도 거액연체는 회수가능성이 적다.

27 저축성예금 증가비율은 1965년 115%, 1966년 126%나 폭등세를 나타냈다.

28 한국은행, 1990, 《한국은행 40년사》.

부실기업 정리

단기 상업차관의 후유증 — 부실기업 양산

1960년대 중반부터 차관도입을 통해 유례없는 고도성장을 이룩한 한국경제였지만 시간이 지나고 1960년대 말쯤으로 접어들면서부터 단기 상업차관 및 사채시장을 통한 확장형 차입경제의 부작용이 여러 형태로 가시화되었다. 당시 국내 기업들은 자기자본이 없는 상태에서 공장을 세우고 기업을 경영하기 위해 타인자본, 특히 외자와 고금리 사채에 주로 의존하는 취약한 재무구조로 운영되었다. 공장 건설 등 장기시설 건설을 위한 투자자금은 자기자본이나 금융기관의 장기시설투자자금, 외국의 장기차관으로 충당해야 했지만 당시 기업들은 대체로 시중은행의 단기성 자금을 차입해 롤 오버(roll over)[29]하거나 다른 빚을 얻어 빚을 갚았다. 심지어 초고금리인 급전을 얻어 장기 시설자금으로 끌어다 쓰는 경우까지 있었다. 위태위태한 외줄타기 차입경영이 관행이었던 것이다.

대규모 차관을 들여다 만든 공장과 기업도 부실화된 경우가 많았다. 시장 여건이나 경제성 검토는 없이 일단 짓고 보자는 식으로 외자를 들여와 무모하게 사업을 벌이다가 어려움을 겪는 기업들이 적지 않았다. 외자로 경제성 있는 공장을 지으려는 것이 아니라 국내외 금리차를 노리고 현금차관 도입을 추진하는 '무늬만 차관기업'도 있었다.[30] 차관도입으로 인한 생산성이 하락하는데도 기업들의 무모한 차관도입이 계속되자 결국 정부는 1967년 11월 기업들의 부실차관 도입을 견제하기 위한 '외자도입합리화 시책'을 실시하고 1968년에는 현금차관 도입을 원칙적으로 중단했다.[31]

그런데도 일단 들여와 공장을 지으면서 차관도입을 신고하는 '배 째라'식의

29 만기된 채권이나 증권 등 금융상품이 최초계약 때와 동일한 조건으로 자동 연장되는 것을 의미한다.

30 그런 차관까지 정부나 은행 보증을 받아들여 오는 상황이라 당연히 외자의 일부가 정치 자금화됐고 국민적 불신이 커지면서 외채망국론이 걷잡을 수 없이 확산되는 빌미를 제공하기도 했다.

31 1967년 11월 정부는 외자에 대한 원리금 상환액을 당해연도 경상외환수입의 9% 이내로 제한하는 '외자도입합리화 시책'을 발표한다.

차관도입과 수출을 위장한 소비재 수입용 차관 등 정부의 조치를 우회하는 일들이 비일비재로 발생했다. 이 때문에 1960년대 후반부터 특정 부문에서 과잉설비현상이 나타났고 타인자본 의존도가 기형적으로 높아지면서 차관기업의 부실화가 급속하게 진행되었다.

엎친 데 덮친 격으로 환율이 크게 오르면서 차관 기업들의 상환부담이 급격하게 늘어나기 시작했다. 당시 고도경제성장의 후폭풍으로 닥쳐온 통화량 증가와 악성 물가상승이 결국 불가피한 환율인상으로 이어졌던 것이다. 환율은 1961년 2월의 달러당 130원에서 1971년 6월에는 370원 80전까지 인상돼[32] 거액의 외화차입에 의존한 국내기업들의 원리금 상환부담이 천문학적으로 커졌다. 또 1960년대 중반부터 본격 도입되기 시작한 상업차관에 대해 4~5년간의 거치기간을 거쳐 1970년대 초부터 원리금 상환 압박이 시작되었는데 하필 이때 환율이 크게 올라 대규모 차관기업들을 옥죄기 시작한 것이다.

미국의 금태환 포기선언

1971년 8월 15일 저녁, 미국인들 사이에 가장 인기 있는 드라마가 갑자기 중단됐다. 무슨 영문인지 몰라 미국인들은 TV 앞으로 몰려들었다. 드라마가 사라진 화면에는 특별 생방송을 통해 긴급경제조치를 발표하는 닉슨 대통령의 긴장된 얼굴이 등장했다. 닉슨 대통령은 "갈수록 악화되는 경제위기를 타개하기 위해 물가를 통제하고 수입을 줄이기 위해 과징금을 부과한다"고 발표했다. 이날 긴급 생방송을 통해 발표된 가장 충격적 내용은 '미 달러화 긴급방위조치'였다.[33] 미국정부가 전 세계에서 유일하게 금으로 바꿔주던 달러의 금태환(金兌換)정책을 포기하고 달러 약세를 용인한다는 내용이었다. 1944년 이후 30여 년간을 지탱했던 세계 통화질서, 즉 브레턴우즈 시스템이 무너진 것이다.

32 환율은 1961년 2월 달러당 130원에서 1964년 5월에는 255원 51전, 1969년 11월에는 304원 35전, 1971년 6월에는 370원 80전까지 인상된다.

33 이 조치는 1930년대 대공황이후 미국이 내린 가장 포괄적 정책으로 임금과 물가동결 조세감면 재정지출삭감 경기회복과 물가안정을 위한 달러의 금태환 정지, 수입부가세 부과, 대외원조 삭감 등 광범위한 긴급경제조치가 포함되어 있었다.

▸▸ 김정렴

당시 우리의 주요 수출시장은 미국이었습니다. 미국은 1930년대 대공황을 겪고 경기가 회복되면서, 2차 대전 이후에는 세계에서 제일 강한 경제력을 가진 나라가 되지요. 강한 경제력을 통해 시장도 과감히 개방해서 어느 나라든지 수출할 수 있도록 했습니다. 당시 한국경제의 입장에서 미국은 가장 큰 수출시장이었어요. 우리는 주로 노동집약적 경공업 제품을 싼 값으로 미국에 팔면서 수출시장을 개척하고 있었어요. 그런데 미국경제가 1969년부터 하락하기 시작한 거예요. 경기후퇴가 장기화되면서 경제불황으로 이어졌지요. 급기야 1971년 8월 15일 닉슨 대통령의 긴급조치가 발표됩니다. 미국이 달러화의 금태환을 중단한다는 것이었습니다. 달러화의 평가절하를 단행한 것이지요. 그리고는 재정을 긴축하고 외국원조를 줄이는 등 우리에게 직접적 영향을 미치는 조치를 취하기 시작했지요. 미국시장만 바라보고 차관까지 들여와 사업을 하던 우리 기업들이 직격탄을 맞은 셈이지요.

미국이 기침을 시작하자 미국경제 의존도가 높은 한국경제는 독감에 걸리기 시작했다. 가뜩이나 재무구조가 취약했던 한국기업들은 금리현실화와 환율상승, 세계적 불경기 등 각종 악재가 겹치면서 1970년대에 세계적 불황의 혹독한 시련에 부딪친다.[34] 특히 규모가 큰 부실차관 기업문제가 심각한 경제, 사회, 정치적 문제로 대두되기 시작했다.

사실 부실차관 문제는 오래전부터 이미 심각했다. 1969년 2월 27일 박 대통령은 황종률 재무부 장관과 김영휘 산업은행 총재로부터 업무보고를 받고, 그 자리에서 부실기업의 과감한 정비를 지시했다. 그러나 재무부나 은행차원에서의 정리는 한계가 있다고 보고 1969년 4월 청와대 비서실에 제3경제수석실인 외자관리비서실을 신설해 재무부 재정차관보였던 장덕진을 비서관으로 임명하고 그 밑에 부실기업 정리반을 편성해 부실기업을 정리하게 했다.

▸▸ 김정렴

차관을 빌린 기업이 잘못되면 궁극적으로 국가의 부담이 될 수밖에 없었기에 기업이 잘못되지 않도록 정부가 처음부터 신경을 많이 썼지요. 박 대통령께서 직접 집무실 옆에다가 차관기업 진행 상황판을 만들어 기업별로 진행상황을 일일이 점검

34 경제성장률이 1969년 13.8%에서 1970년 7.6%, 1971년 8.8% 1972년에는 5.7%로 크게 하락했다.

하고 독려했습니다. 그래도 잘못되면 기업주를 바꾸기까지 했었어요. 1969년에는 아예 청와대 비서실내에 부실기업을 전담하는 제3경제수석실을 만들어 재무부에서 재정차관보를 하던 장덕진 씨를 수석비서관에 임명했어요. 부실기업을 선별해서 가능성이 있는 기업은 융자를 더해 주면서 다시 기회를 주었지만, 근본적으로 문제가 있다면 기업주를 바꾸기까지 하면서 부실기업을 정리했습니다. 이러한 과정을 통해 당시 차관을 도입했던 총 147개 기업 중 우선 30개를 구조조정하거나 제3자에게 인수시켜 정리했습니다. 부도를 막은 것이지요. 그러니까, 정부가 외채를 대신 갚아야 하는 상황을 처음부터 만들지 않으려고 했던 겁니다.

당시 상황을 1997년 말 IMF 외환위기 때와 비교하면 어떻게 볼 수 있을까요?

그때를 IMF 외환위기 상황과 직접적으로 비교하기는 어려울 것 같아요. IMF 때는 당장 외화가 부족해서 단기외채도 갚지 못하는 급박한 상황이었던 데 비해 1972년엔 기업부실이 커졌을 뿐 당장 외환부족 상황은 아니었거든요. 사실 그 당시 외환관리는 오히려 지금보다 철저했다고 생각합니다.

어떤 점에서 더 철저했다고 보시는지요?

당시 경제규모가 작아서 IMF 외환위기 때처럼 단기외화자금(hot money)의 유출입 자체가 많지 않았던 것이 이유가 되기도 했지만, 실제로 외환시장을 아는 사람에게 외환관리를 맡겨 철저히 관리하도록 했던 것도 중요한 이유라고 봅니다. 당시 한국은행 외환관리부장직은 반드시 뉴욕사무소장 경험자 아니면 홍콩지점 경험자를 시켰어요. 이헌승 씨라고 나중에 조흥은행장까지 한 분이 있었어요. 그는 뉴욕시장에서 핫머니가 얼마나 무섭다는 것을 잘 알지요. 이러한 경험을 한 사람이 외환관리부장을 맡았으니 얼마나 철저히 외환을 관리했겠어요? 그 후임인 김건(金建: 후일 한국은행 총재) 씨도 홍콩지점 근무를 해서 외환시장을 잘 알지요.

이 두 분이 외환관리부장을 할 때 우리의 외환보유고는 기껏 1억~2억 달러 수준이었어요. 하루에 1천만~2천만 달러 정도만 결제가 들어와도 비상이 걸렸을 때이니까요. 이렇듯 핫머니가 얼마나 무섭다는 사실을 잘 알았기에 외환관리에 철저할 수밖에 없었어요. 따라서 기업이 파산해서 외환보유고에 영향을 미치기는 했지만 국가가 외환위기로 부도를 맞게 되는 상황은 애초에 있을 수 없었습니다.

부실기업 워크아웃

청와대 주도로 시작된 1969년 부실기업 정리는 5월 초부터 1단계로 30개 부실 차관 기업과 2단계로 56개 은행관리기업 정리에 착수해 8월 14일까지 8차에 걸쳐 이뤄진다.[35] 정리대책은 부실기업에 거액의 대출을 해 주거나 보증해 준 금융기관의 정상화와 부실기업의 청산 혹은 구제에 맞춰졌다. 부실기업으로 선정된 기업들은 자신들은 경영상의 어려움을 겪고 있을 뿐 부실기업이 아니라고 강력하게 반발하기도 했다.

그러나 청와대가 부실기업 처리를 주도하자 일선 관련부서들이나 금융기관들이 청와대에만 모든 처리를 맡긴 채 한발 빼는 등 문제점이 드러났다. 결국 1970년 하반기에 청와대 조직인 외자관리비서실이 폐지되고 부실기업 정리업무는 기획원과 재무부 등 행정부와 각 금융기관에 이관된다. 당시에 재무부에서 부실채권 정리를 담당했던 사람이 최각규 재정차관보였다.

▸▸ 최각규

부실기업 정리 당시 내가 재정차관보로 막 발령이 났습니다. 재정차관보가 되자마자 제일 먼저 부실기업 정리와 불량채권, 그러니까 부실채권 그 정리를 했지요. 그전에 청와대에서 장덕진 씨가 맡아서 하다가 청와대에서 직접 관여하는 것보다는 행정부에서 처리하는 것이 국민적으로도 납득이 가고 효율적이다, 그래서 다시 행정부로 내려온 것입니다. 주무부처가 재무부, 기획원이 되니까 총리가 책임을 지는 모양새가 되어서 총리한테 내용을 보고해서 집행하고 그랬습니다.

35 부실기업 정리는 업종에 따라 단계별로 이루어졌다. 1차는 석유화학업계에 대한 정리로 '대한플라스틱', '공영화학' 등 23개 기업이 정리된다. 2차는 철강업종에 대한 것으로 '인천제철'은 '인천중공업'이 흡수 합병해 증자하는 것으로 처리되었고, '한국전기야금'은 '인천제철'이 투자해 계열화하며, '삼화제철'은 채권자인 '서울은행'이 공매처분하기로 결정된다. 한편 3차 부실기업정리 때는 당시 우량기업으로 알려진 '천우사'(天友社)와 계열사들이 대거 정리되어 충격을 주었다. 4차 부실기업정리에는 '아세아자동차', '한국철강', '한국제강' 등이 포함되었고, 5차 부실기업정리에서는 수산, 관광, 개발회사가 포함되었다. 6차는 '흥한화섬', '내외방직' 등 섬유업종이, 마지막으로 7차 때는 '동립산업', '동양화학', '신흥개발', '신흥수산', '신흥신냉동' 등이 정리되었다.

당시의 재무부의 부실기업 채권처리 방식은 어떻게 진행됐습니까?

그때 우리가 이른바 불건전 채권을 여러 가지로 정리를 했어요. '불건전 채권 정리 특별대책팀(task force)'을 만들어서 은행이 보유한 불건전 채권을 A, B 두 클래스로 분류했습니다. A클래스는 규모가 큰 부실기업들인데 규모가 크니까 정부차원에서 뭔가 원칙을 마련하고 대책을 강구해서 정리하기로 했고, 규모가 작고 사안이 경미한 B클래스는 은행 차원에서 자체 처리하는 것으로 일단 그렇게 분류를 해 놓고 처리를 시작했습니다.

A클래스 부실채권에 대한 정부의 처리원칙은 첫째, 노력해도 도저히 살아날 전망이 없는 기업은 완전히 청산한다, 둘째, 살릴 만한 가능성이 있는 기업은 청산하지 않고 대출조건을 완화해 주거나 상환을 연기해 주고, 이자를 낮춰 줘서 재무구조를 개선시켜서 살린다는 것입니다. 대신 이럴 경우 기업의 소유자 등은 바꾸어 버리기도 했습니다. 경영권에서 손을 떼도록 한 거죠.

당시의 부실기업 정리는 일종의 워크아웃(work-out)이었네요.
1997년 외환위기 이후 부실기업 정리 때도 워크아웃 방식이 동원되었는데
이 당시에 이미 전례가 있었던 거군요.

네, 워크아웃이요. 그다음에는 국영 기업체나 유사 국영 기업체 등도 완전히 재무구조를 개선시켜야 된다, 그렇게 원칙을 세웠습니다. 가령 그때 5 · 16 당시에 군사정부가 들여온 잘못된 차관, 박 대통령 스스로가 그때 몰라서 잘못 들여왔다고 인정한 이 · 불 어업차관, 그것을 들여와서 만들었던 수산자원개발공사 등 부실공기업들을 차제에 다 없애 버렸어요.

이 모든 작업을 재무부에서 다 추진했나요?

재무부는 원칙을 결정하고 실질적 집행은 각 은행이 하는 거죠. 부처가 협조해 줄 부분이 있는 것이니까 우리는 방향만 만들어 주고 실무적 내용은 은행들이 처리하고 이중으로 움직였습니다.

막상 기업에 대해 청산결정이 내려진다고 해도 최종적 법정처리까지 정리과정이 만만치 않습니다. 당시 도산기업의 채권정리나 부동산 매각 등은 어느 기관에서 사후처리를 담당했습니까? 가령 1997년 외환위기 직후에는 한국자산관리공사(KAMCO: Korea Asset Management Corporation) 같은 기관이 기업부실채권 처리를 담당했습니다. 당시에도 그런 기관이 있었습니까?

당시에도 이미 캠코의 전신인 성업공사가 있었어요. 1962년 4월 「한국산업은행법」과 「성업공사령」에 따라 한국산업은행의 전액출자로 설립돼 있었습니다.

차관기업과 고리사채 시한폭탄

부실기업 처리에서 더 큰 문제는 대규모 차관기업이었다. 정부나 은행이 보증을 서 외국에서 거액의 차관을 들여와 건설한 공장과 기업이 과잉중복 투자와 환율급등, 원리금 상환압박으로 상당수가 부실해졌다. 당시 언론은 정부의 미온적 감시와 엉터리 외자도입 심의가 부실기업을 양산한다며 날카롭게 비판했다.

> 지난번 한일 협력위원회의에서 한국 측 대표들은 지금까지 일본에서 가져온 차관기업의 85%가 부실기업이 되었다고 하면서 일본 측의 협력태도를 나무랐다고 하거니와 한일 간의 경협성적이 그렇듯 불량한 것이 일본보다 한국 측에 더 큰 책임이 있다면 일본서 또 차관을 꾸어다가 만들 공장은 또다시 85%가 부실기업이 되고 말 것이다. 그런데 정부가 외자도입을 심의하는 꼴을 보면 국제경쟁에서 도저히 견딜 수 없는 것이나 엄청나게 비싼 값으로 사오겠다는 것 등을 척척 통과시켜 주고 있으니 너무도 심하다 아니할 수 없다. (중략) 일본 상사들의 장사속도 고약하지만 정부나 기업의 엉터리 외자도입의 자세가 더 고약하다. (〈동아일보〉, 1971. 8. 6)

부실 차관기업에 대해 정부가 특별히 신경을 썼던 이유는 차관기업의 경우 기본적으로 우리 경제에서 차지하는 비중이 크고 차관기업이 무더기 도산하면 국제자본시장에서 한국기업의 신뢰도가 하락해 후속 외자도입에 지장이 있기 때문이었다. 대규모 차관기업에 대한 정리는 차관도입 업무를 맡았던

EPB가 담당했다. 기획원은 차관업체 중 부실기업의 정의를 ① 대불(代拂)이 1년 이상 발생했거나(정부보증), ② 가동률 50% 미만, ③ 자본잠식 기업으로 규정하고 1971년 현재 차관도입 147개 민간기업 가운데 26개 업체를 부실우려기업으로 선정했다.[36]

그러나 정부가 직접 나서서 정리하고 구제한 기업의 수는 제한적이었다. 이 정도 워크아웃으로는 총체적 위기상황에 빠진 한국경제를 진정시키는 것이 불가능했다. 특히 대부분의 기업들이 깊은 고리사채(高利私債)의 늪에 빠져 자체적으로는 회복하기 어려운 상황이었다. 증권시장을 통한 자기자본 확충은 아직 먼 이야기였다. 공영제로 개편한 이후 투기세력은 줄었지만 대신 만성적 부진상태가 계속되었다. 발행시장은 취약했고 기업들의 자기자본 창구로서의 본연의 역할은 기대할 수도 없었다.[37]

기업들은 필요자금의 80% 정도를 빚에 의존했다. 경기가 나빠지고 경영이 어려워지자 고리사채에 의존했고 나중에는 사채이자를 갚기 위해 또다시 사채를 얻어야 하는 악순환이 계속되었다.[38] 이제 고리사채의 늪에 빠진 기업들의 대규모 부실은 한국경제의 시한폭탄이 되었다.

▸▸ 김정렴

그때는 자기자본이 충분한 기업은 많지 않았습니다. 당시 자기 스스로 자금을 동원할 능력이 있는 기업인은 삼양사의 김연수 씨 집안, 그리고 함경도 청진에 기반을 둔 수산업자 정도였을 것입니다. 아무튼 대부분의 기업들은 자기자본 동원능력이 없었어요. 그런데 기업인이 공장을 짓기 위해 땅을 사러 가보면, 대부분 가격이 심사 때보다 올라 있어요. 공장이 들어온다는 소식에 지방 사람들이 땅값을 올리는 겁니다. 사정이 급해 빨리 사려하면 할수록 가격은 더 올라가요. 벽돌 같은 건축자재도 마찬가지에요. 시골에서 벽돌 사려는 사람이 적으니, 벽돌 한 장에 고작 몇십 전 정도하던 것이 공장 짓는다고 하니까 1원이다 2원이다 하고 계속 올라가요. 올

36 부실 내지 부실우려기업으로 선정된 차관 기업 가운데 한국비료 인천제철 한양공업 조선공사 대림수산 등은 정부 지원을 받아 후일 성공적으로 소생하기도 했다(김정렴, 2006, 《최빈국에서 선진국 문턱까지: 한국 경제정책 30년사》, 랜덤하우스코리아, 309쪽).

37 1963년 공영제 개편 당시 15개던 상장기업 수는 9년이나 지난 후인 1972년에도 66개사에 불과했다.

38 당시 사채이자는 월 3.84% 수준, 연간 45% 수준이었다.

라가는 건축비용을 대기 위해 은행에서 급히 융자받으려 해도, 차주가 워낙 돈이 없는지라 담보를 댈 수 없어요. 설령 담보를 댄다 해도, 은행에서는 융자비율이라는 것이 있어요. 소요자금의 6할 이상은 융자 못해 준다는 식이지요. 심지어 담보가 될 수 있는 건물의 경우에도 8할밖에는 안 된다는 식이지요. 그래도 기업입장에서는 고리로라도 돈을 빌려와 공장을 지어 물건만 나오면, 그것으로 돈을 갚아 나갈 수 있으니까 일단 고리사채라도 끌어오려고 하는 것이지요. 그래서 40, 50% 높은 고리사채라도 끌어다 쓰려는 거지요.

당시 상황을 보면 차관을 들여온 대기업들일수록 고리사채를 많이 썼습니다. 대기업들은 자금여유가 있어 사채를 덜 쓰는 것이 정상일 텐데 오히려 대기업 고리사채 의존도가 더 높았던 이유가 무엇입니까?

당시 대기업이 차관을 들여오려면, 어느 정도의 내자가 필요했습니다. 정부 내에 외자도입 심의위원회가 있어서, 도입되는 차관 하나하나에 대해 도입 여부를 심사했거든요. 그런데 왜 차관이 많은 기업일수록 사채를 많이 썼느냐? 사채업자는 인색합니다. 돈 빌려주는 데 깐깐하거든요. 그래도 정부의 외자도입 심의위원회를 통과한 사업에 대해서는 적극 돈을 빌려주려고 했습니다. 정부가 관심을 가진 사업인 만큼 어떠한 난관이 있더라도 공장을 짓도록 할 것이다, 그리고 정부가 보증한 것이니까 사업을 망하게는 안 할 것이다, 그러니까 안심하고 그냥 사채자금을 빌려줘요. 대기업은 사채를 빌리려 하고 사채업자는 믿고 빌려 주려고 하니 자연히 (차관기업의) 사채 규모가 훨씬 커질 수밖에 없어요.

차관을 들여다 공장을 짓고 고리사채를 빌려서 기업을 운영하던 차관기업들은 미국 수출이 급격히 줄어들고 내수가 부진해지자 한계상황에 몰리게 된다. 경기가 좋을 때는 큰 문제가 없었던 고리사채라는 시한폭탄의 초침이 경기가 나빠지자 갑자기 재깍재깍 움직이기 시작했다.

제 8장

8·3 조치라는 이름의 금융쿠데타

심야의 금융쿠데타—8·3 비상조치

전경련 회장단의 청와대 긴급방문

1971년 6월 11일 전국경제인연합회(전경련)의 김용완 회장이 신덕균 부회장, 정주영 부회장 등 기업인들과 함께 청와대를 찾았다. 기업인들을 대표해 대통령에게 꼭 전달할 이야기가 있다면서 전경련 측이 요청해 마련된 자리였다. 사전에 내용을 전달받은 청와대는 이날 김종필 총리와 김학렬 부총리, 남덕우 재무장관을 배석시켰다. 김용완 회장은 이 자리에서 대통령에게 경제계의 심각한 실정을 전달하고 대책마련을 호소했다.

▸▸ 김정렴

당시 전경련 회장인 김용완 씨는 일본 히로시마 고등사범을 졸업한 수재예요. 당시 일본에도 중·고등학교 교사를 양성하는 고등사범은 동경과 히로시마 두 군데만 있었습니다. 일본 정부가 교육에 중점을 두고 우대하면서 엘리트를 뽑았어요. 따라서 한국사람으로서 동경고등사범과 히로시마고등사범을 나왔다면 정말 수재 중의 수재라 할 수 있었어요. 그런데 이분이 고등사범학교를 졸업하자, 집안에서 고등학교 교장보다는 기업을 맡으라고 해서 경성방적 사장을 했어요. 그리고는 이병철, 이정림 회장에 의해 추대되어 전경련 회장을 맡았습니다. 김용완 회장이 당시 다른 기업인들에 비해 고등교육을 제대로 받았고, 식견도 높아서 기업의 어려움을 정부에 논리적으로 전달하는 역할을 아주 잘했습니다. 그래서 선임 회장들이 1년씩밖에 안 했던 전경련 회장직을 김 회장은 5년씩이나 했어요. 이때는 김용완 씨가 두 번째 전경련 회장직을 맡고 있을 때였지요.

기업이 겪는 고리사채의 어려움에 대해 김 회장이 호소하자 박 대통령은 처음에는 남덕우 장관 등 관계부처 장관들이 기업들의 어려움을 위해 적극적으로 타개책을 마련해 달라고 당부하는 정도의 통상적 반응을 보였다. 얼마 후 중앙청 회의실에서 7월 월별 수출확대회의가 열렸다. 회의가 끝난 후 관례에 따라 중앙청 국무위원 식당에서 대통령과 총리, 부총리 이하 관계 장관, 전경련과 대한상의, 무역협회, 중소기업연합회 회장 등 경제 4 단체장의 오찬자리가 마련되었다. 이 자리에서 기업인들은 또다시 기업이 겪는 사채의 실정을 이야기하면서 정부의 특별조치를 탄원했다.

이날의 회동 결과가 결정적으로 나중에 8 · 3 조치로 이어지는데, 이날 무슨 이야기가 나왔는지 자세히 좀 말씀해 주시기 바랍니다.

▸▸ 김정렴

이날 김용완 전경련 회장이 당시 기업들의 어려움을 아주 사실적으로 박 대통령께 말씀드렸습니다. 요지는 이랬습니다.

“각하, 수출이 불황을 겪게 되어 기업이 가뜩이나 어려운데, 40~50% 고리사채로 인해 더욱 어렵습니다. 고리사채업자들은 정보원을 몇 사람 데리고 명동 또는 충무로에 진을 치고 있다가 기업이 조금이라도 어렵다는 얘기만 있으면, 단번에 돈을 빼버립니다. 소문이 돌아 사채업자들이 돈을 한꺼번에 빼버리면, 아무리 좋은 기업이라도 당해 낼 재주가 없습니다. 외자로 준공된 지 얼마 안 되는 동양시멘트가 부도났는데, 이러다가는 쌍용시멘트도 어렵습니다. 각하가 애써서 차관까지 보증해 줘 들여와 공장을 많이 지으시고 차관업체도 141개 중에 30개를 재건까지 시켜 주셨는데, 이러다가는 차관 기업들이 다 쓰러집니다. 각하가 혁명해서 경제개발의 불을 댕기셨는데, 이것이 하루아침에 무너질 수 있습니다.”

그러자 박 대통령이 “은행이 고식적 경영을 계속해서는 안 된다고 혁명 초기부터 얘기했는데, 아직도 조건을 너무 따진다. 기업들이 차관 얻어서 애써 공장지어 지금 돌아가려고 하는데, 장관들이 직을 걸고 문제를 해결하라"며 아주 강하게 말씀합디다.

그전 회동에서도 전경련 회장단이 호소해 박 대통령이 대책마련을 지시했잖습니까? 그날 관계부처가 무슨 지원책을 내놨습니까?

남덕우 재무장관이 박 대통령의 지시를 받고 그 사이에 기업지원을 위한 100억 원의 특별융자기금을 만들었습니다. 그리고는 "기금의 용처는 전경련이 정해주면 은행에서 그대로 융자하도록 하겠습니다"라고 말합니다. 그런데 김용완 회장의 반응은 그걸로는 어림없다는 거예요. "장관들께서 현실을 몰라도 한참 모릅니다. 도저히 100억 원 정도로 해결될 문제가 아닙니다. 근본적으로 고리대금업자가 40, 50% 고금리를 계속해서 빨아들인다고 하면 어느 누가 버틸 수 있겠습니까? 세계 일류로 경영한다 해도 안 됩니다."

그러고는 자기 기업 얘기를 하는 거예요.

"제가 하는 경성방직도 이번에 증설계획을 포기하고, 땅을 팔아 고리사채를 정리했습니다. 그러니 정부가 고리사채 대책을 만들어도 경성방직에는 한 푼도 도움되는 것은 없습니다. 제가 드리는 말은 다 우리 경제 전체를 걱정해서 하는 말입니다."

"그렇다면 고리사채 문제를 어떻게 해결해야 하는가요?"라고 박 대통령께서 물으니까 김 회장은, "대통령 긴급명령 있지 않습니까? 그걸 가지고 40, 50% 고리사채의 금리부터 내리고, 고리사채업체가 횡포를 부리는 것도 일정수준 막아주셔야 합니다. 그래야만 기업들이 살고, 경제가 돌아갈 수 있습니다"라고 하더군요.

처음에는 대통령도 엄두가 안 나셨나 봐요. 나중에 회의가 끝나고 김용완 회장을 다시 불러 당신 승용차에 태워 청와대로 데리고 오더니 아까 얘기를 더 구체적으로 해보라고 하시더군요. 그랬더니 김용완 씨가 저를 가리키며 "각하, 여기 비서실장이 옛날에 통화개혁을 두 번이나 한 사람입니다. (긴급명령을) 하라고 지시하면 잘할 겁니다. 긴급명령을 가지고 하시면 하루아침에 (사채문제를 해결)할 수 있습니다"라고 말합디다. 박 대통령은 당장 그 자리에서는 김 회장에게 아무 말씀도 안 하셨어요.

김 회장이 떠난 후에 저에게, "김 실장 생각은 어때?" 하고 물어보시더군요. "우리 기업의 실정은 김 회장 얘기가 맞습니다. 그러나 전 세계에서 긴급명령으로 통화개혁을 한 나라는 있어도 고리사채 문제를 긴급명령으로 해결한 나라는 없습니다. 저도 엄두가 나지 않습니다"고 답변했습니다. 그랬더니 대통령께서, "그래도 꼭 필요하면 해야 될 것 아니야? 잘 검토해 보고 내일 아침까지 보고하시오"라고 합니다.

김정렴 실장은 그날 밤 한숨도 자지 못하고 사채대책을 마련해 다음날 아침 박 대통령이 집무실로 내려오자마자 대책을 보고했다. 당시 김정렴 비서실장이 마련한 보고서의 내용은 다음과 같다.[1]

① 기업들이 직면한 부도위기는 우리 기업들의 취약한 재무구조 때문이다. 빈약한 자기자본 때문에 필요자금의 80%이상을 외부차입에 의존한다. 미국이나 일본, 서구 기업들의 자기자본 조달률이 50%이상인 것과 비교할 때 취약하기 짝이 없다. 외부차입에는 은행대출과 외국차관뿐 아니라 고리사채가 많아 기업은 조금이라도 불황이 닥치면 견디기 어렵다. 특히 단기은행대출과 고리사채를 장기시설자금으로 충당하므로 사채업자가 마음만 먹으면 기업은 즉시 부도위기에 처한다. 기업이 뼈 빠지게 일해도 사채이자를 갚고 나면 적자라는 김회장의 말은 과장이 아니다.

② 정상적 대책은 기업사채를 은행대출로 전환하는 것이다. 기업에 들어온 사채총액은 재무부 1천억 원, 전경련은 1,800억 원 정도로 추산하고 있다.[2] 그러나 재무부가 박 대통령의 특별지시에도 불구하고 100억 원 정도밖에 갹출하지 못하는 현 상황으로 보면 은행대환 방식으로는 처리가 불가능하다. 인플레를 수습하기 위해 긴축정책을 쓰는 마당에 돈을 마음대로 풀 수도 없다.

③ 따라서 사채동결만이 기업위기와 금융위기를 막고 연쇄도산과 대량실업을 방지하는 유일한 방법이다. 헌법상 대통령 긴급명령권을 발동해 사채자금에 대한 기존의 모든 채권 채무관계를 일단 무효화하고 새로운 계약을 대체하도록 한다.

④ 일단 기업이 소생하면 대기업부터 기업공개를 단행해 자기자본을 증강시키도록 한다. 이는 중산층 사채권자들의 희생을 줄이는 방법으로 활용할 수 있다.

▸▸ **김정렴**

내가 그날 저녁 아무리 생각해 봐도 긴급명령밖에는 방법이 없는 거예요. 그래서 다음날 대통령께 그런 내용을 보고 드렸지요. 그리고 기밀유지의 중요성을 설명드렸습니다. "각하, 사채동결은 통화개혁과는 또 다릅니다. 조금이라도 방침이 사전 누설되면 그날로 사채업자가 빌려준 사채 다 뺍니다. 그러면 모든 기업이 한꺼번

1 김정렴, 2006, 《최빈국에서 선진국 문턱까지: 한국 경제정책 30년사》, 랜덤하우스코리아.

2 재무부의 추산 방식은 기업의 병종배당(丙種配當) 이자소득세 실적을 역산한 것이다. 그러나 8·3조치 이후 실제 사채신고금액은 기업신고 기준 3,456억 원이 넘었다(〈국세청의 조정사채에 관한 보고〉, 1973. 1).

김용환 金龍煥 전 재무부 장관

1932. 2. 5 충남 보령 출생
공주고, 서울대 법대
1966 재무부 이재국장
1968 농림부 농정차관보
1970 대통령비서실 외자담당 비서관
1972 제22대 상공부 차관
1972~1973 제22대 재무부 차관
1973~1974 대통령 제1경제수석비서관
1974~1978 제25대 재무부 장관

에 자금이 경색돼서 경제가 완전히 마비됩니다. 죄송합니다만 각하, 사모님에게도 절대로 얘기하시면 안 됩니다"라고 했지요. 사실 박 대통령은 어려운 일이 있을 때 꼭 사모님과 상의하시거든요. 그러면 사모님도 들은 얘기가 있으면 전해주시고 대통령의 결심을 도와주시곤 했었어요. 그런데 이 사안에 대해서만은 절대 비밀준수를 당부드린 거지요. 대통령이 "알았어. 집사람한테도 절대 얘기 안 하지" 하셨어요. 나중에 확인해 보니 이 건에 대해서는 정말 전혀 이야기하지 않으셨더군요.

박 대통령은 사채와 관련한 긴급명령의 구체적 작업을 누구에게 맡기면 좋을지 인선에 대해 물어왔습니다. 당시 청와대의 외자담당이었던 김용환 비서관이 물망에 올랐지요. 금융뿐 아니라 회사정리에 관련된 상법과 민법을 잘 아는 사람이 적당한데 이 조건을 두루 갖춘 인물이 김용환이라고 생각했습니다.

김용환 비서관은 서울법대를 졸업하고 재무부에 들어와 이재국에 근무했기에 공무원들 사이에 법과 금융을 동시에 잘 아는 사람으로 통했다. 재정안정계획을 짜기도 하고 장기영 부총리 당시 금리현실화 조치를 단행하는 등의 업무를 통해 비상조치에 대한 충분한 경험도 있었다. 또 공과대학 지망생이었기에 사고(思考)가 꼼꼼하고 과학적인 데다 신중한 성격이어서 특급비밀 업무에 적임자란 평가를 받았다.

▸▸ 김용환

내가 원래는 공과대학 전기공학과에 들어가려 했어요. 고등학교 시절에 대학에서 가르치는 수준의 수학과정을 공부하면서 당시 가장 들어가기 어려운 전기공학과에 진학해 대한민국에서 가장 뛰어난 과학자가 되겠다, 이런 생각을 가졌습니다. 그런데 고등학교 다닐 때 집안에 법률과 관련된 아주 어려운 일이 벌어졌어요. 부친께서 법을 몰라서 억울한 일을 당하신 거예요. 그래서 내가 법을 몰라서는 안 되겠다, 일종의 생존 전략적 차원에서 법을 공부해야겠다고 결심하고 법학으로 전공을 갑자기 바꾸었지요. 그런데 막상 법과대학을 졸업하면서 보니까 달리 할 게 없더라고요.

유학을 가고 싶은데 재정보증해 주는 사람이 없고, 그래서 고등고시를 응시하려는데 최단시간 내에 준비하려면 재무행정이 좋겠더라고요. 왜냐하면 각 부마다 전부 7가지 과목을 시험을 보는데 국사는 필수, 헌법도 필수, 그리고 2부에는 재정학이 필수, 그리고 4과목 선택과목은 경제정책, 회계학, 이런 등이었는데 그때까지 내가 대학에서 배운 내용을 고려해 볼 때 2부가 가장 적당한 것 같아서 2부를 선택했어요. 그렇게 재무부에 들어와 여러 가지 금융관계 일을 하게 됩니다.

박 대통령은 김용환 비서관에게 청와대 내에서 사채동결조치 기안을 위한 작업을 시키면서도 정부 내부의 중지(衆智)를 모으기 위해 경제과학심의회 등 다른 기관에도 사채해결방안에 관한 의견을 받도록 했다. 그 결과 대부분의 전문가들로부터 '사채동결'이라는 비슷한 답이 돌아왔다.[3]

▸▸ 김정렴

그때 박 대통령께서 영 불안하셨나 봐요. 경제과학심의회 위원 다섯 사람 모두에게 고리사채 문제 해결대책을 물어보셨어요. 그랬더니 다섯 사람 중에 세 사람은 긴급명령으로 해야 한다고 답했고, 나머지 두 사람도 조금 뉘앙스가 다르지만 어쨌든 정부가 이것을 법적으로 눌러 해결해야 한다고 답했습니다. 그리고 당시 통일부 장관에 민주당 정부 시절 재무장관을 했던 경제통인 김영선 씨가 있었어요. 자유당 정부

3 경제과학심의회의는 5명의 상임위원 중 박희범, 송방용, 이기준 등 세 사람이 사채동결을 주장했다, 천병규와 주원 위원은 사채를 제도금융권으로 유인하고 은행이 대환해 주되 기업의 위장사채는 출자전환하도록 보완하는 등 동결과 유사한 안을 제안했다. 경제통인 김영선 통일원 장관에게도 의견을 물은 결과 사채동결과 부실기업 정리에 관한 임시조치법 제정의 필요성이 담겨있는 답변이 돌아왔다(김용환, 2006, 《임자, 자네가 사령관 아닌가》, 매일경제신문사, 85쪽).

때 뛰어난 경제장관이 송인상, 신현확 씨라면, 민주당 정부에서는 주요한 부흥부 장관과, 김영선 재무장관을 꼽을 수 있을 것입니다. 그 김영선 장관이 당시 통일부 장관을 하고 있었거든요. 박 대통령이 김영선 장관한테도 의견을 구하셨어요. 김 장관의 답도 역시 긴급명령이었어요. 여러 사람들에게서 비슷한 건의를 받고 나서야 박 대통령께서 안심하시더군요.

얼굴 없는 드라마 주역 — 김용환

이제 남은 일은 서둘러서 비밀리에 일을 추진하는 것이었다. 최종 진행지시를 받은 김용환은 1971년 9월 함께 비밀리에 사채동결조치 작업을 추진할 멤버 선정에 들어갔다.

8 · 3 조치 작업을 위해 실무진을 인선할 때 어떤 기준으로 정했는지요?

▸▸ 김용환

우선은 기능적 역할을 할 수 있는 실무 능력자, 이런 사람들을 인선했습니다. 그때 8 · 3 대책은 '상부 정책팀'과 '하부 실무팀'이 있었습니다. 정책을 결정하는 고위층은 네 사람이었어요. 청와대 김정렴 비서실장, 재무부 장관 남덕우, 한국은행 총재 김성환, 그리고 나 이렇게 네 사람이었습니다.

그리고 실무팀은 여러 사람이 있지만 그중에서도 가장 핵심 멤버는 김종현 당시 주택은행 부장과 최진배 세제과장 등이었어요. 김종현 부장은 상법 전문가에요. 8 · 3 조치는 긴급명령이지만 구체적 내용을 잘 들여다보면 기존 상법상의 파산법을 일반화한 것입니다. 김종현은 법과대학 동기동창인데 그 사람이 우리나라 상법의 대가인 서돈각 교수와 상법분야에서 쌍벽을 이루고 있었습니다. 책도 같이 썼어요. 서돈각 교수가 우리를 가르쳤기 때문에 스승과 제자 입장이었지만 실무적인 면은 김종현이 밝아서 상법에 관한 책을 스승과 공저할 만한 그런 실무적 능력자였어요. 그 사람이 나중에 아깝게도 일찍 죽었어요. 그때 내가 너무 고생시켜서 그런가 봐요.

그리고 두 번째 중요한 사람은 재무부에 당시 최진배 세제과장이었어요. 왜 그러냐 하면 8 · 3 조치 작업내용에 세무관계가 많이 들어가 있었습니다. 그리고 또 다른 금융 실무자는 당시 내 비서로 일하던 한국은행 출신의 심형섭, 그리고 마지막으로 산업은행 출신의 여직원이 하나 있었어요. 여기까지가 최초의 오리지널 멤버에요. 왜냐하면 기밀 중의 기밀인 작업이니까요.

아는 사람이 많을수록 비밀이 샐 우려가 크기 때문에 숫자를 제한한 것이군요. 하지만 그 엄청난 작업을 그 몇 사람이 다할 수는 없었을 것 아닙니까?

물론 여러 전문가들이 나중에 작업에 참여합니다. 하지만 이분들은 극히 일부작업에 관해, 한 부분씩, 한 피스씩을 맡아서 일한 거죠. 그러니까 전체적 내용이나 구조는 몰랐어요.

특명 — 비밀을 엄수하라

당시 사채동결 작업은 비밀유지가 절대적 관건이었다. 1952년 1차 통화개혁 당시 핵심 실무자들은 재무부 백두진 장관에게 불려가 통화개혁을 추진하라는 지시를 받으면서 "비밀엄수를 위반할 경우 총살에 처한다"는 조항에 서명까지 했을 정도였다. 사실 통화개혁은 비밀이 새 나가면 그냥 취소하면 그만인데도 '사형언도'의 엄중한 비밀유지서약을 한 것이다.

정작 사채동결은 목숨을 걸고라도 비밀을 지켜야 할 내용이었다. 만에 하나 비슷한 내용이라도 소식이 흘러나가고 시장이 뭔가 수상하다고 눈치 챌 경우 경제는 그야말로 아수라장이 될 것이 뻔했다. 모든 사채업자들이 동시다발로 기업에서 돈을 빼낼 것이기 때문이었다.

당시 8 · 3 조치는 1971년 11월 10일에 시작해서 1972년 8월 3일 최종시행까지 상당한 시간이 흘렀습니다. 오랜 기간 작업을 진행하고 이 조치에 참여한 이해당사자들이 상당히 많았는데도 계속 보안유지가 됐다는 점이 우선 참으로 대단합니다.

▸▸ 김용환

오리지널 멤버는 물론이고 부분적으로 참여한 모든 사람들에 대해 전원 비밀엄수서약서와 사직원을 받았어요. 지금도 내가 그 서약서를 가지고 있습니다. 그렇게 해서 비밀을 유지하였습니다. 왜 비밀이 특히 중요하냐 하면 잘 아시겠지만 그전에 화폐개혁할 때도 비밀리에 작업했죠. 그런데 화폐개혁은 만에 하나 노출이 되더라도 그냥 안 하면 그만입니다. 그런데 사채동결은 노출되면 기업과 경제 전체에 엄청난 공황상태가 초래됩니다. 사채거래라는 게 사채업자가 기업에 돈 빌려주고 어음을 받아서 이 어음들이 지하시장에서 거래되고 교환이 되고 돌아다니는 거 아닙니까?

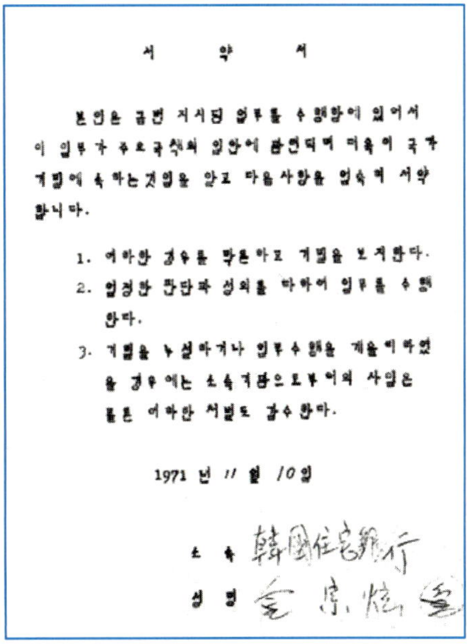

서 약 서

본인은 금번 지시된 업무를 수행함에 있어서 이 업무가 주요국책의 입안에 관련되며 더욱이 국가 기밀에 속하는것임을 알고 다음사항을 엄숙히 서약 합니다.

1. 어떠한 경우를 막론하고 기밀을 보지한다.
2. 엄정한 판단과 성의를 다하여 업무를 수행한다.
3. 기밀을 누설하거나 업무수행을 게을리 하였을 경우에는 소속기관으로부터의 사임은 물론 어떠한 처벌도 감수한다.

1971 년 11 월 10 일

소 속 韓國住宅銀行

성 명 [illegible]

비밀서약서

8·3 조치 참여자들은 비밀을 엄수하겠다는 서약서를 작성했다. 여기에는 만약 기밀을 누설할 경우 처벌을 감수하겠다는 내용도 있다.

사채동결 비밀이 새 나가면 이 어음이 한꺼번에 전부 쏟아져 나와요. 그러면 우리나라 기업 중에 살아남을 기업이 하나도 없죠. 다 파산합니다. 그래서 아까 내가 이야기한 8·3 조치 긴급명령의 모델이 파산법을 확대한 거다, 하는 이야기가 바로 그 점입니다. 만약에 그때 비밀이 새어 나와서 경제가 망가지든지 하면 큰일이 나는 것입니다. 왜 그러냐? 대한민국 경제를, 그나마 1970년도에 경제개발 5개년 2차 계획이 끝날 무렵, 중화학공업단계로 3차 계획이 들어가기 직전인데 그때까지 쌓아올린 경제가 하루아침에 완전히 잿더미가 되는 것이거든요.

만약 비밀이 새거나 실패하면 경제를 망하게 하는 공적이 되는 셈인데, 두려움이나 개인적 갈등은 없었습니까?

그거 무서우면 못하죠. 그리고 그때 당시는 대통령께서 지시했으니까 그랬겠지만 모든 국가기관이 나한테 완전히 협력했어요. 청와대에서 그때그때 대통령께 직보하려면, 자주 집무실에 들어가야 되는데 경호실을 통하지 않고 드나든 사람이 내가 유일합니다.

경호실을 통하지 않고 들어간 것도 비밀유지를 위한 하나의 조치인거죠?

그렇죠. 경호실 사람들이 내가 대통령 집무실에 자주 들락거리는 것을 보면 이상하게 생각할 테니까요. 그런데 비밀유지 과정에서 사실 한두 번 들통 날 뻔 했어요. 예를 들면 우리가 정책 결정단계에서 당시 소공동 호텔방에서 자주 만났고 나중에는 가끔 우리 집에서 모이기도 했어요. 그때 내가 홍은동 살 때인데 집사람한테 칼국수 준비시켜 놓고 점심 먹으면서 우리 집 응접실에서 논의하던 때가 더러 있었거든요. 그런데 홍은동 파출소에서 그 동향을 체크한 거예요. 그리고 그 내용이 치안국을 통해서 청와대까지 올라왔어요.

차가 귀할 때고 번호판만 보면 대충 누구 차인지 알 때니까 고위 정책당국자들이 김용환 차관 집에 자꾸 온다, 이상하다, 이렇게 보고가 되었겠지요.

청와대 비서실장을 비롯해서 재무장관에 한국은행 총재, 그리고 나는 그때 별 사람 아니지만, 상공부 차관[4] 이렇게 네 사람이 자꾸 모인다 이거에요. 그래서 동향 보고가 올라온 것을 김정렴 실장이 막았습니다. "내가 다른 급한 볼일이 있어서 김용환 차관 집에 가서 밥 먹으면서 일처리 했다", 그런 식으로 서둘러 해명하고 진화했어요. 그 뒤에는 호텔 같은 곳도 많이 이용하고 그랬습니다.

작업할 때 비밀엄수 외에 또 다른 고충은 무엇이었습니까?

당시는 복사기가 요즘처럼 좋은 게 아니라 아주 구식이었어요. 나중에 법안을 다 만들어서 한국은행에서 필경사 한 분을 불러다 손으로 쓴 후에 복사해야 하는데 신도리코라는 복사기가 당시는 1분 동안에 43장이 나와요. 내가 지금도 기억이 나요. 그런데 그게 고장나면 큰일이잖아요. 그래서 신도리코에서 나오는 복사기를 하나 사서 심형섭이라는 그 친구가 이걸 완전히 분해했습니다. 중간에 쓰다가 혹시라도 고장이 나면 수리하는 사람을 부를 수가 없잖아요. 그래서 만에 하나 고장이 나면 자체적으로 고칠 수 있도록 분해해서 재조립하는 도상훈련까지 시켰던 것입니다. 그렇게 철저히 보안을 유지했습니다. 여담이지만 그때 이후락 씨가 정보부장

4 김용환은 비서관 시절인 1971년 중순부터 8 · 3 조치 실무작업을 추진하다가 1972년 3월 상공부 차관으로 발령이 난다.

을 할 때인데 8·3 조치 발표 후에 국내정치 담당 라인을 모조리 바꿨어요.

문책성 라인 교체였겠군요. 정보를 전혀 눈치채지 못했으니까요.

그렇죠. 그것을 전혀 몰랐으니 '만약 김용환이가 혁명을 했더라면 어떻게 하려고 했느냐?' 그렇게 책임을 물은 거죠. 그건 에피소드입니다만 그런 정도로 철저히 보안유지를 했습니다.

1971년 9월부터 작업을 시작한 실무팀들은 73개 조항 및 부칙으로 구성된 대통령 긴급명령안과 「이자제한법」상 최고이율의 개정, 관련세법 시행령의 개정, 특별조치 시행에 따른 관련 조문을 모두 마무리 지으려고 연말까지 밤낮없이 작업을 계속한다. 원래 디데이(D-day)는 1972년 1월 13일이 목표였다. 그러나 불안한 정치, 사회변화 때문에 정부는 1971년 12월 6일 국가비상사태를 선포하고 12월 27일엔 「국가보위에 관한 특별조치법」을 제정 공포하면서 여야가 극한대립으로 치달으면서 8·3 조치의 발표는 뒤로 밀린다. 실무작업팀은 일단 베이스캠프인 뉴남산 관광호텔에서 철수한 채 정치적 안정을 기다리면서 후속 보완작업을 추진했다.

청와대 비서관 시절인 1971년 9월에 이 작업을 시작했다가 1972년 3월 상공부 차관으로 전보되셨지요. 차관시절에도 계속 작업을 추진했는데 상공부와 관련 없는 업무로 자주 청와대에 드나들고 그러면 당시 이낙선 상공부 장관 등이 이상하게 생각하지 않았습니까?

▸▸ **김용환**

이낙선 장관만 하더라도 5·16 주체세력 아닙니까? 내가 장관으로 모시고 있는데 한 번은 청와대에 들어가서 (박 대통령에게) 중간보고 할 때, "뭐 일하는 데 어려운 점은 없나?" 해서 "제가 현재 상공부 차관으로 있는데도 출장 간다고 핑계대고 자주 자리를 비워서 제가 장관께 아주 송구스럽고 그렇습니다. 그 점이 어렵습니다" 라고 했습니다. 그랬더니 "아, 그래? 그럼 내가 이야기해 두어야겠구먼" 하더니 장관실 직통인 청와대 전화기가 있잖아요, 비상전화 비슷한 것, 그걸 꾹 누르더니 "이 장관인가? 나야. 내가 김용환 차관한테 특명사항을 하나 맡겼으니까 자유롭게 일할 수 있도록 배려를 하소" 그러시더라구요.

옆에서 가만히 듣고 있는 내가 이 장관께 미안하잖아요. 그래서 청와대에서 나와 상공부 장관실에 들어갔더니 이분이 내용을 모르면서도, "어, 김 차관, 내가 각하한테 전화 받았어" 그러더라고요. "장관님, 죄송합니다. 사실 제가 각하께서 전화하는데 바로 옆에 있었습니다. 그리고 내용이 다름이 아니라" 하고 조금 설명하려고 했습니다. 물론 사채를 묶는다는 이야기는 아니고 전체 내용에 보면 산업합리화 조치 같은 별로 비밀이 안 되는 그런 부분도 있잖아요. 그런 정도는 조금 이야기를 해 줘도 될 것 같아서 말을 시작했는데 이분이 내 입을 탁 막더라고요. "대통령이 그렇게 말씀하시는데 나한테 이야기하지 말고 자유롭게 행동하시오" 그래요. 이낙선 장관은 나중에 최종문서 결재 때 사인을 받았습니다. 공식 기록에 남기려고요. 이낙선 상공부 장관, 남덕우 재무부 장관, 그리고 태완선 부총리, 김종필 총리, 그리고 김정렴 비서실장, 그렇게 몇 분에게만 최종 승인사인을 받았습니다.

최종 승인서명을 할 때까지도 이분들이 그 내용을 모르셨나요?

전혀 몰랐죠. 완전히 비밀리에 추진했으니까. 김종필 총리도 몰랐어요. 자세한 내용을 모른 상태에서 뭔가 긴급조치가 있다는 정도만 알고 사인했어요.

그러면 고위각료들 가운데 정확하게 큰 그림을 알고 계셨던 분은 누구였나요?

김정렴 실장과 남덕우 재무장관, 김성환 한국은행 총재 그리고 나 이렇게 네 사람으로 봐야죠. 사실은 극단으로 이야기하면 남덕우 재무장관도 아주 처음에는 사채를 동결한다는 것까지는 몰랐을 거예요. 내가 이야기를 안 했어요. 김용환 비서관이 뭔가 비밀스러운 작업을 추진하고 있구나 정도였을 겁니다. 최초 결성된 실무진에서 최진배 세제과장이 키 멤버라고 했잖아요. 최 과장한테 나하고 같이 작업하는 일에 대해서 장관한테 절대 보고하지 말라 했더니 최 과장도 비밀을 지키는 거예요. 물론 나중에는 남 장관께서도 다 알게 됐지만요.

정치권이 안정을 되찾은 1972년 6월 무렵, 작업팀들은 8월 3일로 다시 목표를 잡고 최종작업에 착수했다. 이번에는 재무부에서 최각규, 이헌재 등 여러 사람들이 합류해서 보완작업에 들어갔다. 그리고 디데이가 임박한 7월 말에는 8·3 조치와 관련한 형사 처벌형량의 형평성문제에 대해 검증하기 위해 서울지방검찰청 민석기 검사와 법무부 김기춘 검사가 합류했다. 신규로 합류한 전문가들의 검토와 보완작업이 모두 마무리되자 이제 남은 것은 어떻게, 어떤 절차로 발표하느냐가 남아 있었다.

발표가 하루 앞으로 임박하면서 분위기는 긴박해지기 시작했다.

8·3 긴급조치의 D-day 직전 하루 전날 분위기가 가장 긴장이 되었을 텐데, 그날 있었던 일들을 좀 말씀해 주시지요.

▸▸ 김용환

당시 김종필 총리께서 내용을 잘 모르면서도 큰 역할을 하셨죠. 김 총리는 어떤 긴급조치를 한다는 것은 알았지만 구체적으로 사채를 어떻게 동결하는지, 이런 자세한 것까지는 몰랐습니다. 그런데 긴급조치에 서명할 때가 되자 당시에 총리가 내용을 모르면서도, "내가 해야 될 역할이 뭐냐?"고 물어보시더라고요. 내가 김 총리께, "청와대 국무회의를 밤 10시, 11시, 그 시간에 맞춰서 소집해야겠습니다. 그러니까 총리께서 국무의원들을 총리공관으로 부르셔서 저녁을 대접하고 버스를 타고 청와대로 들어오십시오. 시간에 맞춰서 그것만 도와주시면 됩니다"라고 하자, "알았소. 그럼 그렇게 조치하지", 그러면서 관계장관들에게 연락하기 시작합니다.

국무위원들은 총리실에서 만찬을 함께한 후 자신들이 왜 청와대에 한밤중에 들어가는지도 모르고 그냥 들어갔겠군요.

전혀 몰랐죠. 그렇게 국무회의에서 통과됐습니다. 그런데 8·3 긴급조치가 발표되면 사채신고를 직접 받는 것은 국세청 업무입니다. 전국 세무서를 통해서 신고를 받아야 하니까요. 국무회의에서 8·3 긴급조치가 통과되자마자 내가 청와대 비서실장실에 진을 치고 앉아서 가장 먼저 부른 사람이 오정근 국세청장과 박종규 경호실장입니다. 그런데 오정근 청장이 밤에 자기 부인과 중앙극장에 영화보러 가 있는 거예요(웃음). 그래서 내가 당장 불러들이라고 했던 기억이 나요.

박종규 실장은 왜 불렀느냐하면 도서(島嶼)지역 있잖아요, 지방이나 아주 먼 섬 지역, 이런 곳은 사채신고서를 전부 군용기로 수송해야 하는데 내가 공군에 직접 지시할 수는 없잖아요. 그래서 박종규 씨에게 "이것은 당신이 좀 맡아 주시오"라고 부탁했더니 박종규 씨가 그다음 날부터 아주 열심히 도와주었습니다.

예상보다 훨씬 많았던 사채신고

사채신고 기간은 8월 3일부터 8월 9일까지 1주일간이었다. 그러나 막상 뚜껑을 열자 사채신고가 부진했다. 사채를 쓰는 기업도, 사채권자도 어떤 상황인지 몰라 신고를 주저했다. 당시의 언론은 "8 · 3 조치가 상거래에 어떤 영향을 미칠지 몰라 다들 어리둥절한 표정"이라고 전했다.[5] 기업들은 서로 눈치를 살피느라 머뭇거렸고 심지어 현장단속에 나서야 할 세무공무원들도 미적거렸다. 세무공무원들 가운데 사채를 놓고 이자로 생활하는 사람들이 적지 않았던 것이다. 사채신고 때문에 가족명의 사채의 자금출처가 밝혀져 불이익을 받을까봐 사회고위층 인사들이 전전긍긍하는 사태도 벌어졌다.

사채신고 실적이 미미하자 정부는 8월 4일 보완조치로서 "8월 2일 이전 사채 가운데 조세포탈 목적 사채거나 위장사채거나를 막론하고 이번 기회에 정직하게 소정 기일 안에 신고한다면 일체의 자금출처를 조사하지 않고 사채와 관련된 각종 세금을 전액 면제한다"는 방침을 밝혔다. 대신 "기업들이 사채신고의무를 위반하거나 변제책임이 면제된 사채를 변제할 경우는 증여로 간주해 65%의 증여세를 물리겠다"고 엄포를 놓는 등 '당근과 채찍'을 동원하자 우여곡절 끝에 사채가 속속 신고되기 시작했다. 1972년 8월 9일 밤 24시까지 전국 세무서와 은행창구에 신고된 기업사채는 총 3,456억 원으로 집계되었다. 당시 통화량의 80%, 국내 여신잔액의 34%나 되는 엄청난 돈이었다. 이 가운데 300만 원 이상의 사채가 신고건수[6]로는 많지 않았으나 금액으로는 70% 가까이를 차지했다.

▸▸ 김용환

나중에 집계해 보니 우리가 사전에 대강 얼마만큼이 신고될 거다, 생각했던 것보다도 훨씬 많이 신고되었어요.[7] 그때 사채를 쓴 사람들은 대부분 기업들이었어요. 중소기업을 비롯해서 대기업까지 많이 있었습니다.

5 〈서울경제신문〉, 1972. 8. 3.

6 당시 총 신고건수는 4만 677건으로 집계되었다.

7 재무부 사전 추산액은 1,800억 원이었던 데 반해 실제 신고된 액수는 국세청의 조정사채에 관한 보고(1973년 1월말 작성)에 따르면 채무기업 기준 3,456억 원이었다.

8 · 3 조치에는 300만 원 미만 소액사채를 별도로 처리한다는
긴급명령 제19조 제3항의 조항이 있었다는데요.

그렇습니다. 우리가 8 · 3 조치를 추진할 때 고민한 문제가 소액 저축자들은 어떻게 취급하느냐? 하는 점이었습니다. 당시 신고된 사채 가운데 조정사채라고 진짜 강제로 동결한 것은 금액으로는 상당 부분이 묶였지만 건수비율로는 20%도 채 안 될 것입니다.[8] 나머지 80% 소액사채는 전부 풀어 줬어요. 그리고 일부는 또 그 동결 기한을 단축해 주고요.[9]

영세서민들의 사채는 얼마를 기준선으로 잡았습니까?
또 그런 내용은 긴급조치 실시 후에 상황을 보고 나중에 결정한 겁니까,
아니면 미리 정해 두셨던 건가요?

30만 원 이하는 다 풀어 줬어요.[10] 30만 원까지는 풀어 주고 그다음에 또 300만 원까지는 묶는 기한을 단축해 주고요. 이런 것들은 긴급명령 당시 전부 사전에 만들어 놨어요. 왜냐하면 대통령의 긴급명령이라는 것은 그 자체로 법률효과가 있지 않습니까? 일반적으로 국회에서 제정되는 법은 일단 상위법을 만들고 나면 그것을 시행하려고 해당부처에서 시행령을 만들면서 단계적으로 구체화하는 거잖아요. 맨 하위 법으로는 시행규칙까지 있단 말이에요. 그러니까 처음에 큰 틀을 만들고 나중에 디테일을 보완하면 됩니다. 그런데 긴급명령이라는 것의 법적 성격은 '완결주의'가 특징이에요. 그러니까 시행령에 들어갈 것, 규칙에 들어갈 것까지도 전부 사전에 빈틈없이 만들어 내는 거예요. 그러니까 영세서민 사채에 대한 예외조항도 처음부터 정해져 있었어요.

8 300만 원 이상의 사채는 건수로는 10%에 불과했으나 금액으로는 68%나 됐고 5천만 원 이상의 고액사채는 건수로는 0.3%에 불과했으나 금액으로는 24.2%나 됐다.

9 1972년 8월 9일 24시까지 전국 92개 세무서와 은행창구에 접수된 조정사채의 신고실적은 채무기업을 기준으로 4만 677건에 3,456억 원이었다. 이 가운데 30만 원 미만의 소액사채 104억 원은 강제동결조치가 즉시 해제되어 당사자 간 합의로 처리되었고 30만 원에서 300만 원 사이의 금액에 대해서는 금액에 따라 거치기간과 상환기간에 차등을 두어 최고 1년 거치 3년 분할상환으로 특별조치되었다(김용환, 2006, 《임자, 자네가 사령관 아닌가》, 매일경제신문사, 107쪽).

10 1972년 당시 30만 원은 평균 이자 7%를 복리로 가정할 때 2012년 현재 약 6천만 원 선으로 추정한다.

8·3 긴급조치의 내용을 확정할 당시 신고사채의 개념과 범위를 명확히 사전에 규정하는 '열거주의'를 채택해야 한다는 주장과 사채가 법망을 빠져나가는 것을 막으려면 '포괄주의'를 채택해야 한다는 주장이 약간 맞섰다면서요?

포괄주의는 내가 주장했는데 그것은 법철학적 견해 차이였어요. 열거주의를 주장한 김종현 부장은 순수하게 법률적 관점에서 긴급명령이라는 것은 법집행 남용을 막을 수 있으려면 대상을 분명하게 특정화해야 된다, 그런 생각이 있었습니다. 이론적 측면에서 당연히 그게 맞는 이야기지요. 그러나 나는 실무적으로 그렇게 했을 때 결과가 어떻게 나올 것인가에 더 초점을 맞췄습니다. 잘못하면 사각지대가 생겨서 머리 좋은 사람들은 교묘하게 다 빠져나가고 선량한 국민들이 예금 조금 숨겨서 사채 놓은 것만 다 드러나는 결과가 되잖아요. 이런 정책적 갈등과 고민은 언제 어느 때나 마찬가지에요. 요즘 이야기로 하면 하버드대학 교수가 쓴 책 있죠?

마이클 샌델의 《정의란 무엇인가》[11]에 등장하는 주제죠.

그겁니다. 정의라는 게 뭐냐? 그러니까 머리좋은 사람들이 법망의 허점을 악용해 교묘하게 빠져나가고 잘 모르는 서민들만 걸리는 것은 정의와 공정사회라는 개념에 맞지 않으니까 일단 법률상 무리가 있더라도 포괄주의로 하자, 그런 식으로 생각했어요. 그런데 지금도 내가 돌이켜 봐도 그때 만약 법 원칙대로 순진하게 했더라면 완전 실패했을 거예요.

논란 끝에 8·3 조치는 제 10조에서, 동결대상 사채의 종류를 일일이 열거하지 않은 채 "기업이 소비대차계약에 따라 금융기관이 아닌 자에 대해 직접 또는 제 3자를 통해 1972년 8월 2일 현재 부담하고 있는 모든 금전채무를 말한다"고 '포괄주의'를 채택한다.

기업들의 뻔뻔한 자기사채

막상 사채의 뚜껑을 열어 보니 몇 가지 충격적 사실도 드러났다. 부도위기라면서 정부에 자금지원을 아우성치던 기업들이 적지 않게 '자기사채'를 놓은

11 마이클 샌델, 이창신 역, 2010, 《정의란 무엇인가》, 김영사.

것으로 밝혀진 것이다. 출자자 본인이나 가족 친족 등 특수관계인이 자기 회사에 돈을 빌려주고 이자를 받아간 이 같은 '자기사채'는 총 신고사채 금액의 3분의 1이나 되는 1,137억 원이었다. 유수 대기업들도 뻔뻔하게 자기사채를 놓고 있었다.

박 대통령은 대기업들의 자기사채에 대해 불같이 화를 냈으나 긴급명령에는 이 같은 위장사채에 대해 '90일 이내에 출자전환'하도록 강제했을 뿐 따로 처벌규정을 두지 않아 처벌할 방법이 없었다. 결국 1억 원 이상의 위장사채를 가진 유명 대기업 등 10여 개 업체에 대해서는 향후 일체의 정책지원을 중단하는 조치를 내리는 것이 고작이었다.

8·3 긴급조치 이후 사채양성화를 촉진하기 위한 후속조치법으로 만든 「예금·적금 등의 비밀보장에 관한 법률」의 배경 대해 말씀해 주십시오.

▸▸ **김용환**

우리나라 사람들은 외국사람들과 부(富)에 대한 생각이 다릅니다. 외국사람들은 돈 많은 것을 자랑스럽게 생각하잖아요. 자기가 경제적으로 우월하다는 것을 자랑스럽게 생각하는 반면 우리나라 사람들은 자기가 돈 많이 가졌다는 사실을 밖에 노출을 안 시키려는 심리가 있어요. 사채신고를 꺼리는 데는 이런 요인도 있었어요. 그래서 내가 예금비밀 보장을 위해서 특별법을 하나 만들었습니다. 「예금·적금 등의 비밀보장에 관한 법률」, 이것을 내가 주장해서 만들었습니다. 나는 좀 궁리(窮理)가 많고 일 찾아서 하는 것을 취미로 생각하는 사람이에요. 그 법을 만들 때 대통령께 건의했지요.

"우리나라의 사채시장을 노출시키고 우리 국민들의 저축관습을 사채시장에서 양성화해서 공공금융기관, 은행으로 끌어들이려면 한 가지 각하께서 해 주실 것이 있습니다."

"뭘 도와주면 된다는 거야?"

"법을 하나 통과시켜 주십시오. 또 하나, 정보부, 검찰, 국세청 여기 사람들이 은행예금을 마음대로 뒤지지 말게 해 주십시오" 그렇게 요청했습니다.

그때는 사정기관들이 개인 계좌를 영장 없이 뒤졌나요? 법적으로 개인 금융계좌는 함부로 뒤지지 못하고 나중에 본인한테 통보해 주도록 되어 있잖습니까?

개인금융 비밀유지를 강화하는 조치는 나중에 김영삼 대통령 때 금융실명제를 시행할 때 만들어졌습니다. 그때 금융실명제 실무를 맡았던 사람이 누구인지 아세요? 김용진이었는데 재무부 출신이고 옛날에 나와 함께 여러 문제에 대해 함께 고생했던 사람입니다. 아무튼 내가 "예금을 마음대로 뒤지지 않게 해 주십시오. 왜 그러냐 하면 이 법을 아무리 만들더라도 기관들이 자꾸 뒤집니다. 그것을 막아주십시오" 그랬어요. 그랬더니 박 대통령이 "법에 위반된 사람을 규제하려면 불가피한 때에 해야겠지" 그러더라고요. "법 위반을 했을 때는 그것은 도리가 없습니다. 하지만 원칙이 중요하고 법이 중요합니다" 그런 이야기를 해서 특별법을 만든 일이 있었습니다.

사채동결과 8 · 3 조치에 대한 평가

8 · 3 긴급조치 이후 신고된 사채는 긴급명령 시행일인 1972년 8월 3일부터 3년간 거치 후 5년간 6개월마다 균등액을 변제하도록 하는 조정사채로 강제전환된다. 기업들이 물어야 하는 이자는 월 1.35%(연 16.2%)로 당시 사채이자의 절반 이하 수준이었다.

당시에도 사채이자를 얼마 이상 받지 못하게 하는 「이자식산법」이 있었는데 여기에도 훨씬 못 미치는 낮은 이자였다. 기업이 집단도산해 한국경제 전체가 위기에 몰릴 수 있다는 이유로 취해진 극단적 조치, 개인 사채권자의 돈을 기업으로 이전하는 엄청난 특혜성 조치였다.

8 · 3 조치란 결국 기업의 사채부담을 줄여주는 것이지 않았습니까? 기업에 엄청난 특혜를 주는 것이지요. IMF 외환위기 때는 기업들에 대해 비업무용 부동산 매각, 기업공개 등을 요구했지만, 8 · 3 조치 당시에는 일률적 채무동결조치만 일단 발표되었거든요. 그만큼 기업들의 사정이 다급했기 때문에 그랬던 것인가요?

▸▸ 김정렴

그렇다고 봐야지요. 그때는 비상 상황이었다고 판단했으니까요. 실제로 민간 고리사채를 그런 식으로 정리한 것은 우리는 물론 외국에도 유례가 없습니다. 저는 당시 기업이 사채를 많이 쓰는 이유 중 하나가 기업들이 기업공개를 꺼린다는 것이라고 보았어요. 그때는 주식회사라고 해도 집안 돈 모아서 회사 하나 만들고 그다음에 은행융자 받아쓰는 것이 금융조달의 전부였습니다. 그런데 은행도 기업에 돈 대출해 주는 것이 한계가 있으니, 사업을 계속하려면 고리라도 사채를 쓸 수밖에요.

토끼몰이 하듯 사채를 양성화하라

정부가 강제 개입해 개인의 사적 이익을 기업에 넘겨준 특단의 비상조치에 대해 당시 다른 관리들은 어떻게 인식했을까? 나중에 재무부에서 8·3 조치 팀에 합류한 최각규 차관보 역시 비슷한 평가를 한다. 마침 재무부에서도 사채문제의 심각성을 인식하고 나름대로 여러 법안을 마련하던 도중이었다.

▸▸ 최각규

8·3 조치도 어떤 면에서는 광의의 불건전채권 정리의 일환인데 그야말로 대통령의 결단에 따른 긴급조치, 비상대책 중의 초비상대책이었죠. 당시 우리 기업은 대규모 공장건설을 단기 운영자금이나 사채로 추진했으니까, 엄청난 사채가 누적되어 기업이 다 쓰러지게 되어 있었습니다. 뭔가 특단의 조치가 필요하다는 분위기가 정부 내부에서도 형성되었습니다. 8·3 조치보다 훨씬 전에, 그 당시 남덕우 씨가 재무장관이었고 저는 차관보였는데 이 엄청난 한국의 사채시장 문제에 어떻게든 손을 대야 하므로 우리 재무부가 나서서 토끼몰이 하듯 사채를 처리해야 한다며 할 수 있는 대책들을 자주 이야기 했었습니다.

사채를 토끼몰이 하듯 처리한다는 것이 구체적으로 사채를 어떻게 처리한다는 뜻입니까?

어떻게 해서든 (제도권에서) 사채를 끌어안아야 한다는 것입니다. 제도금융권에서 사채를 끌어안으려면 먼저 단자회사를 만들어야 한다고 생각했습니다. 단기금융회사요. 사채라는 게 어떤 점에서 기업에 나쁜가 하면, 기간이 초단기에다가 대출해준 사채업자의 신용위험감수(risk taking) 때문에 기업이 내야 하는 프리미엄 금리가 높다는 것 아닙니까? 그러니까 이것을 양성화하고 제도권으로 끌어내야 하겠다, 그래서 제일 먼저 생각한 것이 단자시장의 육성이었습니다. 그때 「단기금융업법」과 무진회사라고도 했던 신용금고제도, 상호신용금고를 만들었고, 그다음에 신용조합 등을 만들었습니다. 사채를 받아들일 제도금융권을 만들고 넓혀가면서, 다른 한편에서는 사채자금에 대해 당시 우리 표현대로 하면 '토끼몰이'를 해야 한다고 생각한 거죠. 밑에서부터 북을 쳐서 토끼를 산꼭대기로 몰아가서 꼼짝 못하게 해놓고 잡는 것처럼, 제도권을 먼저 만들고 사채를 어떻게 해서든 제도권으로 몰아가려고 생각한 것입니다.

재무부는 이에 따라 1972년 8월 1일 임시국회에서 사금융의 양성화를 위해 「단기금융업법」, 「상호신용금고법」, 「신용협동조합법」 등 3개 법안을 통과시켰다. 각 법안은 규모나 종류별로 각각 다른 사채를 흡수할 수 있도록 설계된 법안이었다. 우선 「단기금융업법」은 거액의 전문사채자금을 흡수해 단자회사 설립을 유도하고 기업의 단기자금 수급이 원활하도록 만든 법이었다.[12] 「상호신용금고법」은 무질서하게 난립한 사설 무진(無盡)과 서민금고를 정비하고 영세사채를 제도금융기관으로 흡수해 영세기업 및 서민의 금융편의를 도모하기 위해 상호신용금고를 만들 수 있도록 한 법이었고,[13] 「신용협동조합법」은 상호 유대를 가진 사람끼리의 협동조직을 통해 조직원 상호간의 자금조성을 목적으로 한 비영리 법인으로 신용협동조합과 새마을금고를 포함했다.[14]

8 · 3 조치, 불가피했나

이렇게 재무부가 사채관련 법을 제정하고 사채를 양성화할 방법을 고민하는 사이에 청와대에서는 재무부도 모르게 비밀리에 8 · 3 조치가 진행됐다.

▸▸ 최각규

8 · 3 조치는 청와대 내부에서 비밀리에 추진된 것입니다. 처음에 시작할 때는 나도 전혀 몰랐어요. 김용환 비서관이 한참 그 작업을 하다가 최종적으로는 재무부 쪽과 협조하지 않으면 안 되는 시점이 되어서야 내가 마지막 단계에 합류했어요.

12 자본금 5억 원 이상의 주식회사로 자기자본의 15배 이내에서 어음발행 할인 매매 인수보증업무를 할 수 있도록 허용했다. 어음매매중개업무와 증권업무도 허용했다.

13 자본금은 1,500만~5천만 원, 자본금의 10배 이내에서 신용계와 부금 취금, 소액신용대출 소액어음할인 업무 허용했다.

14 조합원의 출자금액과 예탁금 적금을 다른 조합원에게 대출해 이자를 받을 수 있도록 했다.

이제 8 · 3 조치가 내려진 지 오랜 시간이 지났습니다. 이후 여러 비판이 있었는데 사후적으로 되돌아볼 때 8 · 3 조치를 어떻게 평가하십니까?

사실 정상적 관점에서 보면 문제가 있는 조치지요. 국민의 사적 재산권 침해니까 말이지요. 그러나 당시 상황에 비춰볼 때 정말 부득이하고 불가피했다, 이런 측면을 이해해야 합니다. 그 제도 자체가 정당성이 있다고 보기는 어렵고 두 번 다시 있어서는 안 되는 제도인 것은 사실이니까 일부에서 원론적 수준의 비판의견을 이야기할 수 있습니다. 그러나 그때는 그렇게 할 수밖에 없었던 현실적 불가피성이 있었습니다. 여기에 대해 이해하느냐 안 하느냐의 차이라고 봐야지요.

당시 8 · 3 조치라는 극단적 상황까지 갈 수밖에 없었던 불가피한 상황이 있었다고 말씀하셨는데, 당시 기업들이 그렇게 사채에 엄청나게 의존하게 된 이유가 무엇이라고 보십니까?

당시 우리나라 기업이 한마디로 아무런 자금이 없었습니다. 운영자금조차도 없는 상태였단 말이에요. 당시의 상황을 한마디로 정리하면 우리나라의 부실한 금융제도가 실물경제를 전혀 뒷받침해 주지 못했던 셈입니다. 공장을 지으려 하면 최소한 1~3년 걸리고 지어 놓은 후 공장이 돌아가서 최종 상환까지 가는 데 적어도 5~10년은 걸립니다. 그러면 장기소요자금이 필요한데 그때는 장기자금은 물론이고 단기자금도 조달하기 어려웠습니다. 문제는 공장건설 자체는 당시에 상업차관 도입이라는 돌파구가 있었다는 것입니다. 상업차관이라는 미끼가 처음부터 아예 없으면 공장을 못 지을 거고 단기자금에 의존하지도 않았을 거예요. 그런데 상업차관은 기업들이 장기로 들여올 수 있었거든요. 외상이면 소도 잡아먹는다고 외상차관을 들여올 수 있었으니까 일단 공장이나 시설은 지었는데 그다음에 운영할 돈이 없으니까 제일 먼저 6개월짜리 은행 당좌대월로 충당하다가 그걸로 부족하니까 다음으로 사채에 의존하기 시작하고, 사채이자를 갚기 위해 또 사채를 빌리고, 그게 악순환이 된 거죠.

당시 장기자금을 공급할 수 있는 금융 인프라 자체가 없었던 것이 가장 큰 원인이라는 말씀이시군요.

그렇죠. 기업 장기금융은 자본시장에서 조달해야 하는 것 아닙니까? 그런데 증권, 주식발행 등 자본시장은 아주 없는 거나 마찬가지였지요. 그러니 회사채 발행이 됩니까? 주식시장에서 주식발행이 됩니까? 또 장기시설금융을 제공할 수 있는 금융기관도 거의 없었어요. 정부가 하는 산업은행 하나밖에 없고 나머지 4개 시중은행은 전부 단기자금을 공급하는 은행이었습니다. 직접금융도, 간접금융도, 장기금융 제공 메커니즘도 전혀 없었어요. 금융이 실물 부문을 뒷받침해 주지 못한 것이 문제였습니다.

기업들이 해외에서 상업차관을 얻어 공장을 자꾸 짓기 시작하는데, 정작 운전자금(working capital)을 제도권에서 구하지 못하니 사채시장 의존도가 높아진 거군요.

기업들이 우선 은행 단기부채를 얻어서 공장을 돌리는데 그걸로 부족하니까 다들 사채시장으로 몰려간 것입니다. 경제가 나빠져서 은행 빚을 못 갚게 되니까 은행에는 불건전채권이 계속 쌓이고 … . 경제라는 것은 제로섬(zero-sum)이 아닙니까? 한 곳에서 문제가 발생해서 긴급처방을 하다 보면 반드시 다른 어디엔가 문제가 생기게 되어 있는 거예요.

당시의 비대한 사채시장은 자본시장, 금융시장이 미발달한 상태에서
실물부분이 고속성장한 데서 오는 부작용이라고 봐야겠군요.

그렇죠. 우리가 경제성장, 그것도 이른바 압축성장을 한 것이 부작용을 낳았습니다. 지나친 급속한 고도성장 … . 고도성장을 하려면 이를 뒷받침할 금융제도적 메커니즘을 정비하면서 가야 되는데 그것이 아직 덜 된 상태에서 실물이 너무 빨리 튀어나가니까 금융과 실물 부문에 마찰이 생기게 마련이에요. 나는 8 · 3 조치도 그런 마찰이 빚어낸 결과라고 봐요. '사채시장에서 월수 쓰느니 나는 차라리 공장 안 지으면 그만이요, 시설 확장 안 하면 그만이다', 기업들이 그렇게 생각하면 아무 문제가 안 생겼을 텐데 다들 상업차관 들여와서 공장을 짓겠다고 무리를 하는 데서 문제가 생긴 거란 말이에요. 다시 한 번 강조하지만 경제는 제로섬이라고 봅니다. 제도가 완비되지 않은 상태에서 한쪽이 빠져나가면 어디엔가 삐걱 소리가 나오게 되어 있어요. 마찰이 나오게 되어 있고 갈등이 나오게 되어 있다고요. 그 급속한 고도성장과 국내의 자본시장의 미비와 오는 마찰이 시장실패로 이어지고 결국 8 · 3 조치로 나타난 거예요.

기업특혜와 「기업공개촉진법」

기업공개촉진법 제정의 배경

1972년 8월 3일에 단행된 사채동결에 관한 긴급조치가 어느 정도 마무리되고 중화학공업 투자가 활성화되자 정부는 기업공개를 서두른다. 기업의 과도한 부채 의존도를 낮추고 장기자본과 자기자본을 마련하기 위해 재무부는 「기업공개촉진법」을 제정했다.[15]

「기업공개촉진법」이 제정된 것은 8·3 조치로 기업이 과도한 정책적 특혜를 받았다는 국민적 비판에 대응한다는 정치적 측면도 있었다. 당시 8·3 조치로 기업들이 보유하던 단기성 사채가 장기자금으로 전환된 데다 사채이자가 대폭 낮아지고 일부는 은행의 대환조치로 이어져 기업의 수익성이 크게 개선됐다. 또 고정자산특별상각, 투자세액공제, 증자 및 기술개발비에 대한 세제특례 등의 조치가 내려지는 등 기업들이 세제와 금융 모두에서 엄청난 특혜를 받은 데 대해 비판이 비등했다.

기업들이 주식공개로 자기자본을 확충해야 한다는 공감대가 정부 내에 형성된 것 같습니다. 8·3 조치 작업을 추진할 때 언제 어떤 방식으로 기업공개 조치를 하겠다, 이렇게 구체적 일정을 염두에 두고서 추진했나요?

▸▸ 김용환

처음부터 모든 것을 사전에 모조리 예견하는 것은 사실상 불가능합니다. 하지만 정책결정 이후에 결과물을 놓고 반성도 많이 하고 다음 단계를 후유증 없이 어떻게 이행하느냐? 이런 생각과 고민은 언제나 많이 했죠. 가령 8·3 조치를 1972년도에 실시하고 그리고 이어서 중화학공업 정책으로 이행하면서 필요 재원을 조달하기 위해 그때 「국민투자기금법」을 만들었어요. 중화학공업을 추진하는 데에 엄청난 돈이 필요하잖아요. 그래서 일반금융기관의 저축성예금의 일부(30%)까지를 집어넣어서 재원조달 조치를 했고요. 기업이 커지고 투자성과가 나오기 시작하니

15 이 법안은 1972년 12월 국회의결을 거쳐 1973년 1월 5일 정식 발효되었다.

까 "재형저축제도를 포함한 기업공개정책을 본격적으로 시행할 단계가 됐다, 이만큼 우리 기업이 컸으니까 이제는 (과실을) 나눌 때가 됐다, 그러니 관련법을 만들어야 한다" 이렇게 판단한 것입니다.

1973년 초부터 발효된 「기업공개촉진법」은 1968년에 제정된 「자본시장 육성에 관한 법률」과 입법취지는 같았다. 그러나 기업공개에 상당한 강제성이 동원됐다는 점[16]에 핵심적 차이가 있었다. 공개대상법인의 일반적 기준으로는 ① 외자도입법의 규정에 의해 자본금 이상의 현금차관계약 또는 자본재도입계약에 대한 인가를 받은 법인, ② 8·3 긴급경제조치에 의한 조정사채의 총액이 1억 원 이상인 법인, ③ 금융기관으로부터 10억 원 이상의 여신을 받은 법인, ④ 국민경제를 위해 기업공개가 필요하다고 인정되는 법인 등이었다.[17] 자발적으로 기업공개를 하는 기업에 대해서는 법인세를 감면해 주는 등 갖가지 당근과 유인책이 제공되기도 했다.[18]

1973년 「기업공개촉진법」에 따라 기업공개 심의회의가 발족되고 공개적격법인에 대한 심사가 진행되자 강제적 공개지정을 받기 전에 상장하려는 기업들이 늘기 시작했다. 1973년 주식공모 실적은 신규로 주식시장에 상장된 기업이 41개사 208억 원으로 「자본시장육성에 관한 법」이 제정된 1968년 이후 1972년까지 공개된 41개사를 넘어섰다. 주식공모 열기가 뜨거워 평균청약률이 2,700%를 상회하자 이른바 프리미엄부 발행도 등장했다.

16 기업공개심의회의가 기업공개를 명령하고 응하지 않을 경우 법인세를 20% 가산해 징수하고 기업 대주주에게는 종합소득세를 20% 가산해 징수했다. 또 지급이자 손비처리를 일부 허용하지 않고 기부금, 접대비 등의 손금산입한도액을 인하하는 등 각종 세법상의 불이익을 주는 동시에 금융지원을 제한하는 등 강력한 규제수단을 동원했다.

17 공개적격법인의 선정기준은 자본금이 5천만 원 이상이고 설립 후 2년이 경과하고 공개 후 연 10% 수준의 이익배당이 전망되며 증권시장에 상장할 경우 그 법인의 주식이 액면가 이상으로 거래될 것으로 전망되는 법인 등이었다.

18 비사업용 토지에 대해 「자산재평가법」에 의한 재평가를 허용하여 법인세 대신 재평가 차액의 27%에 해당하는 재평가세만 내도록 했다. 그리고 1973년 1월 이전에 조세를 포탈한 사실이 있거나 자산 및 환급받은 조세 등 갖가지 문제가 있는 자산을 재무제표에 계상한 적이 있더라도 「조세범 처벌법」이나 「특정범죄가중처벌법」 등을 적용하지 않는다는 내용이었다.

약속 어긴 기업들과 '5 · 29 특별지시'

그러나 이들은 대부분 중간정도 규모의 기업이었다. 정작 정부가 자발적으로 공개하기를 원했던 대부분의 재벌기업들은 주식시장 공개를 미루고 여전히 특혜성 은행대출과 수출 정책금융에 매달려 있었다. 이에 따라 대기업의 주력기업 공개를 촉구하는 '5 · 29 대통령 특별지시'가 발표된다.

▸▸ 김정렴

기업공개를 해도 50% 이상만 지분을 확보하면, 경영권을 유지할 수 있는데도 당시 기업들은 기업공개를 꺼렸지요. 8 · 3 조치 발표 후에 전경련이 총회를 열고 '참 죄송하게 됐다. 또 사채업자에 대해서도 그동안에 나름대로 아쉬울 때 신세졌는데 이번에 미안하게 되었다. 그 대신 앞으로 국민에 대해서 주식공개해서 보답하겠다'고 공개적으로 성명을 냈습니다. 스스로 결정한 총회결의입니다. 그래서 우리는 (기업들이 알아서 기업공개를) 하는 줄 알았지요. 그런데 2년이 지나도 기업공개를 할 기미가 전혀 안 보여요. 그래서 박 대통령께서 내각에 지시해서 만든 것이 1974년 5월 29일의 5 · 29조치입니다. 대기업들에게 비주류 방계회사를 정리하고, 비업무용 부동산을 처분하고, 주식공개를 하라는 것이 주요 내용이었지요.

사실 박 대통령은 처음부터 기업공개에 적극적인 생각이었어요. 삼성그룹, 럭키그룹 등 각 그룹들에 '주력회사 하나를 세계일류기업으로 밀어 줄 테니 나머지 방계회사는 다 처분하고 주력회사도 공개하라'는 것이었지요. 사실 그때까지만 해도 '재벌'이라는 얘기는 안 나왔던 시절이에요. 대신에 '그룹'이란 용어가 사용됐지요.

'5 · 29 조치' 발표 이후 가장 먼저 기업공개를 하겠다고 선언한 기업인은 쌍용의 김성곤 씨였다. 당시의 언론보도를 보면 쌍용의 김성곤 씨가 대기업 가운데서는 처음으로 기업공개를 추진하기로 했다고 대대적으로 보도했다.

그때 김성곤 씨가 자발적으로 기업을 공개하겠다고 나섰는가요?

▸▸ 김용환

김성곤 씨의 기업공개에 얽힌 이야기는 좀 깁니다. 어느 날 제가 박 대통령에게 이렇게 보고드렸습니다.

"이제는 국민주 개념을 염두에 두면서 기업들의 공개를 정부가 좀더 압박하고 강제해야 될 것 같습니다."

"기업들이 순순히 말을 들을까? 저항이 많을 텐데."

"승낙해 주시면 그것은 어떻게든지 제가 설득하겠습니다."

"그럼 한번 추진해 봐."

그래서 1974년 5월 29일자로 '내각에 특별지시'가 내려진 것입니다.

그 지시를 본격적으로 이행하기 위해 내가 전경련보다도 상공회의소를 앞세웠어요. 당시 상공회의소 회장이 쌍용의 김성곤 회장[19]이었습니다. 이분이 정부의 혜택도 많이 받았지만 정계의 실력자이기도 했거든요. 이런 실력자가 먼저 솔선수범하고 기치를 내걸어야 다른 기업이 따라온다고 본 것입니다. 그래서 김성곤 씨한테 그 임무를 제가 부탁하려고 했어요.

"김성곤 회장을 전면에 나서게 하겠습니다."

그랬더니 박 대통령이 "한번 해봐" 그러시더라고요.

그래서 즉각 내려가서 김성곤 씨에게 전화를 걸어 "제가 나가서 찾아뵈어야 되는데 이목도 있고 하니까 어려우시지만 제 방에 좀 들어오십시오", 이렇게 부탁했더랬어요. 사실 내심으로는 참 미안하더라고요. 그분이 들어오시기에 내용을 설명하고 이렇게 부탁했습니다.

"먼저 쌍용이 주력기업인 쌍용양회를 기업공개하겠다고 특별기자회견을 해 주십시오. 그리고 이 일의 전면에 나서 주십시오."

"이것은 중요한 일이니까 나한테 하루만 시간을 주시오. 그래도 가문의 사활이 걸린 문제이니 가족들과 의논해야 되겠소."

"알겠습니다. 김 회장님의 긍정적 답변을 기다리겠습니다."

김 회장은 기업을 공개하면 자기가 이루어 놓은 전 재산을 전부 뺏기는 것으로 생각했어요. 완전히 통째로 뺏기는 것으로요. 그때 사실 각본 다 만들어 놓고 요구한 것인데 이분이 그냥 수용하고 전면에 서더라고요. 집에 가서 가족들을 어떻게 설득했는지 그것은 잘 모르겠어요. 아마도 '김용환이 말이야, 대통령 각하 힘을 믿고 내 재산 다 빼앗아 가려고 한다'는 그런 눈치였어요.

결국 김성곤 회장은 1974년 7월 8일 기자회견을 통해 정부의 기업공개 시책에 부응하기 위해 자신이 먼저 쌍용양회를 공개해 '국민의 기업'으로 만들겠다고 선언했다. 그렇다면 왜 김성곤 씨가 가장 먼저 총대를 멨을까?

19 성곡(省谷) 김성곤(金成坤, 1913~1975): 쌍용그룹을 창립하고, 공화당 의원, 국회 재경위원장 등을 역임하였다.

▸▸ 김정렴

김성곤 씨는 오랫동안 여당 당무위원과 재정위원장을 한 중진이었습니다. 그런데 이른바 항명파동 즉 야당이 제출한 오치성 내무장관의 해임결의안에 대해 부결하라는 대통령 방침을 어기고 길재호 사무총장과 더불어 통과시킨 책임을 물어 여당에서 제명되고 집에서 자숙하고 있었는데 김성곤 씨를 당시 김용환 수석비서관이 청와대로 불렀지요. 사실 그 당시에는 비서실장인 나도 이 사실을 잘 몰랐어요. 김용환 수석이 쌍용시멘트 기업공개가 박 대통령에게 보답하는 길이라고 강조했다고 전해 들었습니다. 아무튼 김성곤 씨는 김 수석 면담 후 바로 기자회견을 해서 기업공개를 하겠다고 밝혔어요.

1974년 7월 9일자 〈매일경제신문〉은 김성곤 씨의 기업공개 선언에 대해 다음과 같은 기자회견 기사를 실었다.

5·29 대통령 특별지시는 우리나라의 기업풍토 개선과 국민총화의 신기원을 이룩할 역사적 조치이기 때문에 이에 적극 호응해서 기업공개에 앞장서기로 했습니다. 쌍용그룹은 소유주식 공개 작업에 착수해 주력업종인 시멘트를 계속 확장 발전시키기로 결정했습니다. 방계기업을 처분하고 그 자금을 쌍용양회에 투입해 자본금을 100억 원 이상으로 늘린 다음 이 가운데 70%를 종업원, 시멘트 대량수요자, 대리점 및 일반대중에게 공개 분산하겠습니다. 인생은 공수래공수거(空手來空手去) 아니겠습니까? 재물에 대한 욕심은 없습니다. 다만 세계 수준의 시멘트 공장 하나만은 필생의 사업으로 남겨 놓고 싶군요. (〈매일경제신문〉, 1974. 7. 9)

'공수래공수거', '재물에 대한 욕심이 없다' 등의 어휘가 눈에 띈다. 얼핏 들으면 70%의 주식공개가 마치 70%의 재산을 다 내놓은 것처럼 허탈한 감회가 느껴지는 기자회견이었다.

재벌기업들의 공개압박

그러나 대통령 특별지시와 앞서서 총대를 멘 김성곤 회장의 기업공개 선언에도 불구하고 다른 재벌그룹들은 꿈쩍도 하지 않았다. 1975년 상반기까지 1년 동안 48개 기업이 추가공개를 했지만 대부분 계열기업군 중 비핵심 기업들뿐이고 정작 계열기업군의 핵심기업, 주력기업에 대해서는 여전히 공개를 회피했다. 대그룹의 주력기업 공개는 요원했다. 결국 정부는 '금융여신과 기업소유 집중에 대한 대책'등 일련의 강제조치를 통해 대기업들의 공개를 정책적으로 압박하기 시작했다.[20] 또 1975년 8월 8일에는 '기업공개 보완시책'을 발표하고 우선 공개대상인 대기업의 선정기준을 발표한다.

우선 공개대상 법인은 ① 계열기업의 주기업, ② 외형기준 100대 기업, ③ 500만 달러 이상의 차관도입기업, ④ 수출실적 기준 100대 기업, ⑤ 투자공사 실사결과 적격법인, ⑥ 중화학공업 등이었다. 또한 ① 선정기준의 각 요소가 여러 개 겹치는 기업, ② 계열기업군의 주기업, ③ 중화학공업 등으로 공개 우선순위를 구체화시켜 대상기업들이 빠져나가거나 핑계거리를 만들지 못하도록 했다. 일단 대상을 선정한 후 정부는 3단계 기업공개 강제조치를 동원한다.[21]

같은 해 11월 박 대통령은 월간 경제동향보고회의에서 기업공개를 다시 한 번 강력히 지시했고 재무부는 며칠 후인 11월 7일 공개대상 기업체에 기업공개를 촉구하는 공문을 일제히 발송했다. 이처럼 기업들을 압박하는 한편으로 주력대기업과 대형기업의 공개로 증권이 대량으로 공급될 경우에 대비해 「증권거래법」 등 관련법을 보완하고 정비했다.[22]

20 재무구조가 취약한 재벌기업에는 은행대출이나 차관 도입시 신규지급보증 중지, 비업무용 부동산 취득금지, 방계기업 매각 등의 조치를 취하는 한편 재무구조가 우량한 계열기업은 「기업공개촉진법」에 의한 공개지정권을 발동한다는 '금융여신과 기업소유 집중에 대한 대책'이 발표되었다.

21 1단계로는 공개대상 법인의 명단을 공개하고 2단계로는 공개지정 최고(催告)를 하면 3단계로 「기업공개촉진법」상의 법적명령으로 공개 지정하였다.

22 총액인수제도 확립, 토지신탁, 증권저축, 종업원지주제 등을 신규로 도입하거나 보완하게 된다.

▸▸ 김용환

기업공개를 자발적 유도 혹은 강제하면서 다른 한편으로는 이를 받아들이는 시장 체제가 필요하잖아요. 그래서 「증권거래법」이라든지 관련법을 전부 보완하고 증권 시장 육성계획을 병행 추진했습니다. 그러니까 어디 한 군데서 물이 새나가지 않도록 전방위에서 조이는 겁니다.

금융과 세제를 총동원한 강경조치와 압박이 계속되자 재벌그룹의 주력기업들이 서서히 기업을 공개하기 시작했다. 1956년 증권거래소 설립 이후 1972년까지 17년간 66개에 불과하던 상장기업은 1979년 말까지 355개로 늘어났다. 이 가운데 309개가 대기업이었다. 대기업에 대한 다각도의 압박정책이 효과를 거둔 것이다.

정부가 다면적으로 압박하니까 많은 기업들이 공개를 했지만
당시 현대건설은 끝까지 기업공개를 하지 않았지요?

▸▸ 김정렴

5 · 29 조치가 나온 후, 현대건설도 한국은행 내 설치된 금융감독원과 재무체질 개선 약정을 맺었어요. 주식을 언제까지 공개하고 비업무용 부동산은 언제까지 처분하고 방계사업은 언제까지 정리한다는 내용이지요. 기간은 대체로 3~5년이었을 것입니다. 그런데 어느 날 정주영 회장이 제안해 왔습니다. "기업공개를 해서 아무 관계없는 사람들 돈 벌어 주기보다는, 현대건설 주식의 반을 복지재단에 기증해서, 그 재단으로 하여금 병원사업을 하도록 하겠습니다." 그 당시 박 대통령이 의료보호사업을 막 시작했을 때였어요. 의료보험 가입이 어려운 사람들에게는 의료비를 무료 또는 실비로 제공하는 사업이었습니다. 그때도 우리 재정이 너무 취약하니까 많은 혜택을 주지 못해서 고민하던 터에 현대건설이 주식의 반을 내놓아 의료사업을 하겠다고 한 것이지요.

그런 제안을 정부가 받아들여서 아산병원이 설립된 것이군요.

아산병원뿐이 아니었어요. 현대가 강원도 인제, 경상도 영덕, 전라도 보성, 충청도의 보령, 홍천에 모두 종합병원을 세웠어요. 그리고 의료인력을 서울 아산병원과 이들 지방 종합병원에 몇 년씩 돌아가며 근무하도록 했습니다. 지방에서도 서울에

서와 같은 일류 의료서비스를 받을 수 있도록 한 것이지요. 그랬더니 대우의 김우중 씨도 1978년에 거창한 문화재단을 만들었어요. 그리고는 전라도의 신안, 진도, 완도 이런 섬 지역 그리고 무주 구천동에 종합병원을 열고, 섬들을 순회하며 치료하는 병원선을 만들어 운용했습니다.

우여곡절 끝에 기업공개가 활발해지고 이 무렵부터 회사채 발행을 통한 기업자금의 직접조달도 이뤄지기 시작한다. 회사채 발행잔액은 1975년 3천억 원대, 1979년 6천억 원대를 넘어섰다. 차관과 사채와 은행 등 간접금융, 타인자본을 통한 고도성장을 이룩하는 과정에서 부실기업정리와 8·3 조치 등 격동기를 겪어온 한국의 금융시장에 직접금융시장이 본격적으로 발전의 기틀을 잡게 된 것이다.

오일쇼크와 외환위기

'1·14 긴급조치'의 발동

한국인에게 1973년 겨울은 유난히 추웠다. 1차 오일쇼크가 발생하면서 유가가 몇 배나 급등한 것이다.[23] 도시에서는 화장실이 동파해 오물이 집안에 넘쳤으나 기름값이 너무 비싸서 기름보일러를 가동하지 못했다. 더 큰 문제는 중화학공업으로 석유의존도가 높아진 한국경제의 체질이었다. 1968년을 전환점으로 해서 우리나라의 주요 에너지원이 석탄에서 석유로 바뀐 데다 특히 기름이 많이 드는 중화학공업이 본격적으로 확장되던 시점이라 오일쇼크가 발생하기 직전인 1972년에는 국내 소비 에너지의 50% 이상을 석유에 의존했다. 석유는 전량을 해외에서 수입하므로 1973년 10월 16일 발발한 석유파동은 물가폭등을 넘어 한국경제의 존립 자체를 위협하는 외환위기로까지 이어졌다. 국제수지는 적자행진을 이어가고 보유외환은 고갈상태였으며 순외화자산(net foreign asset)은 마이너스로 반전했다.

23 배럴당 2.45달러였던 유가가 1974년에는 11달러를 넘어섰다.

후일 1979년 7월에 발생한 제 2차 석유파동 때는 유가가 무려 배럴당 32달러 선을 넘었지만 아무런 준비 없이 맞은 1차 석유파동이 더 심각했다. 마침내 정부는 1974년 1월 저소득자의 조세부담 경감, 사치성 소비재의 억제, 중소기업 자금지원 등 세제, 금융지원을 주요내용으로 하는 '국민생활 안정을 위한 대통령 긴급조치 제 3호', 이른바 '1 · 14 조치'를 선포한다.[24] 제 1차 오일쇼크가 발생하고 약 6개월이 지난 시점이었다.

경제부처들이 나름대로 마련한 대책들이 있었으나 사태의 비상한 심각성을 고려해 좀더 충격적인 내용과 강력한 의지가 포함될 필요가 있다고 보고 비상조치가 내려졌다. 바닥이 보이지 않는 추락위기에 처한 한국경제의 운명을 상징이라도 하듯 매섭고 추운 바람이 부는 1973년의 12월이었다. 1 · 14 긴급조치를 실질적으로 입안, 실행하는 사령탑을 맡은 사람이 김용환 청와대 경제수석비서관이었다.

▸▸ 김용환

1973년도에 오일쇼크가 터졌잖아요. 내 기억으로는 배럴 당 2달러 40센트인가? 하여튼 원유가격이 하루아침에 10달러 대로 넘어섰고 한때 최고로 올라갈 때는 30달러 대까지 올라갔습니다. 잘 아는 바와 같이 지금은 우리가 서비스산업이 많이 발달이 됐기 때문에 유가 파동의 충격을 덜 겪게 됐죠. 그런데 당시 우리나라의 경제의 기본틀은 제조업이 대부분이었습니다. 2차 산업단계란 말이죠. 그것도 유류소비가 유난히 많은 중화학공업 …. 그러니 석유위기 때문에 경제가 하루아침에 다 망가지게 됐지 않습니까? 그래서 긴급대책을 마련한 것입니다. 8 · 3 조치를 할 때는 내가 실무를 담당하고 최종적으로 대통령 특별담화의 배경설명, 당위성, 국민에 대한 당부 이런 주요 내용의 기안은 남덕우 당시 재무장관이 했습니다. 그러나 1 · 14 때는 내가 경제수석비서관이었기 때문에 12월 중순부터 작업을 시작해서 기안을 하고 법안도 만들고 했습니다.

24 1 · 14 긴급조치의 내용은 ① 저소득층의 부담을 줄이기 위하여 소득세 및 주민세를 면제 혹은 대폭 경감하고 ② 대중교통수단의 요금인상을 최소한으로 억제하기 위한 통행세를 감면하고 ③ 농가소득 증대를 위해 미곡수매량을 늘리고 가격을 가마당 500원 인상하며 ④영세민 취로대책비 100억 원을 집행하고 ⑤ 중소상공인에 대해 특별저리금융자금 200억 원을 지원하며 ⑥ 임금체불과 부당해고를 방지하기 위해 악덕 기업가에 대해 가중처벌하고 ⑦ 각종 사치성 재화에 대한 조세를 인상하며 ⑧ 유류절약을 위한 휘발유세를 인상하는 등의 내용으로 되어 있다.

심기일전(心機一轉)? 심기일전(心氣一轉)!

김용환 비서관은 8·3 조치 때 이미 한차례 호흡을 맞춘 적이 있는 김종현, 최진배, 심형섭 등을 다시 불러 세검정 북악파크 호텔에서 실무작업에 들어갔다. 긴급조치 내용의 완성날짜를 1974년 1월 10일자로 맞춘 만큼 초를 다투는 상황이었다. 연말연시의 들뜬 거리와는 완전히 차단된 채 극비보안 속에 작업을 추진했다. 12월 말에는 추가로 고병우, 하동선, 송병순, 이상희 등이 들어와 비상조치의 내용을 완성시켰다. 이때도 역시 사안의 긴급성과 중대성에 비추어 관련자 모두로부터 비밀엄수 서약서와 사직원을 제출받은 상태였다.

보고서는 당초 목표대로 1월 10일에 완성됐고 1월 12일 대통령의 재가를 받았다. 당초 1월 16일 시행예정이었으나 1월 14일 발표와 함께 곧바로 시행하기로 했다.

휘발유 세율 인상과 통행세 인하, 부당이득세 신설, 중소기업 특별융자 등의 특단의 조치가 여러 가지 포함되어서 이때도 역시 상당히 보안을 요하고 긴박하게 돌아갔을 텐데요.

▸▸ 김용환

그렇습니다. 1월 12일 대통령의 재가를 받고, 제기동에 있는 정보부 인쇄소에서 대통령 특별담화를 인쇄해서 1월 13일 날 밤 11시, 청와대 긴급국무회의에서 이것을 통과시키기로 되어 있었습니다. 그런 중요한 문건은 글자 한 자 틀려서는 안 되니까 최종판 인쇄를 들어가기 전에 8번이나 다시 읽고 이만하면 완벽하다고 생각해서 인쇄기를 돌려서 밤 11시에 예정된 청와대 긴급국무회의에 가지고 들어갔습니다. 다른 국무장관들은 김종필 총리 공관에서 저녁을 같이 먹고 버스를 타고 청와대에 들어왔고 심야 국무회의에서 내가 최종 브리핑을 했습니다.

당시 분위기와 브리핑 과정을 설명해 주십시오.
이 브리핑 당시 유명한 심기일전(心氣一轉) 에피소드가 등장했다면서요?

브리핑을 하려면 브리핑 차트를 넘겨야 하는데 그 보조를 해 준 사람이 한국은행 출신인 심형섭 씨였죠. 국무회의에서 법안을 먼저 통과시키고 대통령 각하의 특별담화문을 읽고 하는 그런 순서인데 대통령께서, "김 수석이 담화문을 전부 읽어 봐" 하시기에 내가 그걸 읽었습니다. 읽기를 마치자 대통령이 마무리하는 톤으로, "내용 뭐 잘못된 것 없지?" 하고 말하자, 나는 다 끝났다 싶어 긴장이 풀렸습니다.

그런데 갑자기 민관식 문교부 장관이 "각하, 여기 글자가 하나 틀렸습니다" 하는 겁니다. "한자가 심기일전(心機一轉)이 맞는데 여기는 심기일전의 '機' 자를 기운 '氣' 자로 잘못 썼습니다." 깜짝 놀라서 내가 들여다보니 정말로 잘못 썼습니다. 진땀이 주르르 흐르더군요. 그런데 다음 순간 대통령이, "정말 한자를 잘못 썼네. 그런데 말인즉슨 기분(氣分)을 일전하라는 표현이 더 나은 것 같으니 담화문을 원안대로 통과시키지" 하는 것입니다. 내가 1·14 대통령 긴급조치 때문에 12월 한 달 내내 매일 잠도 못자고 열심히 기안하고 많이 고생한 걸 알기 때문에 부하의 기분과 사기를 죽이지 않기 위해서 한 이야기지요. 아무나 할 수 있는 배려가 아닙니다. 왜냐하면 정식 국가문서인데 글자가 틀린 대로 내자고 이야기해 주는 것은 보통일이 아니지요. 그래서 그대로 인쇄물이 나갔어요.

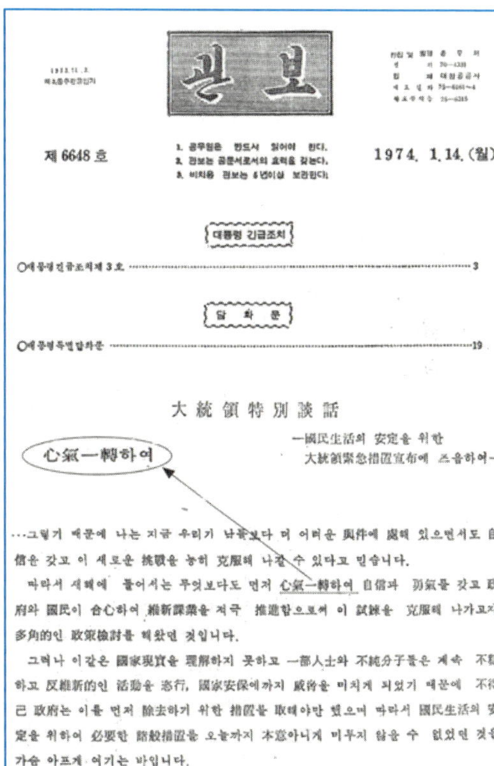

관보

제 6648 호

1. 공무원은 반드시 읽어야 한다.
2. 관보는 공문서로서의 효력을 갖는다.
3. 비치용 관보는 5년이상 보관한다.

1974. 1. 14. (월)

대통령 긴급조치

○대통령긴급조치제3호 3

담 화 문

○대통령특별담화문 19

大統領特別談話

—國民生活의 安定을 위한
大統領緊急措置宣布에 즈음하여—

心氣一轉하여

…그렇기 때문에 나는 지금 우리가 [illegible]보다 더 어려운 與件에 處해 있으면서도 自信을 갖고 이 새로운 挑戰을 능히 克服해 나갈 수 있다고 믿습니다.

따라서 새해에 들어서는 무엇보다도 먼저 心氣一轉하여 自信과 勇氣를 갖고 政府와 國民이 合心하여 維新課業을 적극 推進함으로써 이 試鍊을 克服해 나가고자 多角的인 政策檢討를 해왔던 것입니다.

그러나 이같은 國家現實을 理解하지 못하고 一部人士와 不純分子들은 계속 不穩하고 反維新的인 活動을 恣行, 國家安保에까지 威脅을 미치게 되었기 때문에 不得已 政府는 이를 먼저 除去하기 위한 措置를 取해야만 했으며 따라서 國民生活의 安定을 위하여 必要한 諸般措置를 오늘까지 本意아니게 미루지 않을 수 없었던 것을 가슴 아프게 여기는 바입니다.

관보(1974.1.14)
관보에 게재된 대통령특별담화문 내용 중 심기일전(心機一轉)의 '機' 자가 '氣' 자로 오기되었다.

내가 나중에 그걸 증명하기 위해 설명서와 인쇄물은 찾아보니 전부 기(機)자로 고쳐져 있더라구요. 김정렴 실장께 나중에 물었더니 "기억이 안 난다"고 하시고 그때 문서 보조를 했던 심형섭 씨는 기억이 난다고 하는데 그 사람은 나와 친한 관계라 다른 사람이 안 믿어 줄지도 몰라서 계속 실제로 증명할 수 있는 문건을 찾았죠.

한자를 지적한 민관식 장관을 나중에 우연히 만나서, "그때 '심기일전' 사건을 기억하십니까?" 물어보니 이분이 전혀 기억이 안 난다는 거예요. 당신의 주된 관심분야가 아니니까 기억을 못하는 거죠. 그러고 있는데 최진배라고 8 · 3 조치와 1 · 14 조치 때 핵심 멤버였던 사람이, "혹시 관보에 실려 있을지 모르니까 그걸 찾아보시라"는 조언을 하는 것입니다. 그때 기자들에게 미리 브리핑하느라고 인쇄물이 나갔고 기자 브리핑 후 총무처에 보내서 관보에 등재하고 그랬으니까. 그 말을 듣고 혹시나 해서 찾아보니까 정말 그때 당시의 관보에 기운 기(氣)자가 써져 있는 겁니다. 그래서 내가 거짓말하지 않았다는 것을 증명했지요.

1 · 14 조치 이후로 경제상황이 나아졌나요? 어떻게 전개되었습니까?

안타깝게도 경제가 전혀 나아지지 못했어요. 1973년도에 터진 석유위기가 시간이 갈수록 계속 심화됩니다. 경제기반 자체가 흔들렸습니다. 마침 그때 월남이 패망하면서 공산화되고 북한이 모라토리엄을 선언했단 말이에요. 또 1974년 8월 15일 육영수 여사께서 광복절 경축식장에서 (문세광에게) 저격을 당해서 돌아가시는 바람에 사회 분위기가 굉장히 불안했습니다. 그러니까 세계 각국의 눈이 대한민국에 집중이 되었지요. 내각이 총사퇴해서 면모를 일신할 필요가 있었습니다. 그렇게 9월 18일 내각을 재편하는 조각과정에서 내가 재무장관으로 나가게 됩니다.[25]

재무장관으로 임명되는 자리에서 박 대통령으로부터 '어떻게 해서든 경제난을 해결하라'는 중대한 미션이 떨어졌다. 오일쇼크 여파로 인한 물가폭등과 외환위기를 돌파하고 수습하라는 것이었다. 근원적 해법은 유류 소비가 높은 산업구조를 근본적으로 재편하는 것이었지만 우선 당장은 발등에 떨어

25 당시 신임 경제부총리는 남덕우 재무부 장관이었고 김정렴 비서실장이 작성한 신임 재무부 장관 후보에는 장예준(상공부 장관), 배수곤(상업은행장)으로 올라가 있었으나 박정희 대통령이 두 후보의 명단에 줄을 긋고 김용환으로 고쳐 적은 것을 나중에 알았다고 술회한다(김용환, 2006, 《임자, 자네가 사령관 아닌가》, 매일경제신문사, 171쪽).

진 불을 끄는 것이 급했다.

단기적으로는 물가고를 해결하기 위해 경제의 축소균형이 불가피했다. 그보다 더 급한 일은 외환위기로 인한 국가 부도위기를 막는 것이었다. 유가급등으로 인한 국제수지 악화와 외환부족 사태를 극복하려면 시급하게 외국에서 달러를 조달해야 했다. 공무원의 최고 정점이라는 재무부 장관이 됐지만 개인적 기쁨을 맛볼 여유도 없었다. 취임하자마자 정신없이 해외에 나가서 IMF와 스탠드바이 협정(stand-by agreement)을 맺음으로써 석유기금[26]의 일부를 할당받아야 했고 뉴욕 금융시장에 가서 어떻게 해서든 뱅크 론(bank loan)을 얻어와 외환위기의 급한 불을 꺼야 했다. 김용환 장관은 2억 달러를 조달해 오겠다는 목표를 세웠다.

그때 2억 달러라면 큰돈인데 외환위기를 겪는 한국에
미국 은행들이 돈을 쉽게 꾸어 줄 리 없었을 것 같은데요.

▸▸ 김용환

우리나라가 미국 금융기관들로부터 은행차관을 최고로 많이 들여온 것이 그때까지 2천만 달러인가밖에 안될 때였어요. 내가 2억 달러 도입을 추진한다고 하니까 국제금융시장을 잘 아는 남덕우 총리가 나더러 "김 장관, 과욕을 부리지 말고 한 5천만 달러 정도 추진해서 그저 한 3천만 달러 정도 얻으면 현실적으로 그 선에서 만족할 수밖에 없다" 그러시더라고요. 그런데 내가 2억 달러 얻어 오겠다고 오기를 부렸죠.

미국 은행가들의 태도는 어땠습니까? 처음에 별로 협조적이지 않았을 것 같은데요.

원래는 남덕우 재무장관이 IMF 총회 참석을 겸해서 9월 24일 날 뉴욕에 가기로 되어 있었어요. 그런데 이분이 부총리가 되고 9월 18일 내가 장관이 되는 바람에 예정된 날짜보다 이틀 후인 9월 26일에 내가 뉴욕으로 출국하게 되었습니다. 그런데 주병국이라는 뉴욕재무관이 다급한 목소리로 전화를 해왔어요. "원래 남덕우 장관과 만나기로 한 뉴욕의 뱅커들이 아무도 안 만나 주려고 합니다"는 거예요. 내가 청와대 비서관 출신으로 재무장관이 됐다고 하니까 뉴욕 금융시장이 나를 정치적

26 석유기금(石油基金, oil facility): 1973년 이래 석유가격 폭등으로 석유수입국 국제수지 적자가 커지자 석유수입을 위한 자금을 융자해 주기 위하여 IMF에 설치된 특별기금이다.

인선(political appointee)으로 오해한 거예요. 경제를 모르는 정치장관으로 보고 아무도 안 만나주려고 한다는 거예요. 남덕우 부총리만 하더라도 오클라호마 출신에 국제금융시장에 비교적 잘 알려진 분이었는데 나는 순수 국내파니까 (국제금융시장에서) 아무도 몰라요. 그래서 내가 뉴욕에 가기 전에 하도 걱정이 돼서 밤에 한잠도 못 잤어요.

국제금융시장에 잘 안 알려져 있고 여기에 정치장관이라는 엉뚱한 오해까지 겹쳐졌던 거군요.

그렇습니다. 내가 나름대로 금융시장에서 한 역할 같은 것은 그 사람들은 모르지요. 그런데 나중에는 정치장관이라는 그런 인식이 오히려 도움이 됐어요. 외자조달을 위해 뉴욕으로 갔을 때 나를 크게 도와준 사람이 하나 있어요. 누구냐 하면 체이스맨해튼 은행의 데이비드 록펠러에요. 록펠러 부통령의 동생이죠. 그 사람을 가장 먼저 만나서 관련 자료를 다 공개하고 보여주면서 "우리가 이렇게 어렵게 됐다, 그러니 우리 좀 도와 달라" 하고 솔직하게 요청했어요. 그리고 너희가 얼마를 이렇게 꿔주면 나중에 어떤 방법으로 상환하겠다는 구체적 계획을 설명하고 믿음을 주도록 노력했습니다. 내가 데이비드 록펠러 회장을 30분 면담하기로 되어 있었는데 이 사람이 내 말을 흥미진진하게 거의 2시간 가까이 들었어요. 록펠러가 생각하기에는 내가 아무것도 모르는 정치인 출신인 줄 알았는데, 이야기해 보니 금융에 관해 나름대로 해박하다 이거죠. 그때 말로만 하지 않고 우리가 미리 준비한 자료를 다 보여줬습니다. 나중에 재경부 장관을 지낸 이헌재 씨가 자료를 만들고 나를 보좌했는데 우리가 사전에 관련 자료를 다 만들어서 그 데이터와 상환 청사진을 딱 눈앞에 놓고 일목요연하게 설명했어요.[27]

27 당시 김용환-이헌재 팀이 국제금융시장에 제시했던 자료는 부족외환액의 산출과 우리 정부의 노력, 향후 상환방안 등이 구체적으로 포함된 내용이었다. 우선 재무부가 책임지던 재정안정계획과 EPB가 작성하는 총자원 예산을 기초로 향후 3년간 예상되는 국제수지 적자를 산출했다. 부족외환을 확보하기 위한 우리정부의 자체노력, 환율 20% 평가절하 효과, IMF 스탠바이 협정에 의한 차관, 세계은행과 ADB의 자금지원, 금융시장 개방을 통한 외화자금 유입, 단기무역신용 활용 등을 고려할 때 약 2억 달러가 부족하고 그 2억 달러를 국제금융시장에서 은행차관으로 요청한 것이다. 재정긴축과 수출증대, 사치성소비재 소비억제, 금융의 국제화 조치 등의 노력으로 3년 후부터 차관을 상환하겠다고 약속하는 구체적 상환방식과 일정도 제시했다. 이 조치들을 단순히 약속한 것뿐만 아니라 국내수준에서의 자구노력을 다했다는 점을 보이기 위한 사전정지작업으로 방미 이전에 미리 국내적 조치를 취했다는 점을 강조했다(김용환, 2006, 《임자, 자네가 사령관 아닌가》, 매일경제신문사, 177쪽).

"한국에서 지금 외환사정이 이렇게 급박하게 돌아가고 있다, 순외화자산이 계속 적자로 갔다. 통계는 구체적으로 이렇다."

그 사람들이 잘 모르는 내부정보와 통계까지 솔직하게 탁 털어놓고 설명했단 말이에요. 또 너무 유창한 영어보다도 나같이 더듬거리는 '콩글리시'로 열심히 설명하는 게 더 진정성이 있게 보였던 모양입니다. 록펠러 회장에게 자세히 설명했더니, "OK! 내가 도와주겠소. 다른 뱅커들에게도 내가 전화해 주겠소" 하는 겁니다. 그리고는 내가 만나야 할 관련자들에게 자신이 일일이 다 전화해서 다음 약속을 만들어 주는 거예요.

돈을 빌려줄 사람에게 솔직하게 설명해 정보 비대칭(asymmetric information)을 해소하도록 노력한 것이 제대로 작용한 것이군요.

그렇죠. 내가 이때 해보니까 사람을 설득할 때 한 가지 기술적 방법이 협상 상대방이 기대하지 않았던 이야기, 자칫 우리의 약점이 될 수 있는 정보들까지도 다 털어놓고 진솔하게 도움을 구하는 거예요. 빌린 돈을 상환하는 방법도 아주 구체적이어야 합니다. 그래야 진정성이 있게 받아들입니다. 당시에는 면접시험 보는 것 같아 내심 기분이 좋지 않았지만, 아무튼 열심히 설명했더니 록펠러 회장이 기분이 좋아져서 그 자리에서 즉시 전화를 해서 다른 은행가들과의 약속을 다 만들어 주더라고요. 그래서 그다음 날 주요 은행가들을 전부 만날 수 있었어요. 만나러 갔더니 다들, "체어맨 록펠러한테 이야기 들었다"고 하더라고요. 록펠러는 회담이 끝나고 나서 그 사람들한테 따로 전화해서 "생각과는 달리 정치적 피지명인(political appointee)이 아니다"라고 설명했던가 봐요.

그 덕분에 일이 일사천리로 잘 풀렸는데 맨 마지막에 복잡한 문제가 하나 생겼어요. 모건개런티 투자은행이 1천만 달러를 담당하기로 했는데 나중에 발을 빼는 거예요. 그런데 나중에 들은 이야기로는 영국의 자회사가 북한에 투자해서 부담스러웠다고 하든가 일본에서 방해했다든가 하는 여러 뒷이야기가 들리는데, 아무튼 갑자기 움츠려져서 자기네들은 1천만 달러는 못하고 500만 달러만 하겠다, 그래요. 그러면 500만 달러가 구멍 나잖아요. 이걸 또 맞추느라고 온갖 은행들에 전화하고 접촉하고 설득하느라 실무자들이 한참 고생하고 그랬어요.

당시 우리나라에 대한 차관에 참여했던 금융기관들은 어디어디였습니까?

당시 2억 달러의 은행차관에 협력한 은행들은 모건개런티 투자은행과 FNCB, 시카고은행, 체이스은행, BOA 등 5개 메이저급 은행이 주간사가 되어 각각 2천만~3천만 달러를 맡고 우리나라와 금융거래 관계가 있던 다른 23개 은행들이 나머지를 분담 제공하는 형태로 2억 달러 조달에 성공했습니다. 상환조건은 2년 거치 3년 균등 분할상환이었습니다.

금융위기시에 외환을 조달하기 위해 글로벌 금융시장에 가서 애쓰시면서 축적한 외환 위기극복의 레슨이 있다면 무엇입니까?

우리가 해야 할 일을 먼저 조치해서 최대한 성의를 표시한 후 부족한 점을 도와 달라고 해야 뉴욕 금융시장이나 IMF에서도 도와주지 할 일을 하지 않고 무조건 손만 벌리면 절대로 돈을 빌려주지 않는다는 것입니다. 당시에 우리가 IMF의 스탠바이 협정(stand by agreement)을 받아내면서 그때 그 전제조건으로 환율을 20% 정도 높였어요. 원화의 평가절하(devaluation)를 한 것입니다. 수출경쟁력을 높여야 한다고 생각했기 때문입니다. 당장 외자를 꾸어오는 것도 중요하지만 수출경쟁력을 높여서 달러를 벌어들여야 외자를 갚을 수 있고 근본 문제가 해결되잖아요. 그래서 원화절하라는 구체적 조치를 먼저 취한 뒤 IMF에 도와달라고 요청하고 설득했습니다. 그랬더니 IMF가 전폭적으로 도와줬어요. 그리고 돈을 빌릴 때는 이건 좀 역설적 이야기인데, 그 사람들이 모르는 것까지 우리 측 내부정보를 다 정직하게 알려줘야 해요. 아까 설명한 것처럼 미국 금융기관들을 설득할 때 그렇게 솔직하게 내부 사정을 알려주고 도움을 요청했습니다.

2억 달러 조달에 성공한 한국은 정식차관을 전제로 1974년 12월 30일 1억 달러를 브리지론(bridge loan)으로 앞당겨 쓰고, 1975년 2월 정식 차관계약을 맺은 후 1억 달러를 인출하여 브리지 론을 상환한다. 김용환 장관은 자신의 저서《임자, 자네가 사령관 아닌가》에서 2월에 맺은 은행차관계약을 천우신조(天佑神助)라고 술회하고 있다. 계약을 체결한 지 두 달 만인 4월 30일 베트남이 패망했던 것이다. 당시 국제사회에서는 베트남이 공산화되면서 도미노현상이 일어나 다음 순서는 한국이 될 것이라는 루머가 확산되기 시작하였다.[28] 그 루머가 시장에 퍼지기 이전에 대규모 차관계약을 맺고 외환부족 사태를 면했으니 천만다행이었다.

외국은행에 대한 시장개방

한국은 외환위기의 급한 불을 끄는 한편 구체적 이행조치에 착수했다. 뉴욕에서 돌아오자마자 IMF와 약속한 대로 1974년 12월 7일 기준환율을 달러당 397.5원에서 484원으로 21.7% 올렸다. 당시 국내 물가상승률이 무려 77.7%였기에 수출가격 경쟁력을 높이는 차원에서도 환율인상은 불가피한 조치였다.

금융시장 개방을 본격적으로 추진한 것도 외자조달 2억 달러에 대한 후속 조치 가운데 하나였다. 그 결과, 국내은행을 대형화하고 외환업무 취급을 전면 허용하는 한편 외국은행의 국내지점을 확대하기로 한 것이다. 외국은행의 국내지점 설립을 인허가할 때는 상호주의 원칙을 기본으로 삼고 선진국 대형은행 우선주의 등을 고려했다. 외국금융기관의 국내설립을 허용하자 대형 해외금융기관 회장들이 줄줄이 방한했다. 그들은 재무장관, 부총리, 대통령까지 면담하면서 지점설치를 희망할 정도였다.

그러나 국내 반발이 만만치 않았다. 외환위기의 와중에 외국은행 지점들이 늘어나자 국내 금융기관들이 크게 반발했고 시장을 잠식한다는 비판여론이 높아졌다. 심지어 정부 내에서도 외환위기 도중의 자본시장 개방에 반대하는 의견이 적지 않았다.[29]

당시 언론을 보면 '우리 금융시장을 국제금융기관에게 팔아먹는다'면서 상당히 비판적인 여론이 있었습니다. 그런데도 해외 금융기관의 국내시장 진출을 강행했던 이유가 무엇이었습니까?

▸▸ 김용환

그때까지는 우리나라가 방어적 자세로 외환시장을 자꾸만 규제했단 말이에요. "국내 금융시장이 가뜩이나 부실한데 외국 은행들이 들어오면 우리는 다 잡아먹힌다"

28 김용환, 2006, 《임자, 자네가 사령관 아닌가》, 매일경제신문사, 184쪽.

29 남덕우 부총리는 국제수지가 악화되고 있을 때는 외환관리를 강화하는 것이 원칙이라며 국내금융시장 개방을 반대했다고 한다(김용환, 2006, 《임자, 자네가 사령관 아닌가》, 매일경제신문사, 190쪽).

그런 불안감이 있었거든요. 그런데 내 생각은 "우리가 발상의 전환을 해야 한다, 방어적 자세만으로는 절대로 문제해결이 안 된다"는 거예요. 왜? 관리할 외환 자체가 없으니까요. 돈이 없으니 방어고 뭐고 할 거리도 없는데 무슨 방어를 해요? 그러니까 그럴 때는 이열치열(以熱治熱)이라는 이야기가 있죠. 외환시장을 확 풀면 달러가 흘러들어 온다, 물이 흘러들어 오는 것처럼. 그러니 국제금융기관의 국내지점망을 대폭 확대해야 한다고 주장했습니다. 시장을 열면 외국은행들이 들어오고 이 사람들이 초기에 영업하려면 자기네 본사에서 달러를 조달해서 들여와야 하니까요. 그러면 국내에 유입되는 달러가 늘어날 것이라고 생각했어요.

1973년 8월 현재 국내에 들어와 있던 외국은행의 지점은 9개에 불과했다. 김용환 장관은 자신의 재임기간 동안 외국금융기관의 국내지점을 1976년 2개, 1977년 8개, 1978년 11개 등 총 21개에 대해 신규 설립인가를 내주었다.[30] 그러자 이들이 가지고 들어온 외환이 증가했다.[31] 은행차관을 들여오고 환율을 인상하고 위험을 무릅쓰고 외환시장 개방을 추진하는 등 우여곡절을 거친 끝에 외환위기의 급한 불이 꺼지기 시작했다.

1975년 4월을 고비로 마이너스 5억 달러까지 내려갔던 순외환자산이 급격히 호전되기 시작했고 9월에는 플러스로 전환되면서 석유위기로 촉발된 외환위기가 극적으로 진정됐다. 1975년 말에는 2억 달러의 흑자를 기록한다. 한국경제가 극적으로 반전한 가장 큰 이유는 역설적으로 한국경제를 위기에 빠뜨렸던 '중동 오일달러' 때문이었다. '석유수출국기구'(OPEC: Organization of Petroleum Exporting Countries)[32]가 기습적인 원유가격 인상담합으로 오일쇼크와 외환위기를 일으키며 벌어들인 거액의 재정자금을 1975년 후반부터 자국의 경제건설에 쏟아부으면서 한국 기업계에서는 '중동특수'란 말이 생겼다.

30 전국은행연합회, 1998, 《금융기관점포 총람》.

31 외국은행 국내지점의 본점차입잔액은 1975년 말 740만 달러에서 1978년 말에는 2,870만 달러로 증가한다.

32 1960년 9월 원유가격 하락을 방지하기 위해 이라크 정부의 초청으로 개최된 바그다드회의에서 이라크·이란·사우디아라비아·쿠웨이트·베네수엘라의 5대 석유 생산·수출국 대표가 모여 결성한 협의체이다. 결성 당시에는 원유공시가격의 하락을 저지하고 산유국간의 정책협조와 이를 위한 정보수집 및 교환을 목적으로 삼았으나 1973년 제1차 석유위기를 주도하여 석유가격 상승에 성공한 후부터는 원유가의 계속적 상승을 도모하려고 생산량을 조절하는 생산카르텔로 변질된다.

유례를 찾아보기 힘든 역금리를 통한 금리현실화, 개인의 사채자금을 동결해 기업을 지원해 준 8 · 3 조치, 강제적 기업공개조치, 국민투자기금 조성 같은 수없이 많은 정부의 금융시장 개입에 대해 말씀해 주셨습니다. 그러다 보니 한국금융시장은 지나친 시장개입의 역사라는 사후적 관점에서의 비판이 많습니다. 여기에 대한 견해는 어떠십니까?

▸▸ 김용환

그 당시 정부는 개방정책을 토대로 하는 수출주도형 경제정책을 기본으로 해서 경제개발 5개년계획을 여러 차례 구상했고 실행했습니다. 그 과정에서 당시에 정부가 금융시장에 여러 차례 개입해서 시장을 왜곡시켰고, 특혜금융으로 정경유착의 결과를 낳았다고 비판적 입장에서 이야기하시는 분들이 많아요. 지금의 관점으로 보면 아주 당연한 비판입니다. 그런데 내가 강조하고 싶은 것은 그때 당시에는 우리가 생각하는 '금융시장' 자체가 없었다는 겁니다. 아주 원시적인 단계예요. 그러니까 정부가 처음부터 시장을 만들어 나갈 때예요. 시장에 필요한 제도라든지 질서도 전혀 없어서 정부가 하나하나 만들어야 했습니다. 그러다 보니 정부가 개입해서 무리가 생기기도 한 것입니다.

무리한 조치와 정책으로 물의를 빚고 위기를 겪으면서도 크게 보면 금융이 바른 방향으로 이행한 것 같은데, 당시 무슨 구체적 방향설정이 있었습니까?

당시 박 대통령과 정부에서 일하는 관료들의 생각이 언젠가는 시장경제를 만들고 경제는 시장을 통해서 해야 한다는 것이었습니다. 필요할 때는 정부가 개입하되 반드시 시장친화적으로, 비즈니스라이크(businesslike)하게 개입하려고 노력한 거예요. 궁극적으로는 시장으로 가는 걸로 생각하고. 당시 우리정부는 '규제자'의 역할뿐만 아니라 오히려 어떤 의미에서는 '시장추진자' 역할을 했어요. 계획경제를 하면서 시장에 개입하고 아무것도 없는 데서 (시장) 질서를 만들어내고 했지만 그 과정에서 항상 염두에 둔 것은 뭐였냐? 정부가 개입해도 반드시 비즈니스라이크하게, 나중에 시장에 모든 것을 맡기게 될 때를 염두에 두고 모든 것을 추진하는 거예요.

나중에 공무원 생활을 끝내고 2년 정도 미국의
캘리포니아대학교 버클리(UC Berkeley)에서 계셨죠?

그렇습니다. 당시 내가 캘리포니아대 버클리에 있을 때 그곳에 인도의 경제학 교수들이 많이 와 있었는데 그 사람들이 나더러 물어보는 거예요. "한국정부가 시장에 그렇게 강하게 개입했는데 어떻게 한국경제가 발전했느냐?" 그 사람들의 기본 개념으로는 정부는 규제자이고 시장의 발목을 잡는 방해자입니다. 이 사람들은 "정부의 시장개입은 발전과정(developmental process)에서 네거티브 효과"라고 주장해요. 그래서 내가 "인도정부도 우리나라와 마찬가지로 5개년계획을 만들고 그랬지 않느냐? 그런데 우리 한국과 인도의 차이는 우리는 그것을 실행했고 당신들은 5개년계획을 멋지게 잘 만들어서 선반에다 올려놓기만 했다. 실천을 안 했으니까 실패한 것 아니냐?" 이렇게 반박했습니다.

우리나라의 경우는 박정희 대통령이 선두에 서서 끌고 나가기도 하고 밀기도 하고 징벌도 하면서 실천에 옮겼단 말이에요. 그 과정에서 정부가 요즘 관점에서 보면 지나치게 보이는 시장개입도 많이 했지만 그러면서도 항상 우리는 "경제라는 것은 기업과 시장이 하는 거지 정부가 하는 거 아니다, 이걸 조화를 시키려면 정책을 친기업적으로 움직여야 한다" 이런 철학으로 추진했단 말이죠. 그래서 내가 당시 어느 자리에 가서 강연할 때 "우리는 당시에 기업가 정신이 충만한 정부를 운영했지 단순 규제자(regulator)가 아니었다"라고 강조한 적이 있어요.

또 한 가지를 말하자면, 그때는 경제관료들이 "한국경제의 미래를 위해서 이렇게 가야 하겠다"고 한번 결정하면 속된 이야기로 정말 물불을 안 가렸어요. 다들 그런 자세로 일들을 했어요. "우리 국민에게 굉장한 불편과 부담을 감수해 달라고 요구하면서도 이렇게 가야 우리나라의 미래설계에, 우리 자손을 위한 기틀을 마련할 수 있겠다",이렇게 판단하면 그때는 칼을 뽑는 거죠. 정치적으로 상처를 입는다든지 국회에 시달린다든지, 공무원으로서 내 개인이 입을 수 있는 불이익에 대한 고려, 이런 것은 그때는 개념 자체가 아예 없었던 것 같아요. 그러니까 멍텅구리죠. 내가 어떤 때 회고를 해 보면 내가 일생을 멍텅구리로 산 것 같다는 생각이 들기도 해요. 가령 내가 사업해서 돈을 벌겠다고 생각하고 그 정도 죽을 각오로 노력을 했더라면 나도 꽤 괜찮은 기업인이 됐을 텐데 … . 그런 생각을 간혹 해보는 때가 있어요. 그래도 돌이켜 보면 보람이 있었다고 생각합니다.

4

수출과 인력개발에 올인하다

제 9 장

대통령부터 여공까지 수출전사가 되다

수출, 시작은 미미하였으나 …

수입대체 전략과 수출지향 전략

한국이 수출지향 전략을 수립한 것은 1964년 장기영 부총리가 경제정책을 총괄하기 시작하면서 부터였다. 1930년대 이후 남미 등의 제 3세계 국가에서 수입대체 정책과 통제경제를 지향했던 것처럼 한국도 개발연대 초기에는 그런 정책을 썼다.[1] 수입대체 산업화(ISI: Import Substitution Industrialization)란 소비재를 스스로 생산하여 수입을 줄이자는 정책이다. 외국상품을 수입하려면 외화가 드는데 이 돈이 모자라니 '자급자족 경제'를 이루어야 했다.

1950년대까지 남미 및 일부 개발도상국은 이런 전략으로 급속한 경제성장을 이루었다. 그러나 이는 '반짝 성장'에 그쳤다. 이런 수입대체 정책은 1960년대 들면서 한계를 드러냈다. 좁은 자국시장만 겨냥하는 소비재 산업의 성장에는 한계가 있을 수밖에 없었다. 중화학공업을 키워 성장을 꾀하려 했으

•
이 장의 증언자는 홍성좌 전 상공부 차관이다.

1 김정렴, 2011, "내가 본 박정희, 시행착오로부터 배운 경제대통령", 〈월간조선〉, 2011년 신년호 별책 부록, 17쪽.

이은형 국민대 교수(인터뷰 진행자)

나 뒷심이 달렸다. 중화학공업은 거대한 자본과 고도기술이 필요하기 때문이다. 대규모의 해외차관이나 재정지출이 필수적이었다. 많은 개발도상국에서는 중화학공업 제품의 수요가 적어 '규모의 경제'를 실현할 수 없었다. 결과적으로 정부는 거액의 보조금을 지원해야 했다. 개도국 중화학 기업들은 혁신을 통한 경쟁력 향상보다는 보호주의에 의존하게 되고 무역장벽을 유지하려 로비활동에 더 주력하게 되었다.

1960년대 초반 당시 상황으로서는 수입대체 전략을 계속 유지할 수도 있었다. 하지만 한국이 수출주도 전략으로 전환한 것은 경제발전의 성공사례를 보여준 이웃 일본의 영향이 컸기 때문이다. 일본의 성공사례를 한국에 도입하고자 했던 선구자는 미국경제와 일본경제를 경험했던 김정렴 전 비서실장이었다.[2] 수입대체 전략에서 수출주도 전략으로 바꾸자는 데 동의했던 장기영 부총리가 '경제내각'을 총괄하는 수장이 된 것은 한국 경제정책에 한 획을 긋는 중요한 사건이었다. 장 부총리는 대통령으로부터 '경제내각 임명권'을 부여받았으며 수출주도 전략을 담당할 상공부 장관에 박충훈, 차관에 김정렴을 천거함으로써 막강한 진용을 구축하게 된다.

김정렴 비서실장은 수출주도 전략으로 바꿀 수 있었던 이유에 대해서 "박 대통령이 집권초기 통화개혁 등 경제정책 실패로 인해 경제정책을 전환해야 한다고 인식했으며 무엇보다 일본의 경제발전 과정을 잘 알았기 때문"이라고 설명했다. 당시 일본은 정부 주도의 '산업정책'에 의해 수출지향적 공업화를 이루었으며, 특히 중화학공업의 약진으로 고도성장을 누리고 있었다. 김정렴

2 1953~1954년 미국 뉴욕연방준비은행 연수 및 한국은행 뉴욕사무소장 개설요원, 1958년 클라크대학 경제학 석사과정, 그리고 1951년 한국은행 도쿄지점 참사 근무 등 미국과 일본경제를 직접 경험했던 김정렴 전 비서실장은 장기영 부총리에게 "우리도 일본처럼 수출지향적 공업화를 해야 경제가 살 수 있다"고 역설했고 부총리가 된 장기영 씨가 대통령을 설득함으로써 실질적 경제정책으로 실현될 수 있었다(김정렴, 2011, "내가 본 박정희, 시행착오로부터 배운 경제대통령", 〈월간조선〉, 2011년 신년호 별책부록, 16쪽).

홍성좌 洪性佐 전 상공부 차관

1932. 6. 25 강원 삼척 출생
강릉농고, 서울대 법과대학 졸업
1969~1973 상공부 행정관리담당관
수출진흥과장, 상정과장
1973~1974 대통령비서실 상공담당비서관
1974~1976 상공부 공업기획국장, 기계공업국장
1978~1980 상공부 상역국장
1980~1982 상공부 중공업차관보
상역차관보, 제1차관보
1982~1985 제4대 특허청장
1985~1988 제31대 상공부 차관
1988~1991 중소기업진흥공단 이사장
1991~1993 한국무역협회 부회장

은 또 "일부 학자들은 당시 수입대체 전략에서 수출지향 전략으로의 전환은 박정희 정부가 의지를 가지고 추진한 것이라기보다는 국제시장의 흐름에 따라 가다 보니 그렇게 된 것이라고 본다. 단 박정희 정부가 그런 흐름을 놓치지 않은 것은 평가할 만하다고 얘기하는데 그것은 그렇지 않다"고 주장한다. 당시 정부는 확고한 의지로써 수출지향적 공업화 전략으로 바꾼 것이었지, 시장의 흐름에 피동적으로 끌려간 것은 아니다.[3]

수출주도 전략으로 바꾸고 시장자유화를 지향했지만 1960년대 박 대통령의 '시장자유화'는 오늘날의 개념과는 다른 것이었다. 당시의 '시장자유화'라는 것은 자유경제도, 통제경제도 아닌 '박정희식 정부주도 경제'였다고 김정렴은 표현한다. 이는 한정된 자원과 자금으로 산업을 일으키기 위해서는 시장을 완전히 개방하고 자유경쟁에 맡길 수 없다는 판단에 기초한 것이다. 수출주도 전략으로 전환한 첫해인 1964년 11월 30일에 수출 1억 달러를 달성했고 이날은 '수출의 날'로 지정되어 지금까지 이어져 온다. 수출주도 전략의

3 김정렴, 2011, "내가 본 박정희, 시행착오로부터 배운 경제대통령", 〈월간조선〉, 2011년 신년호 별책부록, 17쪽.

주요 실행자 중 한 명인 상공부 홍성좌 전 차관은 수출주도 전략에 대해 이렇게 설명했다.

▸▸

우리는 왜 수출주도의 공업화 정책을 추진했는가. 1945년 8월 15일 제2차 세계대전이 끝나고 일본의 지배를 벗어난 후 1948년 8월 15일에 대한민국 정부가 수립됐으나 1950년 6 · 25, 1960년 4 · 19, 1961년 5 · 16 등으로 약 15년간 격동의 역사를 기록하면서 1930~1940년대의 보릿고개를 면할 수 없었습니다. 그리고 공업시설이래야 검정고무신이나 광목천을 제조하는 정도의 낮은 기술수준에 머물렀고, 국가 예산도 미국의 원조에 의존해 운영되는 최빈국이었지요.

우리가 최빈국에서 벗어나는 길을 찾은 것이 수출주도형 공업화 전략이라고 생각합니다. 박정희 대통령의 휘호를 보면, '수출은 국력의 총화', '수출제일주의', '수출의 전진기지' 그리고 '무역입국 · 수출입국' 등이 있습니다. 이때 몇몇 아시아 국가들의 활약이 있었습니다. 홍콩, 싱가포르, 대만 등 3개국은 가공무역 방식으로 개발도상국가 중에서 선두권에 진입해 있었습니다. 특히 일본은 1964년에 올림픽을 개최했고 1967년에는 100억 달러를 수출하는 공업국가로 성장 · 발전하고 있었습니다. 우리나라에서 가장 가까운 나라, 일본이 수출을 통해 눈부신 성장을 보여주며 앞서갔기 때문에 우리는 일본의 수출진흥정책을 많이 참고했습니다. 전후의 폐허로부터 발전하고 성장한 '일본'이라는 나라가 바로 옆에 있었기에 참고대상이 되었던 점은 우리에게 도움이 되었습니다.

또한 우리가 기억해야 할 것은 중국의 움직임입니다. 중국의 모택동(毛澤東) 주석이 대륙을 통일한 후 1966년부터 1976년까지 10년간 문화대혁명을 일으켜 혼돈의 10년을 보냈습니다. 만약 당시에 이들이 우리와 같은 '수출주도형 공업화정책'을 추진했다면 우리는 무서운 경쟁자와의 싸움에서 고생했을 것입니다. 원가 개념도 없는 10억의 인구가 상품을 만들어 수출한다고 생각해 보십시오. 지금 중국이 우리나라를 얼마나 빠르게 따라잡고 있는지를 보면 상상할 수 있습니다. 당시에 중국의 정세가 우리나라에 '수출제일주의 공업입국'이라는 전략을 실행할 수 있는 시간을 벌게 해 주었습니다. 그런 면에서 우리는 국운이 좋은 나라였습니다.

수출주도형 공업화전략, 수출제일주의, 그게 바로 '선택과 집중'의 전략입니다. 수출은 세계시장에서 세계 모든 나라와 품질, 가격, A/S의 경쟁에서 이겨야 합니다. '수출주도형 공업화전략'이란 기술수준이 매우 낮고 자원도 부족한 최빈국의 상태에서도 세계 시장을 겨냥한 제품을 만들기 위해 노력해야 한다는 뜻입니다.

처음에는 우리도 고생을 많이 할 수밖에 없었습니다. 우리는 1970년대 초반까지 일본의 대리수출 국가였습니다. 예를 들면 드레스셔츠 한 벌을 만드는 데 약 20여 가지의 원 · 부자재가 필요합니다. 원단, 단추, 봉제사, 내부 포장지, 외부 포장지 등을 패키지로 수입하고 봉재용 재봉기도 일본에서 만들어진 제품(made in Japan)을 수입해, 우리는 기능공 아가씨들의 손만 빌려서 완제품을 만들어 수출했습니다. 이런 것이 1960~1970년대 초반까지 우리의 가공무역 모습이었지요. 그 후 수출이 늘어나면서 원자재의 국산화가 확대되고 외화가득률이 높아지기 시작했습니다.

내다 팔 물건이 없는 나라

수입대체 전략은 보호무역, 통제경제와 맞물린다. 선진국의 경쟁력 있는 제품들이 국내에 마음대로 들어오지 못하도록 무역장벽을 치면서 내수시장에 물건을 팔기 때문에 개발도상국 기업 입장에서는 '쉬운 길'이라고 할 수 있다. 하지만 수출주도형 공업화는 외국에 물건을 팔아야 하므로 선진국 제품과 경쟁할 수밖에 없다. 초기에는 많은 어려움을 감수해야 하며 경쟁에서 이긴다는 보장도 없다. 개발도상국 기업 입장에서는 '가고 싶지 않은 힘든 길'인 셈이다. 한국 정부의 경제정책은 저렴한 인건비에 기반한 가공무역의 형태로라도 수출주도 전략을 시작했고 1964년 '1억 달러'라는 작은 성과를 거두었다. 하지만 정책을 전환했다고 해서 수출할 수 있는 물건이 당장 생겨나는 것은 아니었다. 아무리 수출하고 싶어도 마땅히 내다팔 수 있는 물건이 없었던 것이다.

▸▸

수출정책을 실행하던 초기의 수출 품목은 지금과 많이 달랐습니다. 1970년도 우리의 총수출이 10억 달러이며, 섬유류가 3억 4,100만 달러, 합판이 9,200만 달러, 가발이 9천만 달러로 가발 수출이 약 10%를 차지했습니다. 1960년대 중반 수출진흥정책을 처음 도입했을 때 한국의 세계제일상품이 'Made in Korea' 가발이었지요. 가발 수출은 한국여성들의 머리카락을 원자재로 사용해 만들었는데, 미국에서 인기가 있었어요. 나중에는 한국여성들로부터 머리카락을 얻기가 힘들어져서 동남아와 인도로부터 인모를 수입했습니다.

1960년대 후반기에는 일본의 가네보사에서 '가네가론'이란 브랜드의 섬유사를 개발해 인모 대신 원자재로 사용하게 되었지요. 이렇게 인모를 대체하기 전까지는 한국산 가발이 효자 수출상품이었어요. 한국산 가발이 미국 시장에서 인기상품으로 등장함에 따라 재미 한국동포들의 보따리 무역이 성행하게 돼 정식으로 수입관세를 부담하고 수입하는 미국 무역상들이 손을 들게 되었지요. 수입관세를 다 부담하면서 수입하니까 비싸지고, 따라서 수입상들이 수입을 기피해 연간 최고 1억 달러 대에서 서서히 수출액이 감소했지요.

합판수출은 원목을 인도네시아에서 전량 수입해 가공 · 수출하는데, 우리나라의 동명목재, 성창기업, 대성목재 같은 기업들이 세계에서 제일 큰 합판공장들이었습니다. 합판공업이 어떻게 한국에 정착했는지, 지금도 신기하게 생각합니다.

1960~1970년대 한국의 수출에서 큰 비중을 차지한 것이 가공무역이었다. 주로 일본에서 원자재, 부품, 기계 등을 모두 수입해서 단순가공하는 것이었다. 경제발전 초기단계에는 가공기술의 향상이 중요한 과제였다.

1960~1970년대 우리 수출은 대부분이 수입 원자재를 가공수출하는 형태여서 가공기술의 향상이 중요한 과제였지요. 예를 들면 처음에는 신발공장에서 신발 끈 구멍을 뚫는데 구멍 하나하나를 기능공이 망치로 두들겨서 했어요. 그 후 10개의 구멍을 한 번의 동작으로 끝내는 공구를 개발 · 사용함으로써 생산성을 향상하고 원가를 절감하는 식으로 발전했습니다.

일본의 가공기술은 우리가 배워야 할 분야입니다. 그런데 따라잡기가 상당히 어려웠어요. 제가 중소기업진흥공단 이사장 재직 때 한국 중소기업 숙련기능공 일본 파견 연수 프로그램을 실시했습니다. 1~3개월 정도의 기간입니다. 일본 기능공들이 품질향상과 원가절감을 위해 가공공정을 축소하고, 또 정밀도를 향상시키려 열심히 일하는 모습을 보고 우리 기능공들이 '본국에 돌아가면 그들과 같이 열심히 일해야겠다'고 각오하고 돌아와요. 일본에서 배운 대로 실천하려 했지만 동료들이 '시간 때우고 넘어가면 되지'하며 바짓가랑이 잡아당기는 바람에 원상으로 복귀해 버렸다는 일화도 있었습니다.

한국은 단순 노동력에 의존하는 가공무역이나 경공업 중심으로 수출을 시작했지만 성장속도는 세계적으로 유례가 없었다. 수출을 시작한 이래 매년

40%가 넘는 성장률을 보이면서 세계를 놀라게 했다. 하지만 경공업만으로는 수출 및 경제성장에 한계가 있다고 판단했고, 획기적 성장을 하기 위해서는 '중화학공업을 육성해야 한다'는 결론에 도달했다. 물론 중화학공업 육성안을 더 빨리 앞당기는 데는 남북관계 및 세계정세가 직접적 영향을 미쳤다.[4] 홍성좌 차관은 중화학공업 육성을 위한 각종 제도와 법률이 많은 도움이 되었다고 평가했다. 특히 산업별 육성법을 제정하여 각종 자금지원, 조세감면 등을 해 주었다.

▸▸

경공업 제품만으로는 더 이상 수출을 늘리는 데 한계가 있다고 판단하고 1973년 들어 중화학공업화 선언을 했습니다. 그러면서 산업별 육성법을 제정했습니다. 「기계공업진흥법」, 「전자공업진흥법」, 「석유화학공업육성법」, 「조선공업육성법」, 「비철금속제련사업법」, 「철강공업육성법」, 「섬유산업근대화촉진법」 등입니다. 이들 법의 주요 골자는 연도별 종합육성계획의 추진, 국내 수요를 감안한 시설 투자의 조정, 시설 현대화를 위한 자금지원, 조세의 감면 등이었지요. 법을 통해 정부의 지원을 뒷받침했습니다.

하지만 세계무역 환경이 변화함에 따라 이러한 법을 계속 유지하기 어려웠습니다. 세계무역 활성화를 위한 세계무역기구(WTO: World Trade Organization), 자유무역협정(FTA: Free Trade Agreement) 등의 새로운 질서가 생겨나면서, 국제무역 환경의 변화에 대응하기 위해 1986년에 모든 개별업종별 육성법을 폐지하고 「공업발전법」을 제정했고, 1999년에는 지식정보화 시대에 부흥하기 위해 다시 「공업발전법」을 폐지하고 지식기반경제의 도래에 대비하기 위하여 「산업발전법」을 제정했습니다. 1960~1970년대의 산업정책은 정부주도의 특정산업의 투자확대와 국내산업 보호 등에 중점을 뒀지만 1980~1990년대의 산업정책은 지속가능한 산업발전의 기반구축을 위해 기업의 구조조정, 사업전환촉진, 산업기술 및 생산성 향상, 산업인력의 공급 및 이의 효율적 관리, 국제교류와 협력 증진 등 글로벌 기준에 부합하는 산업발전의 기반을 구축하는 데 중점을 두게 됐습니다. 육성계획이 자금지원, 세제지원, 기술지도, 판로개척 등인데 정부지원도 예산상의 한계가 있기 때문에 만족스러운 지원은 불가능했지만 많은 도움이 되었습니다.

4 오원철, 2002, 《한국형 경제건설》, 기아경제연구소.

공업을 육성하기 위해 기술을 빠른 시일 내에 향상시켜야 했는데 그 역할을 연구소에서 담당했습니다. 기계금속연구소, 전자공업연구소, 화학공업연구소, 조선공업연구소, 표준연구소 등입니다. 이들 연구소는 국보위 때 과기처로 이관되었습니다만 현 정부 출범과 동시에 다시 상공부(현 지식경제부)로 이관됐습니다.

수출주도 공업화를 이끈 힘

수출주도형 공업화 전략이 성공한 가장 큰 요인으로 홍성좌 차관은 박정희 대통령의 리더십 그리고 박충훈 장관 및 김정렴 비서실장등 당시 관리들의 헌신적 노력을 들었다.

▸▸

수출주도 전략이 성공한 데는 박충훈 장관과 김정렴 비서실장의 역할이 가장 컸다고 생각합니다. 두 분 모두가 행정경험이 많고 이해가 빠르기 때문에 일하기가 쉬웠지요. 특히 김정렴 장관께서는 수출진흥위원회 보고서류는 한 줄 한 줄 짚어가면서 세밀하게 챙기셨지요. 또 대통령의 강력한 리더십이 큰 효력을 발휘했기 때문에 성공할 수 있었습니다.

"상공부 건의대로 각 부처가 협조하고 추진하시오", 이런 대통령의 말 한마디로 각 부처가 일사분란하게 움직였습니다. 특히 김정렴 장관이 청와대에 비서실장으로 발령받아 들어가서 우리에게 힘이 됐지요. 김정렴 장관은 상공부 장관을 했기에 수출에 관한 여러 시책을 다 알았습니다. 그러니까 상공부가 수출정책을 펼치기가 좋은 환경이 조성된 것입니다.

1969년 10월 이낙선 장관이 김정렴 장관 후임으로 상공부 장관으로 부임하셨습니다. 이낙선 장관은 청와대에 가면 박 대통령으로부터 쇼핑백에 많은 것을 받아 왔습니다. 대통령께서 외국인으로부터 선물받은 선물의 포장지, 박스 등입니다. '우리도 포장지나 박스를 이렇게 아름답게, 튼튼하게 만들어보라'고 지시를 받고 돌아와서는 이를 전달하곤 했습니다. 그때 우리는 아기 돌 반지 박스가 10번 정도 열고 닫고 하면 고장이 날 정도의 기술밖에 없었어요.

무역과 관련된 일에 대해서는 대통령이 정말 큰 관심을 쏟았습니다. 1960~1970년대 초까지 대한무역투자진흥공사(KOTRA: Korea Trade-Investment Promotion Agency) 해외무역관장들이 1년에 한 번 무역관장 전체회의 참석차 귀국합니다. 그러면 청와대에서 외무부의 대사, 총영사와 동등하게 대우해 줬어요. 만찬도 베풀어 주고 격려금도 주고 했지요. 당시로서는 해외무역관장들을 대단히 극진하게 대우하는 것이었습니다. 이런 일도 있었습니다. 대통령께서 마산에 있는 한일합섬회사에 산업시찰을 가셨을 때 종업원들이 "우리 회사가 수출회사인데 신용장(L/C)이 무엇인지, 본선인도(FOB)가 뭔지 잘 모릅니다. 우리도 공부 좀 시켜 주십시오" 하고 건의했고, 즉석에서 문교부 장관에게 지시해 야간학교를 인가하도록 했지요.

수출제일주의를 국시(國是)로 하고 수출을 늘리려 수단 방법을 가리지 않고 아이디어를 모으고 실행하다 보니 웃지 못할 실패담과 일화도 여럿 있었다고 한다.

▸▸

수출제일주의 정책을 추진할 때 재미있는 일화가 또 있어요. 1960년대 후반기에 KOTRA 내에 아이디어뱅크(Idea Bank)를 만들어 수출에 관한 아이디어를 제공하는 자에게 포상하는 제도를 운영했지요. 인천에 사는 분이 프랑스 요리에 쓰이는 식용 달팽이(에스카르고)를 양식해 수출하자는 제안을 했고, 코트라의 파리무역관에 지시해 KAL 항공으로 살아 있는 식용달팽이를 특송하도록 했습니다. 김포공항에서 특별통관절차를 거쳐 제안자에게 인도했지요. 그런데 양식경험 부족으로 그해 겨울 모두 동사해 버렸습니다. 지금 우리 국내에서 요리로 쓰이는 식용달팽이는 그때의 경험을 토대로 국내에서 양식한 것으로서 수출보다는 국내 식자재로 이용되었습니다.

수출증대에 온몸을 던지다

대일무역 역조 시정을 위한 노력

수입대체 전략이 아니라 수출주도 전략으로 성공적 사례를 보여준 일본이 바로 이웃에 있다는 것은 양날의 칼과도 같다. 일본은 우리에게 도움이 되기도 했지만 극복해야 할 대상이기도 했다. 도움이 된 측면은 우리가 수입대체 전략이 아니라 수출주도 전략으로 전환하는 과정에서 일본의 경제발전 모델을 벤치마킹할 수 있었다는 점이다. 전후의 폐허에도 불구하고 경공업을 거쳐 중화학공업 육성으로 괄목할 만한 경제성장을 이루어낸 '일본의 성공사례'가 바로 이웃에 있어 도움이 되었다.

다른 한편으로는 일본에 대한 의존도가 높아져서 구조적 '무역역조'의 틀에서 벗어나기 어렵게 됐다. 수출주도형 공업화 초기에 한국은 일본에서 하나부터 열까지 수입해야 했다. 거의 일본의 '대리 수출' 또는 '단순 가공무역'의 형태를 벗어나지 못한 셈이다. 이후 한국의 공업이 발전하고 수출구조가 개선되었지만 일본에 대한 의존도는 낮아지지 않았다. 일본은 언제나 우리보다 앞서갔고, 뒤따라가는 한국에 원자재, 부품, 기계류 등을 수출했다. 일본이 지리적으로 가까워 물류비용을 덜 들이고 수입하는 점이 한국과 일본 간의 무역역조를 더욱 심화시켰다. 1980년대부터 지속적으로 한·일 무역역조를 개선하기 위한 노력을 기울여왔지만 2010년까지도 심화되는 양상을 보였다.

▸▸

국가 간의 무역을 균형이 맞도록 1:1로 유지하는 것은 불가능합니다. 양국 간의 기술 격차, 산업 간의 비교우위로 인해 생기는 현상이기 때문이지요. 한일 간 무역역조를 시정하려면 한국 부품공업의 기술수준이 일본 수준으로 발전해야 합니다.

1992년 1월 노태우 대통령 재임시 한일 양국정상회담에서 양국 간의 무역불균형 시정 및 산업과학기술 협력 등 한일 간의 경제문제를 양국 경제인들이 집중적으로 논의하고 그 결과를 대한민국 대통령과 일본 총리에게 보고해 '양국 정부가 그 내용을 존중한다'라고 하는 합의가 도출되었지요. 이에 따라 한일경제인 포럼을 구성해 약 10개월 동안 동경과 서울을 오고가며 본회의 3회, 전문실무위원회 7회를 개최했습니다. 1993년 말에는 김영삼 대통령과 일본 호소가와 총리에게 그 결과를 보고했습니다.

포럼의 구성원은 양국의 경제단체장들을 위원으로 하고 한국 측 위원장은 당시 한국무역협회 회장 박용학 씨, 일본 측 위원장은 일본경제단체연합회 회장 히라이와 씨였습니다. 전문위원회는 한국 측은 한국무역협회 부회장 홍성좌, 일본 측은 국제경제교류재단 회장 아카사와 쇼이지였지요. 전문위원회가 다룬 중요내용은 한일 양국의 중견 중소기업의 협력(투자, 기술이전 등) 증진, 일본 측의 지속적 내수확대 노력 강화, 한일 산업기술협력재단의 설립 등이었습니다.

한일 산업기술협력기금으로 수출진흥기금에서 70억 원을 지원했습니다. 정부와 기업이 여러 가지 노력을 기울입니다만 일조일석에 해결될 수는 없다고 봅니다. R&D에 많이 투자해서 새로운 기술을 개발해야 되겠지요. 일본이 1967년에 100억 달러를 수출했으니까요. 우리가 100억 달러를 언제 달성했느냐 하면 1977년에 했어요. 10년 차이에요. 우리하고 일본이 한 10년 차이가 난다고 봐요. 이걸 따라잡으려니까 시간이 걸리는 거예요. 요즘 뉴스에서 일본보다 수출을 더 잘하는 우리나라 기업들을 보면 신이 납니다. 얼마나 좋습니까.

수출증대를 위한 주요 시책

1962년부터 한국정부는 수출주도형 공업화 전략을 강력하게 추진하려고 여러 가지 정책을 실행했다. 홍성좌 차관은 가장 중요한 시책으로 수출진흥회의의 설치 · 운영을 들었다.

▸▸

첫째는, 수출진흥위원회의 설치 · 운영입니다. 1962년 국가재건최고회의 체제 때 1962년 12월 29일에 각령으로 수출진흥위원회를 설치하였습니다. 위원장은 내각수반(현재의 국무총리 격)으로 하고 EPB 장관, 외무부, 재무부, 농림부, 상공부, 보사, 공보, 한은 총재, 코트라 사장, 농협 회장, 수협 회장, 대한상공회의소 회장, 한국무역협회 회장 등 총 14명으로 구성해 매월 회의를 진행했지만 수출진흥을 위한 초창기라 대부분 자금지원, 세제지원 등 정부지원에 관련된 것이어서 관계부처의 지원을 받기가 힘들었습니다. 박충훈 장관이 22대 상공부 장관(1964년 5월~1967년

10월)으로 임명받고 대통령께 건의했습니다.

"대통령 각하께서 수출 총사령관을 맡아 주십시오."

이것이 계기가 돼 1964년 6월부터 청와대에서 대통령 주재하에 회의를 하게 되었고 회의 명칭은 '수출진흥위원회 청와대 확대회의'로 변경했습니다. 이때부터 대통령께서 회의를 주재했지요. 대통령이 직접 회의를 주재하니깐 참석자들이 다 긴장하지요. 자기 부처에 관한 것은 자기가 답변해야지요. 그러니깐 대통령이 참석하고 안 하고는 천지차이예요. 그렇게 해서 수출진흥에 대한 여러 시책이 시행되었어요. 대통령이 직접 각 부처가 적극적으로 협조하도록 지시하기 때문에 각 부처의 협조를 얻기가 쉬웠지요. 저는 1967년부터 확대회의 담당 사무관, 과장으로 각각 3년, 총 6년 동안 수출확대회의 담당으로 근무했습니다.

당시 대통령이 직접 주재하는 회의는 상공부에서 준비하는 '수출확대회의'와 EPB가 보고하는 '월간 경제동향보고'가 있었다. 수출확대회의는 청와대에서, 월간 경제동향보고는 EPB에서 이루어졌다. 대통령 주재 회의를 담당한다는 것은 공무원들에게 큰 부담이었다. 자칫 작은 실수라도 하는 날에는 '목이 날아갈' 위기에 처할 수도 있었다. 상공부와 EPB에서는 매달 돌아오는 이 회의를 중심으로 업무가 돌아간다고 봐도 과언이 아닐 정도였다. 회의가 있는 날이면 '아무개 국장이 보고하는데 차트 두 장이 한꺼번에 넘어가 경을 칠 뻔했다더라', '무슨 보고 때는 슬라이드가 제대로 작동하지 않아서 혼났다더라' 등의 후문이 관가에 돌았다. 그만큼 긴장되고 많이 준비해야 하는 회의였기도 하지만 능력 있고 성실한 공무원이 실력을 발휘하는 기회가 되기도 했다. 이런 상황에서 당시 홍성좌는 수출확대회의를 무려 6년간이나 담당했다.

▸▸

회의준비를 어떻게 하느냐 하면 한 달 동안의 수출실적 분석과 수출지원시책의 추진 결과 그리고 세계시장 동향 등을 다 정리해서 보고합니다. 수출과에는 주산 1급, 2급 여직원 5명 정도가 대기하고 있다가 전국 세관에서 보내준 수출면장을 주판으로 계산합니다. 품목별, 국가별, 지역별로 수출금액 통계를 작성해 프린트합니다. 여직원들이 밤을 새울 때도 종종 있었지요. 프린트한 통계책자의 부피가 10㎝ 정도 되지요. 저는 그 통계책자를 바탕으로 수출진흥위원회에 보고하는 요령에 맞도록 '브리핑 자료' 가공작업을 합니다.

수출진흥확대회의를 주재하는 박 대통령
우리나라는 1962년 「대한무역진흥공사법」에 의하여 무역의 양적 확대와 질적 발전을 뒷받침하고, 정부통상정책의 입안과 실천을 지원한 KOTRA가 공공서비스기관으로 설립되었다.

수출진흥위원회 회의가 박 대통령 살아계실 동안, 그러니까 박 대통령이 1964년 6월부터 시작했는데 1979년 돌아가실 때까지 160번을 참석했어요. 상공부의 수출진흥위원회와 EPB의 월간 경제동향보고를 받고 국내외 경제동향을 살피고 지시하고 했습니다.

수출진흥확대회의를 6년 동안 담당했으니 청춘을 다 바쳤던 셈이다. 그래서 "청춘을 돌려다오~" 하는 노래가 절로 나왔다. 너무 고생스러워 좀 편안한 부서로 옮기려고 짜증도 부렸지만 상사들이 놓아주지 않았다. 그 힘들고 어려운 임무를 무탈하고 성실하게 수행하는 데는 그만한 사람이 없었던 것이다.

▸▸

월간 경제동향보고에는 대통령이 EPB에 직접 나오셨고 수출진흥확대회의는 청와대 들어가서 했지요. 그리고 참석인원이 100여 명 되는 경우에는 중앙청 석조건물 3층에 있는 큰 홀에서 회의를 했습니다. 그리고 옛 청사 동쪽에 리셉션 같은 행사를 하던 대리석으로 잘 만든 홀이 있어요. 거기서 할 때도 있어요. 대개는 당시 청와대 신관 3층에 한 30명 들어가는 홀에서 매월 제3주 월요일에 회의를 했습니다.

수출업계를 지원해 준다는 게 전부 세금, 금융, 기술 그리고 해외시장 진출지원 등이 대부분이었습니다. 재무부의 이재국, 세제국, 관세국, 외환국 등이 수출지원 정책과 관련이 있었는데요, 설득하는 데 어려움이 많았습니다. 남을 설득하려면 내가 먼저 알아야 하기 때문에 수출진흥과 6년 근무기간에 경제 전반에 관한 공부도 많이 했습니다. 상공부에 근무하는 동안 그 공부가 많은 도움이 됐습니다. 그리고 세월이 많이 흘렀지만 EPB, 재무부, 한국은행, 수출관련 부처, 간부들의 협조에 깊이 감사드립니다.

박 대통령 돌아가시고 난 다음에도 수출진흥회의는 전두환 대통령, 노태우 대통령, 김영삼 대통령까지 계속되었습니다. 명칭이 무역투자위원회로 변경되었고 횟수도 줄었습니다. 전 대통령, 노 대통령 때는 아마 년에 분기별로 한 번씩 회의했고 전두환 대통령 때는 제가 차관보 때여서 제가 직접 보고했습니다. 구로동 공업단지에 가서도 하고 부산 가서도 하고. 박 대통령 살아계실 때도 부산 가서도 하고 했습니다만 그것은 아주 드문 일이었어요. 전 대통령 때는 청와대 안에서보다 지방에 나가서, 그러니까 대구, 부산 가서도 했습니다.

수출제일주의 시대 에피소드

▸▸

수출진흥위원회 때 있었던 몇 가지 에피소드를 말씀드리지요. 1972년 초, 주(駐)일본 한국대사관의 경제담당공사가 한국의 대일 수산물 수출에 대한 문제점을 수출진흥회의에 보고했습니다. 지적된 문제점은 선도(鮮度)유지가 잘 안 되고 고기상자의 품질이 아주 열악하여 다시 옮겨 담아야 하기 때문에 제값을 받지 못한다는 내용이었습니다. 수산청은 다음 회의에 개선책을 보고했지만 담당국장이 문책성 인사를 받게 되었습니다. 1972년 3월에 배상욱 청와대 상공담당 비서관(작고, 전 체신부 장관)을 모시고 농림부 과장, 무역협회 상무와 함께 대통령의 지시에 따라 일본 시모노세키 항구를 방문해서 한국 수산물의 수출 상태를 점검하러 갔지만 불행하게도 그날은 한국선박의 입항이 없었습니다. 그때 일본 수산시장은 우리 집 안방보다 더 깨끗하게 정리되어 있었고 대만 해협에서 어획한 수산물은 배 안에서 규격별로 선별하고 얼음을 채우고 항구에서 인양과 동시에 대기 중인 냉동 · 냉장차에 실어서 시장으로 바로 운반되는 것을 보았습니다. 대단히 선진화됐다는 인상을 받았습니다.

1970년대 독일은 우리보다 앞서 인삼제품의 연구를 시작했습니다. 대통령께서 김동수 청와대 상공담당 비서관(작고, 전 수산청장)으로 하여금 현지조사를 지시하였고 수출진흥회의에 그 결과를 보고했습니다. 대통령께서 "인삼은 우리나라가 원조인데 모두들 무엇하고 있느냐?"고 질책하고 대책을 수립하라고 지시하셨습니다.

1972년 5월에는 심의환 상공부 공업차관보(작고, 전 총무처장관)를 단장으로 상공부 중견간부 10명이 약 1주일간 대일통상조사단으로 일본의 중요 수출산업을 시찰했습니다. 조사단은 또 일본이 1960~1970년대 100억 달러, 200억 달러 수출을 위해 추진한 시책도 조사했습니다. 그 결과를 그해 7월에 업계와 관계부처 장관과 간부 등 100여 명이 참석한 회의에서 '수출전략의 재정비'라는 제목으로 대통령에게 보고했지요. 그때 일본은 국민, 정부, 기업체가 하나가 돼 '일본주식회사'라고 할 정도로 수출에 열중했습니다. 그때 보고서는 제가 슬라이드로 작성했고 차관보가 보고했지요.

이 보고를 들으신 박 대통령께서 "우리는 왜 일본 같이 하지 못하느냐?"고 질책도 하고 여러 가지 지시도 내렸습니다. 그 일이 저녁 TV 뉴스에 대대적으로 보도되고 그날 저녁 상공부 간부들이 저녁식사를 하는데 당시 백두진 국회의장께서 심의환 상공부 차관보에게 직접 전화해서 격려하는 일도 있었습니다.

또 다른 에피소드는 제가 상공부 차관일 때 있었던 일입니다. KDI가 매년 후진국 경제관료들에게 한국의 경제개발 경험을 전수하는 프로그램을 진행했습니다. 이 프로그램에 참석했던 페루의 상공부 차관이 저를 방문했습니다. 그는 한국이 어떻게 단기간에 수출입국, 공업입국을 이룩했는지 알고 싶다고 했습니다. 우리는 매월 대통령이 주재하는 수출진흥위원회를 개최했다는 설명과 함께 우리가 과거에 추진했던 여러 수출업체 지원제도를 알려주었습니다. 그러자 페루 상공부 차관은 "우리는 그렇게 하기 힘들 것 같다"며 돌아갔습니다.

수출의 날을 제정하다

1964년 11월 30일. 한국이 수출액 1억 달러를 달성했던 날이다. 대통령을 비롯해 관련 공무원들이 너무 기쁜 나머지 이날을 기념하기 위해 '수출의 날'로 지정했다. 박 대통령 재임기간 동안 '수출의 날'은 주최하는 상공부뿐만 아니라 정정부 및 업계 모두 가장 중요하게 생각했던 날이었다. 수출의 날 기념행사에는 반드시 대통령이 참석하여 수출에 공헌한 기업체의 대표들에게 산업훈장을 수여하고 격려했다. 훈장을 받은 기업의 대표는 대통령과 함께 단상에 앉을 수 있는 영광도 누렸다. 또한 수출을 많이 한 기업에 대해서는 100만 불 수출탑, 500만 불 수출탑 등을 별도로 수여하기도 했다.

제10회 수출의 날에 유공자들을 표창하는 박정희 대통령(1973)
박정희 대통령이 제10회 수출의 날에 수출에 기여한 유공자들에게 산업훈장을 수여하고 있다. 1964년부터 시작된 '수출의 날' 행사에는 대통령과 경제관련 인사들이 참석하여 성대하게 치러졌다. 1973년에는 대통령령으로 「각종기념일 등에 관한 규정」이 제정되고 여기에 '수출의 날'이 명시되어 정부주관의 공식적 행사로 더욱 확고하게 자리 잡았다.

▸▸

수출진흥회의 다음으로 말씀드릴 것은 '수출의 날'을 만들었다는 점입니다. 1964년 11월 30일에 1억 달러 수출 기념으로 이날을 '수출의 날'로 정했습니다. 지금은 '무역의 날'로 변경됐습니다. 수출의 날에 훈장, 표창을 받는 기업을 보면 우리나라 산업의 발전상을 볼 수 있습니다.

1960년대는 수산물, 섬유, 합판, 가발, 신발류, 1970년대에는 전기, 전자, 철강제품, 1980년대에는 선박, 자동차, 석유화학제품, 반도체 등으로 공업 구조가 변했습니다. 1960년대 수출의 날에는 산업훈장을 받는 회사가 그렇게 많지 않았기에 수훈자가 대통령과 함께 단상에 앉았습니다. 얼마나 영광스럽습니까? 또한 1960년대 후반까지 수훈자에게는 외국제 고급승용차의 수입도 허용했고, 2년간 세무조사도 면제하는 특혜도 베풀었습니다. 수출의 노래도 만들었습니다.

1960년대에 부르던 노래(김대식 작사·황문평 작곡)

지혜와 땀방울을 함께 쏟아서 모두가 뛰어난 우리 제품을 만들자 보내자.
벌어들이자. 번영에의 길은 수출뿐이다.
일터마다 거리마다 넘치는 기쁨 늘어나는 수출에 커가는 나라.

1970년대 이후부터 부르는 노래(정두수 작사·박춘석 작곡)
오대양 육대주가 너를 부른다. '동방의 밝은 빛이 온누리 덮어 준다.
조국과 겨레 위해 큰 뜻을 펼칠 우리 심장의 고동소리 땅과 하늘 꿰뚫는다.
나가자. 주름잡자. 드넓은 일터 오대양 육대주가 너를 부른다.

수출지원을 위한 금융 · 세제지원

수출기업에 대한 직접적 지원으로 가장 강력했던 것은 금융 및 세제지원이었다. 당시만 해도 수출기업에 대한 직접 지원이나 보조금을 제한하는 국제적 합의나 규칙이 없었기 때문에 가능했던 일이었다. WTO 등의 다자간 무역협정이 활성화되면서 이와 같은 금융 및 세제지원은 점차 사라지게 되었다.

▸▸

수출기업에 대한 금융 · 세제지원 시책이 이루어졌습니다. 금융지원을 보시면 〈표 9-1〉 과 같습니다. 당시 선진국을 비롯한 세계 각국의 금리가 대부분 우리의 수출금융금리 수준에 있었기 때문에 수출기업의 경쟁력 유지를 위해 불가피한 조치였다고 봅니다. 세제지원(내국세)의 경우 외화획득 소득에 대한 세금액의 50%를 감면해 주는 직접지원 제도를 실시했고, 그 후 세계경제질서 변화에 부응하기 위해 간접지원 제도 — 해외시장개척 준비금 제도, 해외투자손실 준비금 제도 등으로 변경했습니다.

관세지원의 경우 수출용 원자재를 수입할 때 관세를 면제해 주거나 보세가공공장제도(세관장의 승인을 받고 원자재를 보세상태로 공장에 반입하여 수출하고 사후관리를 받는 제도)를 실시했습니다. 1975년에는 절차의 간소화와 사후관리의 강화를 위해 수출용 원자재를 수입할 때 관세를 부과하고 수출 후 관세를 환급해 주는 제도로 변경했습니다. 이 제도는 이미 대만이 실시하던 제도였지요.

〈표 9-1〉 금융지원

연도	일반금리	수출자금금리
1962	13.89%	9.0%
1965	24.0%	6.5%
1968	26.0%	6.0%
1972	15.5%	6.0%
1978	18.5%	9.0%

수출기업을 위한 보험 및 금융을 담당하기 위해 노력했습니다. 먼저 수출보험제도를 실시했습니다. 수출이 증가함에 따라 수출거래형태도 신용장(L/C) 조건의 현금거래 외에 단기 연불거래(D/A, D/P), 중장기 연불거래 등으로 다양화되고, 중남미와 아프리카 등 신용도가 낮은 후진국으로 시장이 다변화되어 수출대금 회수의 위험성도 높아지기 때문에 수출보험제도를 마련했지요. 1960년대 일본은 통상산업성에서 직접 수출보험 업무를 담당하는 예도 있기 때문에 상공부에서 직접 운영할 것으로 법 초안을 만들었지만 보험업무의 특수성을 감안해 재무부에 이관했습니다. 1968년에 법이 제정돼 초창기 대한재보험공사가 업무를 대행하였고, 1977년에 수출입은행이 업무를 대행했고, 1992년에 독립기구인 한국수출보험공사(현재 한국무역보험공사)를 설립했습니다. 또 수출입은행을 설립했습니다. 중화학공업 제품의 수출증대를 위해 중장기 「연불(延拂) 수출진흥법」을 제정하여 이를 상공부가 관장하려 했지만 업무의 특수성을 감안해 재무부에 이관했고 재무부는 1969년 「수출입은행법」을 제정했습니다. 그리고 한국외환은행에 업무를 위탁경영하다가 1976년 한국수출입은행으로 독립, 운영하게 되었습니다.

마침내 수출의 거탑(巨塔)을 세우다

수출지원기구의 설립

▸▸

수출지원기구를 설립했습니다. 먼저 KOTRA를 설립했습니다. 1962년 5월에 해외시장조사, 해외시장개척, 무역거래알선 등을 전담하는 공사를 정부출자로 설립했습니다. 1962년 11월에 미국의 LA, 뉴욕 그리고 아시아의 홍콩, 방콕 등으로 해외무역관을 설치했습니다.

2010년 현재 KOTRA의 조직은 총원 1,016명으로 국내 361명, 해외 318명, 현지직원 364명으로 구성되어 있습니다. 전 세계 76개국, 111개 무역관을 설치 운영하고 있습니다. 일본은 1958년 7월에 일본무역진흥회(JETRO)를 설립하여 해외시장개척 시장조사사업을 전담하고 있습니다. 우리도 연간 총수출이 1억 달러에도 미치지 못하는 1962년에 KOTRA 같은 기관을 설립 운영한 것은 대단한 결단이었습니다.

KOTRA는 「대한무역진흥공사법」에 따라 정부가 전액출자한 비영리 무역진흥기관이다. 1962년 6월 KOTRA로 출범하였다. 1960년대에는 수출주도형 경제개발 전략에 맞추어 해외시장 개척에 주력하였고, 1970년대에는 정부의 수출진흥정책에 따라 수출정보센터 설치, 수출상품 아이디어 뱅크 운영, 수출시장 확대를 위한 국내외 조사 및 연구업무 추진 등의 활동을 하였다. 1970년대 중반 이후에는 서울교역전 주관, 해외 순회세일즈 실시, 중화학플랜트 수출촉진 활동 등으로 시장개척 업무를 강화하고, 동구권 시장조사와 개척, 해외 전시활동의 대형화 등으로 수출기반을 확대하고 다지는 데 주력했다.

1980년대에는 중소기업의 국제화에 따라 중소기업 위주의 지원정책을 추진하였다. 1982년 서울국제무역박람회를 개최하였으며, 1988년 이후에는 격년으로 무역행사를 주관하였다. 1986년 이후에는 통상마찰 대응책을 수립하고 대일무역 불균형 개선사업을 중점적으로 추진하였으며, 1992년에는 중소기업 수출 성약지원, 수출유망상품 발굴 지원, 해외무역관 중소기업 지사화 등의 3대 전략사업을 추진하였다.

1995년 국내 업체의 해외투자 지원 및 선진 외국기업의 대한투자 유치업무를 수행하기 위하여 KOTRA로 이름을 바꾸고 2000년 7월에는 홈페이지를 개설하여 해외 시장정보를 제공하였다. 주요 활동으로 중소기업의 해외시장 진출을 지원하려고 수출 외에 다양한 형태의 무역거래 알선사업을 수행하며 해외시장 정보수집 및 제공사업, 해외 전시사업, 해외 홍보사업, 투자진흥사업, 국내 산업과 상품의 해외소개 및 선전, 해외무역관 설치 운영 등을 추진한다.

▸▸

그리고 한국외국어대 내에 외국어 연수센터를 설치 · 운영하였습니다. 당초 설립 목적은 중동진출 기업의 중견간부들의 아랍어 연수가 목적이었지만 그 후 영어, 프랑스어 등으로 확대했지요. 그러나 한국 상사들의 해외진출이 확대됨에 따라 그 나라의 언어는 현지에서 배우는 것이 능률적이라고 판단해 1993년에 이를 폐지하고 건물은 한국외국어대학교에 기증했습니다. 이 사업도 수출진흥기금에서 30억원이 지원됐습니다. 일본도 1960년대에 정부와 기업체가 공동출자해 무역연수센터를 운영했지만 상사 간부들의 현지 연수가 확대됨에 따라 그 후 제도를 폐지했다고 합니다.

수출진흥기금 제도를 만들었습니다. 1968년 11월 수출진흥위원회 청와대 확대 회의에서 결정했고 이것은 무역협회가 무역업계의 회비로 징수하도록 했습니다. 1969년부터 내수용 수입액의 1%로 시작해 1992년 이후 0.1%로 인하해 부과했고 1997년에 제도를 폐지했습니다. 총 28년간 총 8,293억 원을 거두어 KOTRA의 해외시장개척사업에 1,855억 원(22.4%), 종합무역센터 건설에 1,318억 원(15.9%), 무역자동화(전자상거래) 677억 원(8.2%), 기능공양성 136억 원, 중소기업 수출대행(고려무역) 62억 원, 한일 산업기술협력사업 70억 원, 어학연수사업 57억 원, 수출보험 50억 원, 무역사절단 파견 60억 원 등으로 수출지원사업에 유용하게 사용했고, 지금도 중소기업의 해외시장개척 지원자금으로 활용하였습니다. 수출에 관련된 기관에서 이 자금을 쓰려고 부탁도 많이 하고 그랬지요. 또한 국정감사 때마다 국회에서 정치자금으로 유용되는 것으로 오인해서 추궁하는 질문을 하기도 했지만 추호도 그런 일은 하지 않았습니다.

수출진흥대책과 관련하여 한 가지 더 말씀드리고 싶습니다. 당시에 수출신용보증기금 제도를 운영하려고 했습니다만 안타깝게도 무산되었습니다. 1960~1970년대 수출업체들이 은행융자를 받고자 하는 경우 담보부족으로 어려움이 많았지요. 이를 해결하는 방법으로 한국무역협회의 수출진흥기금의 일정액과 이에 상응하는 정부예산을 기금으로 한국신탁은행에 기탁하고 대한보증보험사에서 신탁기금의 20~30배 범위 내에서 보증서를 발급하는 것이었습니다. 이 제도를 실시하려고 장관 기자회견까지 했지만 관계기관 등의 이견으로 성사되지는 못했습니다. 이 구상이 성사되었더라면 한국 최초의 신용보증기금 제도가 탄생되었을 것입니다. 참고로 이 아이디어는 당시 수출진흥과에 근무하던 아이디어맨 남대우 씨의 작품이었지요. 그 후 1970년대 들어 정부가 중소기업 신용보증기금제도를 만들었습니다.

중소제조업체에 대한 기술지원

수출주도형 공업화 전략의 핵심은 내다 팔 수 있는 물건을 만드는 것이고, 물건이 제대로 값을 받을 수 있도록 품질을 높이는 것으로 요약할 수 있다. 하지만 제조업체에만 맡겨둘 수 없는 상황이었다. 막 걸음마를 떼는 우리나라 제조업체에게 알아서 품질을 신속하게 향상시키라고 주문하기는 어려웠다. 결국 품질을 높이는 데 대해서도 정부의 지원이 필요했다.

공산품의 품질관리, 표준화, 품질검사 등에 대한 업무를 총괄하는 조직을 만들었는데 바로 공업진흥청이었다. 1973년 1월 개정 「정부조직법」에 따라 상공부 외국(外局)으로 설치했던 표준국과 중앙계량국 및 광업등록과를 통폐합하여 만들었다.

▸▸

1973년 상공부 산하에 공업진흥청을 설립하고 중소제조업체에 대한 기술지도총괄 업무를 집행하게 했습니다. 당시 청장은 최종완(작고, 전 건설부 장관) 씨로서 강원도 지사에서 청장으로 취임해 6년간 장기근무하신 기술관료였습니다. 당시 일본기업들이 국제경쟁력 강화를 위해 실시하던 전사적 품질관리(TQC: Total Quality Control)[5] 운동을 6년간 진두지휘하였으며 '품질관리 전도사'라는 별명이 붙기도 했습니다. 1970년대의 일본기업들은 'KAIZEN'(카이젠)[6] 이라는 일본기업 특유의 경영 노하우로 국제경쟁에서 선풍을 일으켰고, 미국과 유럽 기업들이 '일본을 배우자'라며 일본으로 밀려들기 시작했지요. 당시 일본의 최고 경영자들은 사원들에게 "돈이 없으면 머리를 써라, 머리가 없으면 땀을 흘려라"며 돈을 들이지 않고 지혜를 짜내어 개선을 도모하려 했습니다. 이것이 TQC이고 JIT(Just In Time),[7] ZD(Zero Defect, 무결점) 운동, 자동화, 제안제도, 노사협조 경영입니다.

제가 1983년도 특허청장으로 재직할 때, 와가스키 가쓰오 일본 특허청장과 서울

●

5 TQC는 업무 전반에 걸쳐 질을 높이지 않으면 제품 그 자체의 품질도 좋아질 수 없다는 개념 아래 제조현장의 품질관리만을 철저히 하여 불량품을 내지 않겠다는 목표뿐만 아니라 영업 · 기획 · 개발 · 총무 · 경리 등 모든 비제조 부문에 걸쳐 업무수행의 질을 높이려는 전사적(全社的) 관리방식이다. 이 종합적 품질관리는 제조업뿐만 아니라 건설 · 금융 · 유통 · 용역 등의 업계에도 영향을 미쳤고 특히 미국은 그 개념을 확대하여 전사적 품질경영(TQM)을 적극 수용해 정착시켰다(출처: www.doopedia.co.kr, 《두산백과》).

6 카이젠은 단순한 생산성 향상을 뛰어넘은 모든 프로세스, 모든 임직원의 일상화된 개선노력을 뜻한다. 카이젠에는 일터를 인간화하기, 무리한 작업 없애기, 과학적 방법을 이용한 효율화, 비즈니스 과정에서의 낭비를 없애는 방법 배우기 등을 포함한다. 조직의 모든 레벨, 즉 CEO부터 현장의 근로자에 이르기까지, 또한 외부의 이해관계자까지 가능하다면 끌어들여 카이젠에 참여하도록 노력한다. 개인의 노력이 될 수도 있고 시스템일 수도, 소규모 그룹 또는 대규모 그룹에 의한 것일 수도 있다. 도요타에서는 소규모 그룹이 자신들의 근무환경 및 작업터를 개선하려는 노력을 의미한다. 라인 책임자에 의해 가이드라인이 제시될 수도 있다(출처: 위키피디아).

7 JIT란 재고 및 부품을 운반하는 등의 비용을 줄임으로써 이익률을 높이기 위한 생산전략을 말한다. 도요타에서 실행되어 유명해진 전략이다. 필요한 부품을 선반에 미리 쌓아두고 사용하는 것이 아니라 필요할 때 바로 바로 공급받아 사용하는 것으로 제품생산 흐름을 효율화함으로써 가능하다.

에서 회의하고 시흥 소하리에 있는 기아자동차 공장에 산업시찰을 갔습니다. 그때 정문입구 넓은 광장에 자동차 부품을 실은 화물트럭 10여 대가 자동차 부품의 검사를 받으려 대기중이었습니다. 일본 특허청장은 "저러한 대기시간으로 인하여 경영면에서 손실이 발생할 것이니 결국 부품생산원가를 높이는 결과가 된다"고 충고했지요. 일본의 경우 완성품제조회사와 부품제조사가 사전에 기술지도를 하고, 사전 품질검사에 합격한 제품만 납품하게 하는 JIT 시스템으로 운영되고 있습니다. 이게 바로 '도요타식 간판생산방식'입니다. 당시 일본의 와가스키 가쓰오 청장은 일본 특허행정을 혁신한 공로자입니다. 특허행정의 완전전산화(paperless plan) 추진과 특허행정을 독립회계로 만든 분입니다. 우리 특허행정은 그동안 정보통신(IT) 산업의 발전으로 지금은 일본보다 더 발전했다고 자부합니다.

바늘에서 미사일까지 — 종합무역상사

정부의 수출지원책과 함께 살펴보아야 할 부분이 민간의 종합무역상사이다. '바늘에서 미사일까지'라는 종합상사의 슬로건에서 엿볼 수 있듯 종합상사는 모든 영역에 걸친 상품을 해외무역, 또는 국내유통을 통해 거래하는 기업이었다. 일본과 한국에만 존재하는 독특한 기업형태였다. 한국에서는 1975년 상공부 장관이 「대외무역법」 시행령 15조에 따라 1호 종합상사를 지정하면서 처음 도입되었다. 국내 제조업체들의 수출능력이 미약하므로 대형상사에서 제품을 모아 내다파는 역할을 수행한 것이다. 종합상사는 수출장려정책상 세제나 금융에서 많은 혜택을 받았다. 처음부터 한국의 종합상사는 수출진흥을 목적으로 하여 특정기업의 제품만이 아닌 국내 각 기업의 각종 제품을 차별없이 취급하여 수출하는 것을 주요사업으로 삼았다.

미국이나 영국 등 서구 선진국에도 상사형태의 기업은 존재했다. 미국의 루이드레파스, 콘티넨탈그레인과 같은 곡물상사, 영국의 유나이티드아프리카, 네덜란드의 인터내셔널로테르담과 같은 구식민지무역 독점상사 등의 예가 있으나 모두가 특정의 상품이나 지역에 한정되어 있다. 일본이나 우리나라의 종합상사와 같이 분야를 가리지 않고 모든 종류의 상품을 취급하는 형태는 없었다. 또한 우리나라의 종합상사처럼 정부의 공식지정을 받고, 각종 혜택을 받으며 수출하는 경우도 없었음은 물론이다.

일본의 경우도 미쓰이 물산(三井物産)·미쓰비시 상사(三菱商事)와 같은 종합회사는 미쓰이 재벌·미쓰비시 재벌이라는 거대한 기업 콘체른에 속하는 상사로서, 산하 계열기업이 생산하는 제품의 판매와 그들이 필요한 원자재의 구입을 주업무로 하여 발달하였다. 그러나 일본에서도 한국과 같은 성격의 종합상사로의 변모가 이루어졌으며, 전후파 종합상사라고 할 수 있는 기업이 설립되었다.

▸▸

처음에 종합무역상사가 생겨난 연유는 이렇습니다. 1972년 초 당시 김종필 총리께서 일본의 이토추 상사의 세지마 류조 회장을 초청하여 한국이 1인당 GNP 1천 달러, 수출 100억 달러를 달성하려면 어떻게 해야 할 것인가에 대해 정책 자문을 요청했습니다. 한국방문을 마치고 돌아간 지 약 2개월 후에 다시 한국을 방문한 세지마 류조 회장은 상공부 이낙선 장관에게 종합무역상사 제도를 건의했습니다. 일본 이토추 상사의 세지마 류조 회장은 일본 소설가 야마자키 도요코가 쓴 소설 〈불모지대〉의 주인공인 '이키 타다시'의 모델이었습니다. 일본 육군사관학교를 졸업하고 제2차 세계대전 때 일본 합동참모 본부와 관동군사령부의 참모로 근무하다가 종전 후 포로로 시베리아에서 11년 살고 귀국했어요. 이토추 상사에 입사해 섬유수출업체에 지나지 않았던 이토추 상사를 일본 굴지의 무역회사로 발전시킴으로써 회장까지 승진하셨던 분입니다. 2010년에 작고하셨습니다. 아시다시피 일본의 종합무역상사는 100년 전 메이지(明治)시대부터 자연발생적으로 무역만을 전업으로 하는 회사로 성장·발전된 일본만의 독특한 회사 조직입니다.

한국에도 1960년대 초에 무역업을 전업으로 하는 삼호무역이라는 회사가 있었고 국내 유수의 많은 무역 전문요원들이 이 회사에 근무했지요. 상공부에 시책자문도 많이 했습니다. 저는 지금도 '이런 회사가 성장해 자연발생적으로 종합무역상사가 되었으면 좋았을 텐데'라고 생각해 봅니다. 우리 정부는 1975년 4월에 종합무역상사 지정요건을 공포했고 수출실적, 자본금, 수출품목 수, 수출국가 수, 기업공개 여부, 해외지사 수, 중동과 중남미 등 미개척 지역의 수출실적 등 지정요건에 맞는 업체를 종합무역상사로 지정했지요. 1978년에 13개사(삼성, 쌍용, 대우, 국제, 한일, 현대, 율산, 효성, 반도, 선경, 삼화, 금호, 고려무역)가 지정되었고, 1987년에는 8개 상사(삼성, 쌍용, 대우, 효성, 럭키금성, 선경, 현대, 고려무역)만이 지정되었습니다. 당시에는 우리나라 총수출의 40~50%를 종합무역상사가 담당할 정도였습니다.

그때 종합상사는 최고의 인기직장이었지요. 종합상사 세일즈맨들이 세계시장에서 고생하던 스토리는 드라마 주인공이 될 정도였습니다. 지금은 명칭도 변경한 회사들이 많은 것 같습니다. 예를 들면 (주)대우는 대우인터내셔널로 바뀌었지요. 사업도 무역 전업에서 출발하여 이제는 자원개발, 플랜트 건설, 고층건물 건설 등 그룹 회사를 총괄하는 역할을 하는 곳도 있습니다.

종합상사가 우리나라 총수출의 40~50% 정도를 수출하는 등 큰 역할을 수행하였지만 지나친 경쟁으로 부작용도 적지 않았다. 특히 해외에 나가서 한국의 종합상사끼리 경쟁하느라 오히려 손해를 보는 '출혈 과당경쟁' 사례가 다수 발생하여 큰 문제점으로 지적되었다.

▸▸

종합상사의 역할이 컸지요. 특히 시장개척을 많이 했지요. 아프리카 오지, 중남미, 동유럽 등 전세계 시장을 개척했습니다. 종합상사맨들이 아니었으면 하기 힘든 일들이었습니다. 서로 치열하게 경쟁했기 때문에 힘든 일을 해낸 측면이 있습니다. 하지만 경쟁이 너무 심했던 것이 부작용도 낳았습니다. 특히 국제입찰의 경우는 더 심했습니다. 우리나라 기업끼리 단가 낮추기 경쟁을 하느라 큰 이익을 볼 수 있었던 사업에서도 이익을 별로 얻지 못하는 경우도 있었습니다. 오죽하면 상역국 내에 국제입찰 조정업무를 담당하는 부서도 있었겠습니까. 일본의 경우를 보면 자율적으로 이번에는 A사 다음은 B사 등으로 정해가는 예를 보았습니다.

종합상사의 수출액이 2000년 총수출의 47%에 달하기도 했지만 이후 개별 제조업체의 해외시장 개척능력이 향상됨에 따라 종합상사의 수출비중이 점차 낮아졌고 국제무역 규정도 정부의 지원을 폐지하게 되어 있기 때문에 2008년에 종합상사 지원제도를 폐지했다. 현재 종합상사는 고유의 무역업만을 하는 경우는 없고 건설, 자원개발 등 다양한 신규사업으로의 진출을 통해 생존을 도모하고 있다.

제조업은 영원하다

▸▸

우리는 개발할 자원도 없고, 오직 인적 자원밖에 없는 나랍니다. 1945년 8 · 15 해방 후 남과 북이 통일되어 지금쯤 7천만 명 정도의 인구에 1인당 국민소득이 3만~4만 달러 정도의 국가로 발전했다면 국내 시장을 중심으로 경제발전을 이룩했을 것입니다. 하지만 우리의 상황은 그렇지 않습니다. 우리는 숙명적으로 대외지향적 경제개발 전략을 선택할 수밖에 없었습니다. 한국은 무역의존도가 GDP의 70%가 되는 나라입니다. 수출의 경제성장 기여도가 1970년대 38%, 1980년대 24%, 1991~1995년까지는 23%, 1996~2000년까지 43%, 2001~2005년까지 65%의 나라입니다. 수출이 경제성장을 주도하였습니다.

일부에서는 서비스업을 육성해 제조업의 상품수출을 대신하자는 주장도 있습니다. 서비스업의 상당 부분은 제조업과의 동반성장만이 가능한 부분입니다. 연구개발, 디자인, 컨설팅, 엔지니어링, 마케팅, 물류, 유통, A/S 등입니다. 독일, 일본 같이 제조업이 강한 나라가 경제강국입니다. 특히, 독일과 일본은 부품과 소재를 생산하는 중소기업의 기술력이 강한 나라입니다. 한국의 대일무역역조를 시정하는 길은 부품소재를 생산하는 중소기업의 경쟁력 강화에 달려 있다고 하겠습니다.

인류가 지구상에 살아 있는 한 의식주와 관련된 제조업은 영원히 존재합니다. 2011년에 한국은 수출 5천억 달러(G7), 무역 1조 달러(G9)의 수출입국, 무역입국을 이룩했습니다. 흔히 이런 성과를 '한강의 기적'이라고 말합니다만, 이것은 기적이 아니라 국민과 근로자, 기업인, 정부, 공무원 등이 흘린 땀의 결과입니다. 1977년 12월 22일 장충체육관에서 열린 100억 달러 수출기념식에서 박정희 대통령은 떨리는 목소리로 이렇게 말했습니다. "친애하는 국민 여러분, 드디어 우리는 수출 100억 달러를 돌파했습니다. 이것은 국민 여러분의 고귀한 땀과 불굴의 집념이 낳은 값진 소산이며 일하고 또 일하면서 살아온 우리 세대의 땀에 젖은 발자취로 빛날 것입니다."

세계 무역환경이 WTO 체제, FTA의 확대 등으로 시장은 확대되고 있지만 경쟁은 더욱 치열해질 것입니다. 우리가 지금까지 그랬던 것과 같이 국민, 기업, 정부가 함께 위기를 슬기롭게 극복하고 산업의 경쟁력을 강화해 이를 토대로 경제 발전을 이룩해 나가기를 기대합니다.

제 10 장

사람은 경제발전의 수단이면서 목적이다

맨손으로 맞은 광복

광복 및 6·25 전후의 인력

연합군의 승리로 제 2차 세계대전이 끝났고 일본은 패전국이 되었다. 36년 동안 일본의 식민지 통치를 받았던 조선은 광복을 맞았다. 나라를 되찾은 것은 감격스러운 일이었으나 당시 상황은 '독립'과는 거리가 멀었다. 한반도가 38선을 기준으로 분단되었을 뿐만 아니라 남한에 대한 미군정이 시작된 것이다. 1948년 8월 15일 대한민국 정부가 출범하였으나 2년이 채 지나기도 전에 6·25 전쟁이 발발했다. 36년간의 식민지 통치, 한반도의 분단 그리고 전쟁을 거치면서 한국은 세계에서 가장 가난한 나라로 전락한다. 전후의 한국은 폐허에서 새로 시작해야 했다. 도로·항만 등 인프라, 전력, 산업시설 그리고 자본에 이르기까지 온전한 것이 거의 없었다. 인력 역시 말할 것도 없었다.

광복 이후 그리고 6·25 전쟁을 거치기까지 우리나라의 인적 자원 현황을 파악하려면 먼저 일제 강점기의 교육을 간단히 살펴볼 필요가 있다. 일제 강

●
이 장의 증언자는 김수곤 전 경희대 부총장이다.

점기의 교육은 조선인의 정체성을 말살하고 황국신민(皇國臣民)으로 만들려는 것이 주된 목적이었다. 근대적 학교에서 교육은 시키되 '부려먹기 좋을 만큼'만 가르쳤다. 조선어를 유명무실하게 만들려는 노력이 치밀하게 이루어졌다. 일본은 조선어를 선택과목으로 바꾸었다가 1943년에는 아예 조선어 교육을 폐지하였을 뿐만 아니라 조선어의 사용을 금지하였다.

일제 강점기 후반에 접어들자, 황국신민화를 꾀하면서 학교를 면단위까지 늘려 세우겠다고 발표한다. 일본이 참여한 전쟁이 확대되면서 학교는 전쟁 동원의 시설로 여겨져 수업은 파행적으로 진행되었다. 학생들은 군사교육과 각종 노무동원에 내몰렸다. 일제 강점기 말기의 초등학교[1] 취학률은 전체 43%였으며, 남자의 경우는 60%에 육박했다. 일제 강점기의 대다수 조선인들에게 보통학교(소학교, 국민학교)는 사실상의 최종학교로 인식되었다. 때문에 많은 교육계 인사들이 보통학교의 연한에 민감한 반응을 보였고, 보통학교의 확충운동을 벌여나갔다. 보통학교 졸업자는 사회에서 높은 대우를 받았다. 살림이 나은 가정의 자녀들은 중등과정을 다녔으나 인원은 소수였다. 일제가 세운 관립 중학교에 맞서 배재, 휘문, 중앙, 경신, 보성, 이화 등 사립학교에서는 조선인의 정체성을 강조하는 교육이 실시되었다. 극소수 부유층 자제들은 일본으로 유학을 가 중등과정, 대학을 다니기도 했다.

보통학교 졸업자는 보통학교 비(非)졸업자보다 면서기 등 하급관리가 되기에 유리했다. 회사나 상점에 취업할 때도 보통학교 졸업장이 유용했다. 보통학교 교육을 받는 사람이 늘기는 했지만 인적 자원의 형성이나 축적으로는 연결되지 못했다. 고등교육으로의 연계가 제대로 이루어지지 않았으며, 또 생산 현장에서의 실질적 교육 및 훈련이 이루어지지 않았기 때문이다. 광복 이후 38선을 중심으로 분단까지 되면서 남한은 더욱 불리한 상황이었다. 일본은 중국을 상대로 하는 전쟁을 효율적으로 수행하기 위해 조선을 '병참기지화'했던 탓에 북한에는 전력, 군수물자 보급을 위한 중공업시설이 있었으나 남한에는 경공업 시설만 일부 있었을 뿐이었다. 그나마 경공업 생산시설에서

1 '보통학교', '소학교'라고 불리던 초등교육기관을 1941년 일제가 '황국신민의 학교'라는 의미로 '국민학교'라는 명칭을 붙였다. 광복 이후에도 이 명칭을 계속 사용하다가 1996년 '민족정기회복의 일환'으로 초등학교라고 부르게 되었다.

김수곤 金秀坤 전 경희대 부총장

1934. 5. 17 경북 대구 출생
고려대, 미국 뉴욕시립대, 미네소타주립대 졸업
1974~1978 한국과학원 산업공학과 대우교수
1978~1980 KDI 사우디 주베일,
알부공업단지 인력개발 자문단 단장
1983~1984 KDI 부원장
1996~1998 경희대 서울캠퍼스 부총장

도 조선인은 허드렛일에만 종사했을 뿐 기능·기술을 배우는 것과는 거리가 멀었다. 일본인에서 일본인으로 전해지는 도제식(徒弟式) 교육에 조선인은 끼어들 틈이 없었다. 이러다 보니 인적 자원의 형성이나 계발은 거의 이루어지지 않았다. 이와 관련해 김수곤 교수는 다음과 같이 증언하고 있다.

▸▸

해방됐을 때 내가 초등학교 5학년이었지요. 중학교에 입학하면서 한 번은 대구에서 성냥공장에 견학을 갔었는데 성냥 알을 쫙 말리고 있더군요. 그것을 보고 나중에 돌아올 때 성냥 한 통을 선물로 받았어요. 집에 와서 아버지한테 "아버지 선물입니다" 하고 드렸어요. 그러니까 아버지께서 그것을 들고 성냥에 불을 붙이려고 하셨어요. 그런데 불이 안 붙고 부르르하다 꺼져 버리고 부르르하다 꺼지고 그래요. 한 통을 다 해봤는데 불이 안 붙었어요. 그러니까 아버지께서 화가 나셔서 탁 내던지면서 "왜놈들이 가고 없으니까 성냥도 하나 제대로 못 만드는구나" 하시는 겁니다. 그런데 마치 이 말이 왜놈들을 그리워하는 것처럼 들리지 않습니까? 그게 아니에요. 아버지는 사실 대구에서 3·1 운동 때 그 남문시장의 총책으로 만세를 불러서 형을 살았어요. 그러한 분인데 아버지께서 속이 얼마나 상했겠어요? (성냥이 안 켜지니까) 부싯돌을 쳐서 담배를 피우셨다고요.

그때 내가 들은 얘기로 일본사람들이 가고 나니까 기차를 수리할 수가 없어서 쩔쩔매다가 앞으로 간다고 기어를 넣는데 기차가 뒤로 퍽 갔다는 그런 얘기가 있었어요. 그러니 이것이 다 무엇을 의미하느냐 하면 일본사람들이 의도적으로 한국사람들에게 기능, 기술을 안 가르쳤어요. 그게 식민지 국가들의 공통적 현상입니다.

미국에서 공부할 때 내가 시민운동에 대해서 초기부터 관심을 갖고 공부했어요. 흑인들한테 백인들이 기능을 안 가르쳐 줘요. 당시 미국에서는 도제제도를 통해서만 기능공이 될 수 있습니다. 흑인들은 도제로 들어갈 수가 없어요. 기능공이 추천해야 되거든요. 그러니까 그 유니온 멤버가 자기 아는 사람, 백인만 추천하니까 도제에는 전부 다 그렇게 들어갈 수 있다고. 정부에서 기회균등을 위해서 그렇게 못하게 했어요. 이 사람들 하는 말이 "이미 신청서류 들어온 것이 산더미처럼 쌓여 있다"는 거예요. 그러면 지금 들어온 흑인이 신청서류 제출하고 순서 기다리다가 나이가 벌써 다 지나서 도제 자격이 없어지는 겁니다. 이렇게 편법을 써서라도 흑인들에게 기능을 안 가르칩니다.

식민지 경영하는 사람들도 마찬가지에요. 그런 사람들의 뇌리에는 무엇이 있냐 하면 최소한 필요한 행정, 뭐 그런 쪽으로만 가르치고 기술은 아주 핵심적인 것이니까 가르쳐 주지 않고 꼭 쥐고 있어요. 일본사람들이 한국사람들에게 기능을 안 가르친 것과 같아요. 그러니까 기차를 움직일 수 있겠습니까? 성냥공장을 제대로 운영할 수가 있겠습니까? 아무것도 할 게 없어요. 당시 남자들은 그저 일본사람들이 두고 간 창고열쇠만 쥐고 앉아 있는 거예요. 한국사람 중간관리자는 기능이 아무것도 없어요. 일본사람들이 갈 때는 뭐라고 그러냐면 "우리가 수개월 내로 되돌아온다. 이러니까 잘 지켜라"라고 했지요. 그런데 수개월 지나도 안 오거든. 이것은 주인 없는 것이라. 그래서 열쇠 가지고 창고 열어서 나누어 먹죠. 창고 열어서 물건 챙기려고 하면 근로자를 불러야죠. 심부름하는 근로자들은 "야! 이것 네 것이냐? 너만 빼먹냐?" 그래서 나눠 먹는 거죠. 빼먹기, 나눠 먹기가 그때부터 시작된 것이에요. 그것도 우리나라 노사관계에 있어서 잘못된 하나의 씨앗이 아닐까요?

제 2차 세계대전이 끝난 후 일본도 폐허상태였지만 그 어느 나라보다 빠르게 복구됐다. 6·25 전쟁의 연합군 보급기지로서 특수(特需)를 누리는 등 여러 이유가 있었겠지만 소프트웨어, 그중에서도 인적 자본이 두텁게 형성되어 있었다는 점이 큰 영향을 미쳤다. 일본이나 한국이나 전후에 많은 어려움을 겪었지만 일본의 경제회복이 빨랐던 이유를 김수곤 교수는 '인적 자원'에서 찾았다.

▸▸

광복이 되었을 때 기술이라고 하는 것, 기능이라고 하는 것이 거의 제로였습니다. 일본이 원자탄을 맞고, 제2차 세계대전 때 폭격을 많이 맞고도 잿더미에서 그렇게 빨리 회복될 수 있었냐? 다른 이유도 얘기합니다만 나는 "하드웨어는 다 부서졌지만 기능인력들의 소프트웨어는 그대로 남아 있었기 때문"이라고 봅니다. 그것이 있었기 때문에 일본을 다시 부흥시킨 것입니다. 그러니까 일본은 부흥하는 데 빨랐지만 우리는 아무것도 없는, 백지상태에서부터 시작했으니까 이게 얼마나 어렵겠느냐? 그것이 바로 그때 당시의 얘기입니다. 그나마 이승만 대통령이 의무교육을 실시함으로써 글을 전반적으로 알게 되고 그러면서 초기 산업화에 기여할 수 있는 최소한의 인력이 나올 수 있게 되었습니다.

인구정책과 인력정책

한국의 초등학교(초등학교) 의무교육은 이승만 정부에서 1949년 '홍익인간'을 교육이념으로 하는 「교육법」을 제정·공포하면서부터 시작되었다. 학교시설 및 교사 충원 등의 여건이 제대로 갖춰지지 않은 상태에서 의무교육을 시행하면서 '콩나물시루 교실'에서 수업이 계속되었다. 학생들은 2부제, 심지어 3부제 수업까지 하면서 학교를 다니기도 했다.

특히 전쟁 직후인 1955년부터 1963년에 이르는 기간에는 출산이 집중적으로 이루어져 '한국의 베이비부머 세대'라고 불린다. 식민지 치하의 수탈과 3년에 걸친 전쟁으로 경제상황이 극도로 피폐해진 시기였기에 급증하는 신생아는 골칫거리였다. 증가하는 인구에 대한 우려는 한국만의 문제가 아니었다. 1929년 대공황 이후 경기가 악화되면서 인구증가를 우려하는 분위기가 확산됐고 세계적으로 출산을 억제하는 운동이 국제가족계획연맹(IPPF: International Planned Parenthood Federation) 등의 기관을 통해 일어났다.

한국에서 가족계획사업은 1954년 미국인 선교사 조지 워스(George Worth)에 의해 시작되었다. 그는 가족계획 계몽을 위해 《이상적 가정》과 《기독교와 인구문제》라는 책자를 발행하고 지방을 순시하면서 계몽강연을 했다. 여러 선교사들의 활약이 있은 뒤 1958년 대한어머니회가 창립되면서 가족계획 계몽교육을 실시했고 서울대 부속병원 산부인과에서도 가족계획 상담소를 설치하였다. 이런 움직임은 해외 선진국의 흐름에 따른 것이었다. 미국에서도 인구협회를 설립하여 미국을 비롯한 여러 나라의 가족계획사업을 지원하였다. 한국에도 1960년 10월에 IPPF 임원인 조지 캐드버리가 서울에 와서 가족계획사업을 추진할 민간단체의 설립을 권유하였다. 한국에서 가족계획협회를 설립하면 몇 해 동안 3천 달러 내외의 운영자금을 지원할 것을 약속하였다. 이것이 가족계획협회의 창립 계기다.[2]

한국의 가족계획은 가족계획협회가 설립된 1961년부터 본격화되었다. 1960년대 초반에는 평균 출산자녀수가 5명을 넘던 시절이라 셋만 낳자는 운동이 전개되었다. '덮어 놓고 낳다 보면 거지꼴을 못 면한다', '3명 자녀를 3년 터울로 35세 이내에 단산하자' 등의 표어가 곳곳에 붙었다. 1970년대에 접어들면서 권장하는 자녀의 수가 둘로 줄었다. 특히 남아선호사상에 의해 아들을 낳을 때까지 자녀를 계속 출산했던 당시 상황을 반영하는 표어들이 등장했다. '아들딸 구별 말고 둘만 낳아 잘 기르자', '잘 키운 딸 하나 열 아들 안 부럽다' 등의 표어를 통해 집중적으로 계몽했다. 예비군 훈련장에서 정관시술을 받는 남성에게는 훈련을 면제하는 정책을 사용하기도 했다.

강력한 가족계획 정책을 실행하던 당시에도 김수곤 교수는 인력정책의 측면에서 지나친 산아제한이 바람직하지 않다는 생각을 했었다. 사람에 대해서 '먹여 살려야 할 인구'가 아니라 '경제발전 원동력으로서의 인력'이라는 의미가 더 중요하기 때문이었다.

▸▸

양재모 박사라고 있어요. 그분이 가족계획협회장을 했죠. 그 사람이 나를 강사로 초대했어요. "나는 인구학자는 아니고 인력자원에 관한 연구를 합니다." 그러고는 그냥 "우리나라 인구가 지금처럼 이렇게 가족계획 해서 나중에 이게 피라미드가 역피라미드가 되는 날이면 어떡할 테냐? 그러니까 사람들에게 가족계획을 너무 강요하지 말라" 이렇게 얘기했어요. 그리고 "사람은 많을수록 좋다. 우리가 중국하고 일본하고 틈바구니에서 어떻게 살아남아요? 아이를 많이 낳아야 한다" 이렇게 얘길 했어요.

2 1990년대 이후 출산율이 급격하게 떨어지면서 가족계획의 방향이 바뀌었고, 시대적 소명도 달라지게 되었다. 이 같은 추세를 반영하여 가족계획협회는 2005년 12월 인구보건복지협회로 이름을 변경했다.

강의를 다 하고 났더니만 양 회장님이 나와서 하는 소리가 "오늘 강사를 잘못 초대했습니다" 그러세요. 모두 깔깔 웃고 야단이 났어요. "여기(가족계획협회)에는 맞지 않는 얘기인데" 그러더라구요. 그래서 나도 좀 심술이 나서 한마디 했어요. "회장님은 어떻게 가족계획을 홍보하는 분이 애를 일곱을 낳아 놓고 할 말 있습니까?" 내가 얘기했더니 "아! 그것이라면 말이지, 내가 많이 낳아보니까 가족계획을 꼭 해야 되겠습디다" 이래서 또 다들 웃었죠.

사실 당시에 인구에 대해서는 모두가 관심이 많았고 어떻게 먹여 살리느냐 하는 이야기는 많이 했어요. 하지만 인력에 대해서는 별로 생각하지 않은 것이 사실이죠. 사실은 뭐라 그럴까? 초기산업화에서는 그냥 인해전술을 쓴 것이죠. 그래서 누구는 그럽니다. 호랑이와 사자가 싸우면 누가 이기냐? 누가 이기겠어요? 호랑이하고 사자가 싸우면? 배고픈 놈이 이겨요. 그렇죠? 그래서 우리나라 경제발전에 대해서 얘기하면 초기에는 '배고픈 것이 가장 큰 원동력이었다'고 합니다.

배고픈데 어떡합니까? 그래서 열심히 일했고요. 물론 우리가 계속 배고파야 한다는 얘기는 아닙니다. 오해는 하지 마세요. 루이스가 말하는 이른바 노동시장의 전환점,[3] 그것을 지나고부터는 달라지죠. 그러면 사실 내가 얘기한 것에서부터 "아! 배가 고파야 모두 일한다. 그러면 근로자는 모조리 배를 쫄쫄 굶겨야 되겠구나"라는 논리를 찾으면 큰일 나거든요. 그것은 아니다. 일단 배가 고파서 일은 했지만 이제는 배가 부를 때는 더 이상 배고프게 해서 일을 시킬 수는 없으니까 그다음은 어떡하느냐? 배가 아파서 일 못하는 사람은 없도록 해야 한다. 그게 여러 심리적 요소가 다 들어가는 것 아니겠습니까? 그렇죠?

KDI의 노동경제학자

KDI에 김수곤 교수가 합류한 것은 1974년이었다. KDI의 첫 노동경제학자였다. KDI는 경제전반에 관한 정책과제를 현실적·체계적으로 연구하고 5개년 개발계획 수립 및 정책 입안에 도움을 줄 연구기관이 필요하다는 인식에 따라 1971년 3월에 설립되었다. 김수곤 교수가 KDI에서 근무했기 때문에 인력이나 노동 그 자체에 머물지 않고 거시경제와의 통합적 계획이 가능했다는

3 루이스의 전환점이란 1979년 노벨 경제학상 수상자인 아서 루이스(William Arthur Lewis)가 제시한 것으로 개발도상국에서 농촌의 저렴한 인력으로 급속한 산업발전을 이루지만 농촌의 노동력이 도시로 이동하면서 노동력이 고갈되는 시점에 임금이 상승하고 성장이 둔화되는 것을 말한다.

자평이다. 즉 '경제개발 5개년계획'에 '인력정책'을 반영할 수 있었고, 이는 인력정책에 있어 큰 의미가 있었다는 설명이다.

▸▸

지금 생각하면 제가 KDI와 인연이 맺어진 것이 고맙고, 반갑고 그렇습니다. 내가 KDI에 안 왔더라면 오늘의 김수곤이 없었을지도 모릅니다. 왜 그러냐? 내가 캐나다에 있었을 때였는데 여름에 조사(survey)하기 위해서 한국에 두 달 동안 왔었어요. 그때 고려대에 방을 하나 얻었어요. 어느 날 점심 식사 후에 친구 한 사람이 "KDI에 한번 안 들어가 볼래?" 그러기에 "나야 관심 있지. 가 보자" 그랬어요. 그렇게 가게 됐어요. 그래서 KDI에 갔어요. 어슬렁어슬렁 가다가 2층으로 올라가니까 원장실이 있었어요. 그래서 열어보니까 김만제 원장님이 혼자 계시더라구요. 그래서 "잠깐 들어가서 차 한잔 해도 됩니까?" 하고 물어보니까 그러라고 하셨어요. 그렇게 차를 한 잔 하게 되었는데 단도직입적으로 원장님이 "무엇을 전공했습니까?"라고 물으셔서 "labor(노동) 입니다" 그랬더니 "아! labor 하는 사람을 내가 그렇게 찾아도 없더니 이것 웬일이냐? 여기 올 생각 없소?" 하시대요.

제가 지금 같았으면, 원장님의 그런 말씀을 듣고 벌떡 일어서서 절 한 번 하면서 "예, 제발 끌어 주십시오" 이랬을 텐데. 그때만 해도 제가 외국생활에 익숙해 있다 보니까 건방져져서 "어디 한번 오퍼(채용제안)를 해보세요" 이랬다고. 그런데 원장님은 그런 말에 전혀 개의치 않고 저를 채용해 주셨습니다.

왜 'labor' 전공한 사람을 찾기가 그렇게 어려웠느냐 하니까, 우리나라에서 'labor'에 관해서는 옛날부터 공부하지 않는 것이 보통이고 공부하면 빨갛게 되는 것(좌경화)이라고들 생각했지요. 그래서 모두들 쉬쉬해 버리고 안 한다는 말이죠. 그러니까 대학에서 경제학과가 있으면서 노동경제는 가르치질 않고, 또 경영학과에서 인사관리를 가르치는데 노동조합에 관한 얘기는 쏙 빼버리고 강의를 하는 것이 일반적이었어요. 우리나라 지식인은 노동에 대해서 무식해야만 되는 것이지 노동에 대해서 알면 오히려 곤란했어요.

사실 1980년대에 한국에서 경제학 박사가 많이 나왔지 않습니까? 그렇게 경제학 박사가 많이 나왔는데도 노동에 대해서는 굉장히 비정했어요. 학부에서 안 했으니까 외국에 가서 박사학위를 하는데 노동할 필요가 없었거든. 그런데 김만제 원장은 외국에서 학부를 한 것이야. 그러니까 학부에서 노동경제학이라는 것을 다 배웠고, 그 배경이 속에 어디인가 남아 있었다는 말이에요. '지금 우리나라 경제관료들이 노동문제 갖고 나올 텐데 말이지. 여기에 대해서 준비해야 할 텐데' 하는 강박감에서 찾으셨던 모양이에요. 그래서 내가 그 이듬해(1974년)에 KDI에 들어가게 됐습니다. 캐나다에서 짐을 보내고 인천부두에서 찾아와야 했어요. 짐을 쭉 챙기다가 세관 직원이 얼굴이 시퍼렇게 되었어요.

외국유학을 하고 돌아오는 학자들이 세관에서 곤혹스러운 상황을 경험했다는 이야기는 드물지 않다. 미국이나 유럽에서 별 다른 제약 없이 공부했던 전공서적 중에서 국내에 반입하기 어려웠던 것들이 있었던 때문이다. 국내에서 보기 드물게 러시아사를 전공했던 이인호 전 서울대 교수는 유학을 마치고 한국으로 돌아오면서 '러시아혁명' 등의 제목이 붙어 있는 전공서적을 들여오느라 고생했다는 이야기를 어느 강연 자리에서 털어놓은 적이 있다.[4] 결국 개인소장은 안 되고 학교 도서관에서 보관한다는 조건을 달아 반입이 허용되었다고 한다. 김수곤 교수도 비슷한 경험을 했다.

▸▸

내가 한국으로 보낸 짐에는 위험한 서적도 없었다고요. 《자본론》 같은 것은 벌써 없애 버리고 가져오지 않았거든요. 그러니까 아무 일도 없어야 하는데, 단지 내 책들에 노동이라고 적혀 있으니까 겁이 났던 모양이에요. 세관 직원이 "이것 불온문서 아닙니까?"라고 나한테 물어요. 그래서 "아니다"라고 말했지만 소용이 없었어요. 세관 직원이 "안 되겠으니까 가서 오늘 밤에 책 리스트를 다 적어 주세요"라고 하는 거예요. "아니, 그것을 어떻게 적습니까?" 알고 보니까 하룻밤 시간을 벌자는 거죠. 제가 집에 와서 밤새도록 리스트를 써서 제출을 했어요. 이튿날 가니까 세관 직원이 땅에 엎드리다시피 절을 하면서 "아이고! 죄송합니다. 몰라봐서", "뭘요?", "아니, 박정희 대통령 각하께서 설립하신 그곳(KDI)으로 오신 분을 이렇게 몰라 뵀으니까요" 그러더라구요. 가만히 생각하니까 내가 학교로 바로 왔으면 세관에서부터 걸렸겠죠. KDI에 온 것이 참 다행이었어요.

김수곤 교수는 인력계획이나 노사관계 등을 거시경제와 함께 통합적으로 볼 수 있었다는 측면에서 자신이 KDI에서 근무하게 된 것을 행운이라고 생

4 제3회 서울대 사학인포럼 강연, 2010. 6.

각했다. KDI와 같이 거시경제정책을 다루는 연구원에서 더 큰 시너지효과를 거둘 수 있었다고 생각하기 때문이다.

▸▸

KDI 노동팀에서 일하면서 보니까 매크로(거시경제학) 하는 사람들에 비해서 내가 많이 행복했어요. 왜냐하면 매크로 하는 사람들은 성장률이고 뭐 어쩌고 해서 맨날 % 때문에 기획원과 씨름을 해요. 부처에서는 압박하고 이러거든요. 그런데 나는 거기서 자유로운 거예요. 그냥 노동에 대해서 얘기하는데 그 노동청은 저 멀리 있지 않습니까? 바로 직속 상급기관이 아니었어요. 그러니까 노동에 대해서 비교적 내가 바른 소리를 그냥 팍팍 내질러서 할 수가 있었습니다. 그 후로 노동연구원이 생겨서 가만 보니까 불쌍해요. 노동부에서 그냥 '감 놔라, 콩 놔라' 자꾸 이런 소리 하니까 이 연구원들이 딴 데 가서 바른 소리 하면서도 자기들 보고서에선 그대로 못해요. 이런 제약이 있습디다. 그러니까 나는 KDI에 있으면서 이래저래 덕을 많이 보았습니다.

기술자 · 기능공을 키워라

인력수요와 공급의 매치

정부주도형 경제발전을 이루던 시기에 인력정책은 최우선 순위는 아니었다. 당시 김수곤 교수가 많은 관심을 가졌던 문제는 '직업안정', 즉 일할 의사와 능력을 가진 자에게 직업을 알선해 줌으로써 한편으로는 실업자를 구제하고, 또 다른 한편으로는 사람을 필요로 하는 기업에게 인력확보를 하도록 도와주는 것이었다. 이 작업을 하면 직종별 및 지역별 구인배율(구인수/구직자수)을 얻을 수 있고, 이는 경기변동 지수로서 역할을 할 뿐만 아니라 직업훈련 필요성을 예측할 수 있는 바로미터가 된다는 것이 김수곤 교수의 지론이었다. 김 교수가 평소의 지론을 피력한 글을 서석준 부총리가 읽으면서 인력정책이 경제발전계획에 반영되는 계기가 마련되었다.

▸▸

돌아가신 서석준 부총리(1983년 10월 아웅산 테러사건 때 순직)가 차관보 때입니다. 직업안정 문제를 가지고 내가 그냥 썼던 기사 하나를 읽고는 전화가 왔어요. 그냥 짧은 잡문에 해당하는 거예요. 직업안정에 관한 얘기를 쭉 설명을 해놓은 것인데, 그것을 읽어봤던 모양이에요. 서 부총리께서 저한테 대뜸 전화를 해서 "김 박사요? 나 말이지 직업안정이 뭔지 내가 몰랐는데, 당신 글 보고 처음 알았다"라고 하면서 한번 오라고 해요. 그래서 나는 부총리를 만나 또 얘기를 했지.

"아이고! 고맙습니다, 알아줘서. 당신 같은 양반이야 시험 봐서 대통령 한다면 제 1순위로 붙을 사람이라고 들었습니다. 그러니 실업자가 될 확률이 제로인 당신이 'labor'에 대해 모르는 것 당연한 일이죠. 그것을 알아주니 고맙습니다."

직업안정의 중요성을 알아주는 게 너무 고마웠어요. 그만큼 그때 사람들이 노동 관련 공부도 안 했고, 관심도 없었어요.

인력수급계획이 경제개발 5개년계획에 본격적으로 반영된 것은 제4차 5개년계획부터였다. 4차 계획은 1977～1982년에 대한 것이었는데, 당시 과학기술처로부터 용역의뢰를 받은 것이다. KDI 거시경제팀에서 짜 놓은 성장예측을 기초로 고용효과를 측정하고 동시에 경제활동률을 감안한 노동공급을 예측하여 그 밸런스로 예상 실업자수를 추정하고 기술 및 기능인력에 대한 수요와 공급을 예측하는 작업이었다. 중화학공업에 대한 투자우선정책 때문에 노동집약적 경공업으로부터의 인력수요가 유휴노동력을 흡수하기에는 미흡하다는 결론을 얻은 인력팀은 투자전략의 수정을 요구했다. 그전까지만 해도 노동수요가 공산품 수요로부터 파생되는 2차적 수요라는 이유 때문에 노동공급의 과부족이 투자계획 수립에 영향을 미친다는 것은 허용되지 않았지만 이때부터는 노동시장의 상황이 조금씩이나마 투자전략에 반영되기 시작했다는 데 고무되었다.[5]

▸▸

(경제개발) 4, 5차 계획 수립에서 인력수급계획을 내 손으로 만들었습니다. 그때 처음 나온 안을 가지고 보니까 중화학공업 쪽으로 자꾸 기울기 때문에 경공업에

5 김수곤, 2012, "KDI에서의 인력정책과 노사관계", 《고용 노사 관계 전문가가 본 실업과의 전쟁》.

대한 투자가 좀 적어졌어요. 그래서 "아! 이래서는 고용흡수력이 떨어지기 때문에 안 되겠다"고 생각했어요. 그래서 투자계획을 수정해야 한다고 말했는데 잘 안 먹혔어요. 그래서 세계은행에서 온 전문가들한테 내가 그 얘기를 했습니다. "이것 이래서 안 되니까 정부에 가서 얘기해 달라." 그런데 세계은행 전문가들이 이야기하니까 어떻게 먹혀들어갔나 봐요. 나중에 투자계획을 약간 변경했어요. 그래서 고용흡수력이 많아지도록 경공업을 좀더 살려라. 그게 큰 것은 아니겠지만 그러한 인력계획의 한 면, 그러니까 나는 굉장히 자랑스럽게 생각하는 것이 뭐냐 하면 인력이라고 하는 것이 인력의 공급여부, 과부족이라고 하는 것이 경제계획 중 산업투자 계획 수립의 하나의 투입 데이터로 들어갈 수 있었다고 하는 것이죠.

인력수급계획을 수립한다는 것이 말처럼 쉽지는 않다. 먼저 4차 계획을 면밀하게 살펴보면서 필요한 인력을 추정해야 하는데 참고할 만한 자료도 없고 정확한 통계도 없는 실정이었기 때문이다.

▸▸

4차 때 인력수요 계획을 세웠는데 내가 만든 것은 뭐냐 하면 이렇습니다. 산업 중분류별로 그게 한 50개 플러스 섹터가 돼요. 그리고 산업별로 직종을 약 200개 분류했어요. 산업(50) 곱하기 기능직종(200). 그것으로 매트릭스를 만들었습니다. 이것은 모두 KDI에서 사용하는 아이오(IO: Input Output) 테이블을 이용해서 만들었습니다. 그런 것도 내가 KDI에 왔기 때문에 가능했지 어느 학교로 갔으면 불가능했을 것입니다. 계획을 만들고 보니까, 예를 들어 "선반공이 몇천, 몇십, 몇 명이 필요하다" 이게 나올 것 아니겠어요? 나는 그게 인풋 데이터가 벌써 요약해 놓은 결과이고 에러마진(오차허용치)이 얼마나 크겠어요? 그러니까 9천~1만 명이 필요하다. 즉 범위(range)를 가지고 얘기하는 것이 옳다고 생각했어요. 그런데 우리한테 용역을 준 과기처의 담당자가 "안 됩니다. 정부의 통계라면 권위가 있어야 하는데 범위를 가지고 얘기하는 것이 말이 됩니까? 예를 들면 99명과 같이 딱 부러지게 하세요. 안 그러면 용역비 회수합니다"라고 하도 강하게 주장을 하는 바람에 결국 내가 손을 들었어요.

인력수요 예측을 내면서 나는 좀 창피하게 생각하고 내놨는데 그 책이 제일 먼저 동이 나 버렸어요. 그러니까 어려운 방법으로 수요예상치가 나왔다는 사실 때문에 그냥 다 나가 버린 것이에요. 내가 가지고 있을 원본이 없어요. 제가 가진 원본까지 가져가 버린 겁니다. 어느 대기업의 회장이 아마 회장 비서실에다 대고 "KDI에 가서 그것(인력수요예측) 좀 가져와라" 그런 모양이에요. 비서실 사람이 찾아와서 "그것 한 권 달라" 그래요. 그래서 "내가 쓰는 것 이것 하나밖에 없고, 당신네들한테 이것은 적용되지 않는 것입니다. 왜냐하면 거시인력계획(macro manpower planning)이라고 하는 것은 기업 단위에서의 인력수급과는 완전히 다릅니다"라고 설명을 했는데도 못 알아들어요. 그냥 막무가내로 "아닙니다. 이것 우리가 가지고 가서 달리 하는 게 아니고 KDI에서 말한 것을 참고해서 쓰겠습니다. 전국적으로 우리 기업체가 제일 큰 것 아닙니까? 그러니까 전체적 수요를 가져다 쪼개서 쓰면 됩니다"라고 하는 거예요. 그렇게 답답할 수가 없어요. 그래서 내가 "안 된다. 안 된다"라고 했는데도 마지막으로 이 사람이 뭐라고 하냐면 "내가 이것 못 얻어 가면 내 목이 날아갑니다. 줄래요? 안 줄래요?" 그래서 할 수 없이 줘 버렸습니다. 그때 내가 깨달은 것은 마이크로(미시적)와 매크로(거시적) 인력(manpower)의 개념이 다르다는 것을 인식 못하는구나 하는 것이었어요.

나는 항상 강의에서 그럽니다. "미시적으로 계획하는 것(planning at the micro level)은 100% 해도 좋다. 그러나 거시적으로 계획하는 것(planning at the macro level)은 될 수 있는 대로 적게 해라." 그런데 그게 우리나라 관료체제 속에서는 잘 먹혀들어가지 않는 얘기에요.

개별 기업체에서 시장수요를 예측하고 그 예측에 따라 필요한 인력을 추정하는 것이 미시적 차원에서의 인력계획이다. 개별 기업체에서의 인력수요도 정확하게 예측하기가 어렵지만 대략적인 추정은 크게 어렵지는 않다. 이러한 개별 기업체의 수요가 모여서 전체 산업별, 또는 기능별 인력수요가 만들어지고, 이것이 거시적 차원의 인력계획이 된다. 그런데 KDI 거시경제팀에서 경제성장률 및 산업별 육성계획 등 거시경제계획 세워둔 것을 기반으로 거시적 차원의 인력수요를 먼저 예측하다 보니 오류가 생긴다. 이렇게라도 인력수요를 예측해 보는 자료가 처음 나오다 보니 오히려 개별 기업체에서 참고하겠다고 나선 것이다. 즉 전체 수요를 참고하여 자신들 개별 기업체의 인력수요를 예측해 보겠다는 것이다. 경제발전 초기단계에서 처음으로 인력수요를 계획해 보면서 일어난 해프닝이었다.

▸▸

계획경제라는 것이 정치인들에게 주는 마력이 너무 큽니다. 그런데 문제는 그로 인한 시장원리의 왜곡현상이 너무 심각하다는 점입니다. 1980년대에 들어와서도 대학증설이 계속 이루어진 것은 인력수급계획 결과 고급인력이 모자란다는 주장이 받아들여졌기 때문입니다. 이는 오늘날 대졸자 공급과잉으로 나타났습니다.

기능인력 양성과 공고의 역할

산업화 초기인 1960년대의 산업인력은 주로 여성이었다. 봉제 등 조립위주의 경공업이 대부분이었기 때문이다. 이 시기에는 초등학교를 졸업한 여성 근로자만으로 충분히 노동수요를 충족시킬 수 있었다. 하지만 경공업을 기반으로 하는 발전단계에서 중화학공업을 기반으로 하는 발전단계로 넘어가는 1970년대에는 남성인력에 대한 수요가 크게 늘었다. 단순가공에서 기술을 필요로 하는 중화학공업으로의 전환이 이루어지면서 기능공 또는 숙련공이 크게 필요하게 되었다. 이때 공업고등학교의 역할이 커지기 시작했다.

1970년 초 당시만 해도 공업학교에 대한 사회적 인식은 높지 않았다. 학교시설이나 실습비도 충분치 못했고 공고를 졸업해도 취업이 힘들었기 때문이다. 그래서 공업고등학교의 사기도 높지 않았고 우수한 학생도 공고에 가지 않았다. 그러다가 1973년 방위산업과 중화학공업 육성방안이 본격적으로 실행되면서 정밀가공사 양성 문제가 국가적 과제로 등장했다. 정밀가공사를 양성하기 위해 공고 중 11개 학교를 정밀가공사 양성지정학교(즉 기계공고)로 지정해서 정부에서 지원하기 시작했다. 실습시설을 대폭 확충하고 실습비도 일반 공고보다 더 지원했다. 장학금도 주고 병역도 면제해 주는 등 지원이 늘어나자 우수한 학생들이 모이기 시작했고 교사나 학생들의 사기도 높아졌다.

산업화 시대, 특히 중화학공업 육성계획이 실행되면서 공업고등학교가 배출한 인력은 대단히 중요한 역할을 했다. 가정 형편이 어려우나 명석한 두뇌를 가진 학생들이 다투어 공고에 진학했다. 1976학년도와 1977학년도 기계공고의 입학생을 보면 중학교에서의 성적이 매우 좋았다. 금오공고의 경우 중학교 성적이 상위 10% 안에 들어야 지원자격을 얻을 수 있고, 중학교 수석

직업훈련원을 방문한 박정희 대통령
1967년 「직업훈련기본법」 공포 이래 1968년 정부가 중앙직업훈련원을 설립하여 직업훈련교사를 양성하였다. 1971년 한독부산직업훈련원이 설립되고 74개 공공직업훈련원에서 직업훈련을 했다.

졸업생도 100명을 넘었다. 부산기계공고의 경우 중학교 수석졸업생이 37명, 상위 5% 이내가 814명, 10% 이내가 41명에 이르러 대부분 10% 이내였다. 치열한 경쟁을 뚫고 입학한 공고생들은 높은 정밀도로 기계를 다룰 줄 아는 정밀가공사 자격을 취득했다. 이들은 정밀가공사 자격증뿐만 아니라 산업계의 기성 기능사와 기능을 겨루는 각종 대회에서도 우수함을 인정받았다.

▸▸

초기에 우리 산업이라고 하는 것은 전부 다 조립이었고 간단한 것 아니겠습니까? 그러니까 여기에 사실 기능공이 필요가 없었다고요. 그냥 조립공만 있으면 되는 것인데, 이 사람들이 일하는 가운데서 경험이 자꾸만 쌓이고 축적이 되는 것이죠. 축적이 되고 있는 찰나에 정부에서 중화학공업을 해야 되겠다는 이런 움직임이 생겼어요. 그때 그 생각은 참 옳았어요. 만약 그것을 안 했더라면 우리가 중화학공업에 어떻게 들어갔겠어요? 적지 않은 시행착오를 겪었지만 그것을 통해서 결국은 한국 근로자들이 기능을 자꾸만 자체적으로 습득하게 된 것이지요. 또 그다음 정부에서 기능공을 양성하기 위해서 구미에 있는 학교, 금오공고 같은 학교를 만들었는데 굉장한 공헌을 했어요. 기술이나 기능에서 앞선 일본사람들을 불러서 가르치게 했어요. 일본뿐이 아닙니다. 독일사람들도 여기 와서 굉장히 많이 공헌했습니다. 한독직업훈련소가 부산에 있지요? 그것을 제일 처음에 만든 게 바로 독일사람입니다. 독일사람들은 훨씬 더 오픈마인드 돼 있어요. 우리가 기술을 많이 배웠어요.

노동시장의 이동성

한국의 경제발전을 설명하는 가장 중요한 요인으로 꼽히는 것은 인적 자원의 우수성이다. 경공업 시대를 거쳐 중화학공업 시대로 발전하면서 필요한 인적 자원이 공급되었다는 점은 '한강의 기적'을 가능케 한 원동력이라 해도 과언이 아니다. 하지만 김수곤 교수는 우수한 인적 자원 그 자체뿐만 아니라 그 우수한 인적 자원이 인센티브를 따라 자유롭게 움직일 수 있었다는 점, 즉 노동시장의 활발한 이동성에 대해서도 주목했다.

▸▸

외국사람들이 세미나나 이런 기회에 많이 오지 않습니까? 내가 그들에게 제일 먼저 묻는 것이 "당신들 산업시찰 갔다 왔습니까? 그러면 "갔다 왔습니다"라고 합니다. 부산도 가고 울산도 가고. "아! 그러면 길가에서 뭘 봤냐? 움직이는 것", "아! 뭐, 자동차 봤다" 그렇지, 자동차 봤고, 트럭도 봤고, 버스도 봤고. "그래, 이 3가지 움직이는 것 중에서 어느 것이 한국의 경제발전에 가장 공헌을 했다고 생각하느냐?"라고 물으면 대부분 사람들이 트럭을 댑니다. 물건을 갖다 실어 날랐으니까. 또 좀더 알 만한 사람은 "아! 자동차가 여러 가지 후방효과가 있지 않습니까? 그러니까 자동차가 가장 공헌을 했을 것 같습니다"라고 그러죠. 그러면 내가 "그게 아니라 버스다. 바로 버스가 공헌을 많이 했다. 그 버스가 없었으면 그 많은 근로자들을 시골에서, 농촌에서 이 도회지로 데리고 왔겠냐? 그 아가씨들, 그 근로자들이 시골구석에 있는데. 공장을 농촌에 가서 설립했다고 한다면 그게 가능하겠냐? 아니다. 그러니까 이동성(mobility)이라고 하는 것이 그렇게 중요한 것이다"라고 얘기합니다.

그런 얘길 하면 "아! 그러냐? 그런데 당신은 그 인력개발에 대해서 많이 관심을 갖고 있지 않나. 즉 교육이나 훈련이나 이것을 위주로 하지 않냐?" 하고 물어요. 나는 생각이 그래요. 그것(교육 및 훈련)이 중요하지 않은 것은 아니다. 교육이나 훈련을 통해 인력을 형성한다고 하는 것은 하나의 필요조건이고. 그런데 인력형성, 즉 교육받았다, 훈련받았다고 해도 시골구석에 그냥 있으면 아무 소용없거든요. 그러니까 그 사람들이 일하는 장소에 가서 "저 일할 수 있습니다"(I'm available) 하는 이것, 이것이 충분조건이 아니냐! 하는 거죠. 그런 점에서 다른 노동경제를 하는 많은 사람들이 '교육과 훈련'을 얘기하지만 나는 좀 달라요. 교육과 훈련이 필요하지만 충분조건은 아니다. 그것을 효과가 있게 하려면 이 사람들을 움직이게 해야 된다. 움직이게 하는 게 뭐냐? 노동이동이라는 거죠.

지금은 좀 달라졌습니다만, 우리나라 교통비용이 다른 어느 나라에 비해서도 쌌어요. 그것이 노동이동에 큰 역할을 했다는 것이에요. 그러면 어째서 그게 쌌냐? 길이 잘 닦여져서 그러냐? 이런 얘기도 나오죠. 그러면 사실은 또 이 얘기는 가지가 딴 데로 좀 벌어집니다만 그게 6 · 25 전쟁 때, 전쟁 때 길을 많이 닦았거든. 전쟁수행하면서. 그렇죠. 산골의 길은 옛날 같으면 여기서 동해까지 가려면 며칠 걸렸어요. 그랬는데 길을 죄다 군사 목적으로 닦았는데 그것이 후에는 일반 시민들이 버스 타고 왔다갔다 하기 편했던 것이죠. 거기다가 요금은 싸죠. 그러니까 이동이 쉽게 되는 것이에요.

사실 이런 문제 때문에 중국에 내가 몇 번 불려갔을 때도 그랬습니다. 초기에 "너희들 거주이전의 자유, 그것 보장하지 않으면 너희는 경제발전 못한다", 그러니까 하는 소리가 "아이고! 그러면 중부, 서부에 있는 그 많은 실업자들이 북경으로 몰려서 정치혼란이 일어난다"는 겁니다. 그리고 하는 소리가 "뿐만 아니라 그 사람이 덥다고 여름에 해수욕을 황해바다에 가서 만약 한다면 인천 앞바다에 해일이 일어날 것이다. 너희들이 곤란하다" 이런 우스갯소리까지 얘기했는데, 그런데 그 후에 중국이 그것을 풀었어요. 중국은 그때까지만 해도 국가가 주택과 직장과 의료혜택 및 어린이 교육까지의 4가지를 공여했습니다. 이 전부가 노동이동을 막는 요인이거든. 그러니까 그것을 풀라는 것이 나의 권고였지요.

김수곤 교수가 한국 근로자의 이직률을 처음 조사한 것은 1973년이었다. 캐나다에서 교수로 재직할 때였는데 잠시 귀국하여 근로자 이직률, 정확하게 말하면 이직의도를 조사했다. 김 교수가 기대한 것은 일본과 비슷한 수치였다고 한다. 그런데 한국의 조사결과가 일본보다 훨씬 높았을 뿐만 아니라 오히려 미국 근로자와 비슷하게 나타났다고 한다.

▸▸

노동이동을 얘기하다 보면 우리나라의 이직률을 빼놓을 수 없어요. 지금도 그렇습니다만 우리나라 제조업의 이직률이 월 5~6% 됩니다. KDI에 합류하기 전인 1973년 한국에 와서 조사를 했어요. 그게 바로 우리나라 회사를, 열대여섯 회사를 찾아가서 조사를 했는데, 조사가 뭐냐 하면 문화적 지속성 체크리스트(cultural continuum checklist)라고 해서 일본사람 다케자와, 미국사람 화이트 힐, 이 두 사람이 일본과 미국의 노동시장을 비교해 놓은 게 있습니다. 거기에 보면 미국사람은 "다른 회사에서 스카우트하려고 그러면 당신은 이동하겠습니까?" 이렇게 물었을 때 미국사람들이 약 30%가 "하겠습니다"라고 대답하지만, 일본사람들에게 물으니까 5%도 안됐어요. 그러니까 이것을 갖고 "봐라. 일본은 종신고용(lifetime employment)이다" 이러고 얘길 했어요.

내가 "그 체크리스트를 한국어로 번역해서 쓰겠습니다" 하고 허락받았어요. 캐나다에 있으면서 그 허락을 받아서 그것으로 그때 서베이를 했거든요. 아니, 이게 30%가 나오는 거예요. 그래서 내가 '아이고! 이것은 잘못됐나보다. 우리가 일본과 비슷한 동양문화적 배경을 가졌으니까 일본하고 비슷해서 이럴 이유가 없다'고 생각했거든요. 그래서 발표를 못하고 그냥 집어넣었어요. 그런데 그 이듬해에 KDI로 오게 됐거든. 오던 길로 제일 먼저 그것에 대한 스터디부터 시작했어요. 해봤더니 역시 그만큼이나 높아요. 그 후로도 3번을 더 했는데 번번이 높아요. 그런데 그것이 경기가 좋을 때는 오히려 더 올라가요.

그래서 우리나라 근로자의 이동성향이 아주 높다는 것을 확실하게 알게 된 거죠. 그러면서 '우리나라 노동시장의 이동성'에 대한 내 생각이 정리가 되었어요. 평등사상이 강하다는 것도 거기에 준하는 얘기가 되겠지만 근로자들이 항상 '움직일 준비'(willing to move)가 되어 있는 거예요. 이러한 이동성이 우리나라 경제발전에 도움을 주었다고 생각해요. 자원의 이동성이 높다면 전체적으로 자원이 효율적으로 활용되는 것을 의미합니다.

개별 기업체 입장에서 근로자의 이동성이 높다는 것은 '인건비 상승요인'으로 작용합니다. 하지만 내가 기업주들에게 설명을 해요. "이보시오. 임금을 덜 준다고 하는 것은 생산성이 낮기 때문에 덜 주는 것이 아니냐? 그러면 생산성이 높은 데로 이 사람들이 옮겨가는 것은 그만큼 더 생산적(productive)이 되는 것이다. 그것이 다 누적이 되면 우리 사회가 생산성이 높아지는 것이고, 결국 이동이라고 하는 것이 우리 경제발전에 공헌하는 것이다"라고 말입니다. 그렇지만 개별 기업체 입장에서는 받아들이기가 쉽지 않죠. 바로 그 점이 내가 개별기업하고 면담할 때 가장 고민했던 것입니다. 갈 때마다 부딪치는 이유이기도 하고요. 그것이 개별 기업체에서 생각하는 것하고 거시적으로 원리를 보는 것하고의 차이거든요.

한국 근로자의 높은 이동성을 확실히 깨닫고 나서 나는 '일본을 따라가서는 절대로 이기지 못한다. 우리나라와 일본은 다르다'고 생각했어요. 그리고 일본이 종신고용한다는데, 그거 소용없는 것이라고 생각한 거예요. 우리나라는 이동성(mobility)

이 높기 때문에 합리적 노동시장이 발전했다고 보는 거죠. 그런데 한동안 기업들이 스카우트를 많이 하니까 경영자협회를 통해서 "스카우트 방지법을 만들어 주시오" 그렇게 요구하는 거예요. 이동성의 긍정적인 면을 얘기해도 사용자들 입장에서는 수긍이 안 되니까 "계약자유의 원칙이 있는데 그것을 막는다는 것은 말이 안된다"라고 설득했어요. 노동청 당국도 "절대 안 된다. 노동이동 노터치"라고 해서 그냥 두었던 것입니다.

이제 이런 것으로 본다면 내 생각에 우리나라의 경제발전을 하는 과정에서 여러 섹터가 있습니다. 그게 다 시장 아니겠어요? 금융이다, 교육이다, 실물경제, 여러 가지 시장이 있죠. 여러 시장 중에서 정부로부터 가장 간섭을 받지 않는 시장이 무엇이겠습니까? 그게 바로 노동시장이에요. 노동이동의 자유가 보장이 됐으니까, 안 그래요? 그러니까 우리나라의 인력이 공헌을 많이 했다고들 하면서 '어떻게(how)?' 하는 것을 모두 묻습니다. 그렇죠? 그러면 많은 사람들이 교육을 많이 시켜서 운운하는데 나는 그것 별로 이야기 안 합니다. 교육은 물론 중요합니다. 하지만 아까도 얘기했지만 그보다는 시장 자체가 이렇게 자유로워요. 그러니까 자본주의의 원리에 가장 충실했던 것이 우리나라 노동시장이에요. 안 그렇습니까? 그러니까 그 덕을 많이 봤다는 것을 나는 항상 강조하거든요.

노동시장이 자유롭다는 것이 교육 그 자체보다 중요할 수 있다는 거죠. 내가 미국에서 공부할 때 경험이에요. 1960년대, 1970년대에 오면서 인적 자본론자(human capitalist)의 인기가 높아졌지 않습니까? 그 사람들이 교육을 통해 인적 자원을 축적해야 하고 그게 수익률(rate of return)이 높은 투자라고 말하니까 참발레인 교수가 산업관계 조사협회(IRRA: Industrial Relationship Research Association) 연차대회 강연에서 "너희들의 말을 들어보면 교육의 수익률이 좋기 때문에 교육을 많이 시켜야 한다는 그런 생각인데, 뒤집어 얘기하면 대학 졸업한 사람들의 수익률이 나빠지면 대학교의 문을 모조리 닫아야겠구나!" 이렇게 공격한 적이 있어요. 그런데 지금 가만히 생각해 보면 우리가 대학교육을 많이 시켰는데 그 사람들이 모두 실업자가 되었다면 대학투자에 대한 수익성은 제로가 아닙니까? 교육 자체가 인력형성(manpower formation)의 일부분 아니겠습니까? 그런데 그것만 가지고 얘기하는 것은 너무 유치하다는 거죠.

노동시장 이동성에 대해 뛰어난 기업가는 어떻게 대응했는지 사례 하나를 들어보겠습니다. 현대그룹 창업자 정주영 회장을 만나 이야기할 기회가 있었어요. 그 당시가 바로 후발주자인 대우조선이 조선 산업에 뛰어들었을 때입니다. "대우조선이 지금 나옵니다(생산을 시작한다). 그러면 당신은 어떻게 할 셈입니까?"라고 물으니까 정 회장이 "그래서 내가 훈련소를 좀 만들어서 (인력을) 양성하지 않습니까?" 나는 "양성하면 그 사람들이 저리 갈 텐데요?"라고 다시 물었다.

"내가 양성 안 하면 어떻게 되겠습니까? 여기 있는 사람 다 뽑아갈 것 아닙니까?"

정 회장은 그때 이미 노동의 이동성을 주어진 환경으로 받아들였어요. "상당수의 인력을 스카우트 당할 셈치고 나는 훈련시킨다"라는 중요한 기업가 마인드를 보여준 것이지요. 그러니까 기술개발도 자꾸 그런 식으로 해야지요. 그것 때문에 또 기업가도 더 주려고 했고 또 더 양성하려고 했고 이런 것이 삼위일체가 된다.… 그러니까 계획경제의 좋은 점, 또 기업가의 인력관리 내지 기술에 대한 의욕, 그리고 근로자 자신의 이동성 이 3박자가 합쳐져서 경제발전을 이루어낸 게 아니겠습니까? 외국에 가서 우리가 보면 정부가 그런 일을 하더냐? 못하죠. 기업가가 그런 것 하더냐? 못하죠. 그러면 근로자가 움직이려고 하느냐? 안 하지요. 이것이 우리와의 큰 차이점이라고 봅니다.

내가 기업에서의 근로자 훈련이 중요하다고 했더니 노동청에서는 강제로 '일정 비율의 근로자에게 기능훈련을 시켜라'며 규정을 강화했어요. 의무화한 적이 있죠. 우리가 방림방직에 시찰을 갔는데 훈련소의 간판이 커다랗게 붙어 있는데 자물쇠로 잠겨 있어요. 훈련소 안은 먼지가 하얗게 앉았어요. 훈련을 의무화하니까 형식적으로 만들어 놓기는 하지만 사실은 안 하는 거죠. 그런데 사용자 입장에서 보면 자기의 이해관계(interest) 때문에 훈련시키는 것이지 사회봉사하기 위한 것이 아니지 않습니까? 훈련도 그런 차원에서 자기가 필요할 때 훈련시키는 것이지, 필요 없는 훈련을 시키라고 하니까 그것을 어떻게 합니까? 그러니까 간판만 걸고 정부에는 '훈련시켰다'고 보고합니다. 그래서 통계상 기능공 인원수가 갑자기 수십 배로 막 늘어난 것이에요. 이로 인해, "통계를 믿을 수가 있나?"라는 불신이 나타난 것이지요. 사실 그런 의무교육을 시켰던 것이 초기 우리나라 경제발전(initiative take-off)에 결정적 기여를 했고, 그다음 산업화 초기에 각종 직업훈련을 정부가 주도했던 것이 경제발전의 밑거름이 되었다는 이야기입니다.

열사(熱砂)의 땅에서 흘린 땀

중동 인력수출

한국 인력의 해외진출은 3단계로 이루어졌다.[6] 1단계는 순수한 노동력만의 진출로서 1963년 서독에 대한 광부 및 그 뒤를 이은 간호사들의 진출이 대표적이다. 1단계의 특징은 저임금 노동자로서 고용기회를 찾아나간 이주노동자들이었다는 점이다. 제 2단계는 1970년대 중반부터 1980년대 초까지의 해외취업으로, 인력과 기업이 동반된 노동력의 진출이었다. 건설업이나 용역업에 한정되어 자본은 크게 동원되지 않은 형태로 주로 저임금 노동자를 고용하여 해외에 진출한 경우이다. 괌, 베트남, 중동 산유국 등으로 진출한 것이 대표적 사례다. 제 3단계의 해외취업은 현지법인이나 합작으로 자본, 기술, 인력이 함께 투입되는 형태다. 제 3단계의 인력진출은 그 숫자는 많지 않으나 기술집약적 업종에 고급인력이 진출하는 형태였다. 국내 임금수준이 높아지면서 저임금 근로자들은 오히려 현지나 제 3국에서 확보하는 것이 보통이었다.[7]

1973년에 발생한 제 1차 오일쇼크를 거치면서 부국이 된 사우디아라비아는 오일달러를 기반으로 막대한 건설공사를 발주했다. 월남전을 계기로 해외공사 경험을 쌓은 국내 건설업체는 중동 특수(特需)를 놓치지 않았다. 월남전 진출 때만 해도 한국인은 주로 외국회사에 고용되어 단순기능자로서 일했으나 중동에서는 기술과 실기를 겸비한 기능사로 활약했다. 외국회사의 하청이긴 하지만 한국 건설업체가 주계약자가 되어 공사하게 된 것은 큰 발전이었다. 중동 진출 첫 해인 1974년 해외 수주액은 2억 6천만 달러였으나 다음해인 1975년에는 226.3%나 늘어난 8억 5천만 달러였다. 해외건설 수주액이 급증하면서 나타난 가장 큰 애로는 기술인력의 부족이었다. 일손이 달려 일감을 더 수주할 수 없는 상황이었다.[8] 1975년 말 해외진출 건설업체 수는 현대건설, 대림산업, 동아건설 등 32개사에 달했으며 전 세계에 진출한 해외취업

6 홍익대 경제학과 박래영 교수 분석. 김수곤, 2006, "내가 본 노동행정", 《노동행정사》, 노동부에서 재인용.
7 아산사회복지사업재단, 1988, 《한국의 해외취업: 어제, 오늘, 그리고 내일》.
8 오원철, 2006, 《박정희는 어떻게 경제강국 만들었나》, 동서문화사, 396쪽.

자 수는 6천 명 정도에 지나지 않았다.

중동 건설공사에 필요한 인력을 긴급 조달하려 다양한 방법이 동원됐다. 비교적 간단한 토목공사용 중장비 운전기술자 등에 대해서는 기업 내 직업훈련소에서 양성했다. 고도의 기술이 필요한 기능사에 대해서는 '해외진출 기능사를 중점육성하기 위한 시범공고'를 지정해 1976년에 1,500명을 양성키로 했다. 6개월 동안 과외로 400시간의 실습을 추가로 시행함으로써 당장 필요한 기능사를 집중 양성하는 비상대책을 세운 것이다. 그리고 해외진출 기능사에게 군복무 면제, 기능사자격증 부여, 최고연봉 등의 특전을 주면서 격려했다.

단순노무자로 일했던 한국 근로자들도 성실함과 끈기로 해외업체 및 중동지역 관리들을 놀라게 했다. 이렇게 양성된 한국의 기능인력 역시 뜨거운 열사(熱砂)의 나라 사우디아라비아에서 현지인들에게 깊은 인상을 심어 주었다. 한국업체는 대규모 건설공사를 수행하면서 공기(工期)를 맞추는 데 만족하지 않고, 오히려 공기를 단축해 '한국 인력'에 대한 신뢰를 더욱 깊게 만들었다.

사우디아라비아는 풍부한 오일달러를 기반으로 거대한 프로젝트를 기획했는데 바로 주베일·얀부 콤플렉스 건설이었다. 국가 장기발전전략의 일환으로 막대한 자금을 들여 주베일과 얀부에 석유화학단지를 조성키로 한 것이다. 전체 건설비는 2차 대전 때 태평양 전쟁비용에 맞먹는 정도였다고 할 만큼 거대한 프로젝트였다. 1978년 4월, 사우디아라비아 경제기획부 나세르 장관이 서울을 방문했다. 부총리 겸 경제기획원 장관인 남덕우 박사를 만나 한국의 인력전문가가 와서 주베일과 얀부 공업단지 조성에 필요한 인력개발자문을 해 달라고 요청했다. 석유화학단지 설계 등 마스터플랜은 서구업체에 맡기되 인력 확보 및 훈련, 배치 등은 한국에 맡기겠다는 사우디아라비아의 제안은 매우 파격적인 것이었다.

▸▸

우리 근로자들이 거기에서 워낙 잘했기 때문에 사우디 정부에서 놀란 것이에요. 그래서 하드웨어는 전부 벡텔과 파슨즈에 맡겨 놓고 소프트웨어는 한국사람들에게 맡기자는 것이었습니다. 위원장은 칼리드 왕이고 부위원장이 나세르 장관인데 그가 동시에 경제기획부 장관이니까 남덕우 부총리 겸 경제기획원 장관을 만났을 것 아닙니까? 만나 얘기하면서 한국의 인력담당자를 좀 보내 달라. 그래서 부총리가

KDI 원장한테 또 얘길 하고, 그때 내가 우리 조직상의 인력정책실장이 돼 있었어요. 그러니까 "김 박사, 귀하가 가보시오" 그래서 갔는데 … 실사단장으로 과기처 권원기 차관, 노동부 국장, 기획원 이형구 과장 및 교육개발원의 이종재 박사 이렇게 다섯 사람이 같이 갔어요. 깜짝 놀란 것은 갔더니 어떻게 대우가 좋은지, 자기들 전용제트기 조그마한 것으로 모시고, 대접도 이만저만 아니었어요. 그런데 그처럼 됐는데 내가 "사실 우리가 해 놓은 것 없소"라고 말할 수 없지 않습니까? 그래서 그런 척하고 왔지만 사실 속으로는 굉장히 걱정이 많았어요.

이 프로젝트를 하느냐, 마느냐를 가지고 고민했습니다. "우리가 지금 그런 것을 할 만한 능력이 없으니까 약속하지 말고 대충 인사만 하고 오시오"라는 원장님의 주문을 받아 놓은 상태였어요. 이랬는데 내가 가서 그 이야기를 다 들어보니까 내가 인적 자원을 전문으로 한 사람으로서 세상에서 이같이 좋은 기회는 두 번 다시는 없었을 것이라는 생각이 들었어요. 내가 이것을 그냥 놓칠 수 있겠습니까? 속으로 그냥 고민하다가 '원장님한테 야단맞을 것을 각오하고 한번 밀어보자'라고 생각했지요. 그래서 "도대체 너희들은 이 사업에 얼마의 자금을 투입할 생각이냐?" 물었더니 "투 밀리언 달러!"라고 해요. 그때 200만 달러는 굉장히 큰돈입니다. 그 돈을 어떻게 쓸 것이냐? 나는 사실 돈을 그대로 받아와도 그것도 곤란하다고 생각했습니다. 그 큰돈을 받아와서 통제를 받으며 쓰는 게 보통 힘든 일이 아닙니다. 그랬는데 너희들이 다 쓰고 영수증만 갖다 주면 다 지불하겠다는 것입니다. 조건이 굉장히 좋은 편이었지요.

주베일과 얀부, 양쪽에서 콤플렉스를 짓는데 여기에 들어가는 돈이 얼마인지 내가 기억은 못합니다만 그때 비유를 하는데 제2차 세계대전 때 쏟아부었던 돈, 그만한 돈이 이 2개 단지에 들어갔다는 얘기에요. 얼마나 큰 액수인지 알겠죠? 이러한 프로젝트를 추진하는데 우리 인력을 어떻게 충원할 것이냐? 그 계획을 세우러 내가 간 것입니다.

1978년 4월 경제장관 회의에서 사우디아라비아의 주베일 및 얀부 공업단지 건설에 대한 인력개발 종합계획안 작성에 협력하기 위한 '대(對)사우디 인력개발협력방안 및 대책안'을 통과시켰다. 이때 경제장관회의에서 의결된 내용을 보면 ① 과학기술처에 임시로 한·사우디 인력개발협력기획단을 구성 및 설치하고 사우디 인력개발협력사업을 기획 및 조정하도록 하고, ② 동 협력사업 연구전담기관으로 KDI를 지정해 사업계획을 작성토록 하며 사우디아라비아 측과 용역계약을 체결토록 한다는 등의 내용이 담겨 있다. 이에 따라 KDI는 사우디아라비아와 인력개발 종합계획에 대한 용역계약을 맺고 계획서를 작성한다.

▸▸

그 거대한 프로젝트의 인력계획에 대한 마스터플랜을 맡아서 하게 되었습니다. 나는 두 가지로 접근했어요. 하나는 매크로적 접근법이고, 또 다른 하나는 마이크로적 접근법이에요. 내가 4차 및 5차 경제개발계획에 참여했던 경험이 도움이 되었어요. 먼저 매크로 접근법으로는 사우디 인구부터 시작해서 경제활동 참여율을 유추해 내서 노동력의 공급이 얼마나 이루어질 수 있는지 계산하려고 했어요. 그다음에 마이크로 접근법으로는 수요를 계산해 내야 하니까 기업체 사람들로부터 도움을 받았어요. 호남정유에서 일하던 사람, 포항제철에서 일하던 사람, 조선소에서 일하던 사람들을 뽑아왔어요. 뽑아 와서 임시로 컨설턴트를 맡겼어요. 그렇게 수요예측을 했습니다.

직업훈련 전문가인 서상선 노동청 훈련기획과장을 1년간 차출해 KDI에 합류시켰어요. 훈련 디자인을 하고 그랬어요. 매크로 접근법으로 계산하면서 사우디아라비아 인구가 필요했는데, 사우디아라비아 인구와 관련한 재미있는 얘기가 있어요. 한 번은 뉴스위크에 기사가 났는데 기자가 사우디 왕을 만나서 "폐하의 신민이 몇 명이나 됩니까?" 질문하니까 "700만"이라고 해요. 그러니까 이 기자가 "아니 스탠퍼드에서 얘기하는 것 들어보니까 500만이라고 얘기하는데요?" 그러니까 왕이 "600만이라고 합시다"라고 했다는 겁니다. 1백만이 그냥 왔다갔다 하는 것이지. 총인구가 몇 명인지 모르는 거예요. 그럼 왜 그러냐? (사막에서 떠도는) 베두인들은 일정한 거주지역이 없이 움직여요. 심지어 사실인지는 모르겠지만 내가 그때 들은 얘기로, 항공사진을 하루 만에 찍어서 텐트 숫자와 크기를 가지고 인구를 추정한다는 겁니다. 그러니까 그것도 사우디 사람들을 대상으로 한 것이고 나머지 사람들은 전부 다 외국에서 온 사람들이에요. 외국에서 온 근로자들이 아주 많았죠.

정확한 인구통계조차 없으니 노동공급을 예측하기가 어려웠어요. 사정이 이렇다 보니 주베일과 얀부 산업공단을 조성할 때 사우디인만으로는 양적, 질적으로도 충분히 일손을 공급할 수 없었어요.

사우디아라비아인의 노동공급을 늘리는 방향으로 정책조언을 해야 하는데 간단치가 않았다. 우선 양적 공급을 늘리기 위해서는 사우디 여성들의 경제활동 참여를 적극 권장해야 했다. 하지만 사우디 관리들의 응답은 부정적이었다. 어느 나라나 산업화 또는 근대화를 하는 과정에서 어느 정도의 전통이나 관습이 무너지게 마련인데 오일달러로 부유해진 사우디인은 자기들의 전통을 조금도 양보하려 하지 않았다. 게다가 여성들은 자신이 일하지 않아도 먹고살 수 있는 경제적 여력이 있었기에 이들을 노동시장으로 유인할 수 없었다. 여성을 노동시장으로 끌어들이려면 임금이 너무 높아서 기업이 감당하기 어려울 듯했다. 그래서 저임금의 외국인근로자를 쓸 수밖에 없고 결과적으로 외국인 인구가 사우디아라비아 국민만큼 많아질 수 있다. 그러면 국가안위에도 영향을 미친다.

질적 공급을 늘리기 위해서는 직업훈련소를 지어 인적 자원의 질적 향상을 도모하는 것이 필요하다. 김수곤 박사 일행은 사우디에서 이미 운영되는 훈련소를 방문했는데 먼지가 뽀얗게 앉아 있고 훈련생을 찾아볼 수가 없었다. 이유를 물었더니 "장려금 받을 때나 출석하고 그 외에는 택시운전을 하든가 낙타 타고 들판을 누비는 것이 더 즐겁다"는 대답이 나왔다.

왕국을 유지하는 대가로 오일달러의 상당부분은 신민들의 복지를 위해서 쓰고, 자기가 사우디 신민이라는 것만 증명되면 굶어죽지 않을 뿐만 아니라 여러 가지 이권도 따내서 외국인과 합작한다는 명목으로 사업을 한다고 한다.[9] 김수곤 교수가 사우디아라비아 인력개발 종합계획을 수립하고 실행하는 과정에서 가장 많이 느낀 점이 바로 동기부여의 중요성이었다. 일할 사람이 없는데 오일달러는 넘치는 나라. 돈이 모자라도 걱정이지만 너무 넘쳐도 문제라는 것을 깨달았다. 결국 스위스나 네덜란드처럼 인구는 적어도 좋으니 개개인의 노동생산성이 높다면 산업화도, 탈산업화 및 정보화도 가능하다. 개인의 생산성만 높다면 그에 상응하는 고임금도 문제가 되지 않는다. 그러나 생산성은 높지 않으면서도 고임금이 아니면 일하지 않겠다는 사람으로 가득한 나라. 물질적 풍요로움이 그것을 감당할 수 없는 사람들에게 주어졌을 때 어떤 결과가 올 것인가에 대한 교훈을 절실하게 느꼈다.

9 김수곤, 2012, "KDI에서의 인력정책과 노사관계", 《고용 노사 관계 전문가가 본 실업과의 전쟁》.

사우디는 거대한 공업단지를 만들어도 사람이 부족해 자기네들이 운영 못해요. 그래서 "그러면 여성들이 나와서 일해야 될 것 아니냐?"라고 물으면 "어! 우리 전통에 어긋난다"(Against our culture)라고 해요. 그때 내가 느낀 게 뭐냐 하면 "아! 경제발전을 하려면 자기들이 못살아야 돼요" 이 사람들은 돈이 많으니까 "우리 전통에 어긋난다"라고 하는 겁니다.

그때 김인수 박사가 조사했어요. 사우디 사람하고 한국사람과 비교하는 조사를 했는데 그중 한 가지 뭐냐 하면 "너 성공하려면 어때야 되냐?" 한국 근로자에게 물으니까 "열심히 일하면 된다." 사우디 근로자한테 물으니까 "태어나길 잘 태어나야 된다. 왕족으로 태어나야 하죠." 이 조사결과를 내놓으니까 프린스 압둘라가 무릎을 탁 치면서 "그것이다(That's the point) 그래서 우리가 지금 못살고 있다"라고 하는 겁니다.

압둘라 왕자, 이 사람은 어떤 사람이냐 하면 왕족인데 영국에서 석사까지 교육을 받았습니다. 그런 사람이니까 자기는 낙타를 사우디에서 보지 못하고 제일 처음에 영국 동물원에서 봤대요. 그럴 정도로 서구교육을 받은 사람이죠. 이 사람 영어도 참 잘해요. 우리는 영어가 짧아서 쩔쩔매는데 그 사람이 우리 보면 한심할 것 아닙니까? 한 번은 웃으면서 "야! 너희들 참 정말 엉터리다"라고 그래요. "무엇이?" "코쟁이 같으면 혼자서 할 일을 갖다가 너희는 다섯 사람이 하고 있다"고 그래요. 자, 서베이 하는 것도 번역하는 사람 따로 있어야 되지, 또 운전사 따로 있어야 되지, 주방장도 있어야 되지, 그다음 그것 챙긴다고 물류 담당. 그러니까 다섯 사람이 하는 것이에요. "외국사람 같으면 혼자 와서 다 일할 것인데 너희들 그래서 무슨 컨설팅한다고 그래?" 그러니까 나도 좀 창피하데요. 그렇지만 그렇게 해서 다듬어서 넣었습니다.

또 한 번은 내 친구, 미국사람이 나한테 전화했어요. 하는 소리가 "시장을 어지럽히지 마라"(Don't spoil the market) 하는 것이에요. 그러니까 너희들이 가서 그냥 덤핑 하는 것 아니냐? 그러는 거죠. 자기들은 가면 왕창왕창 뜯어먹거든. 그걸 우리가 싼 값에 해 줘서 시장을 어지럽힌다는 거예요. 그 사람들 중동 가서 한몫 챙기는데, 한 예를 들어볼게요. 한 번 보니까 컨설턴트라는 서양사람들이 와서 뭐 하느냐고 물으니까 수도 리아드 시의 거리 이름짓기(street naming), 길 이름 붙이는 프로젝트를 맡았대요. 그런데 그게 1천만 달러 프로젝트래요. 우리는 2백만 달러밖에 안 되는데. 그네들은 그것 이름 붙이는 것 가지고 1천만 달러를 받아요. "도둑놈들!" 내가 그랬다고. 그랬더니 내가 채용한 미국사람 컨설턴트가 하나 있어요. 그 사람이 옆에서 딱 듣더니 하는 소리가 뭔지 알아요? "너희들은 말이야, 사우디 사람처럼 그런 필요성을 느끼지도 못하는 사람들이야." 그래서 내가 깜짝 놀라서 "무슨 얘기냐?"고 물었지요. "그러니까 봐라. 반포 아파트 가면 길 이렇게 있고 저렇게 있는데 이 스트리트가 이름이 뭐냐?" "응, 그것 반포 아파트야" "아니 이 길 이름이 뭐냐?", "아 거기도 반포 아파트야" 길에 이름이 없다는 거예요. 우리는 그 이름 필요성을 모르고 있다는 거죠.

그런데 외국에 가보면 길 이름이 다 있고 모두들 알고 사용하지 않습니까? 그런데 우리는 그런 필요를 느끼지 못할 때입니다. 그러니까 격차를 우리가 느낄 수 있죠. 그래서 우리가 와서 우리도 이름짓기를 합시다. 그래서 나온 말이 소월길이다, 뭐다 했는데 그것도 그러다가 최근 재작년부터 시작해서 전국적으로 이름을 붙이게 되었죠.

KDI는 1980년 3월 1일 인력개발 종합계획을 양측 정부대표가 참석한 자리에서 발표해 사우디아라비아로부터 높은 평가를 받았다. 당시 압둘라 왕자는 "사우디아라비아가 외국과 두뇌협력을 한 것은 이번이 처음"이라며 "한국과 인력개발협력방안을 만든 것은 매우 성공적"이라고 평가했다.[10]

▸▸

인력계획을 만들어서 제출했는데 주요한 내용은 훈련소를 이렇게 만들어라, 그러나 훈련도 이게 그냥 형식만 가지고 만족하지 마라, 그리고 노동이동의 자유를 보장하고 적절한 동기유발을 해야 한다 등이었습니다. 인력관리에서 가장 중요한 3요소가 바로 선발(selection), 개발(development), 동기부여(motivation)입니다. 그중 동기부여가 특히 중요합니다. 이 동기화는 어떻게 하냐? 똑같은 능력을 가진 엔지니어를 갖다 놓고도 동기유발 잘된 사람하고 동기유발 안 된 사람하고 사이에 생산성을 비교하면 그 차이는 수백 배가 됩니다. 선발이 잘된 것과 못 된 것의 차이가 수십 배구요. 그러니까 인력의 가장 효과적 성공요인은 뭐냐? 아직 입증은 되지 않았지만 내가 믿기로는 3가지 요소인 선발 · 개발 · 동기부여인데, 이들 간의 비는 2 : 3 : 5라고 생각합니다. 동기부여가 그만큼 중요하다는 겁니다. 그런데 아직도 우리 사회에서는 동기부여의 중요성에 대해서 거의 모릅니다. 교육을 받았으면 똑같은 질의 생산성을 내는 줄로 알아요. 이것이 우리나라 인력정책에서 가장 아쉬운 점이라고 생각합니다.

10 〈동아일보〉, 1980. 3. 7.

사우디 프로젝트로 인해서 우리가 덕본 것은 어떤 것이냐? KDI로 봐서는 덕을 좀 봤죠. 돈 벌어서 우리 그때 당시 퇴직금 기금도 마련했고, 또 로열컨트리 클럽 멤버십도 5개를 우리가 샀고요. 그래서 골프치러 가니까 소문이 나서 다른 연구원에서 야단이 났어요. 직원이 어떻게 그래? 그래서 감사원에서도 찾아와서 날 보고 인터뷰하고. "우리 세금 가지고 한 것이 아닙니다. 오일달러 벌어서 한 것입니다" "왜?" "왕자고 뭐 이런 사람들 오는데 같이 나가서 교제용으로 해야 할 것 아닙니까?" 그러니까 뭐, 문제가 없었죠.

무엇보다 국가적으로 큰 도움이 되었던 것도 있었어요. 1979년에 2차 오일쇼크가 오지 않았습니까? 그때 한국도 기름을 못 구해서 야단이 났습니다. 동자부 장관을 모시고 KDI 원장이 사우디아라비아에까지 오셨어요. 압둘라 왕자한테 "우리가 지금 이렇게 곤란한데 이럴 때 당신이 좀 도와줄 수 없냐?"라고 부탁을 해서 부족했던 원유를 들여올 수가 있었어요.

그때 사우디에 한국 근로자가 약 16만 명이나 있었어요. 그런데 거기서도 내가 느낀 게 뭐냐 하면, 아하! 조만간 한국 근로자가 여기는 별로 필요가 없을 것이다. 왜? 임금이 올라가니까. 한국 근로자들은 점점 줄어들고 그 대신 프로젝트 매니저(PM: Project Manager) 등 고급 기술자들이 거기 쭉 남아 있는 것이에요. 인원수는 지금 얼마 안 되죠. 그리고 그때 유양수 대사님이 잘해 주셔서 참 고마웠어요. 유 대사님은 왜 우리를 그렇게 귀여워 해줬냐 하면, 그때 사우디 현장이라는 곳을 돌아다녀보면 모두 우리 근로자들이 땀 흘리면서 일하는 것밖에 없거든. 불쌍해서 못 봐요. 한국 근로자는 모조리 육체노동자와 다를 게 없어요. 그런데 갑자기 KDI에서 두뇌집단이라고 왔으니까 얼마나 자랑스럽겠습니까? 그래서 우리를 제다 비행장에서 마침 시찰하러 온 한국의 국회 조사단한테 소개했습니다. 그때 야당 의원 한 분이 "우리가 여기에 기능인력을 팔아먹고 사는데 그것 다 가르쳐 줘 버리면 우리는 뭐 먹고살아?" 갑자기 질문하는데 내가 대답을 못하겠어요. 전부 장황하게 설명할 수도 없고 내가 우물쭈물하는데 백두진 의장이 탁 나서더니 "이보시오! 아무개 의원, 우리가 안 해 주면 그 사람들이 가만히 있을 것 같아요? 딴 데 가서 다 배우지" 우문현답(愚問賢答)이 바로 그것입니다. 그래서 나는 '아! 참 대단하다'고 감탄을 했지.

사우디 현장에서의 인력관리

김수곤 교수는 사우디에서 인력개발단장으로 근무하는 동안 인력정책을 전공한 학자로서 한국기업이 뛰어난 성과를 내는 원인이 무엇인지 알고 싶었다. 현장을 방문할 때마다 현장관리자를 만나서 사우디아라비아에서 그토록 감탄하는 놀라운 성과를 내는 비결을 찾으려고 노력했다고 한다.

▸▸

내가 현장을 한 열댓 군데 가서 프로젝트 매니저를 만나고 왔어요. 프로젝트 매니저에게 물었지요. "내가 사실 여기 오게 된 것은 여러분이 잘해서인데, 사실 우리가 잘하는 것인지 아닌지 모르겠고, 무엇이 잘하는 것인지도 모르겠고 … 그러니까 한 수 배웁시다" 그랬더니 "한 수 배울 것 하나도 없습니다. 우리가 잘한 게 뭐 있어야지요"라고 하는 겁니다.

그래서 내가 물었어요. 하도 별 뾰족한 대답을 안 하니까.

"그러면 인사관리의 가장 중요한 5가지를 물어볼 테니 답해 주시오. 첫째 선발, 당신은 선발을 어떻게 하시오?" "내가 선발을 안 했어요. 서울에서 다해서 왔어요."

"교육훈련은 잘했소?" "그것도 다해서 온 것입니다."

"그래요? 그러면 왕 회장처럼 말 안 들으면 정강이를 까나요?"

"천만의 말씀! 요새 세상이 어떤데 정강이를 까요?"

"그러면 임금을 더 주거나 덜 주거나 하나요?"

"임금 다 거기서 결정해서 왔어요."

"그러면 말 안 들으면 해고하나?" "안 돼요, 여기서 해고하면 그 사람 죽어요."

"그러면 선발부터 해고까지 하나도 못하는 이 현장감독이 무슨 힘으로 사람을 부리나요? 도대체 무슨 약을 썼기에 여기서 인력관리를 그렇게 잘하나요? 그걸 얘기해 주시오. 근로자가 말을 안 들으면 어떻게 하시오?"

그는 가만 생각해 보더니 "말 안 들으면 하는 것 별것 아닙니다. 살짝 불러서 조용히 귀에다 대고 당신, 지금 굉장히 고단해 보인다, 오늘부터 오버타임(잔업)하지 마. 그러면 이 사람이 당장 차렷 자세로 '아닙니다. 괜찮습니다!' 합니다."

그때가 언제냐 하면 고용기회가 없어서 쩔쩔맬 때니까. 그러니까 오버타임 서로 하려는 판에 오버타임 기회를 안 주면 돈벌이 못하는 것이죠. 오버타임 여탈권이라고 하는 것은 회사 중앙에서는 줄 수가 없습니다. 이것은 현장 감독의 특권입니다. 그러니까 그것을 가지고 사람을 동기유발한다는 얘기지요. 오버타임 여탈권.

아하! 내가 가만히 생각해 보니까 '이것이 바로 루이스의 터닝 포인트를 지나고 난 노동시장에서의 동기유발 방법이다.'

루이스 전환점을 지나고 오버타임, 이런 걸로 동기부여를 할 수 있는 시기도 지나고, 그런 것 다 지나고 난 다음의 우리나라의 시장이 어떻게 됐냐 하면 정말 인력관리가 힘들어졌습니다. 관리하는 사람들이 도저히 못해 먹겠다고 난리였어요. 그때 가장 심한 욕이 뭐냐 하면 "야! 이 ○○야 너도 사람 부리면서 살아 봐!" 이게 제일 심한 욕이었다니까요. 사람 부리기가 그렇게 힘이 들어요. 왜 힘이 드느냐? 고용기회가 많으니까. 지금은, 고용기회가 하도 없으니까 동기유발이 잘되어야 합니다. 그렇잖아요? 그러니까 고용기회라고 하는 것이 참 한마디로 말하면 그게 기회가 많아야 되겠다 싶지만 많으면 그것으로 인해서 사람 부리는 데는 그만큼 더 힘이 들어요.

여기에서 내가 '하하! 이게 참 진짜 내가 배운 것이로구나' 그래서 사실 사우디 프로젝트에서 우리가 해준 것보다 내가 더 많이 배우고 왔어요. 그런 고용기회 여탈권이라고 하는 것이 그렇게 중요한 동기부여 방법이 될 수 있겠구나. 인적 자원 관리의 한국적 특성, 동기부여의 중요성을 깨달은 것이 내가 사우디의 프로젝트에서 얻은 가장 큰 수확이었다고 생각합니다.

최대 16만 명의 한국 근로자가 진출했던 사우디 주베일·얀부 공업단지 건설 프로젝트가 인적 자원 축적에 큰 역할을 했다. 세계적 규모의 건설현장에서 직접 일하면서 기능과 기술을 익힐 수 있었던 것이 무엇보다 중요했다. 이들이 돌아와 한국의 건설현장에서 일하면서 인적 자원이 더욱 풍부해졌기 때문이다. 이와 함께 해외경험을 했다는 것, 다른 문화에서 일했다는 것도 한국의 인적 자원의 질적 향상에 도움을 주었다.

▸▸

사실 근로자들이 해외에 나가 경험한 것이 얼마입니까? 근로자들이 해외에서 익혔던 기술이나 기능보다 내가 값어치 있게 생각하는 것은 이 사람들이 해외에 수출됐다고 하는 그 사실 자체입니다. 블루칼라 근로자들이 언제 해외구경을 하겠습니까? 그런데 이 사람들이 비행기 타보고 하니까 세계에 대해서 눈을 뜨게 된 것이지요. '깬다'는 것이 여러 의미가 있습니다. 생산적인(productive) 쪽으로 간다는 것도 있고 다루기 힘들어진다는 것도 있고, 이게 나쁜 점도 있지만 좋은 점이 더 많으니까요. 그래서 우리나라 생산직 근로자들의 수준이 급격히 좋아졌다고 생각합니다.

체계적 인력정책으로

직업안정의 중요성

직업안정 관련정책은 김수곤 교수가 가장 많은 관심을 가졌던 분야 중 하나다. 김 교수의 기고문 "내가 본 노동행정"을 토대로 직업안정사업의 역사를 간단하게 살펴보면 다음과 같다. 직업안정사업은 국가가 구직자와 기업 사이에서 양자를 동시에 만족시켜 주는 최대의 노동복지서비스다. 그러나 일제하에서 전쟁수행을 위한 노동력 동원수단으로 사용된 잘못된 경험 때문에 직업안정사업의 근대화는 제대로 이루어지지 못했다. 독일에서도 나치의 독재정권하에서 직업안정업무가 전시 인력동원의 수단으로 이용되었기 때문에 본래의 기능을 하지 못함은 물론 직업선택의 자유까지도 침해당했다. 서독 정부가 자유주의적 경제 체제를 뿌리내리기 시작하면서 노동행정의 주축을 직업안정에 두고 인력의 자유로운 이동을 촉진하여 노동시장을 유연하게 만들고자 노력했던 것은 교훈으로 삼아야 했다.

그러나 개발경제 시대의 우리나라는 아직 계획경제에 대해 신봉했기 때문에 직업안정화는 뒷전이었다. 광복 이후에도 1940년에 공포된 「조선 직업소개령」을 기초로 해서 직업안정 업무를 수행했으나 1961년 12월 군사정부에 의해 구법을 정리하는 차원에서 「직업안정법」이 제정 · 공포됐다. 이 법은 직업선택의 자유라는 원칙과 공공봉사의 정신을 강조하면서 보사부 장관 밑에 '직업안정소'를 설치토록 했다. 직업안정소의 역할은 직업소개, 직업지도, 직업보도, 노동시장에 관한 조사분석, 실업보험 등을 하도록 되어 있었다. 그러나 실제로는 직업안정소가 지방 자치단체에 의해 설치 · 운영됐다. 1974년 10월에는 그동안 별도로 운영되던 산재보험사무소와 직업안정소를 통폐합하여 전국적으로 총 34개소의 노동청 지방사무소를 설치하였다. 그 목적은 산업화가 전국적으로 확대됨에 따라 지방으로부터의 광범한 노동행정 수요가 생겼기 때문에 이에 부응하기 위한 것이었다. 지방사무소에는 근로감독과, 산재보험과 그리고 직업안정과를 두었다.

직업안정과의 설치목적은 구직자와 구인자를 서로 소개하면서 동시에 그

과정에서 취득한 노동시장 정보를 취합하고 처리하여 지역별 인력수급계획에 반영하도록 하는 것이었다. 그러나 안정과 직원에게는 각종 노동통계의 집계 및 보고에만 신경 쓰도록 하여 이들의 사기는 저하되어 있었다. 이들을 전문직으로 양성하여 인력이동 및 기능훈련에 대한 상담역을 잘할 수 있게 하였더라면 좋았겠지만 초기의 직업안정요원의 역할에 대해서는 깊이 신경 쓰지 않았던 것이 사실이다. 반면 직업훈련국은 막대한 재원을 들여 직업훈련원을 건설하고 교재를 개발하며 기능인력을 배출하여 기업에 공급했고 가시적으로 분명한 성과가 보였기 때문에 만족했다. 그러나 노동시장의 동태적 정보로써 직업훈련의 뒷바라지를 잘해 줘야 할 직업안정에 관해서는 소홀하게 다룸으로써 통합적 연계가 이루어지지 않은 것이다.

▸▸

나는 KDI에 들어오자마자 직업안정사업의 중요성을 얘기했습니다. 그런데 당시에는 어느 누구에게도 직업안정사업에 대한 이해가 없었어요. 노동시장 전체적으로 유연성과 동태성을 살리며 인력수급을 조절할 수 있는데 그 역할에 대해서 아무도 몰랐어요. 경제정책 담당자 자신이 학교에서 노동시장에 관해 배운 적이 없었고, 또한 노동시장에서 구직활동을 해본 적이 없는 엘리트였기 때문이죠. 심지어 노동청 직원들 사이에서도 '직업안정' 업무를 맡으면 좌천되었다고 생각하고 이튿날부터 전근운동을 했다는 말도 있을 정도였어요.

내가 자꾸 직업안정 얘기를 하니까 한 번은 내 상사가 날 보고 이렇게 말합니다. "김 박사, 당신은 노동경제 했다고 해서 데려다놨더니 시시하게 탁아소나 직업소개 얘기만 하는데 그게 뭡니까? 좀 거창한 것을 하시오. KDI니까 거창한 것을 좋아해…" 그런데 나는, 또 우리 분야는 그런 게 아니거든. 내가 논문 쓸 때 그때 굉장히 유명했던 프린스턴 대학의 총장 보웬(William Bowen) 박사가 여성, 특히 결혼한 여성이 경제활동을 하는 데 가장 큰 저해요인이 돌봐야 하는 어린이라는 점을 얘기했어요. 그래서 그 사람이 어린이의 연령구조를 가지고 분석모델을 하나 만들었어요. 간단히 얘기하면 제일 나이가 어린 6살 미만 아이가 있는 경우, 또 6~12살의 아이가 있는 경우, 또 12~18살의 아이가 있는 경우를 나눠서 조합(combination)을 해보면 그에 따라 참여율이 달라진다는 것입니다. 천재적인 아이디어입니다. 내가 그것을 보고 감탄을 해 KDI에 와서 1974년에 통계를 낸 것을 가지고 적용을 해보니 도시지역에 있는 여자들의 참여율이 똑같이 나왔어요. 그때 많은 것을 배웠고,

지식이라고 하는 것이 문화적 경계에 의해 영향을 받기도 하지만 실제로는 보편적인 어떤 원칙이 있다고 느꼈습니다.

그래서 그 사람 얘기는 뭐냐 하면 가령 나이 많은 누나나 아이가 있으면 동생을 돌봐주기 때문에 오히려 엄마가 더 경제활동을 한다는 얘기죠. 그런 것 때문에도 나는 탁아 또는 양육의 문제에 대해서 특별히 관심을 가질 수밖에 없었어요. 그다음에 직업소개라고 하는 것도 그런 점에서 가만히 보면 시장이 원활하게 움직여 줘서 미스매치를 최소화한다, 그것 이상으로 중요한 게 노동경제에서 뭐 있겠어요? 그런데 그것을 만약에 타임 피어리드를 짧게 보면 이것은 직업안정소가 수요와 공급을 결합(matching)시켜 주는 역할에 초점이 맞춰질 것이고. 이것을 장기적으로 길게 하면 적성검사에 따라서 진로를 지도해 줘서, 그래서 아이들로 하여금 그 산업사회 혹은 사회가 필요로 하는 인력으로 양성되도록 해 주는 것 이것도 매칭의 문제고요. 그러니까 지금 대학 졸업자가 저렇게까지 과잉 공급돼서 장기적으로 미스매치가 되었다는 얘기거든요. 그러니까 장기적 미스매치가 결국은 인적 자본에 대한 투자(human capital investment)에 대한 리턴이 제대로 나오지 못하도록 만드는 거예요.

직업안정과 관련해서 잘못된 인식이 바로 실업보험 제도입니다. 공무원들은 직업안정과 관련해 실업보험 제도가 있어야만 직업안정소가 잘된다고 그래요. 그러니까 이것은 전형적 공무원들의 사고방식입니다. 이것은 우리나라뿐만 아니라 미국사람들도 그런 생각을 했어요. 학자들 생각은 오히려 반대입니다. '실업보험 때문에 오히려 직업안정기능이 제대로 안 된다'하는 그런 얘기입니다. 왜냐하면 실업보험은 이것은 권한행사가 돼요. 연금을 주느냐? 안 주느냐? 검사하고. 이게 도장이 굵어지니까 이것은 공무원들이 해볼 만한 것이지요. 그런데 엄밀한 의미에서 직업안정이라고 하는 것은 권한은 아무것도 없어요. 도장 찍는 것 없어요. 그냥 더러운 일이죠. "사람 원합니까?" "네" "자리 주시오" 안 주려고 그러죠. "자리 주시오" 또 "구직합니까?" "예" "당신 자격이 없어요. 내놓으시오" 그래서 매치시켜 주는 것이에요. 이것 얼마나 하기 힘든 일입니까?

직업안정 사업이라는 것은 바로 이런 일을 하는 것이거든. 그러니까 사설 직업안정소, 직업소개소 사람이 수수료를 그렇게 많이 받는 거예요. 그렇게 받을 이유가 있어요(힘들고 하기 힘든 일이니까). 그런데 이것을 또 나쁘게 보는 사람은 뭐라고 그러냐면 인신매매다, 그러는 거죠. 그리고 실제 그런 면이 있어요. 또 커미션을 너무 많이 받는 수가 많아요. 그러니까 이게 착취의 대상이라는 것이죠.

내가 캐나다의 서스캐처원 주(Saskatchewan)에 갔더니 사설 인력서비스를 불법화시켰어요. 왜냐하면 그곳이 옛날 사회주의 정당이 제일 먼저 북미대륙에 섰던 주거든요. 그러니까 좌파, 사회주의자들은 '노동시장'이라는 말 자체를 거부합니다. 사람이 뭐 시장에 내다 파는 물건이냐 하며 비판하는 것입니다. 하지만 여기서 시장이라고 하는 것은 그런 개념이 아니죠. 이 시장이란 어디 남대문시장 같이 물리적인 시장이 아니라는 겁니다. 그것은 시장이 가지는 의미 중 지극히 작은 일부분일 뿐입니다. 그럼 시장의 진정한 의미는 도대체 무엇이냐? 시장이란 수요와 공급이 만나는 장소입니다. 그러면 단위사업장도 시장이에요. 그렇지 않아요? 수요자와 공급자가 만나니까 그게 시장이죠. 근데 이런 원론적 개념도 안 서 있을 때니까 사설 직업안정소는 인신매매하는 곳이다, 또 돈을 많이 받아먹고 하다 보니까 누구든지 끌려간다고 생각하고. 그래서 내가 직업안정소 얘기할 때 사람들이 "뭐 시시한 것을 그런 것 가지고 그러냐?" 할 수밖에 없었어요.

직업안정의 중요성에 대해 인식하게 된 것은 1990년대 이후의 일이었다. 고도경제성장을 뒷받침하기 위해서 물량위주의 거시경제 요인에만 집중하고 인력에 관해서는 개발만 하면 된다고 생각했던 것이 당시 대부분 경제관료들의 모습이었다. 노동이동이 효율적으로 되는 것이 유효노동공급을 증가시킨다는 사실과 이동 그 자체가 새로운 또 하나의 인적 자원에 대한 투자로서 인적 자원을 풍요롭게 한다는 사실 그리고 건실한 노동운동을 통한 근로자의 참여가 얼마나 중요한 동기유발 요인인가에 관해서는 당시의 경제관료들의 인식이 거의 없다시피 했던 것이다.[11]

노동부 승격과 산업인력관리공단의 설립

노동문제의 심각성이 제기됨에 따라 1980년대 초 노동청이 노동부로 승격되었다. 당시 직업훈련은 노동청에서, 기능검정은 과기처에서 담당했다. 이 두 가지 기능을 한 곳으로 통합해야 한다는 여론이 비등한 가운데 KDI는 이에 대한 통합적 방안을 제시했다. 새로 생길 직업훈련관리공단이 기능훈련과 검정만을 통합할 것이 아니라 직업안전망을 그 중추적 조직으로 하여 구직과 구인정보를 관리하는 과정에서 나오는 직종별 산업별 지역별 실업자수와 충

11 김수곤, 2006, "내가 본 노동행정", 《노동행정사》, 노동부.

원이 되지 않은 기능의 종류까지도 행정자료로서 활용할 수 있는 인력공단으로 발전시켜야 한다고 건의했다.[12]

▸▸

1980년 신군부가 들어섰을 때입니다. 당시에 여러 얘기가 나오지만 그때 노동청을 노동부로 승격시켰지 않습니까? 그때 조직을 재편하는 과정에서 직업훈련과 기능검정을 통합해야 한다는 의견이 많았어요. 직업훈련은 노동청 소관이었고 기능검정은 과기처 소관이었어요. 이 두 개를 합치자는 거죠. 그래서 나는 합칠 뿐만 아니라 그 합친 공단을 중추로 삼아서 직업안정기능을 해야 한다고 생각했죠. 왜냐하면 노동시장에 대한 모든 정보를 가장 잘 수집해서 도표화(tabulate)할 수 있는 게 바로 직업안정소거든요. 그러면 수요가 여기 있다. 공급이 여기 있다. 그리고 구인과 구직을 매치시켜 주는 게 이것의 역할이니까. 그것을 통해서 가령 대구시에 몇 군데, 뭐 어디 조그마한 시 같으면 이것만 갖다가 전부 다 도표화하면 어떤 결과가 나오느냐 하면 그 시 단위 별로 실업자가 몇 명이고 그 실업자의 구성은 어떠어떠한 사람이고 그다음 그 군에서 혹은 그 시에서 지금 사람이 필요한 사람은 누구이고 등 자료가 모두 나올 수 있다는 것이지요. 그러면 로컬 레벨에서 인력의 수요와 공급 및 과부족 자료가 나오는 것이지요. 이것을 가지고 왜 중앙까지 가냐? 그것이 잘못이다. 즉 직업안정기능을 합쳐서 분권화하는 것입니다.

이것을 KDI에서 권유했어요. 그런데 노동부 직업안정국장이 "안 된다"고 대답하는 거예요. 그분이 대학 1년 선배였거든. 그래서 "심 선배, 왜 이것 안 된다고 그러냐? 논리적으로 내 말이 잘못됐으면 한번 반박을 해보시오" 그랬더니 "당신 말 다 좋은데 나는 다른 게 아니야. 우리 국(局)내에 있는 직원들 옷 벗기는 것이 싫어서 그런다" 솔직하게 얘기해요. 공무원들이 공단으로 내려가면 이것은 공무원을 그만두는 게 되니까. 그러니까 그게 싫다는 것이에요. 이 사실 때문에 그 후에도 다른 사람들이 맡았을 때도 두세 번 나와 싸웠지만 기어코 안 하더라구요.

그래서 내가 어떻게 했냐 하면, 아웅산에서 돌아가신 김재익 박사한테 얘기해서 설득을 다했어요. 그래서 당신 말이 맞다, 자기도 대통령을 설득하겠다고 했어요. 그런데 노동부 간판을 다는 현판식 날에 새 장관이 "각하, 이것은 저희 소관이니까 맡겨 주십시오. 저한테" 그러니까 대통령이 "아! 그러면 장관이 소신껏 하시오" 이렇게 된 겁니다. 그 말을 전해 듣고 김 수석이 나한테 전화해서 "오늘 그렇게 됐습

12 김수곤 · 박훤구 · 하태현, 1981, 《복지사회의 인력정책과 직업안정》, KDI.

니다. 미안합니다" 그래요. 나는 뭐 하는 수 없었지요. 그 사람들은 인력에 대해서는 관심 없어요. 그런데 그 후에 인력공단을 만들어 놓고 미안해서 그런지 나를 거기에 비상근 이사로 임명했고, 벌써 한 20여 년을 했어요.

김수곤 교수가 직업훈련과 기능검정 그리고 직업안정기능까지 통합해야 한다는 생각을 갖게 된 것은 독일에서 잘 작동하는 시스템을 보았기 때문이다.

▸▸

내가 어쩌다 그것을 하게 됐냐? 나도 그것을 독일 가서 봤거든요. 독일 뮌헨에 가면 인력청이 있습니다. 그런데 내가 보고 느낀 게 3권 분립 시대의 제4권이에요. 그만큼 기구가 큽니다. 연방시스템인데 이것이 노동시장을 완전히 관장하고 있더라는 겁니다. 운영은 어떻게 되느냐? 그것은 3자, 즉 근로자 대표, 사용자 대표 그다음 정부 대표, 이 3자로 구성된 이사회가 있어서 그 이사회가 중앙에서 모든 것을 결정하는 겁니다. 그러면 각 지역별로 이것도 분권화시켜서 그 지역에도 마찬가지 그 3자가 모여서 의사결정을 하는 거예요. 만약 경상북도라고 하면 경상북도 내에서 그 3자가 모여서 회의하니까 경상북도 구미시에는 지금 어떤 직종이 필요하고, 또 달성군에는 실업자가 어떻게 많은데 여기서 여기로 데려와라. 이러면 그것으로 끝내는 것이에요. 그리고 훈련은 너희들이 시켜라. 직업훈련부터 직업 매칭까지 다 끝내는 것인데, 지금 우리는 그게 아니니까 모조리 중앙으로 데이터가 올라가서 중앙에서 저기로 내려갈 때는 벌써 노동시장은 벌써 다 변했어요.

노동시장이라는 것은 이른바 다이내믹, 하루아침에 다 변하는데, 이 변하는 것을 어떻게 감당할 것입니까? 그러니까 내 말은 이것 전부 다 분권화(decentralize) 하라는 것이지. 분권화는 우리나라 공무원이 제일 싫어하는 것이에요. 그리고 이것을 공단에서 하라고 그러니까 공무원 옷 벗기 싫은 것이고. 지금까지도 아주 핵심적 업무는 자기들이 쥐고 앉아 있어요. 그러니까 나는 노동부가 정책 수립하는 일 외에는 행정은 하지 마라. 이런 얘기지. 그래서 인력공단이 제대로 구실을 못할 수밖에 없다고 하는 얘기죠.

노동부 승격 현판식 날 초대 노동부 장관이 전두환 대통령으로부터 "소신껏 하라"는 재가를 받으면서 노동부안대로 직업안정국은 계속 노동부에 남게 되었다. 결과적으로 노동시장 정보는 기능훈련과 검정사업에는 아무런 기여하는 바 없이 그저 직업소개나 하는 장소로 계속 존재했다. 1997년 IMF 외환위기가 발생하면서 구조조정과 함께 대규모 실업사태가 일어났고 고용보험사업이 활성화되면서 비로소 그 기능이 인정받는 계기가 되었다. 그러면서 고용정보원이 설립되었으나 여전히 노동부의 지시를 받는 외청으로 존립하다 보니 산업인력공단과의 유기적 관계 속에서 직업훈련과 기능검정 업무에 밀접하게 연계되지는 못한다는 것이 김 교수의 평가다.

▸▸

공단의 역할이 내가 생각하는 정도로는 못하죠. 할 수가 없죠. 그게 제일 중요한 게 그것이니까. 이제 훈련공단 산하에 직업훈련소를 다 쥐고 있거든요. 그러니까 훈련소에서 계속해서 직업훈련을 시키면 훈련받은 일꾼들이 나가서 기능올림픽 1등을 하고, 1등을 해서 메달을 따는 것에 이사장 자리가 달린 것이에요. 그러니까 이런 데만 관심 있거든. 겉으로 기능인력 공급한다는 것은 좋은데 기능인력 공급하는 것에만 치중해서는 안 된다는 얘기에요. 내 얘기는 그 사람들이 올림픽 금메달 가지고 먹고사느냐? 아니에요. 그 사람들은 자신들의 기능이 필요한 데 가서 즉시 취업하는 게 더 좋지. 그런데 공무원들이 자기들 점수 따기 위해서 기능 금메달 같은 거 따는 데만 몰두하고 있는 것이라고요. 그래서 안 된다는 거예요. 그리고 기능훈련은 아까도 처음에 얘기한 바와 같이 그것을 필요로 하는 업체에서 직접 하는 게 제일 좋고, 그게 어려울 때 일반적 기술(general skill)이라고 하는 것은 그 지역(community)의 수준에서 그 산업을 위해서 필요한 것이 있으면 해 주면 되고요. 로컬니즈(지역수요)를 만족시킬 수 있는 최선의 방법이 분권화에요. 그런데 그게 하기 싫은 것이죠.

초기 실업률 통계

광복이나 정부수립 이후, 또 6·25 전쟁을 겪고 난 이후에도 과잉노동 공급으로 인한 만성적 실업은 나아질 기미가 보이지 않았다. 5·16으로 박정희 정권이 들어선 이후 10여 년에 걸친 개발경제가 성과를 거두면서 무제한 노동공급 상태라고 할 수 있었던 한국의 노동시장에 변화가 일어났다. 1975년을 기점으로 루이스 전환점을 통과한 것이다. 이때부터 제한적 노동공급으로 인해 실질임금이 상승하기에 이르렀다.

경제개발 5개년계획이 시작된 1962년에 전국의 실업률이 8.2%였으나 1975년에는 4.2%까지 하락했다. 비농가 실업률은 같은 기간 동안 16.2%에서 5.9%까지 하락했다. 또 직업안정소에 등록된 구직자수 대비 구인수(구인배율)가 언제나 1 미만이던 것이 1974년경부터 1 이상으로 상승하였다. 구인배율이 1 이상으로 올라가면서 기업들은 인력확보를 위해 노력해야 하는 상황이 되었다. 그전까지 통용되던 "일은 시키는 대로, 돈은 주는 대로"는 맞지 않는 말이 되었다. 이때부터 기업의 인사담당자들은 시골로 다니면서 구인활동을 하게 되었다.

▸▸

당시 우리나라 실업통계는 믿을 수 없다는 비판이 많았습니다. 1974년에 내가 귀국했을 때, 그때는 오일쇼크가 나서 쩔쩔맬 때입니다. 그러니까 실업자가 굉장히 많을 것이다 생각했죠. 그래서 기획원 조사통계국에서 전국 서베이를 했어요. 어느 정도 크게 했냐 하면 전체 가구의 5%를 대상으로 해서 잡은 것이에요. 이것은 거의 센서스나 마찬가지입니다. 나도 당시에 현장 조사하는 데 따라가서 보곤 했습니다만. 예를 들면, 시골에 가서 그 집 아주머니 보고 묻습니다. "댁에서 누가 일하고 있습니까?" "아무도 안 해요. 아무도 일하는 사람 없어요" 그렇게 답합니다. "토지도 없습니까?" "없어요" 그 앞의 마당에 배추밭이 있어요. "이것은 누구 것입니까?" "우리 집 것이에요" "배추밭 농사는 일하는 것 아닙니까?" "그것 손바닥만 한 게 일했다고 그럴 수 있어요?"라고 합니다. 그러니까 가구조사는 주부를 상대로 하기 때문에 에러 마진이 굉장히 컸어요. 그런데 가구조사 통계와 사업장 통계를 구분하지 못하는 것이 우리 현실이었어요.

실업통계 조사하는 걸 보고 참 기가 막혔어요. 그래서 이렇게 하면 안 된다, 잘못한 것이다 이야기했어요. 실업자가 많다고 해서 전국적으로 서베이할 필요가 없습니다. 그때 남덕우 부총리가 조이제 박사를 불렀어요. 이 양반은 사회학을 공부한 사람이기 때문에 굉장히 이상적이에요. 그러니까 소득이 얼마고 이런 것을 따지고 있어요. 나는 거기까지는 갈 필요도 없다, 단지 현상적으로 나타난 실업자냐 아니냐를 알면 된다고 했습니다. 그리고 실업대책을 세우는 데 지금 전국적 통계를 몰라서 실업대책 못 세우는 것 아니지 않습니까? 그것 알면 뭐 할 것이에요? 그리고 서베이를 통해서는 실업자가 누구인지, 어디에 있는지 알 수가 없다고요. 그러니까 전국적으로 직업안정소를 차려서 거기에 등록된 사람을 중심으로 통계를 잡으면 꼭 필요한 데이터가 다 들어가는 거죠. 어느 지역의 누가, 남자가, 여자가, 어떤 사람이 실업자다 하는 것을 딱 손에 쥘 수 있는데, 왜 그런 것은 하지 않고 이런 서베이를 하고 앉아 있느냐? 엉뚱한 짓을 한다고 내가 거기서 막 비판했지요. 이 사람들이 듣기 싫어해요. 이미 이만큼 시작했는데 지금 와서 이런 소리하면 뭐 하냐?는 것이지요.

서베이 결과, 전국 실업률이 5.3% 나왔어요. 나는 이해를 하지. 실업률 5.3%는 농촌이 들어가서 그렇다고 생각을 했어요. 내용을 들여다보면 도회지 9.3%, 농촌 2.1%가 나온 것이죠. 이를 청와대 브리핑 차트로 만들어 놓고 우리한테 리허설을 해요. 실업률 5.3%라고요. 그래서 내가 담당 국장에게 그랬어요. "이보시오. 이것 이러면 안 됩니다. 실업통계라고 하는 것은 도회지가 주된 대상이지 농촌을 넣으면 오해의 소지가 있어요. 그러니까 도회지 실업 9.3%, 농촌 2.1% 그래서 합이 5.3% 라고 쓰세요" 담당자의 답은 "아이고! 그러면 각하가 걱정하십니다." 그래서 내가 "이보시오. 걱정할 일이면 그 사람이 걱정해야지 당신이 걱정할 필요 없지 않소? 당신은 통계만 그대로 만들면 되는데." 이 사람이 화가 났는지 "내가 어디 거짓말한다는 것이오?" 그래서 내가 "이보시오! 당신이 하는 대로 5.3%를 앞에 내놓으면 거짓말 같은 참말이고, 내가 말하는 대로 9.3%를 앞에 내놓으면 참말 같은 참말이오" 그렇게 얘기했는데도 기어코 자기 고집대로 5.3%로 브리핑했어요. 그 이튿날 신문 사설이 나왔는데 '정부의 실업통계 아무 소용없는 거야. 서울만 해도 실업자가 300만 명은 될 것이다' 그렇게 비판하는 겁니다. 그때 서울시민이 얼마인데 300만 명이 나올 리가 있습니까? 어림도 없는 것인데(통계수치를 워낙 낮게 내다보니 그런 비판까지 받게 된 것이다). 그래서 내가 그랬다니까요. "이보시오! 당신이 이런 것을 만든 장본인이야."

그 후로도 통계, 이 실업통계 얘기만 나오면 나는 할 말이 없었어요. 내가 오하이오 주립대학에 있는 인적 자원 관리소에서 2년을 일했고 내 논문이 여성 경제활동 참여의 연구분석입니다. 그러니까 이 통계에 대해서는 내가 빠삭하니까 과감하게 얘기할 수 있는 것인데, 그때 참! 그래서 실업통계 나오는 게, 우리나라의 실업통계가 약간의 무리는 있어요. 하지만 그 뒤로 나아져서 지금은 그런 대로 쓸 만합니다. 최근에 KDI에 있는 황수경 박사가 노동관련 통계에 대해서 좀더 명료하게 얘기했습디다. 그래서 내가 "아주 반갑다"고 얘기했어요. 전체적으로는 국제적으로 다 통하는 정도의 통계입니다. 그러니까 나는 "통계가 당신네들 믿듯이 그렇게 엉터리는 아니다"라는 얘기죠. TV에 나가 그런 얘기를 하고 났더니 밤 12시가 넘었는데 전화가 왔어요. 어떤 사람이 목청을 가다듬고 "여보시오, 당신이 김 박사요?" 그러더라고.

그렇다고 했더니 "당신은 주 한 시간 일해서 먹고살 수 있소?" 그러니까 실업률 정의(definition)가 한 시간 또는 그 이상 일했으면 취업했다고 그랬거든. 그래서 내가 설명하려고 그러니까 "들을 필요도 없어" 이러고 딱 끊어. 당신 같은 사람 어용학자가 있기 때문에 안 된다는 것이에요.

경제개발계획을 세울 때 예상실업률이라는 것을 만들었어요. 5차 계획 때부터는 내가 그랬어요. 예상실업률이라고 하는 것은 말도 안 된다, 왜냐하면 실업률은 경제활동 참가인원 대비 실직자 %인데, 경제활동 참가율 자체가 경기변동에 따라서 움직이는 것이거든요. 움직이는 그것을 베이스로 해서 실업률을 내니까 그게 얼마나 불안하겠어요. 그래서 이제는 이게 도움이 되는 자료가 아니다. 그래서 내가 그때 시작한 게 뭐냐 하면 전체 노동가능인구(eligible population) 중에서 몇 %가 고용되어 있냐? 고용될 가능성이 있냐? 하는 것으로 얘기했어요. 그래서 고용률(employment rate)이라고 하는 것을 고안했는데, 최근에 와서 보니까 그것을 씁니다. 그래서 '아! 내가 헛일 안 했구나' 싶었어요.

우리나라의 모든 분야가 압축성장으로 인해 급격한 변화를 겪었지만 노동 및 인력분야도 예외가 아니었다. 오늘날 인력분야는 새로운 문제를 겪으면서 홍역을 치렀다. 청년실업 문제, 비정규직 문제 등에 대해서는 김수곤 교수도 관심이 컸다.

▸▸

나도 이 말씀은 꼭 드리고 싶었어요. 사실 정규직, 비정규직 구분한다는 것 자체가 잘못입니다. 잘못이지만 온 세상의 선진국들이 다 그것을 하는데 나 혼자 잘못이다, 없애 버려라, 말한다고 해서 누가 알아듣겠습니까? 그러나 지금 비정규직 문제 저런 것 때문에 골치를 앓지 않는 나라가 어디 있나 살펴보면 스칸디나비아 북쪽 나라들이에요. 그 나라가 비정규직 문제가 없는 것은 여러 가지 이유가 있어요. 소득분배가 비교적 잘됐다는 얘기, 또 전통적으로 다르다는 얘기 등을 할 수 있지만 가장 중요한 것은 그 나라들은 교육시스템이 조기에 자기들의 적성을 찾아서 들어갈 수 있도록 기능인력이나 이런 것들이 제대로 훈련이 돼서 간다는 점이죠. 그러니까 대학 갈 필요 없는 사람까지 대학가고, 취업 안 되니까 불만세력이 되는 문제가 없는 것입니다. 그런데 당장 우리가 그런 것을 본받자. 이것도 사실은 대답은 아닙니다. 불가능합니다.

그런데 여기서 당장 어떡할 것이냐? 사실 듣기 싫은 소리지만 나는 가장 중요한 것이 눈높이를 낮추라는 것입니다. 모든 부분이 세계화되고 있지 않습니까? 그런데 노동시장은 안 되고 앉아 있어요. 그게 문제에요. 노동시장이 세계화가 된다면 지금 우리나라의 근로자들이 생존할 수 있는 사람이 몇 % 되겠냐? 말을 바꾸면 우리나라 근로자들이 세계적 노동시장에 비해서 상당한 초과임금(over paid)을 받고 있다는 얘기입니다. 그런데 그 얘기를 누가 하면 그 사람은 몰매를 맞죠. 그러니까 자꾸 정규직에 따라서 비정규직을 그렇게 올려라. 올리면 기업은 다 어떡하라고? 무책임한 얘기거든요. 사실 여기에 지금 제일 하고 싶은 말은 뭐냐 하면 언론자유가 없다는 거죠. 언론자유라고 하면 모두가 생각이 정부를 염두에 두는데(against government), 저는 그렇게 얘기 안 해요. 대중에 대해 맞서 얘기할 수 있는 자유(against mass), 그 언론자유가 없어요. 청년실업이 심화되는 것도 바로 그런 이유예요. 그런 것으로 봐서 나는 비정규직, 정규직 문제가 사실은 두 가지로 나누는 것 자체가 없어야 한다. 그런데 표현을 좀더 순화해서 한다면 직무급을 통해서 동일노동, 동일임금을 주어라. 이 말 하면 아무도 걸고 넘어가진 않을 것이에요. 그렇죠? 그렇게 하고 노동시장을 국제수준에 맞춰라. 만약 그렇게 안 한다면 우리나라 노동시장이 불원간 개도국 인력에게 휘둘려서 살아남지 못할 것 아니냐? 그렇게 생각해요. 그것이 가장 중심 되는 키포인트라고 나는 생각합니다. 그 정도로 해둡시다.

제 11 장

과학한국의 주춧돌을 놓다

과학기술 진흥계획, 첫 그림을 그리다

공장 세울 기술은 충분합니까

1962년 1월 4일, 서울 세종로 1번지 중앙청 석조전에 위치한 옛 부흥부 청사는 아침부터 부산하게 움직였다. 건물 2층 EPB 회의실은 '별'들로 꽉 차 있었다. 7개월여 전 5·16으로 정권을 잡은 주체세력들과 군인 장관들이었다. 박정희 국가재건최고회의 의장이 들어와 자리를 잡자 김유택 EPB 장관이 앞으로 나와 업무보고를 시작하겠다고 말했다.

이날 업무보고의 핵심은 1월 1일부터 시행한다고 공포된 제 1차 경제개발 5개년계획. 한국은행에서 파견나온 안종직 종합계획국장이 브리핑했다. 한 시간에 걸쳐 5년치 경제성장 목표부터 시작해 투자 및 내·외자 동원 계획 등을 설명하였다. 브리핑이 끝나자 말없이 담배를 꺼내 피워 문 박정희 의장이 물었다.

"공장을 짓고 경제개발을 한다는데 우리나라 기술로 할 수 있습니까? 우리나라 기술자들이 그 정도 실력이 됩니까?"

●

이 장의 증언자는 전상근 전 EPB 기술관리국장이다.

양재찬 아시아경제신문 논설실장
(인터뷰 공동 진행자)

순간 EPB 장관도, 브리핑한 국장도 당황했다. 당시 경제개발 5개년계획을 세운 이들은 EPB 관료들을 비롯해 한국은행 조사부 직원들, 그리고 대학교수들로 재정·금융·조세 등 거시경제 분야에는 능통했지만 과학기술에 대한 이해가 부족했다. 사실 기술은 노동력의 일부라는 정도의 인식 아래 경제개발 5개년계획에도 별도의 작업이 없었다. 잠시 침묵이 흘렀다. 송정범 EPB 차관이 벌떡 일어났다.

"각하, 기술수급에 대해서는 계획을 별도로 수립해 보고 드리겠습니다."

박 의장이 고개를 끄덕였다. 송 차관이 언급한 '기술수급'이란 용어는 당시 없었다. 송 차관이 임기응변으로 만들어낸 말이었다. 그는 사무실로 돌아오자마자 전상근 기술관리과장을 불렀다. 그리고 기술수급 계획을 만들라고 지시했다. 전상근 과장은 미국 퍼듀대학 화학공학과를 나온 공학도로 문경시멘트 공장장과 충주비료공장 기술 및 생산부장을 지냈다. 당시로선 국내에서 몇 안 되는 기술 전문가였다. 과학기술 분야를 다루는 부서가 따로 없는 상황에서 EPB에 기술관리과를 두면서 과장을 맡았다. 이런 그에게도 기술수급이란 말은 생소했다. 그게 뭐냐고 묻자 송 차관은 "경제개발 5개년계획에 나오는 공장건설에 필요한 기술과 기술자를 추정해서 수급계획을 세우라"고 말했다.

전 과장은 난감했다. 경제개발 5개년계획을 담당한 곳은 종합계획국이며, 직제나 하는 일로 보아 기술관리과에서 맡을 일이 아니라고 여겼다. 당시 기술관리과는 말이 좋아 '기술 관리'이지 EPB의 전신인 부흥부 시절 기술관리실이 하던 일을 이어받아 외국원조 사업에 따른 해외 기술훈련 업무를 맡고 있었다. 정부가 매해 선발·추천하는 1천 명 안팎의 기술훈련생을 해외에 파견하는 업무를 맡았다. 실제 하는 일도 관련 외국 원조기관과의 연락, 해외 파견 기술연수생의 여권수속 등을 주 업무로 하는 기술관리과에는 어울리지 않는 업무였다. 그래도 과장 이하 직원들이 대부분 기술계 출신이니 맡으라는 차관의 지시를 따를 수밖에 없었다.

▸▸

지시를 받고 사무실로 돌아와 이야기하자 직원들도 무슨 소린지 모르겠다는 거예요. 고민을 많이 했습니다. 1차 경제개발 5개년계획 보고서를 읽어 보니 시멘트를 몇백만 톤 만들고 비료를 얼마 생산하고 이런 것들만 있지 공장을 몇 개 짓는다는 식의 구체적 단서가 없었어요.

아무리 보고서를 뜯어봐도 제 1차 경제개발 5개년계획에 담긴 내용은 산업별로 5년간 달성해야 할 생산목표와 그 투자계획이 전부였다. 이를 토대로 공장을 몇 개 짓는다고 가정할 수도 없었다. 전 과장은 고심 끝에 더 큰 차원에서 우리나라 과학기술 전반에 대한 그림을 그리자고 생각했다. 경제개발 5개년계획을 뒷받침하면서 경제분야 외에 다른 부분까지 포함하는 종합적 과학기술 진흥계획을 세우는 것이 옳은 방향이라고 판단했다.

▸▸

경제개발 5개년계획을 세운 분들이 대부분 경제학자나 대학교수, EPB 공무원과 한국은행 직원들이잖아요. 거시경제는 잘 알아도 엔지니어와 기능공 같은 기술인력이 문제가 될 줄은 미처 생각하지 못한 것이지요. 그런 점에 대한 인식을 가장 먼저 한 분이 박정희 대통령입니다. 과학기술자들이 있어야 한다고 판단하고 기술은 있느냐, 어떤 수준이냐고 물어본 거예요.

전상근 기술관리과장은 외국 사례를 알아보기 위해 당시 한국에 들어와 있던 미국 원조기관인 USOM[1]의 기술훈련과장인 윌리엄 윔즈(William Weems) 박사를 찾아갔다. 하지만 그는 선진국·후진국을 통틀어 국가 차원에서 과학기술 종합계획을 세워 추진하는 나라는 없다는 답변을 들었다. 겨우 얻은 자료는 미국의 연구개발 활동과 관련된 것이었다. 며칠 뒤 전 과장은 기술수급계획 대신 과학기술 진흥 계획을 세우겠다고 송정범 차관에게 보고했다. 처

1 USOM(United States Operations Mission) : 미국대외원조처. 1959년 7월 주한 경제조정관실(OEC)이 USOM으로 개편돼 미국의 대한 원조 업무를 관장했다. 원조 업무기관이 OEC에서 USOM으로 이관된 것은 지휘 계통이 주한 유엔군사령부에서 주한 미국대사관으로 교체됨을 의미했다. 이에 따라 UNKRA 등 유엔관계 원조는 청산되고 일체의 원조업무가 주한 미국대사의 지휘 통솔을 받는 USOM에 의해 이뤄졌다.

김호식 金昊植 전 해양수산부 장관

1949. 5. 16 충남 논산 출생
서울고, 서울대, KAIST 졸업
1999~2001 제18대 관세청장
2001~2002 제5대 국무조정실장
2002~2003 제9대 해양수산부 장관

*인터뷰 공동 진행자

음에 굳어졌던 송 차관의 표정이 부드럽게 바뀌었다. 제1차 경제개발 5개년 계획을 보완하는 것으로 만들되 "과학이란 용어는 경제개발계획과 상관이 없는 것 같으니 빼라"는 지시가 떨어졌다.

전상근 과장은 직원들과 상의한 끝에 보고서의 표제는 '기술진흥 5개년계획'으로 하되 그 내용과 범위는 과학과 기술을 함께 다루기로 했다. 이로서 우리나라 최초로 과학기술 진흥을 위한 장기 종합계획을 세우는 작업이 시작되었다. 제1차 경제개발 5개년계획을 보고받는 자리에서 최고 통치자가 한마디 던진 질문이 계기가 된 것이다.

기술수급 계획을 세워라

우리나라 최초의 과학기술 진흥을 위한 종합계획 작성을 주도한 EPB 물동(物動) 계획국 기술관리과에는 이공계 출신 직원들이 대부분이었다. 미국 대학에서 화학공학을 공부한 전상근 과장을 필두로 이응선(서울공대 건축과 졸업, 전 직업훈련관리공단 이사장), 조경목(서울공대 전기공학과 졸업, 전 과학기술처 심의실장), 도정섭(서울공대 전기공학과 졸업, 전 한국과학기술원 행정처장) 등 공학도와 조남욱(서울상대 경제학과 졸업) 등이 함께 일했다. 미국과 유엔의 원조업무를 담당하는 물동계획국에는 대외경제 협력업무를 다루는 경제협력과, 시설투자과, 물자수급과, 감사통계과, 그리고 기술관리과 등 5개 과가 있었다.

전상근 全相根 전 경제기획원 기술관리국장

1927. 10. 18 경북 예천 출생
미국 뉴멕시코대학, 퍼듀대학 화학공학 학사
1956~1959 문경시멘트 공장장
1961~1967 경제기획원 기술관리국 국장
1967~1976 과기처 종합기획실 실장
1976~1981 원자력연구소 감사
1982~1985 삼양식품 식품연구소 소장
2001~현 재 엘시종합건설 회장

EPB 기술관리과 20~30대 젊은 직원들은 한국 과학기술 진흥의 기본 계획을 수립한다는 사명감으로 열정을 불태웠다. 한국과 비슷한 개발도상국가의 경제발전은 과학기술 진흥을 기반으로 이뤄져야 한다는 신념으로 뭉쳤다. 먼저 과학기술계 각 분야 대표 40명으로 과학기술정책 자문위원회를 구성했다. 산업계에서는 정인욱 강원산업 대표, 조홍제 효성물산 대표, 전택보 천우사 대표 등을 위촉했다. 학계 대표로는 안동혁 한양대 교수, 김동일 서울공대 교수, 현신규 서울농대 교수를 모셨고 국·공립 연구기관 대표로 이채호 국립중앙공업연구소장, 정남규 농촌진흥원장 등이 참여했다.

계획수립 책임자인 EPB 물동계획국 기술관리과 전상근 과장은 나름대로 기본 골격을 짰다. 핵심 과제는 두 가지였다. 첫째, 기술자를 '쟁이'라고 부를 정도로 기술을 천시하거나 하대(下待)하는 사회 풍토에서 어떻게 과학기술을 중시하는 분위기를 만들어 뿌리내릴 것인가? 둘째, 이용 가능한 자원과 환경을 바탕으로 뒤떨어진 과학기술 수준을 어떻게 선진공업국 수준까지 끌어올릴 것인가? 그리고 선진국 수준에 도달하는 기간을 어떻게 단축시킬 것인가의 문제가 있었다.

공업국가를 지향하는 경제개발 5개년계획이 시작되었지만, 당시 한국은 1차 산업인 농업위주의 저개발국가였다. 2,500만 명의 남한 인구 중 67.5%가 벼농사를 중심으로 한 농업에 종사했다. 1인당 국민소득은 약 80달러, 연간 수출규모는 4천만 달러에 머물렀다. 1961년 당시 산업구조를 보면 1차 산업 40.3%, 2차 산업 20.6%, 3차 산업 39.1%로 농업국가 형태를 벗어나지 못한 형태였다. 당시 공업의 주축은 경공업이었으며, 섬유산업이 대표적 업종이었다. 화학공업으로는 외국 원조를 받아 건설한 충주비료공장과 나주비료공장이 8만 톤의 비료를 생산했다.

이런 상황에서 내세울 만한 과학기술이 자리를 잡는 것은 무리였다. 전상근 기술관리과장은 당시 한국의 과학기술 수준과 상황을 다음과 같이 요약하였다.[2]

- 산업활동에 기간(基幹)이 되는 기술은 거의 모두 외국에 의존하고 있다.
- 세계시장에서 경쟁할 만한 공업제품이 거의 없다.
- 기술행정을 효율적으로 시행할 종합적 행정체제가 구비되어 있지 않다.
- 국·공립 과학기술 연구기관은 활동이 부진하고, 사립 연구소는 거의 없다. 과학기술을 선양하고 보급하는 활동을 활발히 벌이는 기관은 없다.
- 기초적 과학기술 연구자세가 갖춰져 있지 않아 창의적이고 주도적인 발전성이 결핍돼 있다.
- 교육연구 및 생산 분야에서 활동해야 할 우수한 과학기술자를 보충할 인재양성 측면의 태세를 갖추고 있지 않다.
- 기술자, 기술공 및 기능공의 구성이 심한 불균형을 이루고 있다. 기술자(engineer), 기술공(technician) 및 기능공(craftsman)의 이상적 구성비율은 1 : 5 : 5인데 한국은 1 : 1.3 : 33이다.
- 일반 국민의 과학기술에 관한 지식과 교양 수준이 아주 낮다. 기업가의 기술혁신으로 경영 합리화를 시도하려는 의욕이 부진하며, 과학기술 활동을 본격적으로 펴나갈 만한 기반이 취약하다.
- 과학기술 진흥을 목표로 삼은 종합적이고 중점적인 시책이 없다.

2 전상근, 2010. 《한국의 과학기술개발 : 한 정책입안자의 증언》, 삶과 꿈, 35쪽.

기술수급 대신 기술진흥 5개년계획으로

EPB 기술관리과 직원들은 이와 같은 현실진단을 바탕으로 과학기술 정책 자문위원회 위원들은 물론 과학기술계, 학계, 산업계 전문가들을 접촉하면서 한국 과학기술이 나아가야 할 방향을 모색했다. 과학기술정책 자문위원회 위원들은 과학기술을 짧은 기간 안에 획기적으로 진흥하고 개발하려는 정부의 강력한 의지로 조치를 취해야 한다는 데 의견을 모았다. 그래서 다음 두 가지 사항을 정부에 건의했다.

첫째, 과학기술의 진흥개발은 국가사업으로 책정하고, 정부의 예산 및 행정 지원으로 강력히 밀고 나가야 한다.

둘째, 정치권력의 최고 책임자(최고회의 의장)가 몸소 앞장서서 과학기술 개발에 대해 관심을 보여줌으로써 이 사업이 혁명정부의 최우선 사업이라는 것을 국민과 공무원들에게 강력하게 시현해야 한다.

과학기술정책 자문위원회 위원들과 EPB 기술관리과 직원들은 4개월 여 작업 끝에 다음과 같은 한국 과학기술 개발의 기본 방향을 설정했다.[3]

① 인력을 우리의 가장 큰 가용자원으로 보고 과학자, 기술자, 기능자 등 과학기술계 인력개발을 우리나라 과학기술 진흥의 주축사업으로 한다. 입안 중인 제 1차 기술진흥 5개년계획은 경제개발 5개년계획 분야에 국한하지 않고 그 밖의 사회의 다른 부분에서 필요한 인력까지 통틀어 그 수요를 전망하고 이를 공급할 구체적 방안과 양성 계획을 수립하여, 이것을 문교부의 과학 및 실업교육과 산업계의 직업훈련 계획에 강력히 적용되도록 한다.

② 산업기술의 개발은 국내의 미약한 과학기술 연구 능력에만 기대하지 않고 더욱 적극적 자세로 나아가서, 이미 선진 외국에서 개발하여 실용화되고 있는 최신의 선진기술을 과감하게 도입하는 한편 도입기술을 소화 개량하고 기술이식(移植)에 대한 노력도 적극적으로 편다.

③ 종래에 지극히 비능률적으로 운영해오던 국·공립 연구기관을 근본적으로 개편 강화하고, 나아가서 국내외에 산재된 우리의 과학두뇌를 유치하고 조

3 앞의 책, 36~38쪽.

직화하여 연구활동 중심의 과학집단(scientific community)을 형성함으로써 우리나라의 과학기술 저력을 배양하는 한편 기술도입의 소화와 기술이식의 매개체 구실을 맡도록 한다.

④ 우리 사회에서 과학기술이 건전하고 지속적으로 진흥 육성되게 확고한 과학기술 기반을 구축한다. 이 기반(infrastructure)을 구축할 목적으로 과학기술 진흥계획을 국가의 장기개발사업으로 책정하되 정부의 투자자원 배분과 행정지원 면에서 경제개발 5개년계획의 일부로서 또는 같은 수준으로 그 우선순위를 인정하고, 과학기술 진흥계획 수립과 이에 필요한 행정을 전담하게 하는 정부 조직상의 과학기술 행정기구를 설치하고, 과학기술 진흥을 제도적으로 뒷받침하려고 과학기술 진흥에 필요한 여러 법령을 제정, 실시한다.

⑤ 과학기술에 대한 국민의 인식과 이해를 드높이고 우리의 생활과 사고에 과학적 풍토를 토착화하기 위해 과학풍토 조성사업을 범국민 운동화한다.

과학기술 진흥의 닻이 오르다

박정희 국가재건최고회의 의장이 공장건설에 필요한 기술수준과 기술자 확보 여부에 대해 질문한 지 넉 달 보름이 지난 1962년 5월 21일. EPB 전상근 기술관리과장은 그동안 밤잠을 설쳐가며 만든 결과물을 들고 서울 세종로 중앙청 건너 국가재건최고회의 건물로 들어섰다. 나중에 EPB와 재무부 청사로 쓰인 건물 8층 회의실에서 제 39차 국가재건최고회의 상임위원회가 열렸다. 당시 최고회의는 입법권은 물론 정부의 예산과 계획에 대한 심의권을 갖고 있었다. 이날 최고회의 안건은 제 1차 기술진흥 5개년계획이었다. 내각 수반인 송요찬 EPB 장관을 대리해 참석한 송정범 차관을 수행한 전상근 과장은 기술진흥 계획의 입안자로서 직접 브리핑했다.

어깨에 번쩍이는 별들을 단 기라성 같은 장성들 앞에서 경제부처 서기관은 주눅 들지 않고 그동안 작업한 결과를 보고했다. 현대국가에서 과학기술의 역할과 중요성을 강조하는 것을 시작으로 인력개발, 산업기술개발 전략, 연구개발 등으로 이어지는 계획을 설명했다. 결론은 기술진흥 5개년계획을 국가의 장기사업으로 인정해야 하며, 경제개발 5개년계획과 같은 격(格)으로 투자와 정부 지원을 해 달라는 요청이었다. 결과는 성공이었다. 최고위원들의 반응이 좋았다. 한 최고위원은 "혁명의 목적이 바로 지금 소개한 기술개발 계획 같은 계획을 만들어 국가발전을 이룩하자는 것"이라고 거들었다. 사회를 본 이주일 최고회의 부의장(중장)이 가부를 묻기 바쁘게 땅땅땅 의사봉을 두드렸다.

기술진흥 계획의 밑거름, 기술인력 조사

전상근 과장이 지휘하는 EPB 기술관리과에서 짧은 기간에 기술진흥 5개년계획이란 작품을 만들어낸 데는 민주당 정부 시절 태완선 부흥부 장관과의 인연이 중요한 밑거름이 되었다. 경북 예천 출신으로 서울로 올라가 경기고등학교를 나온 전상근은 1949년 미국으로 유학 가 뉴멕시코대학을 거쳐 퍼듀대학에서 화학공학을 전공했다. 1954년 대학을 졸업한 그는 미국에 남으라는 주변의 권유와 유혹을 뿌리치고 귀국했다. 그는 대한민국 건국 이래 미국 4년제 대학에서 화학공학을 공부하고 귀국한 첫 번째 유학생이었다.

미국에서 공부한 공학도 전상근이 미국에 남지 않고 귀국길을 선택한 것은 그의 유학을 물심양면 도와준 미국인 길버트 샘보우(Gilbert Shambaugh) 박사의 영향이 컸다. 그가 자신을 미국에서 공부하도록 도와준 샘보우 박사의 숭고한 정신에 조금이라도 보답하는 길은 조국에 가서 봉사하는 것이라고 생각했기 때문이다. 미국 인디아나주의 가난한 농부의 아들로 태어난 샘보우 박사는 어려서 부모를 여의고 친척 집에서 더부살이로 지냈다. 엎친 데 덮친 격으로 13살 때 소아마비를 앓아 하반신 불구가 되었다. 그래도 굴하지 않고 학자금을 벌며 공부했다. 스탠퍼드대학원에서 교육학을 전공해 박사학위를 받고, 그 대학의 교수가 된 샘보우는 제자와 결혼해 가정을 이뤘고 개척 붐이 이는 뉴멕시코로 옮겨 토지개발 사업으로 성공해 부자가 되었다.

이런 그를 만나 한국과 인연을 맺도록 한 이가 바로 전상근의 형 전성천이었다. 전성천은 당시 미국 동부 프린스턴대학에서 유학하다 건강이 나빠져 뉴멕시코(미국 남서부에 있는 주)에서 요양 중이었다. 전성천을 만난 샘보우 박사는 오늘의 자신을 있게 해 준 하나님의 은혜에 보답하겠다며 가난한 나라의 청년을 미국으로 불러 공부시키고 싶다고 전달했다. 이 인연으로 한국 청년 전상근은 샘보우 박사와 만나게 된다.

1954년 4월 귀국한 전상근의 첫 직장은 상공부 공업국 화학과였다. 전공을 제대로 찾아간 것이었다. 당시 상공부는 전쟁으로 폐허가 된 기간산업을 일으키기 위해 UNKRA[4]와 ICA(국제협조처)의 원조자금으로 비료, 판유리와 시멘트 공장 건설에 주력하고 있었다. 이들 공장 건설과 관련된 사업계획서 작성, 외국 원조기관과의 업무협의 등은 전문적 지식과 기술을 요구하는 일이 많았다. 미국에서 공부해 최신기술을 알고 영어에도 능통한 전상근이 적임이었다.

당시 공업국장은 나중에 EPB 장관을 지낸 신현확이다. 신현확 공업국장 밑에서 공장 기공식이 있으면 사회를 보고, 장관과 차관의 영어 통역을 하고, 원조기관과 업무를 협의하며 지냈다. 그 결과 비료·판유리·시멘트 등 3개 기간산업 공장 건설현장은 물론 관련업무까지 소상히 파악할 수 있었다. 그 덕분에 전상근은 1956년 3월 3개 기간산업 공장 중 가장 먼저 완공된 문경시멘트 공장장으로 임명됐다. 스물아홉 젊은 나이에 종업원 1,500여 명을 거느린 공장의 책임자가 되었으니 대단한 출세였다.

3년 뒤인 1959년 2월, 그는 충주비료공장의 생산부장으로 자리를 옮겼다. 충주비료공장은 우리나라 최초의 현대식 비료공장이었다. 암모니아 요소비료를 생산하는 이 공장은 젊은 공학도들이 근무하고 싶어 하는 선망의 대상이었다. 공장이 완공된 뒤에도 한동안은 공장장에서 운전공에 이르기까지 훈련생 신세를 벗어나지 못했다. 그래도 이곳에 뽑힌 젊은 엔지니어들은 국내 유수 대학에서 엄선한 공학도들이라 기술습득 속도가 매우 빨랐다. 1960년 마침내 생산을 개시해 하얀 좁쌀 같은 요소비료를 뱉어내기 시작했다.

기술인력 자원을 조사하세요

그런데 얼마 안 가 일어난 1960년 4·19 혁명이 전상근의 운명을 바꿔 놓았다. 4·19 혁명의 계기가 된 3·15 부정선거가 자행될 무렵 자유당 정권의 정부 대변인이자 공보실장이었던 전성천이 그의 형이었다. 전성천의 동생이라는 이유

4 UNKRA(UN Korean Reconstruction Agency): UN 한국재건단. 1950년 12월 UN 총회의 결의에 따라 한국 원조를 위해 세워진 유엔 산하기구. 1958년 6월 한국정부와의 합의를 거쳐 관련 업무를 유네스코로 이관하고 활동을 종료했다.

만으로 그는 충주비료공장을 떠나야 했다. 졸지에 직장을 잃고 실업자가 되었다. 그러기를 8개월, 미국으로 가려 수속을 밟던 중 문경시멘트 공장 시절부터 알고 지냈던 우승환(동해탄광 사장, 대한탄광협회장 역임) 씨 소개로 민주당 정권의 태완선 부흥부 장관을 만나게 된다. 1961년 3월 전상근은 태완선 장관을 면담했다. 태완선 장관은 그의 이력을 살펴본 뒤 갑자기 물었다.

"우리나라에 기술자가 몇 명이나 됩니까?"

전상근인들 알 리가 없어 대답하지 못한 채 장관의 얼굴만 쳐다보았다.

"우리나라 기술자의 인벤토리(inventory)를 한번 만들면 좋겠는데 … ."

그로부터 2주일 뒤인 1961년 3월 21일, 전상근은 부흥부 기술관리실 과장 대우 촉탁으로 발령났다. 당시 기술관리실은 부흥부령에 따라 만들어진 조직으로 USAID의 원조에 따른 기술훈련생을 해외에 파견하는 업무를 맡았다. 하지만 전상근은 장관 면담 때 언급했던 우리나라 기술자를 파악하는 일을 맡았다. 먼저 미국 등 선진국의 인적 자원 개발에 관한 보고서를 입수해 분석했다. 국내 전문가들과 접촉한 결과 학계는 물론 정책 담당자에 이르기까지 과학 기술자들이 국가 자원이라는 점을 인식하지 못하고 있다는 사실에 놀랐다. 당시 우리나라에선 '인적 자원'이라는 용어 자체가 생소했던 시절이었다.

▸▸

'manpower resources'라는 영어 표현을 우리말로 '인력자원'이라고 번역하였습니다. '기술인력 자원'이란 용어도 내가 만들었어요. 기술인력은 크게 3분야로 나눴습니다. 목수, 미장이 등 단순 기능공 그다음에 기술공, 그리고 기능공들을 관리 · 감독하는 리더로 전문적 지식을 보유한 엔지니어 이렇게 3단계로 말입니다.

그런데 얼마 가지 않아 5 · 16이 일어났다. 군사정부는 군인 출신 장관들을 임명했고, 부흥부는 5월 26일 건설부로 이름이 바뀌었다. 기술인력 자원조사 작업이 어떻게 될지 걱정했는데, 다행히 부흥부 태완선 장관 밑에서 사무차관으로 있었던 차균희 박사가 건설부 차관이 되었다. 건설부 장관은 공병 출신 박기석 대령이 임명되었다. 차균희 차관은 전상근에게 「정부조직법」에 따라 정식으로 과로 승격된 기술관리과의 과장을 맡도록 힘써 주었다. 민주당 정권 시절 태완선 부흥부 장관의 지시로 시작된 '기술자 인벤토리' 사업은 군사정권에서도 그 중요성을 인식해 계속 이뤄졌고 이것이 기술진흥 5개년계획의 소중한 밑거름이 되었다.

기술관리과 전상근 과장과 기술관리과 직원 3총사는 창의적 아이디어와 성실한 업무로 이 사업을 마무리한 일등공신이었다. 서울대학교 공과대학 출신인 도정섭, 홍성훈, 조경목 등 '기술관리과 3총사'는 소명감으로 일했다. 조사 작업을 원활히 하려고 당시 공직사회에서 귀를 기울일 만한 표현으로 사업 이름을 바꿨다. '기술계 인적 자원 조사사업'으로. 당시 박기석 건설부 장관에게 "경제개발에서 가장 중요한 자원은 과학기술자의 역할"이라는 점을 강조하며 이 사업의 중요성을 브리핑했다. 브리핑에 만족한 박기석 장관의 특별 지시로 당시로선 큰 금액인 3천만 환의 예산을 받아 본격적으로 기술 인적 자원 조사 작업에 들어갔다.

기술 인적 자원 조사의 목적은 우리나라가 보유한 기술인력 자원을 파악해 분야별, 업종별, 직종별로 분류해 경제개발과 기술개발 정책을 수립·집행하는 데 활용하려는 것이었다. 사업계획에 대한 승인이 떨어지고 예산까지 확보했는데 이를 맡길 기관이 문제였다. 당시 통계조사를 담당하는 정부 조직으로는 내무부 소관 통계국이 있었는데 인구조사가 주된 업무였다. 개개인에게 있는 기술과 기능 수준을 조사해 분류하는 일은 현실적으로 맡기 어려웠다.

민간 조사기관으로 고려대 부설 기업경영연구소와 한국생산성본부가 있었다. 당시 고려대 기업경영연구소는 윤병욱 교수가, 생산성본부는 백영훈 박사가 주도했다. 두 사람과 협의한 결과 윤병욱 교수가 일을 맡게 되었다. 1961년 여름방학을 이용해 고려대 학생 240명이 투입돼 조사에 들어갔다. 1961년 8월 10일부터 관공서 170개소, 이공계 교육기관 100개소, 대기업체 1,330개소, 중소기업체 2,419개소가 대상이었다.

기술 인적 자원 조사는 생각만큼 쉬운 일이 아니었다. 첫째, 해당 기술분야의 전문지식 없이는 조사가 어렵다는 점이었다. 인구조사는 조사 시점에 우리나라에 거주하는 사람의 수만 조사하면 되지만 인적 자원 조사는 그 사람이 가진 기술과 기능의 종류와 수준까지 파악해야 하기 때문이다. 둘째, 기술계 인적 자원의 분류와 정의가 어렵다는 점이었다. 책상 위에서 분류하고 정의하기는 쉬운데 막상 사업장에 나가 대상자를 만나 보유 기술이나 기능을 정의한 대로 분류하기가 여간 어렵지 않았다. 이 과정에서 조사원의 주관이 개입할 수밖에 없고, 더욱이 개인의 기술수준은 객관적으로 평가하기 힘들었다.

이 문제를 해결하기 위해 우선 학력을 바탕으로 기술인력을 기술자(엔지니어, 과학자 포함), 기술공, 기능공의 3단계로 분류하였다. 기능공은 관련 기술의 숙련 정도에 따라 숙련공, 반숙련공, 견습공의 3단계로 다시 분류했다.[5]

- 기술자(과학자 포함)

이공 실업계 대학 졸업자(전문학교, 공업 · 농업 · 수산 고교 졸업자 포함)와 정부에서 공인하는 동등 이상의 자격을 가진 자로서 현재 해당 기술전문 분야(전공한 기술) 또는 과목과 관련된 분야에 종사하는 자(단 학력과 자격에 구애됨 없이 3년 미만의 경험이 있는 전기 각항에 해당한 기술자를 지휘 감독할 수 있는 기능을 가진 자도 이에 포함한다)

- 기술공

이공 실업계 초급대학 또는 이공 실업계 대학 2년 이상 수료자 및 고등학교 졸업자로서 3년 이상 해당 기술 전문 분야에 종사하는 자와 정부기관에서 공인하는 동등 이상의 자격을 가지고 현재 해당 기술 분야에 종사하는 자

- 기능공

- 숙련공 6개월 이상의 습득을 요하는 기술직종에서 3년 이상의 경험이 있고 숙련공에 도달하지 못한 자를 지휘 감독할 수 있으며 그 직무에 종사하는 자
- 반숙련공 6개월 이상의 습득을 요하는 기술직종에서 1년 이상 3년 미만의 경험이 있고 숙련공의 지휘 감독을 받아 그 직분에 종사하는 자
- 견습공 6개월 이상의 습득을 요하는 기술직종에서 1년 미만의 경험이 있고 숙련공의 지휘 감독을 받아 그 직무에 종사하는 자

물론 이런 분류방법도 한계와 결함이 있었다. 예컨대 이력서 기재사항과 실제 그 사람이 가진 기술수준이 일치하지 않는 경우가 허다했다. 하지만 달리 뾰족한 방법이 없어 이렇게 조사한 결과보고서를 1961년 12월 20일 제출했다.

5 전상근, 2010, 《한국의 과학기술개발 : 한 정책입안자의 증언》, 삶과 꿈, 165~166쪽.

1961년 당시 전체 기술 인적 자원은 29만 9,414명으로 기능공 27만 9,670명(93.4%), 기술공 1만 1,128명(3.7%), 기술자 8,616명(2.9%)의 순서로 집계됐다. 이는 우리나라에서 사상 처음으로 시도된 기술계 인적 자원 조사 결과였다. 우여곡절 끝에 만들어진 기술 인적 자원 조사보고서는 곧바로 제1차 기술진흥 5개년계획을 수립하는 데 소중한 밑거름이 되었다.

▸▸

기술이란 사람이 가진 머리와 기능 아닙니까? 무형인 기술의 소유자는 과학기술자들입니다. 결국 기술진흥 5개년계획이란 것은 기술인력 계획이나 마찬가지에요. 태완선 장관이 지시한 기술자 인벤토리가 기술진흥 계획의 기초가 된 겁니다. 그 기술자 인벤토리를 토대로 기술진흥 5개년계획을 만든 것이지요. 이에 못지않게 중요한 것은 이 사업을 계기로 부존자원이 빈약한 한국으로선 특히 과학자, 기술자, 그리고 기능공 등 인적 자원이 가장 중요하고 무한한 가능성을 지닌 자원이라는 인식을 하게 되었다는 점입니다. 1961년에 실시한 첫 기술 인적 자원 보고서를 지금도 제가 가졌어요. 우리나라 과학기술 발전의 모태가 되는 중요한 사료입니다.

1961년 처음 이뤄진 기술계 인적 자원 조사를 계기로 이 사업은 정규 조사사업으로 제도화되어 2년마다 실시하게 됐다. 그리고 계속 이어진 경제개발 5개년계획과 과학기술 및 인력개발 계획을 수립하는 데 중요한 기초자료가 됐다.

〈표 11-1〉 기술 부문별 인적 자원 조사결과

(단위 : 명, %)

기술부문	기술자		기술공		기능공		계	
	인원	비율	인원	비율	인원	비율	인원	비율
광산	453	5.3	1,292	11.6	24,498	8.8	26,243	8.8
섬유	545	6.3	2,143	19.3	80,100	28.6	82,788	27.6
금속	154	1.8	564	5.1	13,012	4.7	13,730	4.6
기계	590	6.8	1,240	1.11	29,386	10.5	31,216	10.4
전기	1,458	16.9	549	4.9	14,565	5.2	16,572	5.5
토목건축	3,069	35.6	2,622	23.6	36,420	13.5	42,111	14.1
화공	935	10.9	2,085	18.7	61,277	21.9	64,297	21
기타	1,412	16.4	633	5.7	20,142	7.3	22,547	7.5
계	8,616	100.0	11,182	100.0	279,670	100.0	299,414	100.0

자료: 〈제1차 기술진흥 5개년계획〉

인적 자원 조사에 이어 인력개발계획 수립

1961년 기술계 인력조사 결과 과학기술계 인적 자원은 약 30만 명으로 전체 고용인구 800만 명의 3.7%에 불과했다. 그 절대수도 적었지만 기술수준은 더욱 빈약하였다. 양적으로나 질적으로나 기술 인적 자원에 문제가 많았다. 8·15 광복과 6·25 전쟁, 4·19 혁명, 5·16에 이르는 정치·사회적으로 불안한 상황에서 이공계 대학이나 실업계 고등학교에서 과학기술 교육이나 실업 교육을 제대로 할 수 없었기 때문이다. 기업체 가운데 자체적으로 기술훈련을 하는 곳도 없었다. 학교와 산업현장 모두 기술인력을 양성할 수 없는 환경이었다.

이런 현실과 문제점을 인식한 EPB는 기술관리과가 중심이 되어 인력개발계획(1962~1966년)을 수립했다. 이는 경제개발 5개년계획의 일환으로 세운 제1차 기술진흥 5개년계획의 일부로 만든 것이었다. 목표연도인 1966년의 과학기술계 인적 자원 수요는 기초연도인 1961년(29만 9,414명)의 2배를 넘는 60만 1,763명으로 추정됐다.

▸▸

기술진흥 계획의 골자는 기술인력 수급이고, 그다음으로 중요한 것은 우리나라 같은 후진국이 공업화와 산업화를 앞당기려면 어떻게 해야 하느냐의 문제였어요. 산업화를 앞당기는 방법은 크게 두 가지였습니다. 하나는 외국의 선진 과학기술을 이해하고 소화 개량할 수 있는 능력을 갖춘 엔지니어 그룹을 육성하는 것, 다른 하나는 이들이 소화 개량한 기술을 산업현장에서 활용하는 기능인력을 양성하는 일입니다. 다시 말해 기술의 머리(엔지니어)와 손발(기능인력)의 필요성을 절감해 이를 양성하는 인력개발 계획을 만든 것입니다.

필요한 인력수요 추정에 이어 이를 공급하기 위한 인력수급 계획을 세웠다. 여기서 이공계 대학의 정원조정, 기술공 양성을 위한 실업계 고등학교 개편, 산업계의 직업훈련을 통한 기능공 확보 등을 다뤘다.

첫째, 이공계 대학의 정원조정 문제는 대학의 과별 정원 결정을 문교부 임의대로 할 게 아니라 EPB의 인력개발 계획에 맞춰 정하도록 했다. 국공립대학의 교수 재교육을 권장하는 한편 실습시설 개선을 지원하기로 했다. 이 과정에서 문교부와 갈등도 있었지만, 경제개발에 필요한 인적 자원 확보라는 명분이 우세했다.

둘째, 기술공을 확보하기 위해 공업고등학교 졸업생을 늘리고 시설과 교육 내용을 개선하는 한편 공업고등학교에 야간 직업보도부를 두어 산업현장에서 일하는 기능공을 해마다 6천 명씩 2개년 과정으로 교육시킨 뒤 시험을 거쳐 기술공 자격을 주기로 했다. 아울러 산업현장에서 자체 훈련으로 기술공을 양성하며 그 법적 근거를 마련하기 위해 직업훈련법을 제정하기로 했다.

셋째, 기능공 확보문제는 가용자원이 충분하고 생산공장이나 작업장에서 자연스럽게 양성되는 것으로 여겨 그리 걱정하지 않았다. 하지만 기능공을 기술자·기술공이 아닌 자로 보는 등 기능공에 대한 정의부터 잘못되어 있었다. 산업이 분화됨에 따라 기능공을 필요로 하는 분야도 많아졌다. 인력개발 계획 수립 초기의 잘못된 생각을 바로 잡기 위해 「직업훈련법」을 제정하였고, 2차 인력개발 5개년계획(1967~1971년)에서 바로잡았다.

제도의 틀을 짜다

「직업훈련법」과 「기술사법」 제정

EPB 전상근 기술관리국장은 인력개발 계획을 수립하면서 「직업훈련법」 제정이 시급하다는 점을 깨달았다. 당시 우리나라의 기술 인적 자원은 선진공업국에 비해 자질이 떨어졌는데 특히 손재주가 기본인 기술공과 기능공에서 심각했다. 이들을 양성하는 실업계 고등학교의 시설이나 교과과정, 교사의 자질이 빈약했기 때문이었다. 게다가 당시 공식 교육기관에서 배출할 수 있는 기능인력은 산업계 수요의 30% 정도밖에 공급하지 못했다.

전상근 국장은 이런 인력수급의 문제를 해소하려면 기능인력 양성 체제를 근본적으로 바꿔야 한다고 판단했다. 실업학교 중심의 단일 기능인력 양성 체제에서 벗어나 산업계가 참여하고 주도하는 직업훈련 제도(制度)를 도입하기로 했다. '일 하면서 배우자'는 목표 아래 산업현장에서 일하는 저소득층

청소년들에게 무료로 전문기능 훈련을 받을 수 있는 기회를 주는 한편 500명 이상 종업원을 둔 생산공장에서 종업원에 대한 사내 직업훈련을 시키기로 했다. 생산공장의 현대식 기계와 생산시설을 훈련에 쓰면 기능인력의 자질을 향상시키는 데 큰 도움이 될 것으로 판단했다.

이런 제도를 도입하는 데에는 법의 뒷받침이 필요했다. 기업이 자기 회사 근로자는 물론 국가가 지정하는 중소기업 근로자까지 교육하고 훈련시키려면 법적 근거와 함께 새로운 제도를 장려하기 위한 조세·금융 지원이 요구됐기 때문이다. 1963년 6월 말 직업훈련법안을 만들어 장관 결재까지 받았으나 「기술사법」 통과 문제로 바빠 제대로 챙기기 힘들었다. 그래서 직업훈련법안은 새로 발족한 노동청으로 넘기고, EPB 기술관리국은 「기술사법」 제정에 집중했다.

EPB 기술관리국이 발족하면서 첫 사업으로 과학기술 관계 법령을 제정하기로 했을 때 구상한 4개 법안 가운데 최우선은 기술용역과 관련된 「기술자 자격기준법」이었다. 1960년대 우리나라 경제는 국가 재정의 40% 이상을 원조물자를 판 대전(代錢)인 대충자금(對充資金)에 의존했다. 외국 원조 가운데 특히 USAID 원조가 주종이었다. 이 원조를 얻으려면 미국정부가 규정한 여러 양식과 원조신청을 해야 하는데, 특히 까다로운 것이 경제적·기술적 타당성 조사보고서였다. 규모가 크든 작든 모든 원조사업은 USAID가 인정하는 유능한 기술용역단의 평가보고서를 첨부해야 했다.

하지만 당시 USAID가 인정하는 유능한 기술용역단이란 바로 미국의 기술용역단이었다. 기술수준이 낮기도 했지만 국내 기술용역단은 이런 자격을 인정받지 못했다. 그 바람에 원조자금 가운데 수억 달러가 기술 타당성 조사라는 명목으로 미국으로 되돌아갔으며, 때로는 미국 기술용역단이 횡포를 부리기도 했다. 그래서 기술자의 자격을 국가가 인정하고 이들이 전문기술 용역단을 구성해 외국 원조사업의 타당성 조사를 맡도록 하자는 취지였다.

EPB가 나서서 기술사 제도를 만들려고 한 것은 기술자도 변호사나 의사와 마찬가지로 일정한 자격기준을 정해 국가가 공인하고 특정한 기술업무는 기술사 자격 소지자만이 할 수 있도록 함으로써 기술자들이 긍지와 사명감을 갖도록 하고 기술천시 풍조를 불식해 기술자도 존경할 만한 직업인이라는 점을 보여주자는 의도였다. 이를 위해 먼저 기술사시험 응시자격 요건을 엄격하게 정했다. 해당 과학기술 전문분야에서 정규대학 교육과정을 통해 전문적 학식과 지식을 갖추는 한편 만 7년 이상 해당분야의 현장실무 경험이 있는 사람으로 정했다. 필기시험과 함께 설계나 사업계획서를 작성하는 시험도 치르고 반드시 면접시험으로 최종 합격자를 가리도록 했다.

1962년 11월 말 법안을 만들어 경제장관회의를 거쳐 법제처에 넘겼는데, 건설부가 「건축사법」과 충돌한다며 강력하게 이의를 제기하고 나섰다. 당시 EPB가 만든 기술사 법안은 건축사 자격도 포함하고 있었다. 이에 대해 건설부와 건축사들은 건축사는 엔지니어가 아니며 일종의 예술가이므로 기술사로 보아선 안 된다고 반발했다. EPB와 건설부 간 이견은 당시 김학렬 EPB 차관과 안경모 건설부 차관과의 논쟁으로 번졌다. 1년 가까이 시간을 끌다가 건물의 구조설계는 「기술사법」에 포함시키되 그 밖의 건축설계는 종전대로 「건축사법」으로 관장하도록 절충하는 선에서 합의했다. 마침내 1963년 8월 23일 국무회의를 통과한 「기술사법」은 그해 10월 31일 마지막 국가재건최고회의를 거쳐 11월 11일자로 공포되었다.

▸▸

건설부와 건축사들이 「기술사법」을 반대한 이면에는 「기술사법」이 정한 기술자격 기준이 높아 「건축사법」으로 이미 자격을 받은 건축사를 기술사로 인정하지 않는 점도 작용했어요. 건축사들이 독점해온 건축설계 용역과 건축 인허가 관련업무가 침해받지 않을까 하는 두려움도 작용했겠지요. 건설부와의 절충안에 대해 EPB는 불만이 있었지만 「기술사법」 제정을 마냥 늦출 수도 없었습니다. 기획원도 내심 앞으로 산업이 고도화함에 따라 많은 플랜트 엔지니어링 용역을 기대할 수 있을 테니 건축 용역은 양보해도 괜찮다고 생각한 거지요.

「국가기술자격법」도 필요하다

1973년 1월 최형섭 과학기술처 장관은 대통령 연두 순시 때 대덕 연구학원도시 건설, 기능숙달 운동, 과학재단 설립 등 3가지 사업을 중점과제로 보고했다. 기능숙달 운동은 주로 중화학공업 분야에 종사할 숙련 기능공을 양성하려는 것이었다. 그 하나의 방편으로 기능장 제도를 만들어 전국 학교에 적용했다. 바이스나 줄 등 간단한 도구를 활용해 금속가공의 기본을 실습하고, 톱과 대패를 갖고 목공의 기본 기능을 익히도록 하자는 것이었다.

최형섭 장관은 기능숙달 운동을 정착시키려면 학생들의 달리기, 턱걸이 등 기초체력을 측정해 상급 학교 입학시험에 반영하는 체력장 제도처럼 기능장 제도를 상급학교 입학시험 성적에 반영시켜야 한다고 생각했다. 그는 대통령 연두순시 때 독일의 마이스터 제도[6]를 설명하면서 이를 본떠 한국 실정에 맞는 기능자격 제도를 발전시키겠다고 보고했다.

최 장관의 이런 구상에 솔깃한 인물이 청와대 중화학공업추진단장인 오원철 수석비서관이었다. 중화학공업 육성에 절대적으로 필요한 것이 우수한 고급 과학 두뇌와 숙련 기능공이었다. 이를 인식한 오원철 수석은 문교부의 교육 행정에도 영향을 미쳐 1973년 기술교육 제도 개선방안을 이끌어냈다. 이처럼 과학기술 인력의 수급에 관심이 많았던 오원철 수석은 과학기술처의 기능숙달 운동을 지원했다.

최형섭 장관의 지시를 받은 과학기술처 전상근 종합기획실장은 기술과 기능 관련 자격제도에 대한 실태파악에 들어갔다. 정부 부처마다 필요한 자격제도를 만든 결과 기술 및 기능관련 자격제도만 해도 이미 26개나 되었다. 이처럼 정부 부처마다 필요에 따라 임의로 만들어 운영하는 각종 자격제도는 다음과 같은 문제가 있다.[7]

첫째, 기술자격의 명칭과 직무내용, 응시자격 등이 복잡하게 갈라져 있고, 개별자격 종목 사이에 균형과 통일성이 없어 같은 기술, 같은 자격이라는 통념이 적용되지 못했다.

6 독일의 기능 자격제도. 독일의 기술인력 교육은 실습(현장)과 이론(직업학교)을 함께하는 '아우스빌둥'(Ausbildung)으로 불린다. 해마다 150만 명의 청소년이 아우스빌둥에 참가한다. 만 16세부터 3년 동안 생산 현장에서 레어링 · 아쭈비라 불리는 실습생으로 일하며, 1주일에 한두 번 직업학교에서 이론수업을 듣는다. 아우스빌둥을 끝내고 졸업시험을 통과하면 350여 개 직종에서 게젤레(Geselle)라는 전문가로 활동한다. 이렇게 3년 동안 현장에서 일하면 마이스터가 될 수 있는 자격을 얻는다. 마이스터가 되려면 독일상공회의소 등 관련 기관이 운영하는 마이스터슐레라는 교육 프로그램을 이수한 뒤 전공과 경제, 법률, 교육, 전문과정 등 4개 과목 시험을 통과해야 한다.

7 전상근, 2010, 《한국의 과학기술개발: 한 정책입안자의 증언》, 삶과 꿈, 191~192쪽.

둘째, 외국의 기술자격 제도를 도입·모방한 것이 많아 우리나라 실정에 맞지 않거나 비슷한 자격종목들이 중복된 경우도 있었다.

셋째, 기술자격을 취득한 사람에 대한 우대조치가 제대로 되어 있지 않아 국민들에게 기술자격을 습득하려는 의욕을 불러일으킬 수 없었다.

넷째, 기술교육과 직업훈련 제도가 산발적으로 흩어져 있고 서로 체계적으로 연결되지 않아서 기술교육과 직업훈련을 산업이 요구하는 방향으로 유도하고 발전시키는 역할을 다할 수 없었다.

다섯째, 경제개발 계획을 추진함에 따라 필요한 기술인력을 확보하기 위한 정책적 배려가 자격제도에 반영되지 않았다.

여섯째, 급변하는 산업사회의 기술 수요에 맞춰 탄력적으로 대응하고, 자격제도를 지속적으로 연구 개발하며 보완 발전시키는 책임 있는 기관이 없었다.

이런 실정에서 통일된 기술·기능 자격 제도를 제정하는 일은 시대적 요청이었다. 「국가기술자격법」은 기술업무를 수행하는 현장 기술자에 대한 최고 자격으로 '기술사'를, 현장에서 기능적 업무를 수행하는 기능계의 최고 자격으로 '기능장'을 각각 설정하였다. 아울러 기술사와 기능장 자격을 취득하면 학문세계의 박사와 동등한 대우를 받도록 유도함으로써 이들의 사회적 지위 향상을 꾀하는 데 목표를 두었다. 특히 기능계 최고 자격으로 기능장을 설정하고, 이 자격을 취득하는 과정으로 기능대학을 두도록 하였다.

「국가기술자격법」을 추진하는 과정에도 큰 걸림돌이 있었다. 그동안 각 부처에서 시행해온 26개에 이르는 각종 기술 및 기능에 관한 법과 그 시행령을 모두 없애고 고치거나 효력을 정지시키는 일이었다. 과학기술처보다 먼저 만들어졌고 권한과 직원도 많은 부처들이 고유의 자격제도를 폐기하고 과학기술처에 일임한다는 것은 당시 부처 간 역학관계로 볼 때 불가능한 일이었다. 이를 가능하게 한 인물이 청와대 오원철 수석이었다. 그는 과학기술처가 입안한 「국가기술자격법」을 적극 지원하고 다른 부처의 반발을 누그러뜨렸다. 1973년 정기국회를 통과한 「국가기술자격법」은 이듬해 7월 1일부터 시행되었다. 그리고 법의 시행을 전담하는 한국기술검정공단이 별도 법률로 창설되었다. 「국가기술자격법」은 1982년 노동부가 설립되면서 과학기술처에서 노동부로 이관됐고, 기술검정공단은 직업훈련관리공단으로 이름이 바뀌었다.

〈표 11-2〉「국가기술자격법」 시행 이전의 각종 기술자격

자격명칭	관계법령	부처
기술사	기술사법	과기처
기능사	직업훈련법	노동부
전기주임기술사	전기사업법	상공부
전기기술자	전기공사업법	상공부
소방설비사	소방법	내무부
건설기술자	건설업법	건설부
계량사	계량법	공진청
품질관리사	공업표준화법	공진청
열관리사	열관리법	공진청
자동차정비사	도로운송차량법	교통부
검사주임	도로운송차량법	교통부
검사원	도로운송차량법	교통부
측량기술사	측량법	건설부
지적측량사	지적측량사 규정	내무부
무선통신사	전파관리법	내무부
무선기술사	전파관리법	내무부
유선기술사	전기통신법	체신부
광산보안관리직원	광산보안법	상공부
정밀가공사	광산보안법	상공부
정밀측정사	광산보안법	상공부
원동기 취급 및 검사 등 화약류 작업 책임자 및 취급 책임자	원동기단속법 총포화약류단속법	내무부
위험물 취급주임	소방법	내무부
소방설비사	소방법	교통부
용접공	용접공의 기술 시행규칙	교통부
인쇄공 유선통신사	전기통신법	체신부
음향급 유선통신사	전기통신법	체신부

〈그림 11-1〉 기술사와 기능장, 박사 교육의 개념 비교

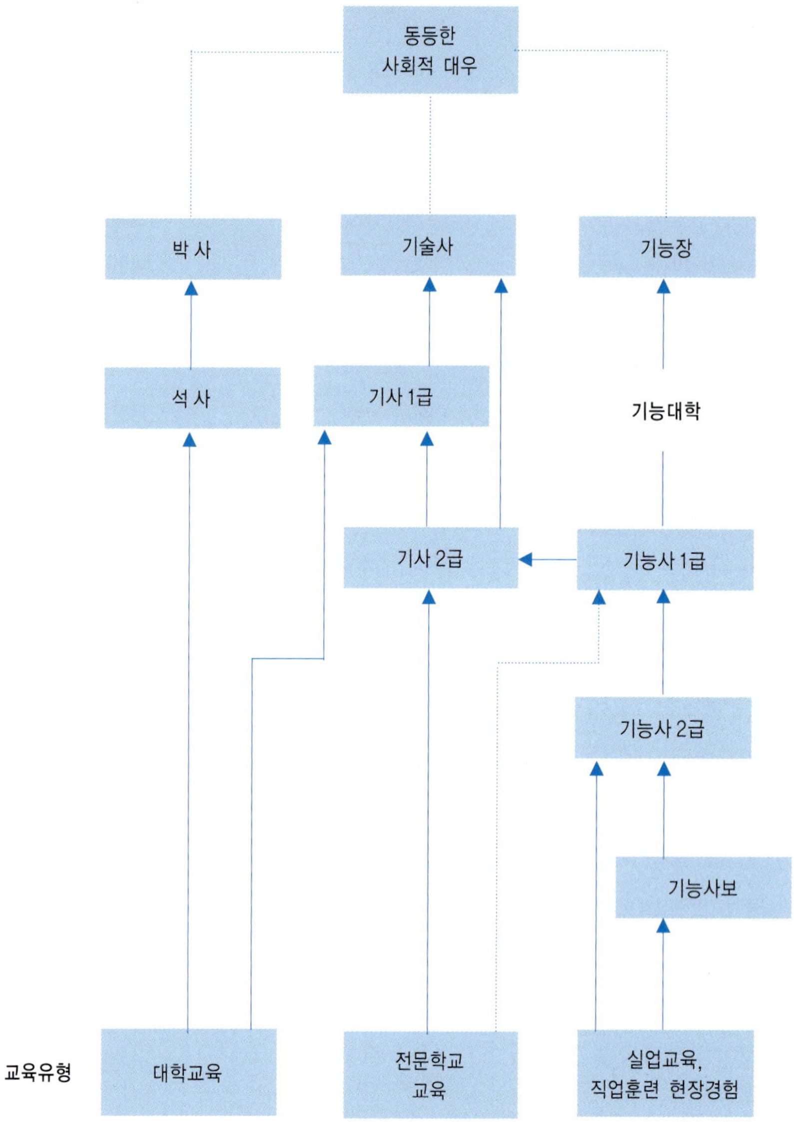

▸▸

우리 사회를 오랫동안 지배한 기술자를 하대하거나 천시하는 풍조를 바꾼다는 생각으로 기술검정 제도를 만들었습니다. 우리나라에서 기술과 기능에 관한 자격을 받으려면 누구든지 법에 따라 시험을 보고 자격에 따른 명칭을 받아 그에 따른 권리를 행사할 수 있도록 했습니다. 그 결과 오랫동안 '쟁이'로 불리며 푸대접 받던 기술자와 기능인들이 박사학위에 버금가는 기술사와 기능장 칭호를 받게 된 것입니다.

최초의 과학기술 행정기구, 기술관리국

제 1차 기술진흥 5개년계획이 국가재건 최고회의에서 공식 승인을 받아 공포된 뒤 반응이 좋았다. 〈동아일보〉 등 야당성향의 신문들도 1면 톱기사로 다루는 한편 사설을 통해 정부가 적극 지원해야 한다고 주장했다. 제 1차 기술진흥 5개년계획이 언론으로부터 각광을 받자 이를 만들어낸 EPB 기술관리과 또한 주목을 받았다. EPB 장관도 차관도 기술 및 인력개발에 관심을 두기 시작했다. 사실 EPB는 그 전신인 부흥부 시절부터 외국 원조와 경제개발이 주된 업무였기 때문에 경제학과 행정학, 법학 등 인문계 출신 직원이 대부분이었다. 직원 수나 업무로 보나 존재의미가 미약했던 기술관리과에서 기술진흥 5개년계획을 수립하자 EPB 안에서도 보는 눈이 달라졌다.

제 1차 기술진흥 5개년계획이 나오자 과학기술 학계와 단체에서 기술진흥 5개년계획에 담긴 대로 과학기술 행정을 전담하는 행정기구를 빨리 설치해 달라는 건의서를 국가재건최고회의에 제출했다.[8] 최고회의는 이를 검토하라고 EPB에 넘겼고, 기술진흥 5개년계획을 입안한 전상근에게 하달되었다.

▸▸

제 생각은 좀 신중하고 보수적이었습니다. 왜냐하면 우리나라 과학기술자들이 장기 계획을 세워 집행해 보았거나 국가 행정에 참여한 경험이 거의 없었기 때문입니다. 곰곰이 생각했지요. '길게 볼 때 학계 건의서와 같은 규모의 과학기술 전담기

8 과학기술 학계의 건의서는 ① 과학기술을 총괄하는 종합과학기술원을 설치하고 국무위원을 장(長)으로 하되 부총리와 같은 격으로 한다, ② 주요 관장업무는 과학기술 교육과 과학기술 연구로 하며 문교부의 과학기술 교육 사무와 각 부처 소속의 국공립 연구기관을 통합, 이관할 것을 제안했다.

구를 두는 것은 바람직하다. 하지만 지금 형편에선 경험이 없는 과학 기술자들이 욕심을 부리다가 돌이킬 수 없는 실수를 저지를 수도 있다. 더욱이 이미 다른 부처가 맡은 업무나 다른 부처에 소속된 연구기관을 통합 이관해 새 기구가 관장한다는 것은 행정부 안에서도 반발을 가져올 수 있다.'

전상근 과장은 심사숙고 끝에 새 기구의 업무범위를 과학기술 종합계획 및 기본 정책의 수립과 종합조정, 인력개발, 연구개발, 국제 기술협력 등 4개 분야로 한정하는 것이 좋겠다고 결론 내렸다. 집행업무 또한 원칙적으로 기존 부처에 맡기면 소속이 명확하지 않거나, 여러 부처가 관련되어 종합조정이 필요하다고 인정되는 것을 관장하기로 했다. 기구규모는 업무량에 따라 단계적으로 늘린다는 원칙 아래 제1차 5개년계획 기간에는 국(局) 단위로 EPB에 예속시키며, 제2차 5개년계획 기간 중에 국무위원을 장으로 하는 독립 부처 설립을 고려하기로 했다.

중요한 것 중 하나가 새 기구를 어디에 둘 것인가의 문제였다. 선택은 EPB냐, 문교부냐 두 가지였다. 전상근 과장은 기술관리과 직원들과 토론을 벌였다. 당시 일반적 인식은 과학기술도 학문이므로 문교부가 다뤄야 하며, 더욱이 과학기술 연구는 대학을 중심으로 이뤄지므로 문교부가 관장해야 한다는 것이었다. 그러나 기술관리과 직원들의 생각은 달랐다. 일반 부처보다 우위에 있고 종합적 업무를 다루는 EPB에서 정부정책 결정과 예산배분 등 결정과정을 보아온 이들은 EPB 소속으로 해야 한다고 주장했다.

"과학기술 행정은 과학기술의 진흥과 장려를 주요 목적으로 하는 비권력적 성격의 행정업무입니다. 따라서 종합계획 수립과 예산에 관한 행정권을 갖고 있는 EPB의 지원이 필요합니다."

"EPB 밑에서 과학기술 행정의 기반을 굳히고 실력을 쌓은 뒤 단독 부처로 독립하는 것이 좋겠습니다."

"박정희 의장이 지적한 대로 경제개발 과정에서의 기술요인의 중요성을 감안하면 마땅히 EPB 소속으로 해야 합니다."

마침 이 무렵 최고회의와 EPB 일각에서 재무부에서 넘어온 예산국 업무와 함께 EPB에 종합적인 기획조정 권한을 부여함으로써 경제개발을 더욱 균형 있게 추진해야 한다는 필요성이 제기됐다. 이에 따라 1962년 6월 18일 EPB가 개편되면서 기술관리국이 신설됐다.[9] 기술관리국은 기술관리과를 비롯해 기술진흥과, 기술조사과 등 3개 과로 구성되었다.

▸▸

우리나라는 조선시대부터 기술자에 대해서 천시하는 풍조가 있었잖아요. 그래서 기술자를 '쟁이'라고 불렀는데 당시 경제정책을 총괄하는 EPB에 기술관리국이 생겼다는 것은 하나의 기적이었습니다.

과학의 집현전, KIST

미국 존슨 대통령의 선물, KIST

1965년 5월 19일 이른 아침, EPB 전상근 기술관리국장은 조간신문을 펼쳐 들었다. 신문 1면 머리기사로 박정희 대통령과 존슨 미국 대통령의 정상회담이 실려 있었다. 공동성명 내용을 읽어 내려가던 그의 눈이 제 12항에 가서 멎었다.

양국 대통령은 학교 교사로서의 과거 경력을 상호 상기하고 양국의 모든 수준에서의 교육의 필요성, 도전 및 기회에 관하여 협의했으며 박 대통령은 생산기술 및 응용과학연구소를 한국에 설치함에 있어 미국의 협력 가능성을 한국의 산업과학 및 교육계 지도자들과 더불어 검토하기 위해 존슨 대통령의 과학고문을 한국에 파견하겠다는 제의를 환영하였다. 이 연구소는 한국의 산업을 발전시키기 위해 기술지원과 조사연구를 제공할 수 있을 것이며, 미국에서 훈련받은 고급 한국 전문가들에게서 조사 연구를 계속할 수 있는 기회를 주는 것이 존슨 대통령의 생각이다.

9 「정부조직법 개정 법률」 제1912호에 의거 부원장보(2명) 제도를 도입하고, 종합기획국 외에 1차, 2차, 3차 산업국을 두어 우리나라 산업의 개발계획 업무를 담당하도록 했다.

박정희 대통령을 환영하는 존슨 대통령(1965)
존슨 대통령은 미국을 방문한 박정희 대통령을 환영하고
한국에 설치할 생산기술 및 응용과학연구소에 협력할 것을 공동선언문으로 약속하였다.

당시 국내 유일한 과학기술 행정기관인 EPB 기술관리국장으로서 전상근은 이와 관련된 정보를 하나도 갖고 있지 않았다. 정상회담 결과 공동성명으로 발표될 사안이라면 실무 담당자가 알아야 할 텐데도 말이다. 서둘러 출근하자마자 장기영 부총리에게 불려갔는데 부총리도 몰랐다. 국내에서 이 조항이 공동성명에 들어간 배경을 모르는 데는 그럴 만한 사연이 있었다.

1965년 1월 미국 제36대 대통령에 취임한 존슨은 국민에게 베트남전쟁의 명예로운 승리를 약속했지만 전황은 악화되고 반전운동이 고개를 들기 시작했다. 미국과 우방들은 한국군의 참전을 갈망했으며, 그해 5월 박정희 대통령을 미국에 초청한 것도 이와 관련이 있었다. 박정희 대통령의 방미를 2주일 정도 앞둔 시점에 존슨 대통령은 과학고문 도널드 호닉(Donald Hornig) 박사에게 한국에 줄 선물에 대한 아이디어를 구했다.

호닉 박사는 과학자문위원회 위원인 교수들과 상의한 끝에 "한국에 과학기술연구소를 세워 미국에서 공부하는 우수한 한국 과학자들이 귀국해 일하는 자리를 마련해 줌으로써 한국의 발전에 중요한 계기를 제공하는 것이 좋겠다"고 보고했다. 이보다 앞서 국무성이 올린 여러 제안에 대해 탐탁하게 여기지 않았던 존슨 대통령은 호닉 박사의 사려 깊은 아이디어에 만족해 받아들였다.

박 대통령이 미국에서 돌아오자마자 정부는 양국 대통령이 합의한 사항을 실행하기 위해 바삐 움직였다. 전상근 국장도 공동성명 12항에 명시된 과학기술연구소 설립을 정부를 대표하여 추진하라는 명령을 받았다. 그는 오랫동안 간직해온 꿈을 실현할 수 있는 길이 열리는 것 같아 더할 나위 없이 기뻤다.

'공무원의 유배지' 연구기관

1962년 6월 18일 EPB 기술관리국이 발족하고 초대 국장에 전상근이 임명됐다. 전상근 기술관리국장은 부임과 함께 우리나라 과학기술이 어느 수준인지에 대한 일제 조사를 진행해 《과학기술백서》를 펴냈다. 당시 과학기술의 현황과 문제점, 그리고 앞으로의 전망을 담은 것으로 국내에서 나온 첫 과학기술백서로 주목을 받았다.

이 작업을 맡았던 기술관리국 기술조사과는 이듬해 전국의 과학기술 관계 연구기관 실태를 조사했다. 조사결과는 암담했다. 당시 총 72개 연구기관에서 1,750명의 연구원이 일했는데, 연간 예산은 고작 12억 원에 머물렀다. 원자력연구소를 제외한 거의 모든 국·공립 연구기관은 검사·조사·분석 업무를 통해 정부 행정을 지원하는 데 그쳤다. 더욱이 「재정회계법」과 공무원 정원제에 묶여 연구비나 연구인력도 부족한 상태였다. 그 결과 시설투자가 제대로 이뤄지지 않아 그나마 있는 연구시설도 낡을 대로 낡아 있었다. 대학 부설연구소도 이름만 연구기관일 뿐 자금과 연구원이 부족해 본연의 임무인 기초연구는 손도 대지 못했다. 민간 연구기관도 형편은 비슷했다. 금속연료종합연구소가 최형섭 박사 주도로 나름의 성과를 내는 정도였다. 이런 상황 때문에 당시 국내 연구기관의 주축이던 국·공립 연구기관마저 공무원 유배지로 인식될 정도였다.

이와 같은 국내 연구기관 실태를 기초로 전상근 국장은 우리나라에 필요한 산업기술을 종합적으로 연구 개발하는 종합과학기술연구소를 설립하자는 아이디어를 냈다. 그리고 국립공업연구소를 확대 개편하자는 구체적 방안을 마련했다.

첫째, 연구소의 형태는 국가기관 형태(국립)에서 민간 형태인 재단법인체로 개편하여 운영의 독립성과 자율성을 부여한다.

둘째, 개편된 종합과학기술연구소는 상공부 소관에서 과학기술 행정의 주무 부처인 EPB 소관으로 이관해 명실공히 국가 전체의 과학기술 연구개발의 중심이 되도록 한다.

전상근 국장은 EPB 장관과 차관의 결심을 받은 뒤 상공부에 대한 설득 작업에 들어갔다. 상공부 장관과 차관에 이어 공업연구소 관계자들을 만나 설득했지만 완강한 반대에 부딪쳤다. 그 첫 번째 이유는 "조선 말기에 창설한 전통 있는 국립연구소를 재단법인으로 바꾼다는 것은 말도 안 된다"는 것이었다.

▸▸

따지고 보면 국립연구소를 재단법인으로 바꿔선 안 된다는 것은 표면적 이유였지요. 내심 공업연구소 연구원들과 행정직들은 자신의 신분이 공무원에서 민간인으로 바뀌는 것을 달갑지 않게 생각했어요. 일종의 관존민비(官尊民卑) 사상이지요. 상공부로선 예하기관인 연구소를 EPB에 넘겨주고 싶은 생각이 조금도 없었고요. 결국 제 구상은 첫 라운드에서 쓴 잔을 마실 수밖에 없었습니다.

종합연구소의 꿈이 싹트다

국립공업연구소 개편방안을 둘러싼 EPB와 상공부 간 논쟁은 청와대에까지 알려졌고 박정희 대통령도 관심을 갖게 됐다. 1964년 9월 17일 박정희 대통령은 EPB 장관에게 연구기관 개편과 관련된 지시각서를 내렸다. 그 내용은 국립공업연구소와 원자력연구소, 금속연료종합연구소를 통합 개편하여 종합적 과학기술연구소를 창설하는 안을 검토·분석해 보고하라는 것이었다.

이에 고무된 전상근 국장은 과장들과 협의한 뒤 금속연료종합연구소를 주축으로 하는 재단법인체 형태의 종합과학기술연구소 창설방안을 마련했다. 그리고 1964년 11월 19일 대통령에게 보고했다. 전상근 국장은 당시 박충훈 상공부 장관과 박태준 대한중석주식회사 사장 겸 금속연료종합연구소 이사장을 찾아가 종합과학기술연구소 설립방안을 설명했다. 금속연료종합연구소를 창설한 최형섭 박사는 신설 종합과학기술연구소가 상공부보다는 국가 예산과 개발계획을 관장하는 EPB 소속인 것이 타당하다는 견해가 있었다.

종합과학기술연구소 설립방안이 EPB와 상공부 간을 오가면서 논의되는 사이 1965년을 맞았다. 실무자 간 협의가 진전 없이 시간만 흐르는 사이에 별안간 한국과 미국 양국 공동사업으로 종합과학기술연구소를 만든다는 뉴스가 날아든 것이다. 전상근은 당시 한국에 나와 있던 USOM과 연락을 취하며 미국정부의 움직임을 탐색했다. 번스타인(Bernstein) USOM 처장은 존슨 대통령이 제안한 이 프로젝트에 적극적 관심을 나타냈고, 부처장 언스트를 미국 측 담당자로 지명했다.

주미 한국대사관도 백악관 및 국무성과 긴밀하게 연락을 취했다. 연구소 창설에 대한 미국정부의 견해와 계획을 타진한 보고서가 1965년 6월 24일 외무부 장관 공한형식으로 청와대와 EPB 장관에게 전달됐다.[10] 한미 두 나라 대통령이 합의한 과학기술연구소의 창설을 돕기 위해 미국 대통령 과학담당 고문인 호닉 박사를 존슨 대통령 특사로 한 아래 전문가 집단을 1965년 7월 8일 한국에 보낸다는 내용이었다.

▸▸

미국에서 온 공한을 읽어 내려가면서 감격에 젖어 다짐했습니다. '한 사람의 기술인으로서, 그리고 국가 공무원으로서 애타게 갈망하던 꿈이 바야흐로 구체화되는구나. 직업관료로서가 아닌 크고 긴 안목에서 과학기술계와 산업계의 종합적 의견을 프로젝트에 반영시키는 데 최선을 다하자고.'

1965년 6월 말 청와대로부터 연락이 왔다. 종합과학기술연구소 설립방안을 보고하라는 지시였다. 장기영 부총리와 박충훈 상공부 장관이 배석한 자리에서 전상근 기술관리국장이 박정희 대통령에게 브리핑했다. 전상근 국장은 먼저 우리나라의 과학기술 현황을 설명했다. 이어 그는 산업계가 필요로 하는 생산공정 향상과 제품품질 개선, 외국기술을 도입해 소화하고 개량하자면 과학기술 두뇌들을 총동원해 조직화하는 연구소가 필요하다고 강조했다.

10 주미 한국대사관 법률고문 변호사 데이비드 긴스버그(David Ginsburg)는 한국 내 과학기술연구소 공동 설립과 관련한 미국 백악관과 국무성의 견해와 계획을 알아본 뒤 보고서를 작성했다.

그동안 정부가 두 차례에 걸쳐 비슷한 성격의 연구소 설립을 추진하려다 뜻을 이루지 못한 사실도 말한 뒤 기본적 설립방안을 보고했다.

첫째, 형태와 성격은 ① 비영리 독립기관으로 하며, ② 인사와 회계처리가 자율적 체제를 갖추고, ③ 연구용역, 외국원조 및 정부투자로 운용한다. 둘째, 업무범위는 산업기술과 응용과학에 관한 연구와 이에 관련된 기초연구를 수행하는 것을 원칙으로 한다. 셋째, 연구요원은 ① 해외 과학자들을 유치하고, ② 국내 과학자들을 조직화한다. 넷째, 사업은 한미 공동사업으로 추진하되 ① 미국 측은 연구소 건설 기자재를 제공하는 한편 전문가를 초빙하고 과학자를 유치, 훈련하는 데 관련된 모든 비용을 부담하며, ② 한국 측은 연구소 설치에 필요한 부지 및 건물의 건설을 부담한다. 다섯째, 운영비는 연구소의 용역수입으로 충당하는 것을 원칙으로 하되 부족분에 대해서는 한미 공동으로 지원한다.

보고를 받은 박정희 대통령이 말했다.

"해외로 나간 우리나라 과학자들을 유치해 연구요원으로 활용하겠다는 계획은 좋은 구상이지만 그들에게 응분의 대우를 해 줘야 할 것이오. 존슨 대통령이 약속한 것이니 적어도 2천만 달러 이상 지원을 생각하고 있을 거야….."

"각하! 주미한국대사관 법률고문이 보내온 서한에 따르면 미국은 약 500만 달러 규모의 지원을 고려하고 있는 것 같습니다."

전상근 국장의 이런 보고에 박 대통령은 약간 실망하는 눈치였다. 배석한 이후락 비서실장을 돌아보면서 한 마디 덧붙였다.

"이 사업은 내가 직접 돌봐줘야겠어!"

존슨 대통령 특별사절단 방한

1965년 7월 8일, 미국 대통령 특사 호닉 사절단이 한국에 왔다.[11] 이틀 뒤인 7월 10일 EPB 회의실에서 한미 공동회의가 열렸다. 미국에선 호닉 특사 일행

11 미국 특사단은 단장 도널드 F. 호닉 대통령 과학담당 고문과 그의 부인 릴리 S. 호닉 박사(화학 전공), 제임스 B. 휘스크 벨 연구소장, 앨버트 H. 모스맨 록펠러재단 농업과학국장, B.D. 토머스 바텔연구소장, 대니엘 F. 마골리즈 백악관 과학기술국 직원 등으로 구성됐다.

외에 브라운 주한미국 대사와 번스타인 USOM 처장이 자리했다. 한국은 장기영 부총리와 박충훈 상공부 장관, 윤천주 문교부 장관, 김학렬 EPB 차관, 최규남 준비위원장이 참석했고 원자력연구소장이 참관했다.

전상근 국장은 박정희 대통령의 재가를 얻어 영문으로 번역해 놓은 과학기술연구소 설립방안을 설명했다. 새 연구소는 국립이 아닌 비영리로 자율적 운영을 할 수 있도록 민간기관 형태로 설립해야 한다는 주장을 내세웠다. 이에 대해 호닉 박사는 이렇게 말했다.

“연구소의 건설과 운영에 필요한 모든 재원은 실질적으로 정부 재정에서 나와야 한다는 사실을 명심해야 합니다. 따라서 이 연구소가 운영의 자율성을 지켜 나가자면 정부의 간섭이나 정치적 영향을 최소한으로 줄이는 제도적 장치가 있어야 합니다.”

호닉 박사는 연구소 운영이사회를 정부에서 2명, 실업계에서 4명, 과학계에서 6명을 선임하는 등 12명으로 구성하고 연구소 설치에 관한 특별법을 정부가 제정하면, 정부의 지속적 재정 지원을 확고히 하면서 자율성도 보장할 수 있을 것이라고 제안했다.

“연구소의 성공을 좌우하는 열쇠는 연구시설이나 규모라기보다 실제로 연구를 담당할 우수한 과학자들을 확보하고 이들을 효과적으로 조직화하는 데 달려 있습니다.”

호닉 박사의 발언을 듣던 한국 대표들은 고개를 갸우뚱했다. 사실 그때까지 한국은 연구소가 어떤 규모의 시설을 갖추고, 이에 대한 미국의 원조규모가 얼마나 될 것인지에 대해서만 신경을 곤두세웠던 것이다.

“연구소 초창기에는 분야마다 8~10명의 핵심적 우수한 과학자를 엄선한 뒤 이들을 중심으로 전문 과학기술자들을 단계적으로 채용하는 것이 바람직하다고 생각합니다. 더욱 중요한 것은 훌륭한 지도력과 경영능력을 갖춘 유능한 소장을 찾는 일입니다. 이런 자격을 갖춘 과학자가 있다면 이상적이지만 뜻대로 되지 않을 경우 과학을 이해하는 행정가 출신을 선임해도 좋을 것입니다.”

호닉 박사는 이어 연구소와 대학과의 관계에 대해서도 언급했다.

“연구소와 대학은 유기적으로 밀접한 관계를 지속해야 합니다. 연구소의 모든 연구시설을 대학의 교수와 학생들이 이용할 수 있게 하여야 하며, 대학은 유능한 인재를 양성해서 연구소에 제공해야 합니다. 그러나 연구소가 대학의 유능한 교수들을 묶어 두어 대학 본연의 기능에 지장을 주어서는 안 됩니다."

이렇게 제 1차 한미 공동회의는 서로 상대방에게 의견을 제시하고 의중을 알아보는 것으로 막을 내렸다. 회의를 마친 호닉 박사 일행은 두 갈래로 나뉘어 지방 산업시찰에 나섰다. 또 한국 산업계와 과학기술계 인사들을 만나 의견을 들었다. 닷새 뒤인 7월 15일 두 번째 한미 공동회의가 열렸다. 호닉 박사는 한국에서 8일 동안 묵으며 보고 듣고 느낀 점을 말하면서 연구소 설립에 대한 미국 측 견해를 밝혔다.

"매우 유능하고 적극적인 한국인 과학자 몇 사람을 만났으며 이들을 중심으로 훌륭한 연구소를 만들 수 있을 것이라는 확신을 얻었습니다. 한국이 공업화와 함께 수출을 크게 신장시키려면 과학기술연구소는 없어서는 안 될 가장 기본적인 인프라(basic infrastructure) 입니다."

미국으로 돌아간 호닉 박사는 그해 8월 존슨 대통령에게 보고서를 제출했다. 산업기술과 응용과학을 연구할 목적으로 한국에 연구소를 한미 공동사업으로 설립함에 있어 미국정부를 대표해 USAID가 사업을 추진한다는 것이 골자였다.

약 6개월 뒤인 9월 23일 미국 오하이오 주 콜럼버스 소재 바텔(Battelle) 기념연구소 슬로우터(Edward E. Slowter) 부소장을 단장으로 한 5명의 조사단이 한국을 방문했다. 과학기술연구소 설립과 관련한 타당성 조사와 함께 설립계획을 한국정부와 공동으로 수립하려는 것이었다. 바텔 연구소[12]는 한국이 미국의 지원을 받아 설립하려고 하는 연구소의 벤치마킹 대상이었다.

12 바텔 연구소(Battelle Memorial Institute)는 미국의 이공계 분야 연구개발기관이다. 1929년 고든 바텔(Gordon Battelle)의 유산 170만 달러를 기금으로 오하이오 주 콜럼버스에 설립됐다. 주 연구분야는 에너지, 건강 및 생명과학, 국가안보와 국방, 실험실 관리기술, 과학 · 기술 · 공학 · 수학 분야 교육사업 등이다. 다국적기업과 미국 연방정부 및 주 · 지방정부, 기타 기관이 매년 62억 달러의 연구비를 후원했다. 설립 초기 주로 민간기업에서 위탁을 받아 연구개발을 하다가 제 2차 세계대전을 계기로 미국정부와 군의 연구개발 위탁이 늘어나면서 급성장했다. 실제로 원자력위원회, 미국항공우주국(NASA), 군 등 정부기관이 의뢰한 연구개발 프로젝트 비중이 80%에 이른다. 1970년대부터 환경오염 방지, 해양개발, 도시 · 주택개발, 의료 · 보건 · 운송 · 국가안보 · 농업 · 제약 등의 분야에도 진출했다. 대표적 기술로 제록스(Xerox)라 불리는 복사기, 콤팩트디스크의 디지털 레코드 기술, 미국 재무성의 동전 제조술, 바코드, 은행 전자상거래 등이 있다. 2011년 기준으로 전 세계 130개 연구소 및 사무소에 2만 2천 명의 직원이 근무한다.

설립법에 의한 특수법인 성격으로

전상근 국장은 연구소의 법적 성격을 구체적으로 뚜렷이 할 필요가 있다고 생각했다. 연구소는 국립이 아닌 순수 비영리기관이 되어야 한다는 점은 이미 대통령 재가를 받았다. 호닉 사절단이 방한했을 때 미국 측 동의도 얻었다. 문제는 연구소를 설립법에 따른 특수법인체로 할 것인지 또는 민법에 의한 재단법인체로 할 것인지를 결정하는 것이었다. 전 국장은 1954년 미국 유학에서 귀국해 상공부 공업국에서 일할 때 공업국장으로 모셨던 신현확 경제과학심의위원을 찾아가 의견을 들었다.

"연구기관의 자율성과 독립성을 지나치게 고집하면 정부의 재정지원을 수월하게 받기 어렵다는 염려가 있고…. 설립법에 의한 특수법인체로 하되 연구개발공사 같은 형태로 만들어 보면 어떨까요?"

법률자문을 받기 위해 역시 상공부 시절 함께 근무했던 고석윤 변호사를 만나 연구소 설립에 필요한 정관 문제를 협의했다. 1965년 9월 29일 EPB 회의실에서는 연구소 설립 준비위원회가 열렸다. 며칠 전 방한한 미국 바텔 조사단 슬로우터 단장도 초청됐다. 이날 의제는 연구소의 법적 성격에 관한 것이었다. 고석윤 변호사가 기초한 설립법에 의한 특수법인체 형태인 과학기술연구개발공사(가칭) 정관의 일부가 수정되었고, 이는 나중에 KIST의 정관이 됐다. 이런 인연으로 고석윤 변호사는 후에 KIST의 고문변호사로 활동했다.

▸▸

정부의 재정지원을 받으면서도 감사원 감사를 배제하고 자율성이 보장되는 특수법인을 만든 것이지요. KIST의 정관은 그 뒤 정부가 출연해 설립한 모든 연구기관의 모델이 되었습니다.

연구소 설립 준비위원회는 연구소가 설립된 뒤의 안정되고 자율적 운영을 정부가 보장하도록 연구소 육성법을 제정해 달라고 정부에 건의했다. 그 결과 「한국과학기술 연구소 육성법」이 1966년 12월 6일 국회에서 통과되었으며, 이듬해 3월에 다시 일부 수정 통과되었다. 위원회는 연구소의 공식명칭을 재단법인 한국과학기술연구원으로 이름지었다. 영어로는 'Korea Institute of Science and Technology'로 명명했고 'KIST'란 약칭을 쓰기로 했다.

연구용역 계약제 도입

일찍이 미국에서 공부한 공학도 전상근은 과학기술 연구에 대해 나름의 철학이 있었다. 연구소에는 물론 현대식 연구 시설과 기기도 필요하지만, 우선 과학자들이 재능과 창의력을 마음껏 발휘할 수 있도록 자유롭고 안정된 연구환경과 분위기가 조성되어야 한다는 것이었다. 이 때문에 이사회를 구성할 때, 정부가 지나치게 영향력을 행사하지 않도록 이사 11명 중 정부 몫을 3명의 차관급 당연직 이사로 제한했다. 연구소장도 정부승인 없이 이사회에서 선임하도록 했다. 연구과제 선정과 수행, 인사와 예산집행은 최대한의 자율성이 보장되었다. 주무부처와 감사원, 국회 등 연구소 운영에 대한 외부감사는 배제했다. 이처럼 연구소의 독립성과 자율성을 확보하는 과정에서 논쟁과 우여곡절이 있었지만 미국정부의 강력한 요구와 한국 측 준비위원회의 소신으로 KIST의 설립을 관철시켰다.

연구소장의 독주를 견제하는 제동장치는 내부적으로 두었다. 이사회에 연구소장을 감독하고 연구소 운영에 대한 엄격한 평가를 할 수 있는 권한을 주었다. 연구소 운영을 위한 주요 정책과 방침을 결정하는 의결권과 소장 임명권이 포함됐다. 그리고 상임감사를 두어 예산회계는 물론 연구사업과 연구소의 모든 업무에 대한 일상감사를 통해 문제가 있을 경우 이사회와 주무부처 장관에게 보고토록 했다. 이밖에도 정부가 지정하는 공인회계사가 매해 결산감사를 하도록 했다.

전상근은 연구소가 자율성과 독립성을 지키면서 운영되려면 필요한 운영비를 연구소가 벌어들여야 한다고 생각했기에 미국 바텔 조사단이 제시한 연구용역 계약 제도를 채택했다. 연구용역의 대가를 받는 대신 그에 따른 책임과 의무가 부과되는 새로운 제도의 도입은 연구비와 운영비가 정부예산으로 지원되는 당시 국·공립 연구기관 풍토에서는 혁명적 일이었다. 연구원 봉급과 연구소 운영비를 정부예산으로 대기 때문에 연구실적에 관계없이 비슷한 대우와 정부 지원을 받았던 그동안의 연구풍토를 바꾸는 데 새 바람을 일으킬 것으로 기대해서였다.

1천 명 규모 연구원, 미국 9백만 달러 지원

연구소의 밑그림이 그려지면서 규모가 관심사로 떠올랐다. 바텔 조사단은 이미 주미한국대사관 법률고문의 보고서에 언급되었듯 5백만 달러의 원조로 2백 명 안팎의 연구원이 일하는 연구소를 구상했다. 이와 달리 한국은 박정희 대통령의 의중을 읽어 미국의 원조 규모를 2천만 달러로 기대했고, 연구원도 1천 명 이상으로 생각했다.

전상근 기술관리국장은 연구소 공동설립 제안이 한국군의 월남전 참여를 바라는 존슨 미국 대통령의 구상에서 나온 점을 감안할 때 한국 측 주장을 관철해야 한다고 생각했다. 1965년 11월 말부터 바텔 조사단과 미국의 지원 및 연구소 규모를 놓고 실랑이를 벌였다. 밀고 당긴 끝에 한국 입장이 미국에 전달되었고, 인원 1천 명을 기준으로 한 연구소를 설립한다는 계획 아래 시설비로 9백만여 달러를 지원하는 것으로 합의가 이루어졌다.

전 국장은 바텔 조사단과 몇 달 동안 접촉하면서 새로 설립되는 연구소가 바텔 연구소와 같은 선진국 연구기관과 긴밀한 관계를 맺어야 한다고 생각했다. 아직 현대적 연구소 운영에 생소한 한국으로선 연구소 운영뿐만 아니라 연구관리에도 경험 있는 연구기관의 도움이 필요했다. 미국정부와 협의한 끝에 바텔 연구소를 자매기관으로 지정했다. 바텔 측이 연구원의 연구업무 관리 훈련을 맡는 것은 물론 새 연구소가 맡는 연구용역을 공동으로 수행하는 과정에서 한국 연구원들이 연구용역 수행방법을 익히도록 했다. 미국정부는 이와 같은 바텔 연구소의 기술지원 대가로 5년(1966~1970년) 동안 176만 5천 달러를 지불하기로 했다. 새로 설립되는 연구소의 이사진 11명은 바텔 연구소장을 당연직 이사로 포함했다. 바텔 조사단은 1965년 12월 15일, 한미 양국정부에 〈한국과학기술연구소 설립 및 조직에 관한 조사보고서〉를 제출했다. 이를 수락한 두 나라 정부가 1966년 2월 4일 한미 공동 지원사업 계획 협정서에 서명함으로써 연구소 설립은 더욱 구체화되었다.

대통령을 과학기술연구소 설립자로

연구소의 설립계획이 구체화되자 설립자를 누구로 정하느냐의 문제가 고민거리로 등장했다. 연구소의 법인성격을 재단법인으로 정했으므로 재단법인의 주체는 민간인이어야 한다는 것은 상식이었다. 하지만 이 재단은 설립자금이 정부 출연금이라서 그리하기도 어려웠다.

방안은 두 가지였다. 첫째, 재벌급 기업인 몇 명에게서 기부금을 받아 재단을 설립한 뒤 연구소 건설과 운영에 필요한 자금은 정부예산으로 출연하는 안이었다. 이 경우 설립자는 기부금을 낸 민간인 가운데 선임하고 재단 이사회도 민간인만으로 구성할 수 있어 관의 간섭을 배제할 수 있다. 하지만 이는 이상론일 뿐 정부가 건설비와 운영비를 대면서 재단 설립이나 운영에 관여하지 않을 리 없었다. 연구소 설립을 후원한 대통령과 관련 공무원이 물러난 뒤에도 정부가 계속 지원할지도 불투명했다. 전 국장이 생각한 또 다른 방안은 박정희 대통령을 개인자격으로 연구소 재단 설립자로 추대하는 것이었다.

▸▸

당시 저명한 과학정책가 스티븐 데디에(Steven Dedijer) 박사의 논문 "저개발국가의 저개발 과학"(Underdeveloped Science in Underdeveloped Countries)을 읽고 영향을 받았습니다. 논문은 "후진국가일수록 과학기술 개발을 대변하거나 또는 압력단체의 역할을 할 집단이 존재하기 어려우며 … 이런 풍토에서 과학기술을 획기적으로 개발 촉진하기 위해서는 누구보다도 그 나라의 대통령이나 수상이 직접 앞장서서 과학기술 개발에 관심을 보여 주는 것이 무엇보다 중요하다"고 주장했어요. 당시 우리나라 실정이 데디에 박사가 지적한 딱 그대로였어요. 정부나 민간기업이나 모두 과학기술에 대한 이해가 부족했습니다.

전상근 국장은 김학렬 EPB 차관을 찾아가 자신의 생각을 말했다. 시원찮은 보고서를 갖고 결재받으려드는 직원들을 혼쭐내는 것으로 유명했던 김 차관이 웃으면서 사려 깊은 아이디어라고 칭찬했다. 용기를 얻은 전상근 국장이 이 구상을 청와대에 타진했고, 박정희 대통령은 개인자격으로 연구소 설립자가 되는 것을 기꺼이 승낙했다. 이와 함께 박 대통령은 사재에서 100만

원을 연구소 재단법인 설립에 기부했다. 1966년 2월 2일 박정희 대통령이 개인자격으로 재단법인 KIST의 설립자로 서명한 법인설립 신청서가 EPB에 제출됐으며, 같은 날짜로 설립인가가 났다.

재단 설립인가가 나자 초대 연구소장이 관심사로 떠올랐다. 소장의 경영능력을 높이 평가하는 미국 측은 유능한 행정가가 소장이 되어야 한다고 보았다. 이와는 달리 한국 측은 연구활동을 할 유능한 고급두뇌 유치능력을 더 중요하다고 생각해 과학자를 염두에 두었다. 과학자 출신이 소장이어야 국내외에 흩어져 있는 한국인 과학기술자를 유치하는 데 더 설득력이 있고, 국내기업들도 연구소를 대표하는 소장이 박사 학위를 가진 능력 있는 과학자여야 신뢰할 것이라는 판단이 있었다.

▸▸

당시 EPB 실무진들로선 소장을 과학자로 앉혀야 한다는 다른 중요한 이유가 있었습니다. 이 땅에 오래 전부터 뿌리를 내린 기술자를 하대하는 그릇된 가치 기준을 이번 기회에 바꾸자는 생각이 있었죠. 전문기술자를 '쟁이'로 부르며 낮게 보고, 행정관료를 우대하는 풍조 말입니다. 과학 전문가들이 주역이 되어야 할 연구소에서 행정가를 소장에 앉힐 수는 없다는 것이 공통된 인식이었습니다.

그러므로 전상근 기술관리국장은 미국 존슨 대통령의 특사인 호닉 박사팀이 한국을 방문하는 기간에 가급적 많은 우리나라 과학자들과 접촉할 수 있는 기회를 만들었다. 과학자 중에서도 특히 최형섭 박사에게 초점을 맞췄다. 한미 양국 각료급 공동회의에 최 박사를 배석토록 하고, 호닉 일행의 방문 스케줄에 원자력연구소와 함께 최 박사가 주도해 세운 민간 연구기관인 금속연료 종합연구소를 집어넣었다. 호닉 박사에게 최형섭 박사가 신설될 연구소에서 지도적 역할을 할 인물임을 내비치는 한편 한국에도 연구소만 설립되면 일할 수 있는 유능한 과학자들이 많다는 것을 알려 주려고 노력했다. 효과가 있었다. 호닉 박사는 한국을 떠나기에 앞서 열린 회의에서 "한국의 과학자들이 능력이나 노력에서 뛰어나 고무적 인상을 받았다"며 "특히 금속연료종합연구소의 연구활동은 인상적이었다"고 말했다. 호닉 박사는 청와대에서 박정희 대통령을 면담하는 자리에서도 최 박사에 대해 언급하였다고 귀띔했다.

미국에서 금속공학 박사학위를 취득한 최형섭은 귀국해 금속연료종합연구소를 만들어 연구에 몰두했다. 사실 그 무렵 미국에서 박사학위를 딴 뒤 한국에 돌아오는 경우는 매우 드물었다. 미국 현지에서도 얼마든지 자리잡을 수 있었고, 다들 부러워하는 경력의 소유자가 고국에 돌아와, 그것도 국책연구소도 아닌 작은 민간연구소에서 연구에만 몰두한다는 점이 당시 사회 분위기로선 이례적이었다. 이런 최형섭 박사를 전 국장은 여러 차례 만날 기회가 있었다. 최 박사는 주위의 권유에 못 이겨 한때 상공부 광무국장 서리로 몇 달 근무하기도 했다. 둘은 만날 때마다 우리나라 과학기술 연구체계에 대한 대화를 나눴다. 1964년에는 최 박사가 창설한 금속연료종합연구소를 주축으로 종합과학기술연구소를 만들자는 데 뜻을 같이하기에 이르렀다.

재단법인체인 연구소의 소장은 이사회에서 선임하는 것이 원칙이었지만 아직 이사회가 구성되지 않은 터라 창립 당시 소장은 설립자가 선임하기로 했다. 한국정부를 대표하는 EPB와 미국정부를 대표하는 주한 USOM은 최형섭 박사를 초대 소장으로 선임하기로 의견을 모았다. 최형섭 박사와 함께 최상업(당시 서강대학교 부총장) 박사, 이석구 박사를 후보로 추천했다. 미국 퍼듀대학에서 화학분야 박사학위를 받은 최상업은 원자력연구소장과 문교부 고등교육국장을 거친 인물이다. 이석구는 미국 미네소타대에서 기계공학 분야 박사학위를 받고 귀국해 업계에서 일하고 있었기 때문에 현장업무에 밝았다. 예상대로 최형섭 박사가 박정희 설립자의 선임을 받았다.

이때 결정된 KIST의 이사진과 감사는 아래와 같다.

이사장 김병희(학계 대표, 인하대학교 공과대학장)
당연직 이사 김학렬(EPB 차관), 이철승(상공부 차관)
성동준(문교부 차관), 로저 언스트(주한 USOM 차장)
B. D. 토머스(미국 바텔연구소 소장)
이 사 김용완(경제계 대표), 이량(학계 대표, 서울대학교 공과대학장)
정인욱(산업계 대표, 강원산업 사장), 최형섭(소장)
감 사 이창석(전 교통부 차관)

홍릉에 터 잡은 '과학의 집현전'

1966년 2월 22일, 마침내 재단법인 KIST가 발족했다. 1965년 5월 17일 한미 양국 대통령이 과학기술 연구기관을 설립한다고 공동성명에서 밝힌 뒤 9개월 만의 일이었다. 당시 미국의 대외 원조사업이 계획에서 사업승인을 거쳐 집행되기까지 적어도 3년이 걸린 점과 비교하면 최단 신기록을 세운 셈이다.

이튿날 청와대에서 박정희 대통령이 최형섭 초대 소장에게 임명장을 주었다. 수여식을 마친 박 대통령은 흡족해하는 표정이었다. 접견실 옆방에 마련된 조촐한 칵테일 파티에서 참석한 이사들 한 사람 한 사람과 대화를 나눴다.

"평소 우리가 살길은 기술개발의 길밖에 없다고 생각했습니다. 이미 이야기했지만 이 연구소 사업은 내가 직접 챙기겠습니다."

박 대통령이 전상근 국장에게 다가와 이따 사무실에 들렀다 가라고 했다. 전상근 국장은 순간 당황했다. 국장급 공무원이 대통령 집무실에 혼자 들어간다는 것은 아무래도 불안하고 부담스러운 일이었다. 김학렬 차관에게 보고하고 함께 들어갔다. 두 사람이 들어서자 박 대통령은 반가이 맞이하며 전상근 국장에게 수고했다고 치하한 뒤 이렇게 말했다.

"그 옛날 세종대왕이 집현전에 학자들을 모아 놓고 한글을 창제했듯 우리도 이제 이 연구소에 유능한 과학자들을 모아 연구하고 기술을 개발해야겠어요. 참다운 근대화는 과학기술 개발이 뒷받침해야 한다고 생각합니다."

대통령 선거를 1년 앞둔 당시 집권여당인 공화당은 '조국의 근대화'라는 슬로건을 내걸고 있었다. 재단법인 KIST는 한일은행 서울 동대문지점 건물 안에 임시 사무실을 차려 놓고 국내 과학자를 연구원으로 채용하는 등 본격적 업무에 들어갔다. 국내에서 활동하는 과학자로 심문택 박사, 한상준 박사 등이 기용됐다. 최형섭 소장은 해외에서 활동하는 한국 출신 과학자 유치에 공을 들였다. 연구소 부지로는 서울 홍릉과 말죽거리, 동구릉, 인천, 부평 등 17곳을 정밀 조사한 끝에 홍릉 임업시험장과 동구릉이 후보지로 압축되었다. 하지만 두 곳 다 나름 문제가 있었다. 동구릉은 서울에서 멀 뿐 아니라 문화재관리국 소속재산이었다. 이를 넘겨받는 것부터 쉽지 않을 뿐더러 부근을 통과하는 철로 밑 횡단도로 높이가 낮아 자동차가 통과하기 어려웠다. 홍릉 임업시험장은 1965년 미국 바텔 조사단이 한국에 왔을 때 답사기회를 제공할 만큼 전상근 국장이 미리 점찍어 놓은 곳이었다. 그러나 농림부와 농촌진흥청이 거세게 반발하였다.

부지 문제로 옥신각신하는 가운데 1966년 5월 2일, 청와대에서 연락이 왔다. 박정희 대통령이 연구소 부지문제에 관한 보고를 받고 싶어 한다는 전갈이었다. 전상근 국장은 후보지 홍릉의 지적도를 들고 청와대로 가 상황을 보고했다. 그 자리에서 박 대통령은 농림부 장관과 농촌진흥청장, 서울시장, 과학기술연구소장을 불렀다. 그들과 함께 박 대통령은 직접 홍릉으로 향했다. 당시 홍릉 임업시험장 부근은 무허가 판잣집이 들어찼고, 홍릉 옆을 흐르는 개천에는 차 한 대가 겨우 통과할 만한 좁은 다리가 걸려 있었다. 일행과 함께 임업시험장 일대를 한 바퀴 돈 박 대통령은 홍릉 숲 속 탁 트인 곳에 이르자 차를 멈추게 했다. 모두 차에서 내렸다.

"전 국장, 몇 평이나 필요한가?"

전 국장은 지적도를 펴 들고 몇몇 지점을 손가락으로 짚으면서 대답했다.

"5~6만 평이면 충분합니다."

"그래? 너무 욕심 부리지 말아요. 임업시험장 업무에 방해가 되지 않는 범위에서 좋은 나무를 많이 베어내지 않아도 되게 조금만 얻도록 해요."

박 대통령이 웃으면서 농촌진흥청장을 쳐다보았다. 그리고 김현옥 서울시장에게 물었다.

"김 시장, 이곳으로 들어오는 길은 왜 그렇게 좁고 나빠요? 상수도 사정은 괜찮은가요?"

이렇게 해서 과학기술연구소 부지문제는 단숨에 풀렸다. 이로써 한국과학기술연구소는 총 8만 2,644평의 부지를 확보하게 되었다는 사실을 전상근 국장은 훗날 정밀측량 결과 알았다.

육군 공병단이 감독한 건설공사

연구소 설립을 주도한 EPB 기술관리국 실무진은 연구활동의 자율성과 독립성을 지나치게 강조하면 연구소 건설자금과 초기 운영자금을 지원해야 할 정부가 혹시 연구소를 외면하지 않을까 걱정하였다. 과학계 원로들도 이를 우려했고, 미국정부도 연구소의 안정된 운영과 자율성을 보장하는 제도적 장치를 마련해야 한다고 권고했다.

이에 따라 마련한 것이 「한국과학기술연구소 육성법」이다.[13] 법안의 골자는 정부가 연구소의 건설비 운영비 운영기금을 출연할 수 있고, 정부는 연구소가 필요로 하는 국유재산을 무상으로 양여 또는 대여할 수 있으며, 연구소가 필요로 하는 재정지원은 한미 두 나라 정부가 부담하되, 연구소는 이에 대한 정부의 회계감사나 사업계획의 승인을 받지 않는다는 것이었다. 국회심의 과정에서 야당이 강력하게 반대했다. 재경위원회 소속 야당의원들은 연간 수십억 원에 이르는 정부 재정지원을 받는 연구소에 대해 국회나 정부가 회계감사도 할 수 없고, 연간 사업계획서마저 정부 승인을 받지 않도록 한 법안을 통과시킬 수 없다고 버텼다.

진통 끝에 법안의 일부 조항을 수정해 통과되었다. 수정 조항은 제5조 사업계획서에 관한 것으로 연구소는 매 회계연도별로 사업계획서를 만들어 주무부 장관의 승인을 받도록 하였다. 법안은 1966년 12월 6일자로 국회를 통과했으며, 12월 27일자로 공포되었다. 하지만 「한국과학기술연구소 육성법」은 시행에 들어가기 전에 과학계의 강력한 반발에 부딪쳤다. 최형섭 소장과 연구진들은 주한 미국대사관과 USOM을 움직이는 한편 청와대에 대한 설득작업을 폈다. 이들의 노력이 통해 박정희 대통령은 특별명령으로 육성법 개정을 지시했다. 공포된 뒤 3개월째 시행되지 못한 「한국과학기술연구소 육성법」은 1966년 3월 30일, 원상 복귀되어 다시 국회를 통과했다.

개정 법률은 제5조에서 연구소의 사업계획서는 정부 승인은 필요 없고 보고에 그친다고 규정한다. 한국은 연구소 건물이 선진국에 못지않은 기능

13 전문 9개 조항으로 1965년 9월 정기국회에 상정되었다.

을 가져야 한다고 생각하여 미국 바텔 연구소가 추천한 미국 로스앤젤리스 소재 설계용역회사 ACMA(Albert C. Martin & Associates)에 기본 설계를, 한국의 무애건축연구소에게 세부설계를 맡겼다. 연구활동을 하면서 공간이 더 필요할 때 늘릴 수 있도록 연구실 공간에 융통성을 주고, 향후 연구소 확장을 고려해 설계했다. 홍릉의 자연경관을 해치지 않고 주변환경과 조화를 이루도록 하였다.

건물에 들어갈 시설과 기기선정이 가장 어려운 문제였다. 이를 위해선 연구소가 어떤 연구를 할지, 이를 맡을 연구원 선임이 중요했다. 연구원을 뽑아도 시설과 기기를 운영할 만한 경험과 경륜이 필요했다. 한국에서 이런 일을 맡아 할 인적 자원이나 기관이 없었기 때문에 전적으로 미국 바텔 연구소에 의존했다. 바텔 연구소는 당시 그들이 쓰던 종류의 시설과 기기를 거의 그대로 선정해 주었다.

설계와 기기선정 작업이 마무리되자 건설공사가 본격화됐다. 이 무렵 박정희 대통령은 예고도 없이 불쑥 홍릉 건설현장에 나타나 공사 진행상황을 점검했다. 박 대통령은 어느 날 연구소 건설공사를 육군 공병단이 감독 지휘하라는 명령을 내렸다. 공사의 진행상황이 마음에 들지 않고 지지부진했기 때문이었다. 1967년 3월 13일 육군 건설공사통제단이 창설돼 건물이 준공될 때까지 현장을 지켰다.

1969년 10월 23일, 마침내 KIST의 1단계 공사가 마무리돼 준공식을 했다. 홍릉 숲 속에 우뚝우뚝 솟은 현대식 건물에는 선진국 연구소에서나 볼 수 있던 첨단 과학기기들이 방마다 들어찼다. 한국이 36억 원, 미국이 920만 달러를 투자해 세운 연구소는 돈으로 헤아릴 수 없는 소중한 자산을 보유했다. 시설과 기기를 다루고 움직일, 연구소의 주인인 과학자들이었다. 최형섭 소장이 그동안 국내외를 돌아다니며 끌어들인 과학기술 두뇌였다.

늦가을 하늘은 맑고 푸르렀고 막 단풍이 들기 시작한 홍릉 숲 속 첨단건물 앞에 연구소 준공을 축하하기 위해 사람들이 모였다. 단군 이래 처음으로 갖는 현대식 연구소였다. 설립구상부터 준공에 이르기까지 소상하게 챙긴 연구소 설립자 박정희 대통령이 감회 어린 표정으로 치사를 하였다.

… 현대사회에서 과학기술의 진흥은 경제개발의 원동력이며 국력의 척도입니다. … 국내외에서 우수한 지식과 기술을 습득한 우리의 과학자, 기술자들이 한데 모여 연구개발에 심혈을 기울이는 연찬(硏鑽)의 도장으로서, 다른 연구기관의 협동의 광장으로서, 또한 산학일체(産學一體)의 심장부로서 우리나라의 과학기술 진흥, 경제개발, 국력 배양을 위해 실로 막중한 사명을 수행해야 할 것입니다 … .

치사가 끝나고 박 대통령 내외를 비롯한 주한 USOM 처장, 최형섭 소장 등이 건물 앞에 나란히 서서 개관 테이프를 끊었다.

▸▸

실로 감개무량했어요. 소중히 키운 딸을 시집보내는 아버지 심정이었어요. '한국 과학기술연구소여! 부디 과학한국의 상징이 되어 다오!' 이렇게 간절히 기도했습니다.

과학기술전담 행정기구의 탄생

대통령선거 바람과 '근대화'

EPB 기술관리국은 1966년을 바삐 보냈다. KIST 설립 준비작업은 물론 제 2차 경제개발 5개년계획(1967~1971년)을 위한 제 2차 과학기술진흥 5개년계획을 세워야 했다. 이 과정에서 EPB 등 경제부처에서 과학기술의 중요성에 대한 이해가 높아졌다. 과학기술에 대해 잘 몰랐던 EPB 장관과 차관도 과학기술이 경제를 발전시키는 데 없어서는 안 될 중요한 기반이란 점을 깨닫고 기술관리국 업무를 지원해 주었다.

이 무렵 전상근 국장은 과학기술 정책을 맡는 행정기구를 국 단위에서 승격시킬 시기가 왔다고 생각했다. 국민과 관료사회의 과학기술에 대한 이해와 관심이 높아졌을 뿐 아니라 국가의 경제발전과 보조를 맞추기 위해서도 필요하다고 판단한 것이다. 전상근 국장은 국무위원이 장인 과학기술 행정전담 부처를 둘 시기를 제 2차 경제개발 5개년계획이 끝나는 1971년께로 잡았다.

제2차 과학기술 진흥 5개년계획을 수립하는 과정에서 이를 하나의 목표로 설정했다. 당시 장기영 부총리와 김학렬 차관도 이에 동의했다.

이 시기가 정치환경의 변화로 인해 앞당겨졌다. 1966년은 이듬해로 예정된 제6대 대통령 선거 바람이 일기 시작한 해였다. 민주공화당은 대통령 후보로 나설 박정희 대통령의 업적을 홍보하면서 '조국 근대화'라는 기치를 내걸었다. '근대화'의 의미를 놓고 학자들 간에 논의가 많았다. 일반 국민 사이에는 근대화는 곧 공업화란 뜻이고, 이는 과학기술의 발전을 의미하는 것으로 해석되었다. 그래서 박정희 공화당 대통령 후보가 내세운 '조국 근대화'는 우리나라의 과학기술을 더 적극적으로 높은 수준으로 끌어올리겠다는 뜻으로 인식됐다.

1966년 가을 어느 날, 공화당 정책연구실에서 EPB 기술관리국장에게 전화를 걸어왔다. 이튿날 오전에 제 2차 과학기술진흥 5개년계획을 브리핑해 달라는 요청이었다. 브리핑을 들은 공화당 의원들은 큰 관심을 보였다. 특히 과학기술 행정을 전담할 독립된 부처를 이 계획기간 안에 설치하겠다는 대목에서 여러 질문이 나왔다. 결국 이 브리핑은 공화당 정책위원들에게 기발한 구상을 하도록 하는 계기를 마련해 주었다. 대통령 선거공약인 근대화의 상징 중 하나로 독립된 과학기술 행정부처를 EPB의 계획보다 훨씬 앞당겨 1967년 5월 3일 대통령 선거 이전에 설치하기로 한 것이다.

과학기술부냐 과학기술원이냐

1967년 1월초 김원태 무임소장관실에서 EPB 기술관리국장에게 전화를 걸어왔다. 과학기술 담당 행정기구를 설치하는 문제로 협의할 일이 있으니 장관실로 와달라는 내용이었다. 그는 당시 집권 공화당을 대표하는 정무담당 장관이었다. 김원태 장관은 공화당과 행정부 간 정책협의와 조정역할을 맡는 한편 부처 간 이견을 조정하는 일도 하고 있었다. 박정희 대통령이 과학기술 담당 행정기구를 설치하는데 무임소장관이 중립적 입장에서 방안을 만들어 보고하라고 했다며 먼저 현재 과학기술 행정을 관장하는 기술관리국 의견을 듣고 싶다고 했다. 전상근 국장은 시간을 달라고 했다. 김 장관은 가급적 빠른 시일 안에 의견을 제시해 달라고 했다. 사무실로 돌아와 곧바로 과장회의를 열었다.

문영철 기술행정과장과 송재휘 기술진흥과장, 이응선 기술조사과장이 참석한 회의에서 여러 의견이 오갔다.

"새로운 부처는 무엇보다도 우선 어떤 업무를 다룰 것인지 그 성격부터 뚜렷하게 규정해야 합니다."

"과학행정은 내무부와 같은 권력형이 되어서도, 그래서도 안 됩니다. 과학기술을 위해 국가가 진흥하고 장려하는 성격이어야 합니다."

"현재 과학기술 행정은 각 부처마다 산재해 있습니다. 새 기구는 이 가운데서 흡수할 수 있는 성격의 업무만 떼어내 통합하고, 각 부처의 행정업무를 돕기 위한 시험분석 같은 일은 그대로 두어야 한다고 봅니다."

"EPB에 경제관련 행정에서 개발계획 수립과 예산 편성권이 있는 것과 마찬가지로 새 기구는 과학기술 행정에 관한 한 관련부처를 종합 조정하고 개발계획을 수립해야 할 것입니다. 정부의 과학기술 관련예산을 먼저 심의조정하는 권한도 있어야 합니다."

새 행정기구의 명칭에 대해선 '과학기술' 넉 자는 당연히 들어가야 하겠지만 그 다음을 무엇으로 하느냐가 논의대상이었다. 부(部)로 할 것인가 또는 원(院)이나 처(處)로 하느냐의 문제였다. 상공부나 내무부처럼 고유의 집행업무가 있는 것이 아니므로 부로 하기에는 적절하지 않다는 의견이 지배적이었다. 원이나 처 중에서 하나를 선택해야 하는데 국가 차원에서 과학기술을 진흥하자면 부총리급 권위가 필요하므로 EPB 장관과 격이 같은 과학기술원 장관으로 하자는 쪽으로 의견을 모았다. 새 기구가 가질 권한에 대해 논의한 뒤 다음 5가지로 요약했다.[14]

- 과학기술 진흥을 위한 종합적 기본 계획과 정책의 수립 그리고 종합 조정권
- 정부 각 부처의 과학기술 관계, 연구시설 조성과 예산에 대한 편성지침 작성 및 선심 조정권
- 과학기술 인력자원에 관한 계획 및 정책의 수립, 조정권
- 외국과의 과학기술 협력과 기술 도입의 총괄
- 원자력의 개발 및 활용

14 전상근, 2010, 《한국의 과학기술개발: 한 정책입안자의 증언》, 삶과 꿈, 145쪽.

이런 성격과 권한을 가진 과학기술원의 조직은 기존 부처나 원과는 달라야 했다. 새로 발족할 과학기술원의 주요한 목적 중 하나가 정부 여러 부처의 과학기술에 관한 연구활동을 조정해 국가 전체의 개발계획과 일치하도록 하자는 것이므로 특별한 기구가 있어야 한다고 보았다. 이를 연구조정실이라고 명명하고, 그 안에 각 전문 분야별로 연구조정 업무를 맡을 연구조정관을 두기로 하였다.

연구조정관은 관련분야의 전문적 지식을 요구하므로 해당분야 박사학위를 가진 사람이거나 학위는 없어도 그만한 자격을 갖춘 사람으로 10명 안팎이 필요할 것으로 보았다. 또 여러 부처의 과학기술 관계업무를 종합조정하려면 EPB와 같이 차관보 제도를 두어야 할 것으로 생각했다. 이밖에도 신설 과학기술원은 기존 원자력원이 관장하던 원자력연구소·방사선의학연구소·방사선농학연구소 등 3개 관영 연구소를 관장하고 KORSTIC와 건설 중인 KIST를 간접적으로 지원한다는 것이 당시 EPB 기술관리국의 결론이었다.

김원태 무임소장관은 EPB 기술관리국이 제시한 방안을 놓고 검토에 들어갔다. 당시 정부 각 부처에 흩어져 있던 과학기술 관련기구로는 우선 헌법상 대통령에게 과학기술 정책에 관한 자문에 응하기 위한 경제과학심의회의가 있었다. 이 기구의 위원은 장관급으로 당시 과학분야를 맡은 위원은 최규남, 이종진, 김기형 위원이었다.

정부기구로는 1962년 EPB에 둔 기술관리국이 있었다. 과학기술 개발계획, 인력개발 계획 등을 수립하고 국제기술 협력업무와 함께 당시 막 설립된 KIST를 건설하는 업무를 관장하였다. 상공부와 농림부 등 일반 행정부처에는 각 부처의 업무를 지원하는 시험소와 연구소가 있었다. 일부 대학에 연구소가 있었으나 이름뿐인 경우도 많았다. 1959년 설립된 원자력원은 독보적 존재로서 연구소다운 면모를 갖추고 당시 국내에선 가장 우수한 연구 인력이 모인 조직이었다.

김원태 장관은 EPB 기술관리국의 협조를 받는 한편 여러 과학기술계 인사들과 접촉하여 새 기구를 만드는 데 필요한 몇 가지 기본원칙을 정했다.

첫째, 새로 설립하는 과학기술 행정기구는 EPB 기술관리국을 주축으로 조직한다.

둘째, 이 기구는 집행부처가 아닌 참모와 계획 부처의 성격을 갖는다. 따라서 그 명칭을 과학기술원으로 하고 EPB와 같이 국무총리 직속으로 두되 규모는 작은 것으로 한다.

셋째, 새로 설립될 과학기술원은 현재 정부의 각 부처에 산재된 과학기술 관계기관을 흡수하되 되도록 이에 대한 각 부처의 저항과 잡음은 피하도록 한다. 그래서 관계부처의 고유한 업무와 직접적으로 관계가 있는 연구소나 시험소는 흡수하지 않는다. 다만 원자력원은 청(廳)으로 격하시켜 과학기술원 밑에 둔다. 김원태 장관은 이와 같은 원칙에 따라 과학기술원 기구를 입안해 1967년 2월 23일 박정희 대통령에게 보고했다.

과학기술처 발족, 초대장관 김기형

청와대는 이를 주무부처인 총무처에 보내 설립작업을 서두르도록 했다. 정부 내 행정조직과 기구설치가 주된 업무인 총무처는 과학기술 행정을 전담할 신설 기구에 관해 나름대로 연구와 자료를 수집해 놓았다. 청와대의 지시를 받아 바삐 움직이면서 전문적 사항에 대해선 EPB 기술관리국의 의견과 자문을 구했다. 그 결과 총무처는 신설기구에 대해 다음과 같은 결론을 내렸다.[15]

첫째, 새 기구의 임무는 ① 과학기술 진흥을 도모하는 통합적 기본정책을 수립하고, ② 시험조사 연구업무 진행에 관한 종합조정을 하며, ③ 시험 연구시설 운영에 관한 조절을 하고, ④ 과학기술 진흥을 위한 국제적 협력을 하며, ⑤ 원자력의 연구개발과 활용방안을 수립하고 집행한다.

둘째, 새로 설립될 기구의 성격을 결정하기 위해 ① 대통령 직속기관, ② 국무총리 직속기관, ③ 행정 각부의 일부, ④ 원·부·처의 소속기관, ⑤ 행정부에서 분리 독립된 기구 등 5개의 안을 놓고 검토한 결과, 새 기구의 주요한 업무가 참모와 계획이란 점을 들어 두 번째 안인 국무총리 직속기관으로 하기로 결정하고, 본래의 안인 원(院)은 과학기술처(處)로 격하한다.

셋째, 새 기구의 조직은 당초 EPB 기술관리국 안보다 작은 규모로 발족한

15 앞의 책, 152쪽.

다. 새 기구는 연구조정실과 기획관리실 등 2실과 진흥국, 국제협력국의 2국으로 하고 원자력원은 청으로 격하시켜 과학기술처의 외청으로 둔다.

이와 같은 총무처의 과학기술처 신설안은 국무회의를 거쳐 국회를 통과했으며 1967년 3월 30일 「정부조직법」 중 개정법률 제1947호로 공포됐다. 이로써 마침내 독립된 과학기술 행정기구로 과학기술처가 탄생하기에 이른다.

과학기술처 설치법이 공포되자 관가는 물론 일반 사회에서도 우리나라에서 처음으로 설치되는 과학기술 행정 전담부서 장관에 누가 임명될 것인가에 관심이 쏠렸다. 1967년 4월초 초대 장관에 임명된 인물은 1966년 여름 미국에서 귀국해 경제과학심의회 위원으로 있던 김기형 박사였다. 김 박사의 귀국은 당시 국내 신문에서 큰 화제였다. 요업을 전공한 김 박사는 여러 발명특허를 가져서 신문에 크게 보도되었다. 초대 과학기술처 차관에는 이재철이 임명되었다. EPB 기술관리국은 신설 과학기술처에 흡수되었고, 전상근 국장은 1급 연구조정관으로 발령났다. 1967년 4월 21일 서울 정동 옛 원자력원 청사에서 과학기술처가 정식으로 발족했다. 박정희 대통령은 김기형 장관과 함께 '과학기술처' 현판을 기둥에 걸었다.

연구학원도시 건설의 꿈

대덕연구단지의 이상과 현실

1973년 1월, 최형섭 과학기술처 장관은 대통령 연두순시 브리핑에서 조심스럽게 특별한 청사진을 보고했다. 이른바 연구학원도시의 꿈을 실현하기 위한 것이었다. 최 장관의 브리핑을 들은 박정희 대통령은 흥미롭다는 반응을 보이며 연구학원도시 건설계획을 구체화해 보라고 말했다.

연구학원도시 건설계획의 뿌리는 최형섭 박사가 과학기술처 장관이 되기 전인 1970년으로 거슬러 올라간다. 당시 과학기술처 김선길 진흥국장 등 실무진들은 서울 홍릉을 중심으로 이미 설립된 KIST, KORSTIC와 새로 건설할 한국과학원, KDI, 국방과학연구소 등을 유기적으로 묶어 '서울연구개발단지'라는 이름의 지적(知的) 공동체를 형성하자는 구상이 있었다. 과학기술을 진흥하려면 적정규모의 시설과 훈련된 인력을 갖춰야 한다는 개념 아래 단지 내 연구기관들이 성격이나 기능은 다르지만 유기적 협력체제로 인원과 시설을 공동으로 이용하는 한편 지적 교류를 원활히 하면 업무효율도 높일 수 있다고 보았다.

이 구상은 1971년 4월 한국과학원, KDI, 국방과학연구소 등을 일제히 착공함으로써 5개 기관과 원자력연구소를 묶은 서울연구개발단지 발족으로 구체화되었다. 과학기술처의 궁극적 목표는 이 단지를 세계 수준의 두뇌 집단(think tank)으로 육성하고 지원하며, 우리나라 과학기술 발전을 선도하는 창조와 발전의 메카로 삼자는 것이었다. 그리고 연구단지가 계속 발전해 더 이상 다른 연구기관이 들어갈 수 없게 될 상황에 대비해 두 번째 연구단지를 마련해두자는 구상이었다.

이에 따라 과학기술처는 1971년 초 당시 경제과학심의회 서기관이었던 이덕선에게 제 2 연구단지 건설에 대한 타당성 조사연구를 의뢰하였다. 이덕선은 1971년 7월 15일자 보고서에서 연구단지보다는 연구학원도시 건설을 제안하였다. 10년에 걸쳐 인구 10만 명을 수용하는 200만여 평의 두뇌도시를 건설하자는 방안이었다. 그리고 이곳에 기존 연구기관 가운데 확장이 필요하거나 서울로부터 이전이 불가피한 연구·교육기관을 수용하자는 것이었다. 이덕선은 1971년 최형섭 박사가 과학기술처 장관에 취임하자 과학기술처 연구조정관으로 자리를 옮겼다.

1971년 서울 와룡동 창경원 옆 국립과학관장으로 부임한 전상근은 상설전시관을 만들었다. 과거 곤충, 조류, 식물 표본 같은 생물과학 위주 전시에서 벗어나 물리, 화학, 천문학 등 여러 과학분야와 산업기술 분야에 이르기까지 두루 전시하도록 시스템을 바꿨다. 과학관장으로 있은 지 2년여 만인 1973년 3월, 전상근은 다시 과학기술처 본부로 들어가 종합기획실장을 맡았으며, 최형섭 장관은 그에게 연구학원도시 건설계획 입안을 맡겼다.

청와대 브리핑에서 결정된 국가사업

두 차례의 경제개발 5개년계획을 성공적으로 마무리한 박정희 정부는 1970년대 들어서 공업화의 꿈을 본격적으로 다져나갔다. 마산·창원·구미에 대규모 공업단지를 조성하고 업종별로 공장을 입주시켰다. 공업단지 건설을 위해 산업기지개발공사가 설립됐다. 경주와 제주도 등을 특정 지역으로 지정하고 정부가 종합개발 계획을 수립하여 집중적으로 개발에 착수한 것도 이 무렵이다.

공업단지를 조성하고 특정 지역을 개발하는 과정에서 여러 가지 어려운 일이 벌어졌다. 또 이들 사업은 여러 부처의 업무가 관련되어 있어서 부처 간 원활한 협조가 이뤄지지 않으면 성사되기 힘들었다. 이해관계가 다른 부처 간 협조를 이끌어내려면 높은 차원의 조정자가 필요한데, 이는 청와대 수석비서관들이 맡았다. 규모가 크고 여러 부처가 관련되는 사업은 계획을 세우기에 앞서 청와대의 양해와 동의를 얻는 것이 순서였다. 연구학원도시 건설사업도 사업규모와 성격으로 보아 청와대의 사전 승인이 필요했다.

전상근 과학기술처 종합기획실장은 연구학원도시의 규모를 정하고 거기에 입주할 연구기관과 도시의 형태와 기능, 입지선정 기준 등을 수립한 뒤 투자규모와 사업추진 방법 등에 관한 계획시안을 만들기로 했다. 그리고 이를 관련부처 장관들이 배석한 가운데 대통령에게 브리핑한 뒤 그 자리에서 대통령의 분명한 사업추진 지시와 승인을 얻자는 계산이었다. 호주에서 도시공학 분야 박사학위를 받고 돌아와 한국환경문제연구소를 운영하던 김형만 박사의 도움을 받아 한 달 만에 시안을 만들었다. 가장 큰 관심사인 후보지는 충남 대덕과 경기도 화성, 충북 청원 등 3곳이었다.

1973년 5월 18일 오후 3시, 전상근 과학기술처 종합기획실장은 연구학원도시 건설계획을 청와대에서 대통령에게 보고했다. 김종필 국무총리를 비롯해 태완선 부총리, 남덕우 재무부 장관, 김현옥 내무부 장관, 민관식 문교부 장관, 이낙선 상공부 장관, 장예준 건설부 장관, 김정렴 대통령 비서실장, 정소영 경제 제1수석 비서관 그리고 최형섭 과학기술처 장관이 배석했다. 브리핑이 끝나자 대통령부터 질문을 던지기 시작했다.

"KIST를 설립할 때는 어떻게 했지요?"

"EPB에서 구상하여 특별법을 제정하여 추진했습니다."

장예준 건설부 장관이 대답했다. 최형섭 과학기술처 장관이 말을 이었다.

"이번 연구학원도시 건설을 위해서는 경주관광종합개발의 예를 따라 청와대를 중심으로 기획단을 구성하고 건설은 건설부에서 주관하는 것이 좋을 것 같습니다."

태완선 부총리는 이와 다른 의견을 말했다.

"경주관광종합개발은 마스터플랜을 청와대에서 만들고, 건설공사는 건설단이 한 것으로 압니다. 청와대도 일이 많은데 모든 것을 청와대에만 미루면 곤란합니다. 이번 계획은 과학기술처나 총리실에서 수립하는 것이 좋을 것 같습니다. 추진하는 데 필요한 특별법은 물론 있어야 할 것으로 사료됩니다."

의견을 듣던 박 대통령이 지시했다.

"청와대도 일이 많으니 서울대 건설본부와 같이 과학기술처에서 건설본부를 만들어 추진 감독하도록 하는 것이 좋을 것입니다. 그러나 계획은 총리실이나 또는 관계기관에서 추진위원회를 만들어 수립하고 계획이 끝나면 해산하면 될 것입니다. 연구학원도시 건설공사는 우선 공공시설부터 착수하고 연구소 이전은 다음 순서로 하는 게 좋겠습니다."

김종필 국무총리가 이를 복명했다.

"연구학원도시의 계획수립과 건설은 과학기술처에서 주관하고, 관계부처 간 업무조정은 총리가 맡겠습니다."

이때 태완선 부총리가 예산문제를 언급했다.

"건설예산은 관계부처 실무자와 협조하여 편성하는 것이 좋을 것입니다."

김정렴 비서실장은 연구학원도시가 들어설 자리에 대한 의견을 피력했다.

"부지확보를 위해 우선 100만 평만 구입한다면 낙동강 유역 매립지에도 적당한 후보지가 있는 것으로 압니다."

이에 최형섭 과학기술처 장관이 다른 의견을 말했다.

"우수한 두뇌를 쉽게 집결시키려면 연구학원도시를 대전 이남에 건설하는 것은 곤란합니다. 또 연구학원도시를 건설하는 입지조건으로 공업용지나 농업용지는 되도록 피하는 게 좋을 것으로 사료됩니다."

김종필 총리가 거들었다.

"3개 후보지 가운데 대덕이 좋을 것으로 사료됩니다. 화성은 방송시설 관계로 어렵겠고, 청원도 다른 시설이 들어서게 될 것입니다."

박 대통령은 이미 결심을 굳힌 상태였다.

"항공사진을 보니 대덕이 좋을 것 같습니다."

죽 경청하던 김현옥 내무부 장관이 입을 열었다.

"도시 규모가 400만 평이라면 15만에서 20만 명의 인구가 입주할 수 있다고 추정됩니다."

이때 박 대통령이 나섰다.

"이 도시는 연구소의 설립과 이주가 주요 목적이기 때문에 도시인구의 규모는 부차적 일입니다."

박 대통령은 이어 태완선 부총리의 의견을 물었다.

"입지 예정지에 꼭 필요한 부지만 남겨 두고, 나머지는 그린벨트를 설정해 두었다가 필요할 때 해제하면 어떻겠습니까?"

태완선 부총리는 다른 의견을 제시했다.

"입지 예정지를 지가고시 조치로 확보하는 것이 좋을 것으로 사료됩니다. 그린벨트를 자주 해제하면 곤란한 일이 생길 것 같습니다."

이에 장예준 건설부 장관이 동조했다.

"입지 예정지는 지가고시 조치를 취하는 것이 좋을 것 같습니다."

마침내 박 대통령은 최종결정을 내렸다.

"연구학원도시에 필요한 부지는 지가고시 조치를 취하고, 주변지역의 지가 앙등을 방지하려면 인근주변에도 적정한 선에서 지가고시 조치를 취하되 기존 도시 주민의 피해를 최소한으로 줄이도록 해야 합니다. 이런 일 때문에 관계부처는 현지답사를 해야 할 것입니다."

이때 민관식 문교부 장관이 문교부의 구상을 밝혔다.

"문교부로서는 연구학원도시가 대덕으로 결정되면 충남대학을 이주할 계획입니다. 그리고 유치원을 비롯한 초중등 교육기관을 설립할 구상도 있습니다."

이를 이어받아 최형섭 과학기술처 장관이 말했다.

"마스터플랜을 만들 때 그런 점을 고려하겠습니다."

이리하여 연구학원도시 건설의 꿈은 마침내 실현의 길로 들어섰다. 열흘 뒤인 1973년 5월 28일, 박 대통령은 다음과 같은 지시를 내렸다.

첫째, 연구학원도시 건설은 국가 계획사업으로 추진한다.

둘째, 이 계획사업을 효율적으로 추진하려고 다음과 같이 조치한다.

- 관계부처 업무협조 연구학원도시 건설에 관한 관계부처 간의 업무조정은 국무총리실에서 담당하도록 한다.
- 입지선정 연구학원도시의 입지는 충남 대덕군(유성면, 탄동면, 구측면) 일원으로 확정한다.
- 사업주관 연구학원도시의 계획 수립과 건설은 내무부 및 건설부와 협조하여 과학기술처가 주관 추진하도록 한다.
- 건설본부 설치 연구학원도시 건설을 위한 건설본부를 과학기술처에 설치하고 이에 필요한 법령을 제정한다.
- 지가고시 조치 입지 확정지역 및 인근 주변 일대의 지가고시 조치는 건설부가 취하도록 한다.
- 예산 EPB는 사업규모, 소요연수 및 예산을 관계부처 간의 협의를 거친 후 결정하도록 한다.

'연구학원도시에서 연구단지'로 축소조정

이리하여 연구학원도시 건설계획은 국가 개발사업으로 확정되었다. 전상근 실장은 도시 기본계획을 세우기에 앞서 현지답사부터 했다. 후보지 동쪽 매봉산에 올라갔다. 멀리 대전시가 보이고, 경부고속도로와 호남고속도로가 마주치는 곳에서 전개되는 대덕은 800만 평에 이르는 넓은 들과 나지막한 야산의 연속이었다. 그 가운데 군데군데 농가들이 흩어져 있었다. 한 폭의 동양화였다. 전상근 실장은 자연환경을 최대한 살리면서 과학도시를 건설하자고 생각했다.

연구학원도시의 기본계획 수립 용역을 맡은 김형만 박사팀은 과거 도시계획과 확연히 다른 청사진을 만들었다. 이들이 그동안 맡았던 도시계획 용역은 모두 이미 형성된 도시를 일부 손질하는 것이었다. 이와 달리 대덕 연구학원도시는 도로나 건물 등 장애물이 전혀 없는 허허벌판에 새로 도시를 건설하는 것이어서 창의력과 실력을 한껏 발휘할 수 있는 기회를 제공하였다.

<표 11-3> 대덕 연구학원도시 계획 규모

구분	내용 및 규모
도시형태	도심지 중심의 방사선 환상형 도시
도시면적	26.7㎢ (810만 평)
개발기간	1974~1981년
계획인구	5만 명

과학기술처는 김형만 박사팀의 연구학원도시 기본 계획을 토대로 1974년부터 도로를 비롯한 인프라 시설공사에 착수했다. 대덕 연구학원도시 건설의 기본방향은 다음과 같았다.[16]

첫째, 두뇌도시로서 연구와 교육이 도시의 핵심기능을 이루며, 여러 전문 분야의 과학자, 기술자 및 교수가 두뇌집단을 형성하여 협동연구가 가능하도록 도시공간을 구성배치하고 둘째, 과학공원 도시로서 생산녹지와 자연경관을 최대한 보전하면서 건물과 구조물을 조화 있게 건설하여 사색하는 공간을 조성하는 한편 셋째, 연구와 학문을 생활화하는 도시로서 직장과 주거지역을 서로 인접배치하여 연구하면서 생활하고, 생활하면서 연구하는 이른바 연구의 생활화가 이뤄지는 도시의 모습이 되도록 건설한다.

연구학원도시 건설을 위한 기반시설 공사가 한창 진행되던 1976년 3월 말 박정희 대통령이 건설현장을 시찰했다. 이에 앞서 2월 중순 청와대 오원철 경제 제2수석 비서관에게서 대통령의 현장시찰에 맞춰 준비를 잘하라는 연락을 받았다. 그 무렵 최형섭 장관이 해외출장 중이라 이창석 차관이 직접 브리핑할 뜻을 내비치면서 실무진과 함께 직접 준비했다. 이창석 차관은 그동안의 계획 진척상황을 설명하는 데 그치지 않고 사업의 전체 투자계획을 다시 조정하는 의욕적인 브리핑 자료를 만들었다.

그런데 대통령의 현장시찰이 계속 늦어져 3월 말에야 이뤄졌다. 현장시찰 전날 오후 청와대로부터 연락을 받은 최형섭 장관은 전상근 종합기획실장을 불러 내일 대통령에게 브리핑하라고 지시했다. 전상근 실장은 이창석 차관

16 전상근, 2010, 《한국의 과학기술 개발: 한 정책입안자의 증언》, 삶과 꿈, 217쪽.

이 준비한 브리핑 자료이므로 차관이 하는 것이 좋겠다고 말했으나 최 장관은 생각을 바꾸지 않았다. 전상근 실장은 그날 밤 급히 대덕단지로 가 선박연구소의 임시사무실을 뜯어고쳐 회의실로 꾸몄다. 브리핑 차트를 보니 투자계획 부분에 낯선 내용이 많았다. 결국 브리핑 도중 투자계획 부분에 가서 제대로 설명하지 못했고, 이를 지켜본 박 대통령이 브리핑 도중 고개를 갸우뚱하며 투자계획의 근거가 뭐냐고 물었다. 전상근 실장이 명확하게 설명하지 못하자 최형섭 장관이 나와 보충설명을 하였다. 그래도 납득이 가지 않는다는 표정의 박 대통령이 자리에서 일어서 브리핑 봉을 들고 직접 자신의 생각을 말하기 시작했다. 배석했던 장관들과 비서관들은 긴장했다. 박 대통령의 불호령이 떨어졌다.

"앞으로 이 사업은 과학기술처에게만 맡겨두지 말고 청와대가 중심이 되어 국가의 재정규모를 감안해 투자계획을 재조정하시오. 사업별로 투자 우선순위부터 정하고, 예산형편에 따라 연차적으로 무리 없게 사업을 추진하도록 하시오."

대통령의 지시를 받은 오원철 청와대 수석 비서관은 당초의 대덕 연구학원도시 건설계획을 전면 재조정했다. 연구학원도시는 '연구단지'라는 이름으로 바뀌었다. 그리고 과학자들이 거주할 주택 건설계획도 날아가고 말았다.

1970년대 정부출연 연구소 설립 러시

두 차례에 걸친 경제개발 5개년계획의 성공으로 자신이 생긴 정부는 선진 공업국에의 꿈을 앞당기기로 했다. 중화학공업 육성정책을 밀어붙였다. 중화학공업 우선정책은 산업구조의 전환을 가져올 뿐만 아니라 과거 경공업 제품을 만들던 노동집약적 시대에서 벗어나 기술집약적 시대로의 전환을 의미하는 것이었다. 하지만 의욕에 비해 우리의 기술수준이나 인력이 따르지 못했다. 중화학공업이나 방위산업은 고도의 첨단기술을 요구하는 산업이었다. 이러한 고도기술은 선진 공업국이 독점했고, 비싼 비용을 지불해도 국내로 들여오기 힘든 구조였다.

뒤늦게 기술의 중요성을 인식한 경제정책 입안자들은 자체 기술개발이란 비상수단을 생각해냈다. 중화학공업 발전에 필요한 기계, 선박, 전자, 석유화학, 그리고 핵연료를 포함한 원자력 기술 등 핵심기술을 빠른 시일 안에 자체적으로 개발하는 목표를 세운 것이다. 정책 입안자들은 KIST를 떠올리며 비슷한 성격의 연구소들을 핵심기술 분야에 하나씩 설치하면 해결될 것으로 생각하였다.

그 결과 1970년대 중반 이후 출연연구소 설립이 러시를 이뤘다. 1975년 한국표준연구소를 시작으로 1980년 한국종합에너지연구소에 이르기까지 13개 연구소가 새로 등장했다. 이들 연구소의 행태는 모두 재단법인체였고, 정관은 한국과학기술연구소의 정관을 이름만 바꿔 사용했다. 연구소 설립자는 박정희 대통령, 소장과 주요 간부는 한국과학기술연구소 출신이었다.

〈표 11-4〉 1970년대에 설립된 연구소

연구소명	발족시기
한국원자력연구소	1973(재단법인화)
한국선박연구소	1973. 10(KIST 부설)
해양개발연구소	1973 (KIST 부설) → 1976 (선박해양연구소)→ 1978 (KIST 부설 해양개발연구소)
한국표준연구소	1975. 12
자원개발연구소	1976. 5
한국화학연구소	1976. 9
한국핵연료개발공단	1976. 12
한국기계금속시험연구소	1976. 12
한국전기기기시험연구	1976. 12
한국전자기술연구소	1976. 12
고려인삼연구소	1978. 3
한국연초연구소	1978. 3
한국종합에너지연구소	1980. 4

▸▸

어찌 보면 연구소 설립을 무슨 공장 건설하듯 한 것입니다. KIST가 자리 잡기까지 상당한 시간과 비용이 들어갔는데, 이를 간과한 채 연구소 건물을 짓고 시설만 구입해 설치해 놓으면 연구하는 사람은 저절로 채워져 기술이 개발될 것으로 믿은 거지요. 갑작스러운 연구소 신설 러시는 KIST 등 우리나라 연구개발 체제를 뿌리째 흔들었습니다. 연구소의 자율성과 독립성이 약화되고, 연구소의 존립기반인 연구의욕과 창의력도 땅에 떨어졌습니다.

연구소 소장과 주요 보직인선에 관(官)의 입김이 작용했고, 연구소 건설은 물론 운영자금까지 모두 정부 출연금에 의존하면서 연구활동도 나태해졌습니다. 연구소가 우후죽순 생겨나자 일부 KIST 출신들이 분에 넘치는 대접을 받으면서 연구는 게을리한 채 더 많은 정부예산을 따내기 위해 로비 활동을 벌이고, 해외 출장을 자주 다니고, 판공비를 지나치게 많이 쓰는 '귀족 과학자'까지 등장했습니다. 조용하고 널찍한 사무실, 전용 자동차에 넉넉한 판공비, 심심찮은 해외 나들이가 우리나라 과학 두뇌집단 세계의 차분했던 연구 분위기를 망가뜨린 것이죠.

결국 이와 같은 과학기술 연구분야의 폐해는 1980년 12월 정부의 연구기관 통폐합 조치를 맞게 된다. 신군부 집권 이후 들어선 제5공화국 정부는 기능이 비슷한 연구소들을 통폐합하는 조치를 단행했다. 그 결과 16개의 정부출연 연구기관이 8개의 연구기관으로 통폐합되었다. 비대해진 연구소를 실제 연구를 하는 연구실 위주로 운영해야 한다는 것이 개편논리였다. 불필요한 관리비를 줄여 운영의 합리화를 꾀함으로써 투자효율을 높이자는 것이 목표였다. 우리나라 연구개발의 상징으로 인식되던 KIST도 한국과학원과 통합해 한국과학기술원(KAIST)으로 개편되었다.[17]

▸▸

정부가 모든 산업분야의 기술개발을 주도할 수는 없습니다. 산업화에 필요한 기술은 산업계가 맡아 개발해야 합니다. 정부는 민간기업이 할 수 없는 부분, 이를 테면 기초과학과 농업기술 등 1차 산업분야에 대한 연구를 하면 됩니다. 우주 및 해양 개발과 원자력 연구도 국가 몫이지요. 기본적으로 연구 수요는 기업에게 맡겨

17 1981년 통합된 KAIST는 다시 1989년 KIST와 분리되었다.

야 하며, 기업이 필요하다고 느끼는 연구과제를 기업이 직접 정부출연 연구소에 의뢰해 기업과 연구소가 경쟁체제에 의한 거래를 하도록 이끄는 것이 정부의 역할이라고 생각합니다.

돌이켜 보면 한국의 과학기술 발전은 1960~1970년대 관(官)이 주도해 주춧돌을 세웠고, 민간으로 옮아가면서 꽃을 피운 것으로 요약할 수 있습니다. 우리나라 최초의 과학기술 청사진인 1 · 2차 과학기술진흥계획, 최초의 과학기술 행정기구인 EPB 기술관리국과 과학기술처, 과학의 집현전 격인 KIST, 대덕연구단지 등 기본 인프라와 제도가 모두 1960~1970년대에 만들어졌어요. 여기에는 국가 지도자의 판단과 리더십이 크게 작용했습니다. 산업화가 빠른 속도로 이뤄지면서 기술수준이 높아지고 경제규모도 커진 오늘날에는 민간의 연구개발이 더욱 중요해졌습니다. 정부는 기초인력 양성과 함께 민간이 하기 힘든 분야의 기술개발에 힘쓰고, 민간기업들은 각자 잘할 수 있는 분야에서 세계 최고의 기술 경쟁력을 확보해야 합니다. 과학기술의 중요성을 올바르게 인식하고 기술인력을 제대로 대접하는 사회적 분위기도 중요합니다.

부 록

부록 1_ 경제발전 연표
부록 2_ 주요 거시통계

경제발전 연표

1946~1949	• 미국 GARIOA, ECA 경제원조 등 5억 달러 이상의 무상원조 제공
1948. 5. 10	• 남한단독 국민총선거를 통해 제헌의회 구성 • 8월 15일 대한민국정부 수립
1948. 10. 2	• 「국회법」 제정
1950. 5. 24	• '한미 경제협정' 체결
1951. 10. 21	• 한일 예비회담
1953. 2. 15	• 통화개혁, 대통령 긴급명령 제13호 '제2차 긴급통화조치' • 1차 통화개혁
1953. 12	• '경제재건과 재정안정계획에 관한 합동경제위원회' 정식 발족
1954. 7	• 자유당 정부 '경제부흥 5개년 계획(1954~1958년)' 수립
1954	• '가족계획사업' 실시
1955. 2. 7	• 「정부조직법」 개정
1958	• 부흥부 산하에 대충자금으로 만들어진 '산업개발위원회' 설립
1959. 1	• 한미 MSA에 따라 한미 간 DLF협정 조인
1961. 4. 1	• '가족계획협회' 설립
1960. 4. 19	• 4 · 19 혁명
1961. 5. 16	• 5 · 16 군사정변
1961. 7	• EPB 설립
1961. 8	• 「외자도입법」 개정안 처리
1961. 10	• 외자도입국 신설 • 한일 외무장관 회담(12일)

1961. 12	• 한독 간 경제협력 및 기술협력에 관해 정부 간 의정서 체결(13일) •「직업안정법」 제정, 공포
1962. 1. 15	•「증권거래법」 제정
1962. 5	• 증권파동
1962. 6. 10	• 제2차 통화개혁
1962. 6. 18	• EPB 기술관리국 발족
1962. 6. 21	• KOTRA 설립
1962. 7	•「차관에 대한 지불보증에 관한 법률」 제정 • 수출진흥위원회 설치
1962	• 외자도입국을 경제협력국으로 확대개편 • 서독으로부터 약 2천만 달러의 상업차관 도입
1962~1966	• 제1차 경제개발 5개년계획 • 인력개발 계획
1963. 5. 8	• 공영제 한국증권거래소 출범
1963. 6. 1	• 이 · 불(伊 · 佛) 어업차관 계약 승인
1963. 7. 19	• 한미 합동 ECC 신설
1963. 11. 11	•「기술사 법」 공포
1964. 6. 3	• 6 · 3 사태
1964. 6. 24	• '수출지향 전략' 수립
1964. 11. 30	• 수출 1억 달러 기록 / 수출의 날(現 무역의 날) 지정
1965. 9	• 금리현실화 조치
1965. 12	• 한일 양국 국교정상화에 합의
1965	• 월간 경제동향보고회의 개최(1979년까지 총 147회) • 수출진흥확대회의 개최(1979년까지 총 152회) • 국세청 신설추진단 발족 • 월남파병
1966. 2. 4	• KIST 발족
1966. 3	• 국세청 신설 • '브라운 각서' 체결(7일)

1966. 12. 6	•「한국과학기술연구소 육성법」 국회 통과
1966. 12. 12	• IECOK 창설
1967. 4	• 과학기술처 발족
1967. 9	• 한월 항공운수협정 체결
1967. 11. 30	• 외자 도입합리화 시책 발표
1967	• 수출 3억 달러 돌파
1967~1970	• 경부고속도로 건설
1967~1971	• 제 2차 경제개발 5개년 계획
1968. 1	• 외자도입 합리화시책 보완, 재발표
1968	• 현금차관 도입 원칙적으로 중단
1969. 4	• 청와대 비서실에 제 3 경제수석실인 외자관리비서실 신설
1969. 7. 28	•「수출입은행법」 제정 • 수출진흥기금제도 시행
1969. 12	• '한일 종합제철에 관한 기본협약' 체결
1969~1977	• 예산전산화 추진(3단계)
1970. 11	• 미국의 SSA 원조 종식
1970	• '중소기업 신용보증기금제도' 시행
1971. 3. 11	• KDI 설립
1971. 6	• 한일경제 및 기술협력에 관한 협정 체결
1971. 12.27	•「국가보위에 관한 특별조치법」 제정
1972. 8. 2	• 경제안정과 성장에 관한 긴급명령 제 15호(8 · 3 조치)
1972. 8. 3	• 8 · 3 '사채동결' 시행
1972. 10.31	• 울산공업 석유화학단지 준공
1972. 12.30	•「기업공개촉진법」 시행
1972~1976	• 제 3차 경제개발 5개년계획
1973. 1. 5	•「기업공개촉진법」 발행

1973. 1. 12	• 중화학공업 육성 선언 ['4대 핵(核)공장사업']
1973. 1	• 공업진흥청 설립
1973. 7	• 포항종합제철 완공
1973. 10. 16	• 1차 오일쇼크
1973. 12. 14	• 「국민투자기금법」(법률 제2635호) 제정
1973. 12. 31	• 「국가기술자격법」 제정 (1974년 7월 1일 시행)
1974. 1. 14	• 국민생활 안정을 위한 대통령 긴급조치 제3호 선포 (1 · 14)
1974. 5. 29	• 5 · 29 조치
1974. 12. 7	• 12 · 7 조치
1974	• '전력증강 8개년계획' 입안
1974~1981	• 대덕 연구학원도시 건설 시행
1975. 4	• 종합무역상사 지정요건 공포
1975. 5. 19	• 「대외 무역법」 시행령 15조에 따라 1호 종합상사 지정
1975. 12	• '중동진출 촉진방안' 수립, 중동경제협력관 신설
1976. 12	• '부가가치세' 도입
1977. 12. 22	• 100달러 수출 기념식
1977. 12	• '투자심사국' 신설
1977~1981	• 제4차 경제개발 5개년계획
1978. 4. 25	• '대(對) 사우디 인력개발협력방안 및 대책안' 통과
1978. 5. 1	• 제1차 수입자유화 조치
1978. 8	• '부동산 투기억제와 지가안정을 위한 종합대책' 발표
1978	• 13개사 종합무역상사 지정
1979. 6	• 예산국, 예산실로 확대 개편
1979. 7	• 2차 오일쇼크
1980. 12. 31	• '독점규제 및 공정거래에 관한 법률' 제정 (1981년 4월 1일 시행)

* 이 연표는 이 책의 내용을 토대로 재구성했습니다.

주요 거시통계

연도	인구 (천 명)	실질 GDP (10억 원)	1인당 GDP (US달러)	저축률 (%)
1960	-	-	-	9
1970	32,241	61,851.1	251	17.4
1980	38,124	145,903.2	1,687	24.3
1990	42,869	368,598.1	6,305	37.8
2000	47,008	694,628.1	11,349	33
2010	49,410	1,043,666.3	20,536	32.1
2011	49,779	1,081,593.9	22,427	31.7
2012	50,004	-	-	-

연도	투자율 (%)	경상수지 (백만 달러)	환율 (원/달러)	무역액 (백만 달러)
1960	-	-	65	-
1970	25.4	-	316.7	2819
1980	33	-5,071	659.9	39797
1990	38	-1,390	716.4	134859
2000	30.7	14,803	1264.5	332749
2010	29.6	29,394	1134.8	891596
2011	29.4	26,505	1151.8	1079627
2012	-	-	-	-

출처: 한국은행, 한국은행 경제통계시스템, e-나라지표, kosis,
한국무역협회(1957년 기준)

1. 인구

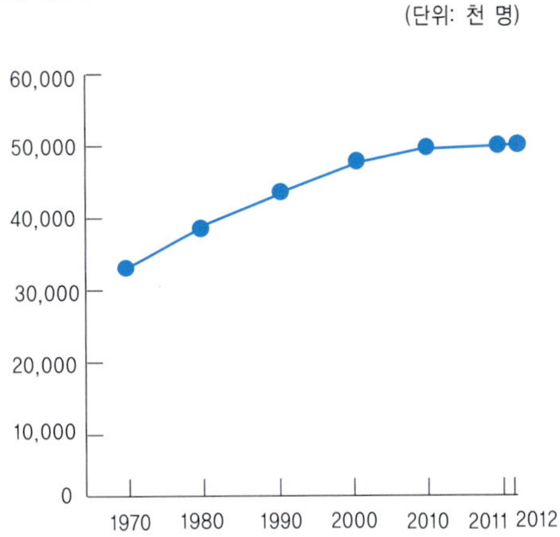

2. 실질 GDP

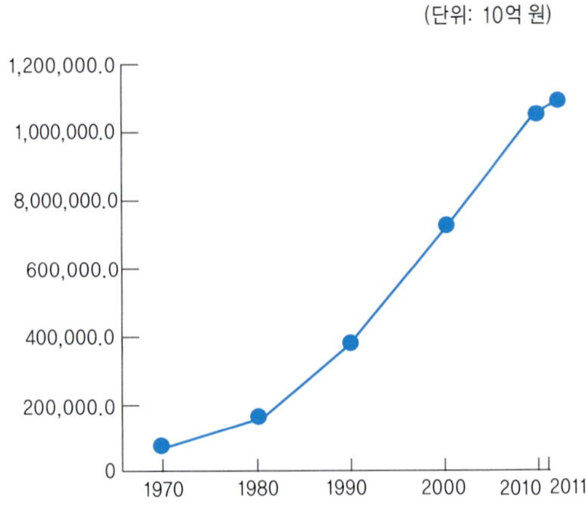

3. 1인당 GDP

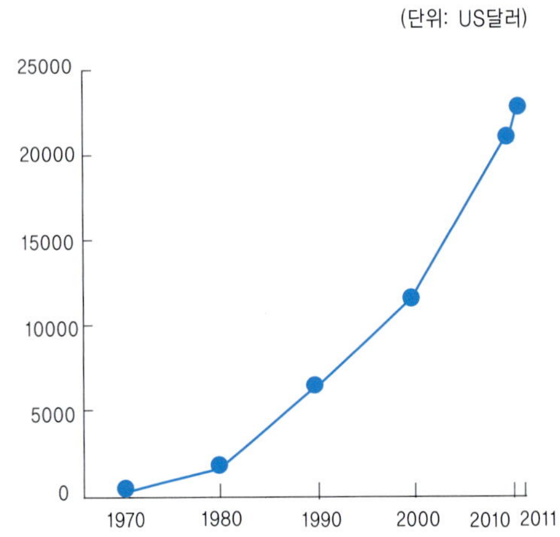

4. 저축률

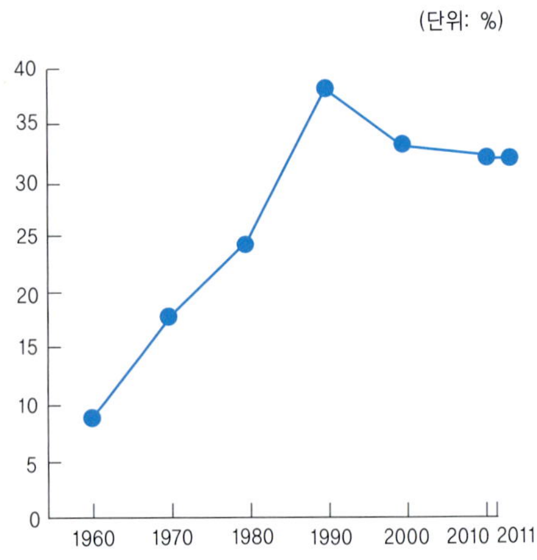

5. 투자율

(단위: %)

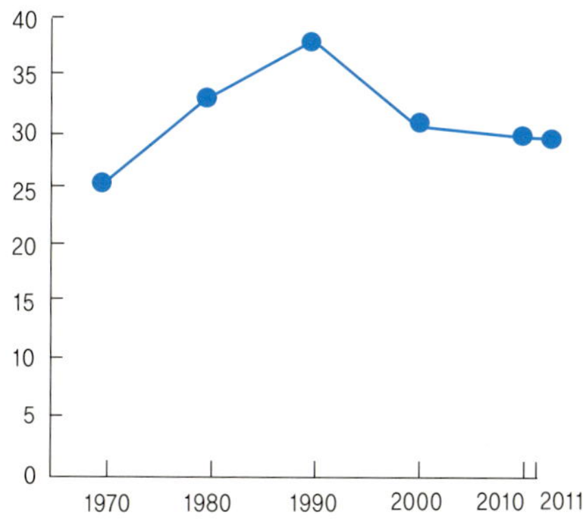

6. 경상수지

(단위: 백만 달러)

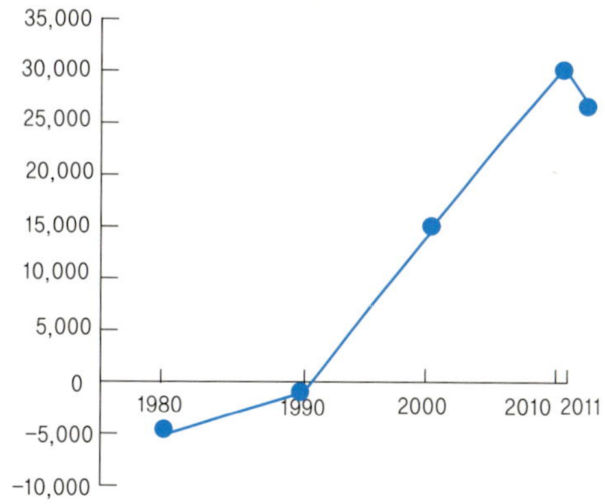

7. 환율

(단위: 원/달러)

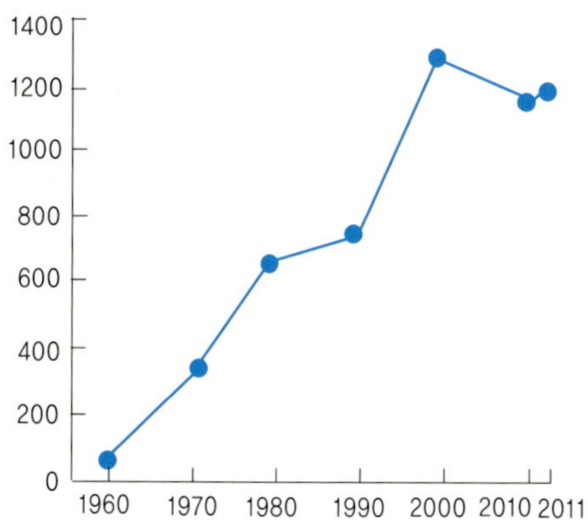

8. 무역액

(단위: 백만 달러)

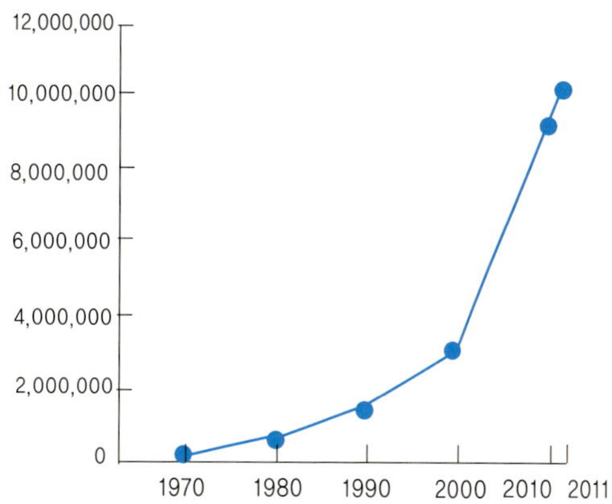

홍 은 주

한양사이버대학교 경제금융학과 교수
미국 오하이오주립대학 경제학 박사
문화방송(MBC) 경제부장·논설실장, iMBC 대표이사 역임
저서: 《경제를 보는 눈》, 《초국적시대의 미국기업》 등 다수

이 은 형

국민대학교 경영학부 교수
한국개발연구원 국제정책대학원 경영학 박사
경향신문 기자, 산업자원부 외신대변인 역임
저서: 《경영의 최전선을 가다》(공저)

양 재 찬

아시아경제신문 논설실장
한국외국어대학교 언론학 박사
중앙일보 경제부장·산업부장, 중앙일보시사미디어 편집위원 역임
저서: 《통계를 알면 2000년이 잡힌다》, 《내가 세계 최고》

* 홍은주 교수는 이 책의 서장과 1~8장을, 이은형 교수는 9~10장을,
양재찬 실장은 11장을 집필하였다.

육성으로 듣는 경제기적 I

코리안 미러클

2013년 2월 22일 발행
2014년 2월 20일 5쇄

기획 및 집필_ 육성으로 듣는 경제기적 편찬위원회
발행자_ 趙相浩
발행처_ (주) 나남
주소_ 413-120 경기도 파주시 회동길 193
전화_ 031) 955-4601 (代)
FAX_ 031) 955-4555
등록_ 제 1-71호(1979. 5. 12)
홈페이지_ www.nanam.net
전자우편_ post@ nanam.net

ISBN 978-89-300-8667-7
ISBN 978-89-300-8001-9 (세트)

책값은 뒤표지에 있습니다.